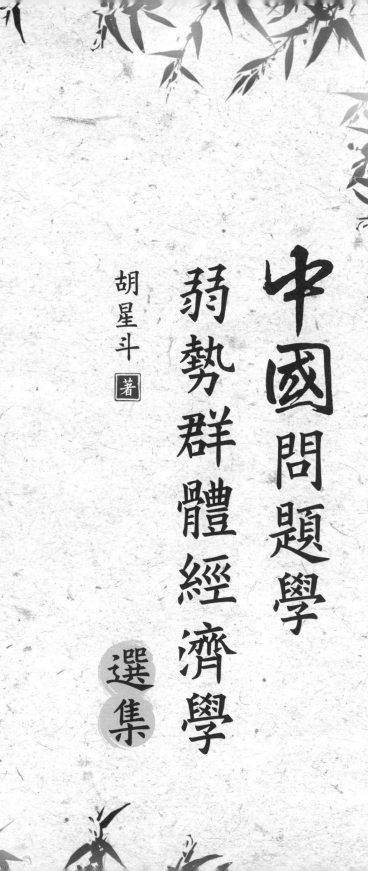

胡星斗 著

中國問題學

弱勢群體經濟學

選集

白象文化

作者簡介

胡星斗

大學教授，時事評論家，中國問題學、弱勢群體經濟學提出者，
中國大陸著名公共知識分子。

序言

我提出「中國問題學」三十年，也犯禁了三十年，因為官員們只愛聽歌功頌德的話，只喜歡表揚與自我表揚，像我這樣的另類，只能被邊緣化。曾經中央電視臺、鳳凰衛視經常邀請我去做節目，後來我上了幾乎所有大陸媒體的黑名單。截然不同的是，我同時成了國際媒體的熱門採訪對象。

我又研究弱勢群體，幫助上訪人員，提出弱勢群體經濟學，要求廢除勞動教養制度和行政型信訪制度。一開始，「弱勢群體」一詞就是敏感詞，報紙不允許出現。上訪人員被當成敵對分子，層層截訪，許多人被關押。我抨擊勞動教養制度，美國等地爆發遊行要求廢除勞教，我還被連累，受到調查。但是，十年後，政府宣布廢除了勞教。

我試圖為中國社會啟蒙，創辦了最早的啟蒙網站之一「胡星斗中國問題學」，一度被關閉，我起訴，竟然贏了，也算奇蹟，一時間，國內外廣泛報導我打贏了中國首例網站被關的官司。

我試圖一點一滴地推動制度建設和法治進步，結合左右，走「中派」道路，提出了「憲政社會主義」的概念，建議制定平等權利法案、陽光法案、反腐敗法、建立農民普惠制養老金制度、全民免費醫療制度等等。

我試圖做第一個「吃螃蟹的人」，一二十年前，我第一個在網路上發表毛澤東真相、林彪真相等等，結果，惹得一群人到我所在的大學要求開除我，給中央寫信要求處罰我。有的人還威脅我的生命，一段時間，我穿著防刺服（防彈衣）上課。後來，我的《2050 中國憲法》，引起了高層的關注，調查我「是一個人所寫還是許多人寫的」，我說是我一個人所為；又問該憲法的指導思想是什麼？我說是1949 年之前毛澤東和中國共產黨發表的追求憲政民主的談話和文章。

一切算是有驚無險吧。也體現了時代的進步、高層的開明、大學的寬容。如果是在反右時期、文化大革命時期，肯定我的性命難保。現在，我仍然是中國大陸極其罕見的可以天天接受國際媒體採訪的大學教授。

中國有黑暗也有光明。

我研究中國問題學，並非意味著中國全是「問題」。

我批評，是因為我愛這片土地。

臺灣同胞透過本書，也許能加深對於中國大陸的瞭解，也許能更加珍惜臺灣的民主、平等與民生保障，也許能有助於兩岸攜起手來，共同創造屬於中華民族的美好未來。

胡星斗

2018.8.22

目　錄

貳、斗室蒼茫吾獨立——胡星斗弱勢群體經濟學文選

參、洗天風雨幾時來——胡星斗論反腐敗反歧視反壟斷

肆、我以我血薦軒轅——胡星斗論中國政治與中國文化

壹、海天寥廓立多時

——胡星斗呼籲與建議選集

胡星斗研究版《2050年中國憲法》

（2050 憲法源於執政黨對於 2050 年實現「高度民主」的現代化的承諾，也源於作者的研究課題——憲政經濟學以及作者獨有的「中國問題學」、「弱勢群體經濟學」之延伸，它僅作研究參考之用，歡迎讀者批評）

第一章　總綱

第一條　中華各族人民基於自由、民主、平等、正義、憲政、統一、和合、仁愛的原則組成國家。國名是「中國」，亦稱「中華共和國」、「中華聯邦共和國」、「聯邦中國」，前述國名通用，具有完全相同的政治、法律涵義和地位。

第二條　中國國土包括中國大陸、臺灣、香港、澳門，國民包括中國大陸、臺灣、香港、澳門公民及海外華僑。凡在中國領土出生者，自動擁有中國國籍。

第三條　中國是民有、民治、民享的憲政民主國家，國家主權屬於全體國民。

第四條　中國的國體是聯邦制，各州（省、直轄市、聯邦主體）實行普通地方自治，臺灣、香港、澳門實行特殊地方自治。

第五條　國家尊重和保護人權，不得以立法或其他任何方式限制或剝奪公民的生命權、自由權、財產權。

第六條　國民無分男女、職業、宗教、種族、信仰、黨派，在法律上一律平等。

第七條　任何宗教不得確立為國教，任何政黨意識形態不得確立為國家意識形態。

第八條　國家尊重各民族生活方式、保護各民族文化，繼承與弘揚中華民族傳統文化。

第九條　國家尊重中國共產黨、國民黨或其他政治組織在實現憲政民主、經濟發展、維護社會穩定與國家統一等方面的貢獻與歷史作用。任何政黨黨員或曾經的黨員均不受迫害，涉及犯罪的，交由司法機關處理。

第十條　本憲法視世界人權宣言和聯合國公民權利與政治權利國際公約為公民權利

的合憲組成部分。

第二章　國民權利與義務

第十一條　國民（公民）的人身自由及人格尊嚴不受侵犯。非依法定程式，任何機構和個人不得對國民進行逮捕、拘留、監禁、審訊、處罰。

第十二條　國民享有思想、言論、出版、集會、結社、遊行、示威及宗教信仰的自由。集會、結社、遊行、示威及宗教信仰活動禁止暴力行為。禁止政府從事政治性的狂熱個人崇拜。禁止以暴力改變憲政秩序、煽動種族殺戮、反人類和宗教仇恨、建立非法軍事組織為目的的非人道的或恐怖主義的結社行為。

第十三條　國民享有居住、遷徙、出入境、保留或放棄中國國籍的自由。

第十四條　國民的私有財產及住宅不受侵犯。任何機構和個人非依法定程式不得進入住宅搜查，不得抄家、非法沒收私人財產。

第十五條　國民享有選舉、罷免、創制、複決的權利。

第十六條　國民擁有重大國家事項的直接決定權，具有在全國和地區舉行全民公決的權力。

第十七條　國民有權獲得各級政府機構公務員一視同仁的平等服務，任何人皆無法律特權和其他方面的特權。

第十八條　國民享有針對任何國家機關和公職人員的批評、建議、檢舉、罷免的權利，同時擁有申冤權、法律訴訟權、跨國訴諸國際機構的權利。

第十九條　國民擁有知情權、參與權、監督權、訴訟權包括公益訴訟權。

第二十條　國民擁有依法參加陪審、行使司法民主的權利。

第二十一條　當國民由於任何公職人員或公共團體的不法行為而遭受損害時，均有依據法律規定向國家或公共團體提出賠償的權利。

第二十二條　國民享有獲取和發布資訊、進行通訊及祕密通訊的自由，但依照法律程式規定的禁止情形不在此列。國民依據新聞法享有創辦新聞傳媒的自由，禁止新聞審查。

第二十三條　國民享有生存權、安全權、勞動權、休息權、住房權以及獲得醫療、

社會保障、良好環境的權利。每個國民均享有國家退休金的權利。

第二十四條　國家實行全民家庭醫生制度。公民因天災人禍、經濟困難有病無錢醫治時，除各級政府應提供多重公民基本福利保障外，還可申領額外特別救濟福利或上不封頂的全額性基本醫療資助，保障每個公民享有健康而文明生活的權利和生命安全的權利是國家的法定義務。

第二十五條　國民享有參與競爭並擔任公職的平等權利，國家的所有公職向全體國民開放。

第二十六條　國民擁有按照自己意願選擇任何城市或鄉村為居住工作地而不被戶籍限制隔離、遭受歧視和差別對待的權利。

第二十七條　國民擁有住房宅基地的土地所有權。農民擁有耕地池塘山林草場的所有權。

第二十八條　國民擁有完全民事主體地位，擁有完整的財產權、土地所有權和經營創業權。附著於土地之礦藏及經濟上可供公眾利用之天然力，屬於國家所有，不因國民取得土地所有權而受影響。土地價值非因施以勞力資本而增加者，應由國家徵收土地增值稅，歸人民共用。

第二十九條　國民可依法經營所有產業，消除政治歧視、國家壟斷與專營。國家不得以任何形式以營利為目的投資經營性工業、商業專案與民爭利。

第三十條　　勞動者擁有自由組織工會、農會以及進行罷工的權利，但須遵守罷工法。

第三十一條　國民的合法財產或土地，確有社會公益需要時，未經公平合理的足額補償，國家不得以任何形式徵用或強制拆遷。

第三十二條　國民擁有納稅人的權利並具有依法納稅的義務。

第三十三條　國家實行以個人所得稅、消費稅、遺產稅、增值稅、社會保障稅、財產稅、關稅為主體的現代稅制。企業實行零稅制。國家不得收取除法定稅收之外的任何費用。

第三十四條　國民擁有接受教育的權利和義務，其中十二年為強制性、完全免費的義務教育。國家開展傳統文化教育和以真知、真相、真理、真才為基礎的素質教育，政治、歷史必修課的教科書必須無黨派偏見、經議會討論表決批准，方為合法教科書。鼓勵公立私立大學、學校的平等發

展，國家不得壟斷教育、不得開展黨化教育。

第三十五條　國民擁有自由生育權，禁止暴力強制墮胎。

第三十六條　老人、婦女、未成年人、殘障人士的權利受法律保護。禁止虐待老人、家庭暴力，國家立法保障在就業、工作和工資等所有領域中男女平等的權利，同時國家給予處於懷孕、生產的婦女在住房、生活、營養、保健、醫療等方面專項福利；禁止家長和任何人打罵、體罰或虐待未成年人，制定法律給予殘障人士在住房、生活、保健、醫療、養老等方面特殊的照顧。

第三十七條　在中國領域內，一切貨物准予自由流通。國民的交通性機動車輛均有在國境內所有公路上通行的權利，高速公路另有國會立法規定的除外。

第三十八條　國家在藥學和生物學領域，除非根據保障安全的法律程式，由當事人自願和知情同意外，禁止人體實驗。禁止買賣人口或買賣活人身體器官或進行克隆人的實驗。

第三十九條　國民享有低物價、高質量、無毒害商品的消費者權利及食品藥品安全。追究國家公職人員隱匿威脅公眾健康的事實資訊或採用低劣標準的瀆職行為的法律責任。取消特供。

第四十條　國民享有隱私權，有權要求其個人資訊受到保護。但國家公職人員的此項權利受到限制。

第四十一條　國家視人民的生命權高於一切，在社會發展至合適的時段將立法廢除死刑；在未廢除死刑前，除謀殺重罪外，任何人不得被判處死刑立即執行。

第四十二條　國家實行監獄人道化。國民由於違法犯罪僅限於失去人身自由和公民政治權利的懲罰。禁止刑訊逼供、非人道體罰、刑罰、虐待、污辱人格、卑劣待遇和被強迫勞動、勞教、勞改。

第四十三條　國民有捍衛憲法的義務。

第四十四條　國民有依法服兵役的義務。

第四十五條　國民有保衛國土、保護環境的義務。

第四十六條　國民自十八歲起獨立履行其公民權利和義務。

第四十七條　國會和地方議會所確立憲法或法律規定以外的不明確權利全部屬於公民保留的權利，由公民自由行使，任何個人或政府機構不得侵犯。

第三章　公權力及其限制

第四十八條　中央（聯邦）、州（省、直轄市、聯邦主體）、市或縣級政權依照立法、行政、司法分立制衡的原則，分別獨立行使權力。各級議會均實行兩院制。

第四十九條　總統為國家元首、最高行政首腦、武裝部隊總司令，任期5年，可連任一次。

第五十條　　總統候選人須是35歲以上、成為中國公民20年以上（可非連續計算）、不擁有其他國家國籍者。

第五十一條　總統擁有代表國家、主持國家行政、統帥武裝力量、簽署或否決法律議案、依法任免高級官員、發布命令、宣布戒嚴、大赦、特赦等權力。

第五十二條　總統可對外簽署行政協定。但對外締結條約或宣戰則由總統提出，經由眾議院、參議院分別以三分之二的票數通過。

第五十三條　副總統的產生方式、任期與總統相同。總統亡故或者被罷免，其職務由副總統續任。

第五十四條　國家行政執行機構是國務院。國務院總理人選由總統提名，由參議院二分之一的出席議員通過。國務院組成成員、內閣各部部長人選一半由總統提名、一半由總理提名，由參議院表決批准。

第五十五條　總理、各部部長均不得為現役軍人，不得兼任國會議員、法官、檢察官。

第五十六條　總統可以解除總理及國務院組成成員、內閣各部部長的職務。

第五十七條　總理主持國務院（內閣）會議，對總統負責，但不得干預軍隊。總統每年必須向國會和全體國民報告工作，接受質詢。

第五十八條　國會不得對總統舉行不信任投票，但可依照法定程式彈劾總統。

第五十九條　總統或副總統涉嫌犯罪或重大失職，經由參眾兩院超過三分之一的議

員提出彈劾罷免，由參議院對於總統或副總統罷免案及犯罪案進行審判。總統或副總統受審時，憲法法院首席大法官主持審判，非經出席參議員三分之二的同意，不得被罷免或定罪。

第六十條　　對於總理、內閣的不信任案經由眾議院或參議院超過三分之一的議員提出，眾議院和參議院出席議員三分之二的同意，方可通過。一旦不信任案通過，總理和內閣必須全部辭職。

第六十一條　審計署、廉政總署依法獨立於政府。審計長、廉政總長皆由選民選舉產生。

第六十二條　各級政府行政長官均代表一級民意，均無上下級任免權。如有行政阻礙等事宜，由行政法院裁決。

第六十三條　實行政務官與事務官分開的公務員制度。政務官由選舉產生，事務官由考試選拔並且不得加入任何政黨或政治組織。

第六十四條　任何政黨的黨務經費以及人員工資待遇等一切涉黨費用皆不得從國家財政支出；任何政黨皆禁收黨費，只能以其公信力依照政黨法規定的個人和企業每年最高捐款限額向社會募捐自籌經費。

第六十五條　公款收支的一切報告和賬目，應在大眾媒體上及時予以公布。

第六十六條　凡擔任任何有薪職務的公務人員，未經同級議會同意，不得接受任何禮物、錢財、薪金、官職、學位或榮譽。

第六十七條　各級政府官員禁止兼職，禁止從事營利活動。所有的政務官和一定級別的事務官在從政期間必須公布其個人財產。

第六十八條　由聯邦眾議院、參議院組成的國會擁有全部的立法權。眾議員、參議員須是18歲以上、成為中國公民10年以上（可非連續計算）、成為該州（省、直轄市、聯邦主體）居民2年以上、不擁有其他國家國籍者，任期5年。議員不得兼任政府職務。

第六十九條　每州（省、直轄市或聯邦主體）按人口比例經由選民直接選舉產生眾議員5～15名；在達到法定人數的少數民族中經由總統任命各民族參議員1至5名，各州、直轄市或聯邦主體經由協商、選舉，從知識文化宗教界和其他領域的傑出人士中產生參議員5名。參議院眾議院議長由議員選舉產生。

第七十條　　　　總統、副總統、審計長、廉政總長、議員及議長的選舉與產生辦法另
　　　　　　　　外制定法律。所有的選舉必須遵循自由、公正和祕密投票的民主選舉
　　　　　　　　方式，不得以內定候選人的方式強姦民意。

第七十一條　　國會議員均為專職，每年的開會時間不低於6個月。開會的法定人數
　　　　　　　　為超過半數，形成法律須達到或超過三分之二的出席人數。

第七十二條　　國會擁有決定法律、徵稅、財政審議與批准、重大專案批准、重大工
　　　　　　　　程招投標、監督政府、彈劾官員、設置法院、鑄幣、國家信用借款、
　　　　　　　　戒嚴、大赦、宣戰、媾和、締結國際條約及決定國家其他重要事項的
　　　　　　　　權力。其中參議院擁有批准重要事務官、駐外使節的權力。

第七十三條　　涉及結盟、媾和、外交、國際組織、國家財政、稅收、中央銀行、鑄
　　　　　　　　造貨幣、信用借款、國防、軍隊、公民權利以及領土的條約或協議須
　　　　　　　　經國會批准，非經批准，不生效力。

第七十四條　　涉及領土的讓與、交換及合併的條約或協議，非經當地人民公決同
　　　　　　　　意，不生效力。

第七十五條　　國會議員的投票權應由個人行使，不受政黨或領袖的指使。

第七十六條　　國會應總統、副總統、總理或三分之一議員、10萬國民連署請求，可
　　　　　　　　就某一特定事務或議案舉行臨時國會，通過決議。

第七十七條　　眾議院、參議院法案須由總統簽署方能生效。如果法案被總統駁回或
　　　　　　　　者總統在一個月內不簽署，兩院以三分之二的人數再次通過議案，即
　　　　　　　　自動成為法律。

第七十八條　　國會兩院分別設立審計局、預算局、財政、撥款、軍事、司法、外交
　　　　　　　　等委員會。

第七十九條　　國會不得通過剝奪或限制公民權利的法案。

第八十條　　　　國會和地方議會不得制定違背全國市場經濟一體化的地方保護、路橋
　　　　　　　　收費法、外地投資法、外地特別稅法等任何地域歧視性的或地域優惠
　　　　　　　　性的不平等法律。

第八十一條　　國會須制定臺灣、香港、澳門地區的特殊自治區基本法，臺灣可保留
　　　　　　　　軍隊。

第八十二條　　國會應根據憲法制定聯邦選舉法、政黨法、新聞法、出版法、遊行示

威法、宗教法、物權法、公司法、稅收法、土地法、電信法、員警法、法官法、教育法、勞動法、福利法、環境保護法、公平就業法、公營事業法、聯邦組織法、政府行政法、軍政管理法、國家賠償法等國會認為須全國統一的聯邦法律。

第八十三條　國會規定議事規則，懲罰議員擾亂國會秩序、人身攻擊、言行惡劣或肢體衝突等行為，由議長予以制止或當場驅逐出會場，並經三分之二議員的同意可以開除議員。

第八十四條　國會的會議記錄及時刊登於網路和公報之上，除非依照法律必須保密的部分除外。任何國民隨時可以參觀、旁聽國會會議，但不得發言或者予以干擾。

第八十五條　議員除已證實犯有叛國罪、殺人罪等重罪之外，有不受逮捕的特權，有自由辯論不受調查、非難、控告以及在任何時候不受質問的特權。議員非經彈劾不得罷免。總統無權解散國會或提前、推遲國會選舉日期。

第八十六條　國會可立法確立各州（省、直轄市、聯邦主體）的公民自治法及其議會、政府、司法機構的建制、組織、許可權等以確保國家政權的統一。

第八十七條　憲法法院、專業法院、檢察院獨立行使司法權。

第八十八條　憲法法院專司關於憲法的裁決；專業法院實行聯邦級最高法院、州（省、直轄市、聯邦主體）級高級法院、市縣初級法院三級建制，市縣可在基層設立法庭。

第八十九條　各級法院法官不受行政或任何其他干涉，依法獨立判案或由陪審團民主合議決案。法官實行終身制，除非因錯案失職依法彈劾外不受免職、轉職或減薪。

第九十條　　各級法院法官皆須以聯邦憲法為指南，以維護公民權利為天職，捍衛聯邦憲法、聯邦法律及地方法律的權威和尊嚴。

第九十一條　國家設立檢察院為公訴與司法監督機關，實行聯邦級最高檢察院、州（省、直轄市、聯邦主體）級高級檢察院、市縣初級檢察院三級建制。

第九十二條　法官、檢察官均不得兼任政府行政職務，不得擔任議員，不得加入政黨，不得參與經營或營利活動。

第四章　聯邦與自治

第九十三條　中國領土依其固有疆域，非經國會決議不得改變。

第九十四條　全國實行中央（聯邦）、州（省、直轄市、聯邦主體）、市縣三級政府和議會制。中央政府與地方政府地位平等，取消行政級別。市或縣以下由國會和州、市縣議會分別撥款由市民依法律規定完全自治，亦可由各市縣在鄉鎮設立辦事處。

第九十五條　中央和國會的權力有：收取國稅；國家借貸；國家之間的貿易；統一的法律及司法制度；鑄造貨幣；規定度量衡；全國經濟宏觀調控；管制農業；開闢全國性交通、航空、電訊、網路、郵政；授予專利；發展航太事業；國防；宣戰；組織軍隊；徵調民兵；設立兵工企業，管理國家銀行、國有企業；外交；締結國際條約；批准州、直轄市、聯邦主體的資格；提出憲法修正案。

第九十六條　禁止中央和國會行使的權力有：通過剝奪公民權利的法案；不經正當的法律程式，剝奪公民的生命、自由和財產；不經各州直轄市、聯邦主體的同意，改變他們的疆界；給予任何一地區優惠於其他地區的待遇；從某一地區輸出的商品徵收特別稅。

第九十七條　聯邦法律高於各地方法律。聯邦代表國家，在憲法、外交、國防、貨幣、關稅領域具有專有立法權。除聯邦議會制定憲法和法律外，各州（省、直轄市、聯邦主體）議會有權制定關於治安、市政、文教的地方法規，但地方法規不得與聯邦憲法、法律相抵觸，相抵觸的地方法規或條文無效。

第九十八條　各州（省、直轄市、聯邦主體）實行自治，有權成立自己的議會、政府和法院。由國會制定自治法，但該法不得與憲法抵觸。聯邦政府不得干預地方事務。各州（省、直轄市、聯邦主體）無國家主體資格，不得對外國宣戰、締結國際條約。

第九十九條　各州（省、直轄市、聯邦主體）皆不得尋求獨立，不得從事任何分裂國家的活動，不得借「人民自決」反對國家的統一，否則，經聯邦參議院二分之一票批准，總統可宣布國家或地區進入緊急狀態。

第一百條　各州（省、直轄市、聯邦主體）的權力有：制定地方法規、政策；管理境內工商業；舉行選舉；舉辦公共福利；進行市政建設；發展科教文衛事業。

第一百零一條　禁止各州（省、直轄市、聯邦主體）行使的權力有：通過剝奪公民權利的法案；不經正當的法律程式，剝奪公民的生命、自由和財產；鑄造貨幣；擁有軍隊；締結國際條約；違反聯邦憲法或阻撓聯邦法律的實施。

第一百零二條　聯邦政府可在各州（省、直轄市、聯邦主體）設立辦事處，但不得干預地方自治。

第一百零三條　若有原屬外國的領地、獨立的國家向國會申請加入中國，經國會兩院三分之二以上同意可成立新的聯邦主體，新的聯邦主體將和其他州一樣享有聯邦的建制、保護與福利，但也須承擔與其他州同等的義務。

第一百零四條　憲法沒有規定的權力屬於地方。

第五章　武裝力量

第一百零五條　中國的武裝力量（部隊）屬於國家。其根本使命是保衛國家與國民。

第一百零六條　總統擁有軍隊的統帥權，可對外採取局部軍事行動，但宣戰的權力歸國會。

第一百零七條　國會擁有軍費撥款權和軍費使用監督權。

第一百零八條　在國家遭到突然性、毀滅性核攻擊的情況下，總統可依據國家緊急狀態法自主決策即刻予以還擊。

第一百零九條　總統提名國防部長、參謀長聯席會議主席和將軍級以上高級將領，經由參議院批准，方可任命。其中國防部長不得為軍人。

第一百一十條　武裝力量只效忠於國家和國民，不得效忠於任何政黨，不得參與、介入任何政治紛爭。軍人不得參與任何政黨或政治組織。軍人不參與選舉。

第一百一十一條　任何黨派及個人不得以武裝力量作為政治鬥爭的工具。

第一百一十二條　武裝力量實行以自願、職業、高薪、優撫為基本構成的現代軍人制度。

第一百一十三條　員警包括武裝員警隸屬於各級政府，負責維護社會治安，但不得建立鎮壓國民的武裝員警部隊。

第一百一十四條　軍隊不得用於維護地方治安。

第一百一十五條　現役軍人不得在政府、議會、法院、檢察院兼職。

第六章　憲法的實施、監督、修改及其他

第一百一十六條　任何政黨、組織或個人均不得違背憲法、企圖壟斷國家權力、復辟獨裁統治，否則，任何團體或國民均有權行使公民所保留的國家主權反抗之，直到推翻獨裁統治。

第一百一十七條　國家設立憲法法院，負責解釋憲法，開展違憲審查，接受國民或組織的違憲申訴。憲法法院有權裁定國會立法、總統及各級行政官員的決定是否違憲。與憲法相抵觸的法律、法律條文、行政決定無效。

第一百一十八條　憲法法院監督總統選舉、國會選舉、全民公決，審理選舉或公決糾紛，並宣布選舉或公決結果。

第一百一十九條　憲法法院負責裁決中央政府與地方政府之間、地方政府與地方政府之間的法律、權力紛爭，並且在30天內作出此項裁決。

第一百二十條　對於憲法法院的裁決，不得上訴，對一切國家機關具有拘束力。

第一百二十一條　憲法法院由15名大法官組成，任期10年，不得連任。其產生方式是：總統提名5人，眾議院提名10人，均需參議院批准。

第一百二十二條　中國共產黨、國民黨或其他政黨如果成功地領導中國實現了憲政轉型，經過國會的同意，可以被賦予永久督憲權即監督憲法的

實施、永久擔任憲法法院院長的權力。

第一百二十三條　本憲法具有直接可訴性，任何國民皆可提出違憲審查或訴訟，法院可以依據憲法判案。

第一百二十四條　憲法修改，須由五分之一以上國會兩院議員提議、三分之二以上國會兩院議員出席、出席議員三分之二以上表決准予、三分之二以上的州（省、直轄市、聯邦主體）議會批准，或者經由100萬以上國民連署提議、全面公決半數以上通過，方可修改，但不得通過顛覆憲政制度、約束公民權利的憲法條款。

第一百二十五條　中國國旗的中央為象徵中華五千年文化的大紅燈籠，燈籠上圖案為八卦陰陽魚，旗幟底色為象徵現代文明的藍色。

第一百二十六條　本憲法由制憲會議三分之二以上的代表通過、經由全體國民公決、半數參與公決的國民同意後於2050年生效。

附則：憲政過渡時期（2008-2050年）三大憲條：

第一條　維護中國共產黨在向憲政國家和平轉型過程中的執政地位和社會穩定作用，實行憲政社會主義，約束政府權力，保障公民權利，實現公平正義。

第二條　任何政黨必須拋棄私利，為了國家的全面現代化和中華民族的長治久安，及時穩妥地推進憲政改革，致力於建立現代國家制度。

第三條　違背上述憲條者皆是失信行為，任何公民、組織皆可聲討之。

（胡星斗聲明：

1. 2050憲法是一理想主義研究版本，或許可以作為2050年中國制憲會議的藍本，經過全民討論、修改、公決後付諸實施。本人不主張激進變革，實際上50年後甚至100年後如果實現了本憲法的部分核心主張，即是本人之大幸、國家之大幸！

2. 本人不參與陰暗、卑鄙的現實政治。）

2008年10月9日初稿

2013年4月5日終稿

胡星斗：建議制定《對外援助法》

全國人大常委會：

鑒於中華人民共和國在對外援助方面的慘痛教訓，如從1950-1978年中國對越南援助203億人民幣（相當於現在的數千億元），對阿爾巴尼亞援助100多億人民幣；對朝鮮援助更是天文數字，據著名政治評論家阮次山估計，中國每年單方面對朝鮮的援助高達60億美元；中國對非洲援助，僅2000年至2011年，中國共對51個非洲國家援助了1673個專案，援助總額高達750億美元；2014年，中國承諾向非洲提供120億美元新的發展援助，2015年中國承諾向非洲提供600億美元援建基礎設施（《中國網》）。同時，中國的援助對象許多是政局危機四伏的國家，如辛巴威總統已經91歲，長期實行獨裁統治，辛巴威也被「透明國際」公布為世界上最腐敗的國家之一，中國對這樣的國家進行經濟援助或開展合作，肯定凶多吉少。

不僅對外援助，在對外投資方面中國（特別是國有企業）也有沉痛的教訓，如2014年中國對外投資虧損599億美元，創出30年來的次高（見《第一財經日報》）；中國有2萬多家企業在海外投資，90%以上虧損（見《國際金融報》）；中國近200億美元資金在利比亞利益洗牌中有可能「打水漂」；委內瑞拉變天，欠中國500億美元。

一方面是中國大規模的對外援助、投資，另一方面中國自身的貧困問題卻極為嚴重，根據聯合國發布的《2014年聯合國千年發展目標報告》：中國極度貧困人口總數占總人口比例高達12.8%，而尼日利亞為8.9%，孟加拉5.3%，剛果4.6%，中國的極度貧困人口比例遠遠高於非洲國家，也高於亞洲最貧困國家孟加拉。

因此，我建議全國人大儘快調研並制定《對外援助法》。該法至少包含以下內容：

一、對外援助（包括合作、央企投資）必須經過全國人大或全國人大常委會批准，向全國公開其詳細情況。

二、對外援助（包括合作、央企投資）應當避開動亂或潛在動亂、政局不穩、長期獨裁或可能變天的國家與地區。

三、對外援助（包括合作、央企投資）實行決策人、簽字人終身負責制，凡怠忽職守造成國家重大損失的，追究其行政直至法律責任。

　　四、凡免除受援國債務，須證明該國貧困人口或極度貧困人口占總人口的比例高於中國。

　　五、對外援助應考慮儘量惠及受援國的普通國民，避免其腐敗政權、官員營私舞弊，貪汙援助款項。

　　以上建議，敬請全國人大考慮為盼。此致，

　　敬禮！

公民　胡星斗

2015-12-8

中國政治改革順序論：建議實行憲政社會主義

——在天則經濟研究所「2012 期許論壇」、中國市場經濟研究會等會議上的發言

胡星斗

中國政治改革的順序是先法治後民主、先分權監督後代議選舉、先言論自由、新聞自由後結社自由、政黨自由。同時我建議：實行「憲政社會主義」，迎接「新改革開放」時代；實行可控民主，大力完善人民代表大會制度；增進民權，改善民生，建設「社會主義新國家」；繼續解放思想，開展社會正義運動，建設公正社會。

一、中國政治改革順序論。

中國政治改革應當遵循「實現正義，保持穩定，循序漸進，先易後難，先法治後民主，兼顧理想與現實、目標與手段」的原則，在憲政社會主義的旗幟下有序推進。

所謂「先易後難，先法治後民主」，也就是在實現正義、保持穩定的前提下，進行漸進的憲政改革，確立憲法權威，開展違憲審查；依照黨政分開、分權制衡的原則，實現機構之間、權力之間的相互監督；實行可控民主，完善人大制度和黨代會制度，發揮人大和黨代會的關鍵作用，政府必須向人大、黨委必須向黨代會負責，完善罷免問責程式；開展輿論監督，尊重民意，完善公推公選制度；暫不開放直接民主選舉行政領導人，逐步實現代議民主；同時，先實現言論自由、新聞自由，十年、二十年後實現結社自由、政黨自由。儘管憲政、法治與民主是不可分的，但是仍然可以有輕重緩急之分，在中國，憲政、法治、分權制衡應該先搞，直接民主選舉、政治結社、政黨自由應該緩行。

所謂「兼顧理想與現實、目標與手段」，就是要調和、包容、容納一對矛盾、兩個方面：理想與現實——理想是憲政，現實是社會主義；目標與手段——在一定程度上可以說，憲政是目標，走社會主義道路是漸進達到憲政目標的手段，當然社會主義的公平正義也可以被看作目標。還要兼顧、包容右與左——憲政在一定

程度上是右，社會主義是左；普世價值與中國國情——憲政是普世價值，中國國情是走社會主義道路；進一步說，還必須兼顧自由主義與社會主義，憲政、公平屬於自由主義，同時也屬於社會主義；還要兼顧當代潮流與路徑依賴——憲政是當代潮流，社會主義是目前的路徑依賴；兼顧長期目標與目前的道路——憲政是長期的目標，目前的道路是社會主義。

只有實行憲政社會主義，才能符合「實現正義，保持穩定，循序漸進，先易後難，先法治後民主，兼顧理想與現實、目標與手段」的改革原則。憲政社會主義蘊含著憲政優先於民主、法治優先於自由、分權制衡優先於民主選舉的內涵，憲政社會主義更加可能為高層決策所接納、為擔心民主可能導致社會動亂的人士所接受。2006年我在一些論壇發言中多次闡述憲政社會主義的觀點，在2006年8月首屆全國社會主義論壇上，我發表了論文《憲政社會主義與現代中華文明探討》，在2007年3月的研討會上我發表了《憲政社會主義與可控民主適合中國國情》的文章；2008年6月27日，我發表了《設立政治改革特區，試點憲政社會主義》的文章；2008年7月10日，我又發表了《只有憲政社會主義才能救中國》的文章。

憲政社會主義也可表述為公平社會主義、共用型社會主義。憲政社會主義原則也可表述為：抑制官權，節制資本，改善民生。

憲政社會主義經濟與民主社會主義及福利社會主義、職能社會主義、基金社會主義等有關，但是又不同於民主社會主義經濟。職能社會主義是對私有制的修正，憲政社會主義是對國有制的修正；職能社會主義是對私有制國家的改革，憲政社會主義是對公有制國家的改革；基金社會主義是將私有制改造為「分別所有」的集體所有制，憲政社會主義是將國有制改造為真正的全民所有、公眾所有。憲政社會主義經濟超越福利主義、職能社會主義，而重視公民權利，主張通過改善民權以達到改善民生的目的。民主社會主義是制度主義、制度經濟學，憲政社會主義是憲政主義、憲政經濟學。

二、實行「社會主義新政」，迎接「新改革開放」時代。

實行「社會主義新政」，核心第一條就是實行憲政社會主義或法治社會主義。

只有憲政社會主義或法治社會主義才能發展中國！

對於中國，民主社會主義不如憲政社會主義或法治社會主義好。民主社會主義源於西方，在北歐等國取得了巨大的成功；但是中國之大、國情之複雜不同於北歐，不適合強調民主、先搞民主，而應當強調憲政、法治，先搞憲政、法治（儘管也搞「可控民主」）。也就是說，憲政社會主義或法治社會主義蘊涵了「憲政優先於民主」、「建設法治國家優先於建設民主國家」的內容。

憲政就是憲法政治，即保證憲法的至高無上的權威性，一切組織和個人都必須在憲法允許的範圍內活動，為此必須建立違憲審查機制，設立憲法法院；同時，憲政也是「限政」，即限制政府，制約行政和司法權力，實現公權力的分權與制衡，建立「有限政府」，保護公民權利。憲政與法治（也許「法治」一詞更容易為領導層和民眾接受），雖然兩者側重點不一樣，一個重在憲法與分權，一個重在規則與平等，但是他們異曲同工，都代表了人類現代文明的最高成果。

所謂憲政社會主義或法治社會主義就是既尊重憲法的至高地位又保障政府應有的權威性、既致力於建立有限政府與法治國家、捍衛公民權利又強調建立有效政府、避免民粹主義混亂的社會制度。

憲政社會主義或法治社會主義源於我對「右」（憲政）與「左」（社會主義）、效率與公平、自由主義與社會主義融合的思考。憲政社會主義既以自由主義和社會主義為師，同時也反對全盤西化的自由主義和暴力專制的社會主義，它是不斷創新、與時俱進的社會主義，是新時期的中國特色社會主義。

在未來的中國，「憲政」（「法治」）與「公平」（「社會主義」）是兩大旗幟。誰高舉了這兩大旗幟，誰就能贏得中國，就能引領中國的現代化；誰丟棄了這兩大旗幟，誰就是在把中國引向沉淪和災難。

只有憲政社會主義或法治社會主義，兼顧憲政民主與社會穩定、法治分權與中央權威、普世價值與中國特色，才能真正地幫助中華民族走出危機、走向新生。

中國實行社會主義新政已經刻不容緩（詳見附件：社會主義新政的主張），中國共產黨將由此開創「新改革開放」時代。「新改革開放」時代就是改革開放進入新紀元、實行憲政社會主義或法治社會主義的令人耳目一新、社會煥然一新的嶄新時期。

三、實行可控民主，大力完善人民代表大會制度。

可控民主強調民主過程的透明、有序、程式性、可控性，注重過程的可控和結果的部分可控。提倡室內民主（通過電視、禮堂、教室等發表競選演說）、協商民主（鼓勵不同黨派不同利益集團的平等協商，加強和改革政協的作用）、法治民主（而不是「文革」式的無法無天的民主）、間接民主（通過人民代表大會實現民主），反對街頭政治，鼓勵政治協商，主張法治優先了民主；建立代議制度，公民只選舉產生權力機構或立法機構，然後由權力機構或立法機構通過選舉及協商產生行政官員，不搞全民直選行政官員及最高領導人。

只有可控民主，政治有序，社會才能穩定和諧，國家才能不分裂，中國才能不混亂；只有可控民主，才能保證中國這樣一個特大型國家的領導人的必要尊嚴和威信；只有可控民主，才能避免民族主義、民粹主義的氾濫。如果民主不可控，對於中國這樣一個壓抑得太久的民族，必然是非理性的爆發，必然是打砸搶。

憲政社會主義與可控民主的實現方式是充分發揮人民代表大會的關鍵作用。

中華人民共和國憲法第六十二條、第六十七條規定了人民代表大會有權「監督憲法的實施」，常務委員會具有「撤銷國務院制定的同憲法、法律相抵觸的行政法規、決定和命令」，「撤銷省、自治區、直轄市國家權力機關制定的同憲法、法律和行政法規相抵觸的地方性法規和決議」的權力。此兩條實際上確定了全國人大的違憲審查的職能。我認為，為貫徹憲法精神、落實憲法權力，全國人大應儘快成立違憲審查委員會。該委員會由著名政治家、法學家組成，通過民主投票初步決定某一檔、法規是否違憲，如果認定違憲成立，再由全國人大常委會作出最後的決定。

為了實現可控民主，必須修改選舉法，完善選舉程式，讓人民代表通過競選產生、使之代表民意，同時為了保證民主的有序性，可以規定：只能在政府指定的會議廳、禮堂、教室、電視、廣播等場所和媒體上發表競選演說，不得從事街頭政治行為。人大代表的數量應當精簡，人大代表一旦當選、履職，應暫停原來的職業，但保留公職，發放人大代表薪酬，使人大代表專職化。這樣做，能夠保證人大代表有足夠的時間和精力瞭解民情、傳達民意、做好調研、監督等工作。

各級政務官由同級人民代表大會選出，政務官包括國家、省自治區直轄市、普通市、縣及各部門、國有企業事業單位的正職領導人；實行透明政治，除依法並且在律師的要求下召開閉門會議的除外，一切行政會議、各級人民代表大會會議，公民皆有權旁聽；實行經濟民主，企業的監事會、董事會、管理委員會等機構中依法應有三分之一至二分之一職工代表，企業主管工資福利的副廠長、副經理應由工會派出；所有的企業、事業單位都應組織工會，工會負責人由工會會員選舉產生，工會的首要職責是維護職工的權益，並且可代表全體職工與政府、集體或資方就工資總額進行談判；農村應組織農會，農會負責人由農會會員選舉產生，農會的首要職責是維護農民的權益；政府扶持民間組織的發展，但民間組織不得進行非經法律允許的遊行示威、戶外演講等街頭政治行為，不得破壞社會穩定。

　　憲法第三條規定：「國家行政機關、審判機關、檢察機關都由人民代表大會產生，對它負責，受它監督」。這種立法、行政、司法三位一體的制度能夠體現人民當家作主的特點，保證了人大成為名副其實的權力機構。但是，如何在權力高度集中的人大內部實行分權制衡，特別是如何監督政府、司法機關，以及誰來監督人大，還需要作出制度上的安排。我認為，一要發揮第四權即新聞媒體的輿論監督作用，二要體現選民的選擇，三要支持公民行使憲法第六十三條中規定的罷免權。對罷免官員的條款進行具體的立法，出台細則。

　　中國憲法第六十二條規定全國人民代表大會「審查和批准國民經濟和社會發展計畫和計畫執行情況的報告」，「審查和批准國家的預算和預算執行情況的報告」。也就是說，人大具有監督財政支出、財政預算決算的職能。中國目前的當務之急就是要將之落到實處，在各級人大中儘快成立會計局或審計局，由專業人士和專職的高素質的人大代表們掌管「錢袋子」，人大財經委員會不得由政府官員轉任。各級政府必須列出詳細的財政預算清單，沒有人大的批准，政府和各部門不得亂花一分錢。

　　為了實現可控民主，必須對「兩會」政府工作報告進行問責。各級「兩會」的政府工作報告都不斷地徵求方方面面的意見，力求完美無缺，但報告中的內容有多少落實了，似乎無人關心，於是大多數問題一年又一年重複地提出，寫入報告。所以，我建議：每年的「兩會」對前一年「兩會」的政府工作報告進行回顧、評價，說明落實情況、未落實的原因以及整改措施。

還必須對提交議案與否、議案品質以及落實情況進行問責。目前,「兩會」提案情況並不十分踴躍與理想,提案多是個人性質或者小範圍徵集而來,很少公開徵集提案。學者根據中國人大網的公開資料統計出1800多位十屆全國人大代表(不包括黨和國家領導人及各地省級領導)5年來沒有領銜提交過一件議案。提交的議案中重複的很多,大多不敢涉及所謂「敏感」、實則關係民權民生的重大問題如信訪、勞教等。議案的落實情況也無人問津,無權問責。所以,我建議:對於連續兩年沒有提出一項議案的代表或委員作自動棄權、放棄代表或委員資格處理;鼓勵代表或委員通過媒體或其他途徑公開徵集提案;對於提案中的問題應當解決而沒有解決的,由人大以一定的法定程式追究有關部門的責任。

四、增進民權,改善民生,建設「社會主義新國家」。

按照「抑制官權,規範資本,增進民權,改善民生」的原則,進行「社會主義新國家」建設。

1、實行陽光財政制度。建議從陽光財政、民主財政入手,建設陽光政府、社會主義新國家。改革人民代表選舉制度,促使人民代表大會認真監督預算、決算和支出狀況;嚴格執行預演算法,追究超預算開支、非預算開支、改變預算開支專案的責任;逐步取消預算外、制度外的收費;向社會公布預算內、預算外、制度外的收入與支出的詳情直至每一項採購、開支的情況,接受民眾的監督。

2、實行陽光財產制度。建議制定陽光(財產)法案即公職人員收入與財產申報法。按照「漸進妥協、實事求是、減少阻力、消除障礙」的原則,設定5年的執法過渡期,公職人員新進、調動、晉升皆需申報與公開財產,原崗位不動可暫時不申報與公開財產,但最長期限5年,期滿後或者退出公職,或者公布財產。凡主動公布財產者,財產與收入不符的部分繳納特別稅,稅率約80%,剩餘的財產合法化,不再追究公職人員的法律責任;凡不主動公布財產者,一旦被揭發或查處,依照有關法律懲處;退出公職者,繳納60%的特別稅,剩餘的財產合法化;在5年過渡期內收受的非法財產,一律依法懲處。

3、制定反腐敗法(廉政法)。反腐敗法確立相對獨立的反腐敗機構,鼓勵舉報,規定公職人員操守,對影響力交易、回扣、非物質性的好處、性賄賂等予以懲

處等。建議設立「中華人民共和國廉政總局（總署）」，各地設立廉政分局和聯絡處，全國按地區設立10個分局，每3個省、自治區、直轄市設一個分局。各市、縣設立廉政聯絡處。全國人民代表大會設立廉政委員會，領導和監督全國的廉政及反腐敗工作，地方人民代表大會不設立相應的委員會。國家廉政總局受全國人民代表大會領導和監督，對全國人民代表大會負責；在全國人民代表大會閉會期間，對全國人大常委會負責並報告工作。同時，作為過渡性安排，國家廉政總局也可接受國務院與全國人大的雙重領導，垂直管理，不受地方政府與地方人大的干預。由原監察部、預防腐敗局、反貪局、信訪局等合併而成。

4、實行教育第一、教育優先的戰略。中國的真正崛起取決於教育的崛起。教育第一戰略的突破口是將教育指標和教育公平列為各級官員政績考核的第一指標；按照學生實際人數而非戶籍人數撥付教育經費，實施完全免費的義務教育；在打工子弟中實行教育券制度，逐步實現外來人口子弟在當地參加中考高考；國有大學按照各省區直轄市的人口數或者應考學生數，確定相應的招生指標，同時在此基礎上考慮國家開發西部的政策、生源品質、地域因素等進行微調；高考推行「一年兩考」或「一年多考」，壓縮考試科目、天數，增加面試；推行素質教育和能力考試，禁止義務教育階段的擇校、補習，實行教師流動制度，減輕學生負擔；大幅度提高教師特別是貧困地區、農村地區、偏遠地區教師的工資待遇，遏止城鄉教育差距的擴大；建議將孔子的誕辰（陽曆）9月28日確定為教育節或新的教師節，以彰顯中國人民尊師重道、傳承文化、提升道德的大國風範和氣魄，它將有助於提高國家的軟實力，提升全體國民和華人的民族自豪感，增強中華民族的凝聚力，促進兩岸統一。

5、實行「三免」制度——免費義務教育、免費基本醫療、免費基本養老。除了實行完全免費的義務教育，還要建立免費基本醫療制度，免除國民的診療、手術、住院費用，藥費目前自理一部分，未來全部免除；降低藥價，完善國家基本藥物制度；制定《社會保障法》，規定財政對社會保障的投入比例，確立公平、統一的社會保障原則和社會保障體制，讓官員、公務員、事業單位人員、一般城市職工、無固定工作者、農民、農民工擁有同一張社會安全網；擴大低保範圍，提高低保標準，根據低保者有無勞動能力給予不同的低保待遇；建立綜合性公積金制度，公積金資金不僅可以用於住房，而且還可以用於教育、醫療和養老；建立農村個人

帳戶制度，國家和地方財政扶助、個人繳費的合作醫療、醫療保險、養老保險等資金全部打入個人帳戶。

6、廢除戶籍制度，建立國民資訊系統。戶籍制度是構建公正社會的第一大障礙，它與市場經濟完全相悖離、相衝突；戶籍制度是「三農」問題、城鄉差距擴大的禍根，嚴重阻礙了中國城市化的發展，它既損害了農民、外來人口的利益，也損害了城市居民的根本利益；戶籍制度違背中華人民共和國憲法和國際公約，妨礙了公民權利的實現。必須廢除戶籍制度，代之以國民資訊系統——身分證系統進行社會管理，將個人和家庭資訊、就業收入以及財產情況、信用守法納稅記錄、養老醫療低保等社會保障資料、甚至做義工、志願者等事項一併納入全國統一的身分證號數據庫中，按照身分證號建立社會安全網，建立可銜接、可轉移、全國統一的社會保障體系；同時將個人檔案電子化、透明化，進入國民資訊系統中，供全社會有條件地查詢，打破城鄉界線、地區界線、城市界線，塑造政府與公民之間透明、互信的新型關係。

7、取消特供制度，解決特權腐敗，贏回民心。取締高級幹部的食品特供制度，取締國有醫院中的高幹病房，禁止幹部的公費療養；破除國有壟斷，縮減龐大政府，降低行政成本；大幅減少公款吃喝、公款用車、公款旅遊出國的「三公」特權消費；廢除官員的特權型養老、醫療和福利待遇，除退休的國家主席、人大委員長、總理等少數人之外，取消公務員退休離休後的祕書、廚師、保姆、警衛員、司機、勤務、公務員、專車、住房及醫療方面的特別待遇。

8、進行土地制度改革，建立現代農村制度。以賦予農民土地所有權或完整的土地產權作為新農村建設和農民致富的突破口。實行土地的「三化」——資本化、規模化、合作社化，允許土地的買賣、出租、入股、抵押貸款，解決農村的融資困境；農村集體土地應當享有開發建設權；借鑒臺灣「土地增值歸公」的經驗，土地轉為非農用時一半充公，剩下的一半收取高額的土地增值稅；對土地的買賣施以限制——必須在城市有工作、有住房；或者年老無人贍養，或者開發商解決其工作、住房和社會保障，這樣，農民才能賣掉他的土地，因此，土地改革不會發生豪強土地兼併、農民流離失所的狀況。現代農村制度是指既符合中國國情更要遵循現代人類文明規範的民主、法治、公平、高效、開放、文明的社會主義農村制度，包括現代農村政治制度、現代農村經濟制度及現代農業制度、現代農村社會制度和現代農

村文化制度;建立現代農村制度就是要建立村民自治、權力在農、土地農有、稅費法定、公平高效、科學文明的現代制度。

9、改革國有企業,保護民營經濟。修改《反壟斷法》,禁止行政型壟斷;廢止2006年國務院辦公廳轉發的《關於國有資本調整和國有企業重組的指導意見》,廢除或修改最近出台的十大產業振興規劃,重點扶持民營企業;設定國有企業邊界,改善國有企業治理結構;遏制國企官場化,取消國企行政級別;實行國企的全民持股、全民分紅,加大國有企業上繳特別收益金的比例;切實保障民營企業的合法權益,落實非公經濟發展的兩個「36條」,解決「玻璃門」、「彈簧門」現象;開放民營金融,減輕民營企業的稅費負擔;建立法治經營環境,改變民營企業的弱勢地位。

10、打破金融壟斷、廢止《非法金融機構和非法金融業務活動取締辦法》。改革銀監會和中國人民銀行的職能,擴大私人銀行試點,將規範的地下錢莊合法化,進一步發展股份制銀行、股份合作性質的企業,發展企業債券,允許企業在一定條件下自主集資融資。廢止國務院1998年7月第247號令《非法金融機構和非法金融業務活動取締辦法》,大力發展社區銀行、鄉村銀行、小額貸款公司,允許定向吸儲、土地和宅基地抵押,解決老百姓創業、新農村建設的融資困境。

11、建議對經濟罷工權立法,規範罷工行為,制止非法罷工,避免經濟問題政治化,防止勞資矛盾演變為官民衝突,從而維護社會穩定。沒有罷工權立法,怎樣能遏止企業主在追求利潤最大化的過程中侵犯勞動者的權利?沒有罷工權立法,將經濟性罷工當作「政治事件」、「突發事件」、「群體性事件」,當作「鬧事」來對待,加以彈壓,把勞資矛盾動輒上升為官民衝突、政府與工人的對立,政府替資本家背黑鍋、承擔責任,這種做法是極其不明智的,不但加重了政府的工作負擔,而且加劇了社會的不穩定,敗壞了政府的形象。沒有罷工權立法,就不能保護正當罷工,制止無序罷工和各種怠工、停工現象,不利於社會的穩定。罷工權立法即使會給社會穩定帶來一些風險,那也是局部的、微小的風險,它是推動勞資關係改善所必須付出的代價,是一種「必要的罪惡」,實際上,罷工權立法可以起到「社會安全閥」的作用

12、進行行政體制改革。縮小省級行政轄區,以遏制地方主義勢力,加強中央政府的權威性;增設副省級直轄市直轄市,考慮到南京、武漢、廣州、西安、潘

陽、哈爾濱、成都等大城市為省會，不宜變更，應繼續保持他們的副省級地位，現可考慮增設青島、大連、深圳、珠海、廈門、蘇州、寧波、洛陽作為副省級直轄市，同時擴大他們的區劃範圍；實行大部制，合併民政部與國家地震局，組建民政與緊急事務部，加強對災難的統一救援；撤銷鐵道部，設立鐵道總局，歸交通部領導；撤銷科技部，世界上極少見哪個國家設有科技部的。目前，中國各級政府的4000個科技局、數十萬官員和辦公人員消耗的經費至少相當於科研經費的一半，所以，我建議恢復國家科委，減少人員編制和辦公經費，市級（包括縣級市）以上政府設置地方科委，其他縣級政府一般不設；建議在國家海洋局的基礎上成立國家海洋部，統籌海洋事務，確保國家的海洋主權和利益，改變中國局限於大陸型國家的歷史與現狀；建議分拆中央電視臺或者另建「國家電視臺」，以打破壟斷、促進電視行業的競爭，同時擴展央視品牌，提升國家級電視的經濟效益和社會效益；建議國家對監督部門如監察局、檢察院、反貪局、法院、審計、環保、安全監督實行完全的垂直管理，對競爭部門如煙草、食鹽、電力等取締專營壟斷。

五、繼續解放思想，開展社會正義運動，建設公正社會。

中國急需第三次思想解放運動。這次思想解放運動將釐清公有與私有、人治與法治的迷思，解決為什麼要減少國有、破除國企壟斷、減少人治、堅定不移地實行憲政與法治的問題。

社會主義與傳統的公有、國企沒有必然的聯繫，共同富裕與傳統的公有、國企也沒有正向的關聯。當今世界上最公平、貧富差距最小的國家如北歐諸國、西歐、日本等皆是財產私有的國度，其基尼係數都在0.30以下；貧富差距的縮小只與所得稅、遺產稅等稅制、股份共有、社會保障等制度、宣導公平的左派政黨在西方不斷執政等密切相關，與傳統的公有制、國有企業沒有正相關性。

建議開展社會正義運動、平等權利運動，建立公正社會。羅爾斯說：「正義是社會制度的首要價值。」不能把穩定作為社會的首要價值。如果以穩定為藉口，犧牲社會正義，損害政府的信用和威信，那麼將導致社會長期的不穩定。

上個世紀初美國的社會進步運動，以及揭露社會醜惡的「扒糞運動」，最終一掃美國的腐敗，為三十年代的新政以及二戰後的經濟社會全面進步奠定了基礎。

19世紀後期，美國的經濟高速發展，國家迅速致富。1894年，美國的工業總產值超過英國，居世界第一。工業化、城市化雖然給社會帶來了豐富的物質財富，但並沒有消除社會貧困和不滿，相反，社會矛盾日益激化，社會騷動頻繁發生。當時美國有一本小說《民主》，裏面有一句話說：「我七十多歲了，跑遍了全世界，走了這麼多國家，還沒有見過一個比美國更腐敗的國家。」那時的美國，貧富分化類似於當今的中國，到處是血汗工廠，工人每天工作12小時以上，而工資卻微乎其微，各種工傷事故和礦難頻發，食品安全、飲水安全、環境衛生以及住房問題、窮人子女的教育問題都十分突出。那時美國工人也沒有罷工的權利，勞資矛盾尖銳，貧富階級嚴重對立。但是，從1900年到1917年，美國興起了一場社會進步運動——反壟斷、反特權、反歧視；爭取平等權利、改善工人待遇、緩解勞資矛盾；開展社會慈善運動、安居運動，消除貧困、救濟窮人，解決食品安全、環境衛生、貧困人口教育等問題，紓解民生困境；開展扒糞運動，揭露社會黑暗與弊端、抑制權貴經濟；進行政治改革、重建法治規則、商業道德和社會價值，等等，社會進步運動幾乎囊括社會生活的方方面面，對於日後美國的進一步發展和長治久安影響深遠。

目前中國的病態非常類似於100年前的美國，中國也正需要一場社會正義運動或社會進步運動，改變是非顛倒、道德墮落、社會危機四伏的現狀。如中國應當開展反壟斷、反特權、反歧視運動；採取措施，幫助工人爭取自身的權利、改善工人待遇、緩解勞資矛盾；開展慈善運動、安居運動，消除貧困、救濟窮人，解決食品安全、環境衛生、貧困人口教育等問題，紓解民生困境；建立現代新聞制度，允許民間媒體的規範發展，開展扒糞運動，揭露社會黑暗與弊端；進行政治改革，重建法治規則、商業道德和社會價值。未來，中國必須加快政治體制創新，尤其要堅定不移地走建設社會主義法治國家的道路。

附件：社會主義新政的主張

社會主義新政包括政治新政、經濟新政、社會新政、文化新政。

一、政治新政。

弘揚憲政主義與社會主義價值觀，推行「四民主義」思想——「民有（人民擁有國家主權和財產權）、民授（高層實行代議制、人民通過民主方式授權於政府、人民不直接管理國家）、民治（基層實行地方自治與村民自治、人民直接治理）、民享（人民分享發展成果）」，以「四民主義」為指導思想進一步改革中國、發展中國、穩定中國、統一中國。以「四民主義」涵蓋、創新、超越三民主義，化解大陸與臺灣意識形態的分歧與對抗，創造兩岸人民能夠共同接受的價值觀。

合併「中國」與「中華人民共和國」兩國名，使用唯一永久國名——「中國」，以克服一朝一代思維和意識形態色彩。台獨分子因為不承認「中華人民共和國」而分裂中國，國民黨和臺灣主流人群也不認同「中華人民共和國」，但認同中國，使用唯一國名「中國」後可極大地增強臺灣同胞的祖國意識，抹去意識形態隔閡，避免「一個中國」是「中華人民共和國」還是「中華民國」的爭執，使得台獨分子失去以政治和意識形態理由分裂祖國的藉口。採用唯一永恆國名「中國」，可加速中國和平統一的進程，以後中華民族萬世一系，皆稱「中國」，全世界華人皆以「中國」為自豪。

實行（執政黨）黨主立憲，召開制憲會議，在全國人大設立違憲審查委員會，同時成立憲法法院，廢除違憲的法律、制度、檔、指示；同時，維護執政黨、中央政府在憲政之內、憲法之下的權威性、有效性；宣導可控民主，優先進行人大代表的直接選舉和各級人大的改革；實行代議民主、可控民主、協商民主以及中國特色的公推公選，提倡室內民主（通過電視、禮堂、教室等發表競選演說）、法治民主（而不是「文革」式的無法無天的民主），反對街頭政治；實行地方自治制度，確立司法、立法、監察、反貪、審計、媒體等的獨立性；實現權力的分立與制衡，從財政上組織上人事上保證人大、政協、法院、檢察院、反貪局、監察、紀

檢、信訪、審計、工會、媒體的獨立性。

廢除勞動教養制度，啟動法治國家建設；勞動教養制度賦予了各級領導和公安部門法外關押老百姓的權力，屬於明顯的違憲違法，而政府以違憲違法的方式處罰公民中的輕微犯法，已經嚴重地損害了政府的合法性。而且，政府違憲違法，等於是污染了水源，上行下效，誰也不會尊重憲法和法律！只有依照憲法和法律治國，才可以保證執政黨的長期地位。

廢除行政型的信訪制度，在全國人大常委會設立立法監督型的申訴總局，在各省區直轄市、市、縣設立垂直管理的申訴分局，負責對信訪問題的法治化統籌監督與處理，另外設立對人大申訴局負責的申訴專員制度，專事聽案、調查，向檢察院舉報。各地申訴分局的任務，一是接待上訪人員，建立檔案，將案件分類提交到一府兩院處理，為中央政府和地方政府、部門提供資訊動態服務。二是督促行政復議，對復議結果不滿的，指導申訴者異地起訴。三是派出申訴專員傾聽民情，獨立調查。四是代表人大，全面監督一府兩院對申訴的處理過程和處理結果。

申訴局不會成為又一個信訪局，第一，申訴局隸屬於人大，確保其財政上、組織上獨立於各級政府，保證它的自主性和公正性；第二，申訴局有調查權、指定受理權、監督問責權，這符合人大的職能和改革方向，有利於強化人大的作用。而且，申訴局的優點在於，避免了大量的上訪人員進入北京；申訴局既不像信訪局那樣沒有權力，也不是準司法機構或司法替代機關，案子最終還是要由復議和司法的法治程式來解決，只不過，它強化了獨立性和責任追究。

之所以把行政型的信訪局轉變為立法型的申訴局，是因為：第一，通過對信訪制度的改革促進人大制度的改革，將憲法中全國人大的「最高國家權力機關」的地位落到實處，各級行政部門不但不能干預人大的工作，相反他們都要接受人大的監督。也就是說，立法型的申訴局符合人大改革的方向，能夠促進人大的改革，也實現了冤案申訴、處理方面與發達國家的基本接軌。第二，人大是立法機關，也是監督機關，申訴局設在人大，便於案件的法治化解決和加強監督。

二、經濟新政。

從特權型市場經濟走向共用型市場經濟。共用型市場經濟的本質是公平、均衡與普惠。發展不僅僅是經濟增長，它是經濟、社會、文化、政治的全面進步；共

用型市場經濟主張民有、民治、民享,產權共有、股份共用、社會分紅;強調不同人群、不同地區的普遍占有、平衡發展;共用是經濟增長或發展的意義和目的所在,沒有共用,經濟增長不但沒有意義,而且是有害的,必然導致種種的社會矛盾、社會分裂乃至於社會動盪。共用型市場經濟對於解決目前中國經濟和社會發展中的問題,如經濟與社會失衡、城鄉失衡、東西部失衡、資源環境破壞嚴重、過於注重GDP、過多收稅、官僚壟斷企業、壟斷金融、工資率太低、消費率太低、財政中民生支出太低、以及教育、醫療、養老、住房「四座大山」等等問題具有極其重大的戰略價值,也就是要改革政治體制,賦予民眾權利,讓人民共用改革與發展的成果。

建立共享型市場經濟,關鍵是實現權利共享,然後才能利益共享。

為了共享權利,必須立法保障公民的話語權、決策權、管理權、組織權、出版權、罷工權、遷徙權、監督權、司法權;必須取消特權待遇,廢除等級性、多軌制的醫療養老體制,建立普惠、平等的新型社會保障制度;廢除歧視性的二元戶籍制度,促進城鄉、不同地區的均衡投資和財富共生;國有企業應將股份量化到全體國民,進行社會分紅;建立有利於窮人的稅制,目前中國的稅收是有利於富人而不利於窮人、不利於縮小貧富差距的,如我國至今沒有開徵遺產稅;又如個人所得稅,中國工薪階層平均納稅額比例高達25%,據調查,富裕階層只納稅16%;改革金融制度,還人民金融權、保險權,鼓勵民營銀行、社區銀行、鄉村銀行、小額貸款公司、草根銀行的大力發展,以農業保險、房屋保險、財產保險及國家對於涉農保險的扶持與補貼來幫助人民抵擋各種自然災害,以土地抵押貸款、宅基地抵押貸款來幫助農民融資致富;還人民土地的權利,實現土地的資本化、財富化。城鄉土地制度應當統一,城鄉居民皆有權根據土地使用規劃而自由地購地建房,打破土地和房地產業的壟斷;城市居民有權到農村去購房、創業,從而降低城市的房價;農民也有權進行土地開發、房地產開發,有權在集體土地上不需經過徵地、只需遵循規劃而自辦私人企業(非鄉鎮企業)、自建開發區(而不是必須徵地後由政府才能建),這樣才能把土地的收益留給農民。糧食安全的危險來自於官員徵地,而不是來自於農民對於土地的合理利用,只要國家制定好土地綜合利用的規劃、法律,農民是不敢違法的,但官員往往是敢於違法的。

實行民有制、共有制以及經濟民主、勞動民主、管理民主;實現收入均等、

全民福利；推行免費義務教育、免費基本醫療、免費基本養老的「三免」制度，以所得稅、遺產稅、財政轉移支付制度等實現收入均等、地區均衡與共同富裕。

集體訴訟制度是中國克服腐敗、拯救環境、制止股市欺詐的法寶。只有人民監督政府，政府才不敢懈怠；只有人人負起責任，才不會人亡政息。發動群眾，進行監督訴訟，才能夠建立清新廉潔公正的社會。

建議實行財政公益訴訟、納稅人代表訴訟制度。只要老百姓有官員貪汙腐敗、浪費公款比如公款吃喝、公款購買豪華汽車、公款旅遊出國等證據，任何人都可以到法院起訴，追回的資金拿出一部分獎勵起訴者。美國、日本等發達國家都有這樣的法律。只要允許納稅人也就是廣大民眾起訴，貪官們立即會陷入人民戰爭的汪洋大海中，他們不得不行為收斂。

建議實行環境公益訴訟、環境集體訴訟制度。所有的環境污染受害者可以委託某一個受害者進行集體訴訟索賠，讓破壞環境的企業付出高昂的代價，讓企業不得不考慮是治理污染花錢多還是被集體索賠損失大，讓他們以後再也不敢污染環境了。而目前我國主要依靠上級檢查人員來到企業督促檢查，必然導致弄虛作假、矇騙上級、檢查團一走排汙設施又曬太陽的局面。依靠從上向下的監督必然事倍功半，甚至效果為零，只有從下向上的監督，才能事半功倍。

建議實行股東集體訴訟、股東代表訴訟制度。股東代表訴訟是中小股東權益的重要保護手段，其目的是建立一種機制為公司股東尤其是中小股東主持正義，阻止公司董事、董事長、大股東、高級管理人員濫用公司權利。在美國，規定所有的投資者都是天然的訴訟主體，普通人打股票官司可以不花錢，官司打贏後從賠償金額中扣除律師費。由於股東訴訟的勝訴率極高，所以許多律師都爭著為股東打官司。而且，美國採取舉證責任倒置，由公司方舉證，這樣十分有利於普通人。一旦官司勝訴，企業要賠償全體投資者，違規的企業往往要破產。所以，很少有企業敢於違規違法了。美國安然公司醜聞，在特定時期買進安然股票的投資者，可以獲得近40億美元的賠償，安然公司轟然倒下。

建立集體訴訟制度，是中國走向清廉健康經濟的重要手段。

三、社會新政。

開展社會正義運動或社會進步運動，弘揚社會正義，促進社會進步，保障公

民權利，建設法治國家。

提倡新「三公」：公民、公權、公德。培養公民意識，主張公民權力與責任；大力培育公民社會，鼓勵工會、農會、協會、商會、NGO的獨立發展和民間慈善組織的合法化；樹立公共權力、天下為公、權力歸民的理念，遏制公權力的濫用、私用；弘揚社會公德，沿著民主與法治、制度與監督、程式與規則的軌道建立堅如磐石的現代道德。

建立國民資訊系統或身分證電子系統，以三至五年的時間廢除二元戶籍制度，統一城鄉人民的勞動用工、社會保障以及財政、金融、土地等制度，賦予農民享有全部的國民待遇，賦予外來人口同城待遇。

實行「社會民主」，保障人民工作的權利、醫療的權利、福利的權利、住房的權利和依據其能力接受教育的權利；遵循「抑制官權，節制資本，改善民生」的原則，建立民生國家；消除特權、腐敗，縮小貧富差距，以可控民主制度解決官民矛盾、勞資矛盾。

建立現代反腐敗制度，實行「三陽光」、「三監督」制度。所謂「三陽光」，即陽光行政、陽光財政、陽光財產；「三監督」即新聞監督、公眾監督、人大監督。

四、文化新政。

開展「高貴中華、文明中國」活動；實施教育第一或者科教優先的發展戰略。

「高貴中華、文明中國」，就是要拋棄封閉、專制和官主的傳統，擯棄謊言、陰謀和暴力的政治，服從規則、程式、透明和監督，完善民主法治，保護人權產權，弘揚誠信、大愛的精神，提升官德，培育公德，使中華民族高貴起來，使古老中國文明起來。

中國的當務之急就是要弘揚誠信和大愛的精神，消除無處不在的欺騙和陷阱，建立信用制度；提倡諒解、妥協、對話、雙贏的理念，改變槍桿子裏出政權、流血奪江山、敵我勢不兩立、一山不容二虎的傳統思維，建立寬容、和解、高貴、文明的新中華。

致力於鑄造「中華新文明」或「現代中華文明」。「中華新文明」或「現代

中華文明」就是：將現代人類文明與中華優秀傳統、憲政社會主義思想結合起來，使中華民族既有全球意識又有尋根意識，使社會既穩定和諧又進步發展，既有效率又有公平，既崇尚科學、法治的權威，又充分尊重民主、人權，保障人的尊嚴與幸福。「中華新文明」或「現代中華文明」弘揚民本、憲政、公平、科學以及團結合作、相互尊重、民主協商的精神，保護思想自由、學術自由、言論自由；尊重新聞的獨立性，疏通民意表達管道；大力弘揚傳統文化的精華——愛國主義、民本主義、憂患意識、尊師重教的傳統以及社會道義感、責任感、使命感，進一步增強中華民族的內在凝聚力；吸收現代人類文明的優秀成果，創立現代新聞制度、現代教育制度、現代文化制度；確立憲政價值觀、多元文化觀、現代道德觀、社會主義公平觀。

中國的真正崛起取決於教育的崛起。建議實行教育立國、教育第一、科教優先的國策。將教育立國、教育第一、科教優先寫入憲法；將教育指標列為各級官員政績考核的第一指標；大幅度增加教育投入，力爭在五年之內將公共教育經費占國內生產總值的比例從目前的百分之三點多提高到發達國家的百分之六，努力壓縮行政成本；大幅度提高教師特別是貧困地區、農村地區、偏遠地區教師的工資待遇；大幅度提高學生獎學金、助學金、助學貸款的覆蓋面和額度；大力鼓勵民辦教育特別是民辦大學的發展，鼓勵公辦大學改制為民辦、成立董事會，向社會籌集資金；取消對民辦學校在職稱、評獎、高考錄取等方面的歧視；大力發展職業教育。將繼續教育學院改革為以職業教育為主。增加中學、大學的實用技能課程；普遍開展對工人特別是新工人（農民工）的技術培訓；大幅度提高企業的研發支出，對於研發投入實行免稅等優惠政策；改革國家化、行政化、營利化的教育體制，改變應試教育、唯智育、唯論文數量和科研經費數量、忽視勞動與實踐的教育現狀，鼓勵學術異見，宣導大學精神，培養完善人格。

2011-11-1，2012-1-10、15

致胡錦濤主席的建議信：中國的死路與出路

胡星斗

一、中國的死路：傳統治國方式是死路一條，中國至今沒有走上治國正道。

古代賢哲老子說：「以正治國」——治國要走正道，這是古人都懂的道理，可是在當代中國，治國卻一直沒有走上正道，一些地方政府甚至使用歪門邪道的手段治理地方。

1、未將公平與正義作為執政的基石，而錯將維持暫時穩定、維護現有秩序與利益作為頭等大事，由此而導致社會矛盾的日益激化。羅爾斯說：「正義是社會制度的首要價值」，而在當代中國恰恰相反，公平與正義被一些官員視如敝屣，穩定與既得權力、既得利益成為「首要價值」，為此，一些地方政府不擇手段，以謊言、暴力、陷害、勞教，動用黑惡勢力，關進黑監獄、精神病院，抓捕記者、舉報人，打擊不同意見者等手段「保一方平安」，使得維穩與維權形成尖銳的對立，維穩的財政開支驚人。據《社會科學報》（2010.5.27）報導，2009年全國內保費用5140億元，已經接近軍費開支；2009年中央公共安全支出增幅高達47.5%。與此相對應的，必然是民權的困境、官德的墮落、公德的沉淪、政府公信力的喪失，同時不可避免的是，龐大的維穩經費和行政成本嚴重地擠壓了民生。

公平與正義已亡，這是中國最令人痛心和擔憂的，也是政府治理最為失敗的地方。

2、目前中國的「三進三退」是歷史的反動。所謂「三進三退」是指：國進民退、官進民退（官權進、民權退）、人治進、法治退。

儘管官方否認存在著國進民退，但4萬億救市資金和2009年近10萬億信貸絕大多數給了國企，十大行業振興計畫其實是在幫助國有企業做大做強，鋼鐵、石化、有色金屬、資訊、汽車、船舶、航空、裝備製造、煤炭、煙草、鹽業等行業完全或

絕大部分是國有的天下，國有資產從1999年的9萬億元增加為2009年的43萬億元……種種事實都說明國進民退不是統計部門虛構一下國企、民企產值數據所能證偽的。

國進民退將嚴重地阻礙中國現代化的實現，越來越多的中國國有企業進入了世界500強，與其他國家清一色的私人企業（私有股份制企業）榜上有名形成了鮮明的對比，這將成為中國走上現代化歧途的象徵。國進民退也將嚴重地破壞市場經濟秩序，形成官僚市場經濟、權力市場經濟，這樣的畸形市場經濟催生了特權利益集團，導致了經濟低效率、腐敗和分配不公，必然遭到民眾的怨恨。

與國進民退相伴相生的是官進民退——官權進、民權退；官治（所謂的人治）進、法治退。凡是國有強大的地方，必然是破壞法治甚至無法無天的地方；目前中國的法治倒退令胡溫政府的形象在國內外嚴重受損。

3、「三個一體化」是對人類現代文明的嘲弄。目前，中國的體制是「三個一體化」：行政、立法、監督、司法一體化；官商一體化；黨政一體化。譬如不久前開車撞死人的私企老闆同時是縣委委員、縣人大常委，難怪他有恃無恐；紫金礦業的股東許多是縣委縣政府及各局的官員……這樣的體制不腐敗、不專橫、不胡作非為、不激起民怨，可能嗎？即使將全國所有的官員都叫到北京培訓100遍，也是無濟於事的。

如果最高決策者只知以傳統方式治國，不敢進行哪怕是穩健的政治體制改革、權力結構改革，那麼可以預見未來的中國將會越來越潰敗，道德會越來越沉淪，社會將越來越不穩定。

二、中國的出路：憲政與公平是未來中國的兩面旗幟，關鍵是進行權力結構改革。

在未來的中國，「憲政」與「公平」是兩大旗幟。誰高舉了這兩大旗幟，誰就能贏得中國，就能引領中國的現代化，就能有政治家個人的成功和國家的真正復興；誰丟棄了這兩大旗幟，誰就是在把中國引向沉淪和災難，即使經濟上獲得了短暫的成功，政治家個人取得了短暫的榮耀，但他最終也會被歷史所唾棄。

「憲政」與「公平」的結合是憲政社會主義。

憲政就是「限政」,即限制政府,建立「有限政府」,實現公權力的分立與制衡,保護公民的權利;憲政也即憲法政治,保障憲法的最高權威性,建立違憲審查制度。社會主義或稱新社會主義是指公平正義、平等共富、體現人文關懷、保護弱勢群體的理念和制度。所謂憲政社會主義就是憲法至上、保障公民權利、建立有限政府和有效政府、弘揚人文關懷、保護弱勢群體,秉持民主、法治、人道、公平價值觀的基本社會制度。

只有憲政,才能抑制特權、壟斷和腐敗,才能打破人治、官家主義和王朝迴圈,才能實現中國的長治久安;只有憲政,才有公平正義,才有社會主義。沒有憲政而鼓吹打土豪分田地、鎮壓或批鬥地富資本家老幹部的毛式平等和傳統社會主義,是沒有出路的。傳統社會主義就是封建社會主義或曰專制社會主義。

同樣,只有新社會主義,才能發展中國、穩定中國;只有憲政社會主義,才能救中國。08憲章儘管萃取了西方憲政民主的精華,但由於沒有與中國文化結合,也沒有與中國現實結合,所以它也不是一套完整的適合中國國情的具有可操作性的政治主張。

憲政社會主義既以自由主義和社會主義為師,同時也反對全盤西化的自由主義和封建社會主義,它是不斷創新的社會主義。

憲政社會主義主張:

實行「四民主義」——「民有」(人民擁有主權、選舉權、監督權、出版權等)、「民授」(高層由人民授權、人民普選產生人大代表、人大代表選舉產生領導人)、「民治」(基層人民自治)、「民享」(人民分享發展成果),超越和包容三民主義,促進兩岸統一;未來中國應當將「四民主義」作為國家的指導思想和精神支柱;

維護憲法的絕對尊嚴,在全國人大成立違憲審查委員會,設立憲法法院,廢除違憲的法律、制度、檔、指示;同時,維護執政黨、中央政府在憲政之內、憲法之下的權威性、有效性;

實現權力的分立與制衡,從財政上組織上人事上保證人大、政協、法院、檢察院、反貪局、監察、紀檢、信訪、審計、工會、媒體的獨立性,破除行政、立法、監督、司法一體化的反科學體制;

實行全民民主、代議民主與可控民主、協商民主(鼓勵政治協商,公推公

選）的結合，提倡室內民主（通過電視、禮堂、教室等發表競選演說）、法治民主（而不是「文革」式的無法無天的民主），反對街頭政治；

以廢除勞教制度作為實行憲政、建設法治國家的突破口。同時加快改革違憲的二元戶籍制度，給出廢止的時間表；廢除信訪體制，設立隸屬於人大、有利於監督的申訴制度，促進信訪案件的司法化解決；

以人大代表選舉作為權力結構改革的突破口，人大代表一旦當選、履職，應暫停原來的職業，但保留公職，發放人大代表薪酬，實現人大代表的專職化、非官化。這樣做，能夠保證人大代表有足夠的時間和精力瞭解民情、傳達民意、做好調研、監督等工作；

以陽光財政作為陽光行政、陽光政治的突破口，凡是使用財政資金的部門和單位必須在網路上曬財政預算和開支；同時，落實人大的財政監督職能和納稅人的權利，鼓勵公民就浪費財政資金、「三公」消費進行公益訴訟；

以陽光財產作為廉政、反腐敗的突破口，出台《陽光財產法》、《反腐敗法》，規定凡是公職人員其財產必須每年申報、公開，接受人民群眾的監督；

以媒體獨立、新聞自由作為保障民權的突破口。凡是新聞自由的國家，冤案都會通過新聞報導而得以良好的解決，所以都沒有上訪的問題。只有讓人民群眾獲得話語權、問責權、罷免權（落實公民的問責權、罷免權比選舉權更有意義、更容易操作），才能從根本上解決信訪、殺童、襲警等問題。禁止地方政府利用納稅人的稅款辦報辦廣播辦電視臺為自己歌功頌德；

以落實金融權作為保障弱勢群體權益、改善民生的突破口，為此，必須廢止國務院1998年7月第247號令《非法金融機構和非法金融業務活動取締辦法》，打破金融壟斷，大力發展民營銀行、鄉村銀行、小額貸款公司，允許定向吸儲、土地和宅基地抵押，解決老百姓創業、新農村建設的融資困境；

以廢除特權作為重塑政府、贏回民心的突破口。廢除官員的特權型養老、醫療和福利待遇。除退休的國家主席、人大委員長、總理等少數人之外，取消公務員退休離休後的祕書、廚師、保姆、警衛員、司機、勤務、公務員、專車、住房及醫療方面的特別待遇；取消幹部病房、高幹病房、幹部療養所、領導度假別墅、部級待遇、特供等公款福利特權；制定社會保障法，確立公平、統一的社會保障原則和社會保障體制，讓官員、公務員、事業單位人員、一般城市職工、無固定工作者、

農民、農民工擁有同一張社會安全網;

以破除國企壟斷、官商結合、實現全民持股、社會分紅作為促進社會公平、縮小貧富差距的突破口。目前國企利潤僅10%、央企利潤僅4%上繳,而且上繳利潤的絕大部分又返還到國有企業之中了,在2009年國企的上萬億利潤中僅10億元進入了財政。以後,必須以壯士斷腕的決心破除既得利益集團,加強國有資本經營預算。同時,從融資、減稅等方面扶持民營企業,打破行業准入的「玻璃門」。

以賦予農民土地所有權或完整的土地產權作為新農村建設和農民致富的突破口。土地是農民最主要的財富,只有土地資本化,農民才能富裕;農村集體土地應當享有開發建設權,不需要被徵收成為「國有土地」,地方政府從中掙足了,才能開發建設;小產權房應當逐漸合法化。可以借鑒臺灣「土地增值歸公」的經驗,農民的土地可以轉為非農用途;

以公益訴訟立法、保護舉報人立法作為公民問責、公民監督的突破口,任何公民只要有證據,就可代表全體受害人起訴揮霍公款、破壞環境、股市舞弊等行為。

以企業社會責任運動作為緩解資本與勞動矛盾、化解仇富心態的突破口,以社會進步運動或社會正義運動、平等權利運動作為緩解官民矛盾、城鄉矛盾,突破戶籍改革困境,解決弱勢群體問題、農民工問題的突破口。改革工會體制,由工人選舉產生或罷免工會領導人,促使工會能夠代表工人群體;出台罷工法,制止非法罷工,保護合法罷工,保障勞動者和資方雙方的權益;禁止地方政府非理性地彈壓一切罷工,避免勞資矛盾轉變成官民矛盾;取締對農民的種種歧視,在金融、財政、土地、就業、失業、教育、醫療、社會保障等方面保障弱勢群體的權益;消除貧困、救濟窮人、解決食品安全、環境衛生、貧困人口教育等問題、紓解民生困境;改變慈善行為的官方壟斷,由社會舉辦慈善公益事業;開展「扒糞運動」,揭露社會黑暗與弊端、抑制權貴經濟;充分發揮媒體「第四權」的監督作用,鼓勵批評性和揭露時弊的報導,以媒體自由和新聞民主遏止既得利益集團;制訂《勞工權利法》、《平等權利法》,締造中國的勞工權利、平等權利新時代;

中國的真正崛起取決於教育的崛起。中國應當實行教育立國、教育第一、科教優先的戰略。教育第一戰略的突破口是將教育指標(教育投入、城鄉教育差距、義務教育完成率、研發支出、農民工培訓等)列為各級官員政績考核的第一指標。

大幅度壓縮行政成本，增加教育投入，力爭在五年之內將公共教育經費占國內生產總值的比例從目前的百分之三點多提高到發達國家的百分之六，大幅度提高教師特別是貧困地區、農村地區、偏遠地區教師的工資待遇；遏止城鄉教育差距的擴大，據報導，80後的大學生數，城市是農村5.5倍。以後如果城鄉教育差距繼續擴大，總理應當辭職。

公平與正義是立國之基。通過憲政社會主義的實踐，公平與正義必將得以伸張，「三進三退」、「三個一體化」必將受到遏制，只有這時，我們才可以說中國找到了治國良方、走上了治國正道，也只有這時，中國的民富國強、長治久安才能得以實現，中國人的尊嚴才能得到保障。

2010-8-7

關於制定中國的陽光法案的建議書

全國人大常委會及「兩會」代表：

我建議制定中國的陽光（財產）法案。

世界各國的經驗證明，收入與財產實名、申報、公開制度是反腐敗的「終極武器」，是貪腐的治本之道。目前，世界上一百多個國家制定了關於公務人員財產申報的陽光法案。

早在1766年瑞典公民就有權查閱官員乃至首相的財產與納稅狀況。1883年，英國制定了世界上第一部財產申報與公開的法律——《淨化選舉、防止腐敗法》。美國於1978年頒布了《政府道德法》，於1989年又頒布了《政府道德改革法》，該法規定：總統、副總統、國會議員、聯邦法官以及行政、立法、司法機構中一定級別以上的工作人員，都必須依法申報本人、配偶及所撫養子女的收入和財產狀況。據此，美國有2.5萬名高級官員的申報資料要全部公開，另外有25萬多個中、下級官員的申報資料要有限制的公開。該法還對申報資料的審查、公布、查閱以及對拒報、遲報、謊報的處罰辦法做出了詳細的規定，如對無故拖延申報者，可判處1萬美元以下的罰款；對謊報資訊的人，最高可判處25萬美元的罰款或5年監禁。此外，美國法律還對官員收受禮物做了明確的規定，如政府雇員收到的禮物價值超過335美元的，都必須申報上繳。1989年美國眾議院院長詹姆士·賴特因超額收取講課費，他的妻子超額收取禮品，違反財產申報法而被迫辭職；2007年田納西州2名行政官員和2名司法官員因為遲交申報表各被罰款1萬美元。

後起地區或發展中國家也紛紛制定了陽光法案。韓國1981年出台了《公職人員倫理法》，1993年開始「陽光運動」，國會通過了「公職人員財產登記制度」，規定自總統以下34000多人必須申報財產、1670名高官必須向社會公布財產。當時的韓國總統金泳三率先垂範，迅速依法公布了其家庭財產。

2008年，俄羅斯制定了《反腐敗法》，聯邦總統領導反腐敗委員會。依照此法，任何政府官員在就職前必須申報個人和家屬財產，每年4月1日前申報上個會計年度的收入和財產變化情況，申報的數據向社會公布，接受公民的監督和舉報。

印度也建立了公務人員財產申報制度。印度所有公職人員的收入都必須打入銀行帳戶，包括兼職、租房在內的經濟活動也必須以支票結算，一人一個終生帳號，這樣公職人員的收入情況盡在監督部門的掌握之中。2007年5月16日印度總理辛格公布了個人財產情況。

2007年3月13日，越南總理阮晉勇簽署頒布了財產申報的法令，所有國會代表與副處級以上的政府官員於2007年9月起申報財產，公布他們的收入、房地產、海外資產、帳戶以及其他個人財物。

臺灣地區早就實施了《公職人員財產申報法》。香港實行了公務員申報利益制度，前財政司長梁錦松就因為買車時被指存在不當利益，招致媒體批評而辭職。

中國大陸在財產申報方面也已積累了不少的經驗。早在上世紀80年代，胡耀邦、陳雲、彭真、鄧穎超、聶榮臻等領導人就多次提出：要建立幹部和家屬財產收入申報公開機制，陳雲指出：西歐北美資本主義國家能做到，共產黨領導的社會主義國家沒有任何理由不能做到，否則，人民怎麼會擁護共產黨？1994年，全國人大常委會將《財產申報法》正式列入立法規劃，但後來由於種種原因而立法擱淺。

1995年中共中央辦公廳、國務院辦公廳出台了《關於黨政機關縣（處）級以上領導幹部收入申報的規定》，1997年推出了《關於領導幹部報告個人重大事項的規定》，2001年頒布了《關於省部級現職領導幹部報告家庭財產的規定（試行）》。這些「規定」都停留在黨紀黨規的層面，未能上升到法律強制性的高度；也缺乏可操作的細則和嚴格的實施程式；而且，「規定」僅將工資、各類獎金、津貼、補貼及講學、寫作等公開、合法的收入納入申報範圍，最可能涉嫌犯罪的灰色收入等等反而遺漏在申報之外。另外，申報的資料僅內部備案，不予公開，也缺乏後續審計、核查、懲戒等措施，致使財產申報流於形式。

2003年至2005年中央確定在上海、天津、廣東、江西省級黨政領導班子中進行申報公開試點，但最後不了了之。

我認為，現在中國實行官員收入與財產申報制度的時機已經成熟。如果不乘勢有所作為，將無法向全國人民交代。第一，中國在收入與財產申報方面進行了長期的探索，積累了不少的經驗。第二，對於收入與財產申報在全國範圍內展開了長期的討論，達成了共識，全國人民熱切期待申報制度的出台。第三，中國逐步建立了財產實名登記制度，如存款、股票、房地產等早已要求實名持有，為個人財產的

準確申報奠定了基礎；中國也早已開始了高收入申報，操作層面已經成熟。第四，也是最重要的一點，執政黨所代表的先進生產力和先進文化必須通過諸如財產申報等先進制度來落實和保障，政府也多次表態將從根本上遏制腐敗，通過財產申報來建立廉潔政府；未來，只有以立法的方式確立和實施公務人員的財產實名、申報、公開、監督的制度，才能大力地推動中國的反腐敗事業和廉政建設，才能不失人心贏得人心。

總之，我建議全國人大常委會及「兩會」討論制定陽光法案（請參考附件一：公職人員收入與財產申報法草案），同時建議制定《反腐敗法》，也可將公職人員收入與財產申報納入反腐敗法之中（請參考附件二：中華人民共和國反腐敗法（廉政法）專家建議稿、附件三：中華人民共和國反腐敗法（原名廉政法）專家建議稿簡介）。

以上建議，敬請全國人大常委會及」兩會「代表研究為盼。此致，
敬禮！

胡星斗

2011-2

附件一：陽光法案草案（公職人員收入與財產申報法專家建議稿）

童英貴　胡星斗

第一條　為了便於國民對公職人員收入合法性的監督，確保公職人員的收入狀況和財產資訊公開透明，國家實行公職人員收入與財產的申報制度。

第二條　本法所稱的公職人員是指一切從事或參與國家和社會公共事務管理的人員，包括以下六類：

（1）國家機關從事公務的人員。

即各級國家權力機關、行政機關、審判機關、檢察機關、軍事機關中從事公務的人員。執政黨各級組織、中國人民政治協商會議各級機關中由財政資金供養、從事公務的人員，視為國家機關工作人員。

（2）國有企業、事業單位、人民團體中從事公務的人員。

國有企業是指財產完全屬於國家所有的從事生產、經營活動的經濟組織和國有股份比例大於25%的各類經濟組織；

國有事業單位是指國家投資興辦或者國家部分投資或者財政部分承擔經費的科研、教育、文化、衛生、體育、新聞、廣播、出版等單位；

人民團體是指各類由國家財政提供全部經費或部分經費的民主黨派、各級工會、共青團、婦聯等群眾組織。

（3）國家機關、國有企業、事業單位委派到非國有企業、事業單位、人民團體從事公務的人員。

（4）依法選舉產生的農村村民委員會、城鎮居民委員會等組織中由財政供養、從事公共事務管理的人員。

（5）由財政撥款供養的各類行業協會的工作人員。

（6）其他依照法律實際從事公共管理事務的人員。

第三條　應當申報收入與財產狀況的人員包括本法所指的公職人員和公職候選人、公職人員因退休等原因離開崗位五年以內的以及上述人員的配偶、子女、父母。

第四條　接受收入與財產申報的機構為國家廉政機關，國家廉政機關由全國人大通過立法組建。

第五條　應當申報收入範圍：

本法規定應當申報收入的人員應當向廉政機關申報的收入包括工資、各類獎金、津貼、補貼及福利費、從事諮詢、講學、寫作、審稿、書畫等勞務所得、事業單位的領導幹部、企業單位的負責人承包經營、承租經營所得以及其他一切可以以金錢估價的財產性收入、人民幣100元以上的金錢和單件價值在人民幣100元以上的物品的饋贈。

應當申報財產的類型：

1、房地產；

2、生產、生活用的交通工具；

3、單件價值在人民幣500元以上的各類物品；

4、存款；

5、投資入股（包括各種投資及股票）、債券、債權、債務；

6、知識產權；

7、人民幣500元以上的其他財產。

第六條　廉政機關製作專門的《公職人員收入申報表》、《公職人員財產申報表》，便於公職人員填寫。

第七條　收入與財產申報的時間：每年1月1日至1月末申報上年的收入和截止上年底的財產狀況。

第八條　收入資訊與財產狀況的公布和資訊披露：普通公職人員的收入與財產資訊僅在接受申報機構範圍內公開，非經書面請求不向普通國民披露；副科長、鄉鎮副鄉鎮長、鄉鎮黨委副書記以上公職人員的收入和家庭財產資訊，中國公民可以憑本人身分證明在各廉政機關設在舉報接待場所的電腦上自由查閱。

第九條　申報真實性的核實：接受申報的機關可以隨時採取各種有效措施核實申報資訊的真實性，發現申報不即時應當責令申報者在10日作出說明，經審查認為說明不能令人信服的，按虛假申報論處。

第十條　拒絕申報的責任：公職人員拒絕申報收入與財產的，應當開除或撤銷公職，並按藐視國家廉政機關罪追究刑事責任。

第十一條　虛假申報的責任和查處：國家廉政機關負責對公職人員申報收入與財產真實性和合法性的審核。謊報、漏報、遲報財產，但涉及的財產性質合法的，處3000元以上本人上年度總收入3倍以下的罰款，情節嚴重的，並開除或撤銷公職。虛（瞞）報部分的財產為不合法收入的，依法追究刑事或非刑事責任。

虛假申報收入與財產罪：公職人員違反收入申報的規定，拒不申報、謊報、漏報、無故拖延申報者，處一年以上五年以下有期徒刑，並處隱瞞申報額五倍的罰金

第十二條　其他事項：申報時應當附帶填報申報時段接受禮品、接受饋贈、接受宴請、接受娛樂安排、接受其他各類免費服務和其他利益或好處的資訊。擔任公職以來接受的一切價值在500元以上的贈與均應當申報，以贈與等形式無償轉讓給他人的財產也應當如實申報。

童英貴　胡星斗

序言

　　廉政，即剷除公權私用、公權謀私、公權尋租之腐敗的清廉政治。腐敗是廉政的反面，反腐敗是廉政的必要手段。

　　鑒於《中華人民共和國憲法》「一切權力屬於人民」的宣告；

　　鑒於國民對公職人員「清正廉潔，公道正派」的要求和對清廉政治的渴望；

　　鑒於我國政府簽署《聯合國反腐敗公約》後應承擔的國際義務；

　　為了實現廉政、預防和剷除腐敗、保障社會和諧與公平正義，根據憲法，制定本法。

　　（共三百一十二條，以下略）

附件三：中華人民共和國反腐敗法（原名廉政法）專家建議稿簡介

　　《中華人民共和國反腐敗法（廉政法）專家建議稿》於2009年3月6日問世。作者是浙江世紀新天律師事務所律師童英貴和北京理工大學教授、反腐敗專家胡星斗。

　　《中華人民共和國反腐敗法（廉政法）專家建議稿》順應了反腐倡廉的時代要求，體現了開門立法、專家立法、公民參與立法的時代進步。

　　《中華人民共和國反腐敗法（廉政法）專家建議稿》分八章三百一十二款。第一章：一般規定；第二章：廉政機構；第三章：腐敗的預防；第四章：反腐敗調查；第五章：懲罰腐敗的措施；第六章：懲罰措施的應用；第七章：定罪與處罰；第八章：附則。

　　《中華人民共和國反腐敗法（廉政法）專家建議稿》的特點是：

　　一、對腐敗的定義比較寬，包括影響力交易、回扣、非物質性的好處等，它

符合我國刑法修改的趨勢和國際標準。如第一章第二條規定「本法所指的腐敗行為包括：公職人員利用職權、職務之便或者利用職權、職務的影響力，直接或間接接受他人財物和其他好處，為他人謀取利益；公職人員以各種手段侵占公共財產；公職人員濫用職權、徇私舞弊、怠忽職守損害國民生命、財產利益和公共利益；公職人員在經濟往來中違反國家規定，收受各種名義的回扣、手續費，歸個人或小集體所有；自然人或法人基於不正當的目的向公職人員提供財物和其他好處。」第六條規定：「本法所指的職務影響力是指公職人員基於其職務或公職身分而產生的與該職務或身分存在事實上的聯繫、為本人或他人謀取利益的能力。」第七條規定：「本法所指的不正當好處（即不正當利益）是指通過非法或其他不正當手段獲得的能夠滿足需要和欲望的一切物質性和非物質性利益。」

二、強調廉政（反腐敗）機構設置的獨立性。主張設立「中華人民共和國廉政（反腐敗）總局（總署）」，各地設立廉政分局和聯絡處，全國按地區設立10個分局，每3個省、自治區、直轄市設一個分局。各市、縣設立廉政聯絡處。全國人民代表大會設立廉政（反腐敗）委員會，領導和監督全國的廉政及反腐敗工作，地方人民代表大會不設立相應的委員會。國家廉政總局受全國人民代表大會領導和監督，對全國人民代表大會負責；在全國人民代表大會閉會期間，對全國人大常委會負責並報告工作。同時，專家建議稿中又指出：作為過渡性安排，國家廉政總局也可接受國務院與全國人大的雙重領導，垂直管理，不受地方政府與地方人大的干預。國家廉政總局由原監察部、預防腐敗局、反貪局、信訪局等合併而成。

專家建議稿第三十四條：「國家廉政機構行使對腐敗行為的調查和非刑罰處罰權不受其他任何機關和團體的領導、指揮和干涉。」第三十五條：「國家廉政機構實行垂直領導，國家廉政總局領導全國各分局的工作，任命各分局的負責人；分局任命各辦事處負責人；各分局、辦事處依法行使調查權和非刑罰處罰權。國家財政保障廉政機構的經費。」第六十條「廉政機構工作人員的人身安全受特別保護。廉政機構工作人員根據需要可以配備武裝保衛人員，武裝保衛人員在反腐敗公職人員人身受到威脅時有權採取一切有效的保衛措施。」

三、重視腐敗的預防。主張國家制訂《公職人員行為守則》，通過立法規範公職人員的工資、津貼和福利等職務收入，實行公職人員財產與收入的申報和公開。專家建議稿詳細地列出了公職人員財產與收入申報、公開的程式和內容。並且

指出：「應當申報財產和收入狀況的人員包括本法所指的公職人員和公職候選人、公職人員因退休等原因離開崗位五年以內的以及上述人員的配偶、子女、父母。」專家建議稿第三章第六節還規定了「其他廉政及反腐敗制度和措施」，如金融與財產實名制；建立現代公務員制度；完善《財政預演算法》；建立獨立審計制度；實行透明的政府採購制度；創立公民財政訴訟制度；完善新聞監督制度、司法監督制度、立法監督制度；建議稿還別具特色地提出了「公職人員宣誓制度」。

四、增加了賄賂罪的名目，詳細確定了「性賄賂罪」，對於打擊日益嚴重的性賄賂、包二奶將能發揮重要的作用。第七章第一節賄賂罪中指出：「賄賂犯罪包括索賄罪、受賄罪、主動行賄罪、被動行賄罪、性賄賂罪、單位受賄罪、對單位行賄罪、單位行賄罪、介紹賄賂罪、對廉政機構公職人員行賄罪、廉政機構公職人員受賄罪、影響力交易罪。」第二百一十七條規定：「性賄賂罪：為了謀取各種利益而以本人的身體或利用他人的身體滿足公職人員性慾的或者公職人員利用職務滿足自己性慾的，是性賄賂罪，包括性行賄罪和性受賄罪。包括但不限於下列情形：下級公職人員為職務提升和其他利益而主動與上級公職人員發生性關係，顯然不屬於愛情範疇的；為謀取利益而與公職人員發生性關係，顯然不屬於愛情範疇的；公職人員基於職務優勢獲取性利益的。下列情形（含顯然類似的情形）不論當事人作何種辯解均按性賄賂罪論處：女性公職人員與多名上級男性公職人員有性關係的；有領導職務的男性公職人員同時或交叉或連續與多名下級女性公職人員保持性關係的；公職人員與職務影響力的對應人員發生性關係，顯然不屬於愛情範疇的。犯本罪的，處一年以上五年以下有期徒刑；情節嚴重的，處五年以上十年以下有期徒刑。有同性性取向的，在同性間的性關係亦適用本條規定。」

五、將刑法中的「巨額不明來源財產罪」修改為「資產非法增加罪」，並且實行有罪推定原則。這符合世界上大多數國家的先進理念。

六、主張制定《舉報法》。第三百零二條規定：「對舉報人的褒獎：全國人大常委會在本法通過之日起三個月內制定並公布施行《舉報法》，對舉報機構、舉報原則、舉報範圍、舉報形式、舉報程式、獎勵和保護等問題做出具體而明確的規定，以進一步完善舉報制度，動員社會力量與腐敗行為作鬥爭，進而有效地揭露、懲罰和威懾腐敗。《舉報法》應當明確規定舉報代理人制度，任何人都可以通過律師等職業代理人舉報腐敗犯罪。《舉報法》還應當規定舉報人的獎勵總額為不低於

國家追回財產的10%，但不高於30%。」

《中華人民共和國反腐敗法（廉政法）專家建議稿》的其他有價值、有特點的條款還有：第十八條規定：「腐敗所得的一切利益必須剝奪；無法剝奪的，國家以罰款、罰金等方式懲罰之。對腐敗犯罪人員處以罰款、罰金、沒收財產的刑罰和對腐敗所得的追繳以與其共同生活的人員的生活水準不低於社會基本保障標準水準為限。」第十九條規定：「鑒於腐敗損害全社會的公共利益和我國的公共社會保障資金的不足，國家廉政機構通過反腐敗手段追回的財產均用於補充全體國民的教育、醫療和養老保障。」第二十條規定：「公職人員的婚姻、財產資訊不視為個人隱私，公眾以各種方式傳播涉及公職人員道德操守、財產狀況等資訊的，除故意捏造事實、蓄意誹謗外，不視為違法或侵權。」第三十條規定：「人民法院審理各類腐敗案件除依法不公開審理外，一律公開審理；對公開審理的案件參加旁聽的人員可以對庭審過程進行錄音、錄影等記載，允許新聞機構對庭審過程進行現場直播。」第一百九十五條規定：「一切被追究刑事責任的腐敗犯罪人員均應當被開除公職，其中被處五年以上有期徒刑以上刑罰的故意犯罪人員，應當開除公職終生不得錄用。」第二百三十四條規定：「隱瞞境外存款罪：公職人員在境外的存款，應當依照國家規定申報，數額較大隱瞞不報的，處一年以上五年以下有期徒刑；情節較輕的，由其所在單位或者上級主管機關酌情給予行政處分。」第二百三十五條規定：「虛假申報財產罪：公職人員違反財產申報法的規定，對拒不申報、謊報、漏報、無故拖延申報者，處一年以上五年以下有期徒刑，並處隱瞞申報額五倍的罰金。」第二百三十九條規定：「封鎖消息罪：拒絕向媒體和國民提供不屬於國家機密的公共資訊，造成不良後果的，處五年以下有期徒刑；造成嚴重後果的，處五年以上十年以下有期徒刑。」

2011-2

敬請各級人大履行職責、監督財政的公民建議書

全國人大、各級人大：

《中華人民共和國憲法》第五十七條規定：「中華人民共和國全國人民代表大會是最高國家權力機關」；第九十六條規定：「地方各級人民代表大會是地方國家權力機關」；第六十二條規定：全國人民代表大會「審查和批准國家的預算和預算執行情況的報告」；第九十九條規定：「縣級以上的地方各級人民代表大會審查和批准本行政區域內的國民經濟和社會發展計畫、預算以及它們的執行情況的報告」；第六十三條規定：全國人民代表大會有權罷免國家主席、副主席、總理、副總理、各部部長等；第一百零一條規定：地方各級人民代表大會有權罷免本級政府的省長、副省長、市長、副市長、縣長、副縣長、鄉長、副鄉長、鎮長、副鎮長等。同時，中國各級人民代表大會常務委員會監督法第二條規定：「各級人民代表大會常務委員會依據憲法和有關法律的規定，行使監督職權」；第十八條規定：常務委員會對決算草案和預算執行情況報告進行審查。

目前，中國經濟和民生的最大問題是財政支出不公開、不透明、財政預算不詳細、預算沒有受到各級人大的有效審查和監督、財政支出結構極其不合理、不科學。根據憲法第四十一條「中華人民共和國公民對於任何國家機關和國家工作人員，有提出批評和建議的權利；對於任何國家機關和國家工作人員的違法失職行為，有向有關國家機關提出申訴、控告或者檢舉的權利」，我在此敬請各級人大履行上述憲法和監督法條款賦予的職責、對本級政府財政預算及其執行情況進行詳細的審查和有力的監督，罷免那些在財政預算、財政公開、財政收支方面失職瀆職、弄虛作假、浪費公款、貪汙腐化的官員。

按照發達國家的做法和公共財政的理念，財政預算必須詳細到每一項採購或支出的明細清單，說明開支的理由和輕重緩急；政府所有部門的預算統一到一個政府預算之中，通過網路或者其他大眾媒體向社會公開；預算沒有列入的專案不能開支，列支的資金不得挪作他用；未經納稅人或其代表同意，不得徵稅，無代表，不納稅；錢袋子掌握在議會或納稅人代表的手中，財政預算及支出經由納稅人代表的

審查、批准，並且接受納稅人或其代表的監督。

而目前在中國，各級政府的預算編制十分粗糙、籠統，沒有細化到每一項採購或支出；預算的執行十分隨意，沒有強制性；各級人民代表大會對財政預算、決算的審查流於形式；財政預算不公開，拒絕公民的監督；沒有建立現代公共預算和公共財政制度，科教文衛、社會保障、救濟、福利等的支出極其薄弱；政府的預算外、制度外收入比重龐大，亂收費、亂徵稅等現象十分突出；缺乏有效的問責、監督制度，內部監督、事後監督、審計監督皆不獨立於政府，治表不治本；納稅只是公民的義務，納稅人缺乏瞭解稅款用途和去向的權利，納稅人訴訟制度沒有建立起來；錢袋子掌握在官員的手中，淪為官員財政，「三公」消費驚人，財政腐敗嚴重，政府的行政成本極其高昂。

中國各級政府的行政成本高達預算內財政收入的52%。[1]而2000年左右，其他國家的公務支出或行政費用占財政支出的比例，德國2.7%，日本為2.8%，英國4.2%，韓國5.1%，印度6.3%，加拿大7.1%，俄羅斯7.5%，美國9.9%，他們僅相當於中國的1/5～1/20。

另外，中國的「三公」消費每年超過一萬億元（2004年的數據，中國大陸公車支出4085億元，公款吃喝3000億，還有公費出國及旅遊3000億元）。根據中紀委、國務院研究室、監察部的調研報告，全國黨政、國家機關系統違規、違紀挪用、侵占公款（稅收），吃喝、公款休假旅遊、公款出境出國讀書、公款送禮、公車私用、公款濫發獎金和福利，2006年高達二萬億元。[2]

由於政府的高成本、財政資金的大浪費大腐敗占去了大部分財政收入，使得中國的民生支出捉襟見肘，譬如用於醫療衛生的財政比例，印度是中國的2～3倍，美國是中國的5倍以上。美國、德國、俄羅斯的福利、社會保障支出均占財政支出的55%～60%左右，而中國僅為15%。另有報導稱：中國的衛生投入僅占世界的2%，中國的民生支出占GDP的比例居世界倒數第一。

正因為作為權力機關的人民代表大會沒有履行憲法和監督法賦予的監督職責、中國沒有建立起嚴格的預算制度、公民沒有監督的管道，致使各級政府及部門成為財政支出的大黑洞。

為了建立公共財政、民生財政，我建議在各級人大努力履行其監督職責的同時，國家進行以下的修訂或改革：

一、將憲法第五十六條「公民有依照法律納稅的義務」修改為「公民有依照法律納稅的義務，並且享有納稅人的監督權利」。

二、通過普選產生人民代表，使其代表民意；杜絕官員代表、榮譽代表，避免自我監督或不作為、不監督；實現人大代表的精簡化或常委會、分委員會的專職化、專業化，使其有時間、有能力審議政府財政。

三、制定財政預算的編制規範，嚴格監督稅收、預算、決算、支出；追究超預算開支、非預算開支、改變預算開支專案的責任。

四、讓審計、監察、檢察、反貪、司法等監督機構在財政上、人事上獨立於被監督者──地方政府，或者讓審計部門隸屬於人大。

五、鼓勵公民作為納稅人對「三公」消費、貪汙腐敗等情況提起公益訴訟，將追回資金的一部分用於獎勵起訴者。

六、支持公民通過其代表行使憲法第六十三條中賦予的罷免權。對罷免的條款具體立法。

七、充分發揮第四權即新聞媒體的輿論監督作用。

八、保障納稅人的知情權，實行陽光財政，即財政決策公開、財務公開。

九、政府新增稅種或者提高稅率必須征得納稅人或其代表機構的同意。

十、逐步取消預算外、制度外的收費。向社會公布預算外、制度外的收入與支出情況，接受民眾的監督。

以上建議，敬請全國人大、各級人大研究、實行為盼！

胡星斗

2011-2-6

---

[1] 中國的高成本觸目驚心：行政開支超財政收入的一半
　 http://www.huxingdou.com.cn/governmentcost.htm

[2] 中國官員公款揮霍年超二萬億，動向雜誌，2007-1-31

建議對壟斷性國有企業坐地自肥進行違憲違法審查

胡星斗

我建議對壟斷性國有企業坐地自肥的狀況進行違憲違法審查。

壟斷性國有企業涉嫌違反《中華人民共和國憲法》第五條規定：「國有經濟，即社會主義全民所有制經濟」；第八條規定：「國有企業依照法律規定，通過職工代表大會和其他形式，實行民主管理」。物權法第四十五條規定：「法律規定屬於國家所有的財產，屬於國家所有即全民所有」。反壟斷法第三十二條規定：「行政機關和法律、法規授權的具有管理公共事務職能的組織不得濫用行政權力，限定或者變相限定單位或者個人經營、購買、使用其指定的經營者提供的商品」；第三十七條規定：「行政機關不得濫用行政權力，制定含有排除、限制競爭內容的規定」。

目前在中國，官員們控制了70～80%的社會資源。特別是壟斷的國有企業坐地分贓，極大地損害了全體國民的利益。據每日經濟新聞報導：2007年～2009年，國家總共收取了中央企業國有資本收益（所謂國企分紅）1572.2億元，而同時資本經營支出高達1553.3億元，3年累計的收支結餘即真正交給國家的利潤僅為約19億元。而這期間央企利潤共為24772.6億元，表面上央企3年來上繳紅利比例為6.3％，但由於99.9％的上繳紅利是從左手給右手，回到了國企，實際上央企上繳紅利的比例僅為0.077％，還不到0.1％。也就是說，央企幾乎百分之百地霸占了本應屬於全體人民的利益。

央企不僅獨占了利潤，內部分紅，而且像中石油、中石化每年還從國家財政獲得上百億的煉油部門「虧損補貼」，如2008年中石油在年報中披露，當年獲得國家財政補貼157億元。而2010年中石油實現利潤1676億元，相當於每天狂賺4.59億元。

國際上原油資源從價稅率為10%，而中國長期以來僅為1.5%，目前僅新疆提高到了5%。中石油、中石化不僅少交稅，而且成品油出口退稅，僅此一項，每年又

有上百億元進賬。

中國的石油天然氣富了極少數人。而同樣是「社會主義」國家的委內瑞拉從2004年起實行石油國有化政策，如今其財政收入的70%來自石油，近幾年投入到了教育、醫療等民生專案中的財政收入高達3300億美元。

俄羅斯的石油收入也大多進了國庫。根據阿爾法銀行的測算，俄羅斯烏拉爾油價在高於每桶25美元時，油價每提高1美元，需支付的出口關稅就占其中的65%，加上其他稅收，留給石油公司的收入增加部分只有11%。

依靠石油的巨額收入，如今俄羅斯擁有高達3560億美元的世界第三大外匯和黃金儲備，還擁有1080億美元的「穩定基金」。俄羅斯進而計畫在「穩定基金」的基礎上建立一種新的「未來基金」。

石油給俄羅斯全體國民帶來了財富和生活水準的巨大改善。如今的俄羅斯除了完全免費或者幾乎免費的醫療、教育、住房、水、電、暖氣之外，政府的補貼、救濟專案共有幾百項之多。在俄羅斯，石油早已從為寡頭賺錢轉變到為全體國民增進福祉。

在中國，不僅石油巨頭坐地分贓，滋生出龐大的既得利益集團，類似的情況還發生在金融、保險、電力、電信、煙草、食鹽、有色金屬、礦藏、航空、鐵路、高速公路等領域。

國企壟斷給中國造成了無法估量的巨大損失——

一、國企效率僅為國外同類企業的1/10至1/30。如中石油、中石化的效率僅為美孚公司的1/23。

二、給廣大消費者造成巨大的利益損失，如中國的汽油價格高於發達國家，電話費用遠遠高於美國；如鹽業公司從生產商手中購買食鹽的平均價格為400-500元／噸，其中加碘的成本只有20-25元／噸，但鹽業公司平均批發價格為1500-2000元／噸，整個批發銷售環節的價差高達4倍（東方早報，2009年12月18日）。

三、國家遭受巨大的損失，如10多家國有銀行股份低價賤賣給外資的損失就超過17000億元；三座世界級金礦——貴州爛泥溝金礦、遼寧貓嶺金礦、雲南播卡金礦低價賤賣給外資，損失數百億美元。

四、貪汙腐敗極其嚴重，如中國銀行香港分行總裁劉金寶，在擔任上海分行行長時，一年的交際費就達1個億，其車隊由10輛賓士車組成，經他批出的貸款壞

賬高達960多億元；又如中石化一盞燈156萬（線民稱2000萬），裝修大樓4億多，中石化原老總陳同海受賄近兩億，他平均每天消費公款4萬多元。

五、壟斷國企對私營企業產生擠出效應，壟斷銀行只給權貴融資，民營企業面臨著越來越惡化的經營環境，普通老百姓創業無望。

六、催生了既得利益集團，阻礙了改革。壟斷國企大多由高幹子弟所把持，形成了特殊利益集團，國家被「分利集團化」，正如奧爾遜所指出的：分利集團成為國家衰敗的根源。

七、加劇了分配不公，擴大了貧富差距，形成了龐大的弱勢群體。壟斷國企的職工占全國職工的8%，但其工資總額占全國的55%，如果包括福利待遇，至少占全國的60～70%。由於賺錢的行業皆被國有壟斷而且內部分配，導致民生艱難，醫療、教育、環保等成為無米之炊。中國的衛生公平性在世界191個國家中位列倒數第四；原衛生部副部長殷大奎稱中國政府投入的醫療費用，80%是用於黨政官員（中科院報告）；在中西部地區，因為看不起病、住不起醫院、死在家裏的人有六到八成；從1991年至2000年，政府撥付的合作醫療經費全國農民分攤下來每人每年僅1分錢（《當代中國研究》2003.No.4）。

八、國企支撐了人治，破壞了法治。凡是國企成堆的地方，必然是不講法治的地方。

九、扼殺了民族創新能力。壟斷的國企沒有必要、沒有動力創新，弱小的民營企業沒有資金、沒有能力創新，由此形成了世界經濟史上的奇觀──中國雖然經濟規模龐大，但無非是國際打工崽，產業結構低級化，產品低端化。

那麼，造成如此巨大損害的壟斷性國有企業，其壟斷地位、坐地自肥有沒有法律依據？

大多數的國有壟斷僅憑部委或國務院一紙檔就把屬於全體人民的資源交由極少數官員壟斷經營，如中石油、中石化的壟斷依據是1999年《國務院辦公廳轉發國家經貿委等部門關於清理整頓小煉油廠和規範原油成品油流通秩序意見的通知》的38號檔；電信壟斷依據的是中華人民共和國電信條例；鹽業壟斷依據的是1990年鹽業管理條例，1996年食鹽專營辦法。

我認為，只有民選的人大有權決定把資源交給誰經營以及利潤如何分配，而目前大多數壟斷性國有企業的壟斷資格沒有經過全國人大的批准；即使有的壟斷如

煙草專賣獲得了人大的認可，但由於人大代表缺乏民選基礎、人大只是橡皮圖章，因此煙草專賣仍然難說體現了大多數國民的意願。曾經日本、韓國實行煙草專賣，但是現在都改變為企業自由競爭、政府規範管理的體制，目前，世界上越來越少的國家（1991年70多個國家，2003年20多個國家，現在只有屈指可數的幾個國家）實行煙草專賣這樣的落後制度。

　　總之，我強烈建議有關部門對壟斷性國有企業的壟斷地位以及坐地自肥的狀況進行違憲違法審查。

2011-2-8

建議「兩會」審議和制止「國進民退」

胡星斗

一、目前中國的「國進民退」狂潮及其產生的原因

目前中國正處在改革或倒退的十字路口，尤其在經濟領域出現了大規模的「國進民退」的狂潮，在鋼鐵、化工、煤炭、石油、礦藏、電力、民航、公路、水利、金融、證券、保險、房地產、郵政等等幾乎所有的有利可圖的領域，民營企業都被擠垮或被強制低價收購，全國國有企業（非金融）的總資產從幾年前的幾萬億發展為2008年的42.55萬億元，估計2010年將達到近百萬億元。看看報紙的標題或內容，不能不令人對於中國的市場經濟何去何從產生極大的憂慮：環渤海五省區經濟漸被國有官營化；長三角高速公路民營資本正被清退；中國航空業出現「國進民退」，民企面臨全軍覆沒；山西運城最大的三個民營企業百日變身國企車間；內蒙古、山西：煤炭業的國有化；山西省發布通知，將全省在冊的2840多座煤礦收歸國有；陝北油田被地方政府強行收歸國有；中糧入股蒙牛；河北鋼鐵集團成立之後，山東也迅速組建了鋼鐵集團，完成對民營鋼鐵的收購；虧損的國企山東鋼鐵集團收購盈利的民企——日照鋼鐵事件；山西最大化肥企業豐喜集團被國企陽煤集團「閃電」收購；房地產業的國進民退也洶湧澎湃，國有企業紛紛鉅款拿地，成為「地王」；在東部，國有房地產企業占市場份額的60%；繼光大銀行引得8家國有企業後，光大證券、招商證券、安信證券IPO上市前的增資擴股也吸引了眾多國企參與；郵政行業通過立法實現國進民退，限制民營快寄業；紹興政府「將對國有企業監管的有效辦法逐步引入民營企業」，將1369家規模以上（即銷售額超過百萬）企業納入財會監管聯席系統中，進行即時監控，將政府對民營企業的監管日常化、程式化……

「國進民退」的產生具有深刻的社會背景。（一）中國從來沒有打算搞真正的市場經濟，而是搞所謂的以國有為主導的社會主義市場經濟，其實就是官僚市場

經濟、權貴市場經濟。（二）中國形成了超級龐大的政府，一直沒有遵循「大市場、小政府」的原則重構社會，恰恰相反，政府繼續著無所不包、無所不為、既當運動員又當裁判員、官員經商的發展模式，控制著主要的社會資源。2006年出台的《關於國有資本調整和國有企業重組的指導意見》就強調「國有」要絕對控制七大領域、較強地控制九大領域。（三）民營企業長期被擠壓，經營環境惡劣，經營活動不規範甚至違法，民營企業家缺乏社會責任感，導致社會上對於民營企業的妖魔化，仇富情緒蔓延；人們沒有看到權力的「原罪」本質，而大肆渲染民營企業的「原罪」，由此，國進民退有了虛假「民意」的支持。有的民營企業為了自保，也紛紛投靠國有企業。（四）中國沒有建立憲政制度，所以改革開放的事業隨時可能停頓或夭折，私人企業、市場經濟也隨時可能遭遇打壓或顛覆。近年來，文革式的極左思想回潮，他們否定市場經濟，否定改革開放，因此「再國有化」獲得了「特權派」和「極左派」兩個陣營的支持。（五）特權壟斷利益集團利用其話語權、立法權可以以一紙行政命令輕鬆地占有資源、吞併民間財產，並且制定憲法第11條「對非公有制經濟依法實行監督和管理」（對於國有企業，沒有此條），由此而天然地占據道德、法律的制高點，從而可以任意處置民營企業。（六）全球金融危機給了中國人一個錯覺，以為美國也在國有化，其實美國救市是救私人企業，國家只是暫時參股私人企業，待企業恢復元氣後國有資本即退出。（七）中國為了「救市」、「保8」，出台了4萬億經濟刺激方案、10大產業振興規劃，出手了10萬億銀行信貸，絕大部分資金投入了國有企業，對民營經濟則產生了擠出效應，由此加速了國進民退的進程。（八）國有企業定位不清、邊界不明。國有企業本來只應出現在市場失靈領域、非競爭性領域、公共產品生產領域，但是事實上中國的國有企業自稱是「共和國長子」，自我定位為「特權企業」，擴張與經營都沒有邊界，所以，誰也阻擋不了國有企業的一路高歌猛進。

二、「國進民退」的巨大危害

「國進民退」的危害是巨大的、長遠的：

（一）它阻礙了中國現代化的實現。現代化的國家無一不是通過競爭性的私人企業而民富國強的，世界上還沒有一個國家依靠國有壟斷而實現了現代化的，相

反，史達林和希特勒雖然通過政府控制經濟實現了暫時性的經濟高速增長，但是他們的「現代化」如過眼雲煙，很快灰飛煙滅。法國、義大利的國企曾經比較強大，如今他們的國有經濟被控制在十分有限的範圍之內。在這次全球金融危機中，美國等西方國家雖然對一些私人企業進行了暫時的「國有化」，但是他們的理念十分清晰——只是在危機中加強政府的作用，危機過後政府將從微觀經濟中退出，絕不搞「國有化」的社會主義。現在，越來越多的中國國有企業進入了世界500強，與其他國家幾乎清一色的私人企業（私有股份制企業）榜上有名形成了鮮明的對比，這將成為中國走上現代化歧途——畸形現代化的象徵。「國進民退」將給中國經濟帶來長遠的傷害，對中國未來的可持續發展以及權力結構、分配結構的合理化造成重大的負面影響。

（二）它支撐了集權與人治，破壞了法治，阻礙了憲政國家的建立。政府對於經濟資源的加大控制是在不斷地強化傳統政治體制，這將與政府關於政治體制改革的宣誓背道而馳；政府與國企的經濟瓜葛、國企內部的個人獨裁、國有企業的官場化、壟斷國企的無法無天，這些都嚴重地破壞了法治，強化了人治。事實上，現代法治是建立在財產私有的基礎上的，所謂私人茅屋，風能進，雨能進，國王不能進。而「國有」強大的國家一定沒有法治、沒有憲政。

（三）它將壓縮人民的自由空間，甚至最終取消人民的自由。哈耶克早就指出，國有是專制的經濟基礎，政府對於經濟的控制是通向奴役之路，最終人民的所有自由，包括經濟自由、政治自由都可能失去。目前中國與「國進民退」相伴的便是法治的倒退、言論空間與網路自由的縮小、手機短信與電子郵件可能被監控（以掃黃的名義）等等。

（四）它破壞了市場經濟秩序，形成了官僚市場經濟。凡是國有主導的市場經濟，必定是公權力肆意擴張的市場經濟，也是特權氾濫的市場經濟，這樣的市場經濟必然遭到民眾的怨恨。國進民退強化了行政性壟斷，削弱了市場競爭的基礎，使得中國偏離了現代市場經濟的軌道，走向了權貴資本主義。

（五）它極大地傷害了憲法和法律的尊嚴，損害了政府的信用與威信。地方政府出爾反爾，先是巧舌如簧，鼓勵投資，然後是關門打狗，強制剝奪或低價購買民企，如陝西石油案、山西煤礦重組等皆如出一轍。在這其中，政府雖然搶奪到了利益，但違背了憲法和物權法，政府的信譽墮地，人民再也難以相信官員的話語

了，難怪有機構調查的結果是官員的誠信度最差。

（六）它造成了嚴重的腐敗，造就了權錢結合的權力資本集團。國際組織曾經對154個國家進行調查，結論是國有經濟比重越大的國家越腐敗，因為政府干預、政企不分、國有壟斷為權力尋租、官商勾結提供了機會。的確，特權壟斷造成了當下中國不斷打破記錄的腐敗額，中石化一盞燈156萬（線民稱2000萬），裝修大樓4億多，中石化原老總陳同海受賄近兩億，他平均每天消費公款4萬多元。中國銀行香港分行總裁劉金寶，他也曾經擔任上海分行行長，一年的交際費就達1億元，其車隊由10輛賓士車組成，經他批出的貸款壞賬高達960多億元。

（七）它形成了分配不公，擴大了貧富差距，阻礙了合理的橄欖型分配結構的形成。國進民退、國企利益的集團化妨礙了共同富裕；目前壟斷國企的職工占全國職工的8%，但其工資總額占全國的65%。國有壟斷的金融、銀行只給大企業、跨國公司貸款，不給中小企業、個人、農民融資，造成了企業的兩極分化——肥得流油的壟斷國企與朝不保夕的私企並存，財富分配的兩極分化——億萬富翁的權貴與身無分文的無產階級並存，公民權利的兩極分化——掌握話語權、立法權的國企太子黨與數億人口的工人農民等弱勢群體並存。

（八）它妨礙了老百姓致富。壟斷國企對私人企業產生擠出效應，壟斷銀行只給權貴融資，民營企業面臨著越來越惡化的經營環境，近年來中國民營企業、個體戶的數量都急劇減少，特別是在全球性的金融危機中，中國「國進民退」，擔負著全國70%就業任務的民企風雨飄搖，城市工人、農民工的工資與就業越來越陷入困境，普通老百姓致富無望。

（九）它導致了經濟低效率。報紙報導：2009年中國企業500強（絕對多數是壟斷資源的國有企業）的淨利潤大大超過美國企業（全部是競爭性私人企業）500強，這並不表明中國企業高效率而是恰恰相反。據美國《財富》雜誌：儘管中石油、中石化在2009年世界500強中名列前茅，但他們的效率只有美國埃克森美孚公司的1/23。另據測算，中國壟斷的電力、電信等公司的資本利潤率只有世界同類同規模企業的1/5～1/20。中國國企以占有全社會50%以上的工業資產、80%左右的能源資源，只創造了30%的工業產值，只解決10%的就業。

（十）它催生了既得利益集團，阻礙了改革。壟斷國企大多由高幹子弟所把持，形成了特殊利益集團，國家被「分利集團化」；既得利益阻撓改革，分利集團

營造分贓與庇護的腐敗王國，他們強姦民意，挾持政府，不斷固化與擴大自己的既得利益。譬如中石油、中石化憑藉壟斷每年各有500億～1500億元的巨額利潤，但是他們每年還向中央政府各自強行索取了50億～100億元的「補貼」，而全國幾千萬人的低保也才拿了一兩百億元，前幾年只有幾十億元。而在俄羅斯，法律規定只要石油價格超過每桶25美元，那麼石油利潤的65%～90%歸政府財政。由此，俄羅斯財政收入的60%以上來源於石油天然氣，石油對於俄羅斯人民近幾年民生的極大改善起到了關鍵的作用。可是，中國的石油交給了三個利益集團，石油利益和價格的壟斷不但不能有助於改善民生，反而因為壟斷的高價格惡化了民生。

（十一）它形成了重複建設、產能過剩的巨大浪費。據世界銀行估計，中國的國有投資失誤率為30%。其實，浪費何止30%，許多專家估計：全國一轟而上的開發區、工業園、汽車、鋼鐵、電視機、醫藥生產等等，國有浪費率60%以上。誠然，私人投資也有浪費，但其浪費主要表現為對於市場供需均衡點的把握不准確，一旦私人企業家發現即將供大於求時他決不會再投資，因此其浪費是有限的，是探索市場均衡點的必要代價；可是國有投資就不一樣了，明明知道全國已經供大於求、產能過剩了，地方領導人出於GDP、政績、地方保護主義等原因，還要上專案、上工程，因此國有浪費成為無底洞。

（十二）它扼殺了民族創新能力。壟斷的國企沒有必要、沒有動力創新，弱小的民營企業沒有資金、沒有能力創新，由此形成了世界經濟史上的奇觀——中國雖然經濟規模龐大，但無非是國際打工崽；無核心技術、無品牌、無名牌；產業結構低級化，產品低端化。中國的高新技術專利80%是跨國公司、外資企業申請的，中國的專利中86%屬於外形設計、商標專利，很少發明專利，在發明專利中，90%屬於小打小鬧的個人發明。中國99%的國有企業沒有專利。

事實證明，所謂國進民退是為了公共利益、國家利益，乃彌天大謊。美國幾乎沒有國企，其石油、電信、電力、鐵路、航空甚至監獄管理都私有化了，也沒見其國家利益受到了損害，恰恰相反，其國家利益、民眾利益都得到了有效的保護，美國的貧富差距——基尼係數也比中國小得多。其實，國家的職責不是參與企業經營和微觀經濟活動，而是保衛私人產權、制定經濟活動規則、營造良好的法治環境，譬如制定有關石油稅收、電信保密、保護公眾利益的法律並且強制執行之。

中國的國進民退不僅無助於經濟現代化和民生福祉，而且敗壞了政府與人民

的關係，損害了社會正義，破壞了社會和諧與穩定。

中國近現代歷史上出現過三次國有化、「國進民退」的浪潮，其失敗的教訓直到今天我們還沒有吸取。

第一次國有化浪潮是洋務運動，那時主張官辦企業，朝廷要求防止民間資本的坐大；後推行「官督商辦」企業，亦官亦商的紅頂商人如盛宣懷得以發跡，其時官商合流，腐敗不堪。而同時，日本在明治維新時雖然一開始搞的也是國企，但當他們發現政府企業的低效率和腐敗浪費之後迅速改弦易轍，賣掉國企，大力扶持私人企業，使得日本國力大漲。甲午戰爭時清朝的北洋艦隊號稱亞洲第一，但與日本海戰中，中方炮彈多為假冒偽劣，多次擊中敵方主力艦隊但炮彈要麼不爆炸，要麼因為彈中多數填充的是泥沙而使威力全無，由此，「天朝」失敗的命運也就註定了。1904年，朝廷成立官辦的川漢鐵路總公司，後改為商辦，招商入股，許多川人成為鐵路的股東。但1911年清政府背信棄義，突然宣布鐵路收歸國有，以極低的價格強行收購股份，由此四川興起了轟轟烈烈的保路運動。四川形勢失控，清廷急調湖北的軍隊入川鎮壓，武昌兵力空虛，於是革命黨人趁機發動了武昌起義，推翻了滿清王朝。第二次「國進民退」是在國民政府時期，那時蔣介石有感於西方1929年的經濟危機、史達林計劃經濟的短暫輝煌、希特勒的國家社會主義「統制經濟」的快速發展，加上「九一八事變」後日本人全面侵華箭在弦上，蔣介石轉而搞「國進民退」，重點發展國有企業，由此導致「四大家族」官僚資本腐敗透頂，國民黨喪失民心，很快被推翻。第三次「國進民退」發生在中華人民共和國成立之後，「三大改造」形成了幾乎全盤國有的局面，國民的工作、生活皆被政府嚴密控制，不但人權遭受了史無前例的大規模的踐踏，而且國民經濟也陷入崩潰的邊緣。

古人說：「秦人不暇自哀，而後人哀之；後人哀之而不鑒之，亦使後人而複哀後人也」。今天我們說：如果不能制止新的一輪（近代以來第四輪）「國進民退」的惡浪，中國的現代化無望矣！

三、制止「國進民退」

在此關乎國家前途命運的關鍵時刻，我建議即將召開的2010年「兩會」審議和制止「國進民退」。

（一）立即叫停國有企業對於民營企業的兼併重組；立即叫停山西內蒙等地的煤礦企業重組；立即叫停全國各地的鋼鐵企業、化工企業等的重組；立即叫停國有企業進軍房地產等領域的越界行為。

（二）繼續十四大、十五大路線，貫徹1999年關於國有企業發展的若干重大問題的決定，實行「國退民進」，大力發展民營企業；廢止2006年國務院辦公廳專發的《關於國有資本調整和國有企業重組的指導意見》；廢除或修改最近出台的十大產業振興規劃，重點扶持民營企業。

（三）對國有企業進行全面的改革，破除特權壟斷利益集團，實行國企的全民持股、全民分紅；遏制國企官場化，取消國企行政級別，打擊官商勾結與公權力腐敗；設定國有企業邊界，嚴懲越界行為；改善國有企業治理結構，建立國有企業的外部監督機制。

（四）切實保障民營企業的合法權益，落實非公經濟發展的「36條」。開放民辦金融，盤活農村土地資本，方便農民創業；減輕民營企業的稅費負擔，降低個人所得稅的邊際稅率；取消稅外收費制度，推行「私營企業稅費明白卡」；在戶籍、子女入學、社會保障、購買住房等方面，支持私營企業主；優化經營環境，政府應當嚴格遵照《行政許可法》，減少審批專案，簡化審批程式；推廣安靜生產日、安靜經營日活動，杜絕公安、紀檢、監察、工商、質監、城管、稅務等部門執法擾企、執法牟利的行為。

（五）加快政治體制改革，堅定不移地致力於建立憲政國家和法治社會，從源頭上杜絕國門的時開時閉、國家發展戰略的鐘擺現象和中國社會的治亂迴圈。

制止「國進民退」，是當前中國人民的首要任務。

2010-2-19

打破金融壟斷、廢止《非法金融機構和非法金融業務活動取締辦法》的建議

——在非法吸收公眾存款罪與融資問題研討會上的發言

胡星斗

　　國有金融壟斷荼毒中國久矣！其弊端顯而易見，導致金融效率低下，腐敗嚴重，中小企業由於缺乏融資管道而發育不良，新農村建設由於沒有資金來源而陷入失敗等等，只不過由於壟斷的巨額利益，此體制幾乎永遠難以改變。

　　國有金融效率低下，腐敗猖獗，浪費了中國巨額的資本財富。據《時代信報》2004年11月25日報導：按照標準普爾評級機構的報告，中國大陸銀行約有40%的貸款已成壞賬；據《亞太經濟時報》報導：2003年以來，僅不到兩年時間，4萬億銀行貸款中有1萬億可能已經變成呆壞賬；另據報導，2002年中國四大商業銀行不良貸款率22.19%，這還是在沖消了巨額壞賬之後；目前，我國農村信用社不良資產比例高達44%，另一說法為56%；而世界上一些大銀行不良貸款率只有1～6%，2000年，世界前20大銀行壞賬率為3.27%，花旗銀行為2.7%；世界1000家大銀行的資本利潤率12.34%，花旗銀行等高達20～38.8%，而中國往往1%不到。

　　近兩三年，中國國有銀行進行了股權分散化、引進戰略投資者、改善治理結構等改革，採取了剝離數萬億壞賬，使用財政資金、外匯儲備充實資本金等措施，使得銀行的壞賬率和資本利潤率皆有所改善，但我們的改革仍然是只予洋人、不予家奴，只對外資開放金融業，對內資歧視嚴重，民營企業也很難獲得發展的資金。

　　由於國有資產產權不清、責任不明，國有體制的官本位、一把手說了算等等，導致國有銀行嚴重的腐敗。如中國銀行上海分行前行長劉金寶貪賄2300多萬，每年社交費上億元，其車隊由10輛賓士組成，經他手批出的貸款壞賬高達960多億元；僅在廣東一省銀行界，貪賄額千萬元以上的大案就有：餘振東，廣東開平中國銀行行長，貪賄4.85億元；中行廣東分行前行長黃某，貪賄1900萬元；交行深圳前行長餘某，貪賄1680萬元；廣東韶關發展銀行前行長官某，貪賄2176萬元；廣東增城市發展銀行前行長林某，貪賄1170萬；廣東南海市中行信貸員謝某，貪賄5025

萬；廣東湛江中行前行長範某，貪賄3210萬；廣東順德中行前行長何某，貪賄1332萬，等等；至於貪賄數百萬的案子，不計其數。廣東佛山一企業主累計騙貸74億元；據《深圳商報》2006年10月24日報導，中國汽車消費貸款呆壞賬超過千億元，主要原因是內外勾結，某一個人就騙取254筆消費貸款，共計1.3億元。

據報導，中國國有銀行90%的資金貸給了國有單位，民營企業30年來僅4%的發展資金是由銀行提供的；我國的企業債券也不發達，僅批准了少數的國有企業可以發行債券；民間資本一方面在中國舉足輕重，目前工業總產值的2/3是民營企業創造的，另一方面民間資本又受到嚴重的歧視，這也算是另一個中國特色吧。

由於中國幾乎沒有中小民營銀行（在某些地方有個別民營銀行試點，試點了許多年，估計要永遠試下去，不推廣），因此，導致中國民營企業融資難，難以發展壯大，改革開放30年來了，我國竟然還沒有一家民營企業進入世界500強，只有缺乏競爭力的壟斷國企躋身其中，這是中國的悲哀；壟斷國企晉身500的越多，中國的經濟現代化就越沒有希望；因為壟斷國企效率低下、占用了大量的資源，擠壓了有效率的民營企業的發展空間。中國也沒有農民銀行，農村信用合作社實際上也是官辦的，茅于軾老師和中國社會科學院搞了小額信貸專案，一直沒有合法的身分，甚至社科院小額信貸的最初資金是貧窮的孟加拉的那個諾貝爾獎獲得者尤努斯給的5萬美元低息貸款；中國農村可謂是正規金融的真空，目前連農村信用社也大量地從農村退出；而且，即使不退出，官辦的金融機構是無法解決農村金融問題的，農業經濟學上有所謂的「梁啟超不可能定理」，即以國家農貸不可能擠出民間的高息信貸，國有不可能解決農村的金融問題；一方面官僚機構無法解決貸款成本高、資訊不對稱的問題，另一方面許多農民只要聽說是「公家的錢」，紛紛貸而不還。

解決中國中小企業和農村融資問題的途徑只有一條，就是大力發展私人銀行、中小銀行、農民銀行、企業債券、創業板市場，允許多管道融資，加強法治與監管。

2004年，美國有中小私人銀行超過7000家，它們服務於社區與個人，能夠克服資訊不對稱，具有先天的資訊優勢；歐元區也有上萬家中小私人銀行，有的國家對中小金融機構免征營業稅、所得稅、固定資產稅，允許將分紅列入成本，給予利率補貼，對存貸款利率、資本充足率實行優惠。

而中國由於支持國有壟斷、扼殺民營金融機構，因此導致地下金融氾濫，這些錢莊、標會雖然不合法但卻合理，為中國民營經濟的發展作出了重大的貢獻，調查表明，目前全國中小企業約有三分之一強的融資來自於非正規金融途徑，一些地方70%的資金來源於地下錢莊。《中國新聞週刊》報導了中央財經大學課題組的調查測算，認為中國地下信貸規模介於7400億元～8300億元之間。20個省地下金融規模與正規金融規模相較比例接近三成（28.7%）。

　　從上可見，國有金融壟斷極大地阻礙了中國的經濟現代化進程，壟斷導致了腐敗，導致了金融低效率，使得中小企業難以做大做強，新農村建設最終會失敗。

　　因此，張星水律師、杜兆勇先生與我曾經在2003年提出廢止國務院1998年7月第247號令《非法金融機構和非法金融業務活動取締辦法》。今天，我再次要求儘快廢止國務院第247號令，同時改革銀監會和中國人民銀行的職能，利用現代化技術加強金融監管，疏導而不是堵塞民間金融，擴大私人銀行試點，將規範的地下錢莊合法化，發展企業債券、創業板市場，進一步發展股份制銀行、股份合作性質的企業，允許企業在一定條件下自主集資融資。

2008-4-26

關於支持《物權法》、遏制國有浪費、設立浪費公款罪的公開信

胡星斗

所謂北大教授的鞏獻田連「只有憲政，才有公平」的道理也不懂。他以為保住了國有，才能實現公平，才能建設社會主義。孰不知不公平、腐敗均源自於絕對的權力而非市場經濟，即使毛時代也是特權橫行的，而過大的行政權力就是以強大的國有為基礎的。希特勒、史達林、薩達姆都是拼命地搞國有。特權壟斷利益集團正是國有及其「上層建築」的惡果。鞏獻田的反改革——稱《物權法》背離了蘇俄民法典的社會主義傳統和概念、迎合了資本主義民法原則和概念、奴隸般地抄襲資產階級民法，正好說明瞭反對改革開放的人士腦袋多麼僵化，如果讓他們得逞了，廢棄《物權法》，那麼中國不但不能走出一條新的憲政社會主義的道路，而且毛式的社會主義之路也只能越走越窄，成為鄧小平所說的「死路一條」。

請看國有造成了怎樣的制度性的浪費的。

中國大多數的國有工程專案開工前都沒有像樣的「可行性報告」，作為行政下級的設計院、研究院也不可能得出「不可行」的報告，一些地方甚至對不同意見的專家進行排斥打擊。於是，一個個的國有投資黑洞數不勝數：廣州乙烯工程投資80億，無法形成規模；中州鋁廠投資19.8億，負債35.2億；中原制藥廠投資13.26億，負債30.6億；珠海機場投資95.6億，可沒有多少乘客；湖北荊襄化工投資40億，無人收場；二灘電站過木機道工程耗資12.6億元，被廢棄；川東天然氣氯城工程損失13億元；黑龍江政府投資5.6億元的牡丹江煤氣工程因盲目建設、管理混亂而停產；黑龍江子午胎專案投資十幾億，建成後每年虧損3億元；瀋陽投資幾十億的渾南市場報廢；投資5億元建成的遼寧輪胎廠載重子午胎專案一運行就陷入了困境；吉林化工花幾十億元建成的阿爾法—高碳醇專案，產品沒有銷路，4萬職工下崗；投資30億的吉林1號工程「大液晶」專案剛建完即陷入困境……。

據《南風窗》2004年8月16日報導：2003年經過對526個使用國債資金的城市基礎設施專案審計發現，在已經建成的320個專案中，有32個沒有運營，18個試運

營，開開停停，69個沒有達到設計生產能力，34個存在嚴重問題，各項問題率達到50%。

《中國懲治和預防腐敗重大對策研究課題組》的部分外逃國有企業貪官資料如下：蕭洪彬，上海大東江實業有限公司董事長，涉案7.6億美元；廣東國際投資公司香港分公司副總經理，涉案13億港幣；高山，中國銀行哈爾濱分行河松街支行行長，涉案8.39億元；徐曉軒，福建八閩通信機電設備有限公司經理，涉案4.6億元；於志安，武漢長江動力集團公司董事長，涉案1億元；丁嵐，中國銀行北京勁松分理處主任，涉案1.95億元；蔣基芳，河南煙草公司經理、黨組書記，涉案2億元；餘振東，中國銀行廣東開平支行行長，涉案4.83億美元；錢宏，上海康泰國際有限公司董事長，涉案5億元；黃清洲，陳滿雄，廣東省中山市實業發展總公司經理，涉案4.2億元；鐘武劍，海南省橡膠中心批發市場總裁，涉案5億元；劉佐卿，黑龍江省石油公司原總經理，涉案1億元……

也許鞏獻田們會說：以上浪費及貪汙不是國有制度造成的，根源是管理不善、監督不力。但稍微懂點經濟學知識的人都知道：國有企業的產權模糊、政企不分、激勵和約束機制不足、治理結構不科學、企業家精神缺乏、短期行為嚴重、企業中的官僚體制、人性的弱點等等都是無法改變的。所以，賀衛方教授說：這樣的企業要走向發達，實在是天理不容。縱觀世界，那些百年老店無一例外都是私人企業，當然不是偶然的。

強大的國有，必然導致強大的行政力量。強大行政力量導致的資源浪費，又成為中國人富裕的頭號殺手。

據報導：2004年，中國大陸公車支出4085億元，公款吃喝3000～4000億，還有公費出國3000億元，以上「三公」消費占中國財政支出的1/3以上。另據最新數據，2006年，中國大陸公款吃喝高達6000億元。

據中紀委、國務院研究室、監察部的調研報告顯示，全國黨政國家機關系統違規違紀挪用、侵占公款吃喝、休假旅遊、出境出國讀書、送禮、濫發獎金福利，2006年度高達兩萬億元，超過國家財政收入的50%。

除了「三公」消費，其實還有公款建房未引起人們的注意，可謂「四公」消費正如火如荼。瀋陽客運集團前總經理夏任凡動用公款2000萬建私人莊園；國家級貧困縣准格爾旗政府為旗領導建9幢別墅；河南信陽「農開扶貧辦」為領導建豪華

別墅；河南濮陽縣領導及各局委的頭頭們動用公款建豪宅，最大建築面積達600平方米……

甚至「四公」浪費也不算什麼，中國還有更大的國有「特大浪費」——大量的政績工程、停建緩建工程、爛尾工程、錯誤決策工程、浪費工程。據世界銀行估算，中國「七五～九五」期間政府投資的失誤率為30%。另外，大量的國債用在了沒有回報的形象工程上。

河南鄭州惠濟區耗資6億元建成「世界第一區政府」，而該區一年的財政收入僅2億元；浙江安吉縣透支十年財力，建成30萬平米的政府大樓，縣城中心的廣場投資1.2億元，面積相當於天安們廣場的3/5；重慶黃金鎮的「天安門」投資500萬元，而該鎮的財政收入僅為400多萬元；山西某國家級貧困縣的檢察院辦公樓造價2000萬……

國有造成的浪費，觸目驚心！

為了遏制國有浪費，我們建議修改刑法瀆職罪，使之適用於國有企業負責人，並且設立浪費公款罪，出台瀆職罪和浪費公款罪的實施細則。

同時，我們支持政府及各界維護和諧、改善民生、縮小貧富差距、扶持弱勢群體的努力，支持在非競爭性領域保持必要的少量的國有企業，反對暗箱操作式的瓜分國有資產，反對特權市場經濟。我們明白：中國目前的不公正源於特權、國有壟斷和假的市場經濟，而非源於法治與真正的市場經濟。

所以，我們呼籲所有有良知、關心祖國前途命運、擁護改革開放、願意促進國家進步的人都應當支持《物權法草案》的完善和該法律的出台。不要被鞏獻田們的假公正、開歷史倒車、煽動民眾情緒的民粹主義、極端主義、倒退主義迷惑了雙眼。

2007-2-24

建議對農民的權利被剝奪狀況進行違憲審查

胡星斗

全國人大常委會：

我建議對農民的權利被剝奪狀況進行違憲審查，以促使各級政府和整個社會關注和保障農民的權利。

中國農民的權利已經被完全剝奪，農民不但成為弱勢群體，而且成為地地道道的無權階級。

中國農民沒有土地所有權，土地不能資本化，不能成為農民的財富。集體土地也沒有開發建設權，只有讓土地被徵收，成為「國有土地」，地方政府從中掙足了，才能開發建設。農民也沒有完整的土地產權，土地不能轉為非農用途，土地以及宅基地隨時可能被徵收，農民住房一般也沒有產權證。

中國農民沒有金融權，農村成為正規金融的真空。由於金融的政府壟斷，農民無法融資，無法創業，新農村建設只能止於形象工程。在農村設點的郵政儲蓄銀行每年從農村吸血，吸走6000億元以上的儲蓄，只儲不貸，資金用於城市建設。

中國農民幾乎沒有財政分享權，農村的基礎設施大多靠農民集資修建，甚至小水電站建好後皆被電網公司無償沒收。不像印度的農村，政府負責農村的基礎設施建設，農村的電力免費使用。

中國農民沒有組織權、集體談判權，不能組織農會；儘管鄧小平曾經許諾讓農民組織農會，但後來又不了了之。農民不能集體談判，因此，在農業產業化過程中農民受盡龍頭企業、資本家的剝削，個人無法與資本家討價還價。因為沒有農會，農產品不能集體種植、集體對外行銷，所以，農產品價格上不去，農產品品質安全也難以保證。

在發達國家和地區，如在臺灣，農產品以農會商標對外銷售，統一生產，統一科技服務，農產品如果出現品質問題，可以倒查到農戶、生產者。農民都十分愛惜農會品牌。

中國農民沒有農業生產資料（農機、化肥、殺蟲劑、薄膜、種子等）的經營權，地方政府打著保護農業生產、保障農業生產資料品質安全的旗號，實際上控制了生產資料的生產和經營。由於生產資料的官方壟斷或有官方背景的人的壟斷，缺乏競爭，也就使得農業生產的成本居高不下，從事農業生產最多只能填飽肚子。即使農產品漲價，農民獲得的利益不到漲價的15%，大多數利益為流通環節、糧食儲備公司等攫取（南方週末:誰在糧價上漲中獲益，2006-12-22）；政府的絕對多數農業補貼也是補給了化肥廠、糧食公司等企業，這些企業既坐擁壟斷之利，又享受國家補貼，政府則可借此宣稱對於農業的重視——每年高達數千億的農業投入和補貼。

　　而在臺灣地區，農民自辦生產資料超市，一切農產品和涉農交易免稅，這樣，保障了農業生產資料的低價格，從而保障了農民利益。

　　中國大陸的農民沒有真正的遷徙自由權，沒有與城裡人享有相同待遇、相同社會保障的權利。由於戶籍制度，農民無論在改革開放前還是改革開放後都淪為被剝奪者，不但要義務交糧或低價交糧，而且進城後不能享有教育、醫療等同城待遇和社會保障，農村人只配享有低劣的義務教育和姍姍來遲的低層次的有別於城市居民的社會保障制度。而且，戶籍制度人為地製造了隔離和柵欄，不僅農村人進城受盡歧視，城裡人也不允許到農村購房、置業、創業，人為地限制農村土地的使用價值，限制農民致富，以此來保障地方政府的徵地收入，同時讓購房人擁擠在城市，抬高城市的房價。

　　中國農民沒有真正的選舉權。哪個官員、人大代表是農民選舉產生的？誰能為農民說話？農民能夠選擇誰？罷免誰？

　　在先進國家，農民的人數雖然很少，但是誰也不敢忽視農民，相反，他們要極力討好農村選民，以至於美歐日的農民的收入大概有一半來源於政府的補貼。

　　美國的補貼占農業產值的47%，按照WTO的規定中國的農業補貼可以達到產值8.5%，但實際上補到農民頭上的不會超過2%。

　　可是，趙本山的小品中說：「哪個國家的農民拿著補貼種糧食？中國，只有中國！」不知聲稱代表中國農民的趙本山是無知還是故意溜鬚拍馬、混淆是非。

　　中國農民也沒有話語權，基本上沒有參與管理權，甚至也沒有申冤權。報紙、雜誌、廣播、電視等媒體都是各級政府所有，是官家的喉舌；農民的話誰聽？

農民的心聲誰理會？農民的願望誰在乎？集體經濟組織也大多是村幹部說了算，農民如果有冤情上訪，經常會遭到迫害，甚至被勞教、被判刑或被送進精神病院。

《中華人民共和國憲法》第三十三條規定：「中華人民共和國公民在法律面前一律平等。」第三十五條規定：「中華人民共和國公民有言論、出版、集會、結社、遊行、示威的自由。」第四十一條規定：「對於公民的申訴、控告或者檢舉，有關國家機關必須查清事實，負責處理。任何人不得壓制和打擊報復。」顯然，目前中國農民的權利被剝奪的處境違反了憲法。因此，我在此呼籲全國人大勇敢地擔負起捍衛憲法尊嚴、進行違憲審查的重任，按照《監督法》督促各級政府尊重憲法、落實憲法，糾正一切違反憲法的錯誤行為。

進行違憲審查將極大地有利於保障農民的土地產權、金融權、財政分享權、組織權、集體談判權、生產資料經營權、遷徙自由權、平等的教育、醫療、社會保障的權利，以及選舉權、話語權、參與管理權、申冤權。通過保障農民的這些權利，將從根本上改善農村民生、縮小城鄉差距、實現建設新農村的目標。

如果不致力於保障農民的民權，那麼所謂的改善民生只是治標不治本的表面功夫，甚至可能淪為官場作秀或者欺人之談。

敬請全國人大以蒼生為念，研究本建議，啟動違憲審查，以便切實解決民生為盼。

此致，

敬禮！

胡星斗

2010-5-8

對歧視性、多軌制的社會保障制度進行違憲審查的建議

胡星斗

全國人大常委會：

我建議對歧視性、多軌制的社會保障制度進行違憲審查。

一、中國的歧視性、多軌制的社會保障制度。

目前，中國實行的是封建等級的社會保障制度。

中國的養老、醫療皆分成四個等級，第一等級是官員、公務員和部分事業單位元元人員，享受優越的財政撥款的養老、公費醫療甚至公費療養；第二等級是一般城市職工，企業和個人各交一部分保險費用，個人帳戶加社會統籌；第三等級是城市無固定工作的居民，購買商業保險；第四等級是農村人口，參加低層次的農村養老與合作醫療。

第一等級的官員們按照行政級別享受特權的社會保障，不論是否在職，高福利的待遇一直到死亡。高幹離職後，祕書、警衛、司機、勤務、廚師、保姆、專車、住房及醫療待遇一律不變。離退休高幹長年占據賓館式的高幹病房、幹部療養院，占用了全國財政衛生支出的80%以上（社會科學報，2005.11.9）。

在改革開放之前，封建等級制度還只在幹部中實行，現在推廣到了社會的各個領域，於是有了局級公司、師級歌星、廳級方丈、副部級院士等等。除了一些民營企業外，舉凡工廠、醫院、銀行、城市、街道、學校、科研院所、社會團體、民主黨派、甚至道觀佛寺等一切社會組織都被劃定了相應的等級，一切官員也都分成縣管幹部、市管幹部、省管幹部，等等，同級幹部都有嚴格的座次順序，不同級幹部更有不可逾越的排名及待遇——幹部可以聽什麼報告，看什麼檔，是否享受祕書、廚師、保姆、警衛員、司機、公務員等等服務，享有怎樣層次的醫療和療養待遇，全看他的級別高低。除此之外，官員還享受機關食堂、機關服務、幼稚園、小學、旅遊、出國、定期體檢、集資建房、單位自建經濟適用房、定向開發、低價團購住房等等好處。

第二等級的一般城市工人原來也大多享有財政撥款或國企內部的福利保障，但經歷了政企分開、資產重組、下崗分流、提前退休等一系列的改革之後，他們現在參加社會統籌的保險，由社會保障機構負責支付退休金和醫療費用。與財政撥款的社會保障相比，他們的待遇已經大幅度縮水。

第三等級的城市無固定工作的居民包括個體戶、自由職業者、一些民營企業鄉鎮企業的職工，他們要麼沒有任何保險，要麼自行購買一些商業保險，他們所享有的社會保障、醫療保障等與國家財政撥款的官員們相比可謂天壤之別，他們的人格尊嚴也處於無法保障的地步。

第四等級的農民、農民工，他們只配享有最差的社會保障，甚至沒有任何社會保障。衛生部的一個副部長在在國務院新聞辦的一次新聞發布會上說，目前中國農村有40%～60%的人看不起病。在中西部地區，由於看不起病，住不起院，死在家中的人占60%到80%。據第三次國家衛生服務調查結果，城市居民中沒有任何醫療保險的占44.8%，農村有79.1%的人沒有任何醫療保險。據《當代中國研究》2003年第4期，從1991年到2000年，中央撥給農村合作醫療的經費僅為象徵性的每年500萬，地方政府再配套500萬。全國農民分攤下來，平均每年每人每年大概是1分錢。目前在中國農村開展的新型農村養老和新型合作醫療制度雖然是一大進步，但其保障層次過低。勞動與社會保障部實行的農民工大病醫療保險試點，也只覆蓋了不及10%的農民工。

中國衛生的公平性在世界191個國家和地區中排名倒數第四。

二、對封建等級的社會保障制度進行違憲審查，構建公平、統一的社會保障體系。

世界上主要國家針對不同國民的不同收入水準雖然社會保障都有差別，但絕沒有中國特色的封建等級、「一國四制」、國民被不同的保障制度所分割的社會保障體系，也沒有中國特色的官員特權保障制度。如在北歐諸國、新加坡，連首相、總理都不能享有公派廚師、服務員等服務。

《中華人民共和國憲法》第三十三條規定：「中華人民共和國公民在法律面前一律平等」。

《世界人權宣言》宣布：「人人生而自由，在尊嚴和權利上一律平等」；「法律之前人人平等，並有權享受法律的平等保護，不受任何歧視」。

依據上述原則，我建議對封建等級的社會保障制度進行違憲審查！促進國家致力於構建公平、統一的社會保障體系。

1、制定社會保障法，確立公平、統一的社會保障原則和社會保障體制，讓官員、公務員、事業單位人員、一般城市職工、無固定工作者、農民、農民工擁有同一張社會安全網。

2、出台社會保障稅，降低企業的社會保障負擔，取消單位繳納的各種社會保險。目前世界上有近百個國家開徵社會保障稅，而且社會保障稅占稅收總額的比例不斷上升，在一些國家成為頭號稅種。經合組織成員的社會保障稅占總稅收的比例為25%（1995年），美國更高達41%（1993年）。美國分為薪給稅、自營人員社會保障稅、失業保險稅等；德國分為養老保險稅、健康保險稅、失業保險稅等；英國分為面向雇主雇員的累進制稅、面向個體經營者的定額稅、面向自願參加社會保險的定額稅等。

3、廢除官員的特權型養老、醫療和福利待遇。官員們可以享有比較好的福利，但絕不能享有不一樣的體制。除退休的國家主席、人大委員長、總理等少數人之外，取消公務員退休離休後的祕書、廚師、保姆、警衛員、司機、勤務、公務員、專車、住房及醫療方面的特別待遇。取消幹部病房、高幹病房、幹部療養所、領導度假別墅、部級待遇等公款福利特權。

4、提高一般城市職工、無固定工作者、農民、農民工的社會保障覆蓋面和社會保障水準。

以上敬請全國人大常委會儘快研究、答復為盼。

胡星斗

2010-4-8

關於儘快建立農民普惠制養老金制度的建議

胡星斗

尊敬的溫家寶總理：

2008年12月26日央視《新聞1+1》報導了69歲的湖南農民付達信因為年老體衰、無力自養而到北京持刀「搶劫」以圖坐牢「養老」的悲慘事例。

我在此正式建議總理閣下認真考慮研究一下為1.1億60歲以上農村老人提供普惠制的養老金。養老金的發放標準按照地區發達程度的不同而有所差異，大致為每月100元至300元，全國總共約需2千多億元，相對於今年約6萬億的財政收入，國家完全有能力負擔。

目前，中國的養老保障十分薄弱，據2007年9月27日人民日報海外版，2006年全國城市+農村，參加養老保險的人數僅為1.293億人。

據勞動與社會保障部和國家統計局聯合發布的《2006年度勞動和社會保障事業發展統計公報》，2006年末全國參加農村養老保險人數為5374萬人，僅有355萬農村老人領取了養老金。

有人說，農村老人可以依靠家庭和土地養老。但是根據調查，農村老人與子女住在一起的比例雖然高達88.7％，但是收入來源、生活料理依靠老人自己的比例分別達到50.7％、82.2％（民政部農村社會保險司：《農村社會養老保險檔彙編》）；目前農業生產成本很高，收入極低，許多農民種地虧本，而農民又沒有土地所有權，土地使用權也受到農業用地不能轉作非農用途等限制，農民很難獲得財產性收入，所以，大部分農村老人難以依靠土地解決自己的養老問題，最多只能苟活生存、勉強度日。可見在農村，家庭養老和土地養老的保障層次過低，也容易產生複雜的家庭矛盾，老年人極易陷入貧困生活，許多老人的晚景淒涼。

還有人說，現在不是實行了農村低保嗎？低保可以解決農村老人的養老問題。的確，2007年在全國農村推廣的最低生活保障制度，已經有3451.9萬農村居民受惠。但是，其覆蓋面僅占農村人口的4%左右，比例仍然太低，低保金額也過

少。根據世界銀行的統計，按照購買力平價（PPP）計算、每人每天支出1美元的國際赤貧線標準和2美元的貧困線標準，2007年中國赤貧人口1.35億，占人口比例10%，貧困人口4.3億人，占人口比例32%，他們大部分居住在農村。所以，要擴大農村的低保範圍，提高保障水準。即便如此，由於低保以家庭為單位，只涵蓋少數家庭，大部分農村老人仍然處於沒有養老保障的狀況。

可見，農村低保制度不可能替代養老金制度。

三四十年前，前蘇聯、東歐社會主義國家就建立了農民退休、領退休金的制度；如今，比中國經濟落後的印度也為65歲以上農村老年提供每月5美元的養老金，越南則提供大米保障。

1891年丹麥在世界上第一個建立了農村社會養老保險制度。1933年，國際勞動組織把農村社會養老保險、農村殘疾保險、農村遺屬保險納入了保障範圍。歐洲國家在類似目前中國或者比目前中國更低的經濟發展階段時期就已經建立了農村社會養老保險制度。

中國可以一方面實行農民普惠制的養老金，另一方面作為低層次的養老金的補充，可以加快建立農村社會養老保險制度，發展起多層次的農村養老體系。

中國現在的確到了以養老保障反哺農民的時候了。過去我們提出工業反哺農業、城市反哺農村，但我認為更重要的是國家反哺農民。

中華人民共和國成立之後，農民為國家工業化作出了重大的犧牲，改革開放之前，農民通過義務交糧、工農業產品價格剪刀差等方式為國家貢獻了7000億元左右，相當於現在的二十萬億元；改革開放之後，農民通過低價賣糧、鄉鎮企業稅費、徵地等方式對國家的貢獻也在二三十萬億。可是長期以來，我們沒有考慮農民的養老保障。1951年頒布的《勞動保險條例》，也把當時占人口總數90%以上的農民排除在外。

中國現在完全有財政能力解決農村人口的養老問題。2007年，中國新增加的財政收入就達到1萬多億元，現在中國的財政總收入早已超過日本，僅次於美國。全國農村的養老金一年需要2000多億元，只及一年新增加財政收入的五分之一左右，完全可以安排。另外，只要節約每年上萬億公款消費的五分之一，也能夠解決全國農民養老金的資金來源了。

建立農民養老金制度，其意義非凡。它體現了中央政府以民為本、重視民生

的理念，可以促進農村社會的長期穩定；它能夠調整農民的消費預期，解除農民的後顧之憂，擴大農村內需，啟動農村市場；它可以加快城市化進程，降低城鎮化的成本與風險；它有助於應對老齡化社會的挑戰，實現計劃生育的目標，調整男女人口比例失調的現象。只要農民有了養老保障，一般來說農民也不願意多生，生男生女一個樣，計劃生育的難題迎刃而解。

　　總之，我認為建立農民普惠制養老金制度正當其時。如果夢想成真，中國9億農民將是何等的高興啊。您也會與民同樂的。

　　敬請總理在百忙之中抓緊時間研究、部署此事，此致，

　　敬禮！

農民子弟、北京理工大學　胡星斗

（2007-11-20初稿，2008-12-27定稿）

緩解醫療困境、實行免費基本醫療制度的建議

胡星斗

一、醫療困境

胡適曾經說，「五鬼」鬧中華。所謂「五鬼」，就是貧窮、疾病、愚昧、貪汙和社會動亂。其中，疾病之鬼至今仍在侵擾中華。

《深圳商報》2005年7月30日報導，2003年與1993年相比，兩周之內患病的人數比例從千分之140.1上升到143.0，而門診量卻下降了1.09億人次。

《中關村》雜誌2005年3月報導，2003年，全國未就診人次為23.5億，相當於總患病人次的47%。這些患者既不上醫院，也不看醫生。

衛生部的一個副部長在國務院新聞辦的一次新聞發布會上說，目前中國農村有40%～60%的人看不起病。在中西部地區，由於看不起病，住不起院，死在家中的人占60%到80%。

根據第三次國家衛生服務調查結果，我國城市沒有任何醫療保險的人口占總人口的44.8%，農村占79.1%。也就是說全國有約3/4的人口在患病時不可能得到政府的任何幫助。

另據衛生部調查，農村地區兒童疫苗的接種率在不斷下降，計畫免疫建卡率從1993年的87%下降為2003年的56%，三級預防保健網破裂，慢性病上升，農村血吸蟲病、肝炎等疾病的預防無人問津。在農村，前兩位的慢性病也就是循環系統疾病和消化系統疾病的發病率從1993年的1.6%和2%上升到2003年的3.1%和2.5%，農村因病致貧或返貧人口占貧困人口總數30%以上，有的地方占70%。老百姓有民謠「小病撐，大病扛，重病等著見閻王」；「救護車一響，一頭豬白養」。可見對於普通的老百姓來說，要看得起病是何等的艱難！

1997年中央提出力爭在2000年建立起合作醫療體系。但是，現在早過了2000年，農村合作醫療，儘管它的保障水準非常低，也只覆蓋了農村人口的10%。據北

大醫學部2005年對河北農村的調查，農民從新型合作醫療中得到的報銷款僅占大病花費的8%。這樣，很多農民對合作醫療失去了興趣。到2003年，全國還有23%的行政村沒有村衛生室，即使有村衛生室，絕大多數村醫也只是賣藥的個體醫生，沒有政府投入，沒有預防保健。一些鄉鎮衛生院也紛紛倒閉或者賣給了私人，農民更加看不起病。

據《當代中國研究》2003年第4期報導，從1991年到2000年，中央撥給農村合作醫療的經費僅為象徵性的每年500萬，地方政府再配套500萬。全國農民分攤下來，平均每人每年只有1分錢。

中國人口占世界的22%，但政府的公共衛生投入僅占世界的2%。中國衛生投入占國內生產總值的比例僅為2.7%，而美國為13.7%，印度為5.2%。

目前醫院的營運成本中，政府投入僅占6%，94%靠醫院自籌。據2006年11月2號衛生部公布的資料，全國用於國有醫院建設的資金為185億人民幣，其中財政投入23%，其他的都由醫院自籌。目前全國醫院的長期負債額達到351億元。

一方面是政府的投入很少，另一方面是不公平。中國衛生的公平性在世界191個國家和地區中排名倒數第四。中國80%的醫療資源集中在少數大城市，極其有限的財政投入大部分被官僚特權階層所霸占。據《社會科學報》2005年11月9日報導，在政府投入的醫療費用中，80%被850萬黨政幹部所占用；40萬幹部長期療養，占據幹部病房、貴賓病房，一年的療養花費也在500億元。可以說，中國的醫療衛生實行的是一種封建等級的制度，一方面許多幹部住院是為了療養而不是看病，另一方面，中國有近一半的人看不起病，中西部地區60%到80%的人無錢看病，死在家中。

在中國的衛生事業經費中，中央僅占6.5%，地方政府占93.5%，這種以省級財政為主的醫療體制也極大地影響了衛生公平性。由於地區差距，河南的人均衛生費用不到上海的十分之一。

中國醫生的公開收入是比較低的，他們救死扶傷，非常辛苦，但由於各級政府不願投入，逼迫著醫院搞所謂的「產業化」，醫生也就變成了「宰」病人的「白衣屠夫」，他們以各種方式收取病人高額的費用。甚至，醫院裡藥的利潤空間在100%～1000%，也就是說，藥的成本價與銷售價之間可能有2到10倍的差額。據中央電視臺《今日說法》2004年8月19日報導，有一種藥品叫氯胺酮，出廠價20元

錢，但國家定價卻在134元。據《法制晚報》報導，一種叫硫酸軟骨素的注射液，藥店的零售價是0.46元，但通過政府招標採購進入醫院後的售價為28.92元，價格飛漲了63倍！

另外，藥廠也虛報藥品成本。根據2006年國家審計署的調查，34種藥品成本申報不實，平均虛報一倍多。某企業生產的一種注射用的針劑，實際成本是每瓶32.07元，但它申報成本為266.50元，虛報了7倍多。

由於有關方面對於現成的藥品有藥價規定，新藥才可以高價格，於是製藥廠夥同藥監局以舊藥換新裝的方式大量推出「新藥」，國家藥監局每年竟審批上萬種新藥（藥監局自己承認為一千多種），而世界上藥品研發的主要國家美國2005年也才審批新藥81種。

中國有關政府部門故意將藥價定得非常高、而且大量審批新藥，目的就是讓醫院「以藥養醫」，以便推卸政府的財政責任。據世界銀行的報告，中國的藥品費用占全部衛生支出的52%，而世界上大多數國家為15%到40%。由於賣藥、開大處方，導致中國衛生費用的12%到37%被浪費掉了。

中國醫院的醫療器械也是價格高昂。比如，一個3625元的心臟支架，在病人買單的時候卻是16000元，比出廠價漲了四、五倍。原因就是現有的醫療器械銷售體制，是一種層層代理制，有全國代理商、大區代理商、省級代理商、市代理商等等，然後器械才能到達醫院，醫院有關人員又要提取回扣。這樣，醫療器械到了患者手中，價格就漲了好幾倍。由於醫療器械價格高企，又促使醫院對病人多次檢查、重複檢查，以便多收費。中國為什麼不允許醫療器械企業與醫院之間的直接交易，而要實行多層次代理制度呢？無非就是要養活幾百萬的中間商、代理商。但為了滿足這些既得利益者的胃口，上億人民群眾付出了看不起病的慘重代價。

由於藥監部門與藥廠、中間商、醫院合謀牟利，患者的利益必然無法保障。如哈爾濱的「中國最昂貴死亡」，一位老人住院67天，花了550萬元。其中最多的一天輸血94次，注射鹽水106瓶，住院兩個多月僅血糖就化驗了588次，腎功能檢查299次，血氣分析397次。其家屬向衛生監管部門投訴數百次都石沉大海，最後是中紀委和監察部下令調查，報紙才披露出來。重複檢查，開大處方，虛報醫藥費，以及醫療監管機構不公正、不獨立，都使得中國的普通老百姓看病雪上加霜。

二、實行免費基本醫療制度

中國應當實行、也有條件實行免費基本醫療的制度，也就是全體公民有權利享受較低層次的免費醫療保健預防服務。進而中國應當在不遠的將來實現基本醫療、基本養老、義務教育的「三免費」制度。

印度的人均收入比中國低得多，但是印度基本實現了全民免費醫療、教育，印度的老人包括農村老人也都享有政府的補貼。

印度能做到的，作為社會主義的中國一定能夠做到。

胡錦濤、溫家寶在推廣農村最低生活保障、合作醫療、教育「兩免一補」等方面取得了非凡的成就，一定能夠在全民免費基本醫療以及「三免費」方面做出自己的貢獻。

據專家估算，較低層次的全民免費基本醫療一年大約需要資金1500億元。目前，中國一年的財政收入近4萬億元，2006年比上一年新增財政收入7000億元。中國每年的「三公」（公款吃喝、公車消費、公費旅遊出國）支出近1萬億元，只要節省一點，免費基本醫療的經費就有了。

2006年10月，胡錦濤在政治局會議上強調醫療改革一要堅持公益性，二要強化政府的責任，三要建設一個覆蓋城鄉居民的基本衛生保健制度。此言可謂一語中的，對於指導今年衛生改革方案的出台、解決十三億國民的看病難、看病貴問題至關重要。

堅持公益性，強化政府的責任，就是國有醫院應當平等、免費或者廉價、優質地提供醫療服務，決不能惟利是圖，更不能拋棄病人；政府部門要做好對醫院的監管、確保對國有醫院的全額投入；實行醫、藥分離，杜絕以藥養醫、開大處方、進高價新藥、重複檢查、醫療特權等問題。

建設一個覆蓋城鄉居民的基本衛生保健制度，就是要打破城鄉、地區、所有制的界限，建立以社區醫院和鄉鎮衛生院為診療基本場所、覆蓋全民、城鄉一體化的醫療預防衛生體制。

第一要加大對國有醫院的投入。城市要大力發展國有的社區醫院、全科門診，做到小病不出社區。每個縣城至少有兩個國有醫院，每個鄉鎮至少有一個國有衛生院，建立全額投入機制，完善其預防保健的職能，改變農村衛生重治輕防的現

狀。

第二要扶持私立醫院的發展，在急救業務、醫保定點等方面對之一視同仁。過去醫療改革的失敗，不是因為產業化，而是因為沒有民營化的產業化，沒有鼓勵民營醫院的平等發展。一方面，政府想甩掉醫療的財政包袱，另一方面又不給民營醫院平等的發展空間，因此就放任壟斷的國有醫院靠高價賣藥或過度檢查來取得收入。以後，國有醫院只保障基本醫療，保障普通老百姓都看得起病，有錢人如果想獲得更好的醫療服務，可以付高價到私立醫院去看病。即便是私立醫院，普通人也能看得起病，因為通過激烈的競爭，它的藥價也會降下來。而且在私立醫院，醫生、護士的服務會更加到位。

第三要保證醫務人員有比較合理的報酬。提高醫生的公開收入，對於收受回扣、紅包的行為予以重處。根據《福布斯》報導：美國收入最高的25種職業中，醫生包攬了前八名，其中外科醫生收入第一。在美國，醫生沒有收受回扣、紅包的事情。

第四要醫、藥分離，允許藥店設立在醫院附近。患者可以自主選擇是在醫院拿藥還是到附近的藥店買藥。同時取締醫療器械多層次代理體制，建立企業與醫院之間的直銷制度。

第五要進一步完善農村合作醫療、城市居民及農民工大病統籌、醫療保險等制度。加大政府對農村合作醫療的投入力度，提高農民合作醫療報銷的比例，做好農村合作醫療與農民工大病統籌的銜接。

第六要取締高幹病房、療養醫院，降低藥價、手術費，在不同地區、不同人群之間公平分配醫療資源。

第七要改革慈善體制，鼓勵慈善事業的發展，允許公民設立慈善基金會和慈善醫院。美國有公益組織120萬個，慈善機構73萬家，慈善基金會56600多家。中國原來只有屈指可數的幾個官辦慈善機構，2005年有了全國第一家私人慈善基金會和第一家慈善醫院，以後應當繼續大力發展至數十萬家、數百萬家，才能滿足中國弱勢群體的現實需要。

第八要加強政府對醫療衛生事業的監管，建立獨立的醫療事故鑒定機構和醫療糾紛仲裁機制，強化媒體和民眾對衛生部、藥監局的監督和問責。凡是造成民眾醫療困境和重大醫療事故的，有關政府部門負責人必須辭職。

我相信在不遠的將來，全民免費基本醫療制度，以及基本醫療、基本養老、義務教育的「三免費」制度，會在中國實現。

2007-3-27

致中共中央、國務院：提高勞動者收入、改善民生的建議

胡星斗

中共中央、國務院：

針對目前我國勞動者工資、收入及福利保障的惡劣狀況，有感於「十七大」在建設和諧社會、改善民生方面的莊嚴承諾，我提出一些關於如何改善勞動者工資收入、福利保障的具體措施和建議。

一、我國勞動者收入及民生的現狀。

根據國際勞工組織公布的數據，從2000年至2005年，中國人均產出增長63.4%，而工資總額占國內生產總值（GDP）的比例卻從12%下降為10.91%，延續了1980年以來不斷下降的趨勢。另有數據顯示，中國的工資總額占GDP的比例從1989年的16%下降為2003年的12%。而發達國家這一比例高達50～60%，世界平均為40%。

據學者研究，目前在中國的GDP中，政府財政和預算外、制度外收費拿走了40%，企業資本拿走了40～45%，工人農民僅獲15～20%；美國工人一年創造價值104606美元，而2005年的平均工資是40409美元，加上從雇主那裡享受家庭醫療保險14000美元、以及退休金等等福利，全部加起來，一個工人獲得的收益超過60000美元，勞動所得竟占GDP的60%；瑞典的勞動所得與資本所得之比為3：1甚至4：1，即勞動所得大大超過資本所得，而中國正好相反，為1：2～3。

由於勞動者的收入微薄，使得中國的居民消費率（居民消費占GDP的比例）不斷下降，從1991年的48.8%下降為2005年的38.2%，創歷史最低水準。而世界平均居民消費率為60～70%，中國只及世界平均的一半。

據世界衛生組織的評估，中國大陸的衛生醫療公平性全球倒數第4。中國每年有50%應該看病、30%應該住院的病人，由於貧困的原因得不到救治。中國人口占

世界的22%，但政府的公共衛生投入僅占世界的2%。中國衛生投入占國內生產總值的比例僅為2.7%，而印度為5.2%，美國為13.7%。

中國的環境可持續指數在全球144個國家和地區中，位列倒數第12。世界衛生組織曾經列出全球空氣污染最嚴重的10個城市，中國占了7個。在實行環境統計的300個中國城市中，70%的城市超過大氣環境品質三級標準，已經不適合人類居住。由於環境污染，中國有3億農民喝不上潔淨的水。

按照人均GDP和支付能力計算，中國上大學的費用世界最高。雖然從絕對數字上看，日本人的每年教育支出最高，約合人民幣11萬元，但僅相當於中國居民支付3550元。而且，發達國家的大學普遍提供高額的獎學金。

中國居民和企業的稅務負擔全球第2或第3，屬於世界上稅收最高的國家之一（包括預算外、制度外收費）。同時，中國政府的行政成本高居世界第一，公務開支占財政支出的37%，而美國約為11%，歐洲國家約為6%，日本約為3%。高昂的行政成本極大地影響了民眾的福利，致使中國的民生支出占GDP的比例為世界最低。

按照國際貧困線，中國每天生活費不足1美元的絕對貧困人口占總人口的18.2%。

中國的自殺人數全球第一，約占世界自殺人數的35%。

中國的職業病死亡率世界第一，衛生部承認，目前中國有毒有害企業超過1600萬家，導致2億多人受到職業病侵害。據不完全統計，中國累計發生塵肺病達500多萬人，已相當於世界其他國家塵肺病人數的總和。

目前中國礦難死亡人數占世界的80%。由於缺乏勞動保護和技能培訓，僅在珠三角地區每年有4萬多人被機器切斷手指頭。

2006年，世界銀行發表了關於俄羅斯和中國經濟狀況的兩份報告，指出俄羅斯的經濟增長「符合窮人的利益」，而中國在2001年至2003年雖然經濟以每年10%的速度增長，但13億人口中最貧窮的10%的人口實際收入卻下降了2.4%。而且，「有跡象顯示中國最貧困的人群正在進一步滑向貧困的深淵」。

從1999年至2006年，俄羅斯經濟年均增長速度約6%，經濟總量增加了70%。然而，俄羅斯的工資和人均收入卻增加了500%，扣除通脹因素後，人均收入實際的增長超過200%。加上石油漲價及大量的石油出口，給俄羅斯的老百姓帶來了生

活水準的迅速提高。目前俄羅斯人均月工資10800盧布，約合人民幣3650元。莫斯科最低生活標準線為月5124盧布，約合人民幣1700元。

然而在中國，石油資源被壟斷的國有企業霸占，這些特權企業不但不需要向國家上繳利潤，而且還享受超低的原油資源稅（只有發達國家的1/7）和巨額的財政補貼（如中石化2005年雖然營利509億，還另外獲得財政補貼100億）。

在俄羅斯，民選的官員拼命地討好選民，除了完全免費或者幾乎免費的醫療、教育、住房、水、電、暖氣之外，俄羅斯政府的補貼、救濟專案共有幾百項之多。在這樣的情況下，在如今的俄羅斯，想當窮人都不容易。

二、提高勞動者收入、改善民生的措施。

2003年以後，特別是「十七大」之後，中國的現代化已經進入第二階段。之前的第一階段重在「富國強兵」，重在「國富「（國家富強）、經濟增長、GDP、效率，第二階段重在解決「國富民窮」、經濟分配、和諧發展、公平等問題。目前，以胡錦濤溫家寶為代表的中央政府極為重視民生，採取了一系列措施，緩解了社會矛盾，贏得了人民群眾的支持，未來必須在民權、制度、法治等方面進一步改革，拿出提高勞動者工資收入、改善福利保障的切實辦法，才能真正地建成和諧社會。為此，建議中共中央、國務院考慮採納如下原則和措施：

（一）原則：「抑制官權，節制資本，改善民生」。

只有抑制官權，保障民權，才能從根本上改善民生。所謂抑制官權，就是制衡公權力，也就是以權力制約權力、以法律制約權力、以制度制約權力、以輿論制約權力。通過人大制度的改革，按照《監督法》，加強人大的監督作用，逐步建立保障公共利益和民生要求的公共財政、民生財政；通過政府制度的改革，貫徹《行政許可法》，鼓勵公民監督，建立陽光財產制度，努力建設法治政府、廉潔政府；通過新聞制度的改革，落實公民的憲法權利，不斷地擴大人民群眾的話語權、談判權和決定權。

只有節制資本，遏制資本的為所欲為、官商勾結等行為，停止損害主權和勞動者權益的盲目的招商引資活動，保障勞動與資本的平等權利，才能從根本上改善民生。為此，必須改革工會體制，組建代表工人利益的工會，賦予工會與資方進行

平等的集體談判的權力；必須恢復工人的罷工權，工人有權以合法的程式和手段與資本家抗爭；必須嚴厲懲罰違背勞動法、虐待勞工、損害勞動者權益的行為；必須提高資源稅標準，出台環境稅，加強對企業主個人所得稅的征繳，減少對工薪階層的徵稅。

（二）思路：在財富存量與財富增量上入手改善民生。

在財富存量上入手改善民生：擴大財政支出中用於民生的份額，建立陽光財政、民生財政，完善社會保障制度。

在財富增量上入手改善民生：確保每年新增財政收入的大部分用於民生事業；降低創業門檻，創造增收機會，盤活土地和金融資本，完善農業保險制度。

（三）措施：通過一系列具體的良政舉措，建立民生制度，保障民生權利。

1、制定《社會保障法》，規定政府財政對社會保障的投入比例。尤其對於新增的財政收入，應當規定60%以上必須用於社會保障。如2007年預計中國新增的財政收入達到1.2萬億，總財政收入達到5萬億，中國完全有財力建立一個覆蓋面比較廣、保障水準適度的社會保障體系。

2、制定《養老法》，建立老人津貼制度、農民退休金制度。老人津貼針對60歲以上、無退休金的所有城鄉老人發放。為此，國家財政需要投入2000億元，同時，國家可通過發行農村福利彩票籌集資金。

3、擴大低保範圍，提高低保標準，根據低保者有無勞動能力給予不同的低保待遇。目前，我國城市低保支出200～300億元，農村低保約30億元，農村人口覆蓋率僅3%左右，以後應擴大到覆蓋10%甚至20%的農村人口。

4、建立農村個人帳戶制度，國家和地方財政扶助、個人繳費的合作醫療、醫療保險、養老保險等資金全部打入個人帳戶。

5、建立免費基本醫療制度，免除國民的診療、手術、住院費用，藥費目前自理，未來免除，為此，國家每年需增加投入1000～2000億元；為了降低藥價，實行國家基本藥物制度，國家基本藥物採納招標價格，實行定點生產、集中配送。

6、實施完全免費的義務教育，包括學費、雜費、書本費、校服費、交通費、午餐費、住宿費全免。國家為此需要增加財政支出約1500億元。

7、在打工子弟中實行教育券制度，教育券由政府發放，可攜帶，在學校中抵學雜費。

8、制定《住房保障法》，完善保障性住房制度，各級政府必須拿出土地出讓金的20%用於廉租房建設（臺灣即規定，徵用的一部分土地用於蓋打工者住房）；開發商必須無償建設占總面積20%的廉租房，廉租房由開發商經營，執行政府制定的房租標準。

9、降低國人的稅收負擔，提高所得稅門檻，減少對工薪階層的徵稅，實行個體工商戶、小生意、小業主零稅收制度；改革增值稅、消費稅、企業所得稅制度，降低民營企業的稅收。

10、提高工資標準，制定企業工資增長規劃，按照工資增長規劃及落實情況政府給予企業貸款、稅收的優惠。

11、實行農用生產資料自由競爭、自由生產、合作採購、政府監管的制度，豁免農用生產資料的一切稅收（目前中國農民在購買生產資料等生產過程中繳納的增值稅，占增值稅總收入的一半），由農民合作組織經營農資、開辦農用生產資料超市，農業生產交易全部免稅。改變農用生產資料官企勾結、壟斷經營、價格高昂的現狀。

12、加快農業科技的推廣工作，所有農業類大學、農業科學院必須在基層設立大量的技術推廣點，做到全國每個鄉鎮都有站點。國家應儘快出台農產品品質評價標準、農產品等級標準，建立縣鄉一級農產品品質檢測機構和信用制度，推行農產品的優質優價。支持農產品深度加工、農工商結合、產供銷一體化、農產品從田間到餐桌的大統一經營。目前，中國農產品加工業產值僅為農業產值60%，而發達國家為3倍。

13、盤活農村土地資本，將鄉產權房合法化，支持農村土地的公司化，允許農民在承包土地上、集體土地上自主開發、建設，將土地增值的收益歸農民。

14、進一步加大財政支農力度，財政對農業的投入增長幅度應當兩倍於財政經營性收入的增長幅度；農村基礎設施完全由政府負責，如印度那樣；政府安排的預算內投資和銀行貸款必須20%以上用於農業基本建設和農村發展。

15、頒布《農村金融法》，放寬農村民營金融組織的市場准入限制，規範民間金融活動，允許農村土地、住房的抵押貸款。農業發展銀行加大對農業基礎設施的政策性投入，國有商業銀行按照存款比例購買農業政策性的債券，建立農村非銀行金融組織體系如農村證券經紀公司、農村租賃公司、農村擔保公司、農村存款保

險公司。建立農產品無追索權貸款制度，即農民以農產品抵押貸款，當市場價格低於貸款率時，農民可放棄農產品，同時貸款自動變成銷售收入，無須償還貸款；當價格高於貸款率時，農民可以賣掉農產品，償還貸款。

16、頒布《農業保險法》，成立農業保險基金，建立農業生產保險制度和再保險制度。目前，我國糧食作物的承保比例不足0.1%，棉花不足0.2%，而且以火災保險為主。未來應當由國家財政補貼建立多種類的農業保險，減少農民由於旱災水災和市場波動帶來的損失。

17、打破糧食、煙草等的壟斷銷售狀況，還利於民。如目前中國沒有真正的戰略儲備糧，中國儲備糧管理總公司只是利用國家政策，以最低價收購農民的糧食，控制糧食市場，哄抬糧價，然後「順價銷售「發橫財。所以，中國的農產品流通領域極待破除壟斷利益集團，改變糧食漲價而農民並未獲利的現狀。

18、建立大量的鄉村職業學院，對農民進行技術文化培訓，設立農民電視臺。

19、對於沙漠化、荒漠化嚴重的地區、黃土高坡以及不適合人類居住的地區，分階段把農民和居民遷出。

20、制定《工傷事故和職業病賠償法》，加大賠償力度，促使企業加強對職工的勞動保護。如美國的《工傷賠償法》規定了高額賠償制度，近年來，美國的工傷賠償額每年高達600億美元，使得該國工傷事故和職業病的死亡率僅占世界的0.3%。

目前，中國的勞動者正面臨一個前所未有的命運轉折時機，和諧社會、科學發展、公平正義的理念正引領著中國走向新的民生時代。為了加快這個偉大時代的來臨，我希望中共中央、國務院研究如上措施建議的可行性。

胡星斗
2007-10-15

建議國家和地方政府下半旗哀悼重大事件中的遇難同胞

胡星斗

中國政府的執政理念是「以民為本」，這是時代的進步。如何在具體的行動中落實「以民為本」？除了希望中央政府在增加居民收入、縮小貧富差距、改革醫療、教育、住房、戶籍、財政等體制方面繼續努力之外，我認為，政府有時也需要做一些標誌性的事情，如應當下半旗哀悼重大死亡事件中的公民。從表面上看，這一做法的實際意義不大，但實質上它卻體現了誰是國家的主人、也就是「民為邦本」的問題。

前一段時間，颱風碧利斯已經在全國造成了超過500人的死亡，其中僅湖南就遇難346人，失蹤89人，受災最嚴重的郴州資興市就有197人死亡，69人失蹤。颱風桑美在福建福鼎市造成218人死亡，72人失蹤；在寧德死亡227人，失蹤157人；在浙江造成193人死亡，11人失蹤。這些都屬於特大的國民非正常死亡的災難。我建議，以後凡是死亡人數超過100人的重大事件，國家和地方政府都應當下半旗致哀，廣播電視等停止播放娛樂節目，同時，檢討事故、事件的原因、追究相關人員的責任。

按照《中華人民共和國國旗法》第十四條第四款的規定：「發生特別重大傷亡的不幸事件或者嚴重自然災害造成重大傷亡時，可以下半旗致哀」。也就是說，國旗法已經體現國家對普通公民生命的珍重，反映了社會的進步，但遺憾的是，我國還從未實行過該條款，沒有為一般民眾下半旗致哀的先例。

國旗一方面是國家主權和尊嚴的象徵，另一方面也是民族精神和凝聚力的載體。政府下半旗哀悼遇難的普通民眾，體現了公民在國家中的主人翁的地位，有助於增強民族凝聚力和民眾對於國家的自豪感。

在發達國家，為重大事件中死亡的公民或者為一些著名的非政治人物下半旗致哀是普遍的慣例，在一些人權觀念並不深入的落後國家，為民眾下半旗致哀的情況也越來越普遍。

2005年，「卡特裡娜」颶風在美國造成了巨大的人員損失，全美下半旗哀悼；2003年7月笑星霍普・鮑勃去世，美國白宮、公共建築、大使館、軍隊駐地及美國船隻都降半旗致哀；2002年俄羅斯一架直升機墜毀，死亡人數100多人，全國降半旗致哀；2006年8月22日，俄羅斯一架圖154客機墜毀，169人遇難，24日俄羅斯全國下半旗哀悼，廣播電視停止播放娛樂節目一天。2003年，韓國地鐵發生重大火災，100多人死亡，韓國全國下半旗致哀；2002年，莫三比克火車事故，死亡205人，舉國下半旗致哀3天；2002年，尼日利亞一架客機墜毀，148人死亡，全國下半旗致哀，哀悼兩天；2004年海嘯，東南亞各國甚至歐洲各國都下半旗致哀；在2005年海嘯一周年的時候，許多國家又下半旗表示追思。

　　胡溫政府現在該是開啟新時代、增強中國人的國家主人意識和民族自豪感、為普通公民下半旗致哀的時候了。

2006.6

關於經濟罷工權立法的建議

——兼在北大「計程車司機罷運及群體性事件」研討會上的發言

全國人大常委會：

　　我建議對經濟罷工權立法，規範罷工行為，制止非法罷工，避免經濟問題政治化，防止勞資矛盾演變為官民衝突，從而維護社會穩定。

一、經濟罷工權立法及其意義

　　2008年11月3日，重慶市部分計程車司機罷運，此事件在全國許多城市引起多米諾骨牌效應。雖然司機罷運以及計程車管理體制涉及行政許可、資訊公開、公共參與、價格聽證、利益集團、自由競爭、行政壟斷、表達權、團結權、結社權、企業及計程車產權、維權上訪等問題，但我最主要關注的是經濟罷工權的問題。

　　我認為，中國人民已經擁有經濟罷工權。未來中國需要做的只是對之立法，加以規範。

　　罷工可以分為政治罷工與經濟罷工，政治罷工是出於政治目的的罷工行為，經濟罷工是為了爭取經濟利益和福利待遇而進行的罷工行為。世界上絕大多數國家禁止政治罷工，允許經濟罷工。中國未來也將立法只允許經濟性罷工。

　　罷工權（經濟罷工權）是市場經濟環境下勞動者的基本權利，是文明國家普遍承認的公民權，也是勞動者的勞動權的自然延伸。保障罷工權有利於社會的和諧與穩定，有利於維護弱勢群體的權益，有利於市場經濟的健康發展。

　　1886年5月1日，美國芝加哥以及其他城市的數十萬工人舉行了大規模的罷工和示威，要求改善勞動條件和實行8小時工作制，經過流血鬥爭，美國人民最終獲得了勝利。這一天也被定為國際勞動節。

　　到20世紀20年代初，美國國會出台的《克萊頓反托拉斯法》規定罷工合法，但是這項法律卻受到聯邦最高法院的抵制，直到1935年富蘭克林羅斯福總統實行「新政」，美國國會通過了《全國勞工關係法》，禁止法院對工人罷工和組織罷工

糾察線發出禁令，罷工權在美國才得到正式的確認。從此以後，由於勞工權利的提高，在西方持續了一個世紀的風起雲湧的工人罷工浪潮反而逐漸地走向了低谷。

在中國，即使在國有企業一統天下的時候，中國人民仍然享有理論上的罷工權。1954年憲法雖然沒有規定罷工自由，但1956年11月15日毛澤東在中共八屆二中全會指出：「要允許工人罷工，允許群眾示威……以後修改憲法，我主張加上一個罷工自由，要允許工人罷工。這樣，有利於解決國家、廠長同群眾的矛盾」。此後，1975年、1978年兩部憲法中都規定了「罷工的自由」。1982年憲法取締了罷工的權利，理由是：在社會主義公有制條件下，職工的利益與企業的利益是一致的，不存在勞資關係或對抗性的勞動爭議，不需要通過罷工的方式予以解決。

目前，雖然我國憲法中沒有規定罷工權，但也沒有禁止性的法律（只在《公務員法》中有禁止公務員參與罷工的條款；在《戒嚴法》中規定戒嚴期間不得罷工；這與發達國家法律中規定的不得罷工的情形是一致的），根據法不禁止皆權利的原則，中國人民享有罷工權利。

只是在中國，由於罷工行為不被法律所保護，因此如果罷工造成了事故或者危害，罷工者不享有刑事上或者民事上的免責權利。

另外，《中華人民共和國工會法》第二十七條規定：「企業、事業單位發生停工、怠工事件，工會應當代表職工同企業、事業單位或者有關方面協商，反映職工的意見和要求並提出解決意見」。其中所謂的「停工、怠工」實際上就是罷工的代名詞。因此，我國工會法默認了罷工權。

《中華人民共和國憲法》第三十五條規定：「中華人民共和國公民有言論、出版、集會、結社、遊行、示威的自由。」憲法第四十二條規定：「中華人民共和國公民有勞動的權利和義務。國家通過各種途徑，創造勞動就業條件，加強勞動保護，改善勞動條件，並在發展生產的基礎上，提高勞動報酬和福利待遇。」憲法第四十三條規定：「中華人民共和國勞動者有休息的權利。國家發展勞動者休息和休養的設施，規定職工的工作時間和休假制度」。從中可以看出，我國憲法保護勞動者的表達權和工作權、休息權，由此可以推導出憲法也保護勞動者的罷工權。

《中華人民共和國香港特別行政區基本法》規定：「香港居民享有言論、新聞、出版的自由，結社、集會、遊行、示威的自由，組織和參加工會、罷工的權利和自由。」《中華人民共和國澳門特別行政區基本法》也做了同樣的規定。既然香

港、澳門的中國人享有罷工權，按照「法律面前，人人平等」的原則，大陸中國人也應當擁有罷工權。從上述立法也可以看出，我國領導人在指導思想上並沒有排斥公民的罷工權。

罷工權也是國際人權公約所規定的一項基本人權。我國政府已經簽署、人大常委會也已批准聯合國《經濟、社會、文化權利國際公約》，該公約第8條第4項規定勞動者有罷工權，中國政府理所應當履行自己的莊嚴承諾和公約義務，進行罷工權立法。

沒有罷工權立法，對於市場經濟體制的完善、社會的穩定、人權的保障都將造成嚴重的負面影響。

從1982年取締憲法中的罷工權至今已經二十多年，中國的社會經濟狀況發生了翻天覆地的變化。當初國有企業幾乎一統天下，但到2007年非公企業占規模以上工業總產值的比重達到68%；城鎮國有和集體單位從業人員僅占全部城鎮從業人員的24.3%（國家統計局2008年10月29日發布的報告）。當初不存在的勞資矛盾現在已經成為影響市場經濟健康發展和社會和諧穩定的重要因素，據新華網北京2005年12月28日電：自1995年1月1日勞動法實施以來10年間共立案受理勞動爭議案件132萬件，涉及勞動者443萬人。

古人云：「時移則世異，世異則備變」，如今中國的社會經濟發展一日千里，同時勞資衝突愈演愈烈，面對強勢的資方，勞動者必須擁有團結權、罷工權，以維護自己的合法權益。

沒有罷工權立法，怎樣才能遏止企業主在追求利潤最大化的過程中侵犯勞動者的權利？在勞資雙方的博弈中資本家有錢有勢、勞動者一無所有，倘若勞方沒有團結權、罷工權，那麼只能「人為刀俎，我為魚肉」；或者只能依靠所謂的舉報、申訴，等待別人的恩賜。因此，現在工人農民成為弱勢群體，完全是由於權利的貧困造成的，而罷工權的缺失，使得勞工的權利更加貧困。罷工是工人維護自身權利的最激烈的手段，也是迫不得已的最後手段，如果剝奪了工人的罷工權，勞資關係就失去了制衡的力量，資本的危害將大大地加劇。

沒有罷工權立法，將經濟性罷工當作「政治事件」、「突發事件」、「群體性事件」，當作「鬧事」來對待，加以彈壓，把勞資矛盾動輒上升為官民衝突、政府與工人的對立，政府替資本家背黑鍋、承擔責任，這種做法是極其不明智的，不

但加重了政府的工作負擔，而且加劇了社會的不穩定，敗壞了政府的形象。

　　沒有罷工權立法，就不能保護正當罷工，制止無序罷工和各種怠工、停工現象，不利於社會的穩定。有人擔心罷工立法會引發大規模的罷工浪潮，這種擔心是由於對罷工立法不瞭解造成的。罷工立法並非鼓勵隨意地罷工，而是對罷工的行為加以法制規範。在發達國家的歷史上，並沒有哪個國家因為對罷工權的承認和保護而導致罷工浪潮的，相反，由於對合法罷工的保護，平衡了勞資關係、提高了工人的工資、改善了福利待遇，社會變得更加穩定了。退一步說，罷工權立法即使會給社會穩定帶來一些風險，那也是局部的、微小的風險，它是推動勞資關係改善所必須付出的代價，是一種「必要的罪惡」，實際上，罷工權立法可以起到「社會安全閥」的作用（蘇苗罕等）。

二、如何立法規範經濟罷工權？

　　（一）限定罷工目的和罷工主體。罷工僅限於經濟目的，如改善勞動條件、提高福利待遇等，而以政治為目的的罷工即政治罷工屬於非法；同情性罷工，也就是為聲援其他罷工而進行的罷工，因為可能引發大規模的罷工浪潮，妨礙社會的穩定，也應禁止。

　　對於罷工主體，世界上大多數國家都立法禁止國家公職人員、公共服務行業人員、特種行業的人員參與罷工。我國的《國家公務員法》第53條規定，公務員不得「組織或者參加罷工」。我國的《法官法》、《檢察官法》、《人民警察法》也都有類似的規定。我國還可以將鐵路、航空、水運、電力、電信、石油、水電煤氣供應、醫療衛生教育等列入禁止罷工的行業。

　　（二）限定罷工時機和罷工方式。罷工畢竟可能影響到他人的生活，影響社會經濟的局部發展，因此，罷工之前必須經過協商、談判、仲裁等前置程式，其他手段都窮盡之後，作為迫不得已的最後手段，才能組織罷工，禁止突襲性罷工；不得在調解、談判、仲裁期間進行罷工；罷工開始之前若干天，罷工組織者必須向有關方面通告罷工事宜，在通告期間內不得罷工；如果勞資雙方事先達成了協議不得舉行罷工，那麼應當遵守協議；如果罷工期間勞資雙方僵持不下，而罷工又嚴重影響經濟發展、公共秩序、國家安全時，政府方面可以發布行政命令規定一段時間的

「冷卻期」，在冷卻期間內不得舉行罷工；在特殊時期和地點，如災區搶險救災時期、戒嚴期間、國防緊急狀態時期、戰爭時期禁止罷工。

同時，立法必須對罷工方式進行限定：罷工必須遵循和平、非暴力原則，否則組織者應當承擔刑事和民事的責任；罷工者可以通過勸說的方式阻止工人進廠、阻止資方雇傭臨時替代工人，但不得採取強行阻止、暴力阻攔、恫嚇、封鎖進入企業的通道等方式；不得強迫或誘導與本企業有業務來往的其他企業停止業務往來；不得勸說其他企業的職工參與罷工，以便對本企業施加壓力；工人有權個人復工，也可以通過和平的方式阻止繼續罷工。

（三）賦予工會或者其他民意代表性的機構組織罷工的權力。在世界各國，罷工一般由工會來組織。工會做出罷工決定必須符合一定的程序，如必須召開全體職工大會或者職工代表大會，會上以多數票表決通過罷工的決議，體現多數工人的意願。而由少數工人自發發起的罷工，即野貓罷工，屬於非法。

當然，在我國，工會組織需要改革，它必須獨立於資方和管理者，讓工會真正代表工人的利益。工會負責人應當由工人選舉產生，他們不得擔任企業領導職務；工會經費來源不得依靠單位撥付。否則，工會難免與資方或管理層形成利益共同體，無法代表工人集體的利益。

《中華人民共和國工會法》是支持以上的改革的。該法指出：「工會是職工自願結合的工人階級的群眾組織」；「代表職工的利益，依法維護職工的合法權益」；「依照工會章程獨立自主地開展工作」；「工會應當代表職工同企業、事業單位或者有關方面協商，反映職工的意見和要求並提出解決意見」。以後，應當確實落實工會法，將工會建成工人階級的家。

（四）維護罷工秩序，賦予合法罷工一定的刑事上和民事上的豁免權。允許組織工人糾察隊維護秩序，准許設置糾察線。只要罷工沒有違反禁止性的規定，那麼罷工行為就不能構成破壞生產罪、擾亂社會秩序罪等等，不得依據《治安管理法》、《刑法》予以懲處。在民事方面，即使罷工給企業造成了某些損失，也可以免除違約責任，資方不得依據勞動合同提起違約訴訟，也不得以違反合同之由解聘罷工者，只可以臨時雇傭替代工人，以維持生產經營。

（五）保護罷工參與者的權益。罷工結束之後，勞動合同繼續執行，資方不得在工資、福利等方面歧視罷工者；不得以參與罷工為由解雇工人；罷工者有權要

求恢復原來的職位或者優先取得空缺的職位；工人在罷工期間有權獲得工會的救濟金，工會有義務籌集相關資金，並在罷工前向有關方面交納保證金。

（六）限制資方阻礙罷工的行為，同時保護資方的合法利益。資方不得濫用閉廠權——關閉工作場所，只在罷工造成了企業的嚴重混亂，使得企業財產、公共安全都處於相當危險的狀況時，或者資方面對易腐產品、特殊產品而可能導致難以挽回的重大損失時，資方才可以關閉工作場所。資方也可以在罷工期間招聘替代工人，以維持生產經營，但是法律應當禁止在同等條件下雇傭永久的替代工人或者提供高於罷工者的薪水福利條件。

罷工立法還應當賦予資方充分的救濟性的權利。對於非法罷工、怠工停工以及罷工中的違法行為，資方有權向法院提起訴訟，請求予以禁止和制裁，資方還可以依據法院的最終裁決解雇非法罷工者，並要求賠償相應的損失。

以上經濟罷工權立法的建議，敬請全國人大常委會研究為盼。此致，
敬禮！

胡星斗
2008年12月14日

呼籲中紀委、監察部、國務院糾風辦、北京市政府對北京計程車行業進行調查監管的建議書

胡星斗

中紀委、監察部、國務院糾風辦、北京市政府：

目前，北京市有關部門正在醞釀提高計程車的租價，我們認為，這一舉措可能侵害北京市民的利益。更為重要的是，北京計程車業基於行政性壟斷的畸形發展，其體制性弊端經年不除，已經嚴重影響到社會主義市場經濟的健康發展。因此，我們不得不向你們提出對北京市計程車行業進行調查監管的建議。

一、目前北京計程車行業的主要問題

北京市一些計程車公司憑藉行政許可進行長期的壟斷經營，獲取暴利，推卸責任，只贏利，不虧本，只收取高額「分子錢」，不努力消化石油漲價帶來的企業成本的上升，反而憑藉石油漲價，企圖達到進一步獲取巨額壟斷利益的目的。

石油漲價了，政府財政出錢補貼，表面上是補貼了計程車司機，實際上是補貼了計程車公司利益集團。計程車公司運營成本巨大，據北京市交委運輸管理局委託出台的《關於北京市計程車租價體系六家匯總評審報告》，某計程車公司黨委成員的月工資即為21544元，另一公司2003年的「工作餐費」達440多萬元，一公司列舉的「兼併重組成本」竟達5億1千9百多萬元。可見，有了政府的「行政許可」，就可以發大財。

北京計程車司機每月的「分子錢」，單班交4千～5千多元，新車、高檔車大多實行「兩班制」，每月交7千多元。兩年的「分子錢」就足以抵消車的成本，即使把現在還沒有完全提留的「五險一金」——公司每月交592元算上，計程車運營年限8年，公司從每個司機身上賺取剩餘價值至少20萬元。北京市擁有計程車6.6萬輛，剩餘價值在132億元。

世界上哪裡還能找到像在北京開計程車公司這麼的好事？不僅公司現在賺取

巨額利潤，而且政府保證它只賺不賠，石油漲價了，政府財政補貼，計程車公司不用擔心破產。

那麼，司機從中得利了嗎？

北京的計程車司機屬於典型的弱勢群體。司機每天工作13～14小時，才賺1200～1500元，只及黨委成員收入的1/14。他們這麼一點靠超工作時間賺取的養家糊口的辛苦錢，還是以身體受到極大的傷害為代價的——不能保證正常的吃飯，司機大多有胃病；每天吸進大量的廢氣，透支身體。他們每天一睜眼就欠錢，節假日公司也不免除「分子錢」。沒有代表計程車司機利益的工會，沒有正常的意見表達管道，沒有就勞動合同平等談判、集體談判的權力和機制。

現在，計程車要提高租價，按照公司的測算，每個司機將增加收入588元。可現實是，司機絕大多數也反對提價，為什麼？因為隨著提價，工薪階層的人越來越坐不起計程車了，打車的人將大為減少，許多司機甚至認為：提價等於判了富康等低檔車的死刑；而且，提價必然導致租價相對便宜的「黑車」大幅度增加，北京市現有黑車就達7.2萬輛，另一調查為8.8萬輛，以後還要急劇增加！這麼多的黑車必將使得合法經營的計程車司機們無法生存。

打擊黑車也是不現實的。計程車公司高額的管理成本以及禁止私人進入計程車市場，就昭示著黑車大有利潤可賺、大有市場前景。何況，一些執法人員也需要保留黑車，因為這正是他們罰款斂財的機會，每次罰款都在數千元以上，很少給發票的。

由於計程車價格上漲，北京市民的交通成本也將增加。北京人的生活成本與收入之比將遠遠超過上海、廣州、深圳等城市。

總之，北京的計程車提價將大大地損害司機和消費者的利益。在既得利益面前，司機、消費者面臨雙輸的局面。

二、公民對政府部門的期望

為此，我們強烈要求中紀委、監察部、國務院糾風辦、北京市政府：

1、勒令計程車公司在大眾媒體上公開經營成本。

2、由中立的政府部門（而非利益相關者）組織大範圍、有代表性的聽證會。

3、調查計程車公司的暴利狀況和管理者的巨額收入情況。

4、調查官商勾結的內幕。

5、調查計程車司機的勞動權益被損害的現狀。

6、調查北京居民的交通成本。

7、對違法者、違規者進行查處或者建議有關部門進行查處。

8、推動計程車行業的市場化。

三、我們的建議

1、城市定位：北京作為中國的首都、「首善之區」，理所應當努力構建以人為本的平民城市和破除特權、行政壟斷，保障人民利益的和諧城市。計程車行業的改革發展皆應以此為準則。

2、計程車定位：北京雖然是特大的國際化城市，但其地鐵、城鐵、公交汽車體系等卻不發達。在這樣的情況下，計程車成為中低收入者的主要交通工具之一。高收入者擁有私家車，官員坐公家車，唯有平民百姓上班有時不得不乘坐計程車，送親人看病不得不打車。由此，北京人的交通成本很大，不像上海、廣州的城區相對較小，其計程車雖然更貴，但計程車支出卻遠不如北京人。

3、計程車行業定位：計程車公司是市場主體，應當自主經營，優勝劣汰，努力降低其組織成本和制度成本；應當取消對計程車行業的不合理管制、數量限制和許可限制，讓私車直接進入市場，把特許經營制度轉變為經營備案制。政府的補貼應當給予消費者即廣大的居民。

4、監管部門定位：計程車業面臨政府部門、計程車公司、司機、消費者的四方博弈。有關監管部門在博弈中應當站在計程車司機和消費者一方，而不應當站在壟斷利益集團的一方。否則，怎樣實現中央政府「執政為民」、「代表最廣大人民的利益」的理念呢？

5、未來計程車業的發展：我們呼籲——進行徹底的計程車體制改革。放棄壟斷，實行低門檻准入，私人車主只需要繳納少量的費用，經過培訓，就可進入計程車市場。經營者平時依法交納所得稅、營業稅，政府負責安全、形象等培訓。通過市場競爭，優勝劣汰，不賺錢的車主會自動退出，政府則加強監督執法，勒令不合

格者退出。這樣做，既可打破計程車業行政性壟斷和暴利的局面，還司機和消費者以公道，還可增加政府稅收，使黑車消失。

總之，我們認為，打破行政權力庇護下的行業壟斷局面、瓦解壟斷利益集團，請從計程車業開始。

以上建議，請中紀委、監察部、國務院糾風辦、北京市政府研究為盼。此致，

敬禮！

北京市公民 胡星斗

2006-4-21

反思富士康：開展企業社會責任運動的建議

胡星斗

富士康系列自殺案震驚全國，我們建議：

一、鑒於企業和地方政府以「個別事件」、「心理問題」為由迴避責任、有的死者家屬對死亡原因存在嚴重的分歧、富士康前員工披露富士康涉嫌屬於「黑社會式企業」，為了澄清事實，尋求真相，我們建議中央政府組織獨立調查團，對富士康進行全面的調查，對全國人民公布一個權威的公正的調查結果，以此來提高中央政府的威信和公信力。

二、吸取富士康的教訓，在全國開展一場企業社會責任運動，也促使富士康轉變成履行企業社會責任的典範。自上世紀九十年代由聯合國宣導之後，對內保障職工權益、對外保護環境和消費者利益的企業社會責任運動風靡全球。它表明傳統的市場經濟正在轉變成人道的市場經濟，經濟人的自利主義正在轉變成自利與利他的結合。目前的中國，一些地方廣泛存在著血汗工廠，以富士康為教訓，中國正需要開展一場企業社會責任運動，以此表明政府保護勞工人權、改善中國企業在世界上的形象的決心。

三、從富士康事件，追問政府及監管部門的監督職責，促進對於過分重視GDP、財政收入、招商引資的官員政績制度的改革，在全社會開展一場資本與勞動的討論，促使各級政府在保護資本與保護勞動之間保持平衡，而不是經常站在資本家的一邊。

四、政府進一步採取減免稅及其他優惠的政策，加大政府和企業的技術投入力度，促進產業升級，改變中國在世界經濟分工體系中處於低端國際打工仔地位、中國絕大多數企業無品牌無技術無自己的銷售管道、低利潤低勞動保障低經濟人權的尷尬處境，逐步將中國提升為世界名牌工廠、世界研究院。

也許富士康事件意味著中國充當世界加工廠、世界代工廠甚至世界血汗工廠的時代行將結束。

2010-5-27

關於扶持個體民營企業發展的具體建議

一、數字

國家工商總局的統計數據表明，1999年我國實有個體工商戶3160萬戶，2004年下降為2350萬戶，6年間減少810萬戶，平均每年減少125萬戶。

另據報導，我國每年新註冊民營企業15萬家，同時每年又倒閉10萬多家；60%的民企在5年內破產，85%的在10年內關閉，民營企業的平均壽命只有2.9年。

僅2005年一年，中國的法人企業就關閉了30萬家，減少了就業機會2000多萬個。

在發達國家，個體私營經濟的狀況往往被視為經濟發展的晴雨錶。據研究，英國最近幾年經濟情況的好轉，正是得益於個體私營經濟的發展。2005年，英國的企業數量達430萬個，比上一年增加了1.4%，其中320萬個企業沒有雇員，屬於「個體戶」。

二、原因

個體民營企業的大量減少，主要原因是稅費負擔太重，營業環境太差，執法檢查混亂，官員腐敗，融資困難，進入門檻抬高等。

全國工商聯的調查顯示，繁重的政府稅費使得個體民營企業的成本不斷上升。一些地方個體民營企業需繳納的費用多達375種，包括衛生費、勞動用工年檢費、土地發放費、耕地占補開發費等，還不包括各種攤派、贊助、協會收費、有償宣傳費、罰款負擔、部門下達的報紙雜誌費、企業「辦事」所需要的各種費用和成本、企車政用、政費企負等。

目前，針對個體民營企業的執法也越來越多，土地執法、環境執法、城管執法等幾十個執法大隊，亂執法、重複執法、交叉執法的現象普遍；工商、質檢、城管等部門實行預算外收支兩條線制度，變相下達創收任務，超收獎勵，罰款分成，

極大地刺激了各個部門千方百計、想方設法、巧立名目大肆收費罰款的積極性，使得個體民營企業不堪重負，紛紛破產。據經濟普查數據顯示，2004年公共管理部門和社會組織共收費1萬2千多億元，其中政府各部門收費9千多億元。

另據陝西省民營企業家估算，假如企業一年的銷售額為四千萬至五千萬元，那麼打點各級官員的「管道費」至少要花掉四百萬至五百萬元。

從民營企業來看，企業要繳17％的增值稅，5.5％的營業稅，33％的企業所得稅，還要交20％以上的個人所得稅，再加上上述各種收費罰款，據調查，企業如果不設法避稅，將會有85％的民營企業倒閉。

發達國家的稅收不是遏制生產，而是促進公平。美國的聯邦稅收以個人所得稅、社會保障稅為主，其中個人所得稅約占50％，社會保障稅約占30％，公司所得稅僅占10％。美國的地方稅收則以財產稅、銷售稅和個人所得稅為主。總體上說，發達國家實行的都是鼓勵創業、投資和生產的稅收體制，而中國實行的是抑制創業、投資和生產的稅收制度。

另據抽樣調查顯示，我國民營企業的自我融資比例高達90.5％，銀行貸款僅占4.0％。民營企業由於效益差，無抵押、質押物作擔保，所以很難達到國有銀行的貸款條件。而能夠為私營企業服務的中小銀行、私人銀行又不存在，加上小企業利潤率微薄，沒有資金投入到研發之中，沒有技術創新能力，沒有自主知識產權，因此，中國只能成為世界廉價的加工業基地，小企業無法發展壯大。

如今，個體戶的准入門檻也不斷抬高，擦皮鞋、賣冰棒、修理自行車等等，統統需要登記、收費，否則就是非法。有的城市甚至提出，收廢品的也要頒發執照、統一著裝。

據2005年美國哈佛大學等做的創業環境調查，從申請註冊一家公司到開業，加拿大只需2天，中國大陸需要111天。另據報導，中國大陸完成企業註冊審批所需的費用占人均收入的11％，而發達國家平均為1％。

三、建議

1、減輕個體民營企業的稅費負擔。在內外資企業所得稅「兩稅合一」的基礎上，降低年所得額50萬元以下的中小企業的所得稅稅率；給予民營企業利潤再投資

以稅收優惠，延長中小企業減免所得稅的期限，提高計稅工資、捐贈等的扣除標準，縮短固定資產折舊年限；將針對下崗職工、復員軍人、大學生的創業優惠政策──特惠制改為針對一般創業人員的普惠制；降低個人所得稅的邊際稅率；對農村二、三產業的發展，給予更多的稅收優惠。

2、取消稅外收費制度。改革現行財政體制，廢除工商、質檢、城管等等政府部門和行政性事業單位的收支兩條線、超收獎勵、罰款分成的體制，堅決取締「三亂」行為。極少數行業和專案允許一定的收費，但要降低收費標準，推行「個體工商戶私營企業稅費明白卡」。

3、改革增值稅。儘快將生產型增值稅改為消費型增值稅，改變目前中國的稅收大部分來自於投資創業、生產領域的局面，改變設備和廠房的投資在稅收中不予抵扣、企業投資負擔沉重的狀況。

4、降低准入門檻。在使用土地上，對生產型特別是科技型私營企業提供方便，降低收費標準；在戶籍、子女入學、社會保障、購買住房等方面，支持私營企業主；在多數領域，實行小商小販經營的免登記、零稅收制度，同時規範其服務行為。

5、優化經營環境。政府應當嚴格遵照《行政許可法》，減少審批專案，簡化審批程式，實行一條龍、一窗式、一個廳辦公、一站式服務；推廣安靜生產日、安靜經營日活動，杜絕公安、紀檢、監察、工商、質監、城管、稅務等部門執法擾企、執法牟利的行為，維護個體民營企業的合法權益。

胡星斗

2007-2-8

關於非北京戶籍子弟上學權利的呼籲信

胡星斗、章冬翠

北京市政府：

一年一度的小學升初中、考高中、考大學的升學考試即將來臨，這是在北京幹事業、做生意和打工的外地家長最頭疼、最要命的日子，也是外地在北京讀書的孩子情緒最低落最無奈的日子。改革開放 30 年了，北京卻一直限制外地人在首都的上學、就業、社保、住房及各種公民權利，一些長期在北京工作的外來人員，有的居住在京城 20 多年了，有的 10 多年了，大部分的孩子都是在北京土生土長，一直在北京上幼稚園、小學、初中，但是現在因為沒有北京市戶口，這些孩子們不能在北京小學升初中了，不讓填志願、報考高中和大學了。由此，四十萬少年兒童的公平接受教育的權利被剝奪，六百萬非北京戶籍人口的前程大受影響，北京自身的繁榮、和諧與穩定也將受到損害。

官員不能崇洋媚外，巴結權貴，歧視普通新移民。

如今，北京市有關部門崇洋媚外，巴結權貴，歧視普通新移民，欺負弱勢群體——在京經商、務工人員。同樣沒有北京戶口的八大類十多種人，特別是外國人、華僑、港澳臺胞、留學回國、外省市駐京機構、投資企業人員的孩子卻可以在北京填志願報考初中、高中、大學，為什麼違背憲法、教育法的平等原則，唯獨對在北京做生意和打工人員的子女一刀切，一律不許發報名卡報考「小升初」，初三畢業只給畢業考試，不讓升學考試，不讓填志願報考高中和大學？

現在，所有在京上學的孩子都沒有學籍號，老家也沒有學籍號，成為無人認領的「黑學生」；許多孩子及家長在老家也沒有房子和耕地，只掛一個空戶口，可以說與老家什麼關係都沒有；老家的初中、高中教材與北京的又不一樣，老家初一學物理和化學，北京初二物理，初三學化學，高中「新課改」教材，老家高中學

B版教材，北京高中學A版教材，B版教材比A版教材深，北京高中教材比外省市高中教材淺；孩子回老家上初中不僅要花好幾萬元買學籍號，而且教材無法銜接，學習成績根本跟不上，老家的話也聽不懂，不會說，語言溝通存在障礙，使得許多人根本無法在老家中考；在北京的初三畢業考、中考的成績和學籍，老家都不承認；父母在北京上班和經商，孩子單獨回老家也沒有親人照顧，生活不能自理，許多孩子因此變成留守兒童和問題少年。目前，全國5800多萬留守兒童和2000多萬流動兒童成為特殊的群體，一項調查顯示，我國流動兒童的失學率達到9.3%，即每年有近200萬孩子失學，給家庭和社會帶來了嚴重的負面影響。如果這些兒童長期離開父母、失去家庭教育和情親的呵護，不斷出現的違法違紀的現象必然增加社會不安定因素，既害了孩子又連累了家庭，還給社會增添了負擔。有的孩子因北京不讓考學，而被逼無奈失學，才去擺攤、撿破爛、賣菜、當童工，甚至犯罪……未成年人的合法權益和平等接受教育的權利被嚴重地侵犯，教育公平被長期破壞，未成年人的身心健康、少年兒童的稚嫩心靈被嚴重地損害。

目前，北京的戶籍准入制度也是阿諛權貴的。除升學等特殊情況之外，北京現行政策法規只允許四類外地戶籍者遷入戶口而享受市民待遇：第一類是國際、國內文化藝術名人、名家和民族傳統藝術專家、體育明星；第二類是國內大型企業（集團）、各類金融機構在京註冊總部的董事長、常務副董事長、總經理、常務副總經理、總會計師、總工程師、總經濟師，以及在京註冊的地區總部、結算中心和行銷中心的總經理、常務副總經理、總會計師、總工程師、總經濟師；第三類是在北京連續3年每年納稅達到80萬元，或者近3年納稅總額達到300萬元的私營企業主；第四類是部分在國外取得學士及以上學位或獲得國外畢業研究生學歷的留學人員。這樣的戶籍准入制度完全把弱勢群體、普通新移民擋在了北京的門外。

開展平等權利運動，維護公平接受教育的權利。

外來人員長期為北京做貢獻，為北京納稅，為北京服務，是北京城市建設、經濟發展、市場繁榮、社會穩定、城市美化的有功之臣，是北京政治、經濟、文化、社會建設的新生的重要的力量。在北京重大建設的專案中，例如鳥巢、水立方、奧運村、修地鐵、蓋大樓、建飛機場、築馬路、修鐵路……都離不開外地人的

身影；在北京人生活和工作中，外地人賣糧食、賣菜、賣食品、賣水果、掃馬路、掃廁所、當保姆、搞衛生、各單位的臨時工……各行各業也都離不開外來人員的身影。

外地人員是北京城上班時間最長、勞動強度最大、幹活最髒最累、工資待遇最低、社會保障最少、居住條件最簡陋、公共服務待遇最匱乏、人均納稅最多而孩子接受教育的條件最差的一群。孩子是家長生命的延續，是家庭的希望、國家的未來，少年強則國家強。如果北京還堅持以犧牲新移民上百萬個家庭和四十萬孩子的學業乃至前途為代價，以換取北京高考錄取分數線比外省市少120分乃至160分，將一批又一批優秀的孩子作為犧牲品、給糟踏掉，北京還稱得上「首善之區」嗎？還配做首都嗎？我們的國家還有資格說未來嗎？

《中華人民共和國憲法》第三十三條規定：「中華人民共和國公民在法律面前一律平等」。《中華人民共和國教育法》第九條規定：「中華人民共和國公民有受教育的權利和義務。公民不分民族、種族、性別、職業、財產狀況、宗教信仰等，依法享有平等的受教育機會」；第三十六條規定：「受教育者在入學、升學、就業等方面依法享有平等權利」。《中華人民共和國未成年人保護法》第三條規定：「未成年人享有受教育權，國家、社會、學校和家庭尊重和保障未成年人的受教育權。未成年人不分性別、民族、種族、家庭財產狀況、宗教信仰等，依法平等地享有權利。」

可是，憲法與法律在某些人的眼裡現在成為一張廢紙，北京市有關部門公然地違背憲法、教育法、未成年人保護法。

看來，中國必須開展一場平等權利運動，廢除特權與歧視，尊重憲法與法律，構建公平市場經濟，建設法治國家和平等社會。

我們的呼籲，600萬外來人員的呼籲，40萬學齡少年兒童的呼籲。

我們呼籲、600萬外來人員呼籲、40萬學齡少年兒童強烈呼籲：北京市必須遵照《憲法》、《教育法》、《未成年人保護法》的有關規定，立即取消現行的「小升初」、中考、高考的不合法不合理的招生規定，還外來未成年人（新移民）一張完整的課桌，使每個未成年人都能獲得公平的教育！我們呼籲：北京市教委必須切

實維護未成年人的合法權益，保護未成年人的身心健康，讓數十萬非北京戶籍的孩子在北京上小學、初中、高中，參加大學，與北京籍孩子一樣享受同等的待遇，在同一片藍天下，共同健康地成長，快樂地學習與生活！

2009-2-1

關於慎重處理打工子弟學校問題的公民建議書

北京市人民政府：

2006年6月初以來，作為「教育改革實驗區」的北京市海澱區人民政府啟動了清理整頓本轄區流動人員自辦學校（民間俗稱為打工子弟學校，教育部統稱為流動兒童少年簡易學校）的專項治理行動，並於7月4日取締了其中的37家學校，約15000多名流動兒童少年需要分流到公辦中小學。

2006年7月12日，北京市人民政府辦公廳發布了「關於進一步加強未經批准流動人員自辦學校安全工作的通知」。通知主要內容包括：

1、「全市流動人口中適齡兒童少年近37萬人，其中62%以上的流動兒童少年在公辦中小學接受義務教育。但是，全市還有未經批准自辦的、專門接收流動兒童少年的學校（以下簡稱未經批准流動人員自辦學校）239所，在校學生95092人。」

2、「要加強領導，制定規範和清理整頓本行政區域內未經批准流動人員自辦學校的措施和在校學生分流方案，並於2006年7月中旬前報市教委。」

3、「堅持」分流一批、規範一批、取締一批「的工作思路，儘快清理整頓未經批准流動人員自辦學校」。

4、「全方面存在安全隱患的，在今年9月底以前要堅決依法取締。取締前要做好將在校生妥善安排到其他學校繼續就讀工作，保證其學業不受影響，維護社會穩定」。

這份發文發給各區縣，各委辦局的檔，迅即再掀清理整頓流動人員自辦學校的行動高潮，同時擴展到全市範圍。因為時間緊、工作重，相關各區縣高度重視，積極動員，組織力量全面投入清理整頓工作。以大興區為例，2006年7月20日上午，大興區委、區政府召開了「大興區清理整頓流動人員自辦學校動員會」，宣讀了《大興區清理整頓流動人員自辦學校工作方案》，並於8月18日責令27家流動人員自辦學校停止辦學。截止9月5日，已有24所被撤銷，分流、安置在校學生8065名，另有3所學校的撤併工作正在進行中。

因為清理整頓流動人員自辦學校專項行動事出突然，又涉及到幾萬個社會低

層最脆弱的家庭，還關係到政府重大教育決策的可預測性、穩定性、合理性、可行性、長遠性以及後繼處理等諸多問題，引起了社會各界、中外媒體的廣泛關注，如果處置不當，必然有損北京首善之區的良好形象，也不利於構建首都和諧社會。

作為與北京同呼吸、共命運的市民，關注弱勢群體是我們共同的道義和責任，作為學者和律師，我們也對這一公共教育政策話題特別關注。經過謹慎的歷史考察、實地調研和法律政策分析，我們認為此次全市範圍的清理整頓流動人員自辦學校的專項行動確有相當多的不足之處，值得有關政府部門去總結、反思和檢討，更需要有前瞻性的規劃去加以落實，並對遺留問題儘快研究善後補救方法，為此特向市府提出以下公民建言：

1、財力和預算問題

今年八月底，北京市教委新聞發言人首次向媒體透露：「市財政擬投入8000萬元來解決流動人口子女就學問題，並將隨著改造過程逐步到位」。

我們已經知道，分流幾萬名流動少年兒童進入公辦中小學並沒有納入北京市政府2006年工作重點，2006年北京市預算草案也沒有編排取締打工子弟學校可能增加的預算經費。在預算沒有事先落實的情況下，擬投入8000萬元可能會遠水解不了近渴，我們對幾萬名流動少年兒童入學問題仍然表示擔憂。

從2006年起，國家開始實行對西部地區農村義務教育階段學生的「兩免一補」（免學費、免雜費、對困難學生發放生活補助）政策，07年將擴展到全國大部分農村地區。「兩免一補」政策的出台，是對弱勢群體的傾斜和扶持，在接受基礎教育的人生起跑線上實現公平和公正。北京市也將撥款1.54億落實28.9萬遠郊區學生的「兩免一補」政策，而在北京接受義務教育的37萬名流動少年兒童卻仍然沒有享受，是由中央政府直接轉移撥付還是以自有財力解決，也是北京市必須直面解決的問題。

2、新移民集中居住區的公辦中小學接納量問題

根據北京市的中小學辦學標準，每班應該少於（含）40學生，而且發展趨勢是小班化教育。在校舍、教師資源穩定的情況下，能否突然容納大量的分流學生就讀，這是一個必須考慮的問題。

很多人認為北京2001-2004年以來，因為戶籍學齡少年兒童的減少，大約合併500所中小學，這些閒置的教育資源，可以為流動少年兒童提供入學的機會。事實

上，我們瞭解到絕大多數的新移民都是集中居住在交通物流比較發達的城鄉結合帶，極少居住在城市中心區，城區閒置的教育資源根本無法解決流動少年兒童的就學問題。

海澱區在分流學生時也碰到這樣的困難，正如教委小學教育科工作人員坦言的那樣「打工者居住相對集中，導致家長們都帶孩子集中去其中一兩所學校報名，使學校的壓力過大」。海澱區教委表示會重新登記並妥善部署生源分流工作，保證學生們按時入學， 但這些保證能否 解決實際問題，能否讓學生、家長滿意也都是未知數。

3、打工子弟學校審批和規範化管理問題

各區在本次清理整頓又保留了一部分未經審批的打工子弟學校，其結果導致政府和打工子弟學校都處於兩難境地。作為政府而言，很無奈的是對所謂「非法辦學」的打工子弟學校的合法性要進一步認可 ，而作為打工子弟學校而言，雖然被保留，隨時還可能被取締。

兩難境地的問題出在北京市沒有出台統一可行的打工子弟學校的辦學標準。北京市一直堅持對打工子弟學校的審批要求是要達到《北京市中小學校辦學條件標準》的「基本標準」。

該《標準》具體包括：校園面積至少要達到15000平方米，校舍總使用面積至少3587平方米，其中體育場地應當滿足相應學校規模所需的至少200米環形跑道和60米直跑道用地，以及籃排球場地、器械場地所需用地。

客觀而言，很多公立學校也達不到這一要求，更遑論幾乎全部為個人投資的打工子弟學校了。被調查的一位辦學者認為，如果能達到這個標準，就不是打工子弟能讀得起的學校。

我們考察該《標準》出台 的意圖是「為促進本市基礎教育高標準高質量均衡發展，……而制定本《標準》」，此外還規定：「新建學校原則上應達到《標準》要求。」我們認為：作為已經現實存在的打工子弟學校不應該強行套用此《標準》，僵化的思維只會繼續維持打工子弟學校不合法卻存在的法治僵局。因此，有必要儘快制定北京市專門的打工子弟學校辦學條例，規範辦學行為，包括學校的基本硬體要求，學校開辦者的資格認定、師資和培訓，辦學品質的監管、考核，行政處罰程式等等。

4、在公辦中小學求學費用增加的問題

許多新移民之所以選擇打工子弟學校主要是青睞費用的低廉，這些學校每學期收費在300元左右，而且一般沒有額外費用。在打工子弟學校就讀的學生家庭普遍都是我們城市社會低層最脆弱的群體，他們結婚、生子，撫養小孩，正處於人生最艱難的爬坡階段，每一塊錢對他們來說都非常重要。可是他們哪怕以最節儉的方式生活，每月也只有200-300元的盈餘。他們望子成龍、改變命運的心願和責任感，促使他們將微不足道的盈餘轉化為儲蓄，為子女高中、大學教育積攢學費。

清理整頓和取締打工子弟學校，迫使原先送孩子到該類學校就讀的家長多數只能選擇公辦中小學。相較打工子弟學校而言，可能要增加以下費用。比如：1、中餐費用每頓5-7元，要增加3-4塊；2、春秋校服費大概增加100元；3、就近上學的路程增加，公立學校又沒有校車接送，每天要增加至少1-2元。以上保守估計，每年要增加費用700元左右。

用公共教育資源強制接納的結果是費 用的上升，當一部分家長從經濟上無法接受時，教育部門應該有務實靈活的解決辦法，要麼保留打工子弟學校，要麼政府加大教育投入，否則受傷害的永遠是必須完成啟蒙教育的孩子。

5、公辦中小學的管理性障礙

從入學、中途轉學、教材設置、適應新移民特點作息的管理服務還存在重重障礙，教育行政部門必須著手解決。

1）當流動少年兒童要求進入一些公立學校就讀時，很多學校要求進行入學資格考試，沒有達到其要求的拒絕接受；

2）從以往打工子弟學校的經驗看，中途轉學的比例非常大，家長工作地點一旦變化，必然影響到孩子，公辦中小學能不能滿足隨來隨收、隨走隨留、收費靈活的特點。

3）流動少年兒童來自全國各地，根據目前的北京教育體制，絕大多數學生必須回戶籍所在地完成高中階段教育和參加高考。我們知道：北京本地教材和流動少年兒童普遍採用的全國統一人教版教材存在很大的區別。在當前應試教育還非常盛行之下，教材的不同將嚴重影響到流動少年兒童將來回原籍參加入學考試。

4）許多新移民每天早出晚歸、疲於奔命，在公辦學校就學的低齡流動兒童是需要接送的。 而公辦中小學又沒有校車早接晚送，能不能適應新移民需要，允許

家長早送晚接。

6、上公辦中小學的法規性障礙

　　海澱區、大興區在清理整頓打工子弟學校時，要求學生家長帶著「五證」（戶口名簿、暫住證、務工證明、居住證明、戶口所在原籍無人監護證明）到街道辦事處或鄉鎮政府辦理「在京借讀證明」，到附近公辦學校報到。後來在巨大的外界壓力下，海澱區教委表示：對於辦理相關證件確實有困難的學生以及因「超生」而沒有戶籍證明的學生，將由主管部門協調入學。

　　據瞭解，90%的流動少年兒童家庭沒有辦齊此「五證」，正常情況下，公辦學校完全可以拒收。

　　2002年3月28日發布的《北京市對流動人口中適齡兒童少年實施義務教育的暫行辦法》規定：經查證在戶籍所在地確無監護條件的流動兒童少年由其父母持申請借讀者戶籍所在地鄉（鎮）級人民政府出具的該兒童、少年及其父母的戶籍證明；其父母的身分證、在本市的暫住證和外來人員就業證等證明材料向暫住地所在的街道辦事處或鄉（鎮）人民政府提出申請，上述主管部門經核准同意後，為其開具「在京借讀批准書」。流動兒童少年可持「在京借讀批准書」和原就讀學校出具的學籍證明，到暫住地附近學校聯繫借讀，經學校同意後即可入學。暫住地附近學校接收有困難的，可報請暫住地區縣教育行政部門予以協調解決。

　　上述規範性檔就是流動少年兒童在公辦學校入學需要「五證」的法源依據。我們認為該《暫行辦法》人為地設置了技術性限制，已經成為流動少年兒童接受義務教育的法規性障礙，應該予以廢除。

　　另外，來自農村的流動少年兒童原本就啟蒙較遲，在隨家遷徙過程中又多有輟學和留級的經歷，存在普遍的超齡上學問題。教育部相關規定和北京市的《暫行辦法》規定15周歲為接受義務教育的最終年齡，其實不盡合理，我們認為只要未完成九年制義務教育的兒童少年，都有權繼續享受免費義務教育。

　　（以下略）

　　以上建議敬請政府考慮、研究為盼。此致，

　　敬禮！

　　　　　　北京理工大學經濟學教授 胡星斗、北京瑞風律師事務所律師 李方平

　　　　　　　　　　　　　　　　　　　　　　　　　　　2006年9月15日

附論：

一、打工子弟學校起源的歷史背景回顧。

二、作為流入地的北京市政府負有為流動少年兒童提供平等接受義務教育條件的法律和道義職責。

三、北京市下屬各區縣政府在應對新生事物——打工子弟學校的宏觀政策上缺乏一個長遠連貫、穩定明晰、理性中庸的判斷，此次清理整頓有欠通盤考量、也有背程式正義。

四、此次清理整頓專項行動並沒有解釋和解決現在和將來面臨的九個問題。

（略）

李方平、胡星斗

2006.9.15

關於消除城鄉差別待遇，統一人身損害賠償標準的公民建議書

胡星斗(學者)、李方平(律師)

最高人民法院：

基於國籍和戶籍實施截然不同的差別待遇，這在我國已經行之多年。最久遠、最普遍、最殘酷的莫過於國內城鄉二元區隔體制下的差別待遇問題。而眼下，不時引發各界爭議的話題是，為何在中華大地存在如此不可理喻的「同命不同價」的現象。新世紀伊始的2003年底，把守社會公平與正義最後一道關卡的最高人民法院，出台了強化戶籍差別待遇、向強者逆傾斜的《關於審理人身損害賠償案件適用法律若干問題的解釋》（以下簡稱《解釋》）。該《解釋》剛一出台就遭到了廣泛的批評，所有的矛頭指向都集中於一個問題，即它延續了計劃經濟時代的僵化思維，強化了原本正在消融的城鄉對立的制度安排。我們認為：對於中國公民基於戶籍身分規定不同的法律待遇，此類歧視性規定顯然踐踏了社會公平、公正，甚至貶低了中國人做人的尊嚴。

為了更深入地揭示問題的癥結所在，我們援用四川、重慶兩省市法院依據該《解釋》所做的兩個判決：

1、2004年5月，四川省瀘州市一棟居民樓的天然氣管道發生爆炸致5人死亡，邱女士的丈夫也不幸罹難。同樣是在這次事故中遇難，其他死者家屬得到的死亡賠償金為14萬元，邱女士僅得到4萬多元，原因就是她的丈夫是從農村到瀘州市做生意，戶籍身分是農民。

2、2004年12月的一天淩晨，重慶市江北區14歲的中學生何源在上學的途中，和兩個同學同遭車禍，三個女孩全部身亡。事故發生後，三個女孩的家人先後與肇事司機的單位進行了協商。另外兩家先後各自得到了20餘萬元的賠償金，而何源的父母按規定得到的賠償卻只有8萬多元，不及她有城市戶口的同學的一半。

為什麼城鄉居民會有如此巨大的賠償數額懸殊呢？法律依據來自該《解釋》的規定，確定了以城鎮居民人均可支配收入、農村居民人均純收入區別城鎮和農村

居民的賠償標準。我們選取了以下一組北京、山東、福建、重慶四省市統計部門近兩年公布的城鎮居民人均可支配收入和農村居民人均純收入的數據，據此再推算出四省市的城鄉收入差距倍數以及城鄉青壯年全額死亡賠償金（以20年計）的差距金額。

1、北京市2003年度城鎮居民人均可支配收入和農村居民人均純收入分別是13883元和6496元。城鄉收入差距倍數為2.13倍。城鄉青壯年全額死亡賠償金分別是277660元和129920元，兩者相差147740元。

2、山東省2004年度城鎮居民人均可支配收入和農村居民人均純收入分別是9437.8元和3507.43元。城鄉收入差距倍數為2.69倍。城鄉青壯年全額死亡賠償金分別是188756元和70148元，兩者相差118608元。

3、福建省2004年度城鎮居民人均可支配收入和農村居民人均純收入分別是11175.37元和4089.38元。城鄉收入差距倍數為2.73倍，城鄉青壯年全額死亡賠償金分別是223507元和81787元，兩者相差141720元。

4、重慶市2004年度城鎮居民人均可支配收入和農村居民平均每人可支配收入分別是9221元和2535元。城鄉收入差距倍數為3.63倍，城鄉青壯年全額死亡賠償金分別是184420元和50700元，兩者相差133720元。

值得注意的是，城鄉收入差距本身就是過去不公正的體制和政策造成的，反映了農民生活水準與城市的巨大差距。最高法院出台該《解釋》沒有去盡力彌合歷史的創痛，反而以之作為既成事實，繼續對農民的歧視和傷害。

最高法院出台該《解釋》時，並不是沒有考慮這些實質上不平等的問題。正如最高法院負責人在答記者問時也提到：「兼顧歷史連續性和社會公正性」的問題。我們認為：所謂「歷史延續性」，也就沒有擺脫計劃經濟時代城鄉二元體制區隔的歷史束縛，以城鄉劃線，確定人身損害賠償差別待遇。所謂「社會公正性」，等同於認可城鄉之間客觀存在的實質性不公平，肯定了對農村居民的身分歧視，這種公正性本身就是對農民人格尊嚴和生命價值的一種褻瀆。其實1988年頒行的《民法通則》並沒有規定對人身損害賠償實施城鄉差別待遇。真正來自中央層面對這種差別待遇加以固化的明文規定則肇始於1992年1月1日，即國務院《道路交通事故處理辦法》的出台。該《辦法》第48條（二）項規定：根據受害人的戶口類別，將受害人分為 「非農業人口」和「農業人口」，據此適用不同的賠償標準。同樣也在

1992年春天，鄧小平的南巡講話提出「社會主義市場經濟」，並於同年中共十二大確認為基本國策後載入憲法。目前世界上已有幾十個國家承認了我國的「市場經濟地位」。在市場經濟條件下，勞動力資源的配置完全由市場決定，每個人只要他有能力、有意願、社會有尋求便可隨時地更換工作地點和職業，今年可以在四川，明年可以在重慶，後年可以在北京，同樣，他今年可以務農，明年可以務工，後年還可以經商開工廠。可是唯有一點，根據國內目前的戶籍管制的實際狀況，凡是農民子女出生，她就打上了農村居民的戶籍烙印，對此她本人既不能自由選擇，也不能放棄，且極不容易更改。

原《道路交通事故處理辦法》已於2004年5月1日被新實施的《中華人民共和國道路交通安全法》所取代。我們觀察到，經過全國人大常委會表決通過的《道路交通安全法》及其實施條例，業已廢除了通過受害人的戶口類別來確定賠償標準的歧視性規定。《道路交通安全法實施條例》第九十五條對賠償標準只有籠統、模糊的指引性規定：「交通事故損害賠償專案和標準依照有關法律的規定執行」。由此產生一個問題，舊法規定的歧視性差別補償待遇已遭廢除，新法指引的」依照有關法律的規定執行「又無從找尋。正是此時，最高人民法院於2004年5月1日正式實施新《解釋》，確定了人身損害賠償的專案和標準。或許，最高人民法院通過城鄉戶籍去確定賠償標準，也考慮到具體認定時需要簡單易行、直截了當，具有可操作性，而只要身為中國人，要麼是城鎮居民，要麼是農村居民，除此無他。但是，最高法院渾然不知其所推行的戶籍審查賠償方式雖然高效、準確，卻與客觀現實日益脫節。當前不合理的戶籍制度堅冰正被前行的改革者們一步步地打破。我們可喜地看到，2003年以來，廣東、湖北等地陸續開始了城鄉戶口一元化管理的改革，將其本省不同地區常住者的戶口統稱為「本省居民戶口」，其目的就是為了消除歧視。客觀而言，不公平的根源並不在於戶籍制度，而在於附加在戶籍制度後面的其他制度的不公平。而隨著城鄉二元分割戶籍制度的逐步取消，各地法官適用該《解釋》時變得無所適從。

該《解釋》出台時，最高法院負責人在答記者問時還提到籍此「樹立人權保護意識，闡釋法律條文背後的人文關懷精神」。國內法律界普遍認為，我國的司法解釋有明顯的「準立法」、甚至「泛立法化」的性質，它的適用是終局性的，為社會構築了最後一道正義屏障。要實現人權保護和人文關懷的訴求，不僅僅要達到審

判過程的公正，更需要保證制定司法解釋的公正。最高法院的「準立法」過程，要達到「保障在全社會實現公平和正義」的目標，制定司法解釋時就要徵詢各方意見，必要時召集各界人士座談研討，彙集的意見必須反映最廣大民眾特別是底層民眾的意願和利益，必須賦予每個公民同等的權利和義務，必須貫徹平等准入、公平待遇的市場經濟準則，從總體上保證每個公民享有平等的司法救濟。

由於農民的社會地位低、政治影響力小、經濟狀況窘迫，從計劃經濟向市場經濟轉軌的過程中，農民這一最大的弱勢群體往往不能發出自己群體性的聲音，以致在轉型期顯得尤為無助。農民的身分在相當程度上已被定格為「貧窮、落後、沒文化、沒出息」的群體，客觀上已經形成了極不公平的「一個國家、兩種身分制度」的差別待遇現象。而最高法院出台的《解釋》無疑於重新加固了這道城鄉之間難以逾越的差別待遇圍垣。當前在城市，從中央到地方都建立了一整套保障城市居民最低生活保障的法規、機構、經費和預算體系，反觀農村，農民的養老、醫療保險和最低生活保障制度則遲遲沒有動靜，何時啟動也沒有明確可行的規劃。可見，如何為本來處於弱勢的農民提供全方位、系統化、多層次的法律保護，必須成為國家各個部門、全社會廣大熱心人士義不容辭的責任。所有的統計資料都表明，我國城鄉之間的收入差距還在持續拉大，籍口考慮「歷史延續性」把原本就不應該附加在戶口上的不合理、不平等的戶籍差別待遇繼續固化甚至強化，對城市居民——強者實行逆傾斜，更會使中國的不平等狀況日益惡化。因此，我們認為，最高法院尤其應該在制度設計、措施安排上更加關注弱勢群體的生活境況，為他們創造一個更加公平的生活環境，這也是構建和諧社會的題中應有之義。

我們之所以強烈質疑該《解釋》，另外的原因是，《解釋》中所包含的有關兩元人身損害賠償的制度設計完全忽略了更深層次的問題：即由於社會保障在城鄉之間的巨大差別，現實生活中的情景往往是，越貧窮的農村地區，遭遇災難的後果嚴重性越能被加倍地放大；越是處於弱勢的農村居民，本身就不被關注，一旦遭遇災難，絕對是雪上加霜，貧者愈貧的馬太效應不可避免地加深農民的苦難。例如，一個壯勞力的突然離去，對於任何家庭而言都是一個巨大的損失，但是在後果程度上，農村居民往往還是嚴重的多。

《世界人權宣言》第一條規定：「人皆生而自由，在尊嚴及權利上均各平等。」平等權就是反對特權，反對歧視。踐行公平、正義原則，追求進步應該成為

最高法院的自覺行動。「國家尊重和保障人權」也不應是標語式的口號宣示，而是矢志不渝追求的目標。當代中國法官，不僅承載著廣大民眾對社會公平與正義的渴求，肩負著重大的歷史使命和責任，而且由於身處社會轉型時期，理所應當成為各種社會矛盾和衝突的敏銳前瞻者，在保障人權方面，應有前瞻的眼光、務實的作為。公平不僅僅是過程的公平，更是結果的公平。公平是應然的，而不公平是實然的，正因為公平具有應該追求的理想特徵，它才日益成為司法改良的基礎和法律人夢寐以求的追求目標，也是推動社會進步和發展的主要動力來源。保障弱勢群體參與社會的機會均等，既包括起跑線的公平，更包括裁判標準的公平，如此，體現民意訴求的正義之法才會有至高無上的權威，全體社會成員才會發自內心深處地尊重法律的權威，進而形成一種普遍認同的法治信仰。

與上述不公平待遇類似且違背《世界人權宣言》的，還有屢遭質詢的境外人士和企業的超國民待遇問題。最近，國家稅務總局發文將境外人士的個人所得稅起徵點提高到4800元，高出國內個人所得稅起徵點三倍。為何要實施差別待遇，其立法背景和緣由何在？最可能的理由不外乎認為境外人士的收入和消費更高，僅此而已。但我們認真推敲發現，理由和立論根基是那樣的無以立足，境外200多個國家和地區，經濟發展程度千差萬別，各國人均收入和消費支出懸殊巨大，甚至100倍之上。雖然中國也屬於欠發達國家，但人均收入和消費支出低於中國民眾的國家和地區也為數不少。這種向境外人士實施法律傾斜，給予超國民待遇的，還有航空事故處理等。同樣坐中國民航的客機，境外人士的空難賠償標準就要遠高於國人。我國對「三資」企業實施「三免兩減」等各類減免、優惠政策，在國內經濟界也是責聲日濃。

對內外資企業法人的區別對待，有關方面還可以辯解為暫時的經濟政策，是為了更好地對外開放、招商引資。然而，對自然人基於身分如國籍、戶籍而實施歧視性的法律待遇，不僅踐踏了社會公平、公正，甚至貶低了做人、做中國人的尊嚴。

總之，鑒於最高人民法院《關於審理人身損害賠償案件適用法律若干問題的解釋》存在著認可城鄉差別待遇的不公平之處，我們強烈建議最高法院及時調整計劃經濟時代形成的思維定勢，拋棄城鄉二元區隔的歷史包袱，儘快修改《該解釋》，對此我們提出以下兩點意見供有關部門參考：

一、關於死亡賠償金、傷殘賠償金，建議參照《中華人民共和國國家賠償法》，實行全國性的統一標準。如死亡賠償金總額為國家上年度職工年平均工資的二十倍；因傷殘造成部分或者全部喪失勞動能力的，殘疾賠償金根據喪失勞動能力的程度確定，全部喪失勞動能力的，賠償為國家上年度職工年平均工資的二十倍。死亡或傷殘定殘時，年滿六十周歲以上的公民，年齡每增加一歲，則賠償減少一倍；七十五周歲以上的，按五倍計算。

二、對死者生前扶養的無勞動能力的人給予的生活補助費，可以參照其當地省、市、區統一的居民平均年生活消費支出確定其標準。長期居住地、戶籍所在地、損害發生地、審判所在地不一致時，一般應該根據就高不就低的標準予以補償。

以上建議，敬請最高人民法院研究為盼。

2006年3月12日

對二元戶口體制及城鄉二元制度進行審查的建議書

胡星斗

全國人民代表大會常務委員會：

依據憲法賦予的公民權利，在此我提出對二元戶口體制及城鄉二元制度進行違憲審查的建議。

涉嫌違憲審查事項：1958年1月9日全國人民代表大會常務委員會第九十一次會議通過的《中華人民共和國戶口登記條例》及由此衍生的城鄉二元隔離的種種規定、法律和制度安排。戶口登記條例第三條、第四條、第十條、第十三條等不僅違背「54憲法」關於保障公民遷徙自由的條款，而且也涉嫌違背現行的《中華人民共和國憲法》。

涉嫌違憲審查理由：《中華人民共和國憲法》第五條規定「一切法律、行政法規和地方性法規都不得同憲法相抵觸。」第三十三條規定「凡具有中華人民共和國國籍的人都是中華人民共和國公民。中華人民共和國公民在法律面前一律平等。」第三十七條規定「中華人民共和國公民的人身自由不受侵犯。」第三十八條規定「中華人民共和國公民的人格尊嚴不受侵犯。」第四十五條規定「中華人民共和國公民在年老、疾病或者喪失勞動能力的情況下，有從國家和社會獲得物質幫助的權利。國家發展為公民享受這些權利所需要的社會保險、社會救濟和醫療衛生事業。」第四十六條規定「中華人民共和國公民有受教育的權利和義務。」但是，《中華人民共和國戶口登記條例》通過對居民常住、暫住、出生、死亡、遷出、遷入、變更等人口登記，以法律的形式嚴格限制農民進入城市，限制人口的正常流動，成為如今中國嚴重的二元結構、城鄉隔離及歧視制度的始作俑者。因此，我們認為該條例涉嫌違背《中華人民共和國憲法》。

目前，世界各國雖然也有「人口登記」、「人號」、「社會保障號」、身分證、公民檔案甚至「戶籍」等管理措施，但極少存在城鄉二元戶口安排及城鄉嚴重隔離的制度。雖然經濟學家劉易斯（Lewis）、拉尼斯（Ranis）、托達羅

（Todaro）、邁因特（Mint）早就注意到發展中國家的「二元結構」的問題，並對之進行了深入的研究，但他們恐怕誰也沒有想到中國的二元結構是以官方檔、法律和制度的形式超穩定地固定下來的，因此，其嚴重性為世界第一。比如，在人均財產方面，城市人是農村人的20～30倍（《南風窗》）。在人均收入方面，城市是農村的6倍，為世界之冠，有人稱之為「斷裂社會」，遙遙領先於世界上城鄉差距第二大（3倍）的國家莫三比克。

在中國，二元戶籍制度衍生出二元就業制度、二元醫療制度、二元社會保障制度、二元教育制度、二元公共投入制度、二元稅費制度、二元金融制度、二元電力制度、二元土地制度、二元人才制度、二元組織制度（城市有工會，農村卻沒有農會）、二元國有資產制度（「國有資產」、「全民所有制」竟然沒有農民的份），而且，農民在政府服務、基礎設施、生產資料供給、糧食銷售、燃料、住宅等方面都處於劣勢。

二元戶籍制度還導致中國的城市化速度遠遠落後於工業化，形成了「工業國家、農業社會」的畸形狀況，如從1994年到1998年，我國工業化增長了40～50%，但城市化率僅增加了1%。千百萬農民無法轉化為城市居民，他們只能像候鳥一樣穿梭於城鄉之間，飽受勞累和歧視，最終回到農村結婚生子，形成了所謂的「民工潮」，也造成了目前中國南方的「民工荒」。民工潮的實質是制度歧視，「民工荒」的實質是戶口限制，農民工無法成為穩定的產業工人，農民無法從身分制轉換為職業制。

由於二元戶口制度及其附加職能的不斷強化，農民在教育、醫療、社保、稅費、金融、甚至選舉權等方面都受到種種的歧視。各級政府不為農村的義務教育買單，不對農民的醫療、社會保障履行其應有的責任，農民人均收入極低但仍然需要繳納相當的稅費，農民很難獲得貸款、農民住房不能抵押、貸款利息遠遠高於城市但郵政儲蓄和銀行仍然每年吸走農村6000億元資金用於城市建設，這些都致使中國的城鄉關係陷入惡性循環。據研究，建國50多年來，農民對城市的無償貢獻折算成現值在20萬億元以上。而現在農民子弟進入國家重點高校的機會僅為工人子弟的4分之一、黨政幹部子弟的31.7分之一；某校錄取分數線，農民子弟平均高於幹部子弟24分（電氣工程）、29分（會計）、31分（電腦）、32分（電子）（見「我國教育公平的理論與現實」學術研討會論文集）。由於中國的醫療衛生經費過於向城市

傾斜，農民「小病撐、大病抗、重病等著見閻王」，中國的衛生公平性在世界191個國家中排名倒數第4（世界衛生組織《2000年世界衛生報告》）。另據《農民日報》報導，目前全國政協委員中僅1人是真正的農民。各級人大代表中僅9%是農民。農村人的選舉權只有城市人的八分之一。

我們欣慰地看到，新的一屆國家領導人在農村義務教育、合作醫療、降低稅費、戶籍改革、保護民工權益等方面做了大量的工作，讓全國人民看到了希望所在。不過，我們認為，由於歷史慣性和現實問題的高度複雜性，二元戶口體制及城鄉二元制度並沒有從根本上被動搖，因此，有必要對之進行違憲審查，以推動問題的解決和中國的進步。

違憲審查要達到的目的：啟動違憲審查機制，建設憲政中國、社會主義法治國家；撤銷或修改戶口登記條例，消解城鄉二元制度，進一步推動戶籍體制改革，加快城市化步伐，建立寬鬆、自由、統一的新的人口登記、一元戶籍或透明檔案管理制度，保證農民在醫療衛生、社會保障、教育、就業、稅費、金融、電力、國有資產、基礎設施、政府服務等方面享受平等的國民待遇，維護社會公正，從而從源頭上維護社會穩定。

以上建議，如被採納，全體農民幸甚，全國人民幸甚！

敬請答復為盼！此致，

敬禮！

胡星斗

2004-11-6

廢除戶籍制度、建立身分證管理系統的呼籲書

胡星斗

一、戶籍制度的危害

（一）戶籍制度是構建和諧社會的第一大障礙。構建和諧社會，雖然是一個漫長的過程，但廢除戶籍制度、保障公民平等、實現遷徙自由卻是在制度層面上消除隔離、走向統一、實現和諧的開始。

目前的戶籍管理制度是隔離型的制度，它將城鄉之間、地區之間、城市之間割裂開來，按照特權、等級、排序進行治理，保護一部分人的利益，同時損害另一部分人的權益。源頭上的不公正日益成為仇恨、犯罪的淵藪，事實證明戶籍制度已經完全不能適應現實社會生活的要求。

現實中國的不和諧——特權、貧富差距、地區差距、城市差距、身分歧視、省籍歧視、就業歧視、邊緣群體、弱勢群體、血汗工廠、農村貧困、城市犯罪、同命不同價、打工子弟學校、高考分數線差異，基本上都與戶籍制度有關。戶籍制度造成了人民事實上的嚴重不平等，如在求職方面，許多城市規定：某些行業和工種必須持有所在城市的戶口才能被錄用，報考公務員也只能是城市戶口者；在求學方面，許多農業戶口的子女在城市入學不得不交納額外的費用，平等接受教育的權利由於「戶籍制度」而喪失。農業戶口與非農戶口享有不平等的權利，其根源是戶籍制度承載了太多的附加功能。在這種情況下，戶口名簿不僅是一種身分的體現，而且是一種資源享有權的證明。

中國大陸事實上是一個「準分裂」的國家。雖然中國的各個省、市、縣、鄉、村的居民都承認自己是中國人，但大家似乎更認同自己是「廣東人」、「潮州人」、「福建人」、「溫州人」，海外有「廣東幫」、「潮州幫」、「福建幫」、「溫州幫」，國內還有「北京人優越感」、「上海人排外」、「河南人受歧視」等等現象。戶口是中國的準國籍，戶口名簿、身分證、暫住證是國內的準護照，1978

年之前，人民只有持有介紹信，才能在國內「出差」；三年饑荒時期，許許多多的饑民出外要飯而被千里抓回，活活餓死在戶籍所在地；2003年之前，許多外地人被收容遣送，被關押、虐待。現在，中國公民終於可以去國內的任何地方，也可以在外地工作，但本地人優先；可以去深圳，但要申請邊防證；可以去香港、澳門，但要辦理通行證；可以在外地居住生活，但要申辦暫住證，相當於美國有效期一年的非移民簽證，只不過非移民簽證針對的是外國人，而中國各地的暫住證針對的是國內同胞。只有辦理了暫住證的人，才是合法移民；沒辦理暫住證的，是非法移民。農民工在中國城市的待遇，和美國的非法移民的待遇幾乎一模一樣，甚至還要更差。比如，美國的法律規定，非法移民的子女也享有免費接受義務教育的權利；在美國中小學生註冊時，校方不能詢問學生家長的身分。

可見，中國大陸確實是一個準分裂的國家，國家被條塊分割化，中國人在自己的國家工作要拿「綠卡」，在自己的國土上生活卻是「暫住」，地方主義甚至導致「政令不出中南海」。這種情況非常類似於德國十九世紀統一之前的邦國割據，各邦國各自為政，中央權力幾乎不存在。

建設和諧社會，就要從改革極端不合理的制度入手，不要頭痛醫頭，腳痛醫腳，治標不治本。有了好的制度，才可能逐步建立公平正義的和諧社會；只有廢除戶籍制度，實現遷徙自由、機會均等、統一管理，才能切實保障公民的權利和中央政府的權威性。

（二）戶籍制度與市場經濟完全相悖離、相衝突。隔離型的戶籍制度是秦漢專制時代的產物，那時「編戶齊民」，目的是實行對臣民的嚴密控制；辛亥革命後，中國人民實現了遷徙自由，農家子弟毛澤東得以走南闖北，在北大作圖書管理員，不需辦暫住證，也不用擔心被收容；到了計劃經濟時期，戶籍制度重新被撿起，並且不斷被強化，那時人民外出要憑介紹信，國家嚴格掌握戶口遷移指標，夫妻即使長期分離，也難以「調動」到一起；同時，城市居民糧油關係、福利完全附著於戶口，而農民則義務交糧、高價購買生產資料，國家依靠掠奪農民實現畸形的重工業化。

改革開放特別是實行市場經濟以後，勞動力市場化、國民自由遷徙成為不可阻擋的歷史潮流，但落後的制度形成了對改革的極大阻力，既得利益集團也總是逆潮流而動，阻礙著制度的改革——勞動力流動，被當作「盲流」；招聘人才，但不

給落戶口；在異地居住3天以上，要辦暫住證，嚴格地說，每年參加全國「兩會」的代表、委員都違規了，他們沒有一個人辦了暫住證；農民進城務工、經商、投資開工廠、購房大多不能改變身分，於是，有了中國特色的辭彙──「農民工」、「農民企業家」，似乎「農民」代表了與生俱來的無法抹去的賤民身分；城市裡的髒活、累活都是農民工幹的，煤礦的工人大多數也是「農民工」，一幢幢高樓、一條條馬路都是農民工修的，城市的基礎設施大部分是農民的貢獻、國有資產超過一半是五六十年來農民的犧牲、奉獻所積累的，可是農民現在一無所有──連土地也是租來的，宅基地也不是農民的。

（三）戶籍制度是「三農」問題的禍根，嚴重阻礙了中國城市化的發展。戶籍的制度安排，使得城市可以無限度地榨取農村的財富、富裕地區可以無限度地掠奪貧困地區的人力資源，而無須負責外地人的社會負擔，不用考慮外地人的醫療、工傷、養老、子女教育問題，地方政府的人均GDP、人均財政支出也不包括外地人在內。有專家統計，每個農民工每年創造的剩餘價值是1.6萬元，全國有2億多農民工，每年創造的財富至少為3萬億人民幣；另據統計，由於國有銀行不給農民貸款，農村郵政儲蓄也只存不貸，因此，農村每年向城市流出6000億人民幣，進一步維持了城市的繁榮。可以說，中國城市的發展，是以犧牲農民工的利益、放任農村越來越貧困為代價的。西方評論家認為，「中國的城市像西歐，中國的農村像非洲」，在很大程度上是事實。如果不廢除戶籍制度，中國的「三農」問題就永遠不可能解決。

戶籍制度製造了越來越大的城鄉差距，十分有利於城市的發展，但嚴重妨礙了中國城市化的順利進行，導致我國城市化速度的極其緩慢。國際上無論是發達國家還是發展中國家，城市化率均高於工業化率，但中國正好相反，1978年時，中國的工業化率為50%，城市化率只有19%；目前，中國的工業化率在80%左右，而城市化率只有40%。據新華社2006年2月18日電，南京有百萬農民工，但五年只落戶了4～5人，每年不到1人，獲得南京市戶口的農民工不到百萬分之一。1994年美國有城市1050座，日本有城市667座，均比當時中國的建制市要多，但他們的人口只有中國的五分之一或十分之一。

戶籍制度既損害了農民、外來人口的利益，也損害了城市居民的根本利益。按照托達羅的人口流動理論，農村人口只要能夠指望在城市中獲得的預期收入高於

繼續留在農村的收入，那麼他就會向城市遷移。這種遷移，有助於提高經濟效率。當然，事實上影響遷移的因素很多，不只是與收入相關，但無論如何，人為地限制遷徙，割裂市場，一定會降低經濟效率。按照梯博特（Tiebout）模型，公共物品的邊際成本為零，推動了各個地方政府的相互競爭；居民自由遷徙，用腳投票，將使得公共物品的供給與稅收相當，達到帕累托最優。可見在中國，由於不能夠自由遷徙，不僅社會公平喪失了，經濟效率也損失了。

（四）戶籍制度違背《中華人民共和國憲法》和國際公約，妨礙了公民權利的實現。1951年7月16日，政務院批准公安部《城市戶口管理暫行條例》，規定在城市中一律實行戶口登記；1953年4月，政務院發布《為準備普選進行全國人口調查登記的指示》，同時制定了《全國人口調查登記辦法》，以便在農村建立戶口登記制度；1957年12月18日，中共中央、國務院發布《關於制止農村人口盲目外流的指示》，要求通過嚴格的戶口管理，制止農村人口外流；1958年1月9日，毛澤東簽署主席令，頒布全國人大常委會通過的《中華人民共和國戶口登記條例》，此條例違背了1954年通過的《中華人民共和國憲法》中「公民有居住和遷徙的自由」的條款。

1977年11月，國務院批轉了公安部《關於戶口遷移的規定》，強調「從農村遷往市、鎮，由農業戶口轉為非農業戶口，從其他市遷往北京、上海、天津三市的，要嚴加控制」；1975年、1978年、1982年三易憲法，乾脆取消了自由遷徙的規定。

國際人權公約——《公民權利和政治權利公約》是落實《世界人權宣言》的具有法律約束力的國際公約。該公約的第12條第1款規定：「合法處在一國領土內的每一個人在該領土內有權享受遷徙自由和選擇住所的自由」。顯然，中國的戶籍制度與國際公約相違背。

遷徙自由是現代國家公民權利的重要內容。在中國，很多人回避或者從來不敢正視公民的自由遷徙權以及對自由遷徙權的限制所帶來的危害，好像在中國，人口多，人民的遷徙權利就要受到控制，存在即合理。當中國社會出現種種不公平的事件時，人們只是震驚、氣憤於地方政府或者某個領導人在處理具體問題時沒有人性。例如孫志剛事件，雖然導致了收容遣送制度的被廢除，但其背後的根源——戶籍制度、暫住證制度、歧視制度卻依然故我。

最大的人格是維護個人的尊嚴不受侵犯，最大的國格是保障公民權利的實

現。如果中國不繼續從公民權利方面入手，提升自己的國際形象，而是一心只想做經濟的龐然大物，那麼中國的經濟越發展，世界上的「中國威脅論」就會越有市場。

二、人口管理的辦法

廢除戶籍制度，代之以身分證系統進行社會管理，類似於美國的社會安全號，將個人和家庭資訊、就業收入以及財產情況、信用守法納稅記錄、養老醫療低保等社會保障資料、甚至做義工、志願者等事項一併納入全國統一的身分證號數據庫中，按照身分證號建立社會安全網，建立可銜接、可轉移、全國統一的社會保障體系；同時將個人檔案電子化、透明化，進入身分證管理系統中，供全社會有條件地查詢，打破城鄉界線、地區界線、城市界線，塑造政府與公民之間透明、互信的新型關係。

有了全國統一的身分證管理系統，假身分證、假學歷、偷漏稅、騙貸、騙經濟適用房、騙低保等情況將會基本消失；以用工單位、房主、賓館方面為基本責任者，登記身分證並且定期報送有關部門或者通過網路即時報送，有關方面將能及時掌握人口流動的資訊，公安部門可以迅速打擊犯罪分子；政府還可通過免費發放生日禮物、節日禮物，贈送急救卡、醫保卡，吸納為工會會員、協會會員等人情化溫馨服務的方式，鼓勵外來人員進行身分證登記。

公安部應當成立身分證綜合管理局，統籌規劃、促進身分證資訊系統的建立，現在可以在各省市的現有身分證系統、信用資訊系統的基礎上進行銜接、聯網。

三、戶籍保留論批判

（一）戶籍小改小革論。一種觀點認為，戶籍改革不是取消戶籍，而是剝離戶籍的附加功能，為此，必須縮小城鄉差距、地區差距，將二元的條塊分割的教育、醫療、財稅、金融、住房、社會保障等體制統一化。由於統一化是一個長期的過程，所以，戶籍改革難以有所作為。

而我們認為，與其坐等二元體制的一元化，不如通過廢除戶籍制度，促進教育、醫療等領域的改革；否則，由於既得利益集團的阻礙和弱勢群體權利的貧困，二元差距不但不會縮小，反而會擴大，中國的城鄉差距、地區差距只會進一步惡化，因此，實質性的戶籍改革是遙遙無期的。

廢除戶籍制度，將迫使各級政府逐漸放棄二元體制，比如在財政上安排打工子弟的教育經費、取消回原籍參加高考的規定以及高考分數線的不公平政策、解決外來人口的醫療保險等問題。

（二）不平衡發展論。一些人認為，因為中國的發展太不平衡了，所以，戶籍隔離制度是必要的。這種觀點的危害在於，不知道發展的不平衡、差距過大，在很大程度上正是戶籍隔離的結果，譬如戶籍制度使得農民五十多年來損失了數十萬億元。

這裡存在一個怪圈：因為發展不平衡，所以要保留戶籍制度；而保留戶籍制度，發展將更加不平衡，中國陷入了惡性循環。

美國允許自由遷徙，城鄉一體化發展，所以比較均衡；中國不允許自由遷徙，城鄉各自為政，城市只管各自戶籍內的人民，發展就不均衡。

跳出惡性循環，只有果斷地廢除戶籍制度，同時，國家建立規範的科學的公共財政制度和財政轉移支付制度，平衡各個地區、各個城市、以及城鄉的投資，這樣才能夠促進中國的和諧發展。

（三）大城市負載沉重論。另一種觀點認為，一些大城市負載沉重，資源貧乏，人口過多，所以應當實行戶口准入限制。可是現實的情況是，由於城市之間的差距不斷地拉大，戶口並不能擋住外來人口的擁入，只不過造成了歧視和不公平的待遇。

而且，中國的大城市並不多，也不大，相對於人口13億，中國的城市化要達到日本的水準，城市數量也應當增加7至8倍。日本東京擁有三千四百萬人口，北京、上海也僅1千多萬。

人口集中在水資源等自然條件較好的大城市，反而有利於節約資源和保護環境。據研究，大城市、小城市、集鎮的人均占地的比例為1：2：3.1，可見大城市更有利於節約土地。如果中國人口能夠集中於大城市和沿海地區，也將有利於西部脆弱惡劣環境的保護和改善。

（四）外來人員犯罪論。一些人把外來人員、農民工的增加作為犯罪率上升的原因，孰不知，很大程度上正是由於地方政府為富不仁，GDP上去了，但不接納外地人，人為地製造了歧視和仇恨，以及放任城市對農村的剝削，導致農民的極端貧困，才致使犯罪現象的增加。

如果永遠維持城市集團與「流民」之間的界限和仇恨，那麼不僅中國的治安形勢不可能從根本上好轉，甚至社會道德在惡法、惡制度的逼迫下也會進一步地沉淪。

在美國，有錢人大多住在「農村」，那兒人少，空氣新鮮。富人有車，照樣可以方便地出行、購物。窮人大多集中在大城市，紐約集中了全國60%的窮人。這些人在城市有廉租房，平等地接受教育，出行乘地鐵，省去了不少生活開支。黑人犯罪占美國的70%，但沒有人提出種族隔離，相反還要給黑人平等的待遇，因為只有這樣，才能夠降低其犯罪率。

（五）城市管理需要論。一些官員認為，城市管理需要戶籍制度；廢除戶籍制度，會導致大量的人口擁入一些大城市；城市會出現大規模的貧民窟。

其實，城市管理關鍵在於建立身分證資訊系統，與戶籍沒有什麼關係。即使沒有了戶籍限制，由於大城市的生活成本高昂、住房太貴、工作難找、教育醫療養老的障礙一時難以突破，所以，短期內不會有很多人擁入城市，而從長期來說，更多的人進入城市正符合中國城市化加速的大潮流。

中國城市也不會出現印度式的貧民窟。印度的貧民窟是由於城鄉低水準的一體化、城鄉沒有制度化的差異，以及自由遷徙與民主制度造成的，而中國的城鄉割裂的狀況即使沒有了戶籍制度，也需要幾十年才能夠改變。

（六）各國存在戶籍論。有的學者拋出了各國都存在戶籍制度的謬論。事實上，目前世界上只有北朝鮮和貝寧兩個國家實行類似於中國的城鄉割裂、地區分割、城市隔離的戶籍制度，大多數國家採取的是身分證管理、人號或社會安全號管理等措施，它們與中國的隔離型的戶籍制度完全是兩碼事。

中國現在已經是「大國崛起」了，不應再回避公民自由遷徙這個基本人權。

廢除戶籍制度，正是中國實現和諧社會的根本著力點。不然的話，中國社會將永遠沒有公平、正義，只有特權、歧視！

2007-4-25

關於對外來人口實行零收費、促進取消暫住證的建議

胡星斗

國務院及國家發改委、公安部、財政部：

　　鑒於目前各個城市的暫住證制度已經引起了廣大人民群眾的不滿，特別是遭到外來人口、農民工的強烈質疑，我建議由國務院或者國家發改委、公安部、財政部下令，對外來人口、農民工實行全程零收費制度——禁止各級政府部門借辦理暫住證（或居住證）之機，收取暫住證工本費、管理費、衛生費、垃圾處理費、健康證費、出入證費、計劃生育費、未婚證費、綠化費、照相費、檢查費、就業證費、培訓結業證費、公益建設分攤費等名目繁多的費用，以此促進暫住證制度的儘快取消。一旦地方政府部門無利可圖了，儘管還可以保留暫住證，但政府部門辦證的熱情必然驟減，取消暫住證也就指日可待，地方政府也將不得不探索治安管理新體制；如果不先行禁止收費而貿然強行取消暫住證，必然遭遇以治安、管理為藉口的反對之聲和治安難題，以至於「上有政策，下有對策」，變相辦證收費屢禁不絕。零收費制加上舉報、曝光，等於釜底抽薪，抽掉了暫住證的經濟基礎。如此，必將促進地方和全國建立集身分管理、個人檔案、治安、信用、收入、納稅、社會保障等資訊於一體的身分證號綜合人事電子系統。

一、暫住證與執法經濟

　　根據經濟學原理，政府也是「經濟人」，往往也追求自身利益的最大化，而暫住證制度恰恰賦予了地方政府部門「合法」收費、支撐起畸形的「執法經濟」的權力。據人大代表統計，全國以一億農民工、兩億流動人口（在非戶籍所在地工作）計，50%的人辦理暫住證，平均一年收費200元（包括各種捆綁收費、罰款），收費總額超過200億元。據新華網2006-02-25報導：深圳市500多萬現有人口中，外來人口就有400多萬，一個暫住證一年的管理費是360元，關外240元，400多

萬外來人口平均每年收費10多億。另據報導，上海市每年向每個外來人口收取600元的管理費，每年的收費額在10-20億元。北京市每年收費12億元。

雖然在2001年底，國家計委、財政部就發出了《關於全面清理整頓外出或外來務工人員收費的通知》，要求除工本費外，暫住費、暫住人口管理費、計劃生育管理費、城市增容費、勞動力調節費、外地務工經商人員管理服務費、外地建築企業管理費等行政事業性收費一律取消；另據新華社2006年9月24日電，勞動和社會保障部通知，農村外出務工人員將不再需要辦理就業證卡；早在2005年勞動和社會保障部就發文，停止執行勞動與社會保障部辦公廳《關於印發做好農村富餘勞動力流動就業工作意見的通知》中關於就業證卡的相關規定。然而事實是，一些地方仍然借辦理暫住證、就業證之機大肆亂收費，並且搭車收取健康證費、培訓證費、出入證費、計生證費、未婚證費、照相費、衛生費、檢查費、勞動管理費、治安管理費、環境保護費等等，有的地方一個外來工一年要繳350-750元；而且，就業證不提供就業服務，健康證不做健康檢查，培訓證不進行培訓——

某地辦暫住證要義務獻血，否則就多交50元；

某地辦理一年期的暫住證要交意外人身傷害保險費，每人每年60元；

某地辦暫住證要先到村委會開介紹信，交120元的「公益建設分攤費」；

某地辦證要先到居委會開證明，交綠化費、垃圾處理費等；

某地辦證要花205元，包括37元的健康證費、5元的暫住證工本費、133元的就業證費和其他收費；

某農貿市場外來人員幾乎人手一本就業證、培訓結業證，兩證交費163元；

某市辦證需200多元錢，包括158元的暫住證費、36元的衛生費和每次10元的B超費等；

某市辦理暫住證、計生證、房屋租賃備案登記、衛生收費等8個櫃檯一字排開，自帶的照片不准用，拍照、做B超、交衛生費、拿計生證之後，才能交錢取暫住證；

某市辦理暫住證要繳費100-200元不等，包括綠化費、清潔衛生與垃圾處理費等。中央電視臺《焦點訪談》曝光後該市一度有所收斂，但近來又死灰復燃，一些地方的居委會也時常上門收費，強迫辦理暫住證；

有的部門及個人以代辦暫住證牟利，收費100元甚至200元。

暫住證收費，怎容一個「亂」字了得！執法收費主體不明，隨意檢查，任意扣留人員，以各種名義搭車收費，以暴力方式「執法」，已經導致外來人員、農民工的強烈不滿。可以說，暫住證制度已經演變成為某些地方部門謀取暴利、侵犯人權的工具。

二、取消暫住證與保護人權

2003年，孫志剛因為沒帶暫住證，被收容打死。其後，收容遣送制度廢除了，但暫住證制度卻延續至今。

國民只能在自己的國家「暫住」，實在匪夷所思！有的人甚至發問：我還是中國人嗎？

暫住證也是違法的。《行政許可法》第十五條規定：省、自治區、直轄市人民政府可以設定臨時性的行政許可。臨時性的行政許可實施滿一年需要繼續實施的，應當提請本級人民代表大會及其常務委員會制定地方性法規。地方性法規和省、自治區、直轄市人民政府規章，不得設定應當由國家統一確定的公民、法人或者其他組織的資格、資質的行政許可；其設定的行政許可，不得限制其他地區的個人或者企業到本地區從事生產經營和提供服務……。

也就是說，省級政府只能作出為期一年的臨時性許可；行政許可不得限制個人到異地工作。而長期實行的暫住證制度顯然違背了上述法律規定。

暫住證本質上是封建「防民」思想在作祟，是把國民或者部分國民當作了「刁民」來對待。如果地方政府不能夠從防範控制型管理轉變為民本服務型管理，那麼「暫住證」制度不可能廢除。

由於暫住證導致的侵犯公民權利的事例不勝枚舉：

據《廣州日報》：5個被廣州某治保隊檢查沒帶暫住證的外來工，在被關上收容車後沒多久，便從高速行駛的收容車上一個接一個地掉了下來，2人死亡，1人受傷後當場逃跑，1人緊急搶救中，還有1人下落不明。

據《南方都市報》：200多名沒有暫住證者在廣州某村被強行關進了村委會大院，每人強制交納了辦證費和衛生費，拒交者遭到毆打，有的被關押達9個多小時。

據2006年1月27日人民網：一個外地打工者因為沒帶暫住證在某市被公安人員抓住，儘管他帶有身分證和工作證，還是被強行帶走，拘留3個多小時，最後不得不交錢走人。

據《羊城晚報》：四川姑娘王靜因為暫時未領到暫住證，被查證的治安員打成腦震盪。

據《南方週末》：安徽潛山縣梅城鎮馮彩雲的兒子徐英東因為沒帶暫住證在北京被收容後下落不明，多年來70多歲的老母親幾次上北京尋找兒子未果。

據《鳳凰衛視》「有報天天讀」：湖南一收容所駭人內幕，不交錢竟被活活打死。在孫志剛之前，不知有過多少個「孫志剛」！

據新華網：天津王女士說，除員警之外，居委會、村委會、民政等組織和部門與公安有著「同樣的權力」，對外來務工人員想抓就抓，想罰就罰。經常來查暫住證的有派出所、居委會、民政局和聯防隊等好多家單位，任何一家的臉色不好看，當事人可就遭殃了。

據中國青年出版社《看看他們——北京100個外來貧困農民家庭》中說：「上次我帶小女兒回家，一天我們都在屋裡聊天，她卻不敢出去撒尿，說是怕碰到查暫住證的」。

暫住證已經製造了無數的人間悲劇，對善良同胞的身心造成了重大的傷害。如今，中國建設法治政府、和諧社會，越來越重視保護人權，越來越具有民本理念，在這種情況下難道還要因小失大，保留非法的歧視性的暫住證制度、縱容地方部門的貪婪與暴力嗎？

三、後暫住證時代的社會管理

暫住證是隔離型戶籍管理制度的產物。隔離型戶籍制度在秦始皇時代就存在了，它隱含著歷史上封建官府對「遊民」、「流民」的恐懼，對人口流動的百般控制。因此，在指導思想上，它視「流動」與「遷徙」為異常，在制度設計上突出「防範」與「控制」。但如今，中國已經實行市場經濟，已經加入了國際人權公約，任何阻礙勞動力流動、阻隔市場、實行身分歧視的做法都顯得那麼悖逆，那麼不合時宜。

因此，建立一人一號的社會安全資訊庫，將個人檔案、信用守法記錄、收入納稅情況、保險繳納資訊等納入統一的身分證號電子系統之中，打破城鄉界線、地區界線、城市界線，塑造政府與公民之間透明、互信的新型關係，是中國的大勢所趨，也是世界潮流。

中國應當儘快建立身分證綜合資訊系統，將個人履歷檔案電子化、透明化，防止因為檔案填寫的黑箱操作而徇私報復（湖南作家湯國基因此受害20年）；應當按照身分證號建立社會安全網，將家庭資訊、就業收入狀況、個人信用及守法情況、還貸、繳稅、住房、低保、養老醫療保險、甚至做義工、志願者等事項一併記錄，建立可銜接、可轉移、全國統一的社會保障體系；有了身分證綜合資訊查詢系統，假身分證、假學歷、偷漏稅、騙貸、騙經濟適用房、騙低保等情況將會基本消失；以用工單位、房主為基本責任者，登記身分證並且定期報送有關部門或者通過網路即時報送，有關方面將能及時掌握人口流動的資訊；還可通過免費發放生日禮物、節日禮物，贈送急救卡、醫保卡，吸納為工會會員、協會會員等人情化溫馨服務的方式，鼓勵外來人員進行身分證登記。

通過實行零收費制度，暫住證必然加速退出歷史舞臺，身分證管理系統將呼之欲出，儘快地發揮作用。中國人僅憑一張身分證即可毫無恐懼地走遍中國、在國內自由遷徙的夢想將會很快實現。

因此，我強烈建議國務院及國家發改委、公安部、財政部發文，對外來人口的登記管理全程實行零收費制度，促進暫住證的早日取消，儘快建立公民身分證綜合管理電子系統。

以上建議敬請考慮、研究為盼。此致，

敬禮！

胡星斗（北京理工大學經濟學教授）

2007-1-5

就加快縣鄉機構改革致中共中央、國務院的建議書

中共中央、國務院：

日前公布的中國鄉鎮發展報告指出，對我國1020個有代表性鄉鎮的抽樣調查的結果顯示，平均每個鄉鎮黨政內設機構16個，人員平均為58人，超過正常編制2到3倍；平均每個鄉鎮下屬單位為19個，人員達到290餘人，超編嚴重。

現在，縣鄉兩級財政收入僅占全國財政收入的21%，但財政供養人員卻占71%，無論是對於承受稅費攤派之苦的農民還是負債累累的各級政府都早已不堪重負。現實告訴我們，基層政府機構和農村政權再也不能任其無限制地膨脹下去了，縣鄉機構改革迫在眉睫。

1984年，我國第一次建立了鄉級財政，此後鄉鎮機構就開始急劇擴張。鄉鎮增設了若干個副書記、副鄉長，設立了人大辦公室、工業辦公室等，將原來鄉鎮政府的八個助理升格為七所八站。而鄉官的任職又越來越短，工作在鄉，居住在縣城，鄉鎮政權與社會日益脫鉤。在一些地方，農民不論是跑運輸、做小買賣，還是搞農產品加工，都會被七所八站收費人員圍追堵截，農民已經不可能自我雇傭辦企業了。

不過，現在亂收費的主要來源還是在縣一級。如許多縣都設置有80餘個科局，疊床架屋，職能重複。如工業局、輕工局、企業局、工商局、商業局、外貿局、經貿局、經管局等等，是否可以合併？農業局、糧食局、煙草局、林業局、水產局、水利局、畜牧局、農機局等涉農的局也應當儘量減少，這樣才有利於制止官僚主義、減輕農民的負擔。其他如勞動局、人事局；計畫局、物價局、物資局、建委；文化局、廣播局、教育局、科技局等都可以合一。老幹部局、檔案局、體委、計生委、法制辦、綜治辦、對台辦、僑外辦、區劃辦、編制辦、開發區辦、縣誌辦、黨史辦、扶貧辦等機構都可以併入縣政府或縣委辦公室。現在，每一個局名義上幾十人，實際上上百甚至幾百人拿工資。譬如湖南某縣級市人口不過40萬人，城市人口不到25萬，是一個經濟落後地區。可市黨政部門、行政機關就有88個，加上四大班子，共92個。領導幹部正職92人，副職279人。其建設局下轄16個單位，園

林管理處就有約200人，僅一個直徑不到一華里的公園就有職工150人；自來水公司有約200多人。其教育局現有正副局長9人，設教育督導室、紀檢組、工會、辦公室、人事股、計財股、普教股、成教股、職教股、招生辦、教研室、電化器材室、師訓股、法制股等14個股，機關員工百餘人。其水利電力局共有幹部90多人，下屬單位9個，員工一千多人（肖一湘提供資料）。有些下屬單位雖然是企業化經營，但還不是依靠壟斷、特權而收費？這麼龐大的隊伍，如果不改革，農民、企業和納稅人怎麼承受得了？

改革開放以來，我們不注重限制官權，財政體制改革也不到位，事權下放，財權上收，事權與財權不統一，政績追求又形成了高壓型體制——將指標攤派給下級政府，只有目標、沒有財政支持，層層施壓，到鄉鎮、村時任務呈幾何級數增加，致使農民不堪重負。據統計，僅中央各部門制訂的與農民負擔有關的收費、集資專案就有93項，僅中央紅頭檔規定的要農民出錢出物的達標就有43項。

而且，為了彌補財政虧空、增加財政收入，各級政府想方設法徵地、賣地，致使一些地方官民矛盾突出，有時甚至釀成暴力的局面，導致了上訪和社會的不穩定。

因此，我們認為，農村的癥結關鍵在於治官，中國目前最急迫的任務之一是行政體制及縣鄉機構的改革。

中國應當從5級政府改變為中央—省—縣（市）3級政府，實行市不管縣、鄉鎮自治的體制，減少行政層次，精簡機構，克服官僚主義，提高政府效率，減輕農民負擔；政府或部門應當從收費型、牟利型機構轉變為服務型、規制型機構，改變職能缺位、錯位、越位的狀況；縣鄉機構數量應當大量裁減，對於人員超編的情況要實行問責制；為了避免一些地方政府和部門的欺瞞現象，還應當擴大民主和媒體輿論空間，鼓勵對超編情況如實舉報。

當然，要改變龐大行政隊伍的現狀是不容易的，一是誰也不願意放棄既得利益，人員不好安置，二是「下改上不改，改了也得改回來；下動上不動，越動越被動」，即取決於整個國家的行政體制改革。但我們認為，無論面對著多少困難，現政府也一定要立即啟動縣鄉機構改革，因為它已經嚴重危及到中國的發展和穩定了，已經刻不容緩。

我們認為，改革的原則是精簡、統一、效能，思路是：把原由政府包辦的事，回歸社會和市場，即使是公共事業，也盡可能讓社會如社區、民間資金參與；本地政府必須辦的事情才考慮設置機構，機構設置不能強調上下對口；事情已經減少或事情已經沒了的機構，要堅決裁減撤並；大力發展社會自治組織和仲介機構，建立和完善社區服務、投資服務、各種行業協會和非政府組織（NGO）。

　　機構改革後，員工怎麼安置？經費從那裡來？

　　機關的企事業員工隨單位回歸社會自立，政企、政事分開；被裁減人員三年內發給原基本工資，以優惠政策鼓勵創業，三年後仍然無能力自立者，再給予低保或失業救濟；年齡偏大如50歲以上者，在退休年限以前，發給原工資的50%以上的生活費，待達到正式退休年齡時，再給予正式退休待遇；50歲以下自願退職者，一次性發給退職金；機構裁減後，財政支出將大幅度減少，節省下來的經費可用於安置人員；合併機構後，設大辦公室，集體辦公，空出一批房產拍賣或出租，以籌集資金；減少公款吃喝、用車，遏制貪汙腐敗，抑制政府的盲目投資，如此全國每年可節約數千億甚至上萬億元（以上部分觀點來自肖一湘）。

　　總之，我們認為，中國已經從「改革企業」發展到「改革政府」的時候了。只有降低了制度成本，中國才能富裕強大起來。而降低制度成本，從立即進行縣鄉機構改革開始。

　　以上建議，請中共中央、國務院研究為盼。此致，

　　敬禮！

胡星斗
2004-11-9

再造中國區劃的建議書

—— 進行強幹弱枝、虛省建州、設郡分縣的行政區劃改革

胡星斗

全國人大、國務院：

我們建議儘快進行強幹弱枝、虛省建州、設郡分縣的行政區劃改革，以實現國家的長治久安。

一、強幹弱枝，強化中央機構，縮小地方政府

中國政府層級結構呈金字塔型，不僅延續秦始皇的郡縣制，而且由古代的三級政府轉變為現在的五級政府或六級政府（國家－省－市－縣－鄉－村），強化了郡縣制的中央集權官僚體制。

不過，說當今的中國實行中央集權制度也頗為名不副實。中國中央政府機關的公務員人數在朱熔基時期就由3.2萬人減為了1.6萬人[1]，是世界上少有的小政府。但是，中國的地方政府卻是極其龐大，政府宣稱的公務員總數是653.67萬人，扣除中央機關1.6萬人，地方政府擁有超過652萬公務員；如果加上由財政供養的政府部門事業編制人員、合同工、事業單位人員、國有企業及銀行中的幹部、各協會管理人員、縣鄉村編外管理人員及財政不足額撥付經費、沒有列入公務員系列的政府監管部門人員，那麼，事實上中國的公務員人數超過7000萬[2]，其中，71%的公務人員在縣鄉基層[3]。

而發達國家如美國的政府層級結構卻是倒金字塔型，與中國完全相反。美國公務員有310萬[2]，其中包括公共事業單位的工作人員、國營企業的管理人員、郵政人員、軍人、法官、員警、醫生、工程師、清潔員、保管員等。如果郵政人員、軍人不算在內，則為170萬[4]，或180萬[5]。他們絕大部分屬於中央（聯邦）一級，派往各地執行公務，如其國土安全部擁有雇員17萬人[6]，農業部11萬多人[7]，而其地方政府人數很少，州、市政府還有一些公務員，縣、鎮就基本上沒有了，縣只是

一個協調機構，鎮一級實行自治。法國擁有國家公務員200萬人，而地方公務員少得多，為100萬人[5]。

中國弱幹強枝的官員隊伍結構不利於中央政令的貫通，更不利於國家的長治久安，容易造成「上有政策，下有對策」，「政令不出中南海」以及地方主義、諸侯割據的狀況，必須將之改變為強幹弱枝的中央-地方關係，強化中央機構，縮小地方政府，實行中央派出機構制度。具體地說，就是虛省建州、設郡分縣，形成中央－省－郡三級監督（省－郡兩級派出機構）制度、中央－州－縣三級政府制度。

二、虛省建州，縮小地方行政轄區

所謂虛省建州，就是虛化省級政權，將之轉變為小型的中央派出機構，負責監督與協調，類似於20世紀50年代的華北局、西南局等。省一級的實體政府完全是多餘的，規劃、發展的工作由市、地區以及擬成立的州來完成就足夠了。成立中央駐XX省專員公署，取締省級政府、省級財政、省人大、省政協，撤銷絕大多數的省廳局，僅設立由中央部委直管的監察局、發改委、統計局、環保局等少數需要巨集觀協調的部門，這些部門人員很少，掛牌為「中央政府監察部駐XX省辦公室」、「國家發改委駐XX省辦公室」等等，同時設立省檢察院、法院及申訴專員（信訪）辦公室、審計辦公室、廉政辦公室（官員財產申報辦公室、行政公開辦公室、監察辦公室）等，獨立地司法、處理群眾信訪、腐敗投訴、財產申報等事宜；全國的重要的河流、湖泊、鐵路、公路由中央政府直管，各省級派出機構之間協調具體事務。省派出機構的全部開支由中央財政撥付。

作者曾經提出「縮小省級轄區」[8]，引起了廣泛的討論。我國各省、自治區的轄區過大，平均人口在4-5千萬，一些轄區範圍遠遠超過英國、法國或德國的全部國土，這很不利於實行高效的現代化的行政管理。美國是發達國家，只有三億人口，卻分成了50個州，而且有些州是強行一分為二的，如南卡洛萊納州、北卡洛萊納州；南達科他州、北達科他州。美國平均每州只有500多萬人。即使考慮到中國人口眾多的特殊國情，地方政府的管理幅度以最多2千萬人口（直轄市的平均人口）為宜。

我們建議：恢復中國古代「州」的建制，虛省後每省設立2-5個州，每州人口不超過2000萬人；各州以副省級城市、省會、區域性大城市為中心設立，以大城市名為州名，暫定州為副省級，未來取消行政級別制度；將原來的市政府職能擴充為州政府，州政府所在城市不再另設市政府，以避免地方機構的臃腫；凡是省裡已經設置的監督部門如檢察院、法院、申訴專員（信訪）辦公室、審計辦公室、廉政辦公室（官員財產申報辦公室、行政公開辦公室、監察辦公室），那麼州不再設立，以實現監督與行政的分置；實行州管市、州直管縣的制度，這樣可解決市管縣妨礙了縣域經濟的發展、省管縣又遭遇行政距離太遠行政事務太繁的尷尬。

虛省建州、縮小地方行政轄區後，威脅中國兩千多年的省一級地方勢力被分割（州一級不可能構成對國家領土完整的威脅），地方分裂主義被遏制，政府層級被減少（沒有了龐大的省級政府），政府機構被裁減（州政府與所在地的市政府是一個機構），同時，州的設立將起到類似於設立直轄市或副省級直轄市[9]的效果，將極大地調動州一級的地方積極性，形成全國大發展的熱潮。

虛省建州的改革易於操作，可行性極大。較大的難題是，解散省級政府和大部分省級部門，如何妥善安置相關人員——有的可以到中央駐省（自治區）辦事處或行署就職，有的可以到州政府工作，有的可以買斷工齡、提前退休，有的可以經過培訓轉崗到目前我國比較薄弱的員警、司法等部門工作。

三、設郡分縣，村級自治上升為鄉鎮自治

行政區劃改革的總體目標是形成中央－省－郡三級監督（省－郡兩級派出機構）制度、中央－州－縣三級政府制度。為此，在現有的縣政府所在地設立中央及省的派出監督機構——郡，以加強對基層政權（縣、鄉鎮、村）的監督。郡與地級市平級（但設立在現有的縣政府所在地），掛中央政府駐XX郡辦公室的牌子，代表中央政府處理基層事務，監督基層官員；其經費由中央財政直接撥付，人員由中央政府通過省派出機構任命；與省派出機構類似，郡下設申訴專員（信訪）辦公室、審計辦公室、廉政辦公室（官員財產申報辦公室、行政公開辦公室、監察辦公室）等，獨立地處理群眾信訪、腐敗投訴、財產申報等事宜。

同時，我們建議將現有的縣一分為N（二至五），取締鄉鎮政府，繼續合併村

組，將村級自治選舉上升為鄉鎮自治選舉。

只有將縣域拆分，才能改變目前縣域過大、人口過多、撤銷鄉鎮政府後縣級政權管理幅度過寬的局面；以後每縣以直接管理約20萬人為宜，為此可以將一些條件比較好、成規模的鎮改為縣，設立新的縣政府；而郡級派出機構只設在原縣政府所在地，負責對所在縣、新設立的縣的統一監督，也就是說新設立的縣一般不設郡級派出機構；郡級區劃為原縣域，包括數個分拆後的新縣域；凡是郡裡已經設置的監督部門如檢察院、法院、申訴專員（信訪）辦公室、審計辦公室、廉政辦公室（官員財產申報辦公室、行政公開辦公室、監察辦公室），那麼縣不再設立，以實現監督與行政的分置。

我們主張，全部取締鄉鎮政府[10]，改為在鄉鎮一級（或者村組合併後）進行農村選舉。因為只有這樣，才能突破原村組家族勢力甚至黑惡勢力對於村民自治的干擾，才能搞好農村自治，一般來說，家族勢力不可能控制多個村組和整個鄉鎮；因此，鄉鎮選舉比村級選舉更容易搞好；也只有搞好鄉鎮自治，才能填補撤銷鄉鎮政府後遺留的治理問題。而縮小縣域區劃、每個縣僅管轄兩三個鄉鎮，為撤銷鄉鎮政府、搞好農村自治奠定了基礎。

四、行政區劃改革的意義及實施

（一）它將極大地推動中國的行政管理現代化的進程。通過撤銷省級、鄉鎮兩級政府，設立派出機構，實行垂直管理，改變金字塔型的政府層級結構，將五級甚至六級政府轉變為三級政府，縮小地方政府規模，這些改革將有助於加強中央政府的權威性，提高行政效率，精簡政府機構；而且，設立中央派出機構對地方進行管理或監督，符合世界上先進國家的做法；建立州級政府、撤銷鄉鎮政府也符合州府治國、良紳治村、皇權不下縣的中國傳統。

（二）它有利於加強對於地方政府的監督。通過實現省－郡兩級申訴（信訪）、審計、廉政、環保、監察、司法等部門的垂直管理和獨立監督，困擾中國的信訪、冤案、特權、公款消費、腐敗難題將能得到有效的解決。

（三）它能促進農村自治，推動政治體制改革的進行。縮小縣級管理幅度，取締鄉鎮政府，實現鄉鎮級別的自治選舉，無疑提升了農村自治與選舉的層次，為

未來中國縣一級的選舉摸索了經驗，奠定了基礎。它將極大地促進中國的政治改革，裨益於現代化大業。

（四）它將有力地遏制地方主義、分裂主義的勢力，實現國家的長治久安。州一級的經濟規模、人口規模、綜合實力都不足以構成對中央權威的挑戰，不足以支撐地方主義，何況還有代表中央政府的省在對州進行全面的監督。對於分裂勢力猖獗的新疆、西藏地區，按照我們的設想，成立新疆、西藏的省（區）級監督機構，同時設立北疆州、南疆州或伊犁哈薩克州、博爾塔拉蒙古州、昌吉回族州、克孜勒蘇柯爾克孜州、巴音郭楞蒙古州；西藏設立前藏州、後藏州或拉薩州、昌都州、日喀則州。

（五）它順應了市場經濟發展的要求，有利於調動地方的積極性。市場經濟必須配之以適度政府、廉潔政府，必須打破束縛生產力發展和資源優化配置的枷鎖；而撤銷省級政府、縮小縣級區劃、取締鄉鎮政府，等於解開了捆綁在州、市身上的不合理的繩索，甩開了「婆婆」，釋放了基層和農民的積極性。因此，它必然帶來新的大發展的熱潮。

行政區劃改革的實施必須先經全民充分而自由的討論，投票公決，然後修改憲法，加以法制確認與保障。最後國務院成立行政區劃改革委員會，負責具體的落實工作。

2009-5-22

【注釋】

[1] 許耀桐，中國行政體制改革的發展與啟示，中國國情與制度創新[M]，華夏出版社，2004。
[2] 專家呼籲立法嚴控「官員」膨脹[N]，法制日報，2005-06-13。
[3] 張新光，中國鄉鎮行政管理體制模式的歷史沿革與反思[J]，理論與現代化，2007，（1）。
[4] 美國掀起史無前例「公務員熱」 激烈程度超中國[N]，法制晚報，2008-12-08。
[5] 朱向東、西方一些國家公務員範圍[N]，學習時報，2005-04-04。
[6] 美眾院通過設國土安全部 納入 22 個機構 17 萬雇員[EB/OL]，中國新聞網，2002-07-27。

[7]李軍鵬，積極穩妥循序漸進地探索實行大部門體制[N]，光明日報，2008-02-29。

[8]胡星斗，對縮小省級行政轄區的設想[N]，人民政協報，2003-11-15；胡星斗，建議進行虛省實縣的區劃改革[J]，今日中華，2005，191。

[9]胡星斗，關於儘快將深圳青島大連等城市設為副省級直轄市的建議[EB/OL]，胡星斗中國問題學網，http://www.huxingdou.com.cn/fuzhixiashi.htm。

[10]胡星斗，為什麼我主張撤銷鄉鎮政府.縣市領導內參，2004，（1）。

縮小省級行政轄區，增設副省級直轄市的建議書

胡星斗

　　為了奠定社會穩定和發展的堅實基礎，保證國家的長治久安；為了加強中央的直屬權力，防止省一級的地方主義勢力的膨脹；為了遏制民族分裂勢力，加強祖國的統一；為了適當擴大一些城市的許可權，加快地方改革開放的步伐，提高行政效率，減少權力層次，我建議：縮小中國部分地區的行政轄區範圍，增設副省級直轄市，實行地方分治。

　　中國作為發展中國家，必然部分地存在發展中國家的共症——「軟政權化」的問題，即宏觀調控不力、中央號令不靈、地方勢力膨脹、行政效率低下、司法鬆弛等，因此，為了克服這種現象，地方適當分權、分治，是必然的選擇。我國各省、自治區的轄區過大，平均人口在4千萬左右，一些轄區範圍遠遠超過英國、法國或德國的全部國土，這很不利於實行高效的現代化的行政管理。美國是發達國家，只有兩億多人口，卻分成了50個州，而且有些州是強行一分為二的，如南卡洛萊納州、北卡洛萊納州；南達科他州、北達科他州。美國平均每州只有不足500萬人。即使考慮到中國人口眾多的特殊國情，省、區、直轄市平均以2千萬人口（直轄市的平均人口）為宜，那麼，中國的省級和副省級區域最終應為60個左右才算合理。在目前的情況下，按實際成熟的條件，作為第一步，我們可以將直屬中央的省級副省級區劃單位從目前的34個（包括臺港澳，不包括非直轄的副省級城市）擴大為45個；以後第二步，再從45個增加到60個左右。

　　按照我們的初步設想，新疆維吾爾自治區可分為北疆、南疆兩個自治區，北疆包括伊犁哈薩克自治州、博爾塔拉蒙古自治州、昌吉回族自治州，或者說包括烏魯木齊、克拉瑪依、土魯番、伊寧、石河子等城市及周邊地區；南疆包括克孜勒蘇柯爾克孜自治州、巴音郭楞蒙古自治州，或者說包括阿克蘇、喀什、和田、庫爾勒等城市及周邊地區。北疆可承繼原新疆的體制，南疆劃出，另建班子。南疆自治區的設立，將大大有利於塔里木盆地油田的開發，其意義與重慶直轄市的設立等同；

內蒙古自治區可分為東蒙、西蒙兩個自治區，東蒙地理上屬東北，包括呼倫貝爾盟、興安盟、錫林郭勒盟，或者說包括海拉爾、烏蘭浩特、錫林浩特等城市及周邊地區，西蒙包括阿拉善盟、巴顏淖爾盟、伊克昭盟、烏蘭察布盟，或者說包括呼和浩特、包頭等城市及周邊地區。西蒙承繼原內蒙的體制，東蒙劃出。東蒙的獨立建制，有利於大興安嶺的保護和開發，有利於加大對沙漠的治理力度，有利於加強對邊境口岸的管理，它將使東北增加為四個省區；西藏自治區恢復前藏、後藏的傳統稱謂，分為前藏、後藏兩個自治區，前藏轄拉薩、昌都等城市及周邊地區，後藏轄日喀則及整個藏西北地區。前藏承繼原西藏的體制，後藏以日喀則為自治區權力中心。西藏的分治，將有利於加速整個西藏地區的發展，促進藏西北的開發。

除了新成立或重新設立以上六個自治區之外，我國還應大大增加直轄市的數量。其實，在民國時期我國就存在過青島、大連等眾多的「院轄市」。直轄市可以分省級、副省級兩種。現增設的擬為副省級。考慮到南京、武漢、廣州、西安、瀋陽、哈爾濱、成都等大城市為省會，不宜變更，應繼續保持他們的副省級地位，現可考慮增設青島、大連、深圳、珠海、廈門、蘇州、寧波、洛陽作為副省級直轄市，同時擴大他們的區劃範圍。青島改轄威海、煙臺、濰坊等整個山東半島；大連轄營口、盤錦、鞍山、遼陽、本溪、丹東等整個遼寧半島；深圳轄東莞、惠州、汕頭、潮州等城市及周邊地區；珠海轄中山、江門、陽江、茂名、湛江等城市及周邊地區；廈門轄泉州、漳州、龍岩等城市及周邊地區；蘇州轄無錫、常熟、江陰、南通等城市及周邊地區；寧波轄舟山、臺州、溫州等城市及附近地區；洛陽轄南陽、信陽等城市及周邊地區。將洛陽劃作直轄市，可減輕河南9千多萬人口的壓力。

以後，作為第二步，可以考慮將秦皇島、唐山、連雲港、北海、桂林、大慶、宜昌、株州等納入副省級直轄市。

縮小省級行政轄區、增設直轄市具有重大的意義。它有利於加強中央的權威，調動地方的積極性，加速西部大開發的進程；有利於創造安定團結的政治局面，維護國家的統一和領土完整；有利於發展社會主義市場經濟，進一步推動改革開放事業的向前發展。我們預計，通過此項改革必然能帶來全國新的一輪發展高潮，促進國民經濟的快速增長。

當然縮小省級轄區範圍、增設直轄市，必然會遇到種種阻力和巨大的障礙。中央要通過新聞媒體和各級組織對全國人民特別是利益攸關的各省區人民做耐心細

緻的說服工作，曉以利害，告以大局，相信各省區是會以地方利益服從國家利益、局部利益服從整體利益的，人民對改革的方案是會支持的。全國人大要審時度勢，積極醞釀、討論、投票通過此項方案，從法律上予以承認和保證。對改革涉及的自治區、直轄市可考慮全部作為經濟特區，予以政策優惠、管理放開。

另外，新成立的三個省級自治區、八個副省級直轄市，要按照中央關於政府機構改革的要求，精兵簡政，拆廟搬神，遏制行政機構的膨脹，加強領導班子的建設，提高辦事效率；要加大改革開放的力度，因地制宜，創造條件，促進地區經濟的快速發展。我們認為，三區八市只應設立省級副省級、市級縣級兩級政府，地級市不再轄縣，市、縣的上級皆為省級自治區或副省級直轄市政府，廢除地區行政設置，減少權力層次。

（本文開啓了近年來「縮省」的討論，民政部曾經表示正在研究「副省級直轄市」的方案）

中國應儘快遷都「中京」

胡星斗

中國應儘快遷都「中京」，在南陽盆地、南陽市南部平原興建新的政治首都「中京」。為此，我曾經提出「關於遷都的建議書」、「關於實行遷都與分都戰略的建議書」（附件一、二）、「中國遷都動議」等。

南陽盆地處於漢水上遊、淮河源頭，北有秦嶺、伏牛山，西有大巴山、武當山，東有桐柏山、大別山，三面環山，中間形成3萬平方公里的盆地，是天然的形勝之都。其地質結構十分穩定，一千多年沒有發生大的地震。古人曾描述「南陽，光武之所興，有高山峻嶺可以控扼，有寬城平野可以屯兵。西鄰關陝，可以召將士；東達江淮，可以運穀粟；南通荊湖、巴蜀，可以取財貨；北拒三都，可以遣救援。」

南陽是中國地理與文化的中心。它位於中國的南北分界線、東西分界線上、長江與黃河中間的漢水流域，毗鄰南水北調的中線取水地丹江口水庫。漢水水量是黃河的六倍，可供幾千萬人飲水。

南陽降雨量為年均1000毫米左右，雨量充沛而適中，沒有洪澇災害。它屬於南北氣候過渡地帶、亞熱帶與暖溫帶交界處，最低溫度0度左右，最高30度左右，年均15度，氣候宜人。

南陽地處中原，具有東西南北居中的特點，自古有「得中原者得天下」之說，南陽古代就被譽為「南都」、「帝鄉」，曾經是商周古國的都城、春秋戰國時期八大都會之一、秦始皇設立的全國三十六郡之一、西漢五大城市之一、東漢陪都、光武帝劉秀起兵之地。

南陽是中華文明的發源地之一、盤古文化的源頭、南北文化的交匯地、漢文化與楚文化最集中的地區之一。南陽有「五聖」，它是科聖張衡、醫聖張仲景、商聖範蠡的故鄉、兵聖薑子牙的封地、智聖諸葛亮的隱逸之地，如此文化繁盛之地絕對堪配五千年古國的首都。在漢水源頭建都，本身就具有文化寓意。

南陽的旅遊文化資源豐富，有被譽為「長城之父」的楚國長城，有漢畫館、三國古跡、武則天行宮，還有張衡墓、醫聖祠、武侯祠。寶天曼自然保護區被聯合國教科文組織列為世界人與自然生物圈保護區，恐龍蛋化石群被譽為世界第八大奇跡，南陽獨玉為四大名玉之一，被譽為東方翡翠。南陽附近的神農架是華夏祖庭，丹江口水庫、武當山、大別山均為旅遊勝地。

南陽地處腹地，戰略位置極佳，也是交通樞紐，與周邊中心城市距離合適，可以有效輻射涵蓋中國絕大部分地區。它坐控中原、關中、巴蜀、湖廣、長江三角洲富庶之地，高速列車一小時可以到達鄭州、西安、武漢、合肥，兩小時可以到達南京、濟南、長沙、重慶等城市，三小時到達上海成都等城市，四小時到達北京天津廣州深圳等城市。它可以拉近不同區域文化的距離感，強化最大多數人民對於首都的歸屬感，加強中華民族大家庭的統一與團結。南陽屬於北方語區，方言問題也不大。

李白稱頌南陽美女與豪傑如雲：「南都信佳麗，武闕橫西關。白水真人居，萬商羅鄽闤。高樓對紫陌，甲第連青山。此地多英豪，邈然不可攀。陶朱與五羖，名播天壤間。麗華秀玉色，漢女嬌朱顏。清歌遏流雲，豔舞有餘閑。遨遊盛宛洛，冠蓋隨風還。走馬紅陽城，呼鷹白河灣。誰識臥龍客，長吟愁鬢斑」（《南都行》）。

南陽真正是物華天寶，人傑地靈。

中國歷史上有北京、南京、東京、西京，獨缺中京，中京代表了中國之「中」、世界之「中」。

有人提出遷都南京、鄭州、洛陽、開封、西安、蘭州、重慶、上海、廣州、武漢等地，這些城市要麼偏東偏南偏西，要麼無險可守，要麼過於閉塞，要麼太熱或太冷，顯然一個都不合適，而且在一個人口密度大、已經十分擁擠的城市建立首都，其拆遷成本也是巨大的。所以，我提出的是在南陽盆地另建新城，新都的規模不大，符合「適度政府」的改革要求和世界趨勢。

遷都，其意義超過反腐。它有利於帶動中國經濟的持續增長，有利於中部崛起和中西部的快速發展，有利於緩解北方的資源環境壓力，鞏固北京文化中心的地位，降低北京的房價，改善北京的生存條件，同時還給天津河北更多的發展機會。遷都還有利於增強中央政府對於地方的控制能力，有利於推進政治改革，有利於首

都防衛與國家安全，有利於中華民族的團結與統一。

　　可謂一棋走活，滿盤皆贏。南陽盆地（南襄盆地）上的南陽、襄陽、棗陽，預示的正是「三陽開泰」。

　　朱棣遷都北京，史上留名；習近平遷都中京，將彪炳史冊！

實行遷都與分都戰略的建議書

中共中央、全國人大、國務院：

我在此鄭重提出修改憲法、實行遷都與分都戰略的建議。

所謂「遷都」，指把政治首都遷往更加適宜與安全的地方；所謂「分都」，指分設政治首都（以下簡稱首都）、經濟首都、文化首都。

一、為什麼中國要儘快遷都、分都與修改憲法？

1、北京的水荒問題無法從根本上解決。北京水資源的形勢十分嚴峻。據專家估算：到2010年，平水年份北京將缺水11.85億立方米，枯水年份將缺水近20億立方米；到2020年，平水年份北京將缺水23.76億立方米，枯水年份將缺水30.9億立方米。

目前，北京的人均水資源占有量為300立方米左右，僅為全國人均占有量的七分之一、世界人均占有量的二十五分之一。北京現在年來水量只有15億立方米左右，超採地下水26億立方米，連年的大量超採地下水已經使北京周邊地區形成了2100平方公里的漏斗區，水位已經降至海平面五六十米以下。可以說，繼續超採地下水已經十分困難。

現在，很多人把南水北調工程看成解決北京缺水難題的良方。但是南水北調中線工程2020年才能全部竣工，即使到那時北京可分得的水量也不過12億立方米，與缺水30億立方米仍然相差很遠。何況，中線工程流經的河南、河北等省分都是缺水大省，如何分配這些水資源將會大有爭議。

北京凡是能建水庫的地方也已建完，基本無潛力可挖。唯一準備建設的張坊水庫也僅可增加供水1億立方米，抵不上官廳水庫、密雲水庫未來減少的蓄水量。

更為嚴峻的是，科學家們預測，由於受地球溫室效應和厄爾尼諾現象的影響，至少在未來一兩個世紀內，全球乾旱問題將更加嚴重，中國北方的缺水問題將更趨惡化。

2、沙漠化、荒漠化對北京的威脅日益嚴峻。現在，中國的沙漠化、荒漠化國土不斷擴大，沙漠離北京越來越近，最近的沙丘離市區僅70公里，可以說，沙漠直逼天安門。而且，沙漠處在北京的上風口，一遇颶風，黃沙便直撲京城。前總理朱鎔基對北京的沙塵天氣一直憂心忡忡，眼看著沙漠在一天天地逼近，他感歎中國有可能因此而遷都。

3、北京的中樞戰略地位已經動搖。北京在歷史上屬於中樞戰略要地，處於咽喉地帶，它左擁太行，右臨渤海，北連朔漠，南控江淮，枕居中原，龍蟠虎踞。但是到了近現代，隨著海權時代的到來以及航空母艦、巡航導彈、戰略轟炸機的出現，使得北京無險可守，其瀕臨海洋的弱點凸顯出來。從八國聯軍海上登陸直搗北京，到巴西、巴基斯坦、緬甸、尼日利亞等國家把首都遷離海邊，以及擬議中的伊朗、韓國、日本遷都，都促使中國也必須從戰略上重新考慮首都的選擇和安全。

4、資源高度集中於北京，加大了國家的安全風險。北京是中國的經濟中心、金融中心之一，坐擁最多的大企業總部；北京還是中國的文化中心、傳媒中心，擁有中國最好的大學、科研院所、文化機構。這種資源高度集中於一地，將政治中心、經濟中心、科技文化中心捆綁在一起的做法，只會大大地增加國家的安全風險。一旦爆發戰爭，北京將不可避免地成為敵人攻擊的首選目標。

5、人口的過度膨脹、工業的畸形發展、嚴重的污染，使得北京不再適合作為國家的政治首都。由於首都效應，以及近水樓臺特權很多，使得移民北京的熱潮難以停止。目前北京常住人口和流動人口每年增加40餘萬，相當於每年吸納一個中等城市。據研究部門的報告：北京市可支撐的人口容量最大值是1277.77萬人。但在1997年北京的總人口就已經突破1500萬人，遠遠超過了容量的最大值。

而且，隨著我國城市化進程的加快、城鄉二元戶籍制度的打破，用過去的行政手段禁止農民進城已經不太可能。所以，北京的人口還會繼續增加。

人口的膨脹加劇了北京水資源的緊張、交通的擁擠，也導致包括房地產在內的消費品價格的虛高猛漲。

北京人口約占全國總人口的1/100，面積占我國國土的1/600，但2002年北京房地產開發投資占全國的1/8還多，2003年北京商品房施工面積占全國的1/10。北京的房地產虛熱潛伏著巨大的危機，可以說，北京成為吞噬全國資源和資金的黑洞。

由於新中國成立以後錯誤的戰略決策，以及改革開放以後政績和財政收入的

需要，致使北京的工業畸形發展，與天津、瀋陽、唐山的工業幾乎完全同構。北京成為中國的工業重鎮，導致了天津、瀋陽、唐山的衰落。

北京還是世界十大污染城市之一。世界衛生組織稱，北京1999年的空氣污染程度位居全球第三。國家環保總局公布的調查報告稱，北京是全國18個主要城市中空氣污染情況最嚴重的一個。

鑑於以上五大因素，在此我建議：將政治首都從北京遷到中原或南方中部一帶；加強北京的文化首都的功能；確立上海的經濟首都的地位；儘快修改《中華人民共和國憲法》第一百三十八條「中華人民共和國首都是北京」的條款，為未來中國實行遷都與分都戰略掃除法制的障礙。

二、遷都、分都的弊端與阻礙遷都、分都的因素

1、遷都、分都之弊及其化解。

遷都、分都可能導致北京作為國際化大都市的衰落。不過，我們認為，只要北京發揮優勢，找准自己的定位，把北京打造成為代表東方文化的世界文化之都，北京反而可能由此獲得新生。

北京積澱了數千年來中國人的光榮和夢想，承載了近代以來中國的榮辱興衰，而新首都可能缺乏北京這樣的文化凝聚力，天安門的象徵意義也將喪失。

但我們認為，新首都如果選擇在中華文化的起源之地，那麼新首都自會獲得豐富的文化底蘊和內涵。

再者，民意可能難以接受遷都、分都。按照中國人的傳統意識：國都就是舉國的中心，是政治、經濟、文化的核心所在，代表了最高權力和大一統意志。遷都、分都無疑將衝擊國民的心理定勢。

還有人說，遷都、分都將會使得中央政府官員偷安一隅，不再治理北方的沙漠化和沙塵暴。我們認為，解決環境問題，關鍵在於建立現代環境治理制度──清晰土地產權；明確利益主體；拍賣、贈送荒地、沙地；加強立法、執法；鼓勵公民組織的參與；推動公益訴訟等。如果不能建立現代環境治理制度，即使首都留在北京，也永遠無法解決沙塵暴的問題。

2、遷都的程式與阻礙遷都的因素。

遷都的程式是：先進行調研，由政府、學者、各界代表提出新首都的候選地點和遷都的方案，然後由政府提案，舉行廣泛的有代表性的聽證會，最後由全國人大表決或者舉行全民公決。

實施遷都，除了國家財政分年度拿出上千億資金外，還應當大量地吸納民間資金進行基礎設施建設。

阻礙遷都的因素主要是原首都的既得利益集團，如部分官員、房地產開發商等。只要政府曉以國家大義，以及給予開發商建設新首都的機會和利益，我想阻力是可以化解的。

三、新首都的功能定位與新首都的最佳選擇

新首都是一個特區，由一批城市群組成，其中，中心城市是一個小型的花園城市，是真正的行政、立法、司法等機關所在地。之所以新首都是一個大特區，是為了迎合中國人的大首都思維定勢；之所以特區中心是小型城市，是為了實現小政府、高效政府的現代理念。

新首都是中國的政治中心，同時也是中國的國際交流中心、文化中心之一。

新首都應當具有很強的文化凝聚力，是中國的歷史文化、民族團結、國家統一的象徵。

新首都還應是生態環境、文明道德的首善之區。

新首都的選址應當兼顧水、資源、氣候、生態環境、軍事安全、地理地震、民族、文化、經濟成本等多方面的因素。

有人提出在南京、西安、武漢等城市中選擇新都，我認為這是不可取的，因為這些城市本身就遭遇了種種問題，它們也迫切需要「減壓」，如果再在其上疊加首都的功能，這些城市將變得極其臃腫，拆遷成本也將是巨大的。

因此，實現遷都的途徑是創建新都，這樣還可以帶動一方的經濟社會發展。

我認為，中國最佳的獨一無二的新首都地點是河南湖北交界處的南陽襄樊盆地（見附件）。

可以將該地命名為「新京」或「新都」。南陽襄樊盆地的特點是：它既是中

國的地理中心，幾乎處於中國南北分界線、東西中間線、長江黃河分水嶺的位置，具有地利優勢，同時它又是中華文化的起源地、中原文化的發祥地之一。它擁有平原面積達3萬平方公里，三面環山，一面臨水（漢水），遠離大海，具有易守難攻的特點和極其重要的軍事價值。它的西邊是秦嶺、大巴山，是崇山峻嶺與華北平原的結合部，若挖深洞，恐怕連原子彈也難以對之進行有效的打擊；它的北面是秦巴山區餘脈，有崤山、熊耳山、外方山、伏牛山等，東北面有桐柏山、大洪山、大別山，南面是漢水，中部有白河、唐河；在三面環山中又有一些缺口，如方城、泌陽、隨陽、宜城，使得該地交通方便。

南陽襄樊盆地及河南湖北是中原文化、客家文化、楚文化的發源地，擁有深厚的文化底蘊，少林寺、武當山、三國古戰場、古隆中等處於其中；它比鄰陝西，地接西安、鹹陽、兵馬俑、華清池，背靠四川天府，坐擁河南、湖北糧倉及蘇杭勝地等；它離廬山不遠，可將廬山辟為國家領導人的度假會議區，取代北戴河的位置。

南陽襄樊盆地周圍的自然風景更是多姿多彩，有神祕莫測的神農架，險峻陡峭的秦嶺，湍流直下的漢水峽穀，煙波浩淼的丹江口水庫，奇偉壯觀的三峽。

南陽襄樊盆地的水量豐沛而不過多，年降水量在800～1000毫米。它處於漢水上遊，水質好，無污染，漢水年徑流量550億立方米，是黃河、海河、渭河的6倍，足以解決數千萬人的工業和生活用水。

南陽襄樊盆地氣候宜人，處於暖溫帶與亞熱帶的分界線，長年溫度在0～30度，冷熱幹濕適中。

四、遷都、分都的偉大戰略意義

遷都、分都有助於緩解北京水、土地、交通等的緊張狀況，減輕北方的資源、環境壓力；

有助於應對臺海危機，適應海權時代，減輕未來首都來自北方、東部及海上的軍事威脅；

有助於分散「國富」，防範財富過於集中帶來的國家風險；

有助於保護「老北京」及北京的文化古跡，促進北京的文化繁榮；

有助於降低北京的房價和生活成本，減少工業專案，把北京建設成為世界一流的宜居城市；

有助於推動中國經濟社會的平衡發展，促進新首都所在地即中部的崛起，促進上海和長三角的經濟發展，同時還天津、河北、山西等地正常發展的機會；

有助於進行「國家再造」、「政府再造」，割斷千年皇都的專制主義傳統，推動中國的政治體制和行政體制改革。

綜上所述，中華要崛起，遲早要遷都、分都！

因此我建議，儘快修改《中華人民共和國憲法》第一百三十八條：「中華人民共和國首都是北京」的條款，實行遷都與分都的戰略。

以上建議，敬請中共中央、全國人大、國務院研究為盼。

胡星斗

2006-5-9

附件：南陽、襄樊介紹（略）

關於遷都的建議書

胡星斗

2006年4月17日，北京大浮塵，窗外一片黃色，地上厚厚塵土。

中國北方的生態環境已經瀕臨崩潰。

解決此環境危機的最直接選擇便是遷都，我們呼籲：把政治首都遷出北京，遷到中原或南方。

北京特殊的軍事地理上的戰略價值已經不復存在。三面環山，威鎮西北、蒙古高原，扼守山海關咽喉，控制東北……在古代，北京可以重兵屯集，既可保衛京師，又可對付北方威脅，自然是最佳的首都所在。但到現代，機動化部隊、戰略轟炸機、巡航導彈的出現，中國安全環境的變化，來自海上以及航空母艦的威脅反而使得北京成為易於打擊的目標，八國聯軍的入侵也正說明瞭這一點。

政治首都遷出北京，可以大大緩解北方的資源環境壓力，讓河北、山西、天津等省市獲得平等發展的空間和喘息的機會。過去，北京像一部抽水機，吸乾了周邊的資源，形成了所謂的「環京津貧困帶」——河北的發展遠遠不如相鄰的河南，更不要說與山東相比，河北一些地方的農民仍然住在茅草屋中！河北、山西本身就是嚴重缺水的省分，但還要忍痛向北京輸水，為此當地幾十萬人沒有水喝；為了保護北京的水源，為了植樹育草，河北許多地方不讓上馬企業，限制發展養牧業，對此北京方面卻不給予任何補償，更沒有市場化的利益交換機制。不像上海，市場經濟發達，市場交易的結果是雙贏，所以上海帶動了周邊地區的繁榮。北京的市場經濟不發達，多是通過行政手段配置資源，所以只能是「零和博弈」，一方所得就是另一方的損失，北京發展的結果是周邊地區的蕭條。

特別是在現有的壓力型財政體制、沒有建立規範的地區間財政轉移支付制度的情況下，北京為了增加財政收入，也就不惜一切代價上馬專案，擴張城市規模，進行攤大餅式的城市建設。

加上北京的「特權」特多——教育、醫療、學術、文化、體育、金融、就業、低保等等皆可捷足而登，因此北京的人口扶搖直上，資源環境也就搖搖欲墜。

　　將政治首都遷出北京，具有重大的現實意義。

　　中國現在實行的是社會主義市場經濟，市場經濟要求「小政府」、「適度政府」、「有效政府」與之相匹配。如果遷都，同時進行「政府再造」的改革，將遷都、縮省、機構改革結合起來，改變省級管理幅度過大、同時官僚機構龐雜的現狀，由此必然帶動全國的經濟發展和行政體制改革，特別是將極大地促進河北、山西等地經濟的發展。新建一個小型的政治首都，作為全國的政治中心，與特大經濟型城市相分離，還有助於建立政治與經濟分開的現代國家體制，有助於剷除政經結盟、權錢結合的腐敗現象，有助於從文化上、心理上擺脫幾千年帝王文化、專制政治的陰影，促進中國進一步走向民主法治，實現兩岸的統一。

　　政治首都遷出北京後，由於不再具有行政資源的優勢，北京會逐漸縮小城市規模，最終與其資源環境相匹配。但北京仍應保留直轄市和文化首都的特殊地位，通過加強對文化古跡、生態環境的保護，把北京建設成為花園式文化之都。

　　新政治首都宜選在中原或南方中部，如河南、湖北、湖南一帶。該城市不能離海岸線太近，以防海上飛機或者導彈的襲擊；也不能過遠，因為作為政治中心，不能交通不便。該城市必須雨水適量，氣候宜人，生態環境優美，地勢宏偉開闊。

　　遷都，可能成為中國走向現代化的轉捩點。

致「十七大」的建議：建議實行憲政社會主義與可控民主

胡星斗

一

大國的和平崛起靠制度，靠憲政，靠民主。中國是一個既尋常又非同尋常的特殊的大國，中國的崛起與可持續發展，一靠憲政社會主義，二靠可控民主。

俞可平的文章〈民主是個好東西〉引起了巨大的反響。但我認為民主固然是個好東西，憲政社會主義與可控民主更是好東西。民主有時不是好東西，但憲政社會主義與可控民主對於中國一定是好東西。所以，要宣傳憲政社會主義與可控民主，解除人們對民主的疑慮和恐懼。而且，中國應當優先考慮實行憲政社會主義及社會主義憲政，然後才是可控民主。

我曾經提出「新社會主義」、「自由社會主義」，以作為對舊的社會主義、史達林模式的社會主義的反思，但2004年有感於胡錦濤強調「維護憲法的權威」，我進一步提出了「憲政社會主義」的概念，希望中央逐漸採納。

「憲政社會主義」一詞優於「新社會主義」、「自由社會主義」、「民主社會主義」，「新社會主義」概念模糊，提出者眾；「自由社會主義」源於我對「左」、「右」結合、自由主義與社會主義融合的思考，但早在上個世紀30年代就有人提出「自由社會主義」的概念了，而且我認為「自由」並不能完全涵蓋我的思考；「民主社會主義」來自於西方，也不能表達我的「憲政優先於民主」、「建設法治國家優先於建設民主國家」的理念。

為什麼憲政社會主義對於中國一定是好東西？憲政就是「限政」，即限制政府，制約行政和司法權力，實現公權力的分權與制衡，建立「有限政府」，保證憲法的最高權威性，建立違憲審查機制，設立憲法法院，保護公民權利；憲政社會主義就是，充分尊重社會主義的公平價值觀和中國國情，既要不折不扣地落實憲法的至高無上的地位，建設法治國家，又要保證政府的有效性和權威性；既要吸收現代

人類文明的最高成果——憲政，又要繼承社會主義的核心價值觀，發展「公平市場經濟」，剷除特權壟斷利益集團和腐敗，建設人本、人道、公正、公開、共有、共富的現代中華文明，實現「四民主義」——「民有（人民擁有主權）、民授（人民授權）、民治（基層人民自治）、民享（人民分享成果）」，以「四民主義」進一步改革中國、發展中國、穩定中國、統一中國。

在未來的中國，「憲政」與「社會主義」（即公平）是兩大旗幟。誰高舉了這兩大旗幟，誰就能贏得中國，就能引領中國的現代化，就能有政治家個人的成功和國家的真正復興；誰丟棄了這兩大旗幟，誰就是在把中國引向沉淪和災難，即使經濟上獲得了短暫的成功，政治家個人取得了短暫的榮耀，但他最終也會被歷史所唾棄。

為什麼可控民主對於中國一定是好東西？可控民主強調民主過程的透明、有序、程式性、可控性，注重過程的可控和結果的部分可控。提倡室內民主（通過電視、禮堂、教室等發表競選演說）、協商民主（鼓勵不同黨派不同利益集團的平等協商，加強和改革政協的作用）、法治民主（而不是「文革」式的無法無天的民主）、間接民主，反對街頭政治，鼓勵政治協商，主張法治優先了民主，建立代議制度，公民只選舉產生權力機構或立法機構，然後由權力機構或立法機構通過選舉及協商產生行政官員。

只有憲政社會主義才能實現中國的崛起，才能保證政府和人民的利益。憲政因其法治和程式性，避免了暴民政治，所以，對於執政者是安全的；又因其馴服了權力，把政府「關在了籠子裡」，所以，對於公民也是安全的。

只有憲政社會主義才能保證市場經濟的健康發展。沒有憲政和權力制衡的市場經濟，必然是特權市場經濟；特權市場經濟必然導致嚴重的腐敗、不公正和兩極分化。

只有憲政社會主義才能保證社會的和諧穩定。憲政社會主義就是塑造分權自治的社會主義現代國家制度，解構剛性而脆弱的金字塔型官僚體系，改變兩千多年來「其興也勃焉其亡也忽焉」的秦始皇郡縣制、多層次控制系統，建立聯邦制度和地方自治制度，建立程式性政治和公民社會，所以，它能夠改變謊言與暴力的傳統政治，實現社會的和諧發展，避免社會動亂。而秦始皇的層級控制制度必然造成上有政策、下有對策；對上瞞騙、對下欺壓；政府越來越失靈、宏觀調控一刀切等問

題。建立憲政聯邦分權制度,對於未來中國的國家統一、經濟社會的發展,都是生死攸關的。

只有憲政社會主義才能保證道德文明的建立。人治社會包括秦始皇制度的特點是不循規則,不擇手段;只有仁義禮智信的私德,沒有限制公權、維護公益、保護公民的公德。所以在現實的中國,人治的辦法越多,脫離憲政的政治運動越頻繁,道德文明就會越衰落,因為缺乏制約監督的緣故,官員們臺上作秀、台下做假,每一次運動只能不斷地強化全社會的虛假意識。而只有建立講規則、講法治的憲政制度,社會才能樹立起堅如磐石的道德。

同時,也只有可控民主,政治有序,社會才能穩定和諧,國家才能不分裂,中國才能不混亂。

只有可控民主,才能保證中國這樣一個特大型國家的領導人的必要的尊嚴和威信。

只有可控民主,才能建立起公平合理的經濟秩序,保證國家的經濟安全。

只有可控民主,才能避免民族主義、民粹主義的氾濫。如果民主不可控,對於中國這樣一個壓抑得太久的民族,必然是非理性的爆發,必然是打砸搶。

所以,憲政社會主義與可控民主對於中國才是好東西。也只有憲政社會主義與可控民主,才能實現中國真正的崛起──對中國人民和世界人民都安全的崛起。

二

憲政社會主義與可控民主的實現方式是充分發揮人民代表大會的關鍵作用。

《中華人民共和國憲法》第六十二條、第六十七條規定了人民代表大會有權「監督憲法的實施」,常務委員會具有「撤銷國務院制定的同憲法、法律相抵觸的行政法規、決定和命令」,「撤銷省、自治區、直轄市國家權力機關制定的同憲法、法律和行政法規相抵觸的地方性法規和決議」的權力。此兩條實際上確定了全國人大的違憲審查的職能。我認為,為貫徹憲法精神、落實憲法權力,全國人大應盡快成立違憲審查委員會。該委員會由著名政治家、法學家組成,通過民主投票初步決定某一檔、法規是否違憲,如果認定違憲成立,再由全國人大常委會作出最後的決定。

《中華人民共和國憲法》第五十七條規定：「中華人民共和國全國人民代表大會是最高國家權力機關」。這樣的制度設計是為了保證人民的當家作主的地位。為落實憲法，我建議，第一，國家主席應同時兼任全國人民代表大會委員長，或國家主席應由人大委員長擔任。第二，中國共產黨中央政治局委員應當全部成為全國人大常委會委員、政治局常委應當全部成為全國人大委員長或副委員長，同時，繼續保證非共產黨人士在人大中的地位。這樣，共產黨對於人大由外在的領導變成內生化的領導，既可以保證人大作為權力機關的權威性，又能夠在人大中貫徹黨的正確主張。各級政權都應當如此理順人大與黨的關係。

　　為了實現可控民主，人民代表要通過競選產生、使之代表民意，同時為了保證民主的有序性，可以規定：只能在政府指定的會議廳、禮堂、教室、電視、廣播等場所和媒體上發表競選演說，不得從事街頭政治行為。人大代表一旦當選、履職，應暫停原來的職業，但保留公職，發放人大代表薪酬，使人大代表專職化。這樣做，能夠保證人大代表有足夠的時間和精力瞭解民情、傳達民意、做好調研、監督等工作。

　　各級政務官由同級人民代表大會選出，政務官包括國家、省自治區直轄市、普通市、縣及各部門、國有企業事業單位的正職領導人；實行透明政治，除依法並且在律師的要求下召開閉門會議的除外，一切行政會議、各級人民代表大會會議，公民皆有權旁聽；實行經濟民主，企業的監事會、董事會、管理委員會等機構中依法應有職工代表，企業主管工資福利的副廠長、副經理應由工會派出；所有的企業、事業單位都應組織工會，工會的首要職責是維護職工的權益，並且可代表全體職工與政府、集體或資方就工資總額進行談判；農村應組織農會，農會的首要職責是維護農民的權益；政府扶持民間組織的發展，但民間組織不得進行非經法律允許的遊行示威、戶外演講等街頭政治行為，不得破壞社會穩定。

　　中國憲法第三條規定：「中華人民共和國的國家機構實行民主集中制的原則」。本來，民主集中制是為了克服作為革命黨的黨組織戰鬥力不強的問題，它在歷史上發揮過重要的作用，但在和平建設時期，無數的事實證明，它很容易演變成少數人的專權擅權，給黨和國家造成重大的政治和經濟損失，因此，我認為，要麼實行普遍民主制的原則，要麼對民主集中制進行立法、規範化，使「最後的決定者」只具有少數幾種權力，比如只能在民主投票選出的前幾位候選人中任命幹部。

憲法第三條還規定：「國家行政機關、審判機關、檢察機關都由人民代表大會產生，對它負責，受它監督」。這種立法、行政、司法三位一體的制度能夠體現人民當家作主的特點，保證了人大成為名副其實的權力機構。但是，如何在權力高度集中的人大內部實行分權制衡，特別是如何監督政府、司法機關，以及誰來監督人大，還需要作出制度上的安排。我認為，一要發揮第四權即新聞媒體的輿論監督作用，二要體現選民的選擇，三要支持公民行使憲法第六十三條中規定的罷免權。對罷免的條款要具體立法。

中國憲法第六十二條規定全國人民代表大會「審查和批准國民經濟和社會發展計畫和計畫執行情況的報告」，「審查和批准國家的預算和預算執行情況的報告」。也就是說，人大具有監督財政支出、財政預算決算的職能。中國目前的當務之急就是要將之落到實處，在各級人大中儘快成立會計局或審計局，由專業人士和專職的高素質的人大代表們掌管「錢袋子」，人大財經委員會不得由政府官員轉任。各級政府必須列出詳細的財政預算清單，沒有人大的批准，政府和各部門不得亂花一分錢。

作為可控民主的一部分，還應當發動群眾，依法舉報和起訴涉嫌腐敗的官員。國家通過立法保護舉報人，允許人民利用網路查詢各個單位的公用支出，比如招待費、燃油費等，鼓勵老百姓舉報浪費公款和貪汙瀆職的行為；建立公民財政訴訟制度和公民環境訴訟制度，任何公民只要有證據，就可起訴揮霍公款與破壞環境的行為。只有這樣，才能解決政府成本過高、環境惡化已經威脅到民族生存的問題。

三

一百多年前，中日兩國幾乎同時開始了近代化進程。然而，當時的清朝政府占主導地位的思想是「中體西用」，只進行經濟領域的變革，大力引進先進的技術、裝備，甚至搞了個「遠東第一艦隊」——北洋水師，但無奈政治落後，政府腐敗，所以甲午戰爭功虧一簣，慘敗於日本。而當時的日本「脫亞入歐」，「求知識於世界」，進行國家制度的變革，所以最終贏了中國。

「前事不忘，後事之師」。現在，中國能否實現現代化，關鍵仍然在於進行國家制度的變革，即能否推動全方位的制度變遷，建立起憲政社會主義和可控民主的制度。

　　建立憲政社會主義和可控民主的制度就是將中國特色社會主義思想與現代人類文明的優秀成果有機地結合起來，既要堅持社會主義的公平、正義的思想，又要吸收發達國家的制度文明成果，將二者有機地統一，熔鑄與時俱進的社會主義現代國家制度。

　　實踐將會證明，憲政社會主義與可控民主適合中國的國情，能夠將中國帶向現代化的康莊大道。

（本文第一次提出「憲政社會主義」的概念，引發了近年來關於憲政社會主義的討論。）

2007-7-17第5次修改

設立政治改革特區，試點憲政社會主義

——建議將深圳、阜陽、汶川地震災區設立為政治體制改革特區

胡星斗

北京奧運是中國改革開放的最輝煌時刻，標誌著中國經濟體制改革的基本成功和長達20餘年高速經濟增長的結束。

目前，中國又處於何去何從的方向性抉擇的關鍵時期，一方面通過改革開放，中國積累了巨額的物質財富，國內生產總值居世界第四或第三，對外貿易居世界第二，財政收入也居世界第二，外匯儲備居世界第一，中國在過去三十年的成就的確令世界刮目相看；但另一方面在國內，改革開放的事業卻受到了空前的質疑，據鳳凰網對「專家學者聯名建議全國人大將12月18日確立為『改革開放紀念日』」的看法的調查[註]，截止2008年6月26日晚8點，「同意，改革開放的不朽功績不能遺忘」的線民僅1609人，占總票數4364的36.9%，而反對的卻占63.1%。

在國外，各種各樣的對中國的指責層出不窮，「中國威脅論」不斷地翻新，奧運火炬被搶，中國人民深感受辱——原來只是我們的巨大市場被人看重但國家卻不被人尊重！

有人借機掀起極端民族主義浪潮，反對憲政、民主、自由、人權等普世價值，炒作西方陰謀論、遏制中國崛起論，致使中國的改革開放大有逆轉的勢頭。

孰不知，中國目前出現的絕大部分問題如腐敗、特權、貧富懸殊、道德墮落、弱勢群體、工人農民貧困化、產業低端化、過度外貿依賴、資源環境破壞、國有資產流失、公民社會的缺乏、極端民族主義的亢奮等等都源於瘸腿的改革，即只有經濟體制改革的單兵突進，沒有政治體制改革及憲政民主與之相配合；扭曲的經濟改革、行政改革、社會改革統統走進了死胡同！

但是倒退更是沒有前途的，特權制度、戶籍制度、勞教制度等正是源於改革開放之前，源於經濟與政治的壟斷。

現在要做的是以政治體制改革糾正經濟體制改革的偏差，以憲政民主矯正人

治與壟斷的過失。

　　唯有進一步改革開放、啟動名副其實的政治改革、推行憲政社會主義，才是符合中國國情的治國正道，也是中華民族的前途所在。

　　政治改革可以仿照鄧小平在南方「劃了幾個圈」的做法，循序漸進，逐步推行，不妨將東部的深圳、中部的阜陽、西部的四川地震災區如汶川、北川、青川設立為政治體制改革特區。

　　深圳是當年首批經濟體制改革特區，是「改革開放的排頭兵」，也是「國家創新城市」，其在政府體制方面已經有許多創新嘗試，所以，政治體制改革特區也非其莫屬。

　　安徽阜陽是中國人口最多的地級城市，其所轄多數地區屬於國家重點貧困縣區，該市部分官員的腐敗也堪稱全國之最。如前安徽省副省長、前阜陽市委書記王懷忠、前後兩任市長李和中、肖作新、阜陽中院三任院長尚軍、劉家義、張自民「前腐後繼」、阜陽潁東區委兩任書記、原亳州市委書記、原蒙城縣委三任書記、原阜南縣委書記、原潁上縣委書記、原縣級阜陽市市委書記、原副市長等人紛紛落馬。該市聞名全國的事件還有：劣質奶粉造成「大頭娃娃」事件；腸道病毒EV71感染事件；豪華辦公樓「白宮」舉報人李國福蹊蹺死亡事件，等等。可以說，阜陽是中國治理失敗的典型。

　　警惕中國的「阜陽化」，就要從阜陽開始進行政治體制改革的試點。

　　四川地震災區如汶川、北川、青川百廢待興，甚至面臨易地重建。不妨也將之設立為政治體制改革特區，借助再造之機，致力於打造嶄新政治，樹立廉潔政府，加快災區發展，取信於災區民眾。

　　總之，我建議在東部、中部、西部及發達地區、落後地區、特殊地區各選擇一個或幾個城市建立政治體制改革特區，進行以憲政社會主義為指針的改革試點。

　　所謂憲政社會主義的改革試點，指在深圳、阜陽、汶川、北川、青川等政治改革特區由全國人大及中央政府授權，進行以下十個方面的改革：

　　進行違憲審查，樹立憲法權威，廢除違憲的法律、制度、檔、指示，廢除勞教、二元戶籍制度。

　　人大代表直選、專職化、非官員化。

　　落實人大監督權力，尤其在財政、官員任免方面。

限制政府權力，規範公推公選等中國特色的民主選舉制度，廢除官本位、特權待遇體制。

司法獨立。地方法院、檢察院在財政上、人事上獨立，由中央直接負責。

媒體獨立，禁止地方政府辦報辦廣播辦電視臺為自己歌功頌德，實行言論自由、新聞自由，讓新聞充分反映民意，監督官員。

官員財產申報、公開。

改革地方財政，廢除徵地及強制拆遷制度，保護私有財產；統一城鄉土地制度，進行農村土地所有制改革，將小產權房合法化。

民間組織（NGO、慈善組織、公益組織）合法化，培育公民社會。

建立公益訴訟和公民問責制度，包括財政公益訴訟、環境公益訴訟、股東公益訴訟等。

[注] http://finance.ifeng.com/news/hgjj/200806/0624_2201_613426.shtml

2008-6-27

「新農村」建設與「新國家」建設

——建設社會主義新國家的倡議書

胡星斗

一

講到「新農村建設」，我先講講「舊農村建設」，也就是中國現代歷史上的兩次「新農村建設」及其經驗教訓。

第一次「新農村建設」，我指的是上世紀二三十年代以晏陽初為代表所推動的鄉村建設運動。晏陽初致力於改造農村、教育農民、喚醒農民的主體意識、開展鄉村自治，取得了廣泛的影響。他以「四大教育」——「識字教育」、「生計教育」、「衛生教育」、「公民教育」，分別從文化、經濟、社會、政治諸方面來消除農民的「貧愚弱私」，從核心內容來看，他的鄉村建設是平民教育的延續。早在1922年晏陽初就發起了全國識字運動，號召「除文盲，做新民」，他在長沙招聘了一百多位義務教員，其中就有毛澤東；1949年後，晏陽初到第三世界各國開展鄉村建設、平民教育，基本上照搬了在中國的模式，後來他也被稱為世界平民教育之父。

晏陽初還意識到鄉村建設不能眼光局限於鄉村，而要與政權建設結合起來。所以，晏陽初關心政府治理和政權合理化。1937年，他就主持撤銷了湖南省三分之二的縣的腐敗官員，由五千多名知識分子取而代之。可以說，這是中國現代史上第一次大規模的基層反腐敗和權力和平交接的運動。

五十年代末，毛澤東提出了「建設社會主義新農村」，還提出「培養社會主義新型農民」。毛澤東把新型農民看作是新農村的主體和根本。他讓學生實行「社來社去」，畢業後回到農村；實行教學、生產勞動、科研的「三結合」；他號召「上山下鄉」，所謂「培養建設社會主義新農村的新生力量」。

毛澤東的新農村建設無疑是失敗了。毛說，人民公社是社會主義新農村的一

大創舉。但人民公社事實上卻成為束縛農民的一大枷鎖。1964年，毛澤東又發起「農業學大寨」的運動，大寨成為社會主義新農村的榜樣，在全國普遍推廣，許多地方違背民意、違背自然規律，戰天鬥地，其精神可嘉，但危害卻是嚴重的，加上當時政治掛帥、割商品經濟的「資本主義尾巴」，致使農民生活艱難，國民經濟凋敝，森林植被被破壞，水土流失嚴重。

晏陽初重視對農民的教育，有「四大教育」之說，重點在於「公民教育」，這是當代中國人都難以實現的艱難任務，由此可見晏陽初意識的超前、思想的深刻；毛澤東也重視對農民的教育，但他意識形態第一、思想改造為先，重在愛國主義、集體主義和自力更生、艱苦奮鬥精神的教育，把農民都改造成了思維偏狹的「政治人」。七八十年代韓國的新村運動，也是一場農民教育運動，但他們重視的是國民精神、時代精神的教育，宣導以農民為新村運動的主體、主導，培養農民自主、自立、參與、合作、奉獻的公民精神。正因為他們尊重農民、依靠農民，所以，韓國的新村運動取得了成功。

什麼是社會主義新農民？結合晏陽初、毛澤東和韓國的探索，我們現在認識到：新農民不只是「有文化、懂技術、會經營」的純粹「經濟人」意義上的新型農民，也不是毛澤東時代的「政治人」，而是知權利、明責任、守法律、懂技術、會經營、有文化的現代公民。

二

晏陽初、毛澤東在新農村建設的探索中都十分重視國家政權建設的決定性作用。

的確，建設新農村的意義就在於建設新國家。也只有從建設新國家的高度入手，摒棄新農村建設中的國家視角、政府主導、行政權力亂干預的現象，克服首長工程、政績工程、形象工程，加快行政體制、財政體制、政治體制的改革，強化政府在監管、服務、確保公平、提供公共產品、健全社會保障等方面的責任，讓農民自主自立，完善村民自治、鄉鎮自治，改革縣鄉人大制度和人民代表選舉方式，鼓勵農會、農協、專業協會、合作組織、自治團體的發展，著力於培養現代農村公民，如此才能建設好新農村。可以說，沒有社會主義新國家建設，就沒有社會主義

新農民；沒有社會主義新農民，就沒有社會主義新農村。

只有開展「國家再造」運動（大家一聽就知道，這個詞我是從「企業再造」借來的），只有致力於社會主義新國家建設，才能建設好社會主義新農村、社會主義和諧社會、社會主義民主政治、社會主義法治國家、社會主義精神文明、社會主義市場經濟。否則，一切都是空談、作秀或者徒勞。為什麼？因為民主法治是新農村、和諧社會、精神文明的精髓和制度基礎，離開此，談新農村、和諧社會、精神文明其實是沒有意義的；也只有在現代文明的前提下，才能弘揚社會主義道德、社會主義榮辱觀。民主法治也是市場經濟的平衡和校正力量，沒有它們，市場經濟會淪為邪惡，淪為官僚市場經濟、腐敗市場經濟、剝削壓迫的市場經濟。只有民主法治的「憲政社會主義」，才能救中國，才能實現中國的現代化。

人治制度，是反馬克思主義的封建制度，與社會主義的先進性背道而馳。社會主義新國家就是要解決人治制度、秦始皇制度的問題，克服目前中國普遍存在的政府失靈、市場失靈、社會失靈（沒有公民社會，沒有真正的NGO）。可以說，貧窮不是社會主義，小康＋人治＋腐敗＋兩極分化也不是社會主義。

好的制度把壞人變成好人，壞的制度把好人變成壞人。有多少腐敗分子曾經也是「好人」。

目前，中國正在致力於建立「好的制度」。我理解，中國政府高舉的正是「憲政」、「公平」兩大旗幟，也就是「憲政社會主義」的偉大旗幟（胡錦濤說：「抓緊研究和健全憲法監督機制，進一步明確憲法監督程式」，「在立法過程中充分保障憲法規定的公民的自由權利，堅決糾正違憲行為」；「要在繼續促進發展的同時，把維護社會公平放到更為突出的位置」，「我們所要建設的社會主義和諧社會，應該是民主法治、公平正義、誠信友愛、充滿活力、安定有序、人與自然和諧相處的社會」），只是胡、溫還沒有這樣概括。我總結，中央政府的執政理念其實是「四民主義」——「民有（人民擁有主權）、民授（人民授權）、民治（基層人民自治）、民享（人民分享成果）」或者「親民（親近人民）、為民（一切為了人民）、依民（一切依靠人民）、信民（相信人民當家作主的能力）」，以此「四民主義」可以進一步改革中國、發展中國、穩定中國、統一中國。

按照「憲政社會主義」和「四民主義」的建設社會主義新國家的要求，我認為中國正在逐步建立現代政府治理制度，從統治走向治理，一個善治、合作、參

與、透明、廉潔、守法、負責的公民社會與公共治理正呼之欲出。中國還要進一步實現權力分立、監督和制衡，保證人大、政協、法院、檢察院、監察、紀檢、審計、新聞的自主性；保證工會、農會、協會、商會、NGO的獨立性；保證言論自由，建立對人人更安全的法治國家，做安全的公民，享有免於恐懼的自由。

中國還應當實行「可控民主」，實行票決民主與協商民主的結合，基層實行票決民主，高層實行民意基礎上的協商民主，解決政府的合法性、政策制定的資訊不對稱等問題；實現民主的制度化、規範化、程式化。

建設新農村和新國家，還要改變產業化政府、贏利政府的現狀，履行政府在教育、醫療、養老、扶貧、社會保障、提供公共產品等方面義不容辭的責任以及公平責任、人文責任；公共服務不能排他，政府應當平等地對待每一個公民，特別是平等地對待農民；努力逐步解決中國的農村、農業、農民、農民工之「四農」問題。

總之，通過建設社會主義新國家，遏制行政權力的擴張，實行村民自治、鄉民自治，確保政府平等地對待農民，維護農民的公民權利，培養農民的公民意識，塑造農民的權利意識、自主意識、負責意識、法律意識、道德意識，以及合作精神、奉獻精神等等，這樣，新農村才有靈魂，才有希望。

為此，我倡議：請全民努力，開展建設社會主義新國家的活動。

關於建立「兩會」問責制度的建議

全國人大常委會：

　　每年一次的「兩會」是我國人民政治生活中的大事，各級政府的「兩會」也往往在年前如火如荼、大張旗鼓地進行。但是，「兩會」的效果除了政治任命、法律出台之外，似乎很少有人問津其他。

　　我建議，建立「兩會」問責制度，改變人民心目中「兩會」──形式重於內容、榮譽重於責任、服從重於權利、套話重於民聲、著重於節日盛裝展示、充當政治象徵符號的形象定位。

　　一、**對「兩會」政府工作報告進行問責**。各級「兩會」的政府工作報告都不斷地徵求方方面面的意見，力求完美無缺，但報告中的內容有多少落實了，似乎無人關心，於是大多數問題一年又一年重複地提出，寫入報告。

　　建議：每年的「兩會」對前一年「兩會」的政府工作報告進行回顧、評價，說明落實情況、未落實的原因以及整改措施；

　　落實憲法第六十三條中規定的罷免權，對罷免的條款具體立法，制定細則。

　　二、**對提交議案與否、議案品質以及落實情況進行問責**。目前，「兩會」提案情況並不十分踴躍與理想，提案多是個人性質或者小範圍徵集而來，很少公開徵集提案。學者熊偉根據中國人大網的公開資料統計出1800多位十屆全國人大代表（不包括黨和國家領導人及各地省級領導）5年來沒有領銜提交過一件議案。提交的議案中重複的很多，大多不敢涉及所謂「敏感」、實則關係民權民生的重大問題如信訪、勞教等。議案的落實情況也無人問津，無權問責。

　　建議：連續兩年沒有提出一項議案的代表或委員作自動棄權、放棄代表或委員資格處理；

　　鼓勵代表或委員通過媒體或其他途徑公開徵集提案；

　　對於提案中的問題應當解決而沒有解決的，由人大以一定的法定程式追究有

關部門的責任；

　　制定問責細則。

　　三、**對各級人大履行其職責情況進行問責**。根據憲法，全國人大行使的職權
有：修改憲法；監督憲法的實施；選舉國家主席、副主席；根據國家主席的提名，
決定國務院總理的人選；根據國務院總理的提名，決定國務院副總理、國務委員、
各部部長、各委員會主任、審計長、祕書長的人選；審查和批准國家的預算和預算
執行情況的報告等十五項。

　　從目前來看，全國人大遠遠沒有成為「最高國家權力機關」，各級地方人大
也遠遠沒有成為「權力機關」。

　　建議：啟動全國人大違憲審查工作，儘快成立違憲審查委員會。該委員會由
著名政治家、法學家組成，通過民主投票初步決定某一檔、法規、制度、做法是否
違憲，如果認定違憲成立，再由全國人大常委會作出最後的決定；

　　在各級人大中儘快成立審計委員會，由專業人士和專職的高素質的人大代表
們掌管「錢袋子」，人大審計委員會委員不得由政府官員轉任。各級政府必須列出
詳細的財政預算清單，沒有人大的批准，政府和各部門不得亂花一分錢；

　　建議以後「兩會」改為每年年底進行，以便審查預算，第二年執行。現在每
年3月才召開「兩會」，審查預算，但預算已被政府在未經審查的情況下執行了兩
個多月。「兩會」的時間滯後凸顯了各級政府對「兩會」的藐視和「兩會」的尷尬
地位。

　　以上各項是否落實，以及《監督法》是否落實，由人大代表通過法定的程式
對人大常委會、各分委員會進行信任投票和問責。

　　四、**對人民代表的代表性情況進行問責**。據學者熊偉統計，十屆全國人大
2985名代表中，一線工人、農民代表只有34名（名單見附件一、附件二），僅占代
表總數的1.139%，沒有任何職務的一線工人、農民代表僅占0.4%。而中國的工人
農民以及小商小販占總人口的90%以上。由此，我們知道為什麼中國的工人農民屬
於弱勢群體，他們不僅沒有話語權、投票權、組織權、法定遷徙權、企業管理權、
完整的土地產權，他們甚至幾乎沒有哪怕是象徵性的（人民代表、政協委員）榮譽

權。

　　侵占工人、農民代表名額的，主要是企業家。根據熊偉的統計，湖北省19名工人代表中，沒有一名一線工人，17人是企業家；吉林省12名工人代表中，沒有一名一線工人，11人是企業家；河南省24名工人代表中，只有一名一線工人，20人是企業家（見附件三）。

　　大部分企業家代表的履職能力一般，他們不能很好的代表工人、農民的利益。學者熊偉對河南、湖北、吉林三省的工人、農民界別的十屆全國人大代表在5年期間領銜提交議案的情況進行了統計，發現大部分企業家代表5年來沒有領銜提交一個議案，少數企業家領銜提交的議案，維護工人農民利益的也不多。

　　建議：人民代表通過競選的方式產生，使之代表民意；修改選舉法，完善選舉程式，賦予農村居民與城市居民每萬人相等的人大代表數額；人大代表一旦當選、履職，應暫停原來的職業，但保留公職，發放人大代表薪酬，使人大代表專職化，這樣才能保證人大代表有足夠的時間和精力瞭解民情、傳達民意、做好調研、提案、監督等工作；

　　在沒有競選的情況下，保證四億工人、六億農民包括其中兩億農民工、上億小商販、四千萬失地農民、上千萬上訪者、八千萬殘疾人（原說六千萬，實際八千萬）擁有與其人口相當的人民代表數額；

　　對於肆意侵占弱勢群體人民代表數額的，中央政府、全國人大應當追究地方政府、地方人大負責人的領導責任，令其引咎辭職。

胡星斗

2008-2-22

附件：名單略。

建議取消特供制度，解決特權腐敗

胡星斗

特供制度，主要指執政當局專門為高級幹部量身定做的一項特殊的食品供應制度（有時也指食品之外的特權供應），特供體系從原料生產、採摘、採購、檢測、加工、製作、化驗、包裝，到調運、配送、驗收等各環節，都由專職人員、專門車間、專用設備、專庫、專車進行，其大致過程如下：先派出相關人員勘察各地各類日常食材及特產，從中圈選質地最優良的品種及產地，然後以行政命令等方式予以壟斷，並按照其內部的規定對壟斷對象的整個生產過程進行專門管理，除少量被特許以極高價格面向特定對象開放銷售外，一律通過專門管道只供應給相應級別的領導人及其家屬（本文的部分內容參考了：大躍進時期大面積餓死人時幹部特供制度；汪園斐：「特供」不除，百姓食品安全是空話；「國宴」特供體系調查等文章）。

革命家們進入中南海後，公安部設食品專供站、中南海特需供應站。對外稱北京飯店招待所，由蘇聯特供專家設計和監督建造，設四科一室，管轄幾個專門生產基地，規模大的是巨山農場，專為中央領導人生產、特製、加工優質的糧油，菜蔬、水果、肉、雞鴨、蛋、奶及其它副食品。基地有專用屠宰廠，肉食加工廠，糕點糖果加工廠，熟食製作車間，檢測化驗室等專門設施。這些設施皆屬蘇聯最先進的。

最高層的特供更是嚴密，不受標準限制。毛澤東特別喜歡吃長沙東方紅漁場的活魚，於是安排專機每週定期往返北京——長沙，專為毛澤東空運活魚。

毛澤東最愛喝的茶是龍井，產在一座特別的小山頂上，他愛抽的雪茄，也是從「曬煙之鄉」之稱的四川省什邡縣，抽調專門人才來京城組成「132」特供煙生產組，祕密為毛澤東製作雪茄。

毛澤東也喜歡別墅，北京城就有五處，在全國各地建有五十多所別墅，這些別墅往往地處優美的風景區，於是整座山或整片湖泊或海岸便被封閉起來，專供毛

澤東享用。就是在大面積餓死人最為嚴重的時期，也花數億元在韶山修了個滴水洞。鄧小平在1980年8月18日中央政治局會議上說：「1958年以後，到處為毛澤東同志和其他中央同志蓋房子……」。

毛澤東的幾個廚師是國內頂尖高手，也經過嚴格的審察，可做飯菜時管家必須在廚房內監視，也負責嘗菜，嘗味道，嘗安全。全國饑荒最為嚴峻時，營養專家與廚師為毛澤東精心制訂了西菜，西菜湯菜譜。這份菜譜包括七大西菜系列，即魚蝦類，雞類，鴨類，豬肉，羊肉類，牛肉類，湯類。

魚蝦類：蒸魚蔔丁，鐵扒桂魚，煎（炸）桂魚，軟炸桂魚，烤魚青，莫斯科紅烤魚，起士百烤魚，烤青菜魚，菠蘭煮魚，鐵扒大蝦，烤蝦圭，蝦面盒，炸大蝦，咖喱大蝦，罐燜大蝦，軟炸大蝦，生菜大蝦等。

雞類：黃油雞卷（雞排），軟煎雞徘，雞肉餅，雞肉元，大王雞肉餅，雞肉絲，罐燜雞，紅燜雞，蔥頭燜雞，青菜燜雞，紙包雞，雞丁敏士，椰子雞，奶油雞等。

肉類：烤豬排，烤豬腿，炸豬裡幾，炸豬排，餾豬排，法國豬排，意式奶豬等。

牛羊肉類：因為毛澤東不是很喜歡，因而只是偶爾摻雜一些品種進去。

牛羊肉有：羊肉串，烤羊腿，烤馬駿，白燴羊肉，煎羊排，煎羊肝，牛扒，煎牛肉，咖喱牛肉，伏太牛肉，酸牛肉，燴牛尾等。

湯類：奶油湯，牛尾湯，紅菜湯，雞雜湯，腰子湯，蔥頭湯，紅花雞湯，餃子湯，紅魚湯，蔔菜泥湯，巴粒米湯，什錦湯，雞蓉鮑魚湯，雞湯蓉湯，意國麵條湯，龍須菜湯等。

在井岡山時期，革命家們就規定各級幹部的供給，精細到明文規定各級幹部點油燈的燈芯為幾根……

1942年，中國正處於抗戰最艱苦的年代，但在延安，「衣分三色，食分五等」（王實味語），即大、中、小三灶伙食供應制度和斜紋布（黑色）、平布（青灰色）、土布三級服裝供應制度……。丁玲、王實味等「知識分子」對這一現象進行了批評，但王實味為了這幾句話丟了腦袋。

1950年4月中央出台了《中央級行政人員工資標準（草案）》，規定黨政人員最高一級的工資收入是最低一級的28‧33 倍。1955年8月，統一實行職務等級工資

制，工資差距擴大到了31.11倍。1956年國務院又頒布了新的工資標準，最高收入和最低收入之間差距達36.4 倍。

幹部們的住房也按級別享有特權。如上海市1956年將各級幹部住房劃分成了十幾種待遇標準，規定特甲級可享受200公尺以上「大花園精緻住宅」，特乙級可享受190-195公尺「大花園精美住宅」，一級可享受180-185公尺「大花園精美住宅」等。制度還規定幾級以上的幹部可以配廚師，幾級以上可以配勤務，幾級以上可以配警衛，幾級以上可以配祕書，幾級以上可以享受何種級別的醫療和療養，也對不同級別的幹部享受何種檔次和牌子的專車等都有具體規定。至於火車軟臥和飛機，最低級別為縣處級十三至十六級才可以乘坐。政治資訊的傳遞也有等級的規定，紅頭文件傳達到哪一級，《內參》哪一級有資格看都有嚴格規定。

正如《歷史在這裡沉思》一書所說：「他們享受著五千年來封建帝王做夢都想不到的現代化生活，而掌握的權力又是現代西方資產階級政客們享受不到的封建特權」。

據《童年瑣憶》書中「省委大院」一節中記述：在1958年大躍進年代裡，作者童年在河南省委第二書記何偉伯伯家度寒假的經歷。何伯伯住的省委大院有前後兩個院兒，前院是辦公區，後院是宿舍區，前後院都有解放軍站崗。他住的是兩層獨立小樓，好大好大，地面是木地板。我一人住了間客房。吃飯的屋子就像個小食堂，一面牆是落地的玻璃窗，廚房也很大，炒菜的灶是那種飯館用的大土灶，火又大又沖，有專門的廚師。頓頓飯都是山珍海味。記得上的一道魚，下邊鋪著一層脆脆的乾粉絲，上邊的魚煎得焦黃焦黃，被一種味道極鮮美的汁蓋著，色香味都誘人。早上每人一杯牛奶，配一個煎雞蛋，省委大院的生活就是天堂。我還幾乎天天晚上看戲，不是京劇就是豫劇，我們總是坐在最好的位子上，記得劇院裡總是冷清的，沒幾個觀眾，往往看完戲回家時，何伯伯的麻將局還沒有散呢。中國新年那幾天伙食更是好，頓頓好菜，主食花樣也是好幾種。回來後聽從河南探親回來的蔡阿姨提起，河南的饑民發生過搶國家糧庫的事情，軍隊開了槍，打死了人。

2008年，三聚氰胺事件導致中國大批嬰幼兒患病或死亡，民眾已對國貨食品安全失去信心的同時，網上一篇祝詠蘭洩露「中國特色」特供制度的講話【照片見附件】引發海內外輿論一片譁然。祝詠蘭在《講話》中透露：甄選中央國家機關特供產品條件非常嚴格，「有機食品的生產必須完全按照作物、牲畜在自然環境中的

生長規律進行，在生產加工過程中，不使用化肥、農藥、生長激素、無污染，不使用化學添加劑、防腐劑，不使用基因工程技術，並經過有機食品認證機構認證。我國綠色食品的AA級就是參照有機食品的標準而生產的。凡是上述環節有一項不達標就不能算是真正的有機食品，更不能入選為'中央國家機關特供產品。」

有人爭辯說美國也有特供，比如總統空軍一號專機和它上面的「特供」食品。的確，美國總統吃的食品也會經過特殊檢查，但是此「特供」非彼「特供」。美國的特供是針對恐怖分子的，而總統吃的任何東西，百姓也能吃到。總統吃的也是超市買來的，只不過為了防止拉登們，上桌前要進行檢測。

在數十年前的美國，其食品衛生和安全也醜聞迭出。當時有人寫書反映：工廠把發黴的火腿切碎填入香腸；工人們在肉腔上走來走去並隨地吐痰；毒死的老鼠被摻進絞肉機；洗過手的水被配製成調料……

時任美國總統羅斯福邊吃早點，邊讀這本書。看到這裡，他大叫一聲，跳起來，把口中尚在咀嚼的食物吐出來，順手把盤中剩下的一截香腸扔出了窗外。

接下來，他沒有去成立「特供中心」，而是敦促國會通過了兩部聯邦法律——食品和藥品法、肉類檢查法，並且創建了美國食品藥品監督管理局的雛形機構。

而中國呢，真正的特供食品百姓不要說吃不到，看都看不到——「132」小組為毛澤東製作的特供雪茄你見過嗎？「132」小組成員在工作的3年中，「對自己所做的事情始終保持沉默。他們的婚嫁對象也經過小組負責人的嚴格考察；他們的子女從未進過這扇南長街80號的大門；他們既從不向外打一個電話，也從不直接接外來電話……」。鄧小平愛抽的「熊貓」香煙你見過嗎？據報導：「上海捲煙廠2個月做一次特供熊貓牌香煙。每次特供煙絲送進廠，都有幾部警車帶槍保衛，每個過程都嚴密監視，當天煙絲進廠，當天完工出廠，貨品從不在廠過夜，怕有人換假偷竊。百姓吸的煙絲進廠都得在倉庫呆幾個月。只有熊貓牌特供香煙的由警車監護當天出廠。廠裡的職工都知道熊貓牌好，有個人偷偷地拿了一點，給判刑2年！」

中國的執政黨代表了先進的生產力、先進文化和人民群眾的根本利益，一直強調「為人民服務」、「執政為公」。這些政治信條的試金石是什麼？就是看能否取消特供制度，解決特權腐敗。因此，我建議：

一、立即取締高級幹部的食品特供制度。

二、立即取締國有醫院中的高幹病房，禁止幹部的公費療養。

三、改革官民分開的二元養老制度，建立統一的社會保障體系。

四、大幅減少公款吃喝、公款用車、公款旅遊出國的「三公」特權消費，建
　　立民主財政、陽光財政。

五、破除國有壟斷，縮減龐大政府，降低行政成本。

六、制定陽光法案，建立官員財產申報制度，真心實意做人民的公僕。

違憲審查第二波

(本文是網路上公開要求廢除勞教制度的第一聲)

第一波違憲審查以國務院決定廢除《城市流浪乞討人員收容遣送辦法》，代之以《城市生活無著的流浪乞討人員救助管理辦法》而結束，體現了以胡錦濤、溫家寶為代表的新一代國家領導人能夠與時俱進，順應人民的意願和要求，也說明民間關於違憲審查的呼籲推動了中國的改革和發展。但是，隨著《救助管理辦法》的出台，對於憲政最重要的違憲審查機制的建立卻胎死腹中。因此，我們再啟違憲審查第二波。希望全國人民再接再厲，還有第三波、第四波，直到把所有違憲的法律、法規、檔、條例、制度、做法都掃進人治歷史的垃圾堆。

以下是我《對勞動教養的有關規定進行違憲違法審查的建議書》。

對勞動教養的有關規定進行違憲違法審查的建議書

全國人民代表大會常務委員會：

我國關於勞動教養的有關規定涉嫌違背《中華人民共和國憲法》、《中華人民共和國立法法》、《中華人民共和國行政處罰法》等，在此我謹以中華人民共和國公民的身分，特向貴委員會建議對勞動教養的有關規定進行違憲、違法審查。

一、涉嫌違憲、違法的關於勞動教養的主要規定有：

1957年8月3日國務院公布實施的《關於勞動教養問題的決定》；

1979年11月29日國務院公布施行的《關於勞動教養的補充規定》；

1982年1月21日國務院國發[1982]17號檔轉發的《勞動教養試行辦法》。

二、涉嫌違憲、違法的理由：

《中華人民共和國憲法》第三十七條規定：「中華人民共和國公民的人身自由不受侵犯。任何公民，非經人民檢察院批准或者決定或者人民法院決定，並由公

安機關執行，不受逮捕。」而勞動教養不經正當的司法程式，僅由勞動教養委員會審查決定，事實上是由公安機關或黨政領導決定，就可限制公民人身自由最長達4年之久。

《中華人民共和國立法法》第八條規定：「對公民政治權利的剝奪，限制人身自由的強制措施和處罰，只能制定法律。」《中華人民共和國行政處罰法》第九條規定：「限制人身自由的行政處罰，只能由法律設定。」第十條規定：「行政法規可以設定除限制人身自由以外的行政處罰。」勞動教養的有關規定屬於行政規章，卻違法限制和剝奪人身自由；《行政處罰法》的處罰種類中也不包括勞動教養；最嚴厲的行政處罰是行政拘留，拘留期限不得超過15天，可屬於行政處罰的勞動教養卻長達1-3年，甚至可延期為4年。

1998年10月中國政府簽署了《公民權利與政治權利國際公約》，該公約第九條第一款規定：「人人有權享有人身自由和安全。任何人不得加以任意逮捕或拘禁。除非依照法律所確定的根據和程式，任何人不得被剝奪自由。」第八條第三款規定：「任何人都不應被要求從事強迫或強制勞動。」長時間剝奪人身自由和強迫勞動的決定只有通過正當程式由法院作出判決，才符合國際人權保護的公約。

總之，按照《中華人民共和國憲法》、《中華人民共和國立法法》、《中華人民共和國行政處罰法》以及有關國際公約，唯有依照法律確定的根據和程式，才能限制和剝奪公民的人身自由。而勞動教養的有關行政規定涉嫌違憲、違法。

根據《中華人民共和國立法法》第90條第二款賦予公民的權力，在此本人鄭重建議全國人民代表大會常務委員會對勞動教養的有關規定進行違憲、違法審查，以適應依法治國、建設社會主義法治國家的要求。此致，

敬禮！

中華人民共和國公民　**胡星斗**

2003年6月21日

附件：勞動教養制度弊端叢生的現實

勞動教養制度雖然在新中國的歷史上起了一定的作用，但在依法治國、建設社會主義法治國家的今天，其弊端越來越明顯地暴露出來。主要表現在：《勞動教養試行辦法》等只籠統地規定檢察機關對勞動教養機關的活動實行監督，而對勞動教養的審查批准沒有真正的法律監督。名義上，勞動教養的審批權為勞動教養委員會行使，但由於勞動教養委員會不是實體，所以事實上，公安部門既是勞動教養的審批機關、執行機關，同時也是對勞教決定申訴的復查機關和錯案的糾正機關。這種缺乏應有的制約和監督的辦案制度直接導致了勞動教養審批的隨意性和冤案錯案的大量產生，導致了勞動教養制度缺乏嚴格的程式和規範。

有的地方官員隨意將自己不喜歡的人、正當申訴的人、上訪維權的人進行勞動教養，而不需經過任何司法程式；有的把屬於道德調整或民事糾紛範疇的人送去勞教；有的把法規禁止收容的精神病人、殘疾人、嚴重病患者和懷孕或哺乳未滿一年的婦女，以及喪失勞動能力者送去勞教；有的突破勞教對象年齡的限制將未滿16周歲的人送去勞教；有的將取證困難、證據不足，怕移送起訴後被退查的案件，或辦案經費緊張、辦案人手有限，畏於追查的案件，或案情複雜根本無法查清的案件，都以勞教代替刑罰了事；有的公安機關對一些在法定羈押期限內無法偵查結案提起刑事訴訟的犯罪嫌疑人，以勞動教養的方式繼續關押，使超期羈押合法化；有的混淆勞動教養與治安處罰的界限，把因民事糾紛引起的一般打架鬥毆，情節顯著輕微的予以勞動教養；有的徇私枉法，蓄意報復，對不應勞教的予以勞教；有的地方形勢一緊就把一批人送去勞教，甚至一律勞教三年；有的地方對違法人員只由辦案人員一人進行訊問，或由聯防隊員盤問，由辦案人員事後簽名，匆忙將人處以勞教；甚至有的辦案單位為完成上級下達的創收指標，或受自身利益的驅動，對賣淫、嫖娼、賭博、吸毒等以高額罰款代替勞教，等等。

從上可見，勞動教養制度既有違法治，又背離公正，它容易導致行政權力濫用、執法不公、司法腐敗，容易鑄成冤假錯案，不利於公民權利的保護，為國際上別有用心的人攻擊中國侵犯人權製造了口實。立即廢除勞動教養制度是中國建設憲政法治國家的必然要求。

就廢除勞動教養制度
致中共中央、全國人大、國務院的建議書

中共中央、全國人大、國務院：

　　以胡錦濤總書記為代表的新一代黨和國家領導人推行的親民、愛民、為民之善政獲得了海內外的廣泛讚譽，對於提高中華民族在文明世界中的地位作出了巨大的貢獻。

　　在此全面建設小康社會、經濟蓬勃發展之時，我感到，一方面中華民族大有希望，國家進入了百年來的最佳發展時期；另一方面中國社會還存在著一些弊政，其中，最大的弊政當屬勞動教養制度。現實、理性和良知告訴我：弊政不除，百姓不安；你不說話、他不說話、我不說話，總有一天，大難降臨時，已經沒有人站出來說話了；畢竟就像有許多人在收容遣送制度之下莫名其妙地失去了自由甚至生命一樣，在勞動教養制度之下，誰又能保證不經司法程式和審判而被某個「領導」下令「勞教」的事不會發生在自己的身上呢？

一

　　尊敬的中央領導人：您一定知道，因為冤屈上訪、與「領導」不和、舉報腐敗、無辜牽連、不明不白地錯誤被抓、判刑無證據又不願放人等「莫須有」的罪名或因素，許多人被勞教，致使妻離子散，甚至家破人亡。在太平盛世的當代中國，此種人間悲劇不應當繼續上演了。在此，我鄭重建議：儘快廢除勞動教養制度。

　　就算對於處罰輕微犯罪、維護社會穩定，勞動教養制度在歷史上功不可沒，可是在依法治國、建設社會主義法治國家的今天，勞動教養制度賦予了各級領導和公安部門法外關押老百姓的權力，屬於明顯的違憲違法，再不糾正，怎麼讓人民相信——政府實行的是法治，而不是人治；中國是文明國家，而不是野蠻國家！而政府以違憲違法的方式處罰公民中的輕微犯法，是否得不償失，是否損害了政府的合法性？而且，政府違憲違法，等於是污染了水源，上行下效，誰還會尊重憲法和法律呢？如此一來，後果不堪設想，社會失範和動亂的危機就潛伏其中，這豈不是與

勞動教養制度之維護社會穩定的本來目的南轅北轍嗎？

　　《中華人民共和國憲法》第三十七條規定：「中華人民共和國公民的人身自由不受侵犯。任何公民，非經人民檢察院批准或者決定或者人民法院決定，並由公安機關執行，不受逮捕。禁止非法拘禁和以其他方法非法剝奪或者限制公民的人身自由。」而勞動教養不經正當的司法程式，不需審判，甚至被勞教人員沒有上訴的權利，僅由勞動教養委員會審查決定，事實上是由公安機關或黨政領導決定，就可限制公民人身自由長達3年，還可延長為4年。這不是明顯的違憲嗎？

　　《中華人民共和國立法法》第八條規定：「對公民政治權利的剝奪，限制人身自由的強制措施和處罰，只能制定法律。」《中華人民共和國行政處罰法》第九條規定：「限制人身自由的行政處罰，只能由法律設定。」第十條規定：「行政法規可以設定除限制人身自由以外的行政處罰。」勞動教養的有關規定（1957年8月3日國務院公布實施的《關於勞動教養問題的決定》；1979年11月29日國務院公布施行的《關於勞動教養的補充規定》；1982年1月21日國務院國發[1982]17號檔轉發的《勞動教養試行辦法》）都是由國務院頒布的行政規章，卻賦予了有關部門非法限制和剝奪公民的人身自由的權力；《行政處罰法》的處罰種類中也不包括勞動教養；最嚴厲的行政處罰是行政拘留，拘留期限不得超過15天，可屬於行政處罰的勞動教養卻長達1-3年。

　　1998年10月中國政府簽署了《公民權利與政治權利國際公約》，該公約第九條第一款規定：「人人有權享有人身自由和安全。任何人不得加以任意逮捕或拘禁。除非依照法律所確定的根據和程式，任何人不得被剝奪自由。」長時間剝奪人身自由的決定只有通過正當程式由法院作出判決，才符合國際人權保護的公約。中國政府一再承諾，信守已簽署的國際公約的責任和義務；黨的「十六大」也莊嚴宣誓：「尊重和保障人權」。但如果我們不及時廢除勞動教養制度，豈不是給某些別有用心的人攻擊中國政府違背國際公約和侵犯人權製造了藉口？

二

　　尊敬的中央領導人：「勞動教養」堪稱當代中國的第一大弊政，斯言並不為過矣。該制度1957年誕生之初，是為了配合「反右」運動的。但誰也沒有想到，改

革開放後，「反右」運動被否定了，勞教卻大行其道。據不完全統計，至今，被勞教者（其中也有很多被迫害者）已有350萬人以上，其血淚苦難還不足以使我們改弦易輒嗎？

最近中央不容許超期羈押，許多地方就將證據缺乏或證據不足的案件以勞教處理，而且一律三年；

一些地方公安當局花大量的精力、財力，抓大案要案，未等事實弄清楚就急於宣傳出去；後來發現抓錯了人，也不放人，為了表明當局沒有辦錯案，便對無辜者處以勞教；

有的公安機關對一些在法定羈押期限內無法偵查結案提起刑事訴訟的案件，取證困難、證據不足，怕移送起訴後被退查的案件，辦案經費緊張、辦案人手有限，畏於追查的案件，或案情複雜根本無法查清的案件，都處以勞教了事；

有的地方對違法人員只由辦案人員一人進行訊問，或由聯防隊員盤問，由辦案人員事後簽名，匆忙將人處以勞教；

有的地方形勢一緊就把一批人送去勞教，一律勞教三年，把一些本不應當被勞教的人予以勞教；

有的辦案單位為完成上級下達的創收指標，或受自身利益的驅動，以勞教相威脅，對賣淫、嫖娼、賭博、吸毒等處以高額罰款。勞教成為創收的工具；

有的把屬於道德調整範疇的人、因民事糾紛引起的一般打架鬥毆，情節顯著輕微的送去勞教；

有的把法規禁止收容的精神病人、殘疾人、嚴重病患者和懷孕或哺乳未滿一年的婦女，以及喪失勞動能力者送去勞教；

有的突破勞教對象年齡的限制將未滿16周歲的人送去勞教；

更有甚者，有的地方領導人徇私枉法，蓄意報復，隨意將自己不喜歡的人、給自己提過意見的人、正當申訴的人、上訪維權的人進行勞動教養。而這只需經過公安局有關科室的批准，不需經過任何形式的取證、控辯、一審、二審等程式。

有的公民因為投訴腐敗而被勞教；有的因為會見記者曝露地方上的問題而被勞教；有的因為發表文章抨擊形象工程而被勞教；有的因為在涉案的公司打工而被勞教；有的因為為別人說了一兩句公道話而被勞教；有的因為有前科遭遇「嚴打」而被勞教；有的因為錯抓而被勞教；有的僅僅因為一句玩笑話如「揀了你的手機，

還不請我吃一頓？」而被勞教。

大量的事實證明，勞動教養制度已成為一部分官員作惡的工具。我所接觸的許多有良知的地方官員都表達了對勞動教養制度的不滿。一位地方公安局領導表示：「我就頂著壓力，一個勞教的案子也不辦。因為勞教制度太壞了，真的太壞了！」

再讓我們看一些媒體上報導過的具體案例：

從1959年到1961年，在甘肅酒泉市夾邊溝勞教農場，3000名右派中有近兩千人死亡。（見《夾邊溝記事》）

河北省公民郭光允因為「誹謗省裡主要領導」、「反程維高集團」的罪名而被授意「判幾年徒刑」，但因缺乏證據，被勞教兩年。

瀋陽公民周偉因舉報馬向東等人的腐敗問題，被勞教兩年。慕綏新也將舉報他的人送進了勞教所。

山東記者賀某因舉報腐敗而被勞教3年。

湖北一位民選的村主任餘蘭芳因上訪要求清查前村幹部的腐敗、鄉村非法加重農民的負擔等問題而被說成「黑社會的組織者，網羅一些上訪戶，造成社會動亂」，被判勞教1年半。

在陝西勞教所，勞教人員惠曉東被打死。

在遼寧葫蘆島市勞教所，勞教人員張斌被人折磨、毆打致死。

魯北在《勞動教養還要試行多久》一文中記述了他所目睹的情況：有一名勞教人員病得很厲害，幾天沒有吃飯了，兩隻腳腫腫的，大、小便都是在床上，不時從嘴裡發出救命的微弱呼聲。但幹警仍說他是裝病，有一天，當其他勞教人員向幹警報告他不行了，醫生來到他床前，號脈後卻說：沒事，心跳正常。轉身就出來了，也許房間的氣味使他受不了。我問他怎麼樣？他說，沒事，裝病。沒過十分鐘，這位勞教人員就停止了心跳。

某地公安局僅僅根據一封恐嚇信，就抓捕了近60人。有關當局為了彰顯打黑政績，極力拼湊「黑社會」，把相互不認識的、剛來打工的都說成是黑社會成員，頭一天剛經過公安局批准購買的礦山用爆炸品都成了「打黑成果」。當局發動輿論工具廣泛報導，於是乎，案件上升為上級督辦的大案、要案。儘管經過核對筆跡後發現恐嚇信與這些人無關，但他們仍將許多民工送去勞教，以顯示沒有抓錯人。

這麼多血腥、恐怖的事實難道還不能夠促使中央政府早日下定決心，一舉廢除勞動教養制度嗎？

我認為，根據胡錦濤總書記提出的「權為民所用，情為民所系，利為民所謀」，「立黨為公，執政為民」的思想，廢除勞動教養制度勢在必行。

三

尊敬的中央領導人：我認為，全國人大常委會應當就勞動教養制度進行違憲審查。我在2003年6月21日向全國人大常委會就提交了「對勞動教養制度進行違憲違法審查的建議書」。可惜的是，儘管網路輿論對此反響強烈，但全國人大常委會至今沉默徘徊，未能邁開實行憲政法治的第一步——啟動違憲審查機制。

需要正視的是，啟動違憲審查、廢除勞教制度的確關係重大，它涉及到立國之本：是人治還是法治？是官貴民輕還是民貴官輕？

如果仍然實行人治，各級政府的紅頭檔和領導人的講話就是「法」，憲法只是擺設、花瓶，那麼啟動違憲審查，等於宣布從此違憲的檔和講話不靈了；廢除勞動教養，等於從此剝奪了各級領導的法外關押老百姓的權力，那還行得通?!

但中國共產黨早有莊嚴承諾：建設社會主義法治國家；黨也必須在憲法的範圍內活動；任何組織和個人都不允許有超越憲法和法律的特權。

胡錦濤總書記在紀念1982年憲法通過20周年的講話中也提出：「抓緊研究和健全憲法監督機制，進一步明確憲法監督程式」，「在立法過程中充分保障憲法規定的公民的自由權利，堅決糾正違憲行為」。

如此說來，黨和政府應當有決心擺正自己的位置：各級黨委、政府都應服從憲法；憲法是中國政治、經濟、社會生活的軸心；只要中央不違憲，就不應當害怕違憲審查機制的建立會削弱黨的領導；實際上，只有依照憲法治國，才可以保證黨的長期地位。

因此，我們迫切希望新的領導集體和人大常委會能夠高瞻遠矚，審時度勢，拿出應有的魄力、決心，邁開憲政法治的第一步——建立違憲審查機制，對勞動教養的有關規定進行違憲審查！

四

尊敬的中央領導人：勞動教養制度已經嚴重變形、走樣，已經聲名狼藉，我認為，為了除舊佈新，表明新一代領導人的「新政」新氣象，不宜像有的學者所建議的──保留勞教制度，但將它上升為法律。

我認為，可以先將《治安處罰條例》上升為《治安處罰法》，加入社區矯正等內容；在廢除勞動教養制度後，以《治安處罰法》或刑法中的管制、拘役替代其對輕微違法人員的處理。《治安處罰法》中限制人身自由的條款必須符合四項要求：一、有簡易的司法程式和審判。二、賦予司法救濟手段和上訴等權利。三、完善監督機制，杜絕各級領導和公安部門的隨意抓人。四、受處罰期限低於刑法中的最低有期徒刑。

廢除勞動教養制度後，現有的勞教所改為治安處罰所或行為矯正所。

有了「治安處罰法」的替代辦法，千夫所指的勞教制度還有什麼理由不壽終正寢呢？

尊敬的中央領導人：時直今日，進行違憲審查、廢除勞動教養制度的條件都已經完全成熟。可以說，違憲審查制度的確立，將是「人治中國」與「法治中國」的分水嶺；勞動教養制度的廢除與否，將成為「文明中國」與「野蠻中國」的試金石。

在此，我強烈要求對勞動教養制度進行違憲審查，或立即廢除勞動教養制度，以表明新的中國共產黨領導集體進一步改革開放、建設社會主義法治國家的堅強決心。

敬請中共中央、全國人大、國務院研究、答復為盼。

北京理工大學 **胡星斗**
2003年11月9日

論廢除勞動教養制度的幾種對策

胡星斗

2003年6月21日，我提出了《對勞動教養的有關規定進行違憲違法審查的建議書》；2003年11月9日，我又發出了《就廢除勞動教養制度致中共中央、全國人大、國務院的建議書》；2007年11月29日，江平、茅於軾、賀衛方等人在中國律師觀察網會議上決定向全國人大常委會和國務院提出針對勞教制度的公民建議，2007年12月4日，我寄出了69人聯名的「違憲審查」、「即日廢止」的建議書。以上三者均引起了社會強烈的反響。

可以說，廢除勞動教養制度，現在已經達成社會共識。南方週末的網路調查顯示：89%的被調查者認為應當立即或者最終廢除勞動教養制度，只有11%的被調查者持反對的態度。《行政處罰法》以及最近出台的《禁毒法》也都排除了勞動教養的措施；全國人大常委會法制工作委員會的官員坦承：在立法過程中，沒有人提出要把「勞動教養」列入在內，「勞動教養都快廢除了」。

廢除勞動教養制度之後該怎麼辦？

《禁毒法》已經把勞教戒毒轉變為一到三年的強制隔離戒毒；《治安管理處罰法》已經賦予員警對於賣淫嫖娼、盜竊詐騙、打架鬥毆、擾亂秩序等輕微違法行為15天以內的拘留處罰權；介於15天拘留與刑法最低徒刑6個月之間的處罰，有刑法規定的三個月至二年的管制、一個月至六個月的拘役，其懲處權在法院。以往屬於公安部門權力的勞動教養主要處罰對象是：不夠判刑標準的累犯、慣犯、職業犯、屢教不改者；吸毒成癮者、屢次賣淫嫖娼人員；多次嚴重違反治安處罰法的違法人員；《刑法》規定的由政府收容教養的未成年人等。按照法治的原則，對於這些違法人員的處理，以後可以納入刑罰的管制、拘役範疇，由法院做出裁決。

介於15天拘留與刑法最低徒刑6個月之間（或者輕罪3年之內）的處罰，可以借鑒國外的保安處分、輕罪處罰等。它們與勞－教－養的最大區別在於做出處罰決定者前者是法院（或輕罪法院），後者是公安（公安內部的勞動教養委員會）。

我國也可以根據國情，制定違法行為矯治法。

一、保安處分

保安處分由德國刑法學家克萊因提出，是指利用矯治、感化、治療、隔離、禁戒等手段由法官做出的對於特定的具有社會危險性的行為人所採取的司法處分之總稱。其目的是預防和控制犯罪、矯正行為人的病態心理和畸形人格，確保社會平安。被保安處罰的人或者是刑罰不適應者，或者是僅僅依靠刑罰難以矯正惡習者，而只有通過保安處分，才能起到改善和教化的作用，防止發生危險和侵犯社會秩序。

保安處分的應用必須具備——已經實施了犯罪行為和具有人身危險性——兩個基本條件，而且保安處分可以與刑罰並用。而勞動教養適用的對象與之不同，主要是輕微犯罪尚且不夠判刑標準的違法人員，有的人也不一定具有人身安全方面的危險性。

未來中國如果在保安處分方面立法，必須遵守上述兩個原則：處罰由法院經司法程式做出；對於社會大眾沒有危險性的守法的上-訪者、揭露腐敗者等等絕不能羅織罪名，動用勞-教或者保安處罰制度予以制裁。

保安處分大致可分為三種類型：（一）剝奪自由的監禁性保安處分，如監護隔離、收容矯正、強制勞作、強制治療等。（二）不剝奪自由的非監禁性保安處分，如禁止就業，禁止出入娛樂場所、公共場所，限制住所，驅逐出境等，還有保護觀察，也叫保護管束、社區矯正，也由法官作出決定，由社區、寺院、教會、慈善機構、社會團體承擔矯正責任；另有少年保護處分，由少年法院、少年法庭、或者少年裁判所、家庭裁判所作出決定，通過感化教育、醫療救助、監視保護等方法對未成年人予以矯正。（三）對財產的保安處分，如沒收物品、撤銷營業執照、善行保證等。

根據國情，我國的保安處分應當設置如下幾種：

1、針對犯有罪錯的未成年人的收容教養 。經過適用的司法程式，由少年法庭對案件進行審理，做出收容教養的決定。收容教養以被教養人實施了刑法禁止的不法行為為前提，不能對一般的違法行為適用收容教養。收容教養嚴格貫徹教育、

感化、挽救的方針，強化對犯罪少年的特殊保護。

2、針對危害社會的精神病人和性病患者的強制治療。強制治療適用於實施了犯罪行為的無刑事責任能力或限制刑事責任能力的精神病人。由公安機關根據精神病鑑定報告向法院提出申請，由法院根據一定的程式作出決定，改變目前由公安機關會同精神病治療機構自行決定的做法。

另外，也可立法針對賣淫嫖娼患有性病的人進行強制治療。

3、針對累犯、慣犯的保安監禁。由法院作出決定，嚴格限制適用條件。

4、強制戒毒。目前，中國已經制定了《戒毒法》，賦予了公安機關作出一至三年強制戒毒決定的權力。

5、社區矯正。中國從2003年7月開始進行社區矯正試點，事實證明，社區矯正可節省人力、物力、財力，有助於犯人回歸社會，符合刑罰經濟原則，充分體現了輕罪寬鬆的刑事政策。

6、善行保證。行為人通過擔保、交保證金的方式來保證自己改錯，如果再犯，所擔保的錢財或保證金予以充公。

二、輕罪處罰

世界上多數國家如美國、德國、法國、義大利、俄羅斯等都將犯罪分為重罪與輕罪兩種。重罪適用於普通的司法程式，輕罪制度有點類似於我國的勞動－教－養制度，但是前者適用於簡易的司法程式，後者通過行政性強制措施剝奪公民的自由長達一到三年甚至四年，既不符合中國憲法，也不符合現代文明的法治原則。

關於輕罪的定義和處罰，各國的規定不盡相同。美國、德國規定，輕罪是指判處一年以下監禁或者判處罰金刑的所有犯罪行為。許多國家規定，輕罪適用於簡易司法程式。韓國制定了專門的輕罪處罰法，俄羅斯規定輕罪犯人在賠償了受害人損失的情況下可以免除刑事責任，德國規定輕罪犯人在履行了一定的義務後可以對其作出不起訴的決定，美國、法國等規定輕罪犯罪可以假釋和緩期執行，法國規定輕罪犯人可以交與社會考察，督促其從事公益性的勞動。

二次世界大戰以後，受刑罰人道主義思潮的影響，發達國家進行了一場輕罪非刑罰化的刑法改革運動。如規定監禁刑可以以社區服務、公益勞動、罰金、半自

由刑等替代，同時取消了預防性拘禁措施，縮短了監禁刑的刑期，擴大了罰金刑和緩刑、假釋的適用範圍，等等。

目前，在我國的勞－教人員中，有相當一部分屬於輕微犯罪人。將輕微犯罪人納入輕罪處罰，由法庭按照正當的司法程式進行裁決，較之於把剝奪公民自由的權力交給公安機關獨家行使，更有利於保護公民權利和自由，也更加符合法治國家的精神。同樣，我國對於輕罪還應人道化，應當擴大社區服務、公益勞動、罰金等的適用範圍，不能像勞－教那樣，輕罪反而比判刑更加嚴厲，期限反而比某些有期徒刑的時間更長，致使出現不少寧願判刑也不願勞－教的事例。

如前所述，輕罪處罰應當盡可能採用非刑罰如社區服務、公益勞動、罰金等等方式，可以考慮成立社區服務中心、公益服務中心，為輕罪犯人提供社區服務、公益勞動的機會，並且予以督導和監督。對於必須服監禁刑的，可以將現有的一部分勞教所改造為輕罪監獄，用於專門關押輕罪犯人。

除了將勞動教養中的輕微犯罪人納入輕罪處罰對象之外，還可以一併將刑法中3年以下有期徒刑的犯罪規定為輕罪。

三、行為矯治

以違法行為矯治代替勞動教養，制定《違法行為矯治法》，不僅使名稱可以體現出心理輔導、行為矯治、社區服務等豐富的內涵，還可以充分反映現代司法感化、教育、挽救違法行為人的人道主義特點。

違法行為矯治的決定權必須司法化、公開化。也就是必須把決定權交由法院行使，公開審理，在法院設立違法行為矯治法庭，實行簡易訴訟程式和二審終審制，賦予司法救濟手段和律師辯護等權利，完善監督機制。在當事人上訴期間不得執行判決。改變勞動教養制度的公安機關自偵自鑒自裁自查的處理方式。

違法行為矯治可以採取的方式有：監護隔離、強制勞動、強制戒毒、強制治療、禁止出入娛樂場所和公共場所、限制住所、社區服務、公益勞動、感化教育、心理治療、罰款、交納保證金等。

《違法行為矯治法》主要適用於以下六類行為：（一）多次違反治安處罰法的違法行為；（二）有犯罪證據但沒有必要予以刑事處罰的輕微犯罪行為；（三）

有嚴重潛在社會危害的違法者；（四）《刑法》規定的由政府收容教養的未成年人；（五）確有司法證據證明嚴重擾亂社會秩序的人員；（六）按照現行法律法規應予行為矯治的人員。

四、勞動教養制度的廢止

設立保安處分制度或者輕罪處罰制度，或者行為矯治制度之後，勞動教養制度即可廢止。

不管採取哪一種方式取代勞動教養制度，都必須滿足五大原則：（一）處罰程式司法化。（二）處罰條件法定化。（三）處罰程度輕緩化。（四）處罰手段人道化。（五）處罰形式多樣化。

同時，新的制度與立法必須注意避免四大問題：

1、**避免既得利益法制化**。有人擔心勞動教養制度廢止後，公安的權力繼收容遣送制度廢止後再度縮小，怎麼能夠保證社會穩定？其實，社會穩定最需要從源頭上保證，和諧社會最需要的是社會正義，只有正義至上、社會向善、道德復蘇、政府誠信，才會有長久的社會穩定。列寧說：專制就是員警的無法無天和普通國民的完全無權。中國最需要避免這樣的情況。因此，我們需要防範的是以社會穩定為藉口，賦予員警過大的權力，將違憲的制度和既得利益法制化。

2、**避免處罰權失去監督**。勞動教養制度之所以被人詬病，就是由於偵察權、提起權、決定權、復核權集於一身，地方領導幾乎可以隨意抓人。在未來新的制度下處罰的提請權雖然是公安機關，但決定權必須交給法院，監督權交給檢察院，以保障公民的合法權利不受侵犯。對於公安機關、審判機關的違法決定或者錯誤判決，檢察機關有權提出監督意見並責令重審。

3、**避免處罰對象泛化**。過去，不應當被勞教的人員如守法的上訪人員、舉報人、偶爾行為失誤者、聾啞人、盲人、嚴重疾病患者、懷孕或哺乳期婦女等有的被勞教了，直接激化了社會矛盾，製造了社會不和諧。以後，在新的制度下處罰的對象應當法定化，只有那些人身危險性較強、危害社會、有潛在犯罪可能的人員才應當被處罰。

4、**避免輕罪重刑化**。勞教本來是對未構成刑事犯罪的違法行為的處罰，但其處罰年限反而1到3年，甚至4年、6年（連續兩個勞教）、甚至還有30多年的（50年代被勞教後強制留場勞動二三十年），其嚴厲程度遠遠超過行政處罰，甚至比刑罰還要嚴厲得多。違法與處罰不成比例，顯然違背了社會公正。而且在中國，監獄制度相對規範一點，勞教沒有立法，因而管理上相對無序，許多曾經被勞教者有著極其痛苦的經歷，甚至鑄就了其反社會、報復社會的心態。

以後新的處罰制度應當以人為本，重在教育，主要採取開放式的處罰方式如社區服務、公益勞動等，並不一定要剝奪公民的自由權利；只有對於那些拒絕接受處罰者，才可以採取封閉式的集中教育的方式，但是期限應當限制在6個月以內。有學者認為，在處罰的強制性方面，可以採取「先鬆後緊」的方式，就是在執行處罰的初期，對於被處罰人一般採取寬緩的教育手段，如果效果良好，可以及時解除處罰；如果被處罰人拒絕處罰，那麼再採取嚴厲的教育手段。對於抗拒處罰的，則可以考慮追究其刑事責任。

總之，隨著法制化、國際化的保安處分或者輕罪處罰、行為矯正制度的建立，在中國延續了50多年的違憲違法的勞動教養制度必然壽終正寢，中國由此必將步入法治國家的新時代。

一個新時代已經在向我們召喚。

2008-2-4

就廢除信訪制度致全國人大、國務院的建議書

胡星斗（學者）、任華（律師）

全國人大、國務院：

　　中國的信訪制度雖然在歷史上起到了反映民情、化解矛盾的積極作用，現在的中國政府本著以人為本、權為民所用、群眾利益無小事的理念也高度重視信訪工作，新《信訪條例》的頒布實行和大接訪工作的開展也確實在局部形成了新的氣象，但是，我們不得不指出，從總體上來說，中國的信訪制度早已演變成為聚積怨恨、激化矛盾、製造動亂的溫床，成為封建主義清官情結的禍國殃民的遮羞布，它悖離了建設社會主義法治國家的要求，客觀上成為政權合法性、政治認同性流失的重要管道，成千上萬的訪民成了它的犧牲品。如果現在不予以徹底廢除，它將會產生十分嚴重的政治後果與社會後果；廢除它，代之以法治解決管道，將是國家之幸、人民之幸！

一、信訪制度與《憲法》相悖

　　《憲法》第5條規定：「中華人民共和國實行依法治國，建設社會主義法治國家。國家維護社會主義法制的統一和尊嚴。一切法律、行政法規和地方性法規都不得同憲法相抵觸。一切國家機關和武裝力量，各政黨和各社會團體、企業、事業組織都必須遵守憲法法律。一切違反憲法和法律的行為，都必須予以追究」。《憲法》第四十一條規定：「中華人民共和國公民對任何國家機關和國家工作人員，有提出批評和建議的權利，對於任何國家機關和國家工作人員的違法失職行為，有向有關國家機關提出申訴、控告或檢舉的權利，但是不得捏造或者歪曲事實進行誣告陷害。對於公民的申訴、控告或者檢舉，有關國家機關必須查清事實，負責處理，任何人不得壓制和打擊報復。國家機關和國家工作人員侵犯公民權利而受到損失的人有依照法律規定取得賠償的權利」。

可是，信訪制度不與法治接軌，基本上不解決信訪問題，也沒有賦予解決訪民問題的權力。所謂的信訪專治，國家耗資巨大，而地方政府上報的信訪解決率卻大多為虛報，真正解決問題的只占千分之二，相反一些部門力圖通過高壓來達到息事寧人的目的。成千上萬的冤民漂泊首都街巷，露宿馬路橋洞，饑寒交迫，有的甚至被監控、關押、毒打、勞教、判刑。據任華律師近一年來的親歷調查，許多冤民被地方截訪者打傷致殘，有的女性冤民被截訪者侮辱。特別是在國家信訪局、全國人大信訪接待口，信訪人被員警、保安毆打的事情天天發生，觸目驚心！而那些敷衍塞責、壓案不辦、貪贓枉法、欺騙中央、謊報實情的承辦人、官員卻高枕無憂！這種極不和諧的事實，竟然發生在人民共和國，發生在首都北京！

胡錦濤主席提出了保障憲法權威、建設和諧社會的戰略思想，我們認為，只有廢除悖離憲法的信訪制度，在民主與法治的軌道上解決問題，才能真正建設一個和諧中國。

二、信訪功能錯位，「雙向規範」形同虛設

現行信訪制度作為一種正式制度具有兩個方面的職能，一是政治參與，也就是公民通過信訪給國家有關機關寫信或走訪反映民情社意，對國家機關和工作人員的工作提出批評或建議，即所謂的「民意上達」；二是權利救濟，即信訪作為一種正常司法救濟程式的補充程式，通過行政方式來解決糾紛和實現公民的權利救濟。但在實踐中，不僅各種訴求往往交錯在一起，出現「信訪問題綜合症」，而且公民往往把信訪看成是優於其他行政救濟甚至國家司法救濟的一種特殊權利。信訪制度具有了中國傳統社會長期存在的強烈的「人治」色彩，它雖然作為一種民情上達、申冤維權的特殊通道，對社會起著安全閥、對老百姓起著寬慰劑的作用，但是必須看到的是，這種試圖用行政救濟替代司法救濟的一個嚴重後果就是在客觀上消解了現代社會治理的基礎──國家司法機關的權威。

而且，現行的信訪制度存在著典型的官民之間權利失衡的問題。新《信訪條例》關於信訪人的合法權益及雙向（上訪者與政府部門）規範的相關規定，雖然寫進去了，但在執行中仍然是一紙空文。在京上訪人遭暴力截訪的事天天可見，「單向規範」肆無忌憚──規範信訪人的六種禁止性行為執行得貨真價實，對導致信訪

事件的發生、造成嚴重後果的直接負責人和其他相關責任人員的行政或刑事責任追究的規定則形同虛設。這種表面上游戲規則的公平而實質上的不公平是官官相護的現行信訪制度的必然結果。

三、信訪接待視窗的黑暗

儘管國家信訪局、公安部等部門忍辱負重，在處理群眾投訴、化解信訪難題方面做了大量的有益工作，但受制於體制，其成效甚微。

問題還不在於成效小，而在於基本不解決問題的信訪給篤信政府、滿懷希望的弱勢群眾反而造成\了巨大的傷害。

據胡星斗的長期觀察和任華律師近一年的實地調查：在國家信訪局、全國人大常委會辦公廳信訪接待口，在最高人民法院、最高人民檢察院、公安部等信訪接待視窗，上訪人員經常遭遇接待人員粗暴訓斥、辱罵甚至毆打，特別是在有的接待口，每天從凌晨3點就排成長長的隊伍，上訪人員不但忍受著饑寒，還時常遭到地方政府「劫訪」人員的盤問和暴力襲擊，有的還遭到員警和保安的毆打。在交表窗口，堂而皇之地坐著地方劫訪者，他們對著上訪人獰笑著、吼叫著，使人心驚膽戰和靈魂的灼痛。更有甚者，一些地方政府用重金買通視窗接待人員，使上訪人員領不到表，交不上表，接待不了。即使接待了，接待者卻是省市駐京人員。在有的接待口，接待人員全部是地方駐京人員；在接待大廳，每天人頭擠擠，大家都在等待叫名「接待」，可是有的上訪者等了兩個月也沒有叫到名字。即使叫到名字，案件幾乎全部往下推。上訪人員只要與對方論理或者多說幾句，員警馬上過來將其拖出門外，稍有抵抗，便會被拳打腳踢。訪民被當作敵人，其惡毒和殘暴已經到了喪盡天良的地步（我們認為，中國的員警絕大多數是好的，作惡的是壞的信訪制度）。憤怒而絕望的上訪公民，有的在接待口割腕自殺、服毒自盡、撞牆斃命，更多的人走上街頭，對社會穩定構成了威脅。

一些地方政府把冤民當作敵人，進行打擊和拘捕，已經產生了十分嚴重的政治後果。其一是，信訪已經成為有效的社會動員的方式，導致集體行動的增加，一些上訪人員雲集到外國大使館門前請願，尋求世界的同情和支持。其二是，政治激進主義在信訪者中產生並獲得迅速繁殖的社會土壤。

2006年2月,「信訪洪峰」又來了。面對行政和司法違憲侵權、政治與司法腐敗造成的堆積如山的冤假錯案,僅靠信訪程式遊戲、司法文字遊戲的玩弄,我們能夠應對嗎?

四、民主與法治是解決信訪問題的根本出路

建立法治國家、法治政府,是以胡錦濤為代表的新一代領導人的莊嚴誓言,它鼓舞了千百萬中華兒女為之奮鬥終生。中國現在已經到了將信訪納入法治軌道,結束告禦狀、尋找包青天的封建、人治歷史的時候了。

我們建議在全國人大常委會設立冤案申訴局,在各省區直轄市、市、縣設立垂直管理的冤案申訴分局,負責對信訪問題的法制化統籌監督與處理,另外設立對人大冤案申訴局負責的申訴專員制度,專事聽案、調查,向檢察院舉報。各地冤案申訴分局的任務,一是接待上訪人員,建立檔案,將案件分類提交到一府兩院處理,為中央政府和地方政府、部門提供資訊動態服務。二是督促行政復議,對復議結果不滿的,指導申訴者異地起訴。三是派出申訴專員傾聽民情,獨立調查。四是代表人大,全面監督一府兩院對申訴的處理過程和處理結果。

申訴人員必須先到縣(區)級冤案申訴分局申訴,對結果不滿意的,然後可逐級到市、省申訴。實行三級終結制,北京的冤案申訴局不直接接待申訴,只負責宏觀管理和監督,這樣可避免大量的上訪人員擁入北京。各級冤案申訴分局即是北京總局駐地方的代表,其財政開支由中央財政統籌解決,人事任免等權力悉歸北京的冤案申訴局,地方政府不得插手,各級申訴分局的一把手由北京下派或省級人大下派,鍛煉若干年後可以調回原地。縣、市、省三級冤案申訴分局負責將案件提交到地方相關的部門解決,該行政復議的行政復議,地方部門不得拒絕復議;該起訴的起訴,曾經起訴並且對訴訟結果不滿意的,冤案申訴分局負責指定異地重新起訴的地點,實行二審終審制。案子只能重新起訴一次,申訴者可選擇到縣或市或省的申訴局所指定的法院起訴。如此,重新起訴的人太多,怎麼辦?可由申訴局組成獨立的初評委員會裁決:確實可能有冤情的,才予以受理;對於明顯胡攪蠻纏者,告知他最可能的結果,由訴訟費用發揮限制的作用。如果有少數人對異地重新訴訟的結果仍然不滿意並且繼續申訴滋事的,則可以認定其為「精神障礙者」、「鬧事

者」，該治安處罰的處罰，該判刑的依法判刑。

建議制定《冤案申訴法》，規範冤案申訴局與政府、司法部門的關係。冤案申訴局不得代替政府進行行政復議，也不得代替檢察院批捕、法院判刑，而只是提供獨立調查的資訊，指定異地起訴的地點，監督復議和訴訟的過程，建議處罰措施。對於冤案申訴局的獨立調查結果，政府、檢察院、法院必須充分尊重，假如地方一府兩院存在著行政不作為、徇私枉法等行為，各級冤案申訴局有權向人大提交報告，反映事實，提出責任追究的建議，包括彈劾官員，追究刑事責任。

冤案申訴局建立後，國家信訪局和各級政府、各個部門的信訪機構全部撤銷。對原有的信訪工作人員進行法制培訓後，轉崗至人大冤案申訴局，或者充實到地方法制辦、法院。

冤案申訴局會不會成為又一個信訪局？我們認為不會，第一，冤案申訴局隸屬於人大，財政上、組織上獨立於各級政府，保證了它的自主性和公正性；第二，冤案申訴局有調查權、指定受理權、監督問責權，這符合人大的職能和改革方向，有利於強化人大的作用。而且，冤案申訴局的優點在於，避免了大量的上訪人員進入北京；冤案申訴局既不像信訪局那樣沒有權力，也不是准司法機構或司法替代機關，案子最終還是要由復議和司法的法治程式來解決，只不過，它強化了獨立性和責任追究。

除了建立冤案申訴局之外，我們認為，還必須進行其他方面的整體改革。（一）將申訴案件上網，公諸民意，加強人民群眾的監督。（二）公布人大代表、申訴專員的聯繫方式。（三）保證行政復議獨立性、公開性，將一些抽象行為、內部行為、國家行為納入復議受理的範圍。（四）撤銷審判委員會，保證審判的獨立性；從以偵查為中心轉移到以審判為中心。（五）實行無罪推定制度，對嫌犯進行訊問必須進行全程錄象或者有律師在場；進一步確立司法回避制度、錯案冤案追究制度，嚴厲懲處徇私枉法、打擊報復的行為。（六）改變司法鑒定之自偵自鑒、自檢自鑒、自審自鑒的體制。（七）完善法律援助制度，改革國家賠償制度，提高賠償的兌現率和賠償標準，進行精神賠償。（八）建立現代民意表達機制和現代新聞制度，鼓勵媒體更多地履行輿論監督的職責。（九）加強基層民主建設，完善財務公開、行政公開等制度，發揮工會、協會、非政府組織等公民團體在代表社群、調解糾紛、監督政府中的作用，建立廣泛的民眾利益表達組織。（十）在全國人大設

立違憲審查委員會，廢除違憲、違反上位法的諸多部門性地方性法規，廢除勞動教養等嚴重侵害廣大申訴者權利的不合憲不合法的制度。

　　總之，我們認為，信訪制度的歷史使命已經完成，民主與法治的時代已經到來。中國建立法治國家、法治政府，應當從廢除信訪制度、勞教制度開始。

2006年3月8日

中國上訪維權公民現狀調查及建議

任華、胡星斗

前言：上訪維權是連人大代表、政協委員提案也不敢觸碰的「敏感」的雷區，也是新聞媒體的禁區，但胡耀邦說：「我不下油鍋，誰下油鍋？」

調查

中國自改革開放以來，經濟改革不斷深化，市場經濟體制已基本形成，但政治體制改革一直踟躕不前。行政權力和司法權力沒有受到有效的約束，滋生了嚴重的腐敗，形成了龐大的特權利益集團，一部分工人農民的利益受到嚴重的損害。地方政府行政侵權和司法侵權的現象日益嚴重，官商勾結圈占農民土地，強拆民宅，致使數千萬民眾失去土地和房屋；國企改革排除了工人的話語權、知情權和參與權，造成數千萬工人下崗失業。

近十年以來，中國數以千萬計的上訪群體，不斷地進京、進省城上訪，形成了罕見的上訪「洪峰」。目前，這個群體在社會上已經完全邊緣化、底層化和極度弱勢化、貧困化（見附件1），有人稱之為中國的第五十七個民族。他們來自全國各地，主體是失地農民、拆遷戶、失業工人和受到司法侵害的當事人。其人員的結構特點是婦女多、老人多、殘疾人多。

進京上訪者在北京市南區東莊社區周邊形成了「上訪村」，那裡最多時居住幾萬人。他們的生存狀況極其悲慘，也是目前中國民權受損的重災區。

由於現行的信訪制度存在著典型的官民之間權力失衡的問題，所以，上訪公民反映的問題和訴求大多數沒有得到有效的解決。成千上萬的冤民漂泊在北京街巷，露宿馬路橋洞，饑寒交迫。一些地方當局為了保持病態的社會穩定和零上訪的政績，不擇手段地打擊迫害上訪公民，冀望通過高壓來達到息事寧人的目的。地方政府派出大量人員進京截訪（見附件2），暴力毆打、綁架訪－民，有的被打死，

有的被打傷致殘，有的女性訪民被侮辱，有的被關進地方政府在京非法設立的「黑監牢」。訪民被截回地方後，有的被拘留，有的被判刑、勞教，有的被關進精神病院。

我們對進京上訪群體進行了長達一年的調查，通過訪談，調查取證，問卷調查，以獨立的立場和實事求是的方法，瞭解上訪公民的基本生存權及訴權、人身權、公民權和政治權受到侵害的情況，尤其是深入調查了地方政府有關機關如何在各種公共場所和截訪場所等對訪－民施以毒打、刑訊逼供等酷刑和侮辱人格、非人道的待遇。

在此期間，我們對上千名進京上訪的公民進行了訪談，對500餘名訪民進行了問卷調查，收集了20個典型的上訪公民在上訪期遭受酷刑、判刑、勞教、關精神病院、暴力毆打、暴力綁架、關黑監牢的案例，保留了書面材料、照片、錄音等證據，並編寫了案例冊。

2007年3月，我們對進京上訪的1000名公民進行了調查、訪問，調查結果是：上訪期最長51年，最短1年，上訪者最大年齡87歲，最小年齡11歲，被毒打關押人數457人，占比例45%；被拘留勞教人數428人，占比例42%；被關精神病院人數31人，占比例3%。

我們調查了2006年4月至2007年4月，河南省焦作市李玉鳳、姬桂芳、辛素琴、張長生、張翠榮、郭建中、張小紅、王合祥、王變琴、張合平、梁玉英、李玉蘭、張習英、畢鳳蘭等14名訪民被判一至二年有期徒刑的事件。

2007年8月至10月，我們又對進京上訪的500名訪民進行訪問座談，並且分九大專案和47個問題進行了問卷調查。調查顯示：地方各級政府對進京上訪公民的打壓是強勁的，甚至是殘酷的。特別是地方政府進京截－訪人員對訪民暴力毆打、暴力綁架，被關進各省市駐京辦事處所設的黑監獄的情況非常嚴重，而上訪公民對中央政權仍然抱有很大的希望（儘管解決問題的可能性微小），從中我們不難看出中國百姓尋找青天官吏的情結依然很深。通過調查，我們發現：

1、有51%的人（257人）進京控告公、檢、法機關違法瀆職，凸現了各地司法侵權的嚴重。

2、有84%的人（421人）認為自2005年5月1日新信訪條例實施後各級政府對上訪公民的打擊更加嚴重了。

3、有66%的人（332人）認為進京上訪的主要目的是引起中央機關的重視，從而可以直接解決問題。

4、有34%的人（170人）認為通過上訪對中央的信心提高了。

5、因上訪受到打擊報復的情況如下：

（1）有45%的人（229人）被關押、拘留過。

（2）有13%的人（63人）被勞教或判刑。

（3）有6%的人（31人）被關進精神病院。

（4）有20%的人（101人）連累了家裡人被幹部毆打。

（5）有30%的人（152人）被幹部指使黑社會打擊報復。

（6）有3%的人（19人）被遊街掛牌示眾。

（7）有20%的人（100人）被綁架戴刑具受酷刑。

（8）有14%的人（72人）被強制進入學習班。

（9）有22%的人（109人）被抄家，被沒收財物，東西被搶走。

（10）有13%的人（65人）房子被拆或被破壞。

（11）有8%的人（43人）被政府罰款。

6、進京上訪人員遭到地方政府截訪人員迫害的情況如下：

（1）有27%的人（139人）被暴力毆打致傷、致殘。

（2）有32%的人（164人）遭到暴力綁架。

（3）有20%的人（101人）被關進駐京辦設立的黑監獄。

（4）有6%的人（30人）被截訪人員在食物中下毒、打毒針。

（5）有22%的人（112人）被截訪人員謾罵、性侮辱。

7、通過進京上訪有45%的人認為中央真心實意歡迎上訪，17%的人認為中央怕民眾上訪。

8、面對上訪結果的不滿意，有80%的人表示要繼續上訪，不達目的決不甘休；有41%的人要跟貪官汙吏拼個魚死網破；還有11%的人要做點讓幹部們「害怕」的事。

9、有5%的上訪者的部分問題得到瞭解決。

我們的調查是獨立的、客觀的和實事求是的，我們的目的是想通過調查，用事實證明中國上訪維權公民基本生存權及訴權、人身權、公民權和政治權遭受侵害

的嚴重性和災難性，以此敦促中央政府重視上訪問題的嚴重性，切實採取措施遏制地方政府對訪民的迫害，著手進行國家制度的改革。

建議

　　建立法治國家、法治政府，是中央新一代領導人的莊嚴誓言，它鼓舞了千百萬中華兒女為之奮鬥終生。中國現在已經到了將信－訪納入法治軌道，結束告禦狀、尋找包青天的封建、人治歷史的時候了。

　　我們建議廢除行政型的信訪制度，在全國人大常委會設立立法監督型的申訴總局，在各省區直轄市、市、縣設立垂直管理的申訴分局，負責對信－訪問題的法治化統籌監督與處理，另外設立對人大申訴局負責的申訴專員制度，專事聽案、調查，向檢察院舉報。各地申訴分局的任務，一是接待上訪人員，建立檔案，將案件分類提交到一府兩院處理，為中央政府和地方政府、部門提供資訊動態服務。二是督促行政復議，對復議結果不滿的，指導申訴者異地起訴。三是派出申訴專員傾聽民情，獨立調查。四是代表人大，全面監督一府兩院對申訴的處理過程和處理結果。

　　申訴人員必須先到縣（區）級申訴分局申訴，對結果不滿意的，然後可逐級到市、省申訴，實行三級終結制。北京的申訴總局不直接接待申訴，只負責宏觀管理和監督，這樣可避免大量的上訪人員擁入北京。各級申訴分局即是北京總局駐地方的代表，其財政開支由中央財政統籌解決，人事任免等權力悉歸北京的申訴總局，地方政府不得插手，各級申訴分局的一把手由北京下派或省級人大下派，鍛煉若干年後可以調回原地。

　　縣、市、省三級申訴分局負責將案件提交到地方相關的部門解決，該行政復議的行政復議，地方部門不得拒絕復議；該起訴的起訴，曾經起訴並且對訴訟結果不滿意的，申訴分局負責指定異地重新起訴的地點，實行二審終審制。案子只能重新起訴一次，申訴者依次到縣（市）、省申訴局所指定的法院起訴、二審。重新起訴的費用一般由申訴者自付，這樣有利於避免濫訴；對於特別困難者給予免費和律師援助。

　　如此，重新起訴的人仍然太多，怎麼辦？可由申訴局邀請社會著名人士組成

獨立的初評委員會通過民主投票裁決：確實可能有冤情的，予以受理；對於明顯胡攪蠻纏者，告知他最可能的結果，訴訟費用自己承擔。如果有少數人對異地重新訴訟、二審結果仍然不滿意並且繼續申訴的，保障其申訴的權利，進行勸導、教育；其中滋事鬧事者，該治安處罰的處罰，該判刑的依法判刑。由於異地起訴在很大程度上避免了人情關係、行政干預，所以，繼續申訴的人不會很多。

建議制定《申訴法》，規範申訴局與政府、司法部門的關係。申訴局不得代替政府進行行政復議，也不得代替檢察院批捕、法院判刑，而只是提供獨立調查的資訊，指定異地起訴的地點，監督復議和訴訟的過程，建議處罰措施。對於申訴局的獨立調查結果，政府、檢察院、法院必須充分尊重，假如地方一府兩院存在著行政不作為、徇私枉法等行為，各級申訴局有權向人大提交報告，反映事實，提出責任追究的建議，包括彈劾官員，追究刑事責任。

申訴局建立後，國家信訪局和各級政府、各個部門的信訪機構全部撤銷。對原有的信訪工作人員進行法制培訓後，轉崗至人大申訴局，或者充實到地方法制辦、法院。

申訴局會不會成為又一個信－訪局？我們認為不會，第一，申訴局隸屬於人大，確保其財政上、組織上獨立於各級政府，保證它的自主性和公正性；第二，申訴局有調查權、指定受理權、監督問責權，這符合人大的職能和改革方向，有利於強化人大的作用。而且，申訴局的優點在於，避免了大量的上訪人員進入北京；申訴局既不像信訪局那樣沒有權力，也不是準司法機構或司法替代機關，案子最終還是要由復議和司法的法治程式來解決，只不過，它強化了獨立性和責任追究。

之所以把行政型的信訪局轉變為立法型的申訴局，是因為：第一，通過對信訪制度的改革促進人大制度的改革，將憲法中全國人大的「最高國家權力機關」的地位落到實處，各級行政部門不但不能干預人大的工作，相反他們都要接受人大的監督。也就是說，立法型的申訴局符合人大改革的方向，能夠促進人大的改革，也實現了冤案申訴、處理方面與發達國家的基本接軌。第二，人大是立法機關，也是監督機關，申訴局設在人大，便於案件的法治化解決和加強監督。

除了建立立法監督型的申訴局之外，我們認為，還必須進行其他方面的整體改革：

一、將申訴案件上網，公諸民意，加強人民群眾的監督。

二、公布人大代表、申訴專員的聯繫方式。

三、保證行政復議的獨立性、公開性，將一些抽象行為、內部行為、國家行為納入復議受理的範圍。

四、撤銷審判委員會，保證審判的獨立性；從以偵查為中心轉移到以審判為中心。

五、實行無罪推定制度，對嫌犯進行訊問必須進行全程錄象或者有律師在場；進一步確立司法回避制度、錯案冤案追究制度，嚴厲懲處徇私枉法、打擊報復的行為。

六、進一步改變司法鑒定之自偵自鑒、自檢自鑒、自審自鑒的體制。

七、完善法律援助制度，改革國家賠償制度，提高賠償的兌現率和賠償標準，進行精神賠償。

八、建立現代民意表達機制和現代新聞制度，鼓勵媒體更多地履行輿論監督的職責，允許媒體報導信訪冤案。

九、加強基層民主建設，完善財務公開、行政公開等制度，發揮工會、協會等公民團體在代表社群民意、調解糾紛、監督政府中的作用，建立廣泛的民眾利益表達組織。

十、查處各地的黑監獄，強化對官員的問責，對確有冤情的上訪公民進行道歉、賠償。

附件 1

苦難的上訪人

在中國北京有一個上訪村，一個貧窮上訪人聚居的村落。

所謂「上訪村」，也就是北京涼冰河以南、鐵路和開陽路之間的一片小平房，2003年至2005年成千上萬的上訪人居住在這片小平房裡，「上訪村」名聞遐邇。

2005年底，政府將大多數小平房拆除，如今只留下幾間平房，一些上訪人隨之就散居在北京火車站、最高人民法院信訪接待室附近的冬莊社區的一些私人出租房、南站周邊棚戶區、陶然橋洞、開陽橋洞，以及幸福裡胡同的路邊樹下。

　　由於國家信訪局、全國人大信訪接待處、最高人民法院信訪接待室等幾個信訪量較大的國家機關信訪機構都設在永定門附近，這裡自然形成了訪民集中的地方，距離這些信訪機構最近的、能夠找到的便宜住處就是東莊，於是從上個世紀六十年代起，東莊及其周邊就成了訪民們集中的地方。

　　上訪，民間的通俗說法是告狀。到北京上訪，就是傳說中的進京告狀，一些有冤情或者自認為有冤情的人對此滿懷希望，以至於成千上萬的人聚集到北京上訪，平時約有二萬人，最多時達到十多萬人。人數如此之多，並聚集成村落，這是當今世界空前絕後、絕無僅有的奇觀。

　　現今住在上訪村的訪民，以來自全國各地的失地農民、喪房居民、下崗工人、退轉軍人、反復舉報人、受到司法侵害的當事人等為主體，他們都是被生活逼到絕境的人。

　　訪民結構的特點是：老人多，婦女多，殘疾人多。他們是一群生活在邊緣以外的人。

他們生活在恐懼中

　　白天，他們早晨三、四點鐘就奔向國家機關信訪部門窗口去排隊領表、填表、交登記表，反映自己的冤情。事實上，他們大多會被堵在信訪門口的地方政府截訪人員劫持，有的遭到地方截訪人員的暴力毆打（有的打傷致殘，有的被打死），有的遭到綁架，他們被遣回地方，有的被判刑、勞教，有的被送進精神病院，有的在地方上被監控。他們中的少數人能進信訪視窗，也時常遭到接待人員的訓斥、辱罵，有的遭到治安人員的毆打。他們白天出門，不知晚上能否回來，所以出門大都提著大包小包。

　　晚上，他們睡在橋洞下、簡陋的自搭棚子裡、樹下及馬路邊。他們饑寒交迫，還時常遭到治安人員的圍堵、襲擊、抓捕。

他們生活在苦難中

來自政府的壓力：地方政府對待訪民的態度是打壓、打壓再打壓。手段是抓、關、判。訪民的態度是申冤、申冤再申冤，行動是前僕後繼，丈夫抓了妻子告，妻子抓了兒子告，兒子抓了媳婦告。

來自社會的壓力：社會對他們是冷漠的、歧視的，北京市民歧視他們，就連公車上的乘務員也辱罵他們，街坊鄰居對他們冷嘲熱諷，新聞媒體對他們的苦難熱視無睹。筆者曾經對一個在校大學生談起上訪人的悲慘遭遇，這位學生很不高興地說：「老兄別說這些反胃的事了」，我說：「假如你明天變成上訪人，你怎麼辦？或者是你的爹媽，你又怎麼辦？你要知道，在這個國度裡生存每個人都是不安全的，我們每個人隨時都可能變成上訪人」。他很不耐煩地說：「等明天我變成上訪人了再說吧」。

來自冤案的壓力：上訪的冤案長期得不到解決，因為中央不可能解決這些個案，地方又不去解決，而且地方也不可能解決，因為地方政府本身就是侵權的當事人，是被告，秦香蓮的案子轉由陳世美審理，怎麼可能解決呢？但中央又給地方下達控制進京上訪人數的指標，因此，地方政府只能不擇手段打壓上訪者了。

上訪村流傳一首民謠：

相信政府相信黨，
千里迢迢來上訪，
信訪接待不像樣，
全部打發回地方。
地方政府更無賴，
冤深似海向誰說，
地方官員告訴我，
請你告到聯合國！

來自生活的壓力

上訪人多數沒有生活來源，且老、弱、病、殘居多，他們生活在水深火熱之中，每年餓死、凍死、病死的不少。他們有的一天只吃一塊錢食物（因為北京南站一塊錢能買五個劣質饅頭），有的在街上撿著吃，有的到菜市場撿爛菜充饑。在北

京南站筆者曾經遇到一位北京居民牽著一條狗在街上「遛彎」，我便對他說：「您養的這條狗真漂亮」，他回答我說：「當然了，我這條狗吃的比這些他媽的上訪的好多了」。

在北京，我經常聽到一些人說，那些上訪的都是神經病，但我要請這些人換位思考一下，假如你哪一天成了上訪人，是不是也會變成神經病呢？也許你會說：「我不會成為上訪人的。」那我就要勸告你不要太天真了。因為在中國我們每個人都有可能成為上訪人，他們的今天可能就是我們的明天！

附件2

信訪非法產業

一些地方政府、司法部門，為了不影響自己的政績，不給中央留下壞印象，便派出大量的工作人員進京，對上訪公民進行截訪（劫訪），在北京設立祕密黑監獄，關押上訪公民；各地方設立信訪教育所，軟禁上訪公民。

每逢中央召開重大會議或重要節日，地方政府派出的大量臨時進京人員，會同長期駐京小分隊和省駐京辦事處人員，吃住高檔賓館，開支特別巨大。同時，由於各省市、各地區的財政狀況不同，因此，在京截訪人員的補助標準差距也較大，上訪量大而經費緊張的市縣，大部分住中低檔賓館，有的甚至租房住，自己起火立灶，吃住由單位負責，另外每人每天補助100-150元不等；經費好一點的省市，每人每天500元包開（自己找地方住，自己吃飯），每月另報500元通訊費；還有少數地區的補助形式是將責任和補助費捆在一起的，即每月發給個人15000-20000元，一切「活動經費」、「應酬費」均在其中，但是必須保證沒有一個上訪者進入信訪登記、上賬（輸入微機）。

2008-2

關於消除「乙肝歧視」的公民意見書

胡星斗（學者）、李方平（律師）

教育部、中華全國總工會、勞動與社會保障部：

近日，我們通過一些NGO組織（公益組織）瞭解到：今年九月新學年伊始，新疆維吾爾自治區首府烏魯木齊市第十五中學等三所學校對來自全疆品學兼優的自治區「內招班」初一新生進行體檢複查，三校均以「患有傳染病」（口頭告知是乙肝病毒攜帶，會有傳染）為由，拒絕接收其中19名來自新疆喀什等沙漠邊遠地區的農家初中生，還報予烏市教育局批復同意後，將該19名學生學籍檔案強行退回了原生源地。目前，被烏魯木齊市第十五中學退檔的10名學生中已有8名學生被迫離開校園，淪落輟學。

學生家長們對此提出異議，認為這些所謂「患有傳染病」的學生均符合《2006年內地新疆高中班、區內初中班招生體檢標準》，也通過了市、自治區兩級的審核、復核。該《體檢標準》明確規定，攜帶乙肝病毒，但肝功能正常的學生為合格。

看到這個消息我們非常震驚，馬上又聯想到最近幾年來不斷湧現的諸如此類的「公務員錄用乙肝歧視案」、「乙肝就學歧視案」、「乙肝就業歧視案」等等。我們也知道，其實能夠浮現於公共媒體上的該類報導只是揭開了我國「乙肝歧視」的冰山一角。

公立教育機構不斷湧現的一個接一個令人觸目驚心的事實明白無誤地告訴我們，「乙肝就學歧視」業已從高等教育蔓延到義務教育階段，徹底消除「乙肝歧視」之路顯得更加迫切、坎坷、艱巨和漫長。考慮到僅僅因為乙肝病毒攜帶，這些尚處於義務教育階段的少年兒童的受教育權就被無理剝奪，也鑒於曾有那麼多經過十年寒窗苦讀的莘莘學子也被迫休學，更鑒於無以數計的勞動者賴以生存的勞動權利被變相剝奪，我們特別希望這樣的現象能夠引起全社會的反思並進而從制度層面加以消除。

一、根據衛生部、中華醫學會發布的《預防控制乙肝宣傳教育知識十項要點》和《乙肝表面抗原攜帶者管理指南》（草案）等專業指導意見，乙肝病毒攜帶者在生活、工作、學習和社會活動中不對周圍人群和環境構成威脅，可以正常學習、就業和生活。各類教育機構、用人單位必須尊重醫學的專業判斷，任何僅憑「莫須有」的主觀臆斷便剝奪或無視學生受教育權和勞動者就業權的做法不僅違反了國家反對歧視的有關法律規定，也違背了應有的科學精神。

《中華人民共和國傳染病防治法》第十六條規定：任何單位和個人不得歧視傳染病病人、病原攜帶者和疑似傳染病病人。

1997年10月，中華醫學會肝病學分會發布的《乙肝表面抗原攜帶者管理指南》（草案）規定：HBsAg攜帶者與乙肝病人不同，他們不是病人，沒有肝炎的臨床症狀和體征，各項肝功能化驗正常。乙肝病毒主要是通過血液傳播、母嬰傳播和性傳播，不是通過正常消化道和呼吸道傳播，因此HBsAg攜帶者在日常工作、學習和社會活動中一般來講不會對周圍人群構成直接威脅

2000年9月，中華醫學會肝病學分會、傳染病與寄生蟲病學分會修訂了《病毒性肝炎防治方案》，指出乙肝表面抗原攜帶者不應按現症肝炎病人處理，除不能獻血及從事直接接觸入口食品和保育工作外，可照常工作和學習，但要加強隨訪。

2005年12月2日，中華醫學會肝病分會和中華醫學會感染病學分會聯合發布的《慢性乙型肝炎防治指南》之2認為：日常工作或生活接觸，如同一辦公室工作（包括共用電腦等辦公用品）、握手、擁抱、同住一宿舍、同一餐廳用餐和共用廁所等無血液暴露的接觸，一般不會傳染 HBV。經吸血昆蟲（蚊、臭蟲等）傳播未被證實。

《2006-2010年全國乙型病毒性肝炎防治規劃》第四部分第（三）節規定：「開展多種形式的健康教育與科普宣傳，動員全社會支持和參與，消除歧視」。

2006年9月21日，衛生部發布的《預防控制乙肝宣傳教育知識要點》一、二、七、八分別規定：一、乙肝可以通過接種乙肝疫苗和其他措施預防。二、乙肝通過血液、母嬰和性接觸三種途徑傳播。日常生活和工作接觸不會傳播乙肝病毒。七、乙肝病毒攜帶者在工作和生活能力上同健康人沒有區別。由於乙肝傳播途徑的特殊性，乙肝病毒攜帶者在生活、工作、學習和社會活動中不對周圍人群和環境構成威脅，可以正常學習、就業和生活。八、目前，乙肝病毒感染尚無理想的特異性治療

藥物，醫學科技領域亦尚未攻克有些媒體廣告宣傳的「轉陰」、「根治」等難題。

綜上可見，根據上述權威的醫學指導意見和《高考體檢標準》已經解釋了以下存疑：

1、乙肝病毒攜帶絕對不是不宜在校學習的疾病。

2、乙肝病毒攜帶在目前是無法根治的。

3、乙肝病毒攜帶沒有休學治療的必要，只需加強隨訪即可。

4、自1982起，已經有安全有效的疫苗來預防，只要給正常學生注射乙肝疫苗，便可產生抗體，不會感染。如此，足以消除由於無知、偏見帶來的校園恐懼。

二、「乙肝歧視」從本質上講是一種令人窒息、令人絕望的破壞性力量，全社會都應摒棄歧視，特別是以普及知識、教書育人、授道解惑為己任的公立教育機構更應該身體力行，摒棄歧視，通過以身作則的示範效應，消除公眾因為無知、偏見而形成的「乙肝歧視」。

根據世界衛生組織的數據，我國是乙肝的高發區，乙肝病毒攜帶者占總人口的10% ，長期攜帶乙肝病毒的約有1.2億人。很長一段時間以來，假如你是一個乙肝病毒攜帶者，無論是就學、就業、參軍，還是社交、婚姻等，現實生活中的點點滴滴都殘酷地提示著：你是一個不健康的人！一個不受歡迎的人！一個可能傳染疾病給別人的人！可以想見，這樣一個無比龐大的群體面對來自社會各個方面的莫名歧視和非難時，他們是那樣的苦不堪言、神情沮喪。

假如乙肝歧視發展到極致，對於乙肝病毒攜帶者來說：第一，會失去接受教育的機會，被公立教育機構拒之門外，被同學、老師歧視，被迫與正常人群隔離；第二，會找不到工作，或者隨時可能失去工作；第三，會失去朋友、戀人，可能還會失去婚姻、家庭；第四，其人生之路會因此一蹶不振，甚至產生反社會情緒。

無所不在的歧視已經引發了大量的糾紛。訴訟、暴力、自殺的現象時有發生，它們加劇了社會矛盾，妨礙了和諧社會的建設。

針對乙肝病原攜帶者的歧視問題，中央有關部門和地方政府已經採取了一些積極的行動，它們代表著社會進步的方向。例如，國家人事部已經消除了公務員錄用體檢標準的乙肝歧視。

公立教育機構理應是「行為世範」的楷模，擔負起促進社會公平與正義、宣導關愛與包容、同情扶助弱者的使命，而不應當率先進行歧視、不顧「有教無類」

的教育倫理，否則的話只會給少年兒童、青年學生的稚嫩心靈播下不公與仇恨的種子。

鑒於此，我們作為長期支持「反歧視」行動的學者和律師，向各部門鄭重提出以下公民建言：

1、各級教育行政部門對凡是有損學生受教育權的公共事件都應該儘快干預，尤其需要教育部高度關注涉及「乙肝歧視」的休學、退檔現象的蔓延並積極地採取制度性補救和規範的措施。

由於「乙肝歧視」引發的休學、退檔事件的陸續出現並有愈演愈烈之勢，社會各界都廣泛關注。2006年9月，中國肝炎防治基金會和公民健康狀況與受教育權工作組聯合召開了「高校乙肝攜帶者學生休學現象研討會」。我們作為「反歧視」的學者和律師和來自衛生部肝炎防治領導小組、肝炎防治專家委員會、中華醫學會肝病分會的專家、教授、院士一道出席了該次研討，大家形成的共識是對乙肝病毒攜帶學生的強制休學、退檔沒有任何法律、醫學上站得住腳的依據，呼籲教育部門儘快採取有關措施加以遏止。

校方對乙肝病毒攜帶學生要求強制休學的法律依據是來源於教育部頒布的《普通高等學校學生管理規定》第一節九條的規定，即患有疾病經學校指定的二級甲等以上醫院診斷不宜在校學習的新生，可以保留入學資格一年。經治療康復，由學校指定醫院診斷，符合體檢要求，重新辦理入學手續。復查不合格，取消入學資格。

由於該《管理規定》有關因病休學的條文過於簡單籠統，幾乎賦予了校方不加限制的自由裁量許可權，難怪有的教育行政部門對於乙肝病毒攜帶學生的強制休學、退檔之事表示束手無策、無從插手，有的甚至還表達了支持和認可的態度。例如：新疆自治區教育廳學生處一位負責人對強制休學事件表態稱：新疆大學的做法是合情合理合法的，並沒有違規；學校有自主辦學的權利，讓這些乙肝病毒攜帶者休學回家好好修養、治療，是學校管理的需要，是負責任的表現。

但是根據教育部2003年頒布的《高考體檢標準》第一條規定：「患有下列疾病者，學校可以不予錄取：5、慢性肝炎病人並且肝功能不正常者（肝炎病原攜帶者但肝功能正常者除外）」。可見，僅僅乙肝病毒攜帶而肝功能正常的學生，高等學校是應該向其敞開大門的。

既然規定只有肝功能異常才受就學限制，那麼我們建議：在實際的檢測中沒有必要進行乙肝大、小三陽的檢測，直接進行肝功能檢測即可。

　　但我們不願意看到的是，一些學校通過濫用不受制約的自主權，變相顛覆了教育部的高考體檢標準，使很多乙肝病毒攜帶者學生報到後卻仍被排拒於校園之外。

　　而且，校方做出的強制休學決定往往依據的是自行指定醫院的診斷意見，缺乏中立性，作為相對人的乙肝病毒攜帶學生即便表示異議也無法要求聽證、復議或申訴，他們顯得非常被動和無助。當提起訴訟要求司法救濟時，也常常是管道不暢、結果不定，令人感覺無處可訴、無法可依，最終也當然是無果而終。以河北經貿大學乙肝休學案為例，法院以「系學校內部管理行為」為由，民事訴訟、行政訴訟均被駁回。可見，弱勢群體維護受教育權的努力是那樣的艱難和徒勞。

　　除解決聽證、復議或申訴機制缺乏、訴訟無門之外，我們還切盼未來的因病休學管理規定的修改和完善，將更加尊重科學，更加明確、規範，具有合法、合理性和可操作性。

　　2、中華全國總工會應該充分體認乙肝病毒攜帶者的弱勢和無助，有必要從勞動者健康之隱私保護的角度，與勞動與社會保障部一起推動通過立法形式來改變「乙肝歧視」產生的社會環境。

　　和消費者與商家的關係一樣，單個勞動者在用人單位面前註定是一個弱者，尤其是在就業競爭激烈的當下中國，在用人單位用工自主權基本不受約束的現狀下，乙肝病毒攜帶勞動者已經成為就業歧視的主要目標。

　　目前，中國許多企事業單位招聘員工都要進行入職體檢，在此過程中有許多乙肝病毒攜帶者被無理拒聘。據中華醫學會2005年1月發布的調查報告顯示，52％的乙肝患者由於乙肝而失去了獲得理想工作和學習的機會。而勞動與社會保障部日前擬定的《勞動合同法（草案）》第八條規定了「用人單位有權瞭解勞動者的身體狀況」，該法條賦予了用人單位無法想像的過大的權利，使其可以有理有據地進行乙肝檢查，未來一旦用人單位的此項知情權被濫用，就業領域的乙肝歧視勢必無法遏制，愈演愈烈。

　　舉凡勞工權利保障健全的國家一般都禁止或限制入職體檢的做法，而且普遍將乙肝、艾滋等病原攜帶資訊作為公民個人隱私進行嚴格的保護，更絕對不允許將

此列為能否入職的評定因素。譬如，澳大利亞法律就明文規定，「除非在HIV/AIDS，乙型肝炎或丙型肝炎影響該工作的情況下，否則不應該進行針對HIV/AIDS，乙型肝炎或丙型肝炎的雇傭前體檢篩選」。

從上我們看到，「乙肝歧視」涵蓋了受教育權和就業權的保障、乙肝病毒攜帶的科學認知、校園公共衛生安全、教育勞動行政部門應負職責等諸多問題。我們期冀教育部、中華全國總工會、勞動與社會保障部加緊統籌調研，儘快出台因應解決的對策與措施。

以上建議敬請教育部、中華全國總工會、勞動與社會保障部考慮、研究為盼。此致，

敬禮！

2006 年10 月17日

關於另建央視二臺、國家電視臺的建議書

國務院：

　　我建議分拆中央電視臺或者另建央視二臺，或者組建「國家電視臺」，以打破壟斷、促進電視行業的競爭，同時擴展央視品牌，提升國家級電視的經濟效益和社會效益。

　　發達國家要麼不允許政府電視臺的存在，要麼實行多種所有制平等競爭的媒體制度，而中國的中央電視臺由於獨家壟斷，地方電視臺由於地域、資源、政策等限制，無法與央視抗衡，致使央視長期以來不求進取，不思變革，沒有高遠的境界，沒有清新的格調，沒有心懷天下的胸襟，沒有感念蒼生的情懷，少有大製作，少有新策劃，每天要麼是板著面孔的新聞，要麼是低級庸俗的娛樂，凸顯央視的小家子氣，除了造就了一批又一批缺乏人文素養、缺乏道德情懷的娛樂明星之外，幾乎毫無成就。與鳳凰衛視相比，央視的拙劣表現更加一目了然了。

　　因此，有必要組建央視二臺或者「國家電視臺」，形成國家級電視——中央電視臺與國家電視臺競爭的局面。並且，應當允許民間資本參股央視或者國家電視臺。

　　以上建議，敬請國務院領導考慮研究為盼。此致，
　　敬禮！

胡星斗

2007-1-11

關於分拆壟斷企業、提高資源稅標準的建議書

國務院：

特權壟斷企業給中國的發展蒙上了陰影（見附件）。

我建議分拆中國石油、中國石化、中國電網、中國電信等壟斷企業，儘快制定符合國際標準的《反壟斷法》，禁止獨家壟斷，或者規定壟斷企業應當繳納巨額的壟斷稅。

我建議儘快提高資源稅標準，我國的資源稅還不到美國、德國、法國等國的三十分之一。這極不利於資源的有效利用、節約型社會的建立。

我強烈建議取消壟斷國企的「稅後利潤不上繳」的規定，把資源的福利還給廣大人民。因為根據1994年實施的《國務院關於實行分稅制財政管理體制的決定》的規定，1993年以前註冊的國有全資企業稅後利潤不上繳，結果巨額的利潤流入了特權利益集團和外國人的口袋。僅中國石油、中國石化、中國移動、中國聯通四大公司在海外上市分紅四年就超過1000億美元，中國石油公司當初在美國上市融資不過29億美元，上市四年來海外分紅累積高達119億美元。中國必須立即停止靠資源漲價、靠雙向收費、靠掠奪國內消費者，向外國人奉送巨額利益的行為。

壟斷企業可以按照利潤的比例設立投資基金，用於投資，其餘的利潤一律上繳國家財政。

以上建議，敬請國務院領導考慮研究為盼。此致，

敬禮！

胡星斗

2007-1-11

關於撤銷鐵道部、科技部，成立海洋部等的建議書

國務院：

　　中國高度壟斷的鐵路體制亟需改革。我建議撤銷鐵道部，設立鐵道總局，歸交通部領導。建立產權清晰、政企分開的鐵路體制，鐵道總局只具有制定規則、宏觀協調的權力，不參與經營、分配，更不能以國家部委之名與民爭利。各大鐵路局改造成為獨立法人，自主經營，同時政府給予補貼，票價在核准的範圍內浮動。各大鐵路局組成鐵路協調委員會或者鐵路協會，協調調度、清算、分配事宜。撤銷鐵路公、檢、法，或者將之轉歸地方。成立鐵路建設財團，鼓勵民資、外資進入鐵路，確保民營企業、外資企業投資鐵路之後具有完整的法人財產權、自主經營權，並且獲得應有的利益。

　　世界上極少見哪個國家設有科技部的。目前，中國各級政府的4000個科技局、數十萬官員和辦公人員消耗的經費至少相當於科研經費的一半，某些大城市科技局一年的日常辦公經費就在億元甚至兩三億元，加上其下轄區縣的科技局日常花費數億。所以，我建議恢復國家科委，減少人員編制和辦公經費，市級（包括縣級市）以上政府設置地方科委，其他縣級政府一般不設。

　　建議撤銷人事部，在勞動與社會保障部的基礎上成立勞動人事與社會保障部。或者將社會保障職能轉移至民政部。建議在民政部的基礎上成立民政與緊急事務部，負責對災害、災難的救助及其他緊急事務的處理。

　　建議在建設部的基礎上成立建設與住房保障部，加快住房體制改革，解決老百姓買房難的問題。建議在國家海洋局的基礎上成立國家海洋部，統籌海洋事務，確保國家的海洋主權和利益，改變中國局限於大陸型國家的歷史與現狀。

　　以上建議，敬請國務院領導考慮研究為盼。此致，
　　敬禮！

胡星斗
2007-1-11

關於對監督部門實行垂直管理、
對競爭部門取締專營壟斷的建議書

全國人大常委會、國務院：

我建議國家對監督部門如監察局、檢察院、法院、審計、環保、安全監督實行完全的垂直管理，對競爭部門如煙草、農資、電力等取締專營壟斷。

目前，中國主要是對擁有巨額利益的部門而不是對監督部門實行了垂直管理，如石油、電訊、電力、煙草、銀行等皆不受地方政府的控制。可以說，不該垂直管理的垂直管理了，該垂直管理的如紀檢、審計等沒有實行完全的垂直管理。現在，中國該是加強監督、通過對監督部門實行垂直管理從制度上解決腐敗、瀆職的時候了。

以上建議，敬請全國人大、國務院領導考慮研究為盼。此致，

敬禮！

胡星斗

2007-1-11

關於將農墾林墾企業所屬的公檢法剝離出來
劃歸地方國家機關的建議

全國人大、國務院：

改革開放以來，隨著我國社會經濟的不斷發展，國有農墾林墾系統的經濟效益不斷好轉，國有農墾林墾系統內部員工與領導層之間的矛盾和利益糾紛也在增加。最近十幾年來，國有農墾林墾系統內部普遍存在某些公檢法人員淪為企業領導打手、公器淪為私人保護傘、幹部淪為特權享有者、職工淪為現代「農奴」、「膠奴」問題（參見中國作家協會創作部原主任蔣巍的紀實作品「泣血的『草根聲音』——北大荒墾區上訪問題調查」《中國大紀實》，2011 年 8 月：huxingdou.blog.ifeng.com/article/15289260.html；海南省委黨校原校長李克致海南省委書記的長信：huxingdou.blog.ifeng.com/article/12637750.html）。這些現象嚴重侵害了廣大農工和林工的合法權益，破壞了社會的和諧與穩定。國有企業系統內部設立公檢法這些國家公權力機構，本身就違反了中國《憲法》第三條的規定：「中華人民共和國的國家機構實行民主集中制的原則。全國人民代表大會和地方各級人民代表大會都由民主選舉產生，對人民負責，受人民監督。國家行政機關、審判機關、檢察機關都由人民代表大會產生，對它負責，受它監督。」為從源頭上解決這些問題，按照政企分開、社企分開、司法獨立、公平正義的原則，我們建議：

一、農墾林墾企業的公檢法劃轉地方管理，工作人員轉為公務員。

二、從財政上、組織上、制度上保障公檢法的獨立性，即公檢法不再聽命於企業領導，而是致力於維護社會秩序與社會正義。

三、農場林場的學校、醫院等後勤服務產業同時交予地方政府管理（2006年，國務院下發「國辦發[2006]25號檔」進行國有農場稅費改革，免去農業稅、鄉村道路維修費和計劃生育費等五項統籌，但由於公檢法沒有剝離、學校醫院沒有社會化，農場承擔著政府職能，致使國務院檔無法執行，大大有損於國務院的權威）。

四、在國有農場林場開展維護社會公平正義的活動，廢除幹部特權，調查非

正常收入，清查貪汙腐敗，嚴懲執法犯法，平反冤假錯案，公平對待上訪，實現司法正義，改善墾區民生。

以上建議如蒙採納，則是農墾林墾萬眾之大幸，也必將推動國家的司法改革與公平正義，我們對此抱有強烈期待。

此致，

敬禮！

倡議人：

胡星斗（北京理工大學教授）

李柏光（北京市共信律師事務所律師、法學博士）

發出時間：二零一二年十二月十日

建議將北大清華改革爲私立大學

胡星斗

如何克服中國大學行政化的現狀？我認爲，唯有大學私立化之一途，其他的手段如校長去行政級別、大學自主招生、教授治校等皆是隔靴搔癢、空中樓閣或末梢枝節。

只有將主要的大學私立化，加上政府的法治化，才能解決政校不分、大學官場化、學術不獨立不自由、學術成果指標政績化——追求論文數量、科研經費數量、博士生碩士生數量等學術泡沫的現象；只有大學私立，才能提高教育和科研品質，培養出大師級的人才；也只有大學私立，才能確保義務教育經費的投入，並且促進公益慈善事業的發展，在全社會形成捐資助學（大學）的風尚。

目前，中國對官辦大學與民辦大學採取親疏有別、嬌慣前者歧視後者的差異化政策，凡是官辦大學，在招生、就業、教師戶口及社會保障、評職稱、評優秀學生、申請課題與經費、助學貸款、學生醫療保險乃至於購買半價火車票等方面皆有特權；凡是民辦大學，不但只能招收高考淘汰生，而且在辦學條件與政策、教師與學生待遇方面處處受阻，甚至遭遇人爲的打壓，以至於如今民辦大學生存困難，教育品質無法提高，形成「差學生——差學校——差待遇」的惡性循環。而國立大學、公立大學則壟斷了一流的資源與生源，同時生產大量的垃圾產品與成果——論文數量全球第二，但99.9%是垃圾論文；博士生數量全球第一，但最大的博士群體在官場，是官員們權學交易的產物；各大學以論文數量、科研經費數量論英雄，但近60%的經費沒有用在科研上（新華社報導，山東省2006年審計報告公布，高校科研經費直接用於課題研究的費用僅占40.5%），即使用在了科研上，大部分也是浪費掉了。

一些科研人員年復一年地申請課題，經費到手以後基本上都由博士生碩士生們幹活，想方設法花掉經費，然後花錢買版面發表論文或申請專利（大部分課題要求的成果形式是發表論文或獲得專利，這就形成了中國專利基本上都是垃圾專利的

局面，屬於發明專利的僅有19.9%，而且是小打小鬧的個人發明、重複的發明），最後，召開科研成果鑒定會，邀請一幫朋友專家相互捧場，吹噓「達到國內一流、世界先進」等等而完美結題（短短的半天或一天時間，專家們沒有時間也沒有必要去核實成果與數據。大家心照不宣，今天你給我捧場，下次我給你捧場）。隨後又開始另一個巨額經費的課題。

　　這就是官辦大學的弊端：由官員分配研究經費、支配研究經費，而經費的使用幾乎沒有監督；由官員評判學術（所謂大師、院士皆是官方喜歡的人，而像黃萬里那樣「長了反骨」，批評三門峽工程、三峽工程，即使是公認的數一數二的大家，也不可能當上院士。不僅如此，其水利著作也不允許出版），由政績標準催生教育產業化、教育大躍進，而不關心教育品質、學生品質的滑坡；國有大學與國有企業、國有銀行一樣，由於產權不清、治理結構不科學，大學領導們為了短期經濟利益，也不在乎糟蹋學校的名聲——北大清華掛靠了多如牛毛的培訓班、贏利機構。如果是私立大學，他們就會愛惜羽毛與品牌，絕不可能這麼幹。

　　所以，目前的中國只有官學，沒有真正的大學。只有大學私立化，廢除對於民辦大學的種種歧視，才能逐漸地提高教育品質、科研品質，如此才能談得上建設世界一流的大學，否則，所謂的進入世界一流大學行列只能淪為政績口號與作秀。只有大學私立化，由企業家等組成學校董事會、由教師代表、學生家長代表、社會名人等組成理事會，才能實現大學治理結構的優化，加強對於大學的監督。大學私立後，財政撥款的經費主要用於舉辦義務教育（目前中國的大部分教育經費用在了高等教育上，損害了義務教育），這樣才能保障義務教育特別是農村義務教育的投入。高等教育的經費從哪裡來呢？從慈善捐贈、大學科研服務中來！美國的大學大部分是私立的，但其經費卻異常豐裕，如哈佛大學總捐贈基金超過360億美元，耶魯大學229億美元，據CNBC報導，2007年全美的大學捐贈基金會在股市及業界的投資總額超過3400億美元。

　　美國由於慈善捐贈抵稅及免稅，以及慈善體制的完善，富人、企業家、校友、普通國民皆捐獻成風，其公益慈善組織120萬個，一年的捐贈總額在六七千億美元。中國也應當改革慈善體制，鼓勵捐贈，形成回報社會、投資大學的社會風尚，由此促進整個社會道德水準的提高。

作為大學私立的試點，我建議首先將北大清華改革為私立大學。

2010-7-8

對高考與招生的戶籍歧視進行違法審查

——在高考移民研討會上的講話

胡星斗

一、高考與招生的戶籍歧視

2001年8月22日，青島市三名考生就全國高考錄取分數線的地區差異向最高法院提出了中國第一起憲法訴訟；

2005年6月27日，《瞭望東方週刊》報導：海南省取消340名同時在兩省報名參加高考的考生考試資格；

2005年07月14日，《新聞晨報》報導：海南高考狀元被指「高考移民」被取消報考一本資格；

2006年6月5日，《燕趙都市報》報導：數百名在天津就讀的外省籍考生在高考之前被取消高考資格；

2008年5月5日，《北京青年報》報導：政府部門政策「打架」，「高考移民」群體訴訟，14名從外地遷入西安的考生狀告西安教育部門欲討回高考權；公安機關表示：買房落戶，戶籍遷入程式合法；市、區教育部門表示：隨父母正常落戶，學生學籍不受限制；可是省招辦表示：戶口非正常遷入取消高考資格。試問：「高考移民」標準誰來制定？「高考移民」誰有資格認定？「高考移民」要實行「有罪推定」？

由於各省區直轄市的高校數量差異、考生數量差異，致使高考分數線在各地相差巨大；人口大省分數線居高不下，錄取的機會大為降低；有的省市之間高考錄取分數線甚至相差100分到200分。在北京、上海等大城市，能上重點大學的分數，在有些省分連大專也不一定能上，「恢復高考20多年來，北京的高招錄取分數線大大低於其他省，多的達100多分，在其他省只能上一般本科的分數，在北京竟能被北大、清華錄取！」據對2005年有關數據分析，錄取機會較大的省區直轄市有天津、上海、青海、海南、遼寧、北京、吉林、西藏；錄取機會較低的省分有山西、

甘肅、四川、河南、貴州、江西、湖南、湖北、安徽、山東、江蘇，分佈在東、中、西部地區均有。

錄取分數線的差異、公辦大學招生的當地語系化、高校按戶籍招生、回原籍高考，考生的命運很大程度上取決於他出生在哪個地區以及父母是誰。這種分數線的不公平、地方歧視，實際上造成了考生人格上的不平等，成為中國教育最大的不公平。據報導，2006年全國高考違規的考生就有3千多人。其實，該譴責的不是考生的違規，而是高考制度的不公平和歧視。歧視產生仇恨，仇恨將可能毀滅和諧社會。

二、建議對高考與招生的戶籍歧視進行違法審查

1995年9月1日實行的《中華人民共和國教育法》第三十六條規定：「受教育者在入學、升學、就業等方面依法享有平等權利」；第八十一條：「違反本法規定，侵犯教師、受教育者、學校或者其他教育機構的合法權益，造成損失、損害的，應當依法承擔民事責任」。

而教育部辦公廳、公安部辦公廳《關於做好普通高校招生全國統一考試考生報名資格審查工作的通知》中強調：

各省級招生委員會要切實加強本地高考考生報名資格審查工作。要根據本地實際，完善戶籍學籍雙認定、高中學籍電子註冊、居民身分證核查、報名資格公示等各種行之有效的高考考生報名資格審查辦法。對邊遠地區和高考錄取分數線通常較低、高考移民現象較易出現地區，要在高考報名工作開始前，聯合相關部門加強對考生情況的審查。對於持有外地公安機關簽發的居民身分證的考生要重點核查，發現問題及時處理。對於憑虛假材料報名、在不同省分重複報名或通過辦理非正常戶口遷移手續後報名的考生，一經查實，應按照有關規定取消其考試或錄取資格，已經入學的應取消其學籍。

我認為，該通知涉嫌違背《中華人民共和國教育法》，建議全國人大法律審查室對之進行違法審查。

一些地方、城市為了招商引資，規定投資或購買商品房即可落戶，有的先取得藍印戶口，待遇與當地人一樣，兩三年後取得正式的紅印戶口。現在，這些地

方、城市招完商後就關門打狗、卸磨殺驢，惟恐減少了當地人的錄取機會，規定藍印戶口或者移民年數不到的高中生不允許在當地高考，可是他們的原戶籍已經註銷，也不可能回原籍高考。這種做法野蠻地剝奪了青少年的接受教育的機會，是極大的犯罪，建議司法部門按照教育法第八十一條及民法條款予以懲處。

北大、清華等國立大學（包括部屬大學）是依靠全體人民的納稅和財政援助維持與發展起來的，理應對全體人民平等開放，地方財政建立的大學才可以向當地傾斜；國立大學照顧所在城市、歧視人口大省是一種違法行為，建議考生起訴北大、清華等大學，以維護納稅人的合法權益。同時，中央政府應當進行縱向財政轉移支付，幫助人口大省、落後地區建立更多更好的大學。

美國大學也有傾斜性的錄取政策，但他們是向弱勢族群、貧困社區傾斜，決不是像中國這樣向發達地區、富裕城市傾斜。

教育公平是社會公平、國家公平的重要體現，教育公平應當包括學生受教育的起點、過程和結果的公平；只有按照人口或者考生數量科學合理地確定各大學在各省的招生人數，使考生站在同一起跑線上，實現「起點的公平」，才能為社會的公平、國家的公平奠定基礎。為此，我建議國家對高考及招生制度進行公平性改革，同時建議全國人大制定《反歧視法》、《教育公平法》。

三、對高考及招生制度進行公平性改革

有人說，沒有絕對的公平，絕對的公平是最沒有效率的公平，也最終是最不公平的。此話固然有道理，但是我們不能由此就否定相對公平的存在。國立學校按人口分配錄取指標，或者按考生的比例安排指標，同時照顧經濟落後地區、民族地區，是相對公平、也可能是最優的做法。

中國政法大學已經按各省區直轄市人口比例確定招生計畫，是一個突破。中國政法大學的做法是：用學校計畫招生的人數除以13億，再乘以各省區直轄市的人口數，基本上就是下達到各地的指標數。同時在此基礎上，考慮國家開發西部的政策、生源品質、地域因素等，確定本科招生分省計畫。

有人提出統一高考分數線、統一高考命題，由國家統一命題，所有省區直轄市納入統考範圍，錄取時取消地域界限，劃定出統一的分數線，按照分數高低公平

錄取。此種做法是次優方案，不如按人口分配或者按考生的比例分配指標。

　　統一高考分數線，可能導致另外一種不公平：基礎教育發達的地區、大城市的高考升學率將遙遙領先，教育不發達地區、貧困省分將成為高考的沙漠；同時，統一高考分數線必然要求統一考題，統一考題相對於目前的各地自主命題，可能是一個倒退。

　　曾經有人提出廢止現行高考招生制度，這是矯枉過正。高考是當今中國唯一的相對公平的做得比較好的制度，在中國這樣的人人走後門、缺乏法治、腐敗生活化的社會，其他的招生方法只會導致更加嚴重的腐敗。甚至所謂的「自主招生」，在中國如果推行、監督不力的話，也可能釀成很多的腐敗。

　　在目前大的環境不可能改變的情況下，高考改革的正道應當是，推行「一年兩考」或「一年多考」，以最佳考試成績的那一次為准選擇大學，減輕學生的心理壓力；壓縮考試科目、天數，增加面試，面試要占一定的分值；推行素質教育和能力考試，減輕學生負擔。

　　高考分數線差異源於教育資費的分配不公。以後國家財政對各地教育的投資必須均等化，不得把教育經費重點投入一個或者幾個城市的學校，基礎教育更是如此；國家應當切實鼓勵私立大學的發展，在高考錄取、助學貸款、評獎評優、落戶進人、學生優惠待遇等方面做到公立與私立一視同仁。

　　通過對高考及招生制度、戶籍制度、教育投入制度進行全面的改革，解決高考移民背後的不公平制度問題，我相信中國的教育公平在不遠的將來可能實現。

2008-5-9

關於將世界第一教育家孔子的生日
確定為教育節或新教師節的建議書

全國人大、國務院：

我建議儘快將孔子的誕辰（陽曆）9月28日確定為教育節或新的教師節，以彰顯中國人民尊師重道、傳承文化、提升道德的大國風範和氣魄。

一、世界教師節——孔子感動了世界、惟獨沒有感動中國？聯合國教科文組織曾經將孔子的生日9月28日定為「世界教師節」；1971年，美國參眾兩院立法確定孔子的誕辰9月28日為美國的教師節；中國臺灣、香港、新加坡、馬來西亞、印尼等地均把孔子的生日定為教師節或慶祝日。可見，孔子不僅是中國教師的鼻祖，也是世界教師的榮耀。

二、世界上最偉大的教育家——孔子。孔子的教育思想屬於世界普適價值。其「有教無類」（不分階層，人人都有平等接受教育的權利）的思想，是當代「平權」運動、「教育公平」理論的先驅；其「學而不思則罔，思而不學則殆」（學思結合），「學而不厭，誨人不倦」，「敏而好學，不恥下問」，「學而時習之」，「發憤忘食，樂以忘憂」，「吾非生而知之者，好古敏以求之」，「後生可畏」等思想，以及孔子所推崇的禮、樂、射、禦、書、數六藝教育，因材施教、舉一反三的教、學態度等，堪稱古今通用的「師道」、「學道」；儒家追求真理的精神——「大道之行，天下為公」，「朝聞道，夕死可矣」，「當仁不讓於師」，「天下有道，丘不易也（如果現在是個有道的社會，我孔丘就不參與變革了，正因為天下無道，所以，我挺身而出）」，「志於道」等思想，是教育界永遠的座右銘。

孔子以「仁」、「愛人」為教育的核心，行「忠恕之道」——「己欲立而立人，己欲達而達人」，「己所不欲，勿施於人」；提倡中庸中和、溫柔敦厚的君子（以及後世所謂的「儒將」、「儒商」）風範——「君子勞而不怨，欲而不貪，泰而不驕，威而不猛」，「溫而厲」，「恭而安」，「君子中庸」，「和為貴」，「君子和而不同，小人同而不和」，「和而不流（不流於眾俗）」，「君子矜（矜持、堅持原則）而不爭，群而不黨」，「君子無眾寡，無大小」（君子無所謂人多

人少，官大官小），「文質彬彬，然後君子」等。

孔子極為注重道德、誠信、氣節、人格的教育——「道之以德」，「為政以德」，「不義而富且貴，於我如浮雲」，「放於利而行，多怨」（放肆地追求利益，會招致很多的怨恨），「富與貴，人之所欲也，不以其道得之，不處也」；「人而無信，不知其可」，「民無信不立」（孔子把信用作為一個人立身處世的根本）；「三軍可奪帥，匹夫不可奪志」，「不降其志，不辱其身」，「志士仁人，無求生以害人，有殺身以成仁」，「知者不惑，仁者不憂，勇者不懼」，這些光輝思想可以作為今世中國建立道德秩序、信用社會、清廉國家、正氣民族的寶貴精神資源。

孔子還提出了身教重於言教以及君子在言行、修身方面的要求：「其身正，不令而行」，「君子訥於言而敏於行」，「敏於事而慎於言」，「仁者，其言也訒」，「聽其言而觀其行」，「君子正其衣冠」，「君子有三變：望之儼然，即之也溫，聽其言也厲」，「君子坦蕩蕩」，「赦小過，舉賢才」，「無求備於一人」（對任何人不求全責備），「道不行，乘桴（小木筏）浮於海」（面對挫折，保持達觀）。

從上可見，孔子豐富的教育理論，其道德、信用、人格、修身言論，儒家的仁義禮智信、溫良恭儉讓等思想，不僅可以作為君子為人處世的指南，亦可作為當今人文教育的重要內容。孔子是名副其實的世界第一教育家。

三、孔子的歷史地位。孔子是人類的精神導師，是人道主義的啟蒙者，是世界上公認的偉大的思想家。他被聯合國教科文組織評為「世界十大文化名人」之一，並名列榜首。孔子是中國第一個思想流派——儒家的創立者，是最偉大的教育家，是中國歷史上第一個人格獨立的教師，首開私人講學之風，首次向民間普及教育。孔子還是中國文化的偉大保護者，他整理了《詩》、《書》、《禮》、《易》、《樂》、《春秋》六經。

誠然，孔子在歷史上曾經被統治者所利用，變成了「神」，到近代又被激進文化所玷污，被斥為「孔家店」、「孔老二」，遽然成了「鬼」，現在該是還孔子作為「人」、作為偉大的教育家和思想家的本來面目的時候了。

為孔子「平反」，並不意味著儒家學說完美無缺，不可以批判，事實上，我也曾經批判孔子，批判儒家思想中存在的阻礙中國社會進步的東西；為孔子「平

反」，更不意味著要開展所謂的「讀經」活動，盲目掀起新的尊孔熱潮，不知現代文明為何物，搞復辟倒退！而是要——海納百川、融通中西，繼承傳統文化特別是儒家、墨家中的優秀成分，「拿來」現代人類文明的精髓，共同鑄造「現代中華文明」和「現代中國制度」。沒有傳統文化的根，現代文明的大樹不可能在中國成長；沒有現代文明的嫁接，傳統文化只能生長出人治、專制的苦果。

為孔子「平反」，將孔子誕辰確定為教師節日期，就是解放思想，實事求是，承認孔子是中華民族的偉人、世界第一教育家。

四、孔子的深遠影響。凡有中國人和唐人街的地方，都有孔子的雕像。在東亞和東南亞一些國家還有「孔教」和「孔教學校」。美國加州把9月28日定為「孔子日」。聯合國教科文組織設立了「孔子獎」，獎勵在世界範圍內對教育文化事業作出了傑出貢獻的人士。日本、韓國、新加坡、中國臺灣被稱為「儒家資本主義」、「儒家自由主義」，可見，儒家在其發展中功不可沒。

日本企業界對孔子頂禮膜拜。日本「近代工業之父」澀澤榮一首先將《論語》運用到企業管理，他開設了「《論語》講習所」，宣導「論語主義」、「道德經濟合一說」、「義利兩全說」、「論語加算盤說」。日本東芝公司總經理土光敏夫，豐田公司創始人豐田佐吉、豐田喜一郎等人都喜歡都《論語》，豐田喜一郎還將「天地人知仁勇」用作自己的座右銘。日立公司創始人小平浪平把儒家的「和」、「誠」列為社訓（公司準則）。日立化成公司總經理橫山亮次說：「日本人的終身就業制和年功序列制是禮的思想的體現，企業內工會是‘和為貴’思想的體現。「三菱綜合研究所的中島正樹稱」中庸之道「是最高的道德標準。住友生命的會長新井正明以「其身正，不令而行」為座右銘，住友的總理事小倉恒稱「君君臣臣父父子子」是建立事業的頭一個條件，也即盡本分、盡責任。松下幸之助更是孔子迷，其管理文集經常引用孔子的言論，處處體現儒家思想。

五、確定孔子誕辰為教育節或新教師節的意義。

（一）有助於弘揚尊師重道的民族精神，提升全體國民和華人的民族自豪感，增強中華民族的凝聚力，糾正「文化大革命」破壞民族文化的所帶來的負面影響，提高國家的軟實力。

（二）有助於實施科教興國戰略，發掘傳統教育資源，振興教育，特別是人文教育。

（三）有助於繼往開來，傳承文化，接續傳統，保護國粹。

（四）有助於中國社會的道德重建，提升國民的道德信用水準，改變道德滑坡、信用墮地的現狀。

（五）有助於促進兩岸統一，團結海外華人華僑，強化華人與大陸的政治、文化、親情聯繫，促進大陸的經濟發展。

總之，我認為，定孔子生日為教育節或新教師節具有重大的戰略意義。它是遲早的事，晚做不如早做。而且，確定9月28日為教育節，可避免與現有教師節的衝突，更容易實施，更可行。隨著教育節的推行，原教師節自動廢止。以上建議，敬請全國人大、國務院早日定奪。此致，

敬禮！

胡星斗

2005-1-24

關於在學校設立公益學分、鼓勵學生做義工的建議

尊敬的教育部領導：

　　我建議在全國的大學、中學、小學中設立公益學分，鼓勵學生做義工、志願者，中招、高招皆應參考學生的公益評分。

　　義務工作，是公民精神的體現；公益活動，是文明國家的標誌。義工（志願者）旨在弘揚人性、人道、公義、公共精神，傳播現代文明，彌補功利文化的缺失，實現人的自我超越和靈魂昇華，應當大力提倡。現代文明，並非只有市場經濟的自利主義、惟利是圖，還有公民社會的利他主義、公益慈善。可以說，市場經濟與公益社會是現代文明的兩個車輪。托克維爾說，美國的個人主義被義務組織控制著，美國人一方面追逐個人利益，另一方面大量地從事慈善、義務工作。50%的美國人是積極的志願者，每週平均義務工作4小時；75%的美國人經常捐款，每年捐款總額達2～3千億美元；美國擁有公益組織120萬家，慈善機構73萬家，慈善基金會56600多家。在美國，所有的中學都有嚴格的義務工作時間要求，美國大學尤其是長春藤名校，錄取學生時不完全看成績，而是看義務工作記錄。2004～2005學年，美國有330萬大學生做義工。

　　目前，中國人的公共精神、公益道德明顯缺乏，富而不捐，見死不救，危難不助，已經成為民族心靈的傷痛。據報導，中華慈善總會每年接受的捐款75%來自國外；宋慶齡基金會70%的捐助來自境外；希望工程基金的一半來自跨國公司；中國人均捐款是美國人的萬分之三；中國目前僅有慈善公益組織100餘家；2005年才成立了第一家國家級私立基金會。而中國需要幫助的人口有：每年6000萬的災民，2200萬城市低保人口，7500萬農村絕對貧困人口和低收入人口，6000萬殘疾人，還有農民工、下崗工人、孤兒、老人、流浪者、愛滋病患者，等等。

　　因此，為了喚醒中國人的公共意識、關懷意識和責任意識，培養公民的愛心、健全人格以及奉獻精神，塑造現代公民，有必要從學生抓起，設立公益必修學分，鼓勵學生做義工，同時，改革中考、高考制度，將公益成績和評語納入招生的綜合評判之中。

以上建議，敬請教育部領導研究為盼，此致，
敬禮！

胡星斗

2007-2-15

建議制訂《平等權利法》，締造中國的平等權利新時代

胡星斗

　　為了維護公民的平等權利，保護每一個國民的利益以及尊嚴和幸福；為了捍衛憲法，避免社會動亂，實現社會各階層共和共贏的理想，締造中國的平等權利的新時代；為了中華民族的健康發展，提升國家的凝聚力，促進中國的現代化事業；為了中華民族在國際上獲得應有的尊嚴和聲譽，履行已加入的國際公約的義務；為了體現中國政府保護人權、促進社會平等的決心，我建議制訂中國的《平等權利法》或《反歧視法》。

　　我們相信，在政府、公民和各種社會組織的努力下，一個平等權利的時代終將來臨。每一個中國人都應當以信心、智慧和行動迎接中國的平等權利的新時代。

胡星斗

2005-11-15

附件

《平等權利法》（或《反歧視法》）草案

胡星斗

第一部分　政治權利和法律權利

第一條　所有公民、所有群體、所有社會階層完全平等。

　　　　依照憲法中的規定，人人都有資格享有一切公民權利，不分其身分、地位、種族、性別、政治或宗教的差異。

佛教、基督教、伊斯蘭教等宗教擁有平等的健康的發展權利。

第二條　人人有權享有生命、安全和自由，不得隨意剝奪任何人的生命；除非依照法律所確定的根據和程式，任何人也不得被剝奪自由。

改革和廢除勞動教養制度和信訪收容等強制收容制度，代之以社區矯正制度。

對任何人均不得施以酷刑或不人道的、侮辱性的待遇或刑罰。

第三條　人人有權要求由獨立的法庭進行公正和公開的審訊。國家有義務實行制度變革，進行權力制衡，以阻止權力勾結、司法腐敗。

當憲法或法律賦予的基本權利遭受侵害時，國民有權要求國家賠償。應當加大賠償的力度，以體現對公民權利的尊重。

第四條　任何人的私生活、家庭、住宅和通信不得任意干涉，公民的榮譽和名譽不得加以攻擊。

第五條　逐步取消城鄉二元戶口制度，取消暫住證及收費。

公民有權自由遷徙和居住，有權享受與所在地居民完全相同的待遇。

第六條　人人有權享有國籍，不得任意剝奪任何人的國籍。

第七條　人人有權享有憲法中的一切權利，包括有權組織和參加農會、工會以保護自己的利益和權利。農村應當成立農會，私人企業、外資企業都應有屬於工人自己的工會。農會、工會應當代表農民、工人的利益。

第八條　人人有平等的參與公共事物的權利。公民有權直接或通過自由選擇的代表間接地參與治理國家、建設社區。農村居民與城市居民中的人民代表比例應當相等。人民代表應當由公開、民主的方式選舉產生，不得等額選舉。

人民的意志是政府權力的基礎，這一意志應以定期的和真正的人民代表的選舉予以體現，而選舉應依據普遍和平等的投票權並以不記名投票和自由投票的程式進行。

政務官、村委會主任、居委會主任、國有企業廠長、人民團體負責人應通過選舉產生。為了不影響社會穩定和秩序，除農村外，施政演說應當在室內進行或者利用電視、廣播、報紙、互聯網等傳媒進行。事務官由獨立的機構考核任命，不得由政務官提名或任命。

第九條　人人在行使他的權利和自由時，只受法律所規定的限制，此種限制的唯一

目的是保證對其他人的權利和自由給予應有的承認和尊重，並在一個民主的社會適應道德、公共秩序和普遍福利的正當需要。

第十條　淪為愛滋病患者、吸毒者、妓女等邊緣狀況的人，也享有與其他人一樣的平等的生命權、人格權和生存權。國家有義務對弱勢群體、邊緣群體進行經濟救助和權利救濟，有關當局有義務認真聽取和處理上訪者的訴求。

第二部分　經濟權利和社會權利

第十一條　公民的私有財產神聖不可侵犯。

第十二條　在逐步廢棄二元戶籍制度的同時，對城鄉二元教育制度、醫療制度、社會保障制度、就業制度、基礎設施建設制度、財政制度、稅收制度、金融制度、電力制度等進行廣泛的改革，建立城鄉統一的體制。

第十三條　在失業、疾病、殘疾、衰老和其他不可控的原因導致喪失謀生能力時，人人有權享受社會保障，有權享有為保障個人尊嚴和人格自由發展所必需的經濟、社會和文化方面的各種權利。

　　　　　國家有義務對農民的社會保障如醫療、養老、失業提供援助，應當建立農村低保救濟制度。

第十四條　人人有權工作，有權自由選擇職業、享受公正和合適的工作條件。國家應當建立民工最低工資制度，限制工作強度和工作時間長度，取消嚴重損害工人身心健康的工種，以機器人和現代科技成果代替之。礦工、建築工等高強度、高危險工人應當獲得高薪，並享有巨額意外保險和健康保險。

第十五條　人人有權組織、參加農會、工會和各種自治組織，農會、工會和自治組織有權自由地進行工作，不受除法律所規定及在民主社會中為了國家安全或公共秩序的利益或為保護他人的權利和自由所需要的限制以外的任何限制。農會、工會和非政府組織應當代表所屬團體，維護所屬團體的利益。

第十六條　公共服務系統應建立價格聽證和協商制度，如鐵路、民航、公共汽車等不得趁服務對象增加時漲抬價格。

放開對銀行業、保險業、計程車業等的准入限制，鼓勵私人競爭，保護業者的合法權益。

第十七條　所有的法律、法規、政策、條例都應委託專家學者或獨立的社會團體制訂，不得由主管當局制定對自己有利的標準，然後又自我裁定合法性。事故鑒定不得由利益攸關的醫療部門、司法部門、生產部門作出，應當在中立的機構進行，以維護患者、被告、消費者等弱勢群體的利益。

第十八條　人人有同工同酬的權利，不受任何歧視。
人人有享受休息和閒暇的權利，包括工作時間有合理限制和定期給薪休假的權利。打工者享有參與涉及自身利益的重大決策的權利，享有福利保障的權利，享有在所在城市、地區得到優先照顧的權利。

第十九條　男女在一切政治、經濟、社會及文化權利方面享有平等的權利。母親和兒童有權享受特別的照顧和協助。一切兒童，無論婚生或非婚生，都享有同樣的社會保護。

第二十條　政府應當從法治和制度上剷除腐敗、特權，減少公款汽車消費，遏止公款旅遊、公款吃喝之風，如此確保有足夠的資金解決弱勢群體的困難。

第三部分　文化權利和教育權利

第二十一條　依照憲法中的規定，人人擁有思想、良心和信仰自由的權利，擁有參加政治、經濟、文化及社會生活的權利，不分種族、語言、宗教或政治信仰。

第二十二條　除不得煽動武裝叛亂之外，人人享有提出主張和發表意見的自由，享有通過任何媒體接受和傳遞思想的自由，享有輿論自由、良知自由及通信自由。

第二十三條　政府和國家組織的行為應當透明化，公民檔案應當對當事人公開，政府有義務幫助弱勢群體獲得有益於個人的全面發展的一切資訊。

第二十四條　新聞應當獨立自主，不受任何群體的操縱。媒體應當反映民生，反映民間疾苦，應當更加關注工人、農民、弱勢群體、邊緣人的生活。

第二十五條　人人擁有接受教育的權利。城市和農村的義務教育都應當完全免費。

教師工資和校舍建立、修繕等應當完全由各級政府負責。

教師的工資不得以任何原因拖欠，教師的工資水準應當高於公務員的收入。教師的地位應當獲得充分的尊重。

第二十六條　因經濟原因造成兒童失學，當地政府官員應當引咎辭職。

第二十七條　民工子弟與所在地的兒童、青年具有完全平等的接受教育的權利，所有費用沒有差別。

政府有責任幫助、扶持民工子弟學校的發展。不得因民工學校不規範、不符合辦學條件而使兒童失學。

第二十八條　中等技術和職業教育應當普遍設立，高等教育應根據成績而對一切人平等開放。政府有責任幫助貧困學生就學。

第二十九條　教育的目的在於充分發展人的個性並加強對國情的瞭解、對人權和基本自由的尊重。應當放棄灌輸式教學、做聖人的說教，積極開展公民權利義務教育、素質教育，給普通人以生存的空間。

應當克服政校不分、學校行政化、衙門化的狀況，提倡學術的純潔性和學術自由。

第三十條　人人有權自由參加和組織各種形式的文化生活。弱勢群體和邊緣人的生活狀況應當在文藝作品中得到充分的反映，以引起全社會的關注。

「高貴中華、文明中國」的倡議書

胡星斗

中華民族是崇尚權謀與暴力的民族？

中華文明從發軔之初就走上了專制主義的道路，《尚書》之「牧民」思想、夏啟之家天下、秦始皇之郡縣制、漢武帝之意識形態獨尊、朱熹之儒家天理、朱元璋之無限君權、康雍乾之文字獄將中國從相對專制主義推向了絕對專制主義的高峰，走上專制主義道路並且不斷得以強化的原因是：小農經濟以及崇本（以糧為本）抑末（打擊商業）政策的作用；商品經濟及其自由、平等、協商精神的匱乏；大陸型文化的封閉保守；官方助長下的極權主義思潮的氾濫。東周之前，中國是相對專制主義，西周是典型的封建社會（分封制、貴族制，與晚起的西方封建社會相似），天子只是諸侯擁戴的「共主」，其權力不能到達諸侯國之內的臣民，而從秦始皇開始，中國建立了絕對專制主義的郡縣制和層層任命、施控的金字塔型權力結構，這是西方社會所沒有經歷的階段，西方在封建社會之後便直接進入了法治分權的民主政治和市場經濟時代）。專制主義特別是絕對專制主義的特點是：政治鬥爭不循規則，不擇手段，暗箱操作，實行非程式政治、謊言政治和暴力政治。因此，學者認為，中國古代的官場文化是儒法互補、陽儒陰法的，即對外宣傳的是儒家的仁義道德，實際使用的卻是法家的陰謀權術，韓非子的專制主義和法西斯主義思想氾濫。由此，權謀與暴力像夢魘一樣糾纏著中華民族，血腥的奪權、內戰、無法消解的仇恨、世代復仇的信念、光怪陸離的《三十六計》和數千部兵法的應用、《水滸》《三國》的殺人遊戲和計謀、委瑣複雜的人際關係構成了中國人生活的主旋律。

難怪魯迅先生指出：中華民族最缺少的是誠和愛。大哉魯迅！

為什麼當代中國出現道德危機？

沒有官德，就沒有公德。孔子曰：子率以正，孰敢不正？民諺曰：上樑不正下樑歪。

上世紀50～70年代，電影《武訓傳》、《紅樓夢》研究、胡風案、《劉志丹》小說等的莫須有罪名、反右運動的「引蛇出洞」、大躍進的崇假、浮誇、文化大革命的羅織罪名、揭發告密，都使得中國人道德掃地。馬克思對「只要目的正確，就可以不擇手段」理論的提出者馬基雅維裡的讚揚，史達林肅反運動的消滅異己，毛澤東對法家的推崇，都為無所不用其極的階級鬥爭寫下了權威的注釋。

改革開放之後，中國發生了翻天覆地的變化，民族復興的曙光正隱約展現。但是，由於制度、體制、文化的沉屙舊疾的發作，中國正陷入官德不彰、社會風氣日見衰敗、道德日益滑坡的危局。

——貪官們一面信誓旦旦廉潔奉公，一面肆無忌憚貪贓枉法，腐敗呈大面積、群發性、高額度發展的趨勢。反腐敗也成為一部分人清除異己、進行政治鬥爭的工具。

——據新華網，2003年兩會一份提案披露，我國現有公務用車350萬輛，每年耗資3000億元（另一數字為3300億元）。一輛公車可以養活40個下崗職工（而韓國漢城市政府僅4輛公車，發達國家連總理、首相使用公車都有種種的限制）。我國公款吃喝一年也花2000億元。

——邊是花天酒地，一邊是數千萬未解決溫飽的家庭和數億貧困家庭（按照聯合國標準，貧困標準是年收入低於375美元，即3000餘元人民幣，從總體上來說，我國農村人口全部屬於貧困）。而我國一年城市低保僅支出112億元（2003年），農村連這點可憐的低保都沒有。一邊是高幹病房至少三分之一的高幹屬於無病療養，一邊是農村貧困家庭哭天喊地的無錢就醫、等死，誰能相信這個社會有愛心、有道德、有公平？

——由於長期人治的影響，謊言與暴力也幾乎充斥於當代中國社會。篡改歷史、新聞造假、不講信用、瞞騙浮誇的事不時發生。歷史課本有時難覓歷史真相，一些新聞是「製造」出來的；合法經營的小企業即使沒有違法違規，也可以因為節水、治汙等原因，一些政府部門一刀切說關就關；守法的公民僅僅因為上訪、揭露

地方腐敗、沒錢交納亂攤派的稅費、沒帶暫住證，過去官員說抓人就抓人，至今違憲違法的各種「學習班」、信訪收容、勞教所仍然自行其道；有房產證的住房不經平等協商說拆就拆，剛剛承諾土地承包30年不變，但還沒過幾天，官員說徵用就強制徵用。

——統計數字造假更是人所共知，民諺曰：「上級壓下級，層層加碼，馬到成功；下級騙上級，級級摻水，水到渠成。」一些官員的假話為人民群眾深惡痛絕，民謠又曰：「『三講』會上講假話，『三講』過後膽更大。」「對上級甜言蜜語，對媒體豪言壯語，對外賓花言巧語，對群眾謊言假語。」

——農民因為農村戶口，進城就受到種種來自官方的歧視——許多行業不許農民就業，不許農民報考縣級以上的公務員；沒有帶暫住證，民工過去可能被打死（帶了也可能被當場撕掉，然後人被帶走，以完成收容任務。這一有悖憲法的收容遣送制度雖然已被廢除，但它對人民心靈和道德的衝擊是巨大的）；農民被有的人視為賤民，沒有養老、醫療等社會保障，農民子弟不能享受義務教育，農民的投票權（農民中人大代表、政協委員的比例）遠遠低於城市居民。

——違憲的勞教、某些地方慘無人道的監獄常常釀成報復社會的仇恨。而嚴刑峻法又成為一些官員的思維定式，據國內報紙報導，中國的死刑判決占世界死刑的一大半，是除中國之外的世界其他地區死刑總和的三倍。由於司法不獨立，冤案錯案難以避免和糾正，上訪之潮難以遏制，一些家庭為此妻離子散，家破人亡。

可見，中國社會的正義感衰落、道德滑坡主要是落後制度和官德不彰造成的。

開展「高貴中華、文明中國」活動

一、什麼是「高貴中華、文明中國」？

經過偉大的改革開放和民主、法治、市場經濟的洗禮，中華民族正在經歷鳳凰涅槃，浴火新生。中國人民有信心鑄造「高貴中華、文明中國」。

所謂「高貴中華、文明中國」，就是要拋棄封閉、專制和官本的傳統，擯棄謊言、陰謀和暴力的政治，服從規則、程式、透明和監督，完善民主法治，保護人權產權，弘揚誠信、大愛的精神，提升官德，培育公德，使中華民族高貴起來，使

古老中國文明起來。

首先，要鑄造「誠信中國」、「大愛中國」。

只有誠信和「大愛」，才能振興中國。所謂誠信，就是要恢復人際之間的信用、人民對官員的信任；所謂「大愛」，就是要超越親人之愛，去愛他人、愛社會、愛人類、愛自然、愛民眾、愛對手、愛敵人，培養包容和寬恕之心，塑造妥協、互讓、和解的精神。

「大愛」 思想在中國源遠流長。儒家孔子宣導「仁者愛人」、「和為貴」等思想，孟子提出「仁政」、非暴力思想，道家莊子提倡寬容、多元化、反異化、反暴力的觀念，墨家鼓吹「兼相愛、交相利」以及和平主義，佛家教導平等、慈悲、不殺。可惜，這些大愛至道，在古代實行的少，在現代愈加衰微。

中國的當務之急就是要弘揚誠信和大愛的精神，消除無處不在的欺騙和陷阱，建立信用制度；提倡諒解、妥協、對話、雙贏的理念，改變槍桿子裡出政權、流血奪江山、敵我勢不兩立、一山不容二虎、意識形態獨尊的傳統思維，建立寬容、和解、高貴、文明的新中華。

其次，要鑄造「現代中華文明」和「現代中國制度」。

「現代中華文明」就是要確立民主、民本、人道、人權、共富、共決、公平、公開、法治、自治、制衡、監督、科學、高效、自由、文明、和平、統一、愛國、開放的價值觀。「現代中國制度」就是要建立既符合中國國情又尊重世界普適文明價值規範的現代國家制度、現代政治制度、現代法律制度、現代經濟制度、現代社會制度、現代文化制度等。

二、如何開展「高貴中華、文明中國」的活動？

（一）活動的長遠目標：建立「高貴中華、文明中國」；短期目標：提升官德，培育公德。

（二）活動的原則：支持政府改革，協助政府解決社會問題，將本活動與政府推動的制度創新和精神文明建設結合起來；民間與政府共同推動；官方支持，全民參與，企業贊助；從我做起，帶動他人；致力於提高公民意識，建立公民社會。

（三）活動的宣傳口號（僅供參考、選擇）——

高貴中華、文明中國。

使中華民族高貴起來，使古老中國文明起來！

告別落後中國，迎接嶄新中華！

建立寬容、和解、高貴、文明的新中華！

鑄造「誠信中國」、「大愛中國」！

只有誠信和「大愛」，才能振興中國！

建立「現代中華文明」！

建立「現代中國制度」！

完善民主法治，保護人權產權！

諒解、妥協、對話、雙贏。

實行透明行政、程式政治。

擯棄暴力，永享共和。

拒絕假話，拒絕欺詐。

提升官德，培育公德。

（四）活動的具體做法（僅供參考、選擇，歡迎社會各界提出建議）：設立「高貴中華」年（或日、周、月，下同。擬設於2005年）、「文明中國」年（擬設於2008年）、拒絕假話日（擬設於每年2月1日，設於1號便於記住）、拒絕欺詐日（擬設於每年3月1日）、誠信日（擬設於每年4月1日）、大愛日或仁愛日（擬設於每年7月1日）、官員垂範日（擬設於每年8月1日）、和平日（擬設於每年9月1日）、和解日（擬設於每年11月1日）、非暴力日（擬設於每年12月1日）等。

開展「高貴中華」活動、「文明中國」活動，實施「高貴中華」工程、「文明中國」工程；開展拒絕假話活動、拒絕欺詐活動、誠信活動、大愛或愛心活動、非暴力活動、和解活動等。動員社會各界，取得政府支持，利用廣播、電視、報刊、網路等一切媒體廣泛宣傳活動內容，大做公益廣告。

與企業合作，推廣印有本活動宣傳口號或「高貴中華」（日或周、月、年，下同）、「文明中國」、「拒絕假話」、「拒絕欺詐」、「非暴力」、「和解」、「誠信」、「大愛」等字樣的徽章、紀念品、文化衫、生活用品、學習用品、工作用品。

三、開展「高貴中華、文明中國」活動的可行性、長期性、艱巨性及其偉大意義。

　　或許有人指責本活動是浪漫主義的空想。但我們認為，它是基於現實主義的理想主義，是現實與理想的結合，具有可操作性和戰略性的雙重特點。沒有現實主義，理想主義是空洞的、膚淺的；沒有理想主義，現實主義是俗氣的、短視的。

　　同時，我們又要認識到本活動的長期性和艱巨性。幾千年的陰謀、暴力傳統不可能一夜之間改變，公民包括我們自己要習慣於寬容、合作、雙贏、諒解、對話、民主、守法、誠信的思維模式和行為方式還需很長的時間，現代中華文明和現代中國制度的建設更不是一蹴而就的。因此，當前的中國不是需要犧牲和浪漫政治，需要的是戰略加韌性。

　　開展「高貴中華、文明中國」活動具有重大的意義。當代中國經濟上取得了偉大的成就，倘若能夠進一步在社會改造、國家重構、文明塑造方面有所建樹，那麼，社會危象和道德危機就能夠得以化解，中華民族的復興偉業和富強、民主、文明的現代化目標就能夠實現。本活動將促進當代中國的政治和解、階層共贏、社會穩定和兩岸統一，有助於建立透明政治、規則政治、誠信政治和非暴力政治；它將提升公民教育和公民活動的層次，提高全民道德水準，增進人民的福祉；它將改變委瑣、野蠻、落後的狀態，建立一個「嶄新中國」。

　　一個遙遠的深邃的聲音在深情地呼喚──「高貴中華、文明中國」！

2004-4-29

中國人禍占世界大半，建議設立「科學節」

胡星斗

五四運動距今九十多年了，五四的口號「民主」與「科學」一個都沒有在中國紮根。如今的中國人既沒有民主意識也沒有科學精神，雖然大學生、中學生、小學生天天都在學「科學」，但是科學精神在中國仍然難覓蹤影；將近一個世紀以來，中國的人禍死亡人數占世界的一大半，因此，我建議設立「科學節」，建立「人禍紀念館」，以喚醒國人的科學精神和道德良知。

我曾經在〈可怕的死亡定律——中國人的非正常死亡〉一文中指出：「中國人各種非正常死亡均占世界的70%以上！」

「1949年以來，中國的地震死亡人數占世界地震死亡總人數的54%[1]；如果加上這次四川大地震，中國的地震遇難人數占世界的70%；

2006年，廣東省地震局局長在接受記者採訪時表示：「發生同等破壞性地震時，美國的人員傷亡大體上是日本的1/10，中國的人員傷亡約是日本的10倍。」其實，何止10倍、100倍。如1992年6月28日，美國加利福尼亞州蘭德斯市地震，7.3級，僅一人死亡；1989年10月17日，美國三藩市海灣地震，7.1級，僅67人死亡；1964年3月27日，美國阿拉斯加州地震，8.5級，僅131人死亡；1952年7月21日，洛杉磯地震，7.7級，僅12人死亡。2007年7月16日，日本一縣發生地震，6.9級，僅11人死亡；2005年08月16日，日本宮城縣地震7.2級，無死亡；2008年6月14日，日本岩手縣7.2級地震，目前已知死亡10人……而中國的唐山大地震遇難24萬人，民間估計實際的死亡人數可能在40萬。

中國每年的煤礦事故死亡人數也占世界的70%以上[2]；

半個多世紀以來，中國的人禍造成非正常死亡人數亦占世界的70%以上。葉劍英曾說，文革造成了2000萬人死亡，漢學家麥諾教授估計，文革非正常死亡773萬人，上億人受迫害。

世界上死亡人數最多的潰壩事件是1975年河南板橋水庫垮塌，死亡24萬人（另說為23萬人）。

以上有些災難看起來是天災，但其實都是人禍，也是中國人缺乏民主與科學、缺乏科學精神所招致的懲罰。

比如唐山大地震、汶川大地震之前科學家都有準確的預測，唐山附近的青龍縣還向全縣民眾通報了地震預報，結果青龍縣在唐山大地震中一個人都沒有遇難，但當時的最高當局仍然選擇了隱瞞地震預測。如果像美國、日本那樣，各地每天如同天氣預報給出地震的概率預報，那麼即使沒有發生地震，也不會產生「不利於社會穩定」的負面影響。

但是至今中國仍然把地震預報權、地震資訊發布權牢牢掌握在最高層，禁止科學家發布有關資訊，也不進行地震的概率預報。

中國人缺乏科學精神，還有大量的事例——汶川所在的龍門山地震斷裂帶上建有幾十座大型水庫；三門峽水庫當年僅憑「聖人出，黃河清」的民謠而決定上馬，認為不會形成泥沙淤積；葛洲壩水庫趕在毛澤東生日匆匆上馬，後來因為選址錯誤而停建了幾年，周恩來曾經為此大發脾氣；三峽水庫論證時贊同上馬的專家請進來，反對上馬的專家請出去，人大會議討論時不發不利於三峽工程上馬的材料；「一任市長一個規劃」，城市的房屋拆了建，建了再拆；中國建築的壽命平均只有30餘年，存在大量的豆腐渣建築，而英國房屋的平均壽命高達130年；大量的工程在趕進度，國家專案的經費也必須按期趕著花完，否則來年不給撥款或減少撥款；中國的大多數工程都屬於「首長工程」、「書記工程」、「政績工程」，地方領導人先決定上馬某個專案，然後讓政府部門、研究院或研究室按照「必須上馬」的要求進行「可行性論證」，因此，發生大量的人禍事件不足為怪。

總之，為了「五四」精神在中國大地上得以傳揚，我建議設立「科學節」，建立「人禍紀念館」。

2010-9-23

呼籲中國開展社會正義運動或社會進步運動

胡星斗

　　我曾經多次呼籲中國開展社會正義運動及平等權利運動，現在我再次呼籲中國開展社會正義運動或社會進步運動。

　　上個世紀初美國的社會進步運動，以及揭露社會醜惡的「扒糞運動」（muckraker movement），最終一掃美國的腐敗，為三十年代的新政以及二戰後的經濟社會全面進步奠定了基礎。19世紀後期，美國的經濟高速發展，國家迅速致富。1894年，美國的工業總產值超過英國，居世界第一。工業化、城市化雖然給社會帶來了豐富的物質財富，但並沒有消除社會貧困和不滿，相反，社會矛盾日益激化，社會騷動頻繁發生。當時美國有一本小說《民主》，裡面有一句話說：「我七十多歲了，跑遍了全世界，走了這麼多國家，還沒有見過一個比美國更腐敗的國家。」那時的美國，貧富分化類似於當今的中國，到處是血汗工廠，工人每天工作12小時以上，而工資卻微乎其微，各種工傷事故和礦難頻發，食品安全、飲水安全、環境衛生以及住房問題、窮人子女的教育問題都十分突出。那時美國工人也沒有罷工的權利，勞資矛盾尖銳，貧富階級嚴重對立。但是，從1900年到1917年，美國興起了一場社會進步運動——反壟斷、反特權、反歧視；爭取平等權利、改善工人待遇、緩解勞資矛盾；開展社會慈善運動、安居運動，消除貧困、救濟窮人，解決食品安全、環境衛生、貧困人口教育等問題，紓解民生困境；開展扒糞運動，揭露社會黑暗與弊端、抑制權貴經濟；進行政治改革、重建法治規則、商業道德和社會價值，等等，社會進步運動幾乎囊括社會生活的方方面面，對於日後美國的進一步發展和長治久安影響深遠。

　　目前中國的病態非常類似於100年前的美國，中國也正需要一場社會正義運動或社會進步運動，改變是非顛倒、道德墮落、社會危機的現狀。

　　一、開展反壟斷、反特權、反歧視運動。拆分壟斷企業，推進企業的民營化，保障民營企業的平等權利；取消特權制度，遏制三公消費甚至四公腐敗（公款

吃喝公款用車公款旅遊出國＋公款建房公權力占房）；廢除二元戶籍，取締對農民的種種歧視，在金融、財政、土地、就業、失業、教育、醫療、社會保障等方面保障弱勢群體的權益。

二、採取措施，幫助工人爭取自身的權利、改善工人待遇、緩解勞資矛盾。改革工會體制，由工人選舉產生工會領導人，促使工會能夠代表工人群體；出台罷工法，制止非法罷工，保護合法罷工，保障勞動者和資方雙方的權益；禁止地方政府非理性地彈壓一切罷工，避免勞資矛盾轉變成官民矛盾。

三、開展社會慈善運動、安居運動，消除貧困、救濟窮人、解決食品安全、環境衛生、貧困人口教育等問題、紓解民生困境。改變慈善行為的官方壟斷，由社會舉辦慈善公益事業，支持NGO、公民組織的發展；大力興建保障性住房、公租房等。

四、開展扒糞運動，揭露社會黑暗與弊端、抑制權貴經濟。充分發揮媒體「第四權」的監督作用，鼓勵批評性和揭露時弊的報導，以媒體自由和新聞民主遏止既得利益集團。

五、進行政治改革、重建法治規則、商業道德和社會價值。1949年至1978年，支撐中國的是三大制度──經濟方面的國有計畫制度、社會方面的戶籍制度、人民公社制度以及封閉的單位制度、司法方面的勞教勞改制度。1978年以後，計劃經濟制度被拋棄，但國有制度大部分被保留，經濟方面的改革任務完成了一半；1978年以來，戶籍制度逐漸鬆動，但沒有本質上的改變；人民公社制度被取締，但鄉鎮政府依然成為兩千多年來皇權不下縣、鄉鎮由鄉紳自治之傳統的反動；封閉的單位制度有所改變，人民擁有了擇業自由。總體上來看，中國在社會方面的改革有所進展，但進步不大。在司法方面，勞改制度早已被比較規範的監獄體制所取代，這是一個進步，但沒有法律依據的勞教制度依然存在。從上面可以看出，中國三十多年來的改革儘管成就巨大，但最艱難的改革尚未開始，除了經濟領域之外的大部分領域都還沒有進行實質性的改革。未來，中國必須加快社會改革和政治改革，尤其要堅定地走建設社會主義法治國家的道路。

目前中國的治國沒有走在正確的道路上，相反在人治的錯誤道路上越走越遠，違背了執政黨十五大以來所強調的以及1999年憲法修正案之「建設社會主義法治國家」的治國理念。

老子說：「以正治國，以奇用兵」。治國要走正道！正道就是弘揚社會正義，促進社會進步，保障公民權利，建設法治國家。而歪門邪道治國、靠人治壓制來治國，都將自遺其咎，遺患無窮。

2010-6-14

建議取消「和諧社會」的提法

胡星斗

中共中央：

我建議取消或淡化「和諧社會」的提法。2004年，針對國內經濟高速發展過程中積累的大量社會矛盾，中央提出建立「和諧社會」，順應了民心，贏得了全國人民的廣泛支持。如今時過境遷，中國社會並沒有因為「和諧社會」的口號而越來越和諧，恰恰相反，群體性事件不斷增加，社會矛盾不斷激化，「和諧社會」已經淪為笑柄。網路盛傳「草泥馬」與「河蟹（和諧）」大戰，河蟹（和諧）竟然成為線民心中的邪惡勢力的代表。因此，中央有必要審時度勢，與時俱進，糾正誤判，廢除「和諧社會」的提法。建議改用「公正社會」或「正義社會」的提法以實現公正，匡扶正義，重拾人心，或者直接採用文明世界的通用語言：「法治社會」、「公民社會」、「民主社會」。

建立「和諧社會」的失敗，根源在於把和諧當成了國家的第一價值，與「穩定壓倒一切」的提法異曲同工，結果，為了表面的和諧或暫時的穩定犧牲了公平與正義，整個社會反而越來越不和諧、越來越不可能長期穩定。

正義是現代國家的第一價值。只有建立「正義社會」、「公正社會」，才能建立和諧社會，才能保證社會的長期穩定；只有建立現代國家制度、現代政治制度，讓人民有話語權、管理權、選舉權、監督權，才能避免王朝迴圈，實現國家的長治久安。而現在卻正好相反，「和諧社會」在一些地方演變成不講原則、沒有公正、暴力強壓下的表面上一團和氣，成為維護既得利益的藉口、維持現有不合理秩序的遮羞布。

總之，「和諧社會」造成了是非混亂，正義衰落，社會價值觀的扭曲；「和諧社會」也導致法治倒退，政治改革的止步不前。地方政府常常為了「和諧」而打壓冤民訪民，罔顧法律而庭外和解、免於追究、花錢買刑期、私了等等；為了「和諧」，對於任何政治改革的訴求，一律彈壓；為了「和諧」，對於經濟領域的嚴重

問題如產權不受保護（非法徵地、拆遷、抄家、掠奪公私財產）、國有壟斷、國進民退的弊端視而不見，造成經濟環境、營商環境的不斷惡化。

　　正因為和諧社會導致了社會矛盾的大量積累，所以，我在此建議取消或淡化「和諧社會」的提法，以促進公正社會、法治社會的早日來臨。

2011-7-12

貳、斗室蒼茫吾獨立

——胡星斗弱勢群體經濟學文選

弱勢群體經濟學及經濟政策——在燕山大講堂的演講

胡星斗

弱勢群體指在社會地位、財富分配、政治權力行使、法律權利享有方面處於相對不利地位以及發展潛力相對匱乏的人群。按照國際學術界達成的基本共識,所謂弱勢群體是指那些由於某些障礙及缺乏經濟、政治和社會機會而在社會上處在不利地位的人群。從這個意義上講,弱勢群體應包括老年人、兒童、婦女、殘疾人、失業者、生活貧困者、農民工等等,他們主要表現為社會權力的匱乏,在社會財富分配中所占比重很小。阿瑪梯亞森認為權利的缺乏導致了饑荒,由於資訊不能自由傳播、人民不能自由遷徙、食物不能通過國際和國內的市場互通有無,因此會產生大規模的饑荒,比如前蘇聯兩次饑荒、中國六十年代的饑荒。

弱勢群體是一個相對的、動態的概念,其評判標準和包含對象都是相對的,在不同時期有不同的含義,包含不同的群體。

弱勢群體可以分為自然性弱勢群體、生理性弱勢群體和社會性弱勢群體。

自然性弱勢群體是指由於惡劣的生存環境或者天災等所產生的貧困人群;生理性弱勢群體主要是指由於生理性障礙而在社會競爭中處於弱勢的人群,主要是殘疾人;而社會性弱勢群體是指由社會性和制度性的原因所產生的弱勢群體,主要是工人、農民,特別是下崗工人、農民工。

根據研究方式的不同,學術界也有人按照市場競爭主體劃分出農民、工人、個體工商戶和中小企業主等弱勢群體。

我們認為,可以根據不同的研究需要,從廣義和狹義的角度來界定弱勢群體。廣義的弱勢群體就是自然性弱勢群體、生理性弱勢群體,他的涵蓋面大、包含對象廣。本文所說的弱勢群體是指由社會性和制度性的原因所造成的社會性弱勢群體,它也可以被認為是狹義的弱勢群體。這類弱勢群體多是由於權利機會的缺失所產生的,他們真正需要的往往是公平的機會以及合理的權利供給。

弱勢群體的產生原因是什麼呢？

我們所研究的弱勢群體即狹義的弱勢群體之所以產生，完全根源於社會因素和制度因素。它主要表現為三個方面，首先是包括財富分配和權利供給等方面的社會制度不合理。社會制度最基礎的就是產權制度和分配制度，而正是他們從根本上決定了社會財富的分配以及社會權利的劃分。弱勢群體的形成最根本的原因應歸咎於財富分配和權利供給制度的缺陷。比如中國71～78%的財富掌握在政府的手中，人民掌握的財富很少；我們的外匯儲備也是國家的，民間幾乎沒有，而日本的國家外匯儲備雖然沒有中國的多，但其民間還有兩三萬億，實際上日本的總外匯儲備比中國的多。再比如中國的一次分配，工資占GDP的11～12%，很低，發達國家占60～70%，所以我們的老百姓很窮。二次分配，社會保障支出占財政支出的比例，中國只有20%左右，前幾年只有百分之十幾，而發達國家為60%。還有，中國的稅制、慈善制度都不太有利於窮人。財富分配的不合理，根源在於公民權利的缺乏，比如為什麼工人的工資低，有人說是由於農村剩餘勞動力過剩，沒有達到劉易斯拐點，找工作的太多，但我認為根本原因是團結權、罷工權、博弈權的匱乏。找不到工作主要是由於產業低端化、區域不平衡，而產業低端化主要是金融權的國家壟斷造成的，美國有上萬家銀行，中國只有為數不多的國有銀行，壟斷的國有銀行由於貸款成本高、資訊不對稱等原因不可能給中小企業、農民貸款，這樣就造成了中國的中小企業只能低端化、永遠不能長大，農村無法創業等困境；區域發展不平衡主要是由於官本位的財政制度造成的，大官都住在京城、省城，所以京城、省城發展得好，其他地方難以獲得資金。我們沒有建立科學的規範的透明的民主的財政制度，實際上還是公民權利缺乏的表現。

其次表現為缺乏完整有效的實施機制，也就是缺乏公開的競爭機制、有效的執行程式，導致政策上應給予的權利無法傳遞到被給予者手中。諾貝爾獎獲得者繆爾達爾提出了發展中國家的「軟政權」問題，也就是說發展中國家雖然政府龐大、官員眾多，但行政效率卻很低，上有政策下有對策，執行效能層層遞減，有法不依，執法不嚴，而發達國家基本上不存在這樣的問題。

最後是社會保障機制、社會救濟機制的缺失。在歐美國家，工業化進程的時間較長，在發展的早期社會問題已經充分暴露，貧困人口大量湧現，失業問題、養

老問題相當嚴重，並且引發了社會動盪。為此，西方國家不斷探索對策，從濟貧政策到社會保險機制，從俾斯麥到英國工黨、從美國羅斯福新政到瑞典的福利社會，最終形成了完整的社會救濟福利制度。中國由於工業化起步較晚，社會保障機制、社會救濟機制很不完善，使得貧困人口最基本的生存需求無法得到滿足，於是弱勢群體大量產生。

比如農民成為弱勢群體的原因：

（1）**歷史因素及嚴格的戶籍管理制度**。戶籍制度一般認為是中華人民共和國建立後為了加速工業化、重工業化的戰略需要，但實際上戶籍制度最初是為了鎮反運動的需要。1951年為了鎮壓反革命，開始在城市建立戶籍制度，目的是讓反革命分子不能成為漏網之魚，1953年又開始在農村建立戶籍制度，1958年的戶口登記條例則將戶籍制度嚴密化了，農村勞動力幾乎不可能向城裡轉移了，這也成了城鄉居民收入差距不斷擴大的重要的原因。有文獻估計，在改革前的1950年～1978年的29年中，政府通過工農產品剪刀差大約取得了7000億元收入。改革開放以後，城市剝奪農村的局面繼續，勞動用工制度、教育制度、財政制度、金融制度、基礎設施建設制度、社會保障制度等等都不利於農民，每個農民工每年向城市提供的剩餘價值為1.6萬元，兩億農民工每年為城市貢獻了三四萬億，占財政收入的一大半。2007年當時說，中國的城鄉差距達到改革開放以來的最大值，2008年又比2007年擴大了。也就是說，由於戶籍柵欄、戶籍堤壩的存在，使得中國的城鄉差距越來越大，那種認為要等到二元差距縮小再廢除戶籍的主張是多麼的可笑。

（2）**錯誤的經濟政策**。改革以來，仍然以農補工。政府通過工農產品剪刀差、農業稅收、徵地從農民那裡占有了二三十萬億元收入。

從1998年開始的糧食流通體制改革以及此前的棉花流通體制改革，以「私商不得進入」的名義，將農民趕出了糧棉交易和加工領域。朱鎔基的改革是反市場化的，主張國家壟斷市場，導致了嚴重的結果。當時農民辦的糧食加工企業大量地倒閉，農民的損失慘重。

（3）**不均衡的教育**。城鄉基礎教育水準差距不斷擴大，一個農戶培養一個大學生，往往意味著全家更多的人陷入社會的更低層。教育的不公，無疑從起點上使農村子弟處於「不能翻身」的境地。農村中學軟硬體差，學生英語差，大多數考不

取大學，所以最近重慶有萬人棄考的事件。目前中國留守少年兒童近6000萬，他們的父母在外打工，他們長期不能與父母生活在一起，心靈受到傷害，同時他們又是極懂事的孩子，希望儘早掙錢為父母分憂。他們放棄了高考，也放棄了改變自己身分（戶籍）的幾乎唯一的機會。

（4）**落後的「社保」**。由於農村經濟發展現狀，農村居民在社會保障等方面根本不能與城市居民享有同等權利，在城市裡下崗的市民和貧困的居民，政府有最低生活保障補助，在農村，現在也有了低保，但是覆蓋面只有3%左右，保障水準也很低。農民看不起病的問題也很突出。據一些調查資料顯示：在貧困地區，農民患病未就醫的就達72%，應住院而未住院的89.2%是因為沒錢支付醫藥費。農村中因病致貧、返貧的農民占貧困戶的30-40%，有的地方甚至高達60%。有不少先富起來的農民往往因一場大病而又重新陷入貧困。儘管剛剛出台的醫療衛生改革將大大地改善農民的狀況，剛剛推出的中國人權行動計畫如果能夠落實，也將大大地改善弱勢群體的地位。

（5）**農民及農民工沒有自己的組織，沒有罷工的權利**。沒有遷徙自由（2003年前），沒有話語權、談判權，農民的投票權不完整，以及我國的財政制度、金融制度、土地制度、人大制度的不完善，對於農民都是不利的。

研究弱勢群體有什麼意義呢？

第一，日益嚴重的弱勢群體問題，有違社會公正。羅爾斯說：「正義是社會制度的首要價值。」不能把穩定作為社會的首要價值。如果以穩定為藉口，犧牲社會正義，損害政府的信用和威信，那麼將導致社會長期的不穩定。所以，必須以社會正義作為首要價值，為此，我主張在中國開展社會正義運動、平等權利運動。中國文化本身就是缺乏社會正義意識的，中國人有正氣感沒有正義感，有為皇帝、為國家犧牲的「浩然正氣」，沒有為真理、為大義犧牲的凜然正義。中國人信奉「難得糊塗」、「心中泯滅是非心」，莊子主張「齊是非」——「是」就是「非」，「非」就是「是」，孔子主張父親應當包庇偷羊的兒子，因為在孔子眼裡家庭倫理高於社會正義。所以我說，中國文化是沒有什麼正義、真理觀念的，現在我們必須改造文化，在中國開展社會正義運動。市場經濟總是傾向於優勝劣汰、兩極分化

的，會產生強者越強、弱者越弱的「馬太效應」，而國家應當維護公平公正，扶持弱勢群體。

第二，日益嚴重的弱勢群體問題，影響了社會穩定。世界銀行於2007年12月1日在北京發布將完成的《貧困評估報告》初步研究結果，顯示2001年至2003年，中國10％貧困人口實際收入下降2.4％，由於世行專家尚未完整得到2004年以後的數據，研究仍在進行。有跡象顯示中國最貧困的人群正在進一步滑向貧困的深淵。這個研究顛覆了發展經濟學的滴流效應理論，水漲船高的理論，也就是隨著富人收入的提高，窮人的狀況也會得到改善，現在看來不是這樣。我國弱勢群體的相對剝奪感不斷得到強化，使得群體性事件頻發，2005年公安部統計全國共發生群體性事件8.7萬起，2006年超過9萬起。

第三，日益嚴重的弱勢群體問題，不符合我國改革開放和現代化的目的，違背了社會生產發展的根本目的。社會經濟的發展不能以一部分社會成員的利益的犧牲作為代價或成本。

上面我講了研究弱勢群體的意義，下面我講弱勢群體經濟學的內涵與特徵。

我提出弱勢群體經濟學的新學科。弱勢群體經濟學是一門研究弱勢群體的權利現狀以及如何將有限的權利、資源進行合理配置的科學。弱勢群體經濟學針對社會權力缺乏所引起的生存與發展條件低於社會平均水準的現狀，以保證這部分人的收入水準達到可以滿足正常生活的最低值和儘量提高他們的社會滿意度及生活幸福度為目的，從經濟學的角度，運用經濟學假設、原理，構建新的模型，得出有益的結論，尋求科學的解決方法，並以此作為理論依據，指導社會權利供給和社會財富分配等方面的合理的社會制度及現代社會保障制度、社會救濟制度的建立，從而對有限的權利、資源進行合理的配置，從根本上改善弱勢群體的地位。

弱勢群體經濟學具有明確的研究目標，它以改善弱勢群體的生存條件和社會地位為出發點，以最終實現經濟社會的健康穩定和諧發展，實現社會公平、社會正義為最終落腳點。弱勢群體經濟學的研究目標充分考慮來自經濟、政治等方面實施的可行性。因為如果社會選擇了超出其經濟實力的目標，那麼此目標必然行不通。正是考慮到人口眾多以及經濟實力的限制，因此，我們才選擇把對社會中由於社會性和制度性的原因所造成的最困難的這部分社會群體的權利現狀作為研究對象，通

過更多傾斜於弱勢群體利益的制度設計，讓尚有自立能力的人實現自立，以便政府使用最低的成本，改善這部分人的生存現狀，達到社會穩定和經濟發展的目的。

弱勢群體經濟學有特定的研究對象：

經濟學的研究對像是人類經濟行為及有限、稀缺的資源配置；馬克思主義政治經濟學的研究對像是人們的社會生產關係即包括生產、分配、交換、消費等關係在內的經濟關係；新政治經濟學（公共選擇理論）從經濟學的角度研究政治選擇、政黨、利益集團、選民、官僚、議會的模型與行為特點；而對於西方經濟學來說，微觀經濟學是將單個經濟單位的經濟行為作為研究對象，宏觀經濟學則是以國民經濟整體運行為研究對象；舒爾茨的窮人經濟學研究窮人物質條件的匱乏，醫療教育的改善之道；而我的弱勢群體經濟學更加重視對權利匱乏的研究，不僅醫療教育的權利，而且更多地研究話語權、遷徙權、投票權、組織權等。可見，弱勢群體經濟學的研究對像是弱勢群體的權利現狀以及有限的社會權利、資源。

弱勢群體經濟學有明確的研究目的。

弱勢群體經濟學的研究是以改善弱勢群體的生存條件和社會地位為直接目的的，它與其他經濟學的研究目的不同。西方經濟學的研究目的是解釋市場經濟，探索市場經濟制度，而政治經濟學探索政治中的經濟含義（公共選擇理論）或經濟中的政治含義（馬克思），探索政府與市場的關係，其研究任務是揭示經濟政治共通的規律，就這點來說，弱勢群體經濟學與政治經濟學有著相似之處，都是為了維護公民的權利包括政治權利。

弱勢群體經濟學具有獨特的研究方法。

各種經濟學都有著各自的研究方法，弱勢群體經濟學的研究方法，它主要表現於：第一，注重建立理論模型，即通過觀察進行概括和抽象，構建理論模型，該方法能抓住影響效用最主要的決定因素，將複雜的現象簡單化以便於研究；第二，使用邊際分析的方法，即研究經濟變數之間的相互關係，最終確定一個最優的函數值。在弱勢群體經濟學的研究過程中，還使用了其他一系列科學的方法，如概率分析、計量經濟學方法等；第三，進行權利分析、權利的邊際效用分析。

關於弱勢群體經濟學的研究大綱：

弱勢群體經濟學，是在微觀經濟學和宏觀經濟學的基礎之上，加之人本精

神，建立弱勢群體經濟模型，對弱勢群體的生活狀態和福利進行分析。所謂人本精神，就是社會發展要以人為本，社會發展的成果要合理滿足人的多種需求或效用，滿足人性、人道、人格尊嚴、社會正義的要求。

個體分析方面，我們側重於弱勢群體中個體得到的效用，從收入到消費，再到效用的流程，分析弱勢群體中個體的生活狀態。首先，在弱勢群體經濟模型中，分析個體的收入與消費的關係。突出在低收入下，弱勢群體消費傾向的特點。然後，進一步分析弱勢群體通過消費得到的總體效用。我們認為，效用水準是表達個體在生活中幸福水準的有效指標。通過對個體總效用的分析，我們可以從經濟學的角度，對於弱勢群體中個體的生活狀態更加明確。

社會分析方面，我們從制度、分工、資源三個方面，對模型做出解釋，分析弱勢群體權利缺失的社會原因。制度是規範人與人之間責權利關係的各種規則及其實施機制的總和。制度通過維護人的權利、明確人的責任、協調人與人之間的權利關係來引導人的行為。資源是能夠被人利用、提高人的行為能力和改善人的行為條件的物質。我們這裡提到的資源，是廣義上的資源，包括自然資源、資本資源、知識資源和人力資源。資源通過提高人的行為能力、改善人的行為條件和滿足人的基本需求，促進經濟社會發展和人自身的發展。分工是對組織的活動進行有效分割，對組織內的人進行差別定位，將特定活動分派給特定的個人，進行協作的活動。分工通過創造就業崗位和提高就業崗位的競爭力來決定人在社會中的安置情況，從而決定人的活動範圍和生活狀況。三者相輔相成。其中，制度起著決定性作用，它決定著資源的配置和升級，還決定著分工的水準。所以，我們以制度為起點，來分析弱勢群體權利的缺失水準，進而分析制度與分工的關係，再通過分析分工與群體所得資源水準的關係，最終分析在所得資源水準一定的條件下，弱勢群體的社會福利狀態。

弱勢群體經濟學的制度研究範圍包括：權利，教育，醫療，養老，低保，新聞，話語權，博弈，稅收，金融，戶籍，暫住證，勞教，信訪，農民工，生態，環境，小產權房，小企業，公共選擇，投票權，遷徙權，公益，慈善，組織，公益訴訟，集體訴訟，社會正義，平等權利，人大改革等等。

下面我簡單講講弱勢群體經濟學的原理：

一是個體分析：

從微觀經濟學中，我們知道，個體消費產品所得的效用u=f（c），其中c表示個體用於消費的商品數量，這一數量也可以根據商品的價格水準被個體支出的貨幣來表示。為了分析方便，這裡，我們所用的c直接指用於消費的貨幣支出。在凱恩斯經濟學中，個體的收入與消費之間存在著函數關係，即c=g（y），其中y代表個體收入。

我們知道，弱勢群體在消費方面，是達不到社會平均水準的，消費得不到滿足，所以弱勢群體的個體在消費時商品的邊際效用雖然是遞減的，但是是正的，即商品消費的總效用是遞增的。用數學表達就是

$u' > 0$，$u'' < 0$

我們給定弱勢群體個體效用的值域

$u_{min} \leq u \leq u_{max}$

其中，最小值表示所達到的商品效用僅能維持生存，最大值表示u''=0時u的取值。

根據凱恩斯對人的消費的分析，弱勢群體個體的消費邊際傾向是正的，即消費會隨收入增加而增加。當社會提供的公共產品充足時，弱勢群體本身不需要再投入自己的收入來維持對公共產品的消費，所以隨著收入的增加，個體的邊際消費傾向是遞減的。當社會提供的公共產品不足時，弱勢群體由於其權利的缺失，得不到充分的公共產品，只能通過自己花錢來不斷補足公共產品的缺失，所以個人的邊際消費傾向是1，也就是說所有的收入都不得不用於消費。

我們可以將消費函數代入到效用函數中，由此得到一個複合函數u=f（g（y）），它表示了收入與效用之間的函數關係，則$u'=f' \times g'$。因為$u'>0$，所以收入增加時，個體所能得到的效用是會增加的，生活會有改善。在收入相同的條件下，得到社會提供的充足公共產品的個體，因為得到的消費品更多，所以要比得不到的個體的u'要大，也就是說，社會提供充足的公共產品會讓弱勢群體的個體在收入提高時得到更多的效用，生活改善程度更高。

二是社會分析：

在上文，我們對弱勢群體的個體分析是從效用到收入的潛入式分析。下面，我們對弱勢群體的社會分析是從制度到效用的上浮式分析。

首先，我們來分析一下制度。制度，我們可以將其劃分為規則和實施機制兩部分。其中，規則包括法律和習俗；實施機制包括組織、管理。古希臘，亞裡士多德基於對人性的研究，提出了「政治人」假設，強調人的「合群性」和自覺性，強調社會需要「法治」而不是「人治」。我們根據「政治人」假設，同時加入人本精神，對制度給出兩個評價要素：人本水準和法治水準。其中，人本水準是針對規則的，評價規則對人的自由全面發展的促進程度，是否體現人本精神；法治水準，是針對組織管理的，評價管理組織的規範化程度。在一個社會當中，根據人本水準與法治水準之間存在的關係，我們把弱勢群體得到的社會資源的水準用一個柯布-道格拉斯函數來表述。

$$T = AK^{\alpha}L^{\beta}$$

其中，T代表一個國家的弱勢群體享有的資源的比例（我們稱之為享有權參數）；K代表該國制度規則的人本水準；L代表該國制度組織管理的法治水準；A代表該國所處國際環境；α、β代表政府對弱勢群體在人本精神和法治水準上的傾向，$\alpha + \beta = 1$。該函數旨在說明，人本水準和法治水準的提高都可以促進弱勢群體享有的社會資源的比例，但是，人本精神與法的統治本質之間存在著一定的矛盾，所以政府在對這兩個要素的側重存在著此消彼長的關係。

然後，我們將弱勢群體的享有權參數代入弱勢群體的消費函數當中。在此，我們將弱勢群體的收入用其享有的新增社會資源來代替。表述為：

$$c = g(T\theta)$$

其中，c代表弱勢群體消費的資源量；θ表示新增資源的總量。

進而，將弱勢群體消費的資源量代回效用函數當中，得到弱勢群體在社會當中得到的效用，即u=f（c），完成了對弱勢群體社會分析的建模。

下面，我們來分析一下這個模型。

$$u = f(g(T\theta))$$
$$\partial u / \partial \theta = f' \times \partial g / \partial \theta \times T$$

由此，我們可以知道影響新增資源給弱勢群體帶來的效用提高的因素有邊際效用水準、邊際消費傾向和制度。而邊際效用、邊際消費傾向都是心裡傾向，受各觀影響所起到的作用不穩定，穩定的只有制度的影響。所以，我們想提高弱勢群體的社會福利只能從制度入手。下面我們來分析一下享有權係數T。

$T = AK^{\alpha}L^{\beta}$ ，K和L與一個社會的歷史發展歷程有著必然關係，所以在短時間內對這兩個要素的改變是不現實的。國際環境是外部因素，改變也是不現實的。所以想在短期內提高弱勢群體的福利，只有改變政府對兩個要素的側重程度，即 α 和 β 。

$$dT = A \times (\alpha \times K^{\alpha-1}L^{\beta} \times dK + \beta \times K^{\alpha}L^{\beta-1} \times dL)$$

由此我們可以看到，T的變化最直接的辦法是 α 和 β 的改變。

通過對個人分析與社會分析，我們可以瞭解改變弱勢群體的被動地位的直接手段是政府改變對人本精神和法治建設的態度，也就是一方面要以人為本，另一方面完善法治制度；一方面改善民生，另一方面建立憲政民主制度；一方面進行社會改革，另一方面進行政治改革。目前中國在社會改革方面如教育醫療社會保障方面取得了巨大的進步，但是在政治改革方面踟躕不前，這不利於改善弱勢群體的處境。

最後，我提出一些弱勢群體經濟學的經濟政策及民生建議。

對於生理性弱勢群體，主要指殘障群體，他們由於身體或精神方面的缺陷而不能正常參與社會生產分工，甚至不能依靠自己勞動維持生計，被優勝劣汰、適者生存的競爭型社會機制邊緣化，成為社會的弱者。

這部分弱勢群體已喪失部分甚至全部的勞動能力，在現代文明社會中，社會不能單純從經濟學成本收益理論出發，考量負擔他們生存的社會成本和他們所創造出的社會價值，把他們看成社會負擔，而是應該把對這部分弱勢群體的保障工作看成一種社會責任，維護這部分人的正當利益。

具體而言，應該實行社會、家庭相結合共同救助弱勢群體的政策。如果把社會和家庭所提供的對弱勢群體的幫扶看做一種產品，社會和家庭所能提供的同一種服務產品所付出的成本是有差異的，按照大衛‧李嘉圖的比較優勢理論，需要促成社會和家庭之間的「貿易」，也就是說，社會和家庭分別為弱勢群體提供生產成

本相對較低的服務產品，用最小的總成本創造出滿足這部分弱勢群體的服務。

從社會層面看，政府作為社會的主導，應該發揮主要作用。對於有工作能力者應優先安排合適工作，對於無工作能力者應進行適當救濟，提高弱勢群體的社會認同感，避免進一步「因弱致貧」。同時完善收容福利制度，對於無依靠的弱勢群體，政府應全面保障其基本生活和人權。從家庭層面看，家庭應該在社會的幫助下，承擔起照顧弱勢群體日常生活的主要責任。

科斯曾經在著名的科斯定理中提出了產權劃分的重要性，同樣，弱勢群體也有自己的歸屬權，歸屬權不同，對社會和家庭之間貿易的理解也不同。若弱勢群體的歸屬權在社會，那麼政府對於弱勢群體的補貼和一系列救濟可以看作社會對家庭服務的購買；若歸屬權在家庭，那麼家庭對弱勢群體的照顧和哺育可以看作家庭對社會幫扶的支付。不管歸屬權在哪一方，最終結果是一致的，就是社會和家庭對自然屬性弱勢群體的共同保障。

關於社會性弱勢群體。

社會屬性的弱勢群體在人的自然屬性方面與非弱勢群體沒有差異，他們是隨著社會的分工、發展和變革逐漸淪為弱勢群體的。社會屬性的弱勢群體是一個相對的概念，並沒有嚴格的界定。對於這部分人，可以從相對弱勢群體和絕對弱勢群體兩方面分析。

相對弱勢群體是針對近年來網路、社會上「弱勢群體」一詞被過度使用的現象而提出的。一些在普通人看來非弱勢群體的群體也自稱為弱勢群體，如員警、法官、下級官員、企業老闆。原廣州地鐵老總盧光霖曾說，農民工討薪，「動不動就上橋」，以死相逼，「一上橋老闆就害怕」，現在老闆難當，不僅面臨市場風險，也要面臨這樣的複雜考驗，「老闆也是弱勢群體」。這種言論的出現是有其社會意義的，在公權力未被規制的今天，任何人任何群體都是弱勢群體。相對弱勢群體是暫時的，常常是針對某個具體事件而產生，在大多數時間內，這個階層相對於其他社會階層仍處於一個相對優越的地位。

這部分弱勢群體是伴隨著公權力的混亂而生的，是一種特殊的社會現象，隨著公權力的逐漸規制，這個弱勢群體也將逐步消失。

絕對弱勢群體是指那些被普遍認同的、傳統意義上的弱勢群體，如農民、農

民工和下崗職工等。這部分弱勢群體是由於現代社會經濟利益和社會權力分配不公平、社會結構不協調、不合理造成的。經濟的貧窮和權利的缺失是這個群體的基本特徵。

在幫扶這部分弱勢群體的工作中，應該把權利保障問題作為重點，這些權利包括受教育權利、對公共產品的使用權利、自由遷徙的權利、投票的權利等等。考慮到權利的邊際效用，應該注意權利在分配過程中向弱勢群體的傾斜。所謂權利的邊際效用，是指在對權利理論化後，每單位的權利所能給權利擁有者帶來的效用，這是權利概念在傳統經濟學邊際效用理論中的延伸。同一產品，分配給富有者微不足道，分配給貧困者卻能滿足其基本生活，產品的不同配置方式給整個社會的總效用帶來的變化是不同的。同樣，權利作為一個理論概念，同樣的權利配置給非弱勢群體和絕對社會屬性弱勢群體所帶來的社會效用是不同的，絕對社會屬性弱勢群體得到這些權利產生的效用遠大於非弱勢群體得到同等權利所產生的效用。已經擁有的權利越多，權利的邊際效用就越小；已經擁有的權利越少，權利的邊際效用就越大，因此將權利、資源更多地配置給弱勢群體將大大地增加社會的總效用。

在為弱勢群體制定政策時，應該以帕累托改進作為依據，但又不能局限於帕累托改進，應該制定出一套准帕累托優化的弱勢群體政策。帕累托改進是指在不削弱每一個社會成員效用的前提下通過資源的配置增加社會總效用。弱勢群體相關政策的制定不僅僅是對具體資源配置的規範，更是對社會無形資源的配置，需要照顧到社會各階層的發展，而不單是不損害各方利益，因此，弱勢群體政策的准帕累托改進可以表述為：在保證各個階層發展的同時，通過對各種資源的配置，加快弱勢群體階層的發展，從而增加社會的總效用。

2009-4-18

胡星斗陽光衛視六集訪談：論弱勢群體

胡星斗：今天的題目是弱勢群體。

周孝正教授：那咱們倆今天就談一談「弱勢群體」或「邊緣群體」。

胡星斗：周老師，關於「弱勢群體」這樣一個話題，一直以來還是非常熱的。比如說最近那個智障的包身工啊，那個強迫勞動的事件啊，都引起了社會強烈的反響。所以我也一直是在研究弱勢群體的問題。特別是弱勢群體的經濟狀況，政治權利，社會地位，文化方面的權利缺失這樣的問題。我確實是感覺到弱勢群體他們之所以成為弱勢群體，主要還是因為權利的匱乏，權利的不足導致他們的社會地位，他們的經濟收入，他們的政治狀況，他們的文化方面的狀況，都是不如意的。他們的發展的機會欠缺。特別是在經濟領域，弱勢群體在分配方面、分配制度方面，在產權制度方面，在金融方面，財政方面，在土地制度方面，都存在著很大的缺失。我認為我們國家應當從這個保障權利入手，去解決他們的問題。否則我們說的再好聽，我們比如說經濟會議、工作經濟會議我們談到了很多的怎樣去改善普通百姓的生活狀況，談到了很多的措施，但說實話我認為這些措施很多都是不到位的，或者說是無法實現的。而我認為真正的要改善弱勢群體的狀況，你必須要做到這幾個方面，一個方面要打破國有企業的壟斷，改變財富分配高度不均衡的狀況。你也知道，國有企業職工只占全國職工的8%，但是他的收入占全國職工的百分之五六十，特別是國有企業嚴重的擠壓了民營企業的發展，使得民營企業很難得到正常的發展，中小企業很難發展壯大。再就是國有金融的壟斷必須打破，如果國有金融的壟斷不打破，那必然造成中國企業的兩極分化和居民收入的兩極分化。還有呢就是土地制度，如果土地制度不能夠加以改良，因為農民的最主要的財富就是土地。如果土地制度不能夠變得更加合理，實際上農民作為中國最典型的一個弱

勢群體，他們的生活狀況也是不可能改變的。所以我長期以來主要是在這些方面，研究一點弱勢群體的狀況，我自己呢也搞了一個「弱勢群體經濟學」，就是想從經濟的角度，這個弱勢群體做一些探討。

周教授：對，我覺得胡教授說得非常到位，就是靠著所謂的權利，是吧，因為在我們社會學社會分層呢我們把邊緣弱勢群體呢分到了第十層，那麼我們分層的這個理論框架就是跟卡爾‧馬克思，就是跟馬克思創始者同代的一個社會學家，叫馬克思‧韋伯提出的。我們把邊緣弱勢群體呢又叫「難民」，按照聯合國難民公署的話，什麼叫「難民」呢，第一個就是政治難民，第二個呢是經濟難民，第三個呢是環境難民，第四個是社會難民。舉個例子啊，什麼叫「社會難民」呢，比如說因為逃婚、離婚等等等等這些社會原因跑了，也就是所謂的「社會難民」。「環境難民」呢，海水升高、沙漠化，這些糧田被黃沙吞併了，有些島國呢海水升高被淹沒了，他們就成了難民，環境難民。還有呢就是戰爭，戰爭是政治的繼續，所以逃避戰火形成的難民，叫「戰爭難民」，他屬於政治難民。還有就是經濟難民，經濟難民跟經濟移民不一樣，移民呢還有個移民的門檻兒，大約你要移民到美國、加拿大、澳大利亞都需要幾百萬元人民幣，大約，是吧？我們說的是「難民」，那麼中國現在呢，俗稱「弱勢群體」啊，老百姓說的窮人，什麼叫窮人。窮人第一個定義那就是聯合國的定義，叫一天生活費不到兩美元，那麼根據08年、09年的——

胡星斗：那個是相對貧窮，相對弱勢群體。

周教授：對，08、09年的官方匯率的中間價六塊八毛三。也就是說在中國呢就是一天生活費不到十三塊六毛七，一年大約是四千九百九，約等於五千。啊那就叫窮人。

胡星斗：那中國十億。

周教授：哎，十億，十億。

胡星斗：哎，是啊，十億。

周教授：為什麼呢？因為去年溫家寶總理作的政府工作報告裡寫著，說：我們的九億農民截止到去年，也就是建國一百年，他們的收入是四千七百六十一——

年。

胡星斗：對。

周教授：就是不到五千，哎城市平民一個億，所以說九億農民加上一個億城市平民一天生活費不到20元，也就是說一年不到5000元人民幣，我們就成為低收入，基本也算弱勢啦。但是這裡還有一個食不果腹，衣不遮體，處在饑寒交迫的那些人，我們叫做「赤貧」。

胡星斗：對。

周教授：又叫做「絕對貧困」。

胡星斗：絕對貧困的聯合國標準是一美元。

周教授：1.25美元，後來漲了。

胡星斗：1.25美元。

胡星斗：後來又漲了0.25美元。

周教授：1.25美元呢大約就是一天八分錢人民幣。一年呢大約就是3000錢，可是我們國家呢標準不一樣，我們國家呢是07年一天一塊八毛七，一年六百八十三。

胡星斗：現在我們國家的貧困標準是1196元，一個月不到一百塊錢。

周教授：到了去年的第二季度，啊，去年的第二季度，就是從09年的四月一號改成一天三塊兩毛二，啊不是，一天三塊兩毛八，一年一千一百九十六，就是你說的那個——

胡星斗：對，對，不到一千二。

周教授：不到一千二，就是一個月不到一百。

胡星斗：所以說標準是非常低的。

周教授：這個標準是很低的，按照這個標準呢，我們國家是五千萬所謂的「赤貧」。

胡星斗：對，按照我們的分類呢，我們把弱勢群體分成自然性弱勢群體、生理性弱勢群體、社會性弱勢群體。自然性弱勢群體就是由於自然的原因，比如說：住在非常貧困落後的山區，由於自然的原因所導致的貧困。然後呢還有生理性弱勢群體，那就是像一些殘疾人啊等等，是生理性弱勢群體。但

是我們現在最要的探討的是「社會性弱勢群體」，也就是說主要是那些由於社會權利、公民權利的匱乏，所造成的貧困的狀態。我呢長期以來對社會性弱勢群體是更多的關注。所以我剛才說了，一個是國有金融的體制，如果說這種國有金融壟斷的狀況不能夠徹底的打破，那麼中國的貧富差距肯定還會繼續的擴大，不可能縮小。國有銀行，因為它給中小企業給窮人的貸款成本很高，還有呢存在著資訊不對稱這樣的一些原因，它必然只給大企業、國有企業貸款，那麼中小企業呢就很難發展壯大。特別是普通老百姓要創業，也獲得不了貸款。新農村建設，農民想創業，也獲得不了貸款。所以為什麼中國的創業率非常低，目前中國的就業非常困難，其中一個很重要的原因就是我們大學生畢業了以後能夠創業的很少，中國的創業率很低，大概只有發達國家的五分之一到八分之一。創業率低的一個原因，實際上就是與金融壟斷非常有關系。比如說美國有上萬家銀行，都是私人銀行，還有很多社區銀行。社區銀行它對本社區的居民非常熟悉，基本上它能夠克服資訊不對稱的問題，所以它給本社區的人貸款很安全，可以資助本社區的人創業。他們還有很多鄉村銀行，特別是其他國家和地區有很多的那種鄉村銀行。像臺灣啊它有鄉村的信用社，也就是為農民服務的，為農民融資服務的。但是中國大陸呢基本上都被少數的國有銀行把金融給壟斷了。這種國有的大銀行它就很難很難給社區的人貸款。除了買房子之外，那其他的很難貸款，因為他對你不瞭解，對你個人的信用啊也不瞭解，農村裡他也不可能給農民貸款。所以梁啟超在100多年前就瞭解到這樣的一個情況，他說國有金融是不可能解決農民的致富的問題的。這個也被稱作「梁啟超不可能定律」，也就是說農民致富這樣的一些問題，農民的金融問題必須靠小額貸款啊、私人銀行啊、鄉村銀行啊來解決。當然目前中國也在破冰，但只能說是破冰的一個初期，比如說我們現在容許小額貸款，但是目前還是處於試驗階段，最開始是全國容許了16家小額貸款公司，現在全國估計有幾百家，據我所知，光重慶那個地方現在就有幾十家，全國估計至少有幾百家小額貸款的公司。但是相對於中國，好幾億農民來說，仍然是少得可憐。在過去啊非常好笑啊，在中國搞小額貸款的，

一個是茅於軾老師，第二個是社科院農科所他們搞小額貸款，但是他們的小額貸款都沒有合法的地位，不給他合法的地位。茅於軾老師那種小額貸款，還受到不斷的打壓，中國的小額貸款的公司在去年容許小額貸款試點之前，從300多家萎縮到100多家。哎全國300來家小額貸款公司萎縮到100來家，然後去年呢大概可能因為與那個尤努斯獲得諾貝爾和平獎有關才允許小額貸款試點。

周教授：經濟學獎。

胡星斗：他是獲和平獎。

周教授：哦。

胡星斗：他沒有獲經濟學獎，他是獲和平獎，促成了中國現在也在研究怎麼的小額貸款合法化。社科院農村所他們搞的小額貸款，最初的資金來源竟然是貧窮的孟加拉的尤努斯給的免息的貸款。這樣他們才有幾萬美元開始了在中國的小額貸款的事業。後來呢是有香港、臺灣的一些企業家捐贈了一部分，有的捐贈了幾百萬。大概從2004年之後，這麼多年來就再也沒有任何的資金的進入了。我們國家雖然現在容許小額貸款，但是不容許吸收存款，那小額貸款成為一個無源之水啦，就是說很多小額貸款公司可能做不下去。

周教授：啊，您說的特別到位，它實際上就是一個金融特權。我再補充一點，就是說中國呢物價上漲，是吧，那麼老百姓呢有錢他不敢花，為什麼呢，四座大山壓著他。養老、醫療、教育、住房，四座大山，而你把錢存在銀行呢，它是負利率，全世界的銀行呢吃利差，存錢呢如果是3%，那麼貸款呢全世界4%，就是說全世界吃百分之一的利差。中國的銀行是特權，他們要吃百分之三的利差，你存三，貸呢我就給你百分之六。

胡星斗：貸款利率比存款利率要翻一倍。

周教授：哎對，翻一倍。所以說他為什麼不讓你的小額貸款合法化呢，因為你如果可以合法的讓大家把錢存到你這了，那他們壟斷的超額利潤就沒有了。現在全國的利率調整了，大概是2.75%，也就是一百塊錢一年你的利息兩塊七毛五。可是你要跟他借一百塊錢呢，那麼你就得給他六塊錢，這個利息

就是這個問題的本質。

胡星斗：而且中國的銀行，因為它的金融衍生產品以及各種服務型產品非常少，所以中國的各個國有壟斷銀行，它的利潤超過90%都來自於你所說的這個利差。

周教授：對。

胡星斗：就吃這個利差，90%的利潤來自於這個，而不像發達國家，發達國家銀行只有百分之五十左右的利潤來源於利息差，存貸款利息差，然後還有百分之五十左右它是靠各種金融服務獲得他的收入來源。

（略）

2011-2

弱勢群體經濟學宣言

胡星斗

一、弱勢群體

弱勢群體指在社會地位、財富分配、政治權力行使、法律權利享有方面處於相對不利地位以及發展潛力相對匱乏的人群。主要表現為社會權力的匱乏，在社會財富分配中所占比重很小。弱勢群體分為自然性弱勢群體、生理性弱勢群體、社會性弱勢群體，包括殘疾人、老人、婦女、兒童、失業者、生活貧困者、工人、農民、農民工、打工子弟、中小企業主、邊緣群體、弱勢官員等等。

日益嚴重的弱勢群體問題，損害了社會正義。羅爾斯說：「正義是社會制度的首要價值。」對於弱勢群體權利的損害和剝奪無疑違背了社會正義。市場經濟總是傾向於優勝劣汰、兩極分化的，會產生強者越強、弱者越弱的「馬太效應」，而國家應當維護公平公正，扶持利益受損的群體。

研究弱勢群體，將為制衡權貴（強勢群體）與弱勢群體提供理論和政策上的依據與參考。

日益嚴重的弱勢群體問題，也影響了社會穩定。世界銀行於2007年12月1日在北京發布了《貧困評估報告》的初步研究結果，顯示2001年至2003年，中國10％貧困人口的實際收入下降2.4％，有跡象顯示中國最貧困人群正在進一步滑向貧困的深淵。這個研究顛覆了發展經濟學的滴流效應（水漲船高）理論——隨著富人收入的提高，窮人的狀況也會得到改善，但是，現在看來不一定是這樣。近年來，我國弱勢群體的相對剝奪感不斷地得到強化，以至於群體性事件頻發，2005年公安部統計全國共發生群體性事件8.7萬起，2006年超過9萬起。

研究弱勢群體，探討弱勢群體的民權與民生，將為政府預防和解決群體性事件、實現社會穩定提供建言。

日益嚴重的弱勢群體問題，也不符合我國現代化的方向，違背了社會經濟發展的根本目的。我國的發展絕不能以犧牲一部分社會成員的利益作為代價或者成本來實現「讓一部分人先富起來」，而應當把改革轉變成正帕累托改進的過程。

　　研究弱勢群體，將有助於建立共同富裕、共用尊嚴的平等社會，有助於實現富強、民主、文明、和諧的現代化目標。

二、弱勢群體經濟學

　　弱勢群體經濟學是一門研究弱勢群體的權利現狀以及如何將有限的權利、資源進行合理配置的科學。弱勢群體經濟學針對社會權力缺乏所引起的生存與發展條件低於社會平均水準的現狀，以保證這部分人的收入水準達到可以滿足正常生活的最低值和儘量提高他們的社會滿意度及生活幸福度為目的，從經濟學的角度，運用經濟學假設、原理，構建經濟學模型，得出有意的結論，尋求針對弱勢群體問題的科學的解決方法，並以此作為理論依據，指導社會權利供給和社會財富分配等方面的合理制度特別是社會保障制度、社會救濟制度的建立，從而對有限的權利、資源進行合理的配置，從根本上改善弱勢群體的地位。

　　弱勢群體經濟學具有明確的研究目標，它以改善弱勢群體的生存條件和社會地位為出發點，以最終實現經濟社會的健康穩定和諧發展，實現社會公平、社會正義為最終落腳點。弱勢群體經濟學的研究目標充分考慮來自經濟、政治等方面實施的可行性。因為如果社會選擇了超出其經濟實力的目標，那麼此目標必然行不通。正是考慮到人口眾多以及經濟實力的限制，因此，我們才選擇把對社會中由於社會性和制度性的原因所造成的最困難的這部分社會群體的權利現狀作為研究對象，通過更多傾斜於弱勢群體利益的制度設計，讓尚有自立能力的人實現自立，以便政府利用最低的成本，改善這部分人的生存現狀，達到社會穩定和經濟發展的目的。

弱勢群體經濟學結論——

　　定律一：弱勢群體屬於無權階級，產生的根源是權利的喪失。他們真正需要的是公平的機會及合理的權利供給。弱勢群體形成的最直接的原因是產權制度和財富分配制度的缺陷，他們從根本上決定了社會財富的分配以及社會階層的劃分。

定律二：權利的邊際效用是指在對權利具體化、數量化後，每單位的權利所能給權利的擁有者帶來的效用。已經擁有的權利越多，權利的邊際效用就越小；已經擁有的權利越少，權利的邊際效用就越大。將權利、資源更多地配置給弱勢群體將大大地增加社會的總效用。

定律三：改變弱勢群體的被動地位的直接手段是政府改變對人本精神和法治建設的態度，也就是一方面要以人為本，另一方面要完善法治制度；一方面改善民生，另一方面建立保障民權的制度；一方面進行社會改革，另一方面進行政治改革。

定律四：帕累托改進是指在不削弱每一個社會成員效用的前提下通過資源的配置增加社會總效用。弱勢群體相關政策的制定不僅僅是對具體資源配置的規範，更是對社會無形資源的配置，需要照顧到社會各階層的發展，而不單是不損害各方利益，因此，弱勢群體政策的准帕累托改進可以表述為：在保證各個階層發展的同時，通過對各種資源的配置，加快弱勢群體階層的發展，從而增加社會的總效用。

定律五：政治市場上的交易（選民以選票進行政治選擇，決定公共產品的供給）有利於弱勢群體。民主是市場經濟的校正力量。

定律六：在交易費用為0的條件下，只要產權明晰化，而且產權歸弱勢群體，私有制的市場機制總會找到最有效率的辦法，從而達到帕累托最優狀態。

定律七：企業的剩餘索取權應該是工人、業主、投資者、監督者共用的權利，剩餘控制權屬於企業的工會和監督人員。剩餘權可以通過剩餘索取權與剩餘控制權的合理匹配達到優化。

定律八：國民與政府、政府與國有企業之間的多重委託代理造成了多重的資訊不對稱和道德風險，可以設計出工人參與監督、分紅的機制加以解決。比如股份制、股份合作制。

定律九：在選民多數為弱勢群體、選民的偏好呈現單峰和正態對稱分佈時，兩黨競選的結果是，觀點與弱勢群體中間投票人（對公共產品持中等規模需求的弱勢群體投票人）一致的候選人將勝出。如果選民的偏好呈現單峰，但分佈不對稱，呈偏態分佈，接近弱勢群體眾數（最多弱勢群體選民支援的公共產品數量）的候選人將勝出。

定律十：弱勢群體在面臨得益時是高度風險規避的，在面臨損失時是高度追求風險的。

定律十一：勞資雙方、弱勢群體與強勢群體之間的博弈是無限次（動態）重複博弈，當博弈方存在合作的潛在可能性，並且重視未來的長期的收益時，那麼此博弈存在較理想、效率較高的均衡。

定律十二：要促使社會福利的最大化，政府應當保證個人自由選擇的可能性，同時還應以合理的收入分配作為前提。

定律十三：權貴資本主義、國家資本主義、官僚市場經濟、權力市場經濟的重要弊端是尋租腐敗、分利集團、權力剝奪和貧富分化，只有抑制特權、劃定行政權力邊界、拆散精英聯盟，對「底層階級」賦權，才能改變弱勢群體的「無權化」以及「社會剝奪」、「社會極化（兩極分化）」的狀況。

定律十四：沒有經濟自由，就沒有個人自由和政治自由。史達林或希特勒式的集體主義是通向奴役之路。傳統的公有、國有破壞了法治，滋生了腐敗，降低了效率，不利於弱勢群體。

定律十五：總體所有的集體主義必然導致國家主義和極權主義。弱勢群體、普通民眾更加需要自由、憲政和民主。

定律十六：沒有憲政民主的市場經濟是壞的市場經濟，必然造成特權、腐敗的氾濫和極大的不公平。

定律十七：只有有效的組織，才能推動制度變遷。沒有組織的工人、農民對於制度變遷的影響極小。

定律十八：國傢俱有契約和掠奪的雙重性質，一方面國家是強勢群體達成的契約以保證其利益，另一方面國家常常對於弱勢群體加以掠奪以實現統治者的最大利益。

定律十九：路徑依賴、交易費用和既得利益使得無效制度被鎖定，必須進行憲政改革，才能保障弱勢群體的權益。

定律二十：只有耕地歸農、土地資本化，還農村土地開發建設權，才是農民富裕的關鍵。

定律二十一：經濟增長的決定因素並不主要在於資本產出比率和儲蓄率，而

是取決於弱勢群體的消費率、人口增長率和技術進步的速度。

　　定律二十二：弱勢群體悖論：只當弱勢群體擁有投票權並且投票權具有足夠的決定力量時，管制（或政策）才能有利於弱勢群體。但當弱勢群體的投票權具有足夠的決定力量時，弱勢群體已經不是弱勢群體了。所以，管制（或政策）對於弱勢群體永遠是無效的。管制（或政策）是強勢群體的產物或者說管制（或政策）是弱勢群體之外的群體博弈的產物。

　　定律二十三：收入均等化的前提是權力均等化。全民權力均等、共用、消除弱勢群體是人類文明的發展趨勢。

　　定律二十四：從個人對於社會福利的偏好次序不可能推導出全社會弱勢群體一致的偏好次序。

　　定律二十五：國家、政府、企業、組織的產生都是為了節省交易費用。不能節省交易費用的體制是不科學的體制，是弱勢群體貧困的制度根源。

　　定律二十六：集權國家的交易成本（占GDP的比重）遠高於民主國家。交易成本越高的國家，弱勢群體的數量越龐大。

　　定律二十七：由於資訊不對稱的存在，扶助弱勢群體的資源產品往往容易配置到了強勢群體的手中，造成逆向選擇、馬太效應、道德風險。

　　定律二十八：民眾是國有資產經營的委託人，官僚是國有資產經營的代理人。委託人與代理人之間存在著嚴重的資訊不對稱，資訊的搜尋將致使委託人付出巨大的搜尋成本。由於資訊不對稱的存在，民眾面臨國有商品交易的逆向選擇（品質差、價格高淘汰品質好、價格低）和官僚坐地自肥的道德風險。

·········

三、弱勢群體經濟學的權利宣言

　　（略）

2010-7-11

從特權型市場經濟走向共享型市場經濟

—— 在中國市場經濟研究會研討會上的發言

胡星斗

我認為中國應當從特權型市場經濟走向共享型市場經濟。什麼是特權型市場經濟？特權型市場經濟的特徵是：特權橫行，權貴們享有特供、特殊待遇、特殊利益。

在特權型市場經濟的社會，一是經濟特權氾濫。官員們壟斷了資源，中國70～80%的資源仍然掌握在各級政府的手中；壟斷的國有企業坐地分贓，極大地損害了普通國民的利益，據每日經濟新聞報導：2007年～2009年，一共收取中央企業國有資本收益1572.2億元，而資本經營支出則高達1553.3億元。這表明，3年來的收支結餘僅剩下約19億元。而這期間央企利潤共為24772.6億元，央企3年來上繳紅利比例表面上為6.3％，但由於99.9%的上繳紅利是從左手給右手，回到了國企，實際上央企上繳紅利的比例還不到0.1%（19億/24772.6億=0.077%）。據《遠東經濟評論》2007年第4期報導，中國億萬富翁3220人，其中2932人即超過90%是高幹子弟；在5個最重要的工業領域——金融、外貿、地產、大型工程、安全業，85%-90%的核心職位掌握在高幹子女的手中。

權貴們還壟斷了財政分配權。在發達國家，錢袋子是掌握在議會的手中，官員每花一分錢都要經過議會的批准。而中國的財政是官員化、隨意化、祕密化的財政，一切支出由官員說了算。據中紀委、國務院研究室、監察部的調研報告：全國黨政國家機關系統違規違紀挪用、侵占公款吃喝、休假旅遊、出境出國讀書、送禮、濫發獎金福利，2006年度就高達2萬億元。

2006年7月，國務院研究室、國務院參事室《關於若干省市黨政國家機關系統高中級幹部經濟收入狀況》的報告中說：5省（江蘇、浙江、上海、山東、廣東）市廳（局）級幹部實際年收入（包括福利、津貼、獎金）為55萬至105萬元，副省

級以上幹部實際年收入（包括福利、津貼、獎金）為125萬至250萬元。浙江、上海、廣東三省市的省級幹部家庭用電、燃氣年開支，每戶18萬元至25萬元。用公款在賓館、飯店、俱樂部招待親屬、朋友年開支40萬至100多萬元。

在特權市場經濟國度，金融也被壟斷；而壟斷的金融，必然導致兩極分化。國有銀行不可能給小企業、普通國民、農民創業貸款，所以中國老百姓的創業率很低，只有發達國家的1/5～1/8。

行政對於經濟的壟斷還導致大規模的權錢交易、尋租腐敗，致使2008年我國灰色收入（包括黑色收入）占國民總收入的15%。灰色收入主要是圍繞權力產生的，是與腐敗密切相關的，往往是來自憑藉權力實現的聚斂財富、來自公共資金的流失、來自缺乏健全制度和管理的公共資源，或者來自對市場、對資源的壟斷所產生的收益（王小魯：灰色收入與國民收入分配）。

二是政治特權氾濫。公權力掌握在少數人手中，自我授權，自證合法性，自我解釋，自我論證，自我調查，自我監督；人治盛行，法治不彰，個人大於憲法，組織大於國家；官本位，權力世襲，形成所謂的官二代現象，不一定是北朝鮮的個人權力世襲，而是集體權力世襲。

三是社會特權氾濫。如社會保障特權，目前，中國實行的是封建等級制、多軌道的社會保障（包括醫療），公務員享受財政撥款的養老、公費醫療，部分職工是個人帳戶加社會統籌，另外一些職工和居民購買商業保險，農民參加合作醫療、合作養老。80%的公共醫療經費用於幹部療養、高幹病房，而從1991年到2000年，中央撥給農村合作醫療的經費僅為象徵性的每年500萬，地方政府再配套500萬。全國農民分攤下來，平均每人每年只有1分錢。（據《當代中國研究》2003年第4期報導）據第三次國家衛生服務調查結果，城市居民中沒有任何醫療保險的占44.8%，農村有79.1%的人沒有任何醫療保險。某省廳級及以上官員在醫院皆有專門供他一人享用的療養病房。

四是文化特權氾濫。除了網路之外，中國的媒體全部被官方所壟斷，一些官員天天熱衷於自我表揚，掩蓋醜惡；還有權學交易盛行，官員博士化，當然是虛假的博士、注水的博士；我們的教育制度也是宣揚特權、壓抑個性的，小學生個個比誰家父母的官大；大官的孩子被老師悉心照料，當上班幹部；課堂上宣講的往往是

尊敬領導、服從權力。中國的學術機構也處處滲透了特權。55年來，北大物理系培養的22位院士，不帶官職的只有4位。51級入學的4位院士中3位是部長。

中國最根本的轉型、最根本的出路是從特權型市場經濟轉變為共享型市場經濟。

什麼是共享型市場經濟？

共用型市場經濟的本質是公平、均衡與普惠。發展不僅僅是經濟增長，它是經濟、社會、文化、政治的全面進步；共享型市場經濟主張民有、民治、民享，產權共有、股份共用、社會分紅；強調不同人群、不同地區的普遍占有、平衡發展；共享是經濟增長或發展的意義和目的所在，沒有共享，經濟增長不但沒有意義，而且是有害的，必然導致種種的社會矛盾、社會分裂乃至於社會動盪。共享型市場經濟對於解決目前中國經濟和社會發展中的問題，如經濟與社會失衡、城鄉失衡、東西部失衡、資源環境破壞嚴重、過於注重GDP、過多收稅、官僚壟斷企業、壟斷金融、工資率太低、消費率太低、財政中民生支出太低、以及教育、醫療、養老、住房「四座大山」等等問題具有極其重大的戰略價值，也就是要改革政治體制，賦予民眾權利，讓人民共用改革與發展的成果。

建立共享型市場經濟，關鍵是實現權利共享，然後才能利益共享。

為了共享權利，必須立法保障公民的話語權、決策權、管理權、組織權、出版權、罷工權、遷徙權、監督權、司法權；必須取消特權待遇，廢除等級性、多軌制的醫療養老體制，建立普惠、平等的新型社會保障制度；廢除歧視性的二元戶籍制度，促進城鄉、不同地區的均衡投資和財富共生；國有企業應將股份量化到全體國民，進行社會分紅，米德（Meade）的社會分紅理論主要就是針對公有企業和公有土地的。在米德看來，社會分紅是公民最重要的經濟權利之一。

還要建立有利於窮人的稅制，如在印度，只有3000萬富人需要納稅，所以印度的貧富差距（基尼係數）比中國小得多。目前中國的稅收是有利於富人而不利於窮人、不利於縮小貧富差距的，如我國至今沒有開徵遺產稅；又如個人所得稅，中國工薪階層平均納稅額比例高達25%，而富裕階層只納稅16%；我國不是像其他國家那樣以家庭為納稅單位，也沒有扣除的事項，而美國稅法規定的各種扣除包括：個人退休保險及醫療儲蓄帳戶的個人繳付部分、離婚或分居贍養費支出、教育貸款

利息支出、慈善捐助支出、購買專業書籍和職業培訓費等個人職業發展費用支出，甚至包括變換工作的搬家費用等。

還要改革金融制度，還人民金融權、保險權，鼓勵民營銀行、社區銀行、鄉村銀行、小額貸款公司、草根銀行的大力發展，以農業保險、房屋保險、財產保險及國家對於涉農保險的扶持與補貼來幫助人民抵擋各種自然災害，以土地抵押貸款、宅基地抵押貸款來幫助農民融資致富。

還要還人民土地的權利，實現土地的資本化、財富化。城鄉土地制度應當統一，城鄉居民皆有權根據土地使用規劃而自由地購地建房（像發達國家那樣），打破土地和房地產業的壟斷；城市居民有權到農村去購房、創業（小產權房應當合法化），從而降低城市的房價；農民也有權進行土地開發、房地產開發，有權在集體土地上不需經過徵地、只需遵循規劃而自辦私人企業（非鄉鎮企業）、自建開發區（而不是必須徵地後由政府才能建），這樣才能把土地的收益留給農民。糧食安全的危險來自於官員徵地，而不是來自於農民對於土地的合理利用，只要國家制定好土地綜合利用的規劃、法律，農民是不敢違法的，但官員往往是敢於違法的。

總之，我認為中國的當務之急是從特權型市場經濟轉向共享型市場經濟；建立共享型市場經濟的關鍵是共用權利；爭取人民的話語權、分配權、金融權、土地權，是當前中國的最大任務。

2010-11-13中國科技會堂

中國改革的戰略目標是實行憲政市場經濟

胡星斗

一

改革開放以來，「中國模式」在經濟上取得了巨大的成就，但是在憲政、政府與市場關係方面卻暴露出許多的問題。中國是有成文憲法的國家，但不是憲政的國家，政府越位、缺位處處可見，公權力肆意擴張，得不到有效的制約；大量的違憲行為得不到糾正，憲法成為擺設甚至廢紙，毫無尊嚴，大量的領導講話、政府檔甚至法律法規都凌駕於憲法之上，踐踏民眾權利的事情比比皆是。出現這些違憲行為的根源是公民沒有締造、塑造政府的原始權利，公權力沒有被關進籠子。美國著名政治評論家潘恩曾經說過：「憲政不是政府的行為，而是人民構建政府的行為；無憲法的政府，只是無（公民）權利的權力。憲法是先於政府的事物，政府只是憲法的造物。」但在中國，政府權力實際上高於或先於憲法權力，政府不是憲法的創造物。

2010年震驚全國的9.10江西宜黃強拆自焚事件，可以說是近年來一系列強拆事件的巔峰。當地政府為了政績強行拆毀居民房，居民因為無力抵抗而選擇以死相抗，最後釀成自焚事件，導致一死兩傷的慘案。案件的表面原因是縣委縣政府的肆無忌憚與漠視生命，其深層原因卻是憲政的短缺與公民權利的弱小。

由於憲政的短缺，中國模式的正當性與經濟發展的可持續性遭到了普遍的質疑。諾斯曾經指出：「一個國家的政體決定著、指導著一個國家的經濟效率，也就是說除非我們構造出一個穩定的非常高效的政治制度起支持作用，否則，我們絕無可能建立起穩定的、高效率的經濟結構。」（諾斯，1995）因此，如果中國仍想保持現有的令世界羨慕的高速經濟發展，那麼必須構築符合憲政規則的制度與環境，發揮憲政經濟學在經濟發展中的重要作用。

憲政經濟學研究表明，不僅個人自由與經濟增長之間存在正相關性，而且公民權利與經濟發展、國民福利、人力資本之間皆存在正相關性。只有公民權利與經濟自由同時具備，才可能維持經濟的可持續增長，進而一個聯邦制分權結構有助於馴服一個政治「利維坦」，從而維護經濟自由。加特內·勞森和布坎南對1975-1995年間103個國家的產權安全和契約自由的研究表明，在個人經濟自由與人均收入之間也存在明顯的正相關，不自由可能會有國家財富的增長，但只有個人自由（公民權利的保護），才會有民眾財富的增長。產權的不安全性比任何其他因素對企業發展的阻礙都大，在沒有憲政保障下，市場很難長久地保持自由開放。

而中國模式由於是毛式政治體制與鄧式經濟體制的結合、史達林模式（蘇聯模式）與鐵托模式（南斯拉夫模式）的混合，屬於「專政市場經濟」，所以從憲政經濟學的角度來看，其最大的問題就是缺乏憲政規則，導致「政治市場」與「經濟市場」雙失序，公民權利與產權被侵犯，特權腐敗嚴重，分配兩極分化，經濟終究無法持續增長。

中國模式的唯一出路是重塑憲法尊嚴，劃分政府與市場的邊界，打破特權壟斷，搞真正的市場經濟。或者說，中國改革的戰略目標是實行憲政市場經濟。

二

什麼是憲法、憲政與憲政市場經濟？「憲」在中國古代泛指「典章、法度」，在古代西方，「Constitution」一般是指「帝王的詔令、諭旨」，而當代議會制在西方世界逐漸成熟，人們把關於代議制的法律稱為憲法，即確定憲政體制的法律。《現代美國百科全書》的作者認為「憲法是治理國家的根本法和基本原則的總體」。布坎南把憲法定義為一套約束人行為的規則。《布萊克法律詞典》定義憲法為「一國的組織法或基本法，可以是成文的或不成文的；旨在規定政府的特徵和組成，提出國家生活所必須遵循的基本原則，組織政府、調整分配和限定政府各部門的職能，以及規定主權行使的範圍和方式」。《中國大百科全書·法學》的解釋如下「憲法是國家的根本大法，是具有最高法律效率的法，是據以制定其他法的法律基礎。「它表明憲法是社會最根本的規則，它位於立法結構的最上端，是制度中的

制度、規則的規則，是元制度、元規則，是社會遊戲的基本規範。

王小衛在《憲政經濟學》中對憲政的解釋是「憲政的根本原則是限政與法治。憲政的核心特徵就是對國家權力的法律限制」。[1]布坎南認為，最小意義的憲政必須包括：一些限制侵犯他人權利的約束；一定的產權；與實施這些權利有關的一些措施；一定的與公共產品供給有關的規則。諾斯認為，憲政分權是一種有利於產權保護的承諾。1987年召開的世界比較憲政專案規劃會上，與會者認為憲政至少應當包括三項內容：（1）憲法為母法；（2）憲政是由意識形態和文化決定的一系列特殊的道德觀點，如尊重人的尊嚴，承認人生而平等、自由並享有追求幸福的權利；（3）憲法必須考慮到「合法性」（國家權力、公共政策和法律的合法性）和人民的「同意」（對於政府的認可）。

憲政市場經濟的源頭是憲政經濟學，憲政經濟學是經濟學理論在政治學、法學領域的運用，「政府悖論」是其理論的核心和源頭。憲政經濟學的代表人物有奧地利學派的馮·哈耶克與公共選擇理論的創始人詹姆斯·布坎南。他們兩位都傾其一生研究與探索完美的社會體制，以求能夠最高效、最準確地解決人類社會越來越尖銳的矛盾——政府與市場之間的矛盾、政治與經濟的矛盾。

哈耶克在其名著《通往奴役之路》中把憲政定義為「有限政府」，認為分立的權利是一切先進文明的道德核心，開放社會的政府的唯一功能是維護法治。哈耶克指出：政府的組織性規則和限定性規則分別與關於政府的兩種理念即民主和自由主義（即憲政）相關聯，民主關心的是政府的組織性規則，自由主義關心的是政府的限定性規則。前者要問的是誰在控制政府權力，而後者要問的是政府權力如何才能被有效地限制和約束。哈耶克說，民主政府往往在憲政上出現失誤（如法國革命），癥結就在於沒有弄清這兩個相互獨立的問題。

哈耶克認為，為了有效地解決民主與憲政的關係，避免人類社會出現民主的

---

[1]王小衛，憲政經濟學[M]，北京：立信會計出版社，2006。

暴政，就應該運用經濟學的理性人假設和分析方法，展開對社會規則的討論。哈耶克深刻地認識到制度經濟學的重要性，認為憲政的基礎之一便是制度的有效，正是基於對於不同制度的討論，最終才能確立一種維護納稅人權益的制度體系。細分之下，憲政經濟學是從權利的角度論述實現社會正義的最大收益，而制度經濟學是從程式的角度來保證社會的效率，二者都兼顧了公平與效率，名異實同。

布坎南可以說是憲政經濟學的集大成者，「憲政經濟學」的概念也是出自於他。布坎南在《憲政經濟學》的前言中指出「英美法理學強調理性的法則（the rules of reason），卻大大忽視了規則的理由（the reason of rules）。我們所參與的社會經濟－法律－政治的博弈，只有根據其規則才能做出經驗描述。但是，我們中間大部分參與博弈的人，並不理解或評價這些規則，例如它們是如何產生的，它們是如何運作的，它們又是如何改變的，特別是如何對它們做出規範性的評價。」[2]

布坎南批評了主流經濟學將經濟市場和政治市場割裂的研究方法，認為人類社會由兩個市場組成，一個是經濟市場，一個是政治市場，顯然，在經濟市場和政治市場活動的是同一個人，沒有理由認為一個人在經濟市場是自利的，而在政治市場是利他的，政治市場與經濟市場的「善惡二元論」是無法成立的。在政治市場中活躍的角色有政治家、政客、選民與政治集團等，他們的交易對像是公共政策與公共產品，而在經濟市場中活躍的市場單位則是生產者、分配者、消費者、財團、金融大鱷等等，他們交易的對像是商品或衍生品，政治市場中的選票相當於經濟市場中的貨幣，兩者本質上是相同的。因此，可以尋找到一種制度，既規避又利用人類自私的本性，保證政治市場與經濟市場都達到「帕累托最優」的理想狀態。也就是說，考慮到政治市場或經濟市場中個人利益最大化的追求，當人們出於私利的考慮，在唯恐自身利益受到他人侵害時，只能主動避免或減少侵犯他人的利益，那麼最大的效率就產生在使得每個人效率最大化的地方，亦即帕累托最優點。這種存在於人類精英理想之中的均衡狀態靠人類自身的自覺性與道德倫理是難以構建的，在布坎南的心中只有「憲政的力量」可以實現人類偉大的理想。

憲政經濟學是對理性人追求利益最大化範式的應用與超越，旨在尋求最優的

---

[2]傑弗瑞・布倫南，詹姆斯M・布坎南，憲政經濟學[M]，北京，中國社會科學出版社，2004.1。

交易結構，正如科斯定理所指出的，當交易費用為0時，不同的制度安排是等價的，但現實中交易費用大於0，不同的法律制度結構的效率是不一樣的，因此存在著最優的制度安排。亞當斯密的理論以及新古典範式都假設完全資訊和零交易費用，交易的產品只存在價格和數量兩個特徵，存在理想的產權結構，但是現實中產權是不完整的、制度是有缺陷的、交易費用是高昂的、公民權利與經濟自由常常是無法保證的。

制度經濟學特別是科斯的交易費用理論為憲政經濟學的研究提供了理論工具，使得產權與權利問題成為經濟學分析的焦點、政治制度結構成為理解經濟增長的關鍵。交易費用實際上是制度成本（張五常，2000）。中國模式的重大缺陷就在於交易費用過高，政府成本占財政支出的比重過大，三公消費、維穩經費都深深地拖累了民生改善的步伐。

另外，一種制度安排要有效率，必須是納什均衡，否則這種制度不會存在（在多人參與的博弈中，沒有任何參與者可以獨自行動而增加收益，即為了自身利益的最大化，沒有任何單獨的一方願意改變其策略，此策略組合被稱為納什均衡）。同樣，當一國憲法不是納什均衡時，它就不會在現實生活中真正發揮作用，它只是停留在紙面上的遊戲規則，而納什均衡的憲法才是憲政意義上的憲法。而中國模式面臨的問題是：憲法只是在名義上的最高法律規範，憲法的「元規則「地位早已被動搖；政府獲得了越來越多的立法權，憲法無法約束行政部門的權力擴張；憲法不是納什均衡的憲法，它脫離實際，無人遵守。

<h2 style="text-align:center">三</h2>

實行憲政市場經濟將成為中國現代化的最大共識。

現代化是憲政化和市場化的統一。中國模式在政治社會文化領域很大程度上仍然沿襲蘇聯模式，與憲政化相差甚遠，在經濟領域也僅有商品領域的市場化，資源領域大多沒有市場化。中國在轉型過程中出現的一系列深層次問題——國有壟斷、特權利益、腐敗、貧富分化、產權保護，其實都是市場化進程中內生出的對憲政秩序的要求，改革已由資源配置層面深化到權利配置層面。通過憲法來約束政府

權力、保障公民權利、保護私人產權，仍然是中國亟待解決的問題。唯有從清理立法違憲、檔違憲、領導人講話違憲、開展違憲審查做起，改革以審批和管制為主導的政府管理模式，實現憲法之下政府與市場的功能互補，才能解決轉型經濟中的深層次問題。

憲政制度與市場制度是互補性的制度安排，憲法界定了政府與市場的邊界，公正、透明和權威的憲法規則是市場經濟不可或缺的、基本的遊戲規則，或者說憲政市場經濟是世界範圍內市場經濟發展的共同趨勢與潮流。憲政經濟學劃分了政府與市場的楚河漢界，政府只能在限制壟斷、解決外部性、公共產品的需求方面有所作為，同時政府即使在這些領域也應優先考慮市場化、憲政化、社會自治化的合理性。一般資源的優化配置活動應該交由市場去實現，市場在資源配置的靜態與動態效率方面都優於政府；儘管存在著市場失靈，但它並不意味著政府干預會更好，只有當政府干預的外部性——政府失靈的淨損失不超過市場失靈的淨損失時，政府干預才是必要的、合理的。

可以預言，建設憲政市場經濟必將成為中國改革的潮流！

2013-1-13

略論公平市場經濟

胡星斗

一、什麼是公平市場經濟

我曾經提出在中國建立「公平市場經濟」。什麼是「公平市場經濟」？就是「非權力化、非壟斷化」的市場經濟，就是「政府有責、公民有權、機會均等、保障完善」的市場經濟。

一般認為，市場經濟可以分為三種類型，一是以美英為代表的自由市場經濟，或者叫消費導向型市場經濟；二是以德國、北歐國家為代表的社會市場經濟；三是以日本、韓國為代表的行政導向型市場經濟，也叫亞洲模式或東亞市場經濟。

我所說的公平市場經濟既有自由市場經濟的遏制行政權力對市場經濟的干預、排斥特權和壟斷的特點，也有社會市場經濟的強調公民平等、民主管理、社會保障的特點，還有東亞市場經濟的民本、均富的特點。但是，公平市場經濟克服自由市場經濟的強者通吃、過度競爭、兩極分化，社會市場經濟的低下的行政效率、沉重的福利負擔等問題，以及東亞市場經濟的政經不分、政企不分、政銀不分等弊端。

也就是說，公平市場經濟的「非權力化、非壟斷化」是指，遏制行政權力對市場經濟的無端干預，阻止「權力市場經濟」的形成；打破國有壟斷、行政性行業壟斷和市場壟斷，瓦解「權貴市場經濟」，建立與現代市場經濟相匹配的「小政府」或者「適度政府」、「有效政府」、「低成本政府」。

公平市場經濟的「政府有責、公民有權、機會均等、保障完善」是指，政府不缺位、錯位、越位，履行在國防、治安、公民權利保護、公共物品供給特別是在義務教育、醫療衛生、養老扶貧、生態環境等方面的責任；公民擺脫弱勢地位，擁有選擇政府、監督政府、問責政府的權力以及話語權、輿論權和媒體主導權；在市

場經濟中排除特權、腐敗和壟斷，使得每個人享有平等的競爭機會，做到「起點公平」、「過程公平」，盡可能地縮小貧富差距、階層差距、城鄉差距、地區差距，完善社會保障制度，健全社會福利安全網，做到「結果公平」。當然，「結果公平」不是平均主義，而是效率與公平的均衡與相互促進。

北歐的丹麥、芬蘭、瑞典等國既有高效率的市場經濟，其貧富差距又極小，是公平市場經濟的典範。

二、市場經濟的公平性現狀

人類建立公平市場經濟的努力，是從不公平市場經濟的經驗教訓而來的。

16世紀以後西方逐漸進入了市場經濟時代。市場經濟大大推動了社會生產力的發展，為西方國家帶來了巨額的財富。特別是，1776年亞當斯密發表了《國富論》，標誌著市場經濟理論的奠基，從此以後，一些經濟學家幾乎歡呼雀躍，把市場經濟描繪成「自動機」、「和諧經濟體」。然而，市場經濟的優勝劣汰、資本話語權決定了公平的喪失。1825年發生了市場經濟的第一次經濟危機，《泰晤士報》等報導：「目前的失業和貧困現像是最近三十年來所沒有過的」；「窮人瀕於餓死，各階層居民都苦於時運不濟」；「忍饑挨餓的失業工人被逼得走投無路，以至爆發了公開的暴動」。於是發生了法國里昂工人運動、英國憲章運動、德國西里西亞工人起義等。法國的聖西門稱早期自由市場社會是一個「是非顛倒的社會」，傅立葉將之比喻為「復活的奴隸制」，英國的歐文歷數市場制度的罪惡，呼籲建立「新和諧公社」。馬克思則主張以暴力手段推翻資本主義，以計劃經濟取代市場經濟。

西方國家沒有走馬克思的道路，但是他們把「公平」補充到了市場經濟的「效率」之中。十九世紀末以後，股份制從銀行、貿易、工程建設逐漸走向了工業企業，傳統的個人私有制被改造成公眾私有制，大型私人企業被改造為公共企業；工人參與企業管理被制度化、法律化，工會也逐漸合法化；俾斯麥首先在德國建立了社會保障制度，到1948年英國則率先宣布建成世界上第一個「福利國家」。現在，發達國家都形成了幾乎覆蓋全民、包羅萬象的高標準的社會福利安全網。還

有，累積性的個人所得稅、遺產稅等稅制發揮了縮小貧富差距的重要作用。目前，瑞典、日本、臺灣等國家和地區的20%最富裕人口僅占有40%多的社會財富，發達國家的基尼係數一般都在0.28～0.30的低水準。可見，現代市場經濟不同於早期的自由市場經濟，它是兼顧效率與公平的，是「公平市場經濟」。

中國發展市場經濟的歷史很短，從效率方面來看，取得了輝煌的成就，但是過於集權的政治體制加上高度壟斷的經濟體制使得市場經濟發生了嚴重的扭曲變形，以至於幾乎形成了「權力市場經濟」、「權貴市場經濟」、「不公平市場經濟」──貪汙腐敗盛行，貧富分化加速，地區鴻溝過大，城鄉結構失調，身分歧視嚴重，在教育、醫療、養老、社會保障、基礎設施建設、公共資源占有等方面存在著極不公平的狀況，在銀行、股市、財政、扶貧、低保、就業、住房、礦難、生態、環境等領域不僅問題重重，而且不見有制度層面改善的可能。

三、公平市場經濟的基本主張

要改變中國經濟和社會的不公平現狀，唯有建立「公平市場經濟」一條路可走。我希望政府能夠順應民意，將「公平市場經濟」寫入決策檔，將公平市場經濟的制度建設納入政府的發展規劃之中大力推進。

公平市場經濟的基本主張是，界定政府的作用，維護公民和弱勢群體的權利，建立公開公正公平的市場秩序，完善社會保障制度，弘揚人文關懷。

公平市場經濟的特徵是：（一）擁有「優質」政府、「瘦」政府、廉潔政府、透明政府。（二）權力多中心化，改變博弈力量不平衡以及弱勢群體權利貧困的狀況，從以政府為中心的社會轉向以公民權利為中心的社會。（三）機會均等，公平競爭。財政、貨幣、產業、就業政策皆公正透明，各種所有制平等角逐，消除壟斷和資訊不對稱。（四）建立公民導向、以人為本的現代教育、醫療、養老、扶貧、社會保障、金融、財政、生態、環境制度。

具體地說，公平市場經濟要求政府（此處指大政府，包括立法、司法機構）履行：（一）文化責任。主要是傳承文化，傳播道德。（二）制度責任。主要是確立憲政制度和市場制度。（三）人文責任。政府在教育、醫療、養老、扶貧、

社會保障等方面責不容辭。（四）維護公民權利的責任。（五）明晰產權、提供公共產品的責任。（六）公平責任。公共服務不能排他，政府應當平等地對待每一個公民。（七）公共治理與行政的責任。建設善治、合作、公開、透明、廉政、負責任、可公民問責的政府。（八）社會治安與法治責任。（九）保護生態環境和國土安全的責任。

非政府責任的範疇是，競爭性產業的投資；非戰略性國有企業的投資；部分公共工程的投資；意識形態與新聞出版；非政府組織、公民自治的事務與政黨的事務。

從上可見，公平市場經濟要求政府不缺位、錯位、越位；公民的人權，特別是弱勢群體的生存權、發展權得到充分的保障；市場開放、平等、有序；社會清廉、公正、法治。

四、如何建設公平市場經濟

建設公平市場經濟的關鍵是建立公平制度或者說現代制度，即建立現代國家制度、現代政治制度、現代經濟制度、現代社會制度、現代文化制度，進行國家再造。

建立公平制度，就是要推進民主法治建設，建設憲政國家、法治政府。在市場經濟中，弱者最需要政治權利和民主權利。民主是公平的制度化基礎，是市場經濟的矯正力量。

建立公平制度，還要進行企業制度、財稅制度、金融制度的創新，打破國有壟斷、權貴壟斷，發展私有經濟，讓普通人受益其中；實現社會自治，發揮工會、農會、商會的獨立作用以及非政府組織的作用，以幫助弱勢群體進行團體的博弈；還要弘揚公平道德，將公平制度建設與公平道德建設結合起來。

總之，建設公平市場經濟，必須進行政府改革和制度創新，必須開展國家再造運動和平等權利運動。

2006-2-7

經濟嚴重失衡的中國

胡星斗

中國經濟經歷了近三十年的高速增長，其成就舉世矚目。2007年，中國經濟總量可能超過德國，位居世界第三。但是，不可思議的是，日本、德國在二戰後經濟起飛僅二十多年就躋身富裕國家，而新中國建立快60年了，改革開放也快30年了，中國的中西部、廣大農村的大部分地區依然貧窮，工人農民的生活水準低下，大部分人口沒有社會保障，私人企業步履維艱，民族品牌難覓蹤影，科技教育病入膏肓，究其原因，皆在於中國經濟的發展嚴重失衡。

第一，**經濟發展動力的失衡**。中國經濟快速增長的動力是投資、外貿，而內需一直低迷不振，由此產生了一系列的問題，如信貸、投資增長過快，高耗能高污染產業增長過猛，外貿順差過大，外匯儲備過多，外資控制了對外開放的大部分產業，國家經濟安全遭到威脅；由於貧富差距巨大和社會保障的匱乏，致使居民消費水準低下，經濟走上了過度依賴外貿的道路。中國進出口總額占國內生產總值的比例達到70～80％，而美國、日本皆為20％左右。

第二，**經濟分配機制的失衡**。中國目前的財政收入達4萬億元，加上預算外、制度外的收入，總收入至少在6萬億元以上，政府不可謂不富，但勞動者工資的總額占國內生產總值的比例卻在12～15％，遠低於世界平均水準的40～50％。可以說，政府的富裕是以人民群眾的貧困為代價的，收稅越多，人民越貧困！中國的個人所得稅的80％來源於工薪階層、增值稅的70％來源於農民購買農業生產資料；中國的外匯儲備世界第一，達到1萬3千多億美元，但外匯儲備越多，出口越多，對資源、環境、勞工身體、福利的透支就越多，人民所得就越少！更為嚴重的是，目前的財政稅收體制、金融資本市場、產業發展模式只會進一步地拉大貧富差距，中國的經濟分配狀況還在不斷地惡化。

第三，**經濟血液流向的失衡**。銀行資金大量地流向壟斷國企、大學、房地產

行業，重化工業遍地開花，重複建設嚴重，大學3000億貸款令人憂慮，房地產專案70～80%的資金來源於銀行；大量的資金擁入房市，加上政府的土地壟斷供應，致使房價高企；流動性過剩進入股市，莊家操控加上政策市的影響，使得資本市場波動劇烈；壟斷資源的國企在海外低價上市，利潤大量地流向境外，而內地的中小股民大部分輸得血本無歸；一方面是所謂的「流動性繁榮」，另一方面是實實在在的「流動性蕭條」──新農村建設缺乏資金，中小企業仍然面臨融資難題，中西部落後地區、農村基礎教育、社會保障、環境保護、文化產業依然缺乏資金。

　　第四，經濟主體競爭的失衡。也就是壟斷國企與民營企業形成了極不對稱競爭的態勢。目前，中國一大批沒有效率、管理落後的壟斷國企進入了世界500強，同時民營企業卻難以維持，如果不投機、不官商勾結、不偷漏稅，80%的民企立馬倒閉。民企由於稅收重，融資困難，產品低端化，利潤微薄，致使其難以發展成長，難以樹立品牌，難以提高科技含量，更難以在海外建立自己的銷售管道。

　　第五，經濟資源利用的失衡。目前，中國經濟資源的大部分被各級政府所擷取，市場經濟的三大要素──資本、土地、勞動力的價格皆為官方所控制，由此產生了「權力市場經濟」、「官僚市場經濟」。同時，政府的行政成本高昂、浪費驚人，「三公」消費、「四公」消費（公款吃喝、公車消費、公費旅遊出國、公款建豪宅）及黨政、人大政協、共青團婦聯工會、民主黨派等開支占國家財政支出的50%以上，而醫療、教育、養老等民生事業捉襟見肘，投入嚴重不足。

　　五大失衡問題令國人揪心。解決它們，首先是在觀念上，要形成民本、和諧、公平的新理念、藏富於民而非藏富於國的新思維，其次是在制度上，要建立平等博弈、公平分配、科學發展、民主監督、權力退出市場、保護弱勢群體的新機制。比如，應當鼓勵工會、農會等集體博弈組織的健康發展，宣導民間立法、專家立法，擯棄部門立法、利益集團立法；實行民主決策、公民問責的體制，遏制特權和行政權力的擴張，鼓勵財政公益訴訟，鑄造透明財政，降低政府成本，在醫療、教育、養老、住房、環保等民生領域實行引咎辭職、嚴懲瀆職的制度；加大國有企業的分紅比例，將分紅資金投入民生領域，加大資源、環境、勞工權益的成本，縮小貧富差距；降低企業稅收，擴大企業債券的發行，促進內需消費，提高經濟效率，改善經濟結構，引導流動性進入新農村建設、中小企業基金、文化產業、制度

創新等領域；進一步規範股市，打擊坐莊操控、資訊欺詐等行為，減少政策市的干擾；建立財產實名制度，適時出台物業稅，對豪宅、第二套住房徵收物業稅；盤活農村土地、金融市場，將小產權房合法化；改革政績制度，減弱引資偏好，進一步下調出口退稅率。

2007.8

誰該爲「貧二代」負責？

胡星斗

「貧二代」就是繼承貧窮的年輕一代，與「富二代」相對應，反映的是貧富分化與固化之社會的鐵律：富裕者的子女也富裕，儘管許多富家子弟乃紈絝，最終逃脫不了「富不過三代」的詛咒；貧窮者的子女也貧窮，而且三代甚至N代也無法改變貧困的命運。

富益富，貧益貧，誰該對龐大的「貧二代」負責？如何才能改變「貧二代」的命運？

目前中國「貧二代」之惡性循環日益凸顯的根源在於現有的戶籍制度、教育制度、金融制度、國有企業壟斷制度、財稅制度、社會分配制度、社會保障制度、新聞話語權制度、人民代表大會制度以及官僚制度的缺陷與不合理。

城鄉隔離、地區隔離、城市與城市隔離的二元戶籍制度製造了農家後代的天生貧困，農民的後代永遠是農民身分——除非考取了大學，而有機會上大學的概率很小；農民工子弟、打工子弟永遠無法獲得市民待遇、國民待遇——除非父母在城市買房、辦企業了，而這個概率更小。據報導，南京市一百萬農民工在五年中也只有四五個人獲得了南京市戶口，比率為百萬分之一。可見，農民要改變自己的卑賤身分比中頭彩還難。可以說，二元戶籍制度是製造身分歧視、身分固化及「貧二代」的罪魁禍首。

由二元戶籍制度衍生而來的二元教育制度以及城鄉高度不平衡的教育投入使得農村娃難以接受良好的教育，農家子弟上大學的機會越來越小，據「我國教育公平的理論與現實」學術研討會論文集：農家子弟進入國家重點高校的機會僅為工人子弟的4分之一、黨政幹部子弟的31.7分之一。由此，不公平的教育將貧困世代繼承下去。

國有壟斷的銀行因為抵押、貸款成本、信用資訊不完全等原因必然只給大企

業貸款，中小企業、個人、農民都不能融資，造成中小企業大量倒閉、社會就業困難、個人無法創業、無法改變自己命運的困境，而美國、歐盟皆有上萬家甚至數萬家民營中小銀行、社區銀行、貸款公司，他們可以解決老百姓的融資難題，不像我們中國僅有為數不多的國有大銀行嫌貧愛富，喜歡給壟斷企業、跨國公司貸款，促成了企業發展的兩極分化，也使得弱勢群體無法借助金融的幫助實現翻身致富的願望。

愈來愈壯大的壟斷國有企業對民營企業產生了擠出效應，而哀鴻遍野的民營企業只能以低工資低福利勉強生存，所侵害的必然是作為弱勢群體的工人以及年輕的農民工——「貧二代」的權益。

中國的財政是官本位、官僚化的財政，財政支出由官員們說了算，不像發達國家由議會說了算，行政官員只有執行的權力；而官僚化的財政造成「三公」（公款吃喝，公款用車，公款旅遊及出國）甚至我所說的「四公」（三公＋公款建房建樓）消費巨大，民生支出捉襟見肘；還有中國的稅收主要是向生產領域徵稅、向工薪階層徵稅，這些都惡化了小企業以及貧窮家庭的生存處境。

發達國家的分配結構是橄欖型，兩頭小中間大，特別貧窮和特別富裕的人都很少，中產階級占90%以上；而中國的分配結構呈啞鈴型，兩頭大中間小，特別貧窮和特別富裕的人都很多，尤其是廣大的工人農民淪為弱勢群體，他們的年收入很低。目前中國的工資率（總工資占國民收入的比率）僅為11%～12%，工人農民的收入總和占國民收入的總和僅為25%，而世界平均是45%。不合理的分配制度直接製造了「貧二代」。

中國的社會保障分成三大塊或三等級：官員及公務員屬於第一等，保障比較完善；企業及其他城市居民屬於第二等，許多人面臨失業、醫療等方面的困境；農民屬於第三等，醫療、養老等社會化保障剛剛起步，而且保障水準極低，「貧二代」恐怕只能延續下去。

以上還只是產生「貧二代」現象的次級原因，最根本的原因是弱勢群體缺乏話語權、組織權、監督權，我們缺乏民間報刊、電臺電視，新聞媒體都是由地方官員們所控制，往往成為維護既得利益的工具，貧困者、上訪者、工人、農民的呼聲大多被遮蔽；工人農民缺乏能夠真正代表自己利益的組織而無法與資方平等地博弈

談判，他們的工資福利無法提高，農產品也無法集體地以統一的品牌生產與銷售，不但農民的收入無法提高，而且農產品的品質與食品安全也無法保證；同時，各級人民代表和官員由於不是經過真正的名副其實的選舉產生的，也不可能自動地代表民眾的利益。由此，龐大的弱勢群體、「貧二代」只能代代相傳。

將土地權利還給人民

胡星斗

　　目前中國房價高、房奴多的主要原因是土地供應的不足，而要解決供應的問題便要打破國有及集體（偽集體）的土地壟斷，增加供應的主體，將土地的權利還給人民。

　　一要實現城市土地所有制的多元化，適宜國有的地方就國有，適宜集體（包括股份制）的地方就集體，適宜私有的地方就私有；二要實現農村土地的農民所有；三要實現城鄉土地制度的對接和城鄉土地權利的同等化。

　　城市土地所有制的多元化有利於國土的開發與保護，也有利於資源的開發與環境保護。政府、國防、公共工程、公共事業用地屬於國有，其他的土地因地制宜，一些山林、海灘、荒地、沙漠、草原、海島應當按照公平公開拍賣的方式賣給個人。經濟學上有所謂「公有地的悲劇」，也就是在產權不明晰的情況下公共草場必然面臨著過度放牧、無人保護的問題，私人成本與社會成本不一致，私人行為呈現出負的外部性。而要解決此「悲劇」，必須產權明晰化，按照科斯定理，無論產權配置給交易的哪一方，在交易費用為零的情況下，總能夠達到帕累托最優；交易費用不為零的情況下，不同的產權安排具有不同的效率，私有產權制度往往是效率最高的。所以在發達國家，一些沙漠、荒漠土地往往賣給了個人，個人有激情把沙漠、荒漠變成綠洲。現代環境制度的第一項要求便是產權清晰。

　　農村土地也應當多元化，城鄉土地權利應當平等化。城市宅基地應當量化到個人，農村宅基地、大多數耕地也應當歸農民所有。農村土地的集體所有很容易異化為村長所有、鄉鎮私有，鄉村幹部、地方官員實際上壟斷了土地的支配權。只有土地農有化了，才能夠有效地保護耕地，保證糧食安全。一些人擔心，土地私有化會導致更大規模的建設占地、耕地減少，其實，恰恰相反，私有化只會增加耕地，有利於糧食安全。因為土地公有，才導致了土地的荒蕪、浪費與肆意侵占，土地歸

農民所有後，制定耕地保護法，農民會遵紀守法的。中國的法律管不住徵地的官員，但管得住農民。所以，私有化會大大地促進耕地的保護。

只有土地農有化，才能夠從根本上提高農民收入，縮小城鄉差距，實現建設新農村的目標。土地歸農，既是對農民長期以來為國家做出了數十萬億元貢獻的補償，也是為了提高農民的投資能力、融資能力（實現土地的抵押貸款）、消費能力，解決新農村建設中農民沒法創業、金融真空、內需不足等問題，由此推動國內市場的發育，降低GDP的外貿依存度，促進二元結構的一元化。

土地農有化有助於實現鄉村自治、形成農村道德規範。財產私有是民主、法治、人權、公平的基石，財產公有（或大部分財產公有）必然導致專制。農民一旦擁有土地，產生了協作與合作的需求，那麼，農村的民主選舉、村民自治、財務公開等才有了實施的動力與可能。同時，農村的自組織、廣泛的協作與合作必然產生共同的規則、鄉村倫理信用與道德規範。

土地農有化是人格獨立與公民社會的基礎。只有當人民擁有了不可剝奪的私有財產時，其人格才能夠獨立，其自由精神才能夠形成。而土地是一個國家最主要的財富，土地歸農將大大地促進農民獨立人格、公民意識的形成。

農村土地的多元化、私有化將從制度上剷除因土地公有制度形成的地方官員權力尋租、專制腐敗的所有制溫床，遏止政府和官員的利益驅動行為，促進有限政府、廉潔政府和法治政府的建立。

2010-9-23

將房地產開發的權利還給人民

胡星斗

目前中國農民大多數仍然貧困、城市房價高的主要原因是農村集體土地不能自主地開發建設，城市個人也沒有自由建房權。我認為如果我國能夠將房地產開發的權利還給人民，那麼大多數農民能夠很快地致富，城市的房價也有望從根本上得以抑制。

一要修改《土地管理法》中「任何單位和個人進行建設，需要使用土地的，必須依法申請使用國有土地」的規定。為什麼農村的集體土地除了興辦鄉鎮企業、鄉村公共設施、建設村民住宅之外就不可以自主地開發建設？哪怕是廢地、荒地也必須通過徵地，把集體土地改變為國有土地，地方政府掙足了，然後交給開發商才可以建工廠建住房，農民沒有開發建設的自主權！

最典型的就是小產權房不能合法化。而小產權房是農民參與市場經濟、打破壟斷性歧視性房地產制度的結果，它有利於農民的土地開發自救，有利於提高農民收入、縮小城鄉差距。

小產權房合法化符合現代文明的潮流，即打破城鄉分治、二元隔離的制度，走城鄉一體化、城鄉互動、城鄉均衡發展的道路。如今在發達國家很多城市居民住在了鄉村。城市化並不能夠僅僅理解為農村人口到城市生活和擇業，還應當包括很多的城市居民到農村居住、創業、投資，這是城鄉人口互動交流的雙向的過程，這樣才能帶動起農村的發展。

農民在農村土地上不僅應有建設商品房的權利，還應當有搞開發區、工業園、科技園，建工廠，開銀行等等權利。土地是農民的命根子，是農民的主要資源和財富，只有保障了農民的土地權利，農民才能夠脫貧致富，新農村建設才能夠展現出勃勃生機。

二要允許民眾在城市或農村自由地建房，只要符合規劃、依法申請就行。現在由於我國城市的土地是國有的，同時又基本上禁止城市居民到農村建房，這樣城市居民的自由建房權就被剝奪了，人們只能被迫接受城市的高房價。如果中國能夠像發達國家那樣，實現土地所有制的多元化，土地的國有、集體、股份、私有並存，在符合城鄉規劃、經過批准之後，人民可以自由地選擇在哪裡建房──無論是城市還是農村，那麼中國的農村大多數可以富裕起來，城市的房價可以跌下來，城市貧困人口也將大幅度地下降。

2010-9-23

在清華大學憲法與公民權利中心、北京義派律師事務所主辦的「小產權房與公共政策研討會」上的發言

胡星斗

一、農村土地制度改革為小產權房合法化鋪平了道路

不久前召開的十七屆三中全會決定進行農村土地制度改革，提出「按照依法自願有償原則，允許農民以轉包、出租、互換、轉讓、股份合作等形式流轉土地承包經營權」；不僅是承包土地的轉讓，這次會議還強調「依法保障農戶宅基地用益物權」；「改革徵地制度，嚴格界定公益性和經營性建設用地，逐步縮小徵地範圍，完善徵地補償機制」；「逐步建立城鄉統一的建設用地市場」。我認為，這次農村土地制度改革具有極其重要的意義，是一個轉捩點，標誌著中國開始了破除城鄉二元結構、建立城鄉統一的經濟體制和社會體制的征程。這次土地改革的直接目標是實現農村土地的市場化、資本化、商品化、合作化，其間接目標是打破二元戶籍、土地、社會保障制度，建立現代化的一元體制，當然包括建立一元的房地產體制。

二、小產權房的天然合法性

小產權房是農民參與市場經濟、打破壟斷性歧視性房地產制度的結果，它有利於農民的土地開發自救，有利於提高農民收入、縮小城鄉差距。

長期以來，中國農民為工業化、現代化做出了巨大的犧牲，包括在改革開放之前通過工農業產品的剪刀差、義務交糧等奉獻了七千億到八千億元，至少相當於現在的十萬至二十萬億元；改革開放之後，農民由於工農業產品的比價關係失調、政府人為地壓低農產品的價格、土地被徵收、農民工被盤剝等原因損失了數十萬

億，據學者研究，僅每個農民工每年創造的剩餘價值在1.9萬元，2億農民工，每年為國家貢獻了近4萬億元。

中國城市的繁榮是以農村的蕭條為代價的。人們常說，現在該是工業反哺農業、城市幫助農村的時候了，而我說，不需要工業反哺農業、城市幫助農村，只要還農民平等權利就行了。為什麼只有城市人可以進行房地產商業開發，農村人不行？為什麼只能政府徵地、然後把土地賣給開發商，而農民不能直接把土地賣給開發商、農民也不能對土地開發建設？符合了土地利用規劃也不行？

這些只能說明，我們生活在不平等制度之中。戶籍制度、土地制度、社會保障制度、金融制度等等，太不平等了，製造了城鄉鴻溝，製造了農民貧困。我呼籲中國應當開展平等權利運動，廢除歧視制度，建立公平市場經濟。

所幸的是，中國農民並沒有被歧視性的制度所困死，他們就像當年小崗村冒死實行了承包制，現在他們搞起了小產權房以自救。

可是，這種自救被叫停，被說成「不合法」。

房地產大鱷任志強曾經說，小產權房違法，違法就應當全部炸掉；他說有了紅綠燈，公民能夠闖紅燈嗎，不能夠闖，闖紅燈者就要被處罰。這話聽起來有道理，但是卻存在兩個方面的混淆是非：第一個方面，小產權房目前在中國只是處於法律灰色地帶、模糊地帶、模棱兩可地帶，並沒有明確的禁止性法律。就算存在某些法規，說小產權房違法，不合法，也是不符合「惡法」、落後的法、歧視性的法、既得利益者自我制定、沒有經過聽證和全民討論的法。中國的改革本身就是一個不斷地突破惡法、舊法的過程。小崗村的農民當初是違法的，有的人認為鄧小平的南巡談話在當時也是違法的。第二個方面，紅綠燈屬於文明世界共同遵守的規則，和小產權房不一樣，目前中國實行的二元戶籍制度、二元土地制度本身就是違反現代文明規則的制度，當然應當突破。

小產權房的合法化才符合現代文明潮流，即打破城鄉分治、二元隔離制度，走城鄉一體化、城鄉互動、城鄉均衡的發展道路。如今在發達國家很多城市居民住在了鄉村。城市化並不能夠僅僅理解為農村人口到城市生活和擇業，還應當包括很多的城市居民到農村居住，甚至創業、投資，這是城鄉人口互動交流的雙向的過程。這樣才能帶動起農村的發展。

其實，既得利益者反對小產權房，是由於威脅到了他們的利益。任志強說小產權房就是「偷」，偷取了房地產大鱷的利益。而我說小產權房是正大光明地「拿」，拿回早該屬於自己的被人霸占的利益。

小產權房如果合法化，農民得利，城市居民得利，城市房價可能下跌30～40%，但壟斷的房地產大鱷以及與他們勾結的權貴集團會失去霸占的非法利益。

三、小產權房的現實合法性

最近，中央農村工作領導小組辦公室主任陳錫文也說，小產權房的產生是違法的，因為它違背了城鄉土地規劃利用的總體佈局，也違反了關於農地轉為城市建設用地的法律程式，所以它本身是不合法的。

但我認為，按照《憲法》：「土地的使用權可以依照法律的規定轉讓」，這次三中全會也確認了農村土地的轉讓。《物權法》中也刪除了草稿中「禁止城鎮居民購買農村宅基地」的條款，說明法律已經為小產權房合法化預留了法律空間。法律沒有限制宅基地只能賣給農村人，不能賣給城裡人。

至於違反了「農地轉為城市建設用地的法律程式」，可是小產權房並不是轉變為城市建設用地呀，難道不能有農村建設用地，商品房一定要建在城市？《土地管理法》中規定「任何單位和個人進行建設，需要使用土地的，必須依法申請使用國有土地；但是，興辦鄉鎮企業和村民建設住宅經依法批准使用本集體經濟組織農民集體所有的土地的，或者鄉（鎮）村公共設施和公益事業建設經依法批准使用農民集體所有的土地的除外」。也就是說鄉鎮企業用地、鄉村公共設施用地、村民住宅用地是可以不通過徵地程式的，法律上也沒有限制鄉鎮企業進行房地產開發。王衛國教授說過，以企業名義擁有土地以後的流轉是合法的，這就為將來農民以企業或公司的形式在集體土地上開發小產權房找到了法律依據。

四、小產權房合法化可能產生的問題及其解決辦法

（一）問題：小產權房合法化會危及耕地安全。這是堅持小產權房不能合法

化的最主要的冠冕堂皇的理由。其實，我主張小產權房主要在宅基地、荒地、山地、林地上開發，不會影響耕地安全、糧食安全。山地、林地上開發也要經過審批，要符合規劃。少數的小產權房在經過批准的由農用地轉變而來的建設用地上開發。

總體上來說，土地市場化、資本化只要管理得好、規劃得好，反而會增加耕地，「創造」和「新生」出大量的耕地，農民會保護愛惜耕地，開發利用荒地。而土地的產權不清、模糊所有、總體所有，才導致了土地的荒蕪、浪費與肆意侵占。

（二）問題：小產權房合法化會衝擊現有的房地產市場，影響金融安全。潘石屹就曾宣稱，小產權房和二手房可能成為樓市「大小非」，一旦「解禁」，會對房地產市場造成巨大的衝擊。但我認為，解禁後，房地產的價格固然下跌，銀行的貸款固然會增加一點壞賬率，但未來房地產的需求更加旺盛了，房地產開發的基礎更加雄厚了，政府的稅基也更加廣闊了。

（三）問題：小產權房合法化會減少地方政府的收入。這是地方政府最擔心的，土地出讓金會減少。解決辦法有三：一是儘快出台不動產稅，也就是所謂的物業稅，西方國家的地方政府的收入主要靠不動產稅。二是出台法規，從小產權房的合法化收取一定的集體土地建設費，類似於國有土地出讓金，但數額要小得多。三是改革分稅體制、財稅體制，調整收入分配機制，保障地方政府的財政收入，目前中央稅收占58%，地方占42%，地方是四級政府，加起來才42%，太少，所以他們要徵地獲利。

（四）問題：小產權房合法化與現有的土地法律和政策相抵觸。其實，對於宅基地、荒地、山地、林地上開發商品房，沒有什麼禁止性的法律，如果有規定，廢除落後的規定就行；對於改變耕地的用途建設小產權房，則要經過審批、符合規劃。《土地管理法》目前正在醞釀修改，《承包法》也要修改，還要出台《住宅法》，以使小產權房合法化，保障集體土地上建設的商品房的購買、登記、流通、繼承有章可循。

（五）問題：小產權房合法化會導致大量的有錢人進入農村收購宅基地，農村將成為城市富人的樂園。

農民變賣宅基地必須有限定條件，必須他已有商品房、已遷出農村，所以不

會出現大量的宅基地被收購的情況；同時，應當允許城市人到農村購買住房，投資創業，只有這樣才能帶動農村的發展。

像現在這樣，實行城鄉相互隔離的制度，農村人到城市受到種種歧視，享受不到國民待遇；城市人不能到農村購房創業，農村的幼稚園學校醫院及基礎設施都無法被帶動起來，城市的高房價無法緩解，農村的投資缺乏、融資困境、基礎設施落後無法解決。只有打破城鄉隔離制度，形成城鄉交流、良性互動，才能緩解城市居民的民生（住房、生活等）困境，有助於建設新農村，實現縮小城鄉差距的目標。

（六）問題：小產權房合法化會導致農村的無序開發和村幹部的嚴重腐敗。這種擔心是由於對政府的規劃能力、管理能力缺乏信心。美國鄉村到處是別墅、漂亮的住宅，規劃得井然有序，不像中國農村的住房雜亂無章，走到中國各地，見到的都是地方政府的不作為、住宅規劃的混亂無序。以後，小產權房合法化了，地方政府的治理能力也要提高。不能因為地方政府的不作為就阻止村民致富的道路。對於村幹部從小產權房尋租，則還是要完善村民自治制度，土地的開發利用、商品房的建設要經過村民大會，財務帳目及收支細節都要強行公開，接受監督，否則就應嚴厲查處。

2008-11-15

小產權房關係到中國現代化的發展戰略

胡星斗

　　小產權房的合法化關係到中國現代化的發展戰略問題，也就是說中國是繼續過去的城鄉分治、二元結構，還是應該走城鄉一體化、城鄉互動、城鄉均衡的發展道路？小產權房問題看起來很小，其實是一個重大的問題，中國是繼續過去的徵地制度，集體土地由政府徵用，土地由政府壟斷供應，大部分利益由政府獲得，同時產生嚴重的土地腐敗問題，還是應當改革土地制度，允許集體土地的流轉、自主的使用和建設？我認為中國的確需要如胡錦濤最近在黨校所說的「堅定不移地解放思想」。

　　其實，發達國家在這方面已經有很多成功的做法，他們有很多城市居民住在了鄉村。如今的城市化並不能夠僅僅理解為農村人口到城市生活和擇業，還應當包括很多的城市居民到農村居住，甚至創業、投資，這是城鄉人口互動交流的雙向的過程。

　　任志強有很多匪夷所思的觀點，如他說要全部炸掉小產權房，他說小產權房的交易違法，違法就應當全部炸掉；而且他舉了一個例子，說有了交通信號燈，公民能夠闖紅燈嗎，不能夠闖！這話聽起來有道理，但是卻存在兩個方面的混淆是非：第一個方面，小產權房目前在中國只是處於法律灰色地帶、模糊地帶，並沒有法律明確規定不允許建，不允許交易，所以不能說小產權房完全違法，只不過是目前沒有一個明確的法律地位。第二個方面，交通信號燈屬於文明世界共同遵守的規則，和小產權房不一樣，目前中國實行的二元戶籍制度、二元土地制度本身就是違反現代文明規則的制度，當然應當突破。即使存在某些法規，說小產權房違法，那違反的也是一種惡法。中國的改革本身就是一個不斷地突破惡法、舊法的過程。所以，我主張打破二元結構，改革二元戶籍制度、二元土地制度，使我們的法律、制度順應城鄉一體化、城鄉均衡發展的世界潮流。

任志強還說，小產權房如果合法化了會損害農民的利益，會占用耕地、占用農民的宅基地，最後農民沒有了宅基地，會流浪。我覺得這是非常的奇談怪論，為什麼呢？只要做好小產權房的規劃、審批，未來規定小產權房只能建在開荒地上、廢棄地上，不能占用耕地即可。其實，在有些地方即使占用了耕地也無所謂，因為耕地有個分片分區保護、總量均衡的問題。比如說中國為了保證18億畝耕地的最低線，就必須規定每個地方的耕地都不能夠動用？並非如此，在有些農業生產效率比較高的農業重點保護區，如湖南湖北江西等地，耕地絕對不能夠動，但對於浙江等工業發達的地區，耕地就應當允許他們適當地使用。那麼搞農業的地區，貧窮怎麼辦，就要靠中央的財政轉移支付來保證搞農業的地方、保護耕地的地方不會貧窮，就像發達國家的中央對地方的財政轉移支付占到地方財政收入差不多一半，有些州主要搞農業，有些州主要搞生態旅遊、環境保護，這些州會得到財政補貼，不會貧窮。而目前的中國，鼓勵各省、各市、各縣、各鄉千軍萬馬都搞工業，大好河山到處都遭受嚴重的污染，癌症發病率是過去的三倍，哪個地方不搞工業就貧窮，就沒有財政收入，這樣的政策是很不符合現代國家均衡發展、和諧發展的要求的。

小產權房合法化能夠達到三贏的目的，第一，農民能夠贏。通過集體土地上的建設，吸引城裡人來居住、投資，農村的第二產業第三產業都能夠帶動起來，醫院、幼稚園、小學都能夠建設起來，最終能夠推動農村的城鎮化，農民也能夠致富；當然，如何健全農村民主理財制度，避免由集體土地的使用所帶來的腐敗，還有賴於進一步的改革和村民自治制度的完善；不過，由土地分散使用所產生的腐敗與徵地和土地的集中壟斷的供給所產生的腐敗相比，肯定是小巫見大巫。

小產權房合法化還有利於新農村建設。目前，中國的新農村建設可以說是無水之源，沒有資金來源，農民也很難成為新農村建設的主體；如果能夠讓更多的城市居民到農村居住，有的人可能會到農村創業，因為在農村居住，離城市很遠，上班很遠，有些人就會選擇在農村創業，這樣最終能夠給新農村建設注入新的活力。

第二，城市居民也能夠達到贏的目的。大量的人到農村居住、創業，城市的擁擠能夠緩解下來，房價也能夠降下來。即使未來集體土地也要交一定的集體土地出讓金，出讓金的大部分歸村民所有，小部分交給政府，但集體土地出讓金占房價的比例不能太高，最多占10%，不能像國有土地占30-40%。所以，小產權房合法

化不會像任志強所說的起不到降低城市房價的作用。

　　為什麼發達國家的房價與居民的年收入之比是五、六倍，聯合國和世界銀行的標準是三倍、五倍，而中國的房價與居民年收入之比是15-20倍？中國的房價的確太高，其中很主要的原因就是，中國的城市化是單向的，大量的人口擁擠在城市，購買城市的住房，房價當然越抬越高，如果中國有更多的人到農村居住，房價自然會下跌，有可能下跌30-40%，甚至50-60%。當然，這不是一夜之間實現的，可能要經過很長的時間。

　　第三，小產權房合法化，政府也能夠贏。政府可以獲得集體土地出讓金的一部分。如果政府一點收入都沒有，一點好處都沒有，那麼他當然要去禁止；不但如此，而且如果允許集體土地的自主使用、建設，就等於剝奪了地方政府徵地的巨大收益，那官員能夠容忍嗎？所以，以後要徵收一定的集體土地出讓金，其中的一部分交給政府作為規劃、管理、頒證的費用，這樣政府就有了積極性。而且，小產權房合法化了之後，未來政府的物業稅、不動產稅、某些建設稅費的收入管道將更加廣闊，長遠的利益將是巨大的。

2007-7-15在博客中國舉辦的小產權房研討會上的發言

農村土地私有化：意義、問題與措施

—— 兼地權學術研討會上的發言

胡星斗

一、農村土地私有化的意義

農村土地歸農民所有，實行土地私有化，是解決「三農」問題和集權腐敗的治本之策，是當前中國第三次思想解放運動的核心，是偉大的制度創新，它具有非凡的現實意義和深遠的歷史意義。鄉村土地的民有、鄉村社會的民治、鄉村財富的民享，將大大地提升農村的政治文明、精神文明的高度，促進新農村建設，實現和諧社會的目標。

發達國家的現代化都是建立在土地私有的基礎上的，經濟學理論如科斯定律等也清楚地闡述了私有產權制度的高效率，因此，中國永遠也不可能以違反現代化規律和經濟學定律的方式而走出「中國特色」的農村發展道路。我們只有老老實實，吸收現代人類文明的成果，才能夠走向現代化的輝煌，否則，現代化對於經濟高速發展的中國仍然是癡心妄想，或者一些官員為了既得利益，其實早已把國家的命運和前途拋到了九霄雲外。

（一）土地私有化是解決農村土地產權不清的需要。產權不清是目前中國經濟的主要病症，國有企業的產權不清導致了國有資產的大量流失，農村土地的產權不清導致了農民權益的巨大損失。目前，中國憲法上規定農村的土地歸集體所有，但由於村委會不是企業法人，集體土地的法律主體並不存在，因此，導致集體所有權的虛置，農民更不可能擁有一份屬於自己的土地產權，也不可能自主地支配與經營自己的土地，農民僅有部分的經營自主權而已。於是，集體所有異化為權力所有，地方政府、官員、鄉村幹部實際上壟斷了土地的支配權。

如果沒有土地的私有制度，農民的承包經營權必然面臨著被虛置和剝奪的命運。只有土地私有化，產權清晰，才能夠保障農村社會的公平與效率，才能夠實現

中華民族的偉大復興。

（二）只有土地私有化，才能夠有效地保護耕地，保證糧食安全。一些人擔心，土地私有化會導致更大規模的建設占地、耕地減少，其實，恰恰相反，私有化只會增加耕地，有利於糧食安全。因為土地公有，才導致了土地的荒蕪、浪費與肆意侵占，土地歸農民所有後，農民就會保護愛惜耕地，開發利用荒地。所以，經濟學家認為：私有化會「新生」出大量的耕地。北京郊區一鎮長告訴我們：如果土地私有化、值錢了，他們鄉鎮能夠「創造出」一倍的耕地。

目前，由於農村的土地不歸個人所有，引誘了地方官吏對土地及其衍生利益無限攫取的欲望。而農民又沒有對其土地的所有權，他們也無法在法律層面上維護自己的權益，這樣，農民的土地使用權也在巧取豪奪中喪失殆盡，農村耕地的總量必然逐年減少。1996年，國務院提出保證19.2億畝耕地的紅線，但很快被突破，現在國務院又提出18億畝耕地不減少，預計也會很快被突破，或者事實上早已被突破，現有的制度無法保證不被突破，因為徵地的利益是巨大的（據統計，農民僅獲得土地利益的5%～10%，90～95%被地方政府、開發商、村級組織所攫取），同時現在基層政府報上來的耕地數據都是假的（缺少民主監督以及農民缺少土地所有權，必然產生虛假數字），所謂的「占補平衡」絕大部分也都是虛構的。我到河南、浙江等地去考察，地方官員都承認「不可能做到真正的占補平衡」。

（三）只有土地私有化，才能夠提高農業生產的效率，促進農業的可持續發展。孟子說：有恆產者有恆心。農民一旦擁有了土地的所有權，就會把土地視為其生存與發展的基本物質手段，克服短期行為，增加對土地的投入，進行精耕細作，廣泛地採納農業科技，注重農產品安全，發展優質農業和生態農業，實現農業生產的集約化、規模化、現代化。

研究者李健認為，土地私有化還將促進農民的協作與合作，催生農業協會與農會，這樣才能解決他們作為個體或家庭無法解決而又必須解決的共同問題，使得農業的基礎設施和公共服務系統、社會保障系統能夠有效地建立起來。土地歸農民所有，也將吸引和撬動大量的民間資本用於土地呵護、水土保持、生態保護、江河與沙漠治理等等農業的長效工程。

（四）只有土地私有化，才能夠從根本上提高農民收入，縮小城鄉差距，實

現建設新農村的目標。土地歸農，既是對農民長期以來為國家做出了數十萬億元貢獻的補償，也是為了提高農民的投資能力、融資能力（實現土地的抵押貸款）、消費能力，解決新農村建設中農民沒法創業、金融真空、內需不足等問題，由此推動國內市場的發育，降低GDP的外貿依存度，促進二元結構的一元化。

（五）土地私有化有助於實現鄉村自治、形成農村道德規範。財產私有是民主、法治、人權、公平的基石，財產公有必然導致專制。農民一旦擁有土地，產生了協作與合作的需求，那麼，農村的民主選舉、村民自治、財務公開等才有了實施的動力與可能。同時，農村的自組織、廣泛的協作與合作必然產生共同的規則、鄉村倫理信用與道德規範。

（六）只有土地私有化，才能夠產生分權與法治的社會。分權的前提是分散財富、分散資源，也就是財富、資源必須民間化，掌握在民眾的手中。如果財富、資源主要由政府、官員控制，那麼這個國家必然是專制的，如希特勒、史達林、薩達姆都是由國家集中幾乎百分之百的國民財富。

根據經濟學家的統計，目前中國財富的71%仍然掌握在政府的手中，民眾手中只有29%，這就說明中國雖然實行了市場經濟，但卻是國有壟斷、行政型壟斷的畸形市場經濟，因此不可能是法制經濟。財富過於集中在政府的手中，為權力監督和實行法治製造了困難。

農村土地的私有化將從制度上剷除因土地公有制度形成的地方官員權力尋租、專制腐敗的所有制溫床，遏止政府和官員的利益驅動行為，促進有限政府、廉潔政府和法治政府的建立。

（七）土地私有化是人格獨立與公民社會的基礎。只有當人民擁有了不可剝奪的私有財產時，其人格才能夠獨立，其自由精神才能夠形成。而土地是一個國家最主要的財富，土地歸農將大大地促進農民獨立人格、公民意識的形成。

（八）只有土地私有化，才能夠保障社會的和諧與穩定。如果農民沒有土地所有權，也沒有話語權、談判權，必然導致耕地被侵占、徵收、剝奪（即使未來加強法制，也是管得住農民管不住政府官員），不但18億畝耕地無法保障，而且連中華民族未來生存的空間也不斷地被壓縮；農民為了生存而被迫反抗、保衛土地，遍及全國愈演愈烈的土地糾紛已呈現暴力和失控的局面，以徵地矛盾為主的3000萬上

訪者以及5000多萬失地農民已經嚴重地危及社會的和諧。

土地歸農是中國農民數千年來永恆的理想與追求。「耕者有其田」、「均田地」、「平均地權」、「打土豪，分田地」，一次次的農民運動和激烈革命都反映了農民對土地的渴望，期望做土地的主人。從歷史上看，當大部分農民擁有土地所有權時，國家就穩定繁榮，相反，當大部分農民失去土地所有權時，國家就動盪衰亡。

二、農村土地私有化可能存在的問題及解決辦法

（一）土地私有化可能造成激烈的土地兼併；農民變賣良田，可能成為城市流民。

其實，這種情況完全可以避免。中國可以採納「有限制的私有制」，也就是對土地私有的權利通過立法實行一些限制性措施，如必須符合下述三個條件之一，才能賣掉土地：1、在城市擁有收入、住房；2、家庭成員大病，急需手術費；3、屬於60歲以上無人養老的老人。

從長期來看，一定程度的漸進的土地整合及規模化經營符合農業現代化的潮流。

（二）私有化可能加劇土地被侵占，耕地減少，從而威脅糧食安全。

這種情況不會發生。前面我們分析了，私有化將逐漸帶來分權化、法治化，地方政府侵占耕地的情況會大大減少；私有化也將帶來農業生產的高效率，農民也會更加愛惜土地，因此，糧食安全只會更加有保證。

另外，可以通過立法禁止農業區隨意改變土地的性質和用途，防止土地的細化和碎片化導致耕地的減少。

以後中央政府在全國範圍內按照農業比較效益高低、土地資源狀況、工業發展狀況劃分出農業區（牧業區）、非農業區（非牧業區）；各省、市、縣也是如此。對於農業區，採取嚴格的耕地保護政策；對於非農業區，耕地可以有條件地被使用、開發、建設。不必全國一刀切。

中央政府和各地政府必須對農業區進行財政轉移支付，保證農業區不必上馬

工業專案也有充足的財政、當地人民的收入不低於非農業區；同時，對非農業區收取高額的耕地使用稅，廢除土地徵收制度和土地出讓金。

（三）私有化會導致大量的有錢人進入農村收購耕地、宅基地，農村將成為城市富人的樂園。

前面我們說了，私有化後農村土地的變賣是有限定條件的，因此，不會出現大量的土地被收購的情況；同時，應當允許城市人到農村購買耕地、住房、投資、創業，只有這樣才能帶動農村的發展。

像現在這樣，實行城鄉相互隔離的制度，農村人到城市受到種種歧視，享受不到國民待遇；城市人不能到農村購房創業，農村的幼稚園學校醫院及基礎設施都無法被帶動起來，城市高房價無法緩解，農村的投資缺乏、融資困境、基礎設施落後無法解決。只有打破城鄉隔離制度，形成城鄉交流、良性互動，才能緩解城市居民的民生（住房、生活等）困境，有助於建設新農村，實現縮小城鄉差距的目標。

三、農村土地私有化的具體措施

農村土地私有化應當遵循公平、公正、公開、民主、法治、科學的原則，循序漸進、有條不紊地進行。

（一）組建領導班子。為了確保農村土地私有化的順利進行，從中央到地方應組建各級農村土地私有化領導小組（土地改革領導小組），負責私有化方案的決定與落實，規範、監督各地的私有化進程。

（二）進行可行性方案論證。應當彙集專家學者，廣泛調研，草擬出多套土地私有化的可行性方案，供決策參考；同時舉行聽證會，或公布方案全民討論，不斷修改完善方案，選用最佳方案。

（三）立法與制定規則。有人認為土地私有化涉及修憲，但我們認為也可不必修改憲法。憲法中的農村土地集體所有，並沒有具體規定集體所有的實現形式必須是傳統的集體所有制「史達林模式」——即最後是政府所有、長官掌控；集體所有也可以是「北歐模式」——「按份所有」，即落實每人或每個農民的所有權，類似於股份合作制、股田制。所以，農村土地私有化其實是集體所有制實現形式的多

樣化，並不違反《中華人民共和國憲法》。

當然，私有化還要從法律上加以規定、保障，要制定《農村土地私有化法》，逐步形成和完善相關的法律法規，在關於土地的性質劃分與使用、土地所有權的轉移與繼承、出於公共利益的國家徵用及補償安置等方面做出明確而具體的法律規定。

（四）試點。農村土地私有化不能採取一刀切的、無序的方式進行，而應允許各個地方根據自己的特點和群眾的意願有差別地、漸進地、有條不紊地進行。應當劃分土地的類型，根據民主抽籤、政府監督、男女平等、一人一地的原則，制定可操作細則，因地制宜，逐步施行。

（五）完善配套的政策與措施。研究者蔡富有建議，建立農村土地交易市場、土地銀行等，從事私有化後的土地交易業務。對於自主處置如出售、出讓土地產權的農民，必須讓其將處置土地產權收益的一部分進入醫療、失業、養老等社會保障基金，以獲取相應的社會保障。

（六）大力推進農村綜合改革。制定土地私有化條件下的農村行政管理法，進行縣鄉機構和財政體制改革，建立精簡、效能、統一的農村行政管理體制；加大對農業的扶持力度，實行農業的國家保護政策，使用財稅金融等手段鼓勵民間資本、城市資本進入農村；加強農村基礎設施建設，鼓勵和支持非政府組織參與組織、促進農田水利、文化教育、醫藥衛生、生態環境等事業的發展；進一步完善村民自治，形成科學、有效的鄉村治理結構，改變一些農村地霸、村霸當頭的狀況；廢除二元戶籍制度，尊重公民的選擇權利，保障農民在國家政治和公共生活中享有應有的平等地位。

2008-4-12

發展人文經濟，建設人文鄉村

——在北京大學、北京師範大學、湖南農業大學等地的演講

胡星斗

什麼是社會主義新農村？

我宣導「自由社會主義」，也稱「憲政社會主義」、「新社會主義」，它是現代文明的核心——自由、民主、憲政、共和、法治等思想與社會主義的公平、正義、保護弱勢群體的價值觀的結合，是指自由市場經濟、憲政民主政治、法治社會、人道公平文化、充滿人文關懷的社會主義。自由社會主義的核心是人。

自由社會主義兼顧效率與公平、民主與秩序、競爭與合作、自由經濟與共同富裕、人性解放與人道關懷，是當今世界主要思潮——「右」的自由主義與「左」的社會主義兩者優勢的融合。

自由社會主義是我以往提出的「現代中華文明」、「高貴中華、文明中國」的核心內容。

所謂「現代中華文明」，是將現代人類文明與中華優秀傳統、社會主義思想結合起來，使中華民族既有全球意識又有尋根意識，社會既穩定和諧又進步發展，既有效率又有公平，既崇尚科學、法治的權威，又充分尊重民主、人權，保障人的幸福與尊嚴。

所謂「高貴中華、文明中國」，就是要拋棄封閉、專制、人治和官本位的傳統，擯棄謊言、陰謀和暴力的政治，服從規則、程式、透明和監督，完善民主法治，保護人權產權，弘揚誠信、大愛的精神，提升官德，培育公德，使中華民族高貴起來，使古老中國文明起來。

只有誠信和「大愛」，才能振興中國。所謂誠信，就是要恢復人際之間的信用、人民對官員的信任；所謂「大愛」，就是要超越親人之愛，去愛他人、愛社會、愛人類、愛自然、愛民眾、甚至愛對手、愛敵人，培養包容和寬恕之心，塑造互讓、諒解、妥協、對話、雙贏的精神，改變槍桿子裡出政權、流血奪江山、敵我

勢不兩立、一山不容二虎、意識形態獨尊的傳統思維，建立寬容、和解、高貴、文明的新中華。

建設自由社會主義，關鍵在於建立「現代中國制度」。所謂「現代中國制度」，就是既符合中國國情又尊重世界普適文明價值規範的自由社會主義之現代國家制度、現代政治制度、現代法律制度、現代經濟制度、現代社會制度、現代文化制度等。

社會主義新農村，就是要發展農村人文經濟，建設人文農村，建立農有、農治、農享的新型社會主義農村制度；就是要加大對農村義務教育、醫療衛生、養老扶貧的投入，進一步採取措施解決戶籍限制、制度歧視等問題，加速城市化，妥善安置失地農民，加強對農民工的崗位培訓，保障農民工的權益；就是要精簡縣鄉機構，塑造為農民服務的基層政府，實行財務、資訊公開，剷除貪汙腐敗，妥善解決上訪、某些基層組織黑社會化等問題；就是要實行鄉村自治、民主參與、民主決策、民主管理、民主監督，保障公民權利，最大限度地發揮農民的創造力；就是要繼承儒家「仁愛」、墨家「兼愛」等優秀傳統文化和「民主、公平、人文關懷、保護弱勢群體」的社會主義核心價值觀，建立物質和人文皆高度發達的「現代中華文明」。

建設自由社會主義，發展人文經濟，建設人文農村，深化政府的以人為本、科學發展觀的執政理念，讓中國既融入人文人本人道、自由民主人權的世界主流文明，又根植於公平正義合作的社會主義、仁愛兼愛和諧的優秀傳統文化，這樣，才能實現中華民族的崛起和復興，才能對世界作出更大的貢獻。

2004-10-23

21世紀中國發展的新道路——「人文經濟」的設想

胡星斗

一

　　人文經濟，也稱人本經濟、人道經濟，是尊重人的生命及其價值，以保障人的幸福和尊嚴為目的，協調效率與公平、技術與人性、科學與人文的關係，達到經濟與社會、人類與自然、物質與精神的和諧發展的經濟模式。2001年初，作者在學報和上百家網站上初步闡述了人文經濟的思想[1]。

　　學術界有「人本經濟學」（巫繼學、陳惠雄等），是區別於傳統的主要研究「物」的經濟學，而強調對人的欲望、需求、消費等的經濟學研究。但沒有「人本經濟」之學說。西方有humanistic economy 或humanistic economics之說，它主要是研究社會性的利他的經濟活動，而非個人主義的自私的行為。其研究課題是家務勞動、生態環境、教育、健康的經濟價值等。2002年4月26日駐波蘭的荷蘭使館贊助召開了「Visions of humanistic economy」研討會[2]。由於發達國家基本解決了社會保障、勞動保護、使用童工、強迫勞動、教育滯後、環境惡化、權利缺失、對人的生命、精神和心理層面重視不夠等問題，所以，humanistic economics只是著重於發達國家一些具體經濟行為的研究，並沒有人文經濟的廣泛內涵。人文經濟應當譯為humanist economy，即人文主義經濟。人文經濟的提法反映了發展中國家對其經濟、社會問題的反思和對不平衡發展的矯正。

　　「人文經濟」一詞近似於「人本經濟」、「人道經濟」，但比後者更準確。人文經濟是近代以來人文主義思潮的延續，而「人本」則與「神本」相對，有與宗教、自然、萬類生命相衝突的嫌疑，「人道」則偏重於對人的生命的關懷。它們都不如「人文經濟」一詞闊大深遠。不過，在不要求準確定義的情況下，我認為，「人文經濟」一詞一般可以與「人本經濟」、「人道經濟」互用。但有人使用「人

文經濟」一詞特指人的精神類消費、文化產業，是過於狹隘的定義。

　　當前，中國經濟、社會、環境不平衡發展的情況嚴峻，一些弱勢群體的權利受到嚴重的損害。正是在這樣的背景下，中央政府及時提出了「以人為本」、「科學發展觀」等重要思想。而人文經濟就是「以人為本」、「科學發展」的經濟模式。它強調「全面的發展才是硬道理」、「物質文明、精神文明、政治文明協調發展」、「以民生為中心」、「以人為目的」，改變物質文明畸形發展、社會不公日益加劇、環境生態瀕於崩潰、道德信用陷入危機的現狀。

　　人文經濟的本質是遏制權力和資本的侵害性，將無限（權力）政府導向人文政府、將野蠻市場經濟導向人道市場經濟。

　　發展人文經濟的目的及意義是，尊重生命、提升人民的幸福感、樹立正確的政績觀、克服異化現象、糾正物質的畸形發展、深化人性化的改革、主動迎接「企業社會責任標準SA8000」的挑戰、塑造尊重勞工權益的良好的國際形象、培養公民道德和政府責任感、打造「善治」政府、維護社會穩定、促進全面建設小康和現代化的偉業、實踐「三個代表」。

二

　　人文經濟的實現形式之一是儒家市場經濟。儒家市場經濟兼顧利益與道德、競爭與合作、個人與團體、效率與人性、技術與人格，將自由、民主、人權、法治與人本、仁義、信用、中和等思想結合起來，將中國優秀傳統文化的社會道義感、使命感、責任感、氣節精神，以及厚德載物、自強不息、尊師重教、愛國主義的精神運用於市場經濟的文化建設，促使整個社會的經濟、政治、文化與環境和諧發展。所以，儒家市場經濟就是人本人道、公平公開的市場經濟，是以人為核心、既主要通過市場配置資源又尊重人文價值、體現人文關懷的經濟形態。

　　也就是說，一方面儒家市場經濟推崇市場經濟的基本原則，奉行能力主義，鼓勵效率和競爭，另一方面它又反對片面地追求高效率、高產值、高資本收益率和高技術水準，主張協調經濟與人文、環境、生態的關係，將效率與競爭建立在尊重人性和人類普遍價值觀的基礎上。

所以，儒家市場經濟的關鍵是，既要尊重市場經濟規律，通過價值規律配置資源和生產力、通過價格信號協調供求關係、通過競爭機制分配國民收入，又要建立有利於弘揚道德、鼓勵合作、保護人權、尊重人格、實行民主、保護生態環境、效率與公平協調、技術與人性兼顧的人文主義機制和環境。

人文經濟或儒家市場經濟的特徵是：一、經濟形態市場化。即儒家經濟並非回到官控經濟、農本商末經濟或計劃經濟的時代，搞單一的資源官府壟斷、國家所有和平均主義，而是維護市場經濟基本制度，實現產權清晰化、財產共有化、管理科學化，促進自由競爭；特別是要大力發展以股份制為代表的共有制。二、企業行為人文化。建立儒家市場經濟，核心是建立現代儒家企業制度或人文企業。企業管理的中心既不是利潤也不是資本，而應是人。人是宇宙萬物的尺度。應建立以人為核心的儒家企業文化，宣導道德、關懷、仁愛、合作。三、經濟環境生態化。即不應以犧牲環境、生態和人的生命健康為代價從事經濟建設，而應經濟建設有利於環境品質的提高和生態多樣性的發展。四、高新技術人性化。即發展人性化的新科學、新技術，尊重人的價值，體現人間健康的倫理關係。五、決策機制民主化。即只有民主的，才是符合儒家民本思想的。六、宏觀調控法制化。儒家市場經濟並不是人治經濟，而應是體現人文主義精神的法治經濟，法治才能保障人的尊嚴。七、保障制度全民化。即要建立市場化、社會化的全民保障體系，做到人人病有所醫，老有所養。八、社會生活公平化。即人們機會均等，分配合理，共同富裕，沒有絕對的貧困者，收入不會成為影響個人自由、全面發展的障礙。

發展人文經濟、儒家市場經濟的原則是：一、人本原則。即以「人」為經濟生活的中心，把國家建設成為民本人道、仁愛互助、公平共富的幸福的「人民之家」。二、人性原則。即提倡人性解放，萬類平等，個性自由，尊重人權，發揮人的靈性、本性和創造力。三、和諧原則。即從天人合一、物我和諧的宇宙觀出發，正確處理競爭與合作、個人與社會、人類與自然、以及經濟與人口、資源、環境、生態的關係。四、非異化原則。反對物質、技術、權力對人的異化，反對人的大眾化、功利化和標準化，反對技術、網路對人的壓抑，反對專制主義、官僚主義和教條主義對人的摧殘，建立人道經濟、公平社會、無壓抑文明。

人文經濟、儒家市場經濟的核心之一是建立人文企業、現代儒家企業制度。

其特點是：一、產權關係明晰，股權分散，民眾持股；由工會統一掌握本企業職工的聯合股份，避免股權分散，以便在股東大會上以同一個聲音發言，以唯一的代表行使職工股份聯合所帶來的總額投票權，從而占有企業的主導地位。二、企業以保障人的幸福、尊嚴為最高目標，贏利僅為實現最高目標的手段之一，不以提高勞動生產率和經濟效益為唯一目標。企業積極履行其社會責任。三、建立儒家企業文化，大力弘揚儒家的仁義禮智信、溫良恭儉讓、和為貴、有教無類、天下為公、小康大同等思想，使企業成為和諧、溫暖、奮進的「人民之家」；企業經濟與企業文化共同成長、繁榮，企業既要注重生產，又要促進文明的進步、人格的完善和人的全面發展；四、以人為中心而不是以物、生產為中心進行經營管理，實行開放式發展，充分尊重職工的願望，調動職工的積極性和創造性，優化職工的精神處境、勞動條件和工作環境；企業內部達成效率與公平的最佳結合，企業之間形成既競爭又合作的關係，實現人的自由發展和全社會的福利保障、人才流動、資源共用、共同富裕、充分就業。五、實行工人參與制度和民主治理制度，政企分開，依法保障企業職工的當家作主的權利；股東大會、董事會、監事會三者之間互相制約，發揮職代會的作用，提高職工代表在股東大會、監事會中的比例，以確保勞動者的利益不被損害。六、採用集約式的可持續發展模式，節約資源，節約勞動力；企業與社會、環境之間良性互動，形成自我發展、良性迴圈的生態型企業經濟、綠色企業文明；企業成為技術進步、知識創新的中心，勞動者知識化，知識人性化，克服技術對人性的傷害、桎梏和異化。

總之，人文企業、現代儒家企業制度是以人文主義以及儒家思想彌補現代企業制度的不足，它更加注重人文關懷、財產的股份共有、職工的權利保護和企業的民主治理，強調在企業中積極推進人本人道、公平共富、民主自治、科學高效、法治分權、多元開放、和平愛國的現代中華文明的建設。

三

發展人文經濟、儒家市場經濟的措施是鑄造人文企業、人文城市、人文鄉村、人文社會、人文政府；從「人文奧運」發展為「人文北京」、「人文中國」；

大力發展網路、軟體、動畫、遊戲、娛樂、影視、廣告、設計、旅遊、休閒、服裝、飲食等文化產業，建設「文化中國」（日本已提出從「製造業的日本」轉向「文化日本」，2002年其文化產品對美出口是鋼鐵產品的5倍）；加大對科技教育、醫療衛生、環境保護、安全生產的投入，改變過度的教育產業化、醫療產業化的做法，大力發展義務教育、社會保障事業，提高資源利用效率，降低生產事故率；鼓勵企業承擔其社會責任，提高整個社會的道德、信用水準，加強精神文明建設，鑄造「高貴中華、文明中國」；扶助弱勢群體，有效地開展扶貧工作，進一步採取措施解決「三農」問題，加速城市化，對失地農民進行妥善的安置，加強對農民工的崗位培訓，保障農民工的權益，發展農村合作醫療事業；重視城市貧困問題，幫助下崗職工，減少失業，更多地採用人性化技術，改善勞動環境，有效防治職業疾病，緩解城市交通和生存壓力，保證食品安全，保護居民房屋等合法財產不受侵犯；公平稅賦，公平競爭，實行股份的人民共有，加強對財政的監督，完善金融制度，健全股市機制，遏制通貨膨脹，鼓勵捐贈和公益事業的發展，縮小貧富差距；實行透明行政，打造法治政府，剷除貪汙腐敗，妥善解決徵地、上訪、黑社會化、精神賠償、過度使用死刑等問題；提升國家軟力量、軟實力和綜合國力，以綠色GDP、國民幸福總值GHP、國內發展指數MDP等指標體系重新衡量和評價經濟發展；實行民主參與、民主決策、民主管理、民主監督，保障公民權利，最大限度地發揮國民的創造力，提升民族創新能力，建立現代人文經濟制度和現代人文社會制度；確立「規則文化」，遵守WTO等國際「遊戲規則」，批判傳統的不擇手段的權謀文化，尊重對手，尊重客戶，尊重合作夥伴，回報社會，實現「善的迴圈」；繼承儒家、墨家優秀文化，弘揚博愛、兼愛、仁愛、大愛的精神，致力於建立「儒家企業制度」、「儒家企業文化」；大力宣傳「民主、公平、人文關懷、保護弱勢群體」的社會主義核心價值觀，建立物質和人文皆高度發達的「現代中華文明」。

我們認為，21世紀的中國經濟社會發展需要新思維、新路徑，而「人文經濟」將是既符合當前和未來國家政治經濟的發展需要又順應世界潮流的中國的最佳戰略選擇。

建立現代農村制度

胡星斗

自從新中國成立特別是改革開放以來，中國的農村發生了翻天覆地的變化。但是也毋庸諱言，在農村發展取得了一系列成就的同時，目前我國「三農」的問題仍然十分突出，譬如農民大多仍處「小農」狀態，缺乏面向市場的有效的引導與組織；農業生產效益十分低下，農產品加工業極其落後，沒有形成產業化、規模化、集約化的大農業及其關聯產業的體系；農民的社會地位較低，農民身分終身制；少數鄉村的基層民主運作問題重重，個別幹部無法無天、腐敗嚴重，苛捐雜稅屢禁不絕，「官」民關係緊張。毫無疑問，這些問題不解決，將嚴重影響到中國農村的發展、穩定乃至中國現代化的實現。而要解決這些問題，作者認為關鍵在於建立現代農村制度。

一

現代農村制度是相對於傳統的農村制度而言的。傳統的農村制度是指兩千多年來在中國農村形成的根深蒂固的風俗習慣、思維方式、行為方式與規範準則之和，它可概括為：一、在生產管理方面，廣種薄收，「靠天吃飯」，生產技術停滯，農業基礎脆弱，只能勉強維持重複簡單再生產；農業結構及種植業結構單一，男耕女織，自給自足，政府壟斷礦藏等資源；二、在土地制度方面，田地塊小分散，多子分產，無法形成土地規模；農民沒有或者只有極少的土地，由於承受超額的剝削，他們極易破產；地主、官僚霸占了大量的田產，龐大的官府和如狼似虎的各級官吏對農民進行殘酷的掠奪；三、在社會傳統、文化習俗與交往方面，沿襲定親納妾、重男輕女、多子多福、家庭養老等習俗，迷戀佛道風水，崇尚福祿壽喜，信仰讀書做官發財；人們的生活圈封閉，民至老死不相往來；四、在農村治理方

面，以戶籍制度（或類戶籍制度）將農民束縛在土地上，實行族長、村長、鎮長的家長式管理；鄉紳、望族、豪強、地主、地痞、土匪也時常控制著一些鄉村；五、在官民關係方面，官貴民賤，官主民僕，農民常常處於被奴役的狀態，只能奴顏婢膝，逆來順受，飽受淩辱冤屈、苛捐雜稅、敲骨吸髓以及超經濟壓迫之苦。總之，傳統農村制度的顯著特徵是其封閉性與不平等性。與傳統的農村制度不同，現代農村制度的特徵是開放與平等。現代農村制度（即現代中國農村應實行的現代化制度，簡稱現代農村制度）是指既符合中國國情更要遵循現代人類文明規範的民主、法治、公平、高效、開放、文明的社會主義農村制度。

所謂民主，指權力在民、農民當家作主的社會主義基層民主制度。鄉鎮、村組的幹部由村民直接選舉、罷免；村務、鎮務公開，民主管理，民主監督。幹部的權力來源由上予（上級給予）變為下授（百姓授予），幹部的行為由取悅上級（向上級負責）改為效忠百姓（向百姓負責）。

所謂法治，指依法治稅，依法治農，依法治村，依法治鎮。農村稅費、勞務法定。在農村形成法大於權、國法至高無上、百姓的利益至高無上的新風。司法部門效忠於法律，不得聽命於地方幹部，公安幹警不得隨意拘捕百姓。嚴懲執法者主體違法，程式違法。

所謂公平，指官民平等、全民平等。消除特權，消除腐敗，鄉鎮、村組的幹部受到農民的監督；城鄉制度統一，農民享受全部的國民待遇，建立農村社會保障體系；農民負擔合理，司法公正。

所謂高效，指精簡鄉村機構，提高辦事效率；發展優質高效農業（指農林牧副漁之大農業，下同），提高農業的市場化、產業化、規模化、集約化的水準。引導農民進入市場，農戶與公司結合，避免風險；實現農村社會化服務、雙層經營；農村產權清晰，土地農有；不斷提高農業生產的技術水準，進行標準化生產、儲存、包裝、運輸、銷售和服務。

所謂開放，指面向城市、面向全國、面向世界，吸收現代農村文明的一切優秀成果，融入全球農村文明體系。農業與世界接軌，參與全球市場競爭；發展生態農業、觀光農業、外向型農業，積極利用外來資金、技術、人才；改變自給自足、家庭養老的封閉模式，改革戶口制度，促進農村城鎮化、城鄉一體化。

所謂文明，指建立民主、民本、守法、守信、公平、公開的現代農村文明。弘揚民主科學，破除官本位、權本位，反對封建迷信和小農陋習；尊重人權，尊重輿論，以民為本，以人民的意願、利益作為一切工作的出發點；健全法制，打擊農村黑惡勢力，懲治幹部違法行為，建設法律面前人人平等的農村法治社會；宣傳市場經濟的信用價值觀，弘揚誠實守信、友愛互助的社會主義道德，建立公平公正公開的新型農村文明。

二

現代農村制度有狹義、廣義之分。狹義的現代農村制度包括現代農村政治制度、現代農村文化制度和現代農村社會制度，廣義的現代農村制度在狹義之外還包括現代農村經濟制度及現代農業制度。本文的現代農村制度特指廣義的現代農村制度。

現代農村政治制度指社會主義人民當家作主的村民自治、直接選舉、村務鄉務公開、官僕民主、村民監督的農村政治制度。應進一步完善農村的基層民主選舉制度，嚴厲懲治假選、賄選、暴力、謀殺等破壞行為；政務公開應事前、詳細，不許以抽象數字蒙蔽老百姓；應設立農會、村民監督委員會以維護農民的權益，並對基層幹部進行日常監督。

現代農村文化制度指科學、文明、開放的農村文化制度。應在農村確實實行九年義務教育，提高農民的文化水準；兒童的入學率應達到100%，國家、政府有義務幫助貧困家庭的子女上學；民辦教師應國家化，教師體制城鄉一體化；應在農村普及科學知識，推廣應用先進適用的技術；農村應樹立崇尚科學反對迷信、崇尚文明反對愚昧的新風，將農村的社會主義精神文明建設提到新的高度；農民應進一步解放思想，瞭解世界，吸收現代人類文明的一切優秀成果，在觀念意識、生產管理、市場行銷等方面與全球接軌。

現代農村社會制度指城鄉一體化、農村城鎮化、鄉務法治化的農村社會制度。城市與鄉村的社會制度應統一，農民在教育、醫療、養老、失業救濟、燃料、住房等方面應享受全民待遇；應逐步改革戶籍制度，加快小城鎮建設，讓更多的農

民享受現代城市文明；鄉務、村務應依法管理，農民依法進行監督，改變幾千年來農村人治的傳統。

現代農村經濟制度指土地農有、合作行銷、財務公開、稅收法定、管理科學的農村經濟制度。農村土地應自由轉讓、買賣，其所有權歸農戶；土地應逐漸集中於種田能手、農場主手中，以便進行規模化經營，同時讓更多的農民從土地中解放出來，匯入城市文明之中，這是市場經濟、規模經濟、工業化、城市化發展的必然；應具有充分發達的農村合作行銷組織、行業協會組織等，幫助農民更好地活躍於市場；農村的財務開支應由農民議定，受農民的監督，稅收負擔應當明示、法定，需要農民負擔的其他費用及勞務應當一事一議，民主商定；農村的生產經營、農產品的加工銷售應當科學化，應精耕細作，進行成本控制、市場預測、標準化生產、合同化管理；農村的產業化基地、集鎮和住宅用地等應科學規劃，農產品的儲存、保鮮、運輸應採用最新技術成果，以提高競爭力；應搞好農村的環境保護和水土保持（以及防止草場退化、沙化等）工作，發展生態農業。

現代農業制度指農業市場化、產業化、規模化、集約化發展的制度。市場化就是農業生產要面向市場，滿足市場優質、價廉、特色化、多樣化的需求，積極參與全球市場競爭；產業化就是農業產供銷要一體化，公司加農戶，形成產業鏈，大家共用利益，共擔風險，進行工業式管理、標準化生產；規模化就是要加大土地經營規模和農產品加工規模，克服小農經濟小塊經營的弊端，實現農業生產的機械化、電氣化、自動化和智能化；集約化就是在規模化的基礎上運用現代科技成果不斷降低消耗，降低成本，保護生態，保護水土（草場等），提高綜合效益。

現代農村制度還可分為現代農民制度、現代農業制度等。現代農民制度指國民化、平等化、權力在農、非身分管理的農民制度。國民化就是農民應享有全部的國民待遇，包括醫療保障、養老保障、義務教育、住房、燃料、財政補貼、基礎設施修建、電費價格等方面要與城市統一；平等化就是農民的社會地位與「工人階級」應當是平等的，農民不應是中國的「二等公民」，更不應當是「賤民」；權力在農就是實行農村基層民主，農民享有對村鎮幹部的選舉權、罷免權，享有對重大村務的決策權、監督權；非身分管理就是要取消農民身分的終身制，把富餘的農民從土地中解放出來，加入到城市發展的洪流之中去，進一步保障農村人口的生存和

發展等基本人權。

　　建立現代農村制度的核心是建立現代農村政治制度或現代農民制度。進一步完善社會主義民主政治，實現官民關係現代化、基層幹部公僕化、農民監督法治化，同時，讓農民享有全民待遇、平等的社會生活，改革戶口制度，建立涵蓋農村的社會保障體系，促進城鄉各種制度的統一，這是中國建立現代農村制度的重點工作，也是中國實現現代化的關鍵。

　　建立現代農村制度的基礎是進一步完善社會主義市場經濟體系，實現農業生產的市場化、產業化。應加快建立農業生產資料市場體系，改革農村供銷合作組織，積極發展農民行銷協會，幫助農民避免自然和市場的雙重風險，促進農產品精深加工業的進一步發展，促進農村人口的城鎮化。

　　總之，建立現代農村制度就是要建立農村基層民主制度、農業市場經濟制度、農村法治社會制度，就是要建立村民自治、權力在農、土地農有、稅費法定、公平高效、科學文明的現代制度。

中國農村制度探討

——在中國人民大學、中國農業大學的演講

胡星斗

改革開放以來，中國的農村發生了翻天覆地的變化。特別是在20世紀80年代，農民獲得了許多的實惠。但是也毋庸諱言，在農村發展取得了一系列成就的同時，尤其在90年代中期以後，農民的收入減少了，稅費急劇增加，中西部許多地方的農民越來越貧困化了。目前，我國「三農」的問題仍然十分突出，譬如農民的社會地位較低，農民沒有獲得公民待遇。有人甚至激憤地說，存在著城鄉隔離制度，比南非的種族隔離制度更惡劣，農民的權益遠不如南非黑人。當然，溫家寶政府現在十分重視農民問題，16屆3中全會提出了「城鄉統籌」的思想，浙江等地也在建立農村保障制度。

現在一方面農村的自治取得了成就，另一方面許多鄉村的基層民主運作也問題重重，一些幹部無法無天、腐敗嚴重，苛捐雜稅屢禁不絕，官民關係緊張；由於農村自治不理想，公共生活缺乏，公共事物無人問津，集體財產被分光或私有化光；農村教育仍然是個大問題，輟學的學生很多；農民工的權益受到損害，城市的既得利益者排斥農民；農民大多仍處「小農」狀態，缺乏面向市場的有效的引導與組織；農業生產效益十分低下，農產品加工業極其落後，沒有形成產業化、規模化、集約化的大農業及其關聯產業的體系。有人寫詩描述部分地區農民的狀況：

農村改革多少年，依然苛政猛於虎；

孩子無錢上學難，徒聞教育是義務；

血淚呼聲有誰聽，正當權益有誰護？

受坑受害受欺騙，淚水只好吞下肚；

進得城去是民工，又稱盲流或黑戶；

腳手架上隧洞中，幹活只能髒累苦；

最怕走來大蓋帽，挨宰挨打還挨唬；

低如草芥賤如土，誰為農民鼓與呼？

這首詩中當然有過激情緒，事實上，中央十分關心農民、農民工等問題。總體上來說，農民是我國工農聯盟政權的主要力量，其地位很高。但我認為，以上所說的問題在一些地區也基本上是事實。

毫無疑問，這些問題不解決，將嚴重影響到中國農村的發展、穩定乃至中國現代化的實現。而要解決這些問題，我們認為關鍵在於建立社會主義現代農村制度。

（以下略）

發達國家怎麼拆遷

胡星斗

　　發達國家一般怎麼拆遷？其拆遷程式如何？發達國家都是法治國家，對於拆遷的權力和公共利益是嚴格界定的。他們的強制拆遷權力是限定在符合城市規劃、土地利用規劃的範圍之內的。

　　美國歐洲日本的「釘子戶」經常逼得高速公路拐彎、開發商改變設計，如84歲的美國俄勒岡州老太太梅斯菲爾德不願搬離只有90多平方米建於1900年的老房子，儘管她的房子不遠處有垃圾車，總是發出隆隆的噪音，該地段又是交通事故多發地帶，鄰居也已陸續搬走。但是，梅斯菲爾德說：「我經歷過第二次世界大戰，噪音對我來說沒什麼。我在這裡很開心，我哪裡也不去。」根據政府評估機構的測算，梅斯菲爾德的破房子只值8000美元，地皮只值10萬美元，而開發商提出賠償100萬美元，老太太還是不搬。她說：「我不關心錢，那麼多的錢對我有什麼用？」最後，開發商只好修改了圖紙，三面圍著她的小房子，建起凹字形的商業大樓。

　　最近，一個日本「釘子戶」逼得省級長官（縣知事）辭職。原來靜岡縣早在1998年政府就推出了一個重點工程——修建「富士山靜岡機場」。機場專案總預算約為20億美元，按最初計畫，2009年3月份正式啟用。但2008年機場進入驗收階段時，日本國土交通省發現，跑道西側約1400米外有一片小樹林，其高度超出了日本《航空法》規定的限制。因此，國土交通省沒有通過靜岡機場的驗收。當有關部門詢問這片樹林的土地主人是誰時，才發現他就是一直以來反對建機場的大井壽生，官員於是向大井提出砍掉這片樹木的要求，遭到大井的斷然拒絕。縣知事石川只好決定縮短機場跑道，從原計畫的2500米改成2200米，以避開這片樹林，但這不僅導致基礎建築重新設計，而且跑道縮短後，機場的品質隨之下降。於是，社會大眾紛紛呼籲大井為了「公共利益」而讓步，大井也表示願意讓步：「只要知事辭職，我

就砍樹」，高官石川果然與平民大井達成協議──一個辭職，一個砍樹，富士山靜岡機場很快啟用了。

發達國家對於強制拆遷有嚴格的程式，首先制定城市規劃、土地利用規劃的時候就要公開透明，保證公眾的參與權與知情權；那裡的公民往往對於參與城市規劃、土地規劃的制定積極性很高，因為可能涉及到自身的利益；規劃還必須經過當地議會的討論和批准，一旦規劃生效了，就不能隨意更改。城市規劃被放在政府網站上，向社會公開。

只要是規劃內的，即使是商業樓、商品房、工業區的建設，也屬於公共利益，因為經過了公民的討論和議會的批准；否則，即使是公共設施建設，也不能強制拆遷，只能雙方協商談判。

屬於規劃內的，首先開發商必須與被拆遷者自由協商交易，協商失敗後開發商才能申請徵地；政府則審查徵地的申請是否符合規劃、自由協商是否盡力了，如果得出肯定的答案，那麼政府將發布徵收公告，同時，被拆遷者有反對的權利，可以將政府告上法庭，逐級上訴，如果被拆遷者最終敗訴，那麼可以進入徵收階段；徵收時，政府與被拆遷者雙方平等談判房屋價格及賠償方式，官方會委託房地產評估委員會評估房屋的價值，個人也可委託中立的房地產評估專家進行價值評估，如果雙方達不成協議，政府又堅持自己的價格，那麼被拆遷者可以提起民事訴訟，假如雙方的價格相差不大，則法院會判決採納較高的價格；假如價格相差太大，則法院會委託另一中立的評估專家進行評估，然後作出判決，被拆遷者可以逐級上訴。等終審結束，進行了賠償，政府才能實施徵收。

發達國家徵收的最大特點是，政府徵收、拆遷，但雙方平等談判，法院居中裁判；法院就徵收是否屬於公共利益、是否符合規劃、賠償是否公正作出裁決。

吸收發達國家的經驗，未來中國的徵收法或者即將出台的新的政府拆遷管理條例應當遵循下列原則：

一、**規劃公開**。鼓勵公民參與規劃的制定，進行規劃聽證，規劃須經當地人大的批准。

二、**平等協商**。無論是開發商還是政府，都必須與居民平等協商，只有經過司法程式，才能強制拆遷。

三、**中立評估**。房屋的價值由中立機構評估，確保私人財產不會因為拆遷和公共利益而受到損失。

四、**足額賠償**。發達國家一般對被拆遷者全額賠償，過去中國只補償而非賠償，而且只補償了房屋價值的小部分。以後應當足額賠償。

五、**司法救濟**。過去中國是行政部門或者開發商拆遷，同時政府部門仲裁，因而缺乏公正性。以後要賦予被拆遷者司法救濟、起訴的權利。

2009-12-28

從GDP崇拜轉變為HDI崇拜

胡星斗

中國應當從片面追求GDP（國內生產總值）轉變為全面追求HDI（人類發展指數）。各級幹部的政績考核從以GDP為中心轉變為以HDI為中心。

GDP是國內生產總值，包括中國人和外國人在本國領土內所生產的最終產品和勞務，如果剔除港澳臺資、外資在境內的生產，加上國人在境外的生產很少，那麼中國的GNP（國民生產總值）大概只有GDP的50～60%。可見，中國雖然GDP超過日本、世界第二了，但中國人創造的GNP卻仍然與日本相差甚遠；日本與中國正好相反，由於它將生產大量地轉移到了海外，日本的GNP大大超過GDP。

GDP只是反映生產量，並不體現財富的積累和生產的效率。中國的房子建了拆、拆了再建，建房子算GDP，拆房子也算GDP，中國房子的平均壽命只有30年，而英國房子的平均壽命是130年；中石油的市值世界第一，但其效率只有美孚公司的1/23。

GDP也無法反映收入分配的不合理、資源環境的破壞、醫療教育等福利的狀況、人們的幸福感。

片面追求GDP往往導致民生的災難，是社會不和諧的根源。

HDI是聯合國提出的人類發展指數（Human Development Index），由三項指標構成，一是人均收入。為了促進收入差距的縮小，規定按照購買力平價計算，在5000美元以上的人均收入要調整：收入越高，權重越低。二是預期壽命，反映了醫療衛生、環境的狀況。三是教育水準，包括成人識字率占2/3權重，小學、中學、大學入學率共占1/3權重。

HDI比較科學，涵蓋了經濟增長、分配差距、醫療、教育、環境等體現社會全面發展的因素。一個GDP很高的國家，很有可能HDI很低。中國的HDI長期徘徊在世界第100位左右。

因此，中國要從追求GDP轉變為追求HDI，從GDP崇拜轉變為HDI崇拜，這才是中國發展經濟、促進和諧的正道。

HDI是真正的科學發展觀。

2010-10-1

中國的高成本觸目驚心：行政開支超財政收入的一半

胡星斗

　　據報導，2009年中國的財政收入約為8萬億元，加上預算外、制度外的收入，中國政府的實際全部收入約為11萬億元。而黨政公務以及行政事業開支占全部政府實際支出（11萬億元）的比例，2003年為37%，2007年為38～39%（法制晚報，2010.12.6「行政開支，接近政府支出四成」）。依此換算，如果剔除預算外收費等，中國的行政開支占財政收入（8萬億元）的比例在52%以上。也就是說，中國的財政收入超過一半用於行政公務人員的工資、「三公消費」等。

　　而2000年左右，其他國家的公務支出或行政費用占財政支出的比例，德國2.7%，日本為2.8%，英國4.2%，韓國5.1%，印度6.3%，加拿大7.1%，俄羅斯7.5%，美國9.9%，他們僅相當於中國的1/5～1/20。

（以上財政收入與財政支出可能相差8～10%左右，即赤字應為GDP的3%之內）

　　正因為中國政府的高成本占去了大部分財政收入，使得民生支出捉襟見肘，譬如用於醫療衛生的財政比例，印度是中國的2～3倍，美國是中國的5倍以上。美國、德國、俄羅斯的福利、社會保障支出均占財政支出的55%～60%左右，而中國僅為15%。另有報導稱：中國的衛生投入僅占世界的2%，中國的民生支出占GDP的比例居世界倒數第一。

　　改革開放以後，中國的經濟市場化了，但政府不但沒有小型化，而且越來越龐大，從三級政府演變成了五級政府，許多縣市都設置有80～120個科局處，疊床架屋，職能重複。許多的科局名義上幾十人，實際上上百甚至幾百人拿工資。譬如湖南某縣級市人口不過40萬人，城市人口不到25萬，是一個經濟落後地區。可市黨政部門、行政機關就有88個，加上四大班子，共92個。領導幹部正職92人，副職279人。其建設局下轄16個單位，園林管理處就有約200人，僅一個直徑不到一華裡的公園就有職工150人；自來水公司有約200多人。其教育局現有正副局長9人，設

教育督導室、紀檢組、工會、辦公室、人事股、計財股、普教股、成教股、職教股、招生辦、教研室、電化器材室、師訓股、法制股等14個股，機關員工百餘人。其水利電力局共有幹部90多人，下屬單位9個，員工一千多人。

公權力的不受監督與約束、利益集團的自肥以及日益嚴峻的官民矛盾都造成了中國政府的高行政成本。

根據2010年5月27日出版的《社會科學報》：2009年度全國維穩經費達到5140億元，超過了當年的國防預算4806.86億元人民幣。

前蘇聯的國防經費超過財政預算的一半，軍備競賽最終拖垮了紅色帝國；如今的中國，高昂的行政成本是否像軍備競賽那樣邪惡？會不會成為吞噬一個國家的猛虎？

2010-12-8

維護資本市場信用，建立集體訴訟制度

胡星斗

一、制止資本市場的「合法」與非法掠奪

中國資本市場是特權利益集團掠奪公眾財富的工具，是擴大貧富差距的機器，也是製造社會不公的利器。它是逆向配置資源，配置到了糟蹋資源的企業中去了，配置到效率低下的國有企業中去了。中國特色的市場經濟是政治人理性，不是經濟人理性，顛覆了經濟學原理，人們追逐權力，而不是直接追逐利益，官商勾結，進行「合法」的與非法的掠奪。官僚資本具有合法掠奪權。他們自我創租，自我尋租，自我立法，自我授權，自我得利。人們崇拜權力，崇拜莊家。資本的骯髒源於權力的齷齪，先有腐敗的權力，後有腐敗的資本。中國資本市場的腐敗源於權力萬能、權力崇拜、國有體制、不受監督的制度，我們是官辦券商、官辦證券交易所、官辦金融企業，因此都免於問責，可以借國有而個人發財皆受到庇護，沒有人被追究責任，證監會的主要負責人沒有一個被問責下臺。中國資本市場是國有企業及官員個人任意提取現金、合法掠奪與詐騙的黑洞。中國資本市場不僅是賭場，也是欺詐場所、搶劫場所、作案場所。

券商非法創設南航認沽權證，前10位的券商就獲利149億元，但上百萬沽民遭受嚴重的損失。

不僅在資本市場，在中國的其他領域也是存在著廣泛的貌似合法實際非法的掠奪，自我設租，自我立法，部門立法，官員立法，自我授權，自我得利。中石油、中石化僅憑一個檔就獲得了從進口到煉製到銷售的一條龍的權利，獲得壟斷暴利，因為沒有經過人大的授權，所以他們的壟斷實際上是非法的。一些國企高管、地方領導人自我加薪，自我監督，自我評判，自我獎勵，也是非法的。國企負責人、公務員的工資收入在發達國家都必須由國會確定，在我國也應當由人大確定，

而不是自我確定。還要，我國的審計、檢察、監察、法院、信訪、調查等都沒有獨立性，自我調查，自我監督，如發生群體性事件、訪民冤案，都是地方政府向上彙報，加害者自我評判，老百姓沒有話語權，缺乏獨立調查。

所以，我呼籲中央政府要建立獨立調查、審計、監督、司法的新體制。

二、維護資本市場信用

目前，中國企業的信用低下。中國企業因信用缺失、經濟秩序混亂造成的無效成本占GDP的10%～20%。美國企業的壞賬率是0.5%～2.5%，而中國是5%～10%，也就是說中國企業的壞賬率是美國企業的10到20倍。美國企業的帳款拖欠平均7天，中國90多天。中國企業的無效成本，包括管理費用、財務費用和銷售費用占銷售收入的14%，而美國為2%～3%，中國企業的成本是美國企業的5到7倍。在中國，只有10%的企業建立了信用管理制度，其中93%是三資企業。

中國一些地方政府的信用也很低，他們隨意改變規則，改變權證行權和交易的條件，想創設就創設，無限量創設，創設不合法，限漲不限跌，價格操縱，官商一家，進行內幕交易，想停牌就停牌，想禁買就禁買，想註銷就註銷，真正是遊戲規則說改就改。沒有股市正義，沒有股市公平。

中國一些官員的信用度很低，造成了社會信用度低下，沒有官德也就沒有公德，「關鍵的少數」不講信用使得社會道德江河日下。股市是時代的鏡子，中國股市的失信是社會失範、社會失德的反映。

我認為，中國股市最好推倒重來。當然必須給予因為玩弄權力、踐踏規則、坐莊、欺詐而遭受巨大損失的投資者們以賠償。

三、建立集體訴訟制度

集體訴訟制度是中國克服腐敗、拯救環境、制止股市欺詐的法寶。只有人民監督政府，政府才不敢懈怠；只有人人負起責任，才不會人亡政息。發動群眾，進行監督訴訟，才能夠建立清新廉潔公正的社會。

政府應當允許財政公益訴訟、納稅人代表訴訟。只要老百姓有官員貪汙腐敗、浪費公款比如公款吃喝、公款購買豪華汽車、公款旅遊出國等證據，任何人都可以到法院起訴，追回的資金拿出一部分獎勵起訴者。美國、日本等發達國家都有這樣的法律。只要允許納稅人也就是廣大民眾起訴，貪官們立即會陷入人民戰爭的汪洋大海中，他們不得不行為收斂。

政府也應當允許環境公益訴訟、環境集體訴訟。所有的環境污染受害者可以委託某一個受害者進行集體訴訟索賠，讓破壞環境的企業付出高昂的代價，讓企業不得不考慮是治理污染花錢多還是被集體索賠損失大，讓他們以後再也不敢污染環境了。而目前我國主要依靠上級檢查人員來到企業督促檢查，必然導致弄虛作假、矇騙上級、檢查團一走排汙設施又曬太陽的局面。依靠從上向下的監督必然事倍功半，甚至效果為零，只有從下向上的監督，才能事半功倍。

政府還應當允許股東集體訴訟、股東代表訴訟。

股東代表訴訟是中小股東權益的重要保護手段，其目的是建立一種機制為公司股東尤其是中小股東主持正義，阻止公司董事、董事長、大股東、高級管理人員濫用公司權利。在美國，規定所有的投資者都是天然的訴訟主體，普通人打股票官司可以不花錢，官司打贏後從賠償金額中扣除律師費。由於股東訴訟的勝訴率極高，所以許多律師都爭著為股東打官司。而且，美國採取舉證責任倒置，由公司方舉證，這樣十分有利於普通人。一旦官司勝訴，企業要賠償全體投資者，違規的企業往往要破產。所以，很少有企業敢於違規違法了。美國安然公司醜聞，在特定時期買進安然股票的投資者，可以獲得近40億美元的賠償，安然公司轟然倒下。

可見，建立集體訴訟制度，是中國走向清廉健康社會的重要手段。政府應當及早為之。

2008-12-29

鑄造陽光財政，建設「好的社會主義」

——訪中國問題學創始人、北京理工大學胡星斗教授

很多問題都是由不合理的財政體製造成的

趙國君：您好！胡教授，作為長期關注中國問題的學者，您怎樣看待稅的問題呢？

胡星斗：稅的問題的核心是公民財產權，這是一個很重要的問題。

我過去曾提出建立憲政社會主義。我認為未來中國有兩面旗幟：一個是憲政，一個是公平，如果不講憲政，就不可能實現真正的公平。憲政是「右」的，而公平是「左」的，抓住憲政可以囊括民主自由派人士，抓住公平可以涵蓋工人農民等弱勢群體，所以我認為這兩面旗幟非常重要，結合到一起就是憲政社會主義了。真正的社會主義最講公平，憲政社會主義就是把憲政和社會主義結合到一塊。

說到稅的問題，一個很重要的方面就是建立民主財政、陽光財政，而民主財政、陽光財政是民主政府的基礎。

趙國君：「憲政社會主義」的提法很新穎，民主財政和陽光財政的含義是什麼呢？

胡星斗：陽光就是透明、公開的意思。我認為公共財政的決策、執行的程式、資金的流向都必須公開，人民的代表可以對其進行監督，公共開支必須詳細地列出，政府各個部門的財政開支必須具體到每一事項，還要說明開支的理由。

不經過納稅人的同意，徵稅或者改變稅收、改變稅率都是違法的。納稅的標準、財政預算都必須經過納稅人代表的同意，這就體現了稅的民主性。

中國目前的好多問題都是由於財政的不規範、不科學、不民主造成的。比如說中國的地區差距比較大，城鄉差距比較大，城市之間的差距也比較大，為什麼那麼多人喜歡留在北京？就是因為各種優秀的資源都集中在北京。這在很大程度上就與不規範的財政制度有關，也就是說我們的財政是領導人隨意決策的財政，他們說把錢投向哪裡就投向哪裡，而領導人又都住在省會或者首都，所以大量的錢也就投

向這些地方了，其他地方則要通過各種公關、行賄才能得到資金。

發達國家的財政都是通過民主、透明的方式實行的，各個地方要派代表參與討論公共支出的投向以及額度。還有他們的金融貨幣政策，也都是通過專家、代表以民主投票的方式來制定的。而我們國家還是一種官本位的思想，財政支出由官員決定，各地人民代表大會起不到審查財政預算、決算的作用，這就造成了民眾的意見紛紛，像醫療、社保、低保等保障資金嚴重缺乏，中國的社保投入僅占財政支出的百分之一二十，而發達國家都在百分之五十以上，我們在這方面的投資實在太少了。

我國「三公」（公費吃喝、公費購車、公費旅遊）消費占財政支出的三分之一以上。還有政黨的消費，包括執政黨以及民主黨派的所有費用，共青團、婦聯、工會等組織，也都是被國家財政供養著。而在發達國家，政黨跟民間組織是沒有區別的，其經費來源主要是民眾的捐款，當然，捐款是受到很多的限制的，也必須公開透明。發達國家的財政支出大部分都是流向了社保、扶貧或者救災，像美國達到財政支出的百分之五十以上，而我國去年的低保開支不足200億，今年準備安排農村低保僅30來億，而中國的公款吃喝呢？一年竟達到三千多億！

為什麼財政分配這麼不合理？不民主、不透明的財政制度是一個非常重要的原因。

趙國君：國家好像越來越注意到財政問題的重要性，頻繁使用各種手段進行矯正。

胡星斗：國家注意到財政的作用是好事，但關鍵是應該反思財政體制本身有沒有問題。

比如對地方的財政轉移支付制度，像美國，對地方政府的財政轉移支付占地方開支的百分之四五十，以保證地方政府的正常運轉。而中國地方之間的差距很大，比如說人均存款、人均收入這些指標，最富的省級行政區與最窮的省級行政區的差距在十二倍到十六倍之間，這在發達國家是從來沒有過的。我覺得這完全是一個財政體制上的問題，而不是像有些人說的什麼經濟發展政策不對或者地理位置差別等原因所致。

比如說農業是生產糧食的，有可能虧本，發展農業對增加當地的財政收入可

能沒什麼幫助，反而需要政府補貼來購買糧食，所以糧食越豐收，對產糧大省來說它的財政負擔越重，這種情況應該怎麼辦呢？應該由中央財政對這些產糧大省進行轉移支付，而不應該鼓勵所有的地區不管條件如何，都要發展工業，甚至發展高污染的工業，否則，沒有財政收入，死路一條。正確的做法是，各地因地制宜，宜工則工，宜農則農，宜商則商，對於工業發達的地區有條件地放開土地的使用，對於農業發達的地區則嚴格保護耕地，國家則通過對工業大省增加稅收來轉移支付給農業大省，保證農業省分不吃虧。

目前中國搞的是嚴格的土地政策，凡是徵地達到一定的數量都要上報中央，這看起來合理，是為了保證耕地的數量，保證糧食生產的安全，但它沒有考慮到不同地區適宜於不同的生產模式，像浙江等沿海地區，如果對土地的控制過於嚴格，那麼當地的工業就會受到極大的影響。所以要研究哪些地方適合發展農業，對這些地方採取嚴格保護耕地的措施，國家進行大量的財政轉移支付，進行補貼，像美國每年都有四五百億美元用於補貼農業，這樣農民也會富裕起來。而那些工業大省則可以比較自由地使用土地，當然要交納使用費，而不是非常廉價地使用土地。

像北京的人口負擔這麼重，又缺水，環境又不好，還在不斷地擴張，我曾經提出遷都、分都，讓北京僅作為文化首都，把政治首都遷出去，這樣來減輕北京的負擔。為什麼有這麼多的人口流入北京，因為這裡的教育、醫療等各方面的條件都是中國最好。可以說北京的惡性發展還是由財政的不斷傾斜造成的。

趙國君：如何「把錢用在刀刃上」？這是一個問題。

胡星斗：現在政府的預算是非常粗線條的。未來，每項預算支出都必須非常詳細地列出，接受人大的審議，人大沒批准的專案，一分錢都不能花。所以，一方面要求人大代表有足夠的時間去調查和審議，人大代表必須專職化，而不能兼職；另一方面要強化人大作為權力機關的地位，發揮人大財政預算決算的批准職能。另外，還要改進編制財政預算的規則，實行零基預算；加強預算資金使用的管理，強化預算專案的問責，讓審計、監察、監督、司法獨立於行政。

核心的問題還是財政的民主化和公開化，也就是陽光化，因為陽光是最好的防腐劑。

趙國君：陽光的財政就是對納稅人的尊重和負責，是民主國家與法治社會的

必然要求，雖然，我們現在仍然有很大的差距，但這理應成為一個奮鬥的目標。

胡星斗：中國現在的問題是，納稅只是公民的義務，納稅人缺乏瞭解稅款用途和去向的權利，也沒有監督的權利。

中國還沒有建立起納稅人訴訟或者財政公益訴訟制度，美國、日本等先進國家都有這個制度。也就是賦予公民一項監督的權利，任何公民只要有證據，都可以起訴浪費公款的官員，追回的資金的一部分用於獎勵起訴者。

目前，中國各級人民代表大會對財政預算、決算的審查流於形式；地方政府的預算暗箱操作，編制粗糙、籠統，執行十分隨意，完全是長官意志，沒有強制性，缺乏有效的問責、監督制度，而政府的內部監督、事後監督、審計監督只是治表不治本。

我們沒有建立現代公共預算和公共財政制度，科教文衛、社會保障、救濟、福利的支出薄弱；官員的公款開支龐大，財政腐敗嚴重；地方政府的預算外收入比重很大，占地方財政的50%左右，亂收費、非法掠奪民財、國有資產和私有資產的流失都十分嚴重。

事實表明，沒有嚴格的預算制度、立法機關缺乏審查財政預算的權威性、公民沒有監督的管道，致使一些地方政府成為為所欲為、沒有邊界、不負責任的政府。

假如中國能夠更多地探索民主財政、陽光財政的建立途徑，那麼，腐敗的猖獗、地區差距的擴大、經濟發展與社會發展的失衡、政府的不受監督和問責等等，都有望得到相當程度的解決。

哪裡有侵權，哪裡就有貧困

趙國君：談稅收問題，不可避免地要談農民權利，因為農民最貧弱，占據了大多數，他們的收入那樣低，實際占有的資源那樣少，作為剝奪他人財產的稅對他們的影響就可想而知了。

胡星斗：說到稅與農民的權利的問題，包含的內容太多了。我們該怎樣理解稅？有統計表明，除了稅以外，地方政府收入的30%～40%來源於土地收入，有的

地方60%的收入來源於土地，而土地就牽扯到了農民的命根子！

這幾年關於農村土地徵用的案件越來越多，引發的社會矛盾非常劇烈，核心的問題是什麼？是財產權，對農民而言非常重要的財產權。土地產權不明晰，農民只獲得隨時可以被剝奪的、不穩定的土地承包權，正是因為這種產權的不明確，導致了圈地、占地等很多侵害農民的事件的發生。經濟學家諾斯講的是正確的，他說：缺乏產權制度、專利制度，這是中國古代經濟、科技停滯不前的主要原因。像中國的農村集體經濟，在很大程度上是產權不清晰的，結果導致了村幹部的大規模的腐敗。

趙國君：前些年是直接的稅費衝突，看看《中國農民調查》就清楚，衝突源於農業稅及其搭附的各種亂收費，使得農民幾近絕路。最近，農業稅被免除，斷了亂收費的後路，於是增加了土地糾紛，於建嶸博士就提出了新的矛盾轉向了土地之爭，看來，這個衝突不是偶然的。

胡星斗：中國自改革開放以來，確實取得了很大的成就。改革的成功實際上就是給予了農民自主權，這是很重要的經驗。現在，我們應該充分地保護農民的擁有土地的權利、自主經營的權利，保障農民自由遷徙的權利和接受教育的權利、健康的權利，也就是要保障農民作為公民的權利，保障農民團結的權利、組織化的權利。因為改革開放至今，中國已經從過去那種「正和」的遊戲，變成了一種「零和」的遊戲了，也就是說某些地方官員的得益，那肯定就是農民的利益受到損失。所以，如何來維護農民的利益？關鍵是要保障農民的團結權。

因此，中國在很多方面還要進行制度創新，以確保農民的權利。例如對於承包制，該是改革的時候了，該是賦予農民土地所有權的時候了。我們現在的土地名義上是承包，是長期租約，但實際上是一個不確定租約，是一個短期租約，土地隨時可能被征，農民只能被迫地接受地方政府的盤剝，去接受各種稅費。所以我說，中國現在應當開展新鄉村運動，開展農民權利保護運動，開展建設社會主義新農村的運動。可以說：哪裡有侵權，哪裡有不合理的限制，哪裡就有貧困。

趙國君：任何形式的徵收，無論是以稅的名義，還是對土地的徵用都是對財產權的剝奪，是一種「侵權」，如果「侵權」、不守法，就成了與掠奪無異的侵害了。

胡星斗：是啊，哪裡有侵權，農民的手腳被捆綁了，肯定就是貧困了。

趙國君：「三農問題」，稅收問題，說起來好大，其實核心的問題應該是限制政府權力，給農民以自由。

胡星斗：我曾經說過解決中國三農問題就是要改革政府治理制度。我們現在要談稅收，也主要是規範和防範政府的徵稅權力的擴張，因為主要矛盾還是政府的徵稅權力過大。

現在我們不是要建立社會主義新農村嗎？首先是要建立社會主義新國家，就是說要改革政府治理制度、政府權力結構，從這方面著手才能真正建立社會主義新農村。如果還是沿用老的框架和模式，那不可能做好，不可能像韓國那樣不但有新農村，還帶動了城市的發展。所以我認為中國還是沒有找到現代化的途徑，可能短期內中國的經濟會發展很快，但遲早會陷入拉美那樣的陷阱之中，也就是在個人的收入達到一定的數量以後，經濟就無法再增長了，腐敗橫行、官商勾結、社會不公、外資壟斷等等，會造成大量的貧民。單純地搞經濟而不進行社會結構的改革，不限制政府權力，不通過戶籍改革、土地改革、農村組織改革如允許建立獨立的農會、農協給農民以自由，那是不可能實現現代化的，也是不可能建設新農村的。

其實，政府的改革也包括人民代表大會的改革，更徹底地說是建立議會，只是我們不說議會，但人民和政府討價還價的地方應該在議會。而人民代表大會本身有很多的缺陷，即使它成了一個權力機關，它還是三權合一的，政府和司法機關都出自人民代表大會，它不是現代國家的權力分立和制衡的制度。

但我比較喜歡立足於現實主義之上的理想主義，一方面要有某種戰略性的理想主義的思考，另一方面要立足於現實主義，就是說不能脫離中國太遠，否則實現不了。在政治架構方面我也是這樣認為的，目前，我們只能在人民代表大會制度的框架內談改革。首先要強化人大對財政預算審查和決策的功能，人民代表要專職化、專業化，要有更多的經濟學家、社會學家以及懂得這方面知識的人參與進去，其次要減少勞模或者官員代表的數量，甚至不應當讓官員進入人民代表大會，改變人民代表大會成為官員代表大會的現狀。再次，要通過普選強化人民代表的代表性，使他們有動力有職責去監督政府。

要鼓勵納稅人訴訟

趙國君：民主財政、陽光財政是遏制腐敗的利器，會迫使中國建立公共服務型的政府，提高社會公平性，但是如何才能建立民主財政、陽光財政呢？

胡星斗：建立對納稅人負責的財政體制需要很多方面的建設，如完善和強化人民代表大會的權力機關的地位，發揮人大的立法、監督職能和財政預算、決算的審批權，追究超預算開支、非預算開支、改變預算開支專案的責任等。

在這裡，我們特別鼓勵公民作為納稅人對浪費公共資金、違反財經制度的情況提起公益訴訟，也叫納稅人訴訟，像美國和日本都有這方面的法律，鼓勵這樣的訴訟。納稅人訴訟對政府來說是非常有利的，可以揪出許多貪官，防止政府濫用稅款。

趙國君：近年來，關於納稅人訴訟在學界有過探討，生活中也出現了實際的例子，您怎樣看待日見興起的這些訴訟呢？

胡星斗：納稅人訴訟是解決經濟學上「公地悲劇」的手段之一。大家知道，從古代的亞里斯多德，到現代的學者哈丁、奧爾遜都提出了公有地悲劇、公共事物被糟蹋破壞的問題，經濟學上有三種解決辦法：一是建立集權的組織——「利維坦」，二是像科斯所說的將公地私有化，三是通過NGO非政府組織管理公有事務。現在，我「發現」還有第四種辦法解決公地悲劇，那就是納稅人訴訟和公益訴訟。

發達國家早就建立了納稅人訴訟制度，美國、日本的納稅人都可以就政府、官員的出差、招待、公款吃喝、浪費財政資金等提起公益訴訟，美國還規定納稅人訴訟的原告獲勝後可以從被告所處罰的資金中分得百分之十幾的利益，這樣來鼓勵納稅人的公益訴訟。

納稅人公益訴訟在中國開展具有偉大的意義，一方面它可以落實憲法中「一切權利屬於人民」、「主權在民」的憲法精神。人民是國家的主人，納稅人有對稅收使用的知情權、監督權，這樣可以把憲法中宣示的監督權落實為訴權。納稅人訴訟可遏制公有資產的流失，可遏制公有資金的流失，這一點在中國非常迫切。我國每年「三公」甚至「四公」消費巨大，公款吃喝、公車消費、公費出國、公款建房

建別墅一年耗資上萬億元，占財政收入的三分之一以上。如何解決「三公」、「四公」浪費，允許納稅人訴訟是一個很好的辦法。

納稅人訴訟還可以增強公民意識、納稅人的義務權利意識；可以起到私權制約公權的作用。大家知道，要防止權力濫用和腐敗，就必須以權力制約權力；但是以公權制約公權，在我國還不太現實，即使設置了一種公權來監督另一種公權，那麼怎樣監督「監督者」還是一個問題，監督者本身也會腐敗。所以，不能對以公權制約公權太看重，而應當開放私權對公權的制約，讓納稅人都負起責任來，起訴違法違規的官員，那麼中國建設法治、廉潔的社會就有希望了。

所以，我認為納稅人訴訟如果能夠在中國慢慢興起，那將是偉大的事件，意義重大。

趙國君：所有的人都以納稅人的身分來告政府，會不會形成法律上的「濫訴」呢？

胡星斗：中國應當慢慢地放開納稅人訴訟，不會造成濫訴的局面。可以有一個規定，在提起納稅人訴訟前，應當先通過人大代表或者人大來監督財政；還可以通過監察部門、審計部門來監督，只有當一切手段都窮盡了，才可以提起行政公益訴訟。具體誰先誰後不重要，關鍵要有監督，監督要發揮作用，並且為納稅人訴訟保留空間，提供支援。

權力的專斷會濫用納稅人的錢

趙國君：前些日子有新聞報導說，一個人冒充縣委書記簽字，使好多人進了國家機關，領取薪水。這個新聞反映出來問題很嚴重，政府一把手掌握著很大的權力，包括財政權以及人事任免權，如果這個官員不是民選的，那麼他的權力就會毫無限制，就可以尋租，有人能夠趁機得手，恰恰反映了權力的不受約束，濫用的還是納稅人的錢。

胡星斗：曾經有人和我辯論，因為我主張對縣鄉的機構進行改革，還要精簡人員，有人說中國的人口這麼多，就業壓力這麼大，就應當按照中國的國情把更多的人放進政府機關去，哪怕他天天看報子，沒有事情做，也是解決就業的方式。我

說如果只是把他養著，給他一個飯碗沒有問題，但是不能夠給他權力，那樣他不但會貪汙，還會侵害別人的權利，阻礙當地經濟的發展，還要去亂收費。所以絕對不能把他們放到政府機關去養著，可以用別的方式養呀，像北京的交通協管員，政府也要給他們發工資的，不像臺灣，他們都是義工，而大陸是給工資的。

政府機關一定要縮員，像美國是14個部委，日本、俄羅斯也是十幾個中央直屬部委，而中國在改革之後是29個，這和以前50多個相比已經不錯了。但我們還有黨的系統，還有各個民主黨派的系統，還有工會、共青團、婦聯，都需要財政養著。

趙國君：提到壟斷性，主要防止的是權力的專斷和濫用，否則，納稅人的錢就進了黑洞，無法監督，不能監督，甚至不讓監督，新近的《反壟斷法》草案中竟然不提行政壟斷，這是很荒唐的，除了行政壟斷，誰還能壟斷市場呢？

胡星斗：中國的貧富差距這麼大，主要的原因就在於特權壟斷利益集團，是由這個利益集團造成的。我們一方面要警惕政府的權力過大，另一方面尤其要警惕與權力合謀的特權利益集團，他們更可怕。

趙國君：說到底還是限制權力，可是，國家在發展，是否該偏重效率以犧牲一定的公平呢？

胡星斗：不能因為效率而犧牲公平，這個想法很成問題。鄧小平的「發展是硬道理」的說法也對，但我們現在都把它理解為是經濟的發展，而沒有注意文化、社會、政治等的均衡發展。實際上，只有經濟的進步不應當叫做發展，在經濟學中叫做增長。現在中國的硬體其實已經和發達國家差不多了，但軟體方面還是太差，像精神文明呀、道德文明呀，現在還在不斷地向下墮落，在目前的制度下也不可能不墮落。因為你越是不斷地搞道德純潔運動、教育運動，而不注重民主法治、陽光財政的建設，那麼社會的道德就越往下滑。官員們的心裡很清楚呀，那是做秀；老百姓的心裡也很清楚呀，那些都是臺上一套而台下又一套。所以，道德運動只是在不斷地強化官員們的作假意識、老百姓的不信任心理，這個的社會，道德能不墮落嗎？

所以，一個國家在發展經濟的同時，必須注重民主法治、公平正義的制度的建設，否則，社會將越來越畸形、混亂，我們將為此付出慘重的代價。

以民主財政扭轉中國經濟的失衡

胡星斗

浙江審計部門對該省公路養路費績效審計調查發現，省交通部門將4.23億元養路費用於非公路專案，其中包括交通廳駐京辦事處日常經費315萬元，省公路局下屬學校經費支出5549.72萬元，以教育資金名義安排省交通廳下屬單位基建支出7925萬元等。

第一點，以民主財政推動中國的民主進步，我認為民主財政可能是中國民主政治的一個突破口，也是民主政治的一個基礎。所謂民主財政，就是公共財政的決策、資金的流向、使用的程式都應當是公開的，人民或者是其授權的代表可以進行監督，未經納稅人的同意徵稅都是非法的。納稅的標準、國家的財政預算和支出也必須經過納稅人代表的同意，公共財政的預算必須詳細地列出各種開支，沒有列入開支預算的專案，不能夠開支，列支的錢不得挪作他用。

但是中國的問題是，納稅只是公民的義務，納稅人缺乏瞭解稅款的去向、用途的權利，納稅人財政公益訴訟制沒有建立起來，各級人民代表大會對財政預算、決算的審查流於形式，預算也是編制粗糙、籠統，執行十分隨意，可以說基本上是長官意志，沒有強制性，也缺乏有效的問責、監督制，特別是每年每度都要召開人民代表大會，各級地方都要召開人民代表大會，實際上是官員代表大會，因為70%甚至90%的代表都是官員。每年召開人民代表大會要弄出一個非常完美的報告，各方面的意見都要徵求到，但是這個報告有多少能夠落實，就沒有人追究，人民代表大會基本上都是浪費納稅人的錢，每一年召開，各級地方都要召開，但缺乏事後的監督。審計監督也是治標不治本。

總之就是中國沒有建立現代公共預算制度和現代公共財政制度。

怎樣建立民主財政，推動中國的民主政治呢？

1、要藉民主財政推動中國的權力制衡和監督，那就是像前面李教授和秋風所

說的，強化人民代表大會的立法監督職能和財政預算決算的審批權，要追究超預算開支、非預算開支，改變預算開支專案上的責任。

2、要通過民主財政推動代議制民意代表的產生，通過普選強化人民代表的代表性，減少官員代表的比例，杜絕純榮譽代表的產生，實現人大代表的專職化和專業化，使他有時間、有能力審議政府的財政。

3、推動審計和司法的獨立性。

4、推動財政公益訴訟制度的建立。也就是說任何納稅人都有權對浪費公共資金的現象，對違反財金制度的情況提起公益訴訟，代表全體納稅人或者部分納稅人提起公益訴訟，美國和日本都有這樣的制度。

5、通過民主財政推動中國的媒體監督，實行財政決策的公開。

總之，通過民主財政推動中國的民主和進步。

第二，以民主財政扭轉中國經濟的失衡。前兩天我寫了一篇關於中國經濟失衡的文章。

1、扭轉經濟分配機制的失衡。中國目前的財政收入估計今年要達到5萬億元，上半年就已經是2.6萬億，也就是說今年一年可能增加的財政收入就在1.2萬億，如果加上預算外、制度外的收費，總收入恐怕在6、7萬億，或者更高，政府不可謂不富，但是勞動者工資的總額占國內生產總值的比例只是11%、12%，而世界平均工資總額占GDP的比率是40%、50%，中國只有百分之十幾，可見，政府的富裕是以人民群眾的貧困為代價的，中國收稅越多，稅收增長越多，人民就越貧困。因為中國目前的個人所得稅80%來源於工薪階層，增值稅的70%來自於農民購買生產資料。

中國的外匯儲備世界第一，目前達到1.3萬億美元。但外匯儲備越多、出口越多，對資源、環境、勞工身體的透支越多，人民就越貧困。

二、扭轉經濟主體競爭的失衡。中國目前壟斷的國企發達，而民營企業步履維艱。一方面是壟斷的國企收入非常高，另一方面民營企業的稅賦太重。中國的稅收主要是向生產環節收稅，民營企業如果不偷稅漏稅，80%的民企會立馬倒閉。所以，中國的民企大多規模小，重複建設，產品雷同，科技含量非常低，利潤微薄，缺乏品牌，沒有自己的銷售管道，特別是沒有國外的銷售管道。這些就與對民營企

業的收稅太重直接相關。

中國很多的壟斷的國有企業進入了世界500強，這不是中國的幸事，而是中國的災難。那麼多的壟斷國有企業進入了世界500強，北京的很多報紙講，北京有多少企業進入亞洲200強，那都是壟斷的國企，沒有競爭力，可以說在很大程度上沒有效率，浪費資源。進入世界500強的國企越多，人民的福利就會越少。

三、扭轉中國的經濟資源利用的失衡。目前，中國各級政府的消費，三公消費，還有我說的四公消費，占財政支出40%以上，如果加上政黨的開支，共青團、婦聯、工會、民主黨派的開支都算在其中，公務消費占財政支出的比例其實超過50%。而醫療、教育、養老等民生事業，投入嚴重不足。

我希望，以民主財政為突破口，扭轉中國經濟方面的失衡。

如何建立民主財政？除了剛才所說到的人民代表大會制度需要有一個根本性的改革之外，我想非常重要的還是要建立財政公益訴訟制度，賦予公民對這種財政上的不合理的情況、違法的情況提起訴訟。可能還有其他的途徑，我希望在這裡能夠聽到朋友們更多的建議。

2007-7

建議提高個稅起征點至一萬元

胡星斗

中國經濟過去主要靠投資和出口拉動，而消費一直低迷，居民消費率只有38%，而發達國家在70～80%，也就是說中國的居民消費還有30～40%近10萬億的上升空間。如果政府能夠在啟動內需、減輕賦稅、提高居民收入、完善社會保障等方面多做工作，那麼可以預計奧運後中國經濟即使短暫下滑，從長期來看也還會出現10年左右的高速增長。

目前中國是國富民窮，預計今年全國財政收入達6～7萬億元，比上一年又增長30～40%，外匯儲備高達1.8萬億美元，這麼多的外匯儲備沒有辦法花掉，只能任憑美元貶值，中國每年因此遭受的外匯損失在5百億美元以上。所以，中國必須轉變經濟發展戰略，藏富於民，啟動居民消費，謀求內需型共富型的長期穩定健康的經濟發展。

為此，我建議完善個人所得稅制度，讓利於民。

一、提高個稅免征額標準至一萬元

上世紀80年代初，職工的平均工資只有40～50元，而個人所得稅的起征點為800元，差不多是工資的二十倍，那時的個稅免征額是合理的，調動了人們的勞動積極性，促進了經濟的發展。

但是快三十年過去了，人民的名義收入提高了四五十倍，但個人所得稅的起征點卻只提高了一倍半，即自2006年1月1日起，從800元調整到了1600元，自2008年3月1日起，從1600元提高到了2000元。

有數據顯示，目前中國的個人所得稅中65%來源於工薪階層，富人上繳的個人所得稅還不到個稅總額的10%。因此，中國的個稅制度非但沒有起到抑富濟貧的作

用，反而成為製造貧富差距的利器。

而按照人均收入的增長狀況，目前中國的個人所得稅或家庭綜合所得稅的起征點應當一步到位、定為一萬元左右才算合理，這也與年收入超過12萬的高收入申報制度相符合。如此，在幾年之內可以避免修改所得稅法。

稅收制度必須遵守確定性原則，法律也應當具有前瞻性和權威性，不能把法律看作兒戲，頻繁變動與修改，現在為了提高個稅的起征點，幾乎是一兩年一修法。

所以，法律應當預留操作的空間，在個稅問題上必須讓利於民，鼓勵創富，為新一輪經濟發展奠定基礎。

目前，中國個稅僅占全國總稅收的7%，個稅征少了，對全國的財政影響不大，何況我們一年的財政增長就達30～40%，因此，個稅起征點雖然提高了，但全國的財政收入仍然會高速增長。而且，個稅的關鍵是加強針對高收入群體的稅收征管，如果這方面工作做好了，以後個稅占全國總稅收的比例還會上升。

二、個稅起征點應當避免全國「一刀切」

假如不能將個稅起征點提高到一萬元，那就必須儘快實行因地（省區市）因時浮動個稅起征點制度。

各地的物價水準、消費水準不一樣，因此，應當允許各地個稅起征點浮動，浮動的範圍由全國人大授權國務院審批。

在聯邦制的國家，如美國各州就有權自己制定所得稅稅率，根據本州情況確定扣除專案，很好地解決了地區發展不平衡而造成的收入差別問題，確保了收入差別下的縱向公平。

三、個稅起征點還應當根據消費價格指數CPI、通貨膨脹率或平均工資額進行及時的調整。

全國人大修改個人所得稅法時應當避免出現「費用扣除額XXXX元」等具體數

字，而應當授權國務院適時調整起征點，避免頻繁修改法律。

在許多發達國家，個稅起征點幾乎每年都要調整，這樣來顯示公平，保證低收入者的生活不受影響。

中國也應當建立個稅起征點與CPI、通貨膨脹率或平均工資的聯動機制，讓個稅起征點自動調整。

四、改變納稅主體

過去我國實行的是以個人為納稅主體的所得稅制度，以後要改變為以家庭為納稅主體，或者讓納稅人選擇是以個人為主體還是以家庭為主體進行納稅。

以個人為納稅主體、不管家庭成員的狀況，有的家庭人口多、收入少、負擔重，也要繳納很多的稅，導致了很大的稅收不公平。

未來中國應當儘快採納家庭綜合所得稅制度，這種制度比較公平、人性化。

美國的個人所得稅採取單身申報、戶主申報、夫妻單獨申報、夫妻聯合申報、喪偶家庭申報五種申報方式，根據納稅人不同的申報方式、家庭狀況、經濟負擔，計算出不一樣的起征點；而且，他們還有各種專項扣除，扣除之後的部分才納稅。如在美國，人口贍養費用、保險支出、部分醫療支出、購買自住房抵押貸款的還款額、投資失敗的利息支出、慈善捐贈、購書及培訓學習費用、搬家費用等都可以先刨去，然後繳稅。這種繳稅方式體現了人道與公平，所以，沒有人抱怨稅收不公，也很少有偷漏稅的情況發生。

五、建立納稅人終生稅號制度

中國迫切需要建立身分證電子資訊系統或國民資訊系統，身分證號作為國民唯一的身分認證號碼，同時也是納稅人的終生稅號或社會保障號。個人和家庭的全部資訊包括信用記錄、守法記錄、納稅記錄、慈善記錄、就業狀況、收入狀況、不動產登記、股票登記、以及養老、醫療、低保等資料一併納入全國統一的身分證號及稅號數據庫中。

目前中國之所以還沒有採納家庭綜合所得稅制度，主要原因就是納稅人終生稅號系統沒有建立起來，稅務機關的稅收征管能力薄弱，無法掌握納稅人的全部情況。

六、進行稅率改革

　　目前我國實行的是分類徵收的個人所得稅制度，也就是按收入來源分類課征，如工資、薪金所得，適用九級超額累進稅率，稅率為百分之五至百分之四十五；個體工商戶的生產、經營所得和對企事業單位的承包經營、承租經營所得，適用百分之五至百分之三十五的超額累進稅率；稿酬所得，適用比例稅率，稅率為百分之二十，並按應納稅額減征百分之三十；勞務報酬所得，適用比例稅率，稅率為百分之二十；特許權使用費所得，利息、股息、紅利所得，財產租賃所得，財產轉讓所得，偶然所得和其他所得，適用比例稅率，稅率為百分之二十。而工薪階層收入來源單一，都是工資條上的死收入，徵稅比例卻可能超過20%，富人收入來源比較多，很多收入不透明，即使徵稅，股息、紅利等的稅率也僅20%，這種稅制是有利於富人、不利於窮人的。

　　所以，應當降低工資、薪金所得的前幾檔稅率而提高後幾檔稅率，同時提高經營所得、紅利所得等的稅收。或者將個稅起征點提高到一萬元後，減少稅檔，提高稅率。

　　通過以上六點，從源頭上改革個人所得稅制度，不僅有助於實現藏富於民、讓利於民、啟動消費、促進經濟增長的目標，而且可以由此縮小貧富差距、維護社會公正，同時極大地激發居民繳稅的熱情，逐漸形成集稅收諮詢、申報、仲介代理、金融服務、理財服務於一體的家庭報稅產業（美國有數百萬人為此服務），使得居民納稅簡易方便，納稅人心情舒暢。

2008-8-25

建立現代儒家企業制度

胡星斗

一、現代企業制度及其缺陷

現代企業制度是指產權清晰、權責明確、政企分開、管理科學的企業組織和運作形式，它以企業法人制度為前提，以有限責任的財產組織制度為核心，以科學的治理結構以及專家經營為表徵。

現代企業制度有不少的優點，如產權關係明晰，所有權屬於股東，企業擁有各個股東投資形成的全部財產的法人財產權；企業以全部法人財產依法自主經營、自負盈虧，照章納稅，對股東承擔資產保值增值的責任；股東按投入企業的資本額享有所有者的權益，即資產受益權、重大決策權和選擇管理者的權利等；企業按市場要求組織生產經營，以提高勞動生產率和經濟效益為目的，政府不直接干預企業的生產經營活動；企業建立科學的領導體制和組織管理制度，形成股東大會、董事會、監事會三者之間既有縱向授權又有橫向制約、既有激勵又有約束、既民主科學又快速反應的機制。這種現代企業制度克服了傳統國有企業的產權模糊、主體單一、所有者缺位、經營權無法落實、政企不分、風險無人承擔、管理制度不規範等缺陷，實現了企業制度發展史上的一次革命，是一個巨大的進步。但它也存在著明顯的不足之處，即把勞動生產率和經濟效益作為企業唯一的目的，過於強調企業的股份構成、規模效益，其經營管理以物為本、以企業為中心、以法律制度為依據、以規範的生產經營為前提，在很大程度上忽視了人的作用和人文的價值。

因此，如何以人為本，繼承和發展中國傳統的儒家思想，建立產權清晰、權責明確、政企分開、管理科學、民本人道的「現代儒家企業制度」，是未來人類經濟發展的一個重大課題，它也許醞釀著企業制度發展史上的又一次革命。

二、現代儒家企業制度

現代儒家企業制度超越於現代企業制度。它以企業法人制度、職工權利保護制度為前提，以有限責任的財產共有制度和儒家關懷制度為核心，以科學、人道的民主管理制度或民主治理結構為表徵。

也就是說，現代儒家企業制度的特點是：（一）產權關係明晰，股權分散，民眾持股；由工會統一掌握本企業職工的聯合股份，避免股權分散，以便在股東大會上以同一個聲音發言，以唯一的代表行使職工股份聯合所帶來的總額投票權，從而占有企業的主導地位。（二）企業以保障人的幸福、尊嚴為最高目標，贏利僅為實現最高目標的手段之一，企業不以提高勞動生產率和經濟效益為唯一目標。（三）建立儒家企業文化，大力弘揚儒家的仁義禮智信、溫良恭儉讓、和為貴、有教無類、天下為公、小康大同等思想，使企業成為和諧、溫暖、奮進的「人民之家」；企業經濟與企業文化共同成長、繁榮，企業既要注重生產，又要促進文明的進步、人格的完善和人的全面發展；（四）以人為中心而不是以物、生產為中心進行經營管理，實行開放式發展，充分尊重職工的願望，調動職工的積極性和創造性，優化職工的精神處境、勞動條件和工作環境；企業內部達成效率與公平的最佳結合，企業之間形成既競爭又合作的關係，實現人的自由發展和全社會的福利保障、人才流動、資源共用、共同富裕、充分就業。（五）實行工人參與制度和民主治理制度，政企分開，依法保障企業職工的當家作主的權利；股東大會、董事會、監事會三者之間互相制約，發揮職代會的作用，提高職工代表在股東大會、監事會中的比例，以確保勞動者的利益不被損害。（六）採用集約式的可持續發展模式，節約資源，節約勞動力；企業與社會、環境之間良性互動，形成自我發展、良性迴圈的生態型企業經濟、綠色企業文明；企業成為技術進步、知識創新的中心，勞動者知識化，知識人性化，克服技術對人性的傷害、桎梏和異化。

總之，現代儒家企業制度是以儒家思想彌補現代企業制度的不足，它更加注重儒家的人文關懷、財產的股份共有、職工的權利保護和企業的民主治理，強調在企業中積極推進人本人道、公平共富、民主自治、科學高效、法治分權、多元

開放、和平愛國的現代儒家文明的建設。

三、儒家市場經濟

儒家市場經濟是現代市場經濟發展的新階段，它兼顧利益與道德、競爭與合作、個人與團體、效率與人性、技術與人格，將自由、民主、人權、法治與人本、仁義、信用、中和等思想結合起來，將中國優秀傳統文化的社會道義感、使命感、責任感、氣節精神，以及厚德載物、自強不息、尊師重教、愛國主義的精神運用於市場經濟的文化建設，促使整個社會的經濟、政治、文化與環境和諧發展。所以，儒家市場經濟就是人本人道、公平公開的市場經濟，是以人為中心、既主要通過市場配置資源又尊重人文價值、體現人文關懷的經濟形態。

也就是說，一方面儒家市場經濟推崇市場經濟的基本原則，奉行能力主義，鼓勵效率和競爭，另一方面它又反對片面地追求高效率、高產值、高資本收益率和高技術水準，主張協調經濟與人文、環境、生態的關係，將效率與競爭建立在尊重人性和人類普遍價值觀的基礎上。

所以，儒家市場經濟的本質是，既要尊重市場經濟規律，通過價值規律配置資源和生產力、通過價格信號協調供求關係、通過競爭機制分配國民收入，又要建立有利於弘揚道德、鼓勵合作、保護人權、尊重人格、實行民主、保護生態環境、效率與公平協調、技術與人性兼顧的人文主義機制和環境。

儒家市場經濟的特徵是：（一）經濟形態市場化。即儒家經濟並非回到官控經濟、農本商末經濟或計劃經濟的時代，搞單一的資源官府壟斷、國家所有和平均主義，而是維護市場經濟基本制度，實現產權清晰化、財產共有化、管理科學化，促進自由競爭；特別是要大力發展以股份制為代表的共有制。（二）企業行為人文化。建立儒家市場經濟，核心是建立現代儒家企業制度。企業管理的中心既不是利潤也不是資本，而應是人。人是宇宙萬物的尺度。應建立以人為核心的儒家企業文化，宣導道德、關懷、仁愛、合作。（三）經濟環境生態化。即不應以犧牲環境、生態和人的生命健康為代價從事經濟建設，而應經濟建設有利於環境品質的提高和生態多樣性的發展。（四）高新技術人性化。即發展人性化的新科學、新技術，尊

重人的價值，體現人間健康的倫理關係。（五）決策機制民主化。即只有民主的，才是符合儒家民本思想的。（六）宏觀調控法制化。儒家市場經濟並不是人治經濟，而應是體現人文主義精神的法治經濟，法治才能保障人的尊嚴。（七）保障制度全民化。即要建立市場化、社會化的全民保障體系，做到人人病有所醫，老有所養。（八）社會生活公平化。即人們機會均等，分配合理，共同富裕，沒有絕對的貧困者，收入不會成為影響個人自由、全面發展的障礙。

發展儒家市場經濟的原則是：（一）人本原則。即以「人」為經濟生活的中心，把國家建設成為民本人道、仁愛互助、公平共富的幸福的「人民之家」。（二）人性原則。即提倡人性解放，萬類平等，個性自由，尊重人權，發揮人的靈性、本性和創造力。三、和諧原則。即從天人合一、物我和諧的宇宙觀出發，正確處理競爭與合作、個人與社會、人類與自然、以及經濟與人口、資源、環境、生態的關係。四、非異化原則。反對物質、技術、權力對人的異化，反對人的大眾化、功利化和標準化，反對技術、網路對人的壓抑，反對專制主義、官僚主義和教條主義對人的摧殘，建立人道經濟、公平社會、無壓抑文明。

建立儒家市場經濟是建立現代中華文明的重要內容。

現代中華文明是現代人類文明的優秀成果與中華優秀傳統、社會主義思想的有機結合，它一要吸收現代文明智慧，二要弘揚以儒家為代表的優秀傳統思想，三要融入社會主義的民主公正思想，四要將三者有機地統一起來，從而熔鑄新的民族之魂。使中華民族既有全球意識又有尋根意識，既崇尚科學法治、民主人權，又體現倫理道德、仁愛共富，既吸收西方式的天人相分、戰勝大自然、優勝劣汰思想的合理成分，又繼承傳統的天人合一、保護大自然、和為貴的文化精華，使中國社會既穩定和諧又進步發展，既有效率又有公平，從而最大限度地保障人民的幸福與尊嚴。

可以說，現代中華文明就是現代民主政治、法治社會、公平文化加上儒家市場經濟。

我們相信，建立儒家市場經濟既是人類自我關懷的夢想，也是經濟發展的潮流。而建立儒家市場經濟，其核心是建立現代儒家企業制度。

民有經濟與企業家責任

胡星斗

國務院頒布了鼓勵非公經濟發展的若干意見，我認為國務院的意見能夠有助於創造民有經濟發展的春天。我把民營經濟叫民有經濟，不叫非公經濟，也不叫私有經濟，五年前我就在推廣「民有經濟」這個詞，人民所有的意思。我認為國務院的條例表明了政府的高瞻遠矚，深刻洞察了民有經濟在建設現代社會、社會主義和諧社會中的重大作用。也就是說，發展民有經濟實際上具有重大的意義，只有發展民有經濟才能夠建成和諧社會。和諧社會就是一個民主、法治、公平、正義的社會。要建設一個民主的社會，主要的財產、資源就必須民間化，藏富於民，歸人民所掌握，只有民有，才能民治，才能真正地做到民享，才能形成一個現代的民主的社會、社會主義的民主社會。

要建成真正的社會主義法治，財富產權的民有化也是一個關鍵。只有當更多的人擁有財富、財產的時候，人民才會尋求用法治的力量、制度的力量來保護財產，才會尋求通過法律的方式、制度的方式與政府及官員手中過大的權力相抗衡，這樣就產生了一個國家法制化的動力。

所以在一個民有經濟發達的國家，私人的財產是「風能進，雨能進，國王不能進」，這就是靠法治的力量。

只有大力發展民有經濟，也才能夠建立一個公平的社會。如果資源都被政府官員所掌握，同時又缺乏監督，那麼官員們就極有可能利用手中的資源去腐敗，撈取個人的好處，損害別人的權益。所以，要建立一個公正的社會，就是要大力地發展民有經濟。有人問，發展民有經濟，它不會導致兩極分化嗎？實際上，社會分配的公平與否，與所有制沒有必然的關係。比如西方國家主要是以私有制為主的，但是我們應當公平地說，他們大多數國家的財富分配是比較公平的，無論從基尼係數還是從庫茲涅茨比例等衡量貧富差距的指標來看，發達國家的基尼係數都是比較小

的，在0.3左右，沒有哪個發達國家的基尼係數超過0.4，而發展中國家的基尼係數一般都超過0.4。平均來說，發展中國家的貧富差距要比發達國家高兩三倍。瑞典等北歐國家以及日本等國的20%最富裕人口的收入與20%最貧窮人口的收入之比都僅為4倍左右，也就是說，以私有制為主的國家，由於他們建立了有效的財政轉移支付制度、社會保障制度、股權共有制度，以及累進的所得稅遺產稅制度等，他們實際上也能夠做到整個社會更加公平，甚至是共同富裕。

（略）

2005-6-3

為什麼我主張撤銷鄉鎮政府

胡星斗

改革開放已二十餘年，如今的改革只有深入到制度、組織的層面才能起到治標又治本的作用。當年在撤銷人民公社後，鄉鎮政府在實行家庭聯產責任制、調整農業結構、振興鄉鎮企業、保證財政稅收、促進農村穩定等方面無疑是有功績的，但是時至今日，隨著現代化的推進和農村經濟、社會、政治的演變，我認為，鄉鎮政府的存在已經是弊大於利，明顯阻礙了農村的進步，進而影響到國家的發展和穩定。因此，我主張儘快撤銷鄉鎮政府，建立鄉公所，恢復農村自治。理由是：

一、**它完全順應市場經濟的要求**。市場經濟要求「官退民進」、「小政府大社會」，只有這樣才能形成正常的市場、健康的社會，否則，政府機構龐大，公權力橫行，腐敗嚴重，農民容易受到種種的不法傷害。所以，發達國家的鄉鎮都是實行自治的，沒有強大的鄉鎮政府。我國撤銷鄉鎮政府，將有利於活躍農村經濟，有利於改善農民的生活狀況。

二、**它符合中國傳統和中國國情**。在中國古代就有「皇權不下縣」的傳統，縣以下的農村是由家族、鄉紳治理的。在改革開放前，人民公社也只有一二十個辦事人員。那時，農村也並沒有亂。中國的基本國情是農民太苦了，農村太窮了，「三農」問題太突出了。要解決「三農」問題，就必須撤掉鄉鎮政府，代之以自治性質的鄉公所、農民協會、專業協會，從而保障農民的經營自主權，按市場規律調整農業結構，解除對土地使用、農用生產資料、金融服務等種種不合理的管制放活農民，拆廟搬神減輕農民負擔，根除地方領導的短期行為和形象工程以造福於農民。

三、**它有利於黨的領導**。有的人存在著根深蒂固的錯誤認識，以為多設政府、多設機構就是加強黨的領導。孰不知這樣做，往往導致官僚主義嚴重、貪汙腐敗盛行、人民負擔沉重、官民矛盾突出。通過撤銷鄉鎮政府，可以改善幹群緊張關

係，維護人民利益，維護社會穩定。這樣做，是在忠實地實踐「三個代表」，是「立黨為公，執政為民」的生動體現。

四、它能極大地推動深層次改革的進行。目前，我國村民自治、村主任選舉和行使職權的阻力在很大程度上來自於鄉鎮政府；從中央到地方的政府機構改革，最難落實的也是作為最末端的鄉鎮政府改革舉步維艱。如果能夠一勞永逸地撤銷鄉鎮政府，無疑將極大地促進政治體制改革和行政體制改革，裨益於現代化大業。

當然，要撤銷鄉鎮政府涉及到兩大問題如何解決。一是鄉鎮政府上千萬人員的安置。其中，農村教育投入改由縣政府負責，教師由縣教育局管理，不成問題。對於其他人可由國家一次性拿出一筆錢，「買斷」其工作。並且曉之以理，相信有關人員是會面對現實，替政府分憂的。二是鄉鎮政府功能的替代。鑒於農民的收入遠遠低於城市居民，農民在新中國為國家貢獻了數萬億元的稅賦，現在應當取消農業稅、農業特產稅等，相應地，鄉鎮政府的徵稅功能消失；極少數需徵稅的專案則由縣局負責。目前，農業特產稅正準備全面取消，其實，農業稅才三四百億元，僅占國家總稅收的2%，也應當取消。所謂「七所八站」及其他機構，有的應取締，如人大辦公室、工業辦公室、勞動管理所、交通管理站，有的可將管理權交到縣一級，如司法所、派出所、檢察室、土地管理所、電力管理所、計生辦、畜牧檢疫站，有的改由鄉公所自治管理，如水利站、林政管理所、漁政管理所、種子管理所、環保所等。

（本文曾經引發關於撤銷鄉鎮政府的討論）

錯位的政府

胡星斗

政府不該做的做了

　　一個現代型政府奉行政經分開、官退民進的原則。也就是說，政府的職責是搞好科教文衛、社會保障、環境保護、公共設施建設、國防與治安，一般不能從事經濟活動，不能直接干預微觀經濟。官員必須從市場經濟中退出，減少管制，限制公權力，縮小政府規模，實行廣泛的公民自治，讓民眾成為市場經濟社會的主角。

　　而在我國，常常是政府不該做的做了，該做的沒做，或者沒做好。政府把大量的時間、金錢用在了國有企業、新專案、新工程上，成天忙於上馬專案、扭虧增盈、引進外資、提高產品品質等，而對其份內的事卻沒有做好，也沒有精力和財政能力做好──科研投入嚴重不足，義務教育成為畫餅，文化和精神文明類於沙漠，衛生醫療令多數農民和許多工人看不起病，社會保障覆蓋面小，生態環境整體惡化觸目驚心……。

　　許多官員為政的習慣性做法是攬權、施威、掠奪；插手經濟活動，動輒行政管制。一些人成天忙於開會、審批、發文件、發證、罰款、抓人，以至於各級政府都養了一大幫人專門妨礙別人合法做事，處心積慮進行掠奪，為自己的經濟利益而工作。

　　凡此種種管制和政府功能的錯位，導致社會問題叢生，阻礙經濟發展，耗費國民財富，形成官僚庇護網、權力網。

　　管制帶來問題，問題的解決似乎更需要管制，由此又形成惡性循環。

　　還有學者為之幫腔，尋找理論根據，說什麼中國是「軟政權」，權威性不夠，應當加強控制。殊不知，軟政權正是行政性集權、管制所造成的，上面帶頭違法，下面當然「有法不依，執法不嚴」了；政府以檔治國，老百姓就奉行「上有政

策，下有對策」，權威性豈能不軟？所以，軟政權與人治、集權相伴生，而硬政權與法治、民主相關聯。

政經不分、對經濟的無端管制導致政府機構的臃腫和官僚主義、貪汙腐敗的氾濫。政府抓企業和經濟工作的方方面面，手中掌握著配額、指標、盤子，以及政府直接辦「三產」，掌握著企業的廠長經理任免權、專案審批權等，致使政府機構惡性膨脹。企業為與政府設置對應的機關，其後勤機構也膨脹起來。於是，整個社會辦事效率低下，官老爺作風盛行，腐敗猖獗，浮誇成風。一些地方官員為追求「政績」和經濟「成就」，急功近利，不顧成本，勞民傷財，任期滿後留下一堆無用工程，致使老百姓怨聲載道，地方財政虧空嚴重。

政府的錯位還導致國有企業效率低下，虧損嚴重，國有資產大量流失。企業經理成天圍著政府轉，到政府那裡「燒香拜佛」，哪有精力抓經營管理？如一家工廠開辦技術開發公司蓋了391個公章，一個工廠的基建專案蓋了745個大印，南京一個工程完工時蓋了上千個圖章，其效率之低令人瞠目。而且，由於政企不分，未落實法人財產權，無責任主體，因此國有企業無人承擔投資的風險責任。這又進一步促使大量的虧損專案、重複建設不斷問世。

根據各種資料估計，目前我國一年國有資產流失4千億元以上。僅八五期間，國有投資4.3億元，但到八五末，前40多年所有國有資產的總和才有不到4億元。平均每年損失4千億，考慮到折舊等因素，八五時，每年國有資產流失也在3千億左右。1999年國有商業銀行剝離了1.4萬億不良資產，但到2002年又新增1.7萬億，平均每年新增4千億以上。由於政企不分、治理結構不規範等原因，一些國有企業或以國有股份為主的企業也虧損嚴重，如重慶特鋼廠虧損20多億元，猴王股份虧損35億元，鄭百文虧損15億，拖欠銀行25億，湖北荊襄化工集團投資40億，處於倒閉狀態，中原制藥廠投資13個多億，現負債30億，中州鋁廠投資近20億，負債35億，川東天然氣氣城工程損失13個億，廣州乙烯工程投資80個億，至今無法形成生產規模。

從上可見，由於政府直接辦企業，導致了國有資產的驚人的流失。「國有「幾成」國無」。

從歷史上看，晚清政經不分，企業多為官辦或官督商辦，最終被列強所打

敗。日本在明治維新之後也曾一度是國有企業為主，但在19世紀下半葉他們開始了私有化運動，於是有了日本的富強。歷史上，西班牙殖民者搞政府壟斷貿易，最終競爭不過英國殖民者的貿易自由化。西方在20世紀也多次開展「放鬆管制」的運動，所以，有了二戰後的經濟成就。中國若不葉公好龍，真想實現現代化，如今也到了該放鬆管制、搞私有化的時候了。

政府該做的沒做

　　一個現代型政府莫不重視「科技立國」、「教育立國」，莫不以科教文衛為施政的優先。但在我國，目前科研總經費只及西方一個跨國大公司的科研經費，全國大中小學教育經費之和僅相對於美國一個名牌大學的經費；而且，我國科研開發經費、教育經費占國民生產總值的比例均位於世界的後列。之所以如此，與政企不分的體制很有關系。由於企業的效益不好，我國的財政支出占國內生產總值的比例很低，僅為11％左右，而發達國家平均為47.6％，發展中國家平均為31.7％。這麼少的財政支出，還要解決企業的停產、無資金等各種困難，不象發達國家的政府不管企業的生產經營活動，所以，我們無資金用在科教事業上。即使是專家教授走上領導崗位，也身不由己地天天抓恢復生產、扭虧等工作，大量的資金只得扔進虧損企業的爛窟窿。因為恢復企業的生產關係到地方上的財政收入，是地方上的「命根子」，也是上級政府衡量地方領導人「政績」的尺度之一。所以相比而言，難以短期見到效益的科教就顯得可有可無了，必然是「說起來重要，做起來次要，遇到困難就不要」了。

　　公共衛生、社會保障也應是政府施政的重點，國家必須從以經濟建設為中心轉向以人為本、以民生為中心的發展道路。可是在我國，1990年代以來，國家為了甩財政包袱，搞起了醫療衛生產業化改革，醫院成為賺錢的機構，但又保持了政府的行業壟斷，於是，藥費奇高，治療費驚人，以藥養醫，以醫謀財，成為普遍現象。一些醫院「有病無錢莫進來」，其冷漠程度竟比衙門有過之而無不及，把「救死扶傷」的天職忘在了腦後。每年估計有數百萬的農民、工人無錢治病，不治而亡。

1997～1998年低收入國家的公共健康支出占財政支出的1.26%，而中國僅為0.62%。從1990到2000年，中國的醫療費用增加了10倍，可參加醫療保險的農村人口從1970年代末的85%下降為1990年代中的不到10%，參加醫療保險的城市人口從1993年的73%下降為1998年的56%。至今，全國還有76%的人沒有醫療保險。

　　在環境保護方面，由於政府片面地強調經濟建設，一些地方領導只重GDP、「政績」，採取竭澤而漁、殺雞取卵、禍害子孫、殃及人民健康的方式搞經濟建設，致使全國環境問題突出，70%的河流水域被嚴重污染，20年中癌症死亡率上升了47%，肝炎患者占世界的75%，每年新增的沙漠化面積達3400平方公里，中華民族的生存家園很可能會在幾十年中破壞殆盡。

　　在法治建設方面，政府更應當殫精竭慮。現在，農民權益、勞工權益的保護亟待改善。農民動輒被鄉鎮官員罰款、罰跪、關黑屋，被拘押、勞教，農民的聲音無人聽，有理無處伸，農民自殺的現象越來越多。中國每年煤礦死亡的人數占世界的一大半，美國每億噸煤死3人，印度50人，中國700人。在黑煤中，我分明看到了累累白骨！2002年，中國各類工傷事故死亡超過14萬人，塵肺病患者58萬多人，潛在的職業重病患者達數千萬人。

　　可見，政府不是沒有事情可做。一個具有現代意識的國家，政府應當全力以赴抓科教文衛、環境保護、法治建設等工作，而不應當越俎代庖，去干預微觀的經濟活動。甚至對於宏觀的經濟活動也要儘量減少干預，如發達國家的中央銀行也是獨立於政府的，各級政府的財政預算也要經過同級議會的批准。而類似於中國的政經不分、過分的集權和行政性管制必然導致政府的短期行為嚴重，國有資產流失驚人，貪汙腐敗盛行，科教無人問津，醫療衛生事業落後，勞動者的權益無法得到保障等等弊端。如果不糾正政府施政的錯位，即使有再崇高的目標，再宏偉的藍圖，也不可能實現，相反，只能導致貽害四方的劣治、劣政，而不可能屬於善治、善政。

遏制礦難不能治標不治本

胡星斗

據中新網11月22日電，黑龍江龍煤集團鶴崗分公司新興煤礦瓦斯爆炸事故遇難人數升至104人；同日，湖南省辰溪縣田灣鎮郭家灣煤礦瓦斯爆炸，已經有11人遇難。

似乎在中國礦難已不是新聞，幾乎沒有哪一天不出事的。中國的礦難，受害者大多是農民工。農民背井離鄉、拋妻別子，為了每月為數不多的全家救命錢，只得冒險下井。

據報導，中國每百萬噸煤炭死亡率是美國的200倍，印度的8倍，世界平均的12倍。全世界每年礦難共死亡1萬多人，而中國就高達5千人以上，占1/2至2/3。

國有大礦現在成了礦難的主要製造者，僅今年已經發生的四起死亡三十人以上的特別重大煤礦事故中，三起就發生在國有大型煤礦。例如今年年初，山西焦煤集團西山煤電屯蘭煤礦瓦斯爆炸，造成了74名礦工死亡。那種認為「國進民退」可以解決大部分礦難的言論已經破產。當然，礦難只是官員們的一個藉口，「國進民退」的推動完全出自於巨大的既得利益。政府壟斷了煤礦等資源，既有利於政權的穩定，也有利於官員的尋租，何樂而不為呢？至於由此造成的腐敗、市場經濟的畸形化、法治的被破壞，那不是官員們所關心的。

一說起礦難，媒體上出現的最多的辭彙是領導的責任心不強、管理混亂、技術落後、安全設施不完善、官商勾結、黑心礦主等等，然後治理的手段就是循規蹈矩般的落實責任、加強管理、增加安全投入、徹查腐敗。這些類似於事後補救的措施當然很重要，但我仍然認為它們只是治標不治本，並不能形成預防礦難的機制。

治本的措施，一是廢除官員唯GDP的政績制度，不要帶血的GDP；政府的職責不是經營與謀利，而是保護私人產權、優化經營環境、維護社會安寧。二是賦予礦工話語權、團結權、罷工權、罷免權；礦工是礦難的第一感受者，沒有比礦工更

加關注自己的生命安全的，因此，當礦工察覺到任何危險時，他應當有權要求停工停產、撤退、整改，而不用擔心自己人微言輕，甚至可能被辭退、開除；礦工也可隨時向媒體反映情況，充分發揮新聞監督的應有作用；礦工有權組織能夠代表自己利益的工會，工會中的安全員隨時可以向管理者或政府發出安全預警，工會也可代表工人集體與資方或政府進行交涉，如果交涉無果、安全措施不到位，工會在迫不得已的情況下還可以組織罷工，也可提請罷免相關的政府官員。只要向礦工賦權了，所謂安全投入欠賬、安全措施不到位等老大難問題迎刃而解。三是強力問責政府，獨立監督企業；對於礦工、工會的安全方面的反映和建議，政府方面必須立即回應，予以解決，任何不作為、瀆職的行為都將面臨被判刑的危險；對於企業生產安全方面的監督必須獨立，地方政府絕不能夠在企業中存在直接的利益，徹查企業利益分配、官員持股及官商勾結。

這些預防礦難的治本的措施並非道理深奧官員們不知道，而是他們不想為、不敢為，反正下井的是別人不是自己，痛苦的是百姓而非官員。

有記者描述道：「下井的時候，確實有一種下地獄的感覺。我跟礦工的妻子們聊過，這些女人白天一般不出去做事，就在家裡做飯等丈夫回來。如果丈夫能回來，她們就長舒一口氣。」

面對如此淒慘乃至血淋淋的現實，該是中國人反省的時候了——上千萬礦工的尊嚴和生命誰來維護？

什麼時候讓公僕們輪流下井至少一個月，或者一年，有了切膚之痛，治本的措施或許在中國才能夠出台。

2009-11-25

反思公共安全事件，建立現代治理制度

——鳳凰衛視訪談部分內容

胡星斗

奧運剛過，一系列嚴重的公共安全事件頻繁發生，其中最令人痛心的是三鹿毒奶粉事件和山西潰壩事故。

據2008年09月12日新華網的文章《保守估計三鹿受污染奶粉全國潛在受害者將超3萬》（見附件一），三鹿毒奶粉事件很可能是近三十年來最大的一起公共食品安全事件。

可是，當事者在想方設法轉移視線、推卸責任，轉嫁於奶農（附件二）。但實際上網友指出，奶農不可能大規模摻三聚氰胺（附件三、四）。

而且三鹿公司早3月份就接到奶粉有毒的報告，在奧運之前就查知奶粉有毒，仍然銷售，並且涉嫌制定公關計畫——安撫消費者，1至2年內不讓他開口；——與「百度」搜尋引擎媒體合作，拿到新聞話語權；——以攻為守、搜集行業競品「腎結石」負面的消費者資料，以備不時之需。（附件五）

同樣，山西襄汾尾礦庫垮壩事故完全是人禍，截止2008年9月15日已經造成252人遇難，36人受傷。這是近年來最大的一起礦難事故。

礦難、假藥、大頭娃娃、結石嬰兒，多年來這些事情在中國層出不窮，屢禁不絕。根本原因是什麼？

是理念出了問題，體制出了問題。

中國人沒有純粹的信仰，只有對利益的信仰。改革開放前是對政治利益的追求，改革開放後是對經濟利益的追求。我們是沒有信仰、沒有宗教的民族，沒有畏懼之心，天不怕地不怕，做事不擇手段。

一個社會的和諧穩定要靠兩個方面維持：一是非物質利益的信仰、核心價值觀；二是法治、好的制度。可惜，這兩個方面我們都欠缺。所以，肯定會出大問題。

一些官員崇尚GDP第一，而非生命第一；親商而非親民；我們的政績制度、社會導向只看經濟效益、財政收入，而常常不顧普通老百姓的痛苦，這樣整個社會道德滑坡，一些官員、企業家缺乏社會責任意識，官員忘了為人民服務，而去為人民幣服務。

山西襄汾村民頂了十多年的「懸湖」，也寫了救命報告，可就是無人關心老百姓的死活。（附件六）

以往出了問題，只就事論事，致力於平息事件、解決事件，而不解決體制。如三聚氰胺不是第一次為非作歹，曾經引起中美紛爭的寵物糧事件就是三聚氰胺惹的禍，但最後息事寧人，沒有反思監管體制。所以，這次再次出問題，是必然的，是人禍；不僅是三鹿或奶農造成的人禍，更是食品安全監管體製造成的人禍。

我們只有自上而下的問責，讓那些沒有切膚之痛、沒有生命安全威脅的官員去監督企業保護群眾和礦工的生命安全，顯然難以負責；我們只有行政主導的事後問責制度，而沒有建立民眾主導的事前共同治理制度；沒有建立起正常的新聞監督、民眾監督的機制，也就是沒有建立現代公共治理制度。

我們沒有民眾對官員的問責、沒有消費者對企業的大規模索賠；沒有公益訴訟制度，沒有消費者集體訴訟、環境集體訴訟、股東集體訴訟等，這種集體訴訟制度可以讓作假的企業賠得傾家蕩產。在美國，上市企業作假、散佈虛假資訊，往往要被索賠幾十億美元。產品出現大問題，在發達國家，消費者的集體訴訟更是讓企業馬上破產。

可是，我國沒有這些制度，至今不允許消費者集體訴訟、股東集體訴訟、環境公益訴訟等。

在中國，官員和企業瞞報、作假的利益大，損失小；事後受懲罰的損失遠遠小於嚴格守法的利益損失；嚴刑峻法也只是提高了尋租的成本，導致更大規模的賄賂和腐敗；整頓也往往是做秀，官商勾結，官員持股，使得整頓流於形式。

從潰壩、礦難到假藥和假奶粉，折射出中國哪些環節的致命弱點？

中國社會道德缺失，唯經濟主義的社會導向，為了經濟利益可以不擇手段，官員常講「只要搞出政績，只要經濟上去了，不管你採取什麼手段」；馬後炮式的官僚主義十足的責任追究，常常只有低級別的官員、弱勢群體、無權無勢的人被追

究了責任；缺乏獨立的調查，如應當讓外地公安介入調查，而不是本地公安自我調查；一些官員漠視人民的生命，把經濟利益看得比老百姓的生命重要得多；社會缺乏責任感，潛規則盛行；資訊不能及時公開，導致更大的傷害、事態擴大；新聞監督往往只能痛打死老虎。

綜合治理，中國需要對哪些環節下功夫？

中國要建立現代治理制度，推行公共治理，多邊參與，權力制衡，民眾問責，社區自治，確立社區、村民、消費者、公民的參與決定權；建立民本、廉潔、法治、公開、透明、事前預警的治理制度，事前連環問責：政府部門監督問責企業，民眾監督彈劾政府官員。

嚴查瀆職侵權，不能受懲罰的只是低級別官員，應將問責日常化、制度化；曾經的大頭娃娃事件，未見官員負刑責；齊二藥事件，堵死了受害者的索賠之路。如此輕描淡寫的問責，怎麼可能不再發生公共食品和衛生問題呢？

我國還要完善標準，如《食品中蛋白質的檢測方法》以及責任追究的可行性細則；開放消費者訴訟、股東訴訟等集體訴訟制度。

綜合治理，如何既切中要害，又切實可行？

切實可行的是確立社區同意制度、礦工安全報告制度、集體訴訟制度等，這些都是比較容易操作的，如專案影響到村民、社區，必須征得村民、社區的同意，或者必須聽證，必須由人大或司法判決；還要建立獨立調查制度，讓外地公安介入、上級政府派人來調查。

加大處罰力度，是可以做到的。如三鹿3月份就得到了他們的產品有毒的報告，8月2號就檢測出了三聚氰胺，8月6號整改了，但有毒產品一直銷售到9月11日，在9月11日之前三鹿方面還一直否認產品有問題，這屬於欺詐罪、故意間接殺人罪，必須嚴懲。襄汾潰壩事故中的企業的生產許可證前年就被吊銷了，採礦許可證於去年8月也到期了，但一直違法生產，監管部門嚴重瀆職，必須嚴懲；村民早就打了救命報告，可是無人理睬，所以，不能只是安監局長、縣長書記停職檢查，而是一些人涉嫌犯罪，犯了瀆職罪、間接謀殺罪。

與之相似，據陝西電視臺報導，陝西橫山縣一煤礦非法越界開採，造成土地陷裂、房屋裂縫、泉水斷流。但維護自己合法權益的村民卻被縣法院以「干擾企業

正常生產」為由判賠800萬。面對巨額賠償，村民異常憤怒，直指法院是「煤老闆的法院」。（附件七）

中國的困境需要綜合治理，但中國的現實又使綜合治理顯得非常困難。如何平衡兩者？

官員要轉變思維方式，思維方式轉變了，治理困境就能打破。一些官員在企業出事後首先想到的是隱瞞真相、保護利稅大戶的企業，這是極端錯誤的。只有讓敗德的企業倒閉，講道德的企業才能成長，市場環境才能淨化；否則守法的成本高、違法的成本低、守法者吃虧的問題永遠不能解決；長此以往，中國企業的經營環境會越來越差，逆向選擇、優汰劣勝的情況越來越嚴重，無論對於國家還是地方損失更大。所以，要轉變思維，讓行業潛規則曝光，讓敗德的企業倒閉，而不是護著利稅大戶。

哪些地方可以成為綜合治理的第一步或切入口？

突破口一是放開新聞監督，盡可能公開資訊，解決隱瞞、瞞報問題，通過事前揭露、預警，改變企業的敗德行為與優敗劣勝的逆向選擇。新聞不能只是痛打死老虎，必須讓民眾掌握新聞主導權，讓新聞反映民眾的心聲，實行新聞獨立、調查獨立，建立現代新聞制度。

二是放開自下而上的民眾監督，讓潛在受害人如村民、礦工、消費者進行監督；鼓勵集體索賠、訴訟，建立事前監督而非只是事後問責的機制。

中國的生態環境危機及分析

胡星斗

一、歷史上的生態環境破壞

據研究，4000年前，黃河流域是鬱鬱蔥蔥的原始森林；西周時，黃土高原擁有森林4.8億畝，森林覆蓋率為53%（而現在的全國森林覆蓋率僅為13%，航拍和專家分析的結果僅為8.9%）；及至春秋戰國，狼煙四起，烽火連天，中國人的生存環境開始遭受巨大的破壞。後來，秦始皇一統天下，折騰百姓，繼續毀滅生態，大興土木，大伐森林，史書中就稱「蜀山兀，阿房出」。漢時，中國人口劇增，統治者的思想又都是崇本抑末，以糧為本，發展單一的糧食種植業，砍掉林、牧、副、漁、商，結果，重農反而誤農，糧食產量反而上不去。因為重農貴粟，必然毀林開荒，造成水土流失，生態破壞，地力下降，從而導致農業勞動生產率每況愈下。

而且，中國人的飲食結構不像遊牧民族或者歐洲人是牧農產品並重、以肉類奶類為主的，中國人飲食幾乎等同於吃植物性的糧食，所以，為瞭解決吃飯問題，我們的祖先只好大規模地毀林開荒。還有，中國古代有著龐大的專制官僚機構和軍隊，而軍隊又以步兵為主，它不像遊牧民族、西方民族以騎兵為主之補給容易，餓了吃馬肉渴了喝馬奶就行，可以就地解決，中國人是「兵馬未動，糧草先行」，糧食總是軍事家們考慮的頭等重大的問題；由於糧食保存的時間比肉類、奶類長久，所以，中國的政治家、軍事家總是追求龐大的糧食儲備，以應付不測。

為瞭解決政府、軍隊的巨大供給問題，中國人也只好開荒。西漢開荒8億畝，東漢開荒7億畝，至此黃河流域的森林全部倒地。三國時期，中國人口從東漢時的5648萬，減至767萬，民族差點毀滅，生態也就再所難保，火燒赤壁、火燒連營八百里，也不知燒掉了多少森林。南北朝時，兵燹戰亂頻仍，中國人開始大規模南遷，長江流域的生態也就面臨著威脅。

隋時隋煬帝大興土木，唐時開發東南，開荒14億多畝，「高山絕壑，耒耜亦滿」。加上隋唐征戰、五代動亂，後來，又經過宋遼金元爭霸天下，元末、明末、清末、民國的戰亂破壞，中國人的生態資源被破壞殆盡。

可見，王朝迴圈不僅常常使得中華民族的人口減少過半（中國歷史上有10次戰爭造成了人口減半），人民蒙受著巨大的痛苦，而且使得子孫後代繼續生存下去的環境遭受了滅頂之災。

二、生態環境的現狀

新中國成立之後，我們長時期內仍然忽視了對生態環境的保護。「大躍進」全民煉鋼，大規模砍伐森林；「文化大革命」時「以糧為綱」、「農業學大寨」，梯田修到山頂上，引起了嚴重的水土流失；改革開放之後，政府雖然開始重視環境問題，但由於體制、制度的原因，環境惡化的狀況一時還難以扭轉過來——高消耗、高污染的重複建設的小企業遍地開花；草場無人維護，過度放牧，內蒙古等地的載畜量是草場承受能力的1～3倍，導致大部分草場退化，1/4的草場荒廢；一些地方盲目開墾，盜林毀林嚴重，近幾年呼倫貝爾又出現了新的開荒熱；一些企業仍然肆意排放著「三廢」，黃土高原上私營企業在亂鑽油井，導致水土流失；一些西部省區仍然在發展小造紙、小煤窯、小鋼鐵；一段時間以來，開發區大量圈地，一半以上撂荒……中華民族的生存資源再一次被破壞。

讓我們看一看生態環境的現狀吧！進入21世紀的中國，第一天就遭遇了沙塵暴。2002年，沙塵暴又是歷史上強度最大的。可以預見，在未來一定的時期內，沙塵暴還會更加頻繁、更加猛烈。據報導，20世紀50年代中國共發生了沙塵暴5次，60年代8次，70年代13次，80年代14次，90年代23次，而2000年一年就發生了12次。現在，一些地區可以說是黃沙漫天，黃土遍地，河流渾濁，空氣污染，水土流失，江湖乾涸，森林倒地，草原退化，而且，一切還在惡化之中——中國的沙漠化正以每年2460平方公里的速度在擴展，相當於每年一個中等大的縣被沙漠化，年直接經濟損失540億元以上。目前，荒漠化土地已占國土面積的27.2%。因水土流失，每年沖走肥土50億噸，相當於全國的耕地每年平均削去1釐米厚的土層，由此

每年造成化肥流失4000萬噸，接近全國的化肥產量。

中華民族的母親河黃河98年曾斷流200多天，洪水期間，黃河河水的含沙量達50%。現在，長江也快成為第二條黃河了，其含沙量是黃河的1/3，等於世界三大河流——尼羅河、亞馬遜河、密西西比河年輸沙量的總和，而尼羅河卻是處於沙漠地帶。目前，我國70%的河流、50%的地下水被污染，淮河、遼河、海河、太湖、巢湖、洞庭湖、鄱陽湖、滇池等水域污水橫流，水量大為縮減，洞庭湖、鄱陽湖的湖面損失了一大半，其蓄水功能大大下降。

新疆羅布泊水域面積曾為20000平方公里，古樓蘭國據此繁榮了幾百年，可到1972年，羅布泊徹底乾涸了；如今，青海湖的水位也在不斷降低，看來也難逃羅布泊的命運；新疆石河子屯墾，造成瑪納斯河斷流乾涸；現在，位居內陸河世界第二的塔里木河也已斷流1/4，水量縮減到30年前的1/10。

清末，左宗棠抬著棺材進新疆，「親栽楊柳三千裡，引得春風渡玉門」，左公柳曾綿延3000裡，植樹26萬棵，是中國近代最大的改變西北生態的活動，可是，其後不到50年，樹木就被砍伐殆盡。

在內蒙，黑河下游也斷流乾涸，東、西居延海隨之死亡；天鵝湖也幹了，不再有天鵝了；青海歷史上曾經森林茂密，如今森林覆蓋率僅為0.3%；敦煌在50年代初尚有天然植被354萬畝，其中灌木林216萬畝，牧草135萬畝，到1980年200萬天然林被毀，僅剩天然林39萬畝。

中國還是粗放式的生產方式，我們每增加1元的生產總值消耗的能源是世界平均的4倍，日本的6倍。我國生產一噸鋼耗水是國際先進水準的10-40倍，開採一噸原油耗水是國際的6-26倍，生產一噸紙耗水是國際的3-10倍；企業的高消耗、落後的生產方式，必然導致高污染。我國鋼鐵每年多耗煤6000萬噸，多產生90萬頓SO_2，60萬噸煙塵；火力發電，每年多消耗5000萬噸標準煤，多產生140萬噸SO_2，1500萬噸煙塵。

我國有取土燒磚的傳統，一些農民種糧不掙錢，就破壞耕地燒磚；農民無法獲得清潔能源，便以砍柴解決燃料問題，從而破壞植被。

有人譏諷植樹造林為「植數造零」，年年搞運動，年年有形式，年年寫官樣文章，一些人只顧虛報政績，不關心有幾棵樹木真的成活了。報紙上說，每年植樹

3000萬公頃，專家說實為600萬公頃，按3年成活35%，只有70萬公頃。從3000萬到70萬，像是開天大的玩笑！

還有，我國的環保投入占GNP僅為1.01%，而按九五規劃至2000年末應為1.6%……由於投入不足，管理不到位，體制缺陷，導致環境惡性事件屢有發生，如2000年7月，河南阜陽市水污染（硫化氰）造成6人死亡，4人重傷。

三、文明的轉變

從世界範圍來看，許多國家都曾遭遇過環境危機。

西元250年瑪雅文明鼎盛。由於生態環境的惡化，西元800年時瑪雅文明開始崩潰，其後不到100年便消失得無影無蹤。

同樣，由於生態的原因，巴比倫文明毀滅了：巴比倫人曾發明瞭楔形文字，漢穆拉比法典，60進制計時法，他們還建造了世界七大奇蹟之一的空中花園。巴比倫曾經是當時世界上最大的城市，可是後來黃沙漫天，文明消失了。恩格斯說：「美索不達米亞、希臘、小亞細亞以及其他各地的居民，為了想得到耕地，而把森林砍光了，但是他們夢想不到，這些地方今天竟因此成為荒蕪不毛之地——這樣一來他們把自己的高山畜牧業的基礎摧毀了；他們更沒有想到，他們這樣做竟使山泉在一年中的大部分時間內枯竭了，而在雨季又使更加兇猛的洪水傾瀉到平原上。」

19世紀，倫敦被稱為霧都，污染最嚴重，1873年，倫敦出現殺人煙霧，煤煙中毒比前一年多死260人，1880年、1892年又奪去了1000多人的生命。英國的格拉斯哥、曼賈斯特煙霧也造成1000多人死亡。

1885年，日本足尾銅礦亂開採，導致水土流失、劇毒物質砷化物的蔓延，加上1890年的洪水氾濫，致使群馬、茨城等四縣10幾萬人流離失所。20世紀60年代，日本被稱為「公害列島」。

在美國，1945年，汽車尾氣等造成洛杉磯上空出現持續幾個月的淺蘭色光霧，一些動植物死亡，人們感到頭痛、呼吸困難，一些人死亡。美國在「骯髒的30年代」，南部曾經沙塵暴頻繁，直到50、60年代還有揚塵。

這些事實說明，要從根本上解決環境生態的問題，有賴於人類文明的轉變。

即人類要從戰勝大自然轉變為與大自然和諧相處，從天人相分、天人對抗轉變為天人合一、天人為友，從農業時代的黃色文明（10000年前開始）、工業時代的黑色文明（200年前開始）轉變為後工業時代的綠色文明。

也就是說，人類需要一場深刻的變革，一場綠色革命。我們的價值觀應從「人是自然的主人和所有者」、「征服自然」（笛卡兒、培根、牛頓的遺產）──發展為「人僅僅是自然鏈條上的一個環節」、「人是自然之子」。人類必須學會尊重自然、師法自然，不再把自然當作永無止境的盤剝的對象，而應看作是人類存在的根基。

西方人有戰勝自然、天人相分的文化傳統。西方文化有兩個來源：古希臘文化和希伯來文化。古希臘人遵奉二元主義──靈肉分離，人與世界分裂；希伯來人主張神人分離，法律與犯人對立，人與大自然對立。這種天人分離的思想後來發展為以人為中心的啟蒙運動，到近代則走向了極端人類主義──如尼采稱「上帝死了」，提出「超人哲學」，推崇生命力的擴張。尼采在一首詩中號召：「奪取吧，只管去奪取！」它正代表了人類意志的盲目膨脹。

我們人類與天鬥，與地鬥，在製造了各種各樣的敵人後，卻發現最危險的敵人竟是我們自己──人類妄自尊大，對自然無限的索取，最終遭到大自然的報復。

德國科學家希普克說：「地球這個太空船還有救嗎？」「地球上現有60億乘客，載著5萬億兆噸空氣和13億立方公里的水，其中只有2%是淡水──航船負載過重，一半乘客在挨餓，生命攸關的儲備已接近枯竭。」

美國的海洋生物學家卡遜在小說《寂靜的春天》裡描述了美國中部的一個鎮，原本生態和諧，鳥語花香，後來，由於人類的破壞，牛羊雞犬紛紛死去，鳥兒也沒有了，到了春天只有可怕的寂靜。

現實迫使人類開始懷疑自高自大、戰勝自然的二元理性：康得不相信理性的作用，主張不可知的「物自體」；歌德爾提出循環論證的理性不完備定律；西蒙提出「有限理性」說；存在主義陷入責任與自由相矛盾的理性文明的困境。海德格爾早就預言生態的危機，寫出《人詩意地棲居》，他抨擊技術理性，認為技術正變成「一種邪惡的力量」，提出「拯救地球」，「由拯救地球而更新世界」。海德格爾哲學體現了對人類未來生存和發展的終極關懷。托夫勒說：工業文明是建立在征服

自然、無限資源、利益遞增的基礎上的，所以，應當變革文明。

上述說明，人類應當改變自我中心主義，走向人與自然的和諧，回到天人合一的中國文化傳統。

中國儘管內戰、以農為本、大規模開荒造成了對生態環境的嚴重破壞，但中國的傳統思想是天人合一的（中國也有類似於戰勝大自然的思想，不過它是作為文化的支流，而不是主流。如荀子主張「勘天」、「明於人之分」、「制天命而用之」），最有代表性的是莊禪智慧。莊子哲學、禪宗是中國古代文人的精神家園，莊子主張「天人契合」，「與天為徒」，「與物為春」，「天地與我並生，萬物與我合一」，「萬物齊一」，「喪耦」，「天地一指，萬物一馬」，「物無貴賤」，「萬物一府，死生同狀」；中國禪宗主張理性與感性合一，主體與客體合一，人與自然合一，有限與無限合一，靈與肉合一；這樣，中國的文人文化主張沒有差異、鬥爭，人本來俱足，自由自在，和諧統一，從而消滅了一切分別與對立，不讓理智扼殺生命。人與自然猶如湖中映月，湖與月皆不可缺。

從上可見，我們可以從傳統中發現新的文化資源。

四、生態環境的保護

保護生態環境，必須從制度著眼，致力於建立現代環境治理制度：以現代環境治理制度搞好環境建設。實行招投標，環境治理、政府服務企業化、市場化，官員經理化，建立非官僚制的政府、顧客第一的政府、企業家政府、市場化政府，政府從服務轉變為授權，從官僚主導轉變為顧客主導，從劃槳轉變為掌舵。譬如，美國大城市只有很少的主管環境綠化的官員，他們的工作只是主持招投標、進行規劃監督等，與中國大城市龐大的環境衛生管理局、園林局、環保局形成鮮明的對比。

保護生態環境，還必須落實產權，明晰產權，明確利益主體，建立合理的所有制結構。應當拍賣荒地、荒漠、沙地等國土，將草場、山地等分片劃歸個人所有，與個人的利益掛鉤。為什麼要這樣？為什麼大家共同所有就沒有效率？科斯coase定理說明瞭其中的道理——資訊、產業經濟學之創立者stigler稱之科斯定理，在中國也叫科斯第一定理：如果私人各方可以無成本地就資源配置協商（或者叫做

交易成本為0；交易成本是各方在談判、達成協議及遵守協議的過程中發生的成本），那麼私人市場總能解決外部性問題。科斯定理說明，私人經濟主體總可以解決他們之間的外部性問題，無論最初的權利如何分配，總能達成一個協議，使得每個人的狀況更好，而且，結果是有效率的。

科斯第二定理是：「一旦考慮到進行市場交易的成本，……合法權利的初始界定會對經濟制度的運行效率產生影響」。即不同的產權制度和法律制度的安排會導致不同的資源配置效率，產權制度是決定經濟效率的內在變數。

如果產權不明晰，就會產生「共有地的悲劇」：草場為共有資源，鎮上的人都去放羊；由於牧羊過度，草場最終會變得寸草不生。

形成共有地的悲劇的原因是人們的行為具有負的外部性，共有資源往往被使用過度。

從經濟學的角度來看，環境屬於「公共物品」──具有非排他性和非競爭性；其他還有私人物品、俱樂部物品（排他性公共物品，如加密電視節目，具有收費性和非競爭性）、混合物品、地方公共物品、全國公共物品、世界公共物品（如大氣層保護）等。環境污染也叫公共壞物品。

環境屬於公共物品，因此經濟人的理性行為很難在這裡見到：人們不珍惜環境；生產者將污染的成本轉嫁到社會，轉移到環境這樣的公共物品上；生產者的行為產生負的外部效應（也叫負的外部性或外部不經濟diseconomy），即生產者的私人成本低於社會成本。

可見，環境污染或破壞的原因是環境屬於公共物品，具有集體消費的特徵；在環境中缺乏明晰的產權。

經濟學中解決環境問題的辦法：一是明晰產權。如在共有地的悲劇中，把土地分給家庭，使土地成為私人物品而不是公共物品，就可免於過度放牧。二是直接控制，禁止污染，取消污染單位，遷出污染工廠。三是間接控制，讓污染的企業交稅，以使「外部性內在化」。對污染所納的稅叫庇古稅或糾偏稅（庇古是英國劍橋大學的教授，福利經濟學的創始人）。四是逼迫企業投資排污，達到標準，免交排污稅。五是形成「污染權市場」──當企業被容許購買或出售政府頒發的容許一定污染的許可證時，稱之為形成了污染權市場。容許企業買賣污染許可證，企業就可

以選擇是排污交稅還是治理污染；選擇治理污染，就可把污染許可證賣給別人。可見，可以用市場的辦法解決環境問題。

總之，面對「共有地的悲劇」，經濟學的解決辦法有：對羊徵稅，把外部性內在化；拍賣有限量的牧羊許可證；拍賣草場、土地，歸於私人所有；禁止放牧。

保護生態環境，還必須建立公民參與的文化。有文章中稱：「環境問題從條件惡劣、資源匱乏的外部危機正凸顯成為社會失範和文化失落的內部危機，實際上表明我們缺乏足以調動和滿足主動參與感的社區生活，缺乏足以應對環境危機的公民文化，沙塵暴其中在我們心中。只靠高高在上的指手畫腳，而缺乏社會底部的積極主動參與的制度保證」。所以，我們不應當滿足於政府行為：2002年國務院緊急投資540億元治理沙塵暴；每年的植樹造林形式重於實效。如果沒有民眾的自覺的廣泛的參與，環境很可能點上治理，面上破壞，治理速度趕不上破壞速度。因此，建立一種民間廣泛參與的制度和文化乃中國的長遠之策。

中國人應當有足夠的智慧和能力解決生態環境危機。

中國應當立即實施教育第一戰略

胡星斗

我曾經提出實施教育優先發展戰略，現在我進一步提出中國應當立即實施教育第一或者科教第一的發展戰略。

目前，中國的教育雖然取得了巨大的成就，義務教育得以普遍地實施，高等教育的毛入學率達到24.2%，但是，中國對於教育的重視程度仍然不夠，我們的教育仍然陷於步履維艱、問題重重的困境之中。

中國的教育經費僅占世界的1%，卻要教育世界上25%的學生；人均公共教育的經費，中國為9.4美元，瑞典等國為2000美元以上，美國、日本等國為1000—1500美元；中國中央政府財政支出用於教育的比例僅為1.3%，地方政府為16%，而美國各州財政支出的40%用於教育（周天勇，中美財政稅收體制比較，光明觀察，2007.2.13）。

中國過於重視對硬體的投資，忽視軟體的投資，對物的投資與對人的投資中國為12：1，美國為3：1（太平洋月刊，2009.1，P16），也就是說，假設美國的硬體投資與中國差不多的話，那他們的人力資本投資是中國的4倍。

中國的公共教育經費過度地向高等教育傾斜了，小學生、中學生、大學生人均教育經費，中國為1：1：23，美國為1：3：2（齊良書，發展經濟學，中國發展出版社，2002，P111），也就是說在中國每個大學生的投入是小學生、中學生的23倍。政府對教育的有限投入大多投向了高等教育，導致中小學教育經費捉襟見肘，特別是農村的教育經費奇缺。而發達國家的大學主要是私立的，他們靠社會資金特別是富人的捐贈來舉辦高等教育。

發達國家一直十分重視教育，可謂教育立國。三百多年前，五月花上的103人到達北美後，腳跟還沒有站穩，就建立了北美第一所大學即哈佛大學，而160年後才建立美國。自1901年諾貝爾科學獎設立以來，43%的得獎人是美國人。美國每年

的企業培訓費用也超過500億美元，是美國高等教育支出的一半。2004年美國研發支出占GDP的比例為2.8%，中國為1.1%。

日本在明治維新時期開始實行強制的義務教育，同時福澤諭吉創辦了日本第一所大學。到20世紀初，日本與英國同時普及小學，70年代日本普及高中教育，現在日本技術人員的數量居世界第一位。

韓國在朝鮮戰爭後曾經被認為是「世界上最沒有希望的國家」，人均收入僅100美元，低於當時的中國，但後來出現了「漢江奇蹟」，其教育優先的發展戰略功不可沒。2005年韓國教育預算占政府預算的比例高達20.8%，1953年韓國開始小學義務教育，1992年開始初中義務教育，2006年開始為低收入家庭提供教育補貼、上大學的資金擔保，目前韓國的大學入學率高達80%，其人口中大學生的比例居世界第一，韓國的專利數居世界第四，超過中國。

以色列幾乎是建立在沙漠上的國家，但該國憑藉對教育的重視而領先於世界。以色列政府對教育的投入占國民預算的13.4%，其每萬人口中研發人員的數量、專利數量、科研人員在世界級刊物上發表論文的數量均居世界第一位。

中國也有重視教育的傳統，孔子就是世界上公認的最偉大的教育家，寒窗苦讀從來是中國民間的一大感人景觀。即使在八年抗戰時期，國家都快滅亡了，大學還辦嗎，蔣介石說：「辦！不但要辦，而且要優先辦。」那時國民政府的教育經費僅次於軍費，是第二大財政支出。這樣，在那個動盪的年代中國的大學不但沒有停辦，而且人才輩出。

中國的真正崛起取決於教育的崛起。中國現在應當立即實行教育立國、教育第一、科教優先的國策。

一、將教育立國、教育第一、科教優先寫入憲法。

二、將教育指標列為各級官員政績考核的第一指標。

三、大幅度增加教育投入，力爭在五年之內將公共教育經費占國內生產總值的比例從目前的百分之三點多提高到發達國家的百分之六，努力壓縮行政成本。

四、大幅度提高教師特別是貧困地區、農村地區、偏遠地區教師的工資待遇。

五、大幅度提高學生獎學金、助學金、助學貸款的覆蓋面和額度。

六、大力鼓勵民辦教育特別是民辦大學的發展，鼓勵公辦大學改制為民辦、成立董事會，向社會籌集資金；取消對民辦學校在職稱、評獎、高考錄取等方面的歧視。

　　七、大力發展職業教育。將繼續教育學院改革為以職業教育為主。增加中學、大學的實用技能課程。

　　八、普遍開展對工人特別是新工人（農民工）的技術培訓。

　　九、大幅度提高企業的研發支出，對於研發投入實行免稅等優惠政策。

　　十、改革國家化、行政化、營利化的教育體制，改變應試教育、唯智育、唯論文數量和科研經費數量、忽視勞動與實踐的教育現狀，鼓勵學術異見，宣導大學精神，培養完善人格。

2010-4-8

在北大百年講堂講農民工子女的上學問題

——電影《彈球裡的太陽》首映式上的發言

胡星斗

我就是農民工子女、打工子弟，不過那是在改革開放之前，我父母是進城給人理髮、磨剪刀的，所以，我是正宗的農民工子弟，只是那時還沒有農民工、打工子弟這樣的名詞。

一、不容忽視的新移民子女上學問題

首先，我要糾正的是，城市新移民不應當被稱為「農民工」，「農民工」一詞帶有歧視性，是伴隨著戶籍制度、暫住證制度、城鄉分割制度所產生的歧視狀態下的話語，農民被標定為二等公民，享受不到國民待遇、公民待遇，即使辦了企業，也還是農民企業家，永遠不能獲得同城待遇。

據報導，某大城市上百萬農民，五年間僅有4～5個人獲得了當地城市戶口，也就是說，新移民獲得大城市戶口的機會不到百萬分之一。

但是，新移民對城市的貢獻是巨大的。研究發現，每個農民工每年創造的剩餘價值近兩萬元，全國近兩億農民工，對城市的貢獻總價值達兩萬億人民幣，相當於財政收入的五分之二。

新移民對城市作出了巨大的貢獻，因此，他們理所當然應當享受同城待遇，他們的子女理所當然擁有平等接受教育的權利。2003年9月國務院轉發了六部委檔，強調流入地政府的責任，要求兩個「一視同仁」，即在繳費方面和教學、評優、入隊、入團等方面流動人口子女與城市戶籍人口子女一視同仁，這是極有價值的原則性規定；2006年9月新通過的義務教育法又第一次寫入了流動人口子女具有平等接受教育的權利，這樣流動人口子女的上學問題有了法律依據。但這並不意味著問題已經徹底解決，恰恰相反，由於以上的原則性規定沒有資金、責任等方面的

具體要求，中央也不對流動人口子女教育進行轉移支付，地方上事權與財權不相對稱，因此，流動人口或者說新移民子女的上學問題以及相關的社會問題、心理問題依然嚴重，需要引起全社會的關注。

二、新移民子女教育的兩種選擇：上公辦學校還是打工子弟學校

一般來說，打工子弟大多希望上公辦學校。公辦學校辦學條件好，師資力量強，但現實的問題是，到公辦學校上學往往要交納數千元甚至1～3萬元不等的費用；而打工子弟學校便宜得多，學費僅300元左右，幾乎沒有額外的費用。公辦學校還有校服費、午餐費等，還要入學考試，分數低了的進不去，有的要90分以上；公辦學校普遍採用地方教材，與打工子弟學校使用全國性的教材不一樣，而打工子弟還要回老家高考，所以，教材方面公辦學校不能與學生的原籍銜接；公辦學校接納打工子弟的，大多也是生員不滿的市中心學校或者遠郊區的學校，路途遙遠，又沒有校車，加上學生擔心在公辦學校受歧視、還有一些因為超生沒有戶口的孩子難以進入公辦學校，所以，不能寄希望於公辦學校全部解決打工子弟的上學問題。

打工子弟學校是國家教育的有益補充，是打工者教育上自救的良好方式，政府應當予以扶持。1998年國務院頒布了《流動兒童少年就學暫行辦法》，提出對「簡易學校的設立條件酌情放寬」，這是正確的，可惜在許多地方沒有貫徹實行。

關閉一所學校，未來就要興建一座監獄。儘管打工子弟學校條件比較差、師資力量薄弱、教師待遇差、學校管理不太好、愛打架的學生多、校園狹小、沒有活動場所、舊車接送存在潛在的危險，但也不能夠在沒有詳細論證、未做好妥善安排的情況下隨意取締；打工子弟學校具有隨到隨收、費用低廉、車接車送、沒有歧視等優點，符合家長流動性強、收入微薄等特點；打工子弟學校還有六類免費讀書的，如孤兒、單親家庭、殘疾小孩、特困家庭、重災區孩子、同年級前幾名品學兼優的孩子。

三、政府和社會的責任

　　義務教育是公共產品，政府應履行完全的責任。政府應當支持新移民子女無論是上公辦學校還是上打工子弟學校的自主選擇，同時實行同城待遇，取消借讀費等；中央政府對接受打工子弟較多的城市提供財政轉移支付；打工子弟教育納入地方教育規劃，列入教育經費預算；政府資助公辦學校和打工子弟學校，按打工子弟人數向學校撥付經費，或者以發放教育券的方式對打工子弟和學校進行補貼；在流動人口集中的地區，由政府投資建設簡易學校；實行民辦公助，除了對學校進行補貼，教育主管部門還要派教師到打工子弟學校做兼職、全職、無償的教學服務，對校長、教師的聘任進行統一的資格審核；要降低簡易學校的辦學標準，盡可能下發《社會力量辦學許可證》，規範校車標準；將打工子弟學校納入校方責任保險之中，降低校園傷害事件的風險；將打工子弟的入學狀況列入地方官員的政績考核當中；政府還應當加快戶籍制度改革，讓打工子弟不必回原籍高考，讓祖國的花朵儘快融入所在的城市，不再受到任何的歧視。

　　目前，我國有打工子弟2000萬，留守兒童2000萬，他們的身心健康令人擔憂。整個社會都應當關注他們、愛護他們，他們是祖國的未來，他們是國家的主人，如果打工子弟出現偏差，那麼整個社會將來會承擔後果。今天的電影首映反映了電影界湧現出一批有良知的從業人員，你們勇於反映現實，描寫弱勢群體的困境和人類的大愛，我由衷地向你們表達敬意。

2008-3-21

社會主義的核心價值是保護弱勢群體

胡星斗

什麼是社會主義

「社會主義」是一個眾說紛紜的辭彙。有人視之為神聖,有人棄之若敝屣;有人假之以崇高,有人挾之以卑鄙;有人將其固化為「公有制」、「計劃經濟」、「按勞分配」,有人將其異化為謊言、恐怖與專政。其實,社會主義既非天堂,也非地獄,它只是一個概念,一種價值觀,一種比早期資本主義更加注重社會公平的思想。

社會主義的核心價值是保護弱勢群體。按照馬克思的理想,在社會主義社會,沒有階級、階級差別和階級鬥爭;國家也不是專政的機器,它只具有維護勞動平等和分配平等的經濟職能;勞動人民成為國家和社會的主人。由此可以看出,馬克思實際上是在為弱勢群體伸張正義。

在西方,所謂左派政黨,就是一些具有社會主義色彩的政黨,如社會黨、社會民主黨、基督教社會黨、工黨等。他們的基本價值觀即是促進分配平等,維護社會正義。左派政黨執政時,往往要採取措施縮小貧富差距、完善福利制度、增加就業機會、發揮工會作用、保護勞工權益。

所以,社會主義並不是一種固定不變的制度、模式,更多地,她是一種文化,一種制度文化——通過合理的制度安排體現社會公平。在這裡,制度成為手段,是可變的,可調節的,公平才是目的,是永恆的追求,是社會主義的精髓。所謂社會主義意味著「計劃經濟」、「公有制」、「代表制」、「集中制」,以及「階級鬥爭論」、「專政論」、「鎮壓機器論」等等,都是以手段代替目的、將手段神聖化的理論。

鄧小平提出了一系列社會主義的新思想,其中,「以經濟建設為中心」,

「社會主義本質論」，對於促進中國的現代化事業功不可沒，不過，我們必須認識到，社會主義的原則應當是：以民生為中心、以人為本、公平優先、人權第一，而不能長期以經濟建設為中心、效率優先、GDP第一。

如果說資本主義是效率優先、兼顧公平，那麼社會主義就是公平優先、兼顧效率，正像西方右派政黨與左派政黨的分野那樣。

因此，我們認為，社會主義國家應當在保護人權，特別是在維護弱勢群體權利方面比資本主義國家做得更好、更出色，否則，我們就沒有資格自稱為「社會主義」。

現代文明社會的共識是，政府的合法性基礎在於不侵犯公民的權利；尊重公民權利是國家的義務；對弱勢群體的權利是侵犯還是保護，是衡量國家及其行為正當與否的最低道德標準；漠視人民權利的政府最終會喪失自身存在的權利。根據這一邏輯，社會主義的中國修改憲法，尊重與保護人權，加強對弱勢群體權利的保護，是符合世界潮流的英明之舉。

政府必須以保護弱勢群體為己任

中國政府必須加強對工人權益的保護。主要是促進就業，加大安全防護投入，監督安全生產，落實勞動法規，保障工人的健康權和休息權；進行工會改革，改變工會受行政制約、同一個人既當總經理又當工會主席的局面，使工會真正成為工人的利益代表；解決國企的內部人控制問題，保證工人當家作主的權利，實行民主管理；懲治行政違法，嚴格治警；建立政府與居民的對等談判機制，完善司法救濟；修改拆遷條例，拆遷的計畫要提前告知，在法院未裁決前，不得先行拆房；進行教育、醫療體制改革，加大政府投入，鼓勵多元競爭。

中國政府必須加強對農民、農民工權益的保護。主要是放開對農村土地、資金使用的限制，盤活農村生產要素，鼓勵滾動發展，增加農民收入；免除貧困地區、貧困農民的稅費，嚴懲亂收費的行為；完善農村民主選舉，將之擴大到縣鄉兩級；加強地方人大的作用，政府的財政預算決算、幹部的吃喝開支必須經過同級人大的批准；撤銷鄉鎮政府，或者使之成為縣政府的派出機構，縮小規模，減輕農民

的負擔；整頓縣鄉員警隊伍，約束公安權力，嚴禁行刑逼供，建立錯案冤案、失職瀆職追究制度；嚴厲查處亂占耕地、隨意改變承包地的行為，建立公平的損失補償機制；落實義務教育，完善農村公共衛生體制，解決農村肝炎、血吸蟲病、飲水安全等問題；按照勞動法保障農民工、礦工的權利，對於一些企業不與農民工簽訂勞動合同，或者簽訂違法的生死合同的，政府嚴肅查處；從源頭上解決欠薪問題，破除債務鏈，建立企業信用制度。

中國政府還必須加強對各階層公民權利的保護，特別是對邊緣人權益的保護。主要是改革上訪機制——不能讓信訪局成為收發室、告狀的信回到被告手中；應當建立統一、獨立、有效的國家信訪局，垂直管理，賦予其偵察調查、督察督辦的全權；建立申述專員制度，申述專員對人大負責，聽取群眾心聲，督促信訪局的工作；制定《信訪法》，追究徇私枉法、打擊報復、冷漠敷衍的責任；官員應直接聽案，改變官老爺作風，不得拒接上訪材料；完善司法救濟，盡量避免問題集中到中央，但各級政府不得干涉越級上訪；保證媒體獨立、自由地反映民意民情民怨；對於不聽中央號令、阻礙國家信訪局工作的地方官員依法查處；改變行政復議缺乏獨立性、程式不公開的問題，修改《行政訴訟法》，將抽象行政行為、內部行政行為、國家行為納入受理範圍。

改革行政制度——重塑政績觀，將施政成本、代價、長期效益、人民群眾的評價納入政績考核指標之中；按照市場經濟的要求，減少行政審批，縮小政府規模，回歸三級政府，逐步放開民間自治；實行媒體獨立，讓新聞反映民意而不是官意；塑造以民為本的服務型政府，接受人民的監督。

改革人民代表大會制度——人民代表必須瞭解民意、反映民聲，有參政、監督的能力；人民代表專職化，各級人民代表大會真正成為權力機關，可質詢、彈劾官員，審查財政開支，監督司法行為。

改革司法制度——撤銷政法委員會、審判委員會，實行司法獨立；從以偵查為中心轉變為以審判為中心；遵循無罪推定原則，疑罪從無，證據不足不得發回重審，不得超期羈押，應當立即宣布無罪釋放；實行回避制度，嚴格對錯案冤案的追究；制訂司法鑒定法，建立統一的不隸屬於公檢法的司法鑒定機構，改變自偵自鑒、自檢自鑒、自審自鑒的鑒定制度；改革國家賠償制度，提高賠償標準。賠償額

的大小反映了社會的文明程度，標誌著社會對生命尊嚴和價值的認知程度。

改革教育制度和公共衛生制度——對基礎教育的投入，各級政府應當負全責；對打工子弟學校，國家加以幫助、引導、規範；對高等教育，按照學生的家庭收入收取不同的學費，貧困生免去一切費用；加強對乙肝、愛滋病的控制，鼓勵各種所有制醫院的平等競爭，降低醫療費用，實行藥品公開招投標制度；關懷患者，克服歧視，廢除違憲的國務院《公務員暫行條例》、《國家公務員錄用暫行規定》和各省市自治區的《公務員體檢標準》。

保護民企產權，扶持民企融資

——在「民企財產保護論壇」上的發言

胡星斗

一、產權保護是國家經濟發展的動力。 新制度經濟學家，如科斯、諾斯、德姆塞茨等認為，在現實中存在交易費用的情況下，產權界定對資源配置產生很大的影響，產權的清晰界定能夠大大地提高經濟效率。

產權或者叫做財產權利在經濟學界沒有統一的定義，產權經濟學的創始人科斯把產權看作財產所有者的行為權利，也就是可以做什麼、不可以做什麼的權利。科斯實際上是從外部性的角度來定義產權的，從而說明「行使一種權利（使用一種生產要素）的成本，正是該權利的行使使別人蒙受的損失——不能穿越、停車、蓋房、觀賞風景、享受安謐和呼吸新鮮空氣。」因此，在科斯看來，外部性在本質上就是一個產權問題。

產權經濟學家德姆塞茨也是從外部性的角度來定義產權的，但是，他更強調產權的功能和作用。他說：「產權是一種社會工具，其重要性來自以下事實：產權幫助人形成那些當他與他人打交道時能夠合理持有的預期。這種預期通過法律、習俗以及社會道德等等表達出來。」所以，「產權具體規定了如何使人們受益，如何使之受損，以及為調整人們的行為，誰必須對誰支付費用。」德姆塞茨認為，產權作為一種制度安排用來規範人們的行為，可以使外部性內部化。

產權經濟學家阿爾欽將產權定義為：「一種通過社會強制而實現的對某種經濟物品的多種用途進行選擇的權利」。一是社會強制，可以由國家的法律來實施，也可以由倫理道德或習俗來強制；二是經濟物品，指能給人們帶來效用或滿足的物品；從狹義上說，財產只是有形的稀缺物，從廣義上說，它還可以包括一切無形的稀缺物，如名譽、人力資源等等；三是選擇的權利，不僅包括使用權、收益權等權利，而且財產的所有者還擁有可選擇的權利，例如轉讓權，他既有權選擇以市場拍賣的方式轉讓財產，也有權選擇以贈予的方式轉讓其財產。

科斯指出，產權在法律上清晰界定是交易的前提，而產權的自由交易就是資源不斷優化配置的過程。但由於交易成本大於0，產權在事實上不是能夠完全界定清楚的，自由交易從契約關係的本質上來說是通過定價而對產權進行再界定的過程，也是資源配置向更優點不斷靠近的過程。未界定的產權作為公共財富將被置於公共領域，由交易各方自由索取，並在各自的約束下最終達到產權博弈的均衡狀態。

　　儘管產權定義的表述各不相同，產權經濟學對產權概念還是具有以下得共識：第一，產權不再簡單地被看作人與外界稀缺物之間的關係，而是看作人與人之間的關係，即人在使用這一稀缺物時所發生的與他人之間的關係。正如德姆塞茨所說：「在魯濱遜的世界裡，產權沒有用武之地。」第二，產權不只是所有權，而是一組權利，它不僅包括產權行為主體可以行使的各種權利，而且還包括不可行使的權利。科斯說：「對個人權力無限制的制度實際上就是無權力的制度。「第三，產權作為一種人為的制度安排，在協調和規範人們爭奪稀缺資源行為的過程中必須獲得社會的強制實施即法律或者道德習俗的保護，否則，產權就是一紙空文，毫無意義。

　　另外一個問題是交易費用。交易費用起因於產權的轉移，即由於產權的分散和交易才導致了交易費用的存在。也就是說，在一個人的世界裡雖然存在生產費用，但由於沒有產權，也不需要交易，從而也就不存在交易費用。所以，交易費用是產生於產權主體之間的交易摩擦。斯蒂格勒把交易費用比喻為物理學中的摩擦力。科斯把交易費用概括為發現相對價格的成本和簽訂合約的成本，後來的一些經濟學家認為交易費用就是一切制度運行的成本，是除生產費用以外的一切成本。交易費用可以細分為六個方面的支出：（1）搜尋有關價格分佈、產品品質和勞動投入的資訊；（2）為尋找對已有利的價格或交易位置，買賣雙方進行的討價還價；（3）合約簽訂過程中的各項開支；（4）監督合約的執行，瞭解對方是否遵守合約的條款；（5）當發現對方違約時，強制合約執行，併發現所造成的損失；（6）保護產權，以防止第三者侵犯。

　　雖然交易費用起源於產權交易，但是，產權制度的不同安排，直接影響到交易費用的大小。科斯定理指出，在交易費用為0時，產權的任何安排都是一樣；但

在交易費用大於0時，產權對資源配置的效率就起著至關重要的作用。甚至產權制度的不同安排以及交易費用的大小，是決定一國經濟增長的關鍵因素。

產權保護有助於人們在交易時形成合理的預期。在一個資源稀缺的世界，必須形成有序的競爭與合作秩序，而這要以人們合理的預期為前提。也就是說，交易雙方必須相信任何一方不會使用超經濟的力量將自己的物品搶走。人們之所以會形成這樣的合理預期，是因為產權界定了人們之間財產權利的邊界。

產權保護為人們的經濟活動提供了激勵。由於產權明確地界定了人們在行使權利過程中的行為邊界，以及如何承擔其成本，如何從中受益的邊界，也就是明確界定了行為主體的權、責、利關係，因此，人們在市場交易中具有很大的積極性去追求利益的最大化及成本的最小化。

產權保護可以提高資源配置的效率。明確界定產權、保護產權，可以保證自由、公平的市場交易的順利進行。產權在內部的不同權利的可分割性，又促進了專業化分工，提高了經濟效率；產權的可讓渡性，又使得資源能夠便捷地從效率較低的地方流向效率更高的地方，一直到最優狀態。

總之，明確界定產權與保護產權，可使人們形成合理的預期，於是人們在競爭與合作以及產權交易的過程中，會釋放出巨大的積極性去追求自身利益的最大化，同時實現整個社會資源的最優配置。

二、產權保護不力是中國市場經濟健康發展的重大障礙。我是研究中國問題學、弱勢群體經濟學的，我經歷或看到了許許多多的產權不能得到有效保護、財產被搶、民營企業家被欲加治罪的事情。

我最早參與了所謂非法集資的孫大午案，當時我的一篇呼籲信《拯救中國最優秀企業家孫大午的呼籲書》引起了大量的海外報導，國內的南方都市報率先予以了報導，南方都市報的著名記者胡傑向我詢問了孫大午企業的位址後第一個進行了實地採訪，當時胡傑還希望採訪我，但我因為發表《呼籲書》後風聲鶴唳，所以我就沒有接受採訪，後來有三位著名律師的參與，最後孫大午緩刑釋放了。如果沒有我的率先一呼，肯定沒有南方都市報的報導，當時孫大午沒有很大的名氣，孫大午會不會判重刑很難說。孫大午案成為2003年乃至金融領域的經典案例，這給我一個

錯覺，認為官方對於定向集資予以了諒解，會由此放鬆金融壟斷。

　　但從近年的一系列所謂集資詐騙、判處死刑的案例來看，中國的金融壟斷不是放鬆了而是強化了，中國金融不是進步了而是倒退了。

　　孫大午案之後我就介入了另外一個非法集資案。山西的退休工人張長法創辦了農牧企業，帶動了幾十萬戶貧困地區的農民養雞致富，寫出了3麻袋的養雞筆記，可他僅僅因為搞促銷——吃蛋戶一年繳納300元，可吃雞蛋60公斤，一年期滿後退還200元，不吃蛋者連本帶息退還，就被控「非法集資」，公司幾百萬元的資產被當地政府以幾萬元「拍賣」，公司的現金被查封後不知去向。

　　四川的肖安寧是另外一個典型。在90年代中期他是個億萬富翁，但他不愛結交權貴，於是地方政府一些人就想搞他，為了侵吞私產，有人授意「先抓，後定罪，再去查」，認定肖安寧搞的優惠購房是「非法吸收公眾存款」，結果肖安寧被判刑18年，其數億資產被有關當局廉價處理，有幸「買到」的單位和個人轉手賣掉就發了大財。肖母、肖的三舅均被氣死。此案中央電視臺焦點訪談也報導了，認為「非法吸收公眾存款」可能站不住腳，但肖安寧也不可能改判，否則要追究錯案責任、國家賠償、要追回被廉價瓜分的億萬資產。

　　湖北省丹江口市丹福鋼鐵有限公司的承租經營者黃生林也是產權被侵犯的案例。他原定租賃經營期限雙方約定為5至8年，確保5年。然而2006年12月30日，租賃不到1年，由於黃生林的丹福鋼鐵有限公司的經濟效益特別好，一些政府部門的官員就打起了歪主意，不惜違法讓鋼廠破產（鋼廠是集體所有制企業，但卻引用「適用於全民所有制企業」的《中華人民共和國企業破產法（試行）》進行所謂的「破產」），非法拍賣黃生林的個人資產，導致黃生林遭受了直接經濟損失2310多萬元，至今無法討回。黃生林被迫逐級向上申訴，然而湖北省丹江口市有關部門全然不顧政府的信譽，虛假承諾給以賠償，於2008年1月17日誘捕了黃生林，羅織「非法吸收公眾存款」（實際上是隨同黃生林來丹江口市共同租賃經營的6位福建企業家作為合法股東的出資）的罪名判處他兩年有期徒刑（後經上訴減刑為一年半）。

　　某市房地產公司被法院查封凍結的資產，計有商品住宅70餘套和約5000平方米的大型商鋪，抵款億元左右，以待司法處置。後來他們獲知，列於查封凍結中的

44套房屋被人轉手賣出,其中24套房屋已被辦證。這賣出的44套房屋款既未進入公司的帳戶,也未進入法院帳戶,更未沖抵債務。同時發現這批房屋的出售合同及房款收據和相關資料上的合同專用章、財務專用章公司及行政公章均系偽造和私刻。某市住房保障和房屋管理局和中級人民法院非常清楚某公司真實銷售的房屋和購房資料的情況,但仍為這24套假購房辦理了房屋產權證。

一些地方還存在無法無天、拼湊黑社會、剝奪企業家產權的一些案例。

吳英案的資產處置過程也存在諸多可疑情況:根據報導,本色概念酒店,至少價值5000萬,但450萬「拍賣」掉了;38輛汽車,價值2000多萬,但390萬「拍賣」;法拉利,價值375萬,去向不明;珠寶,價值7000多萬,去向不明;等等。以上報導是否屬實?為什麼如此低價?這些資產到了哪些人手裡?是否存在腐敗犯罪行為?民營企業家即使觸犯刑律了,其產權也應當依法公正公開地得到處置。

吳英案等人所謂的非法集資案的歷史背景是,中國擺脫計劃經濟,逐步建立了市場經濟,但是關鍵的經濟領域如石油、電信、電力、金融、石化、鐵路等仍然被壟斷,行政扭曲價格,公權豪取利潤。如果沒有金融壟斷體制,就沒有吳英案的悲劇。吳英在法庭上說,她購置固定資產,目的就是想從銀行借款,但卻極難從銀行系統融資。中小企業或個人要發展,只能轉向地下錢莊借貸。民間借貸門檻低、有信用、效率高,因此是市場的必然。

民營企業支撐著中國經濟的發展。全國企業總數的99%以上都是中小企業,而且基本都是民營企業,創造的最終產品和服務價值相當於GDP的60%,近些年GDP增量的80%以上是民企創造的。但民營企業卻難以得到銀行的支持,只能靠處於灰色地帶的民間借貸。數據表明,銀行的短期貸款中,民營企業只占不到20%。據全國工商聯一項調查,有90%以上的民營中小企業表示,無法從銀行獲得貸款。全國民營企業和家族企業在過去三年中有近62.3%通過民間借貸的形式進行融資。在溫州,只有10%的企業能從正規金融系統獲得融資,而有接近90%的企業需依賴民間借貸途徑融資。溫州有89%的家庭個人和60%的企業參與了民間借貸。

而壟斷的國有金融效率極其低下,腐敗猖獗,浪費了中國巨額的資本財富。在股權分散化、引進外國戰略投資者之前,中國大陸銀行約有40～50%的貸款是壞賬;而世界上一些大銀行不良貸款率只有1～6%,花旗銀行為2.7%。

由於國有資產產權不清、責任不明，國有體制的官本位、一把手說了算等等，導致國有銀行嚴重的腐敗。如中國銀行上海分行前行長劉金寶貪賄2300多萬，每年社交費上億元，其車隊由10輛賓士組成，經他手批出的貸款壞賬高達960多億元；僅在廣東一省銀行界，貪賄額千萬元以上的大案就有：餘振東，廣東開平中國銀行行長，貪賄4.85億元；中行廣東分行前行長黃某，貪賄1900萬元；交行深圳前行長餘某，貪賄1680萬元；廣東韶關發展銀行前行長官某，貪賄2176萬元；廣東增城市發展銀行前行長林某，貪賄1170萬；廣東南海市中行信貸員謝某，貪賄5025萬；廣東湛江中行前行長範某，貪賄3210萬；廣東順德中行前行長何某，貪賄1332萬，等等；至於貪賄數百萬的案子，不計其數。

反市場、高腐敗、低效率的金融壟斷體制必須廢除，斷無靠重刑乃至死刑來維繫壟斷特權之道理。

三、**學習發達國家，解決中小企業的融資難題**。美國、歐盟都有上萬家私人銀行、社區銀行、農村銀行、貸款公司，它們服務於社區與個人，能夠克服資訊不對稱，具有先天的資訊優勢。發達國家還對私營中小金融機構予以優惠政策扶持，免征營業稅、所得稅、固定資產稅，允許將分紅列入成本，給予利率補貼，對存貸款利率、資本充足率實行優惠。

美國政府主要通過小企業管理局制定宏觀政策，引導民間資本向中小企業投資，小企業管理局主導的小企業投資公司和風險投資公司是中小企業籌集資金的一個重要來源。小企業投資公司是為中小企業提供融資服務的創業投資公司。1958年，美國通過了《小企業法》，由政府成立了小企業管理局並規定由小企業管理局審查和許可成立數百家小企業投資公司。小企業投資公司可從聯邦政府獲得不超過9000萬美元的優惠貸款支援，這些貸款只能投資於合格的中小企業，不能直接或間接地長期控制所投資的企業。投資方向主要是中小企業發展和技術改造。小企業管理局批准成立的風險投資公司則主要投資於中小企業的創新活動。

美國政府還扶持中小企業獲得商業銀行貸款。中小企業的經營風險較大，商業銀行一般不願為他們提供貸款。為解決這一問題，美國小企業管理局通過向中小企業提供擔保以使企業獲得金融機構的貸款。只是貸款利率會因為風險較大而比大

企業貸款要高2～5個百分點。具體做法是，首先中小企業向小企業管理局提出申請，然後小企業管理局對符合條件的中小企業提供坦保，當借款人無力歸還貸款時，小企業管理局保證支付不低於90%的未償還部分。但小企業管理局提供的擔保貸款最高75萬美元，擔保部分不超過貸款總額的90％。美國小企業管理局每年要提高幾十億美元這樣的擔保貸款。

最後，美國政府還直接資助中小企業。一是由小企業管理局向那些技術創新能力強、發展前景好又無法獲得銀行貸款的中小企業直接貸款，貸款的最高限額為15萬美元，貸款利率低於市場利率。二是小企業管理局向受到自然災害的中小企業提供自然災害貸款。三是資助中小企業的創新研究。根據《中小企業創新發展法》，美國國會於1982年制定了中小企業創新研究計畫，該計畫規定：研發費用超過1億美元的，政府部門必須按一定的比例向中小企業創新計畫提供資金，用於資助中小企業的研發和成果轉化。

綜上所述，在美國這樣的自由市場經濟國家，政府對於中小企業反而是百倍呵護、從多方面出面解決問題，相反，在權力主導的中國，政府卻幾乎只為大企業、國有企業服務，中小企業的融資難問題長期得到不瞭解決。中國各級政府是不是應當深刻反思？

參、洗天風雨幾時來

——胡星斗論反腐敗反歧視反壟斷

中國反腐敗學芻議
——誰來拯救腐敗氾濫與道德崩潰的中國

胡星斗

我曾經撰寫短文〈中國腐敗學考察〉，也寫了許多的文章探討反腐敗之道（見附件），中間歷經十多年，中國腐敗的情況不但沒有改觀，而且愈發觸目驚心了。因此，我在此提出研究中國反腐敗學，冀望與同仁共同診治腐敗氾濫與道德崩潰的中國。

一、中國腐敗氾濫與道德崩潰的亂象

如今中國的腐敗愈演愈烈，腐敗範圍從政府界、經濟界向教育、學術、文化、慈善、寺廟、兒童、少年等領域和群體大幅度滲透，腐敗金額一路攀升，腐敗被查處的概率越來越低，腐敗方式不斷花樣翻新，腐敗越來越生活化、家庭化、正常化。

腐敗窩案、串案頻繁發生，凸顯了買官賣官、權錢交易、官官相護、編織龐大權力網的腐敗特徵。

郴州市原市委書記李大倫、市紀委書記曾錦春受賄案，涉及黨政幹部110餘人；安徽阜陽中院先後三任院長被判入獄，僅2005年，阜陽中院還有兩名副院長、十餘名庭長、副庭長被查處；湖北襄樊前市委書記孫楚寅案牽出官員70餘人，其中「一把手」30餘人。

腐敗呈現隱蔽化、間接化的傾向，影子腐敗（利用自己在任時期的影響力蔭庇他人或者為自己的將來鋪路）、期權腐敗（錢權交易，未來兌現）、裸官腐敗（配偶子女全在海外，一人在國內做官，資產不斷轉移海外）、軟腐敗（不是直接進行權錢交換，而是接受各種服務、好處、藝術品等）、性賄賂、二奶腐敗等越來越嚴重。

湖北省政府原祕書長、荊門市市委原書記焦俊賢，通過床上「培養」幹部，

甚至把三陪女培養到了市開發區的副局長寶座上；安徽宣城市前副市長趙增軍，在擔任縣長時對小情人許諾：「小乖乖，你年輕又有文化，我要把你從床上培養到主席臺上，讓你當鄉裡的一把手，當縣婦聯主任。「果然不久，他的小情人就當上了鄉黨委書記、縣婦聯主任。

關鍵崗位腐敗、國有資產腐敗、失職瀆職腐敗比起小偷小摸式的個人貪汙造成人民財產的損失要大得多，一些官員亂投資、亂上專案，普遍沒有像樣的獨立的可行性研究，政績工程、書記工程、形象工程大行其道。

蘇州市原副市長薑人傑分管城建、交通、房地產開發等十三個領域，同時兼任第二十八屆世界遺產大會常務副總指揮、蘇州城市建設投資發展有限公司董事長、蘇州市高速公路建設指揮部總指揮，是名副其實的實權派，權力集中於他一人而沒有監督制約，他受賄逾一億多人民幣。河南省三任交通廳廳長曾錦成、張昆桐、石發亮「前腐後繼」，雲南昆明三任規劃局長，相繼倒臺，皆因實權太大。安徽省副省長王懷忠有名言：「只要你能搞出政績，就算你能，能上。但關鍵不是讓百姓看到政績，要讓我（領導）看到政績。」為了政績，王懷忠胡亂決定投資3億2千萬元修建「國際機場」，阜陽的工人、農民、教師每人都被攤派了數百元的機場建設費，但機場建成後，沒有客流，被迫關閉。

揮霍公款的「廣義腐敗」、「大腐敗」極大地消耗了國家財力，使得民生維艱。公款腐敗不除，中國的現代化無望。

學者一般認為，中國的行政成本、加上三公消費（公款吃喝、公款購車用車、公款出國旅遊）占財政支出的三分之一以上，或者40%以上。而日本僅為3%以下，西歐4～5%，中國是先進國家的10倍！所以，中國沒有錢投資民生，沒有錢搞教育、醫療，沒有資金用於社會保障。雖然近三四年這些情況有所變化，政府做了大量的改善民生的工作，但三公腐敗仍然沒有得到有效的遏制。比如現在基層公車基本都是索納塔、捷達、飛度，甚至豐田霸道，近一兩年，公車很多都換了新的，不再用紅旗。公車私用基本全面失控，費用可以隨意報銷。地方上的人即使再有錢，都說：「我的車比不上公車」。

司法腐敗、監督部門腐敗摧毀了社會正義和良心，勞教腐敗、信訪腐敗、看守所腐敗、黑監獄等動搖了弱勢群體的信念。

陝西律師蔣允茂根據自己20多年的辦案經歷，出版了《律師手記》，書中

說：「如果評判那些結案，公正的判決不會超過一半」！審判中往往是「一審偷偷摸摸亂判錯判，二審稀裡糊塗維持原判（我又沒有得你好處，憑啥給你主持公道），一些法官不要法律，一手遮天」！法院裡執法犯法已經不是個案問題，而是常態:現行法律規定：合議庭獨立判決案件，如果合議庭認為不能決定的應由院長提交審判委員會討論決定。可是實際上卻是這樣的，所謂的合議庭往往是一名案件承辦人另加兩名湊數的審判員或者陪審員，從形式上滿足法律規定的人數，真正決定案子判決的則是案件承辦人、庭長和主管副院長！正因為這樣，所以庭審成了走過場，法庭上不解決任何問題，解決問題則在法庭之外！在中西部的許多法院裡，以至律師代理案子根本就不需要出庭，需要的是在下面找案件承辦人、庭長和主管副院長以及提交材料！試問：這是現代意義上的司法嗎？連中國傳統歷史上的行政司法混為一談都不如，因為那時官員還需要升堂問案，直接與當事雙方見面啊！可是，今天的法院裡庭長和主管副院長在聽彙報判案子！在這樣的現實下，還談什麼司法？還談什麼公平與正義？法院的公信力又如何建立？（《先搞成司法，再談司法改革！》）

湖北省某縣「信訪之家」聘任的「中國首位信訪調解員」劉貴琴，為民請命，在訪民中享有威望，被判處1年半有期徒刑，罪名是「非法持有國家機密檔」。而所謂非法檔只是一個印發的通知，在網上也可以查到，竟然成為「非法持有」。縣公安局的人說：這是上面壓下來的，我們也沒辦法啊？誰讓她一直要跟政府過不去？一個人的問題解決了不就行了，該知足了，現在出事了誰都擔不了。

內蒙古通遼市科爾沁區政府聘下區內所有的律師為區政府常年法律顧問，以此要求律師們不得再為「民告官」提供法律援助，以堵塞民告官之路。

陝西定邊縣女職工趙曉鈴受全體職工之托，列印了一份寫給縣委縣政府反映單位存在問題的信，該縣公安局稱未經領導同意，擅自列印上訪材料，處以行政拘留。

最近一兩年，各地在京私設「黑監獄」，任意羈押訪民，對訪民刑訊、虐待、迫害，凸顯了中國法治進步中的退步。

特權腐敗、一把手腐敗、土皇帝濫權、公權私有化直接威脅到中央政權，中國有蘇丹化、碎片化之虞。一些土皇帝為了作威作福，魚肉百姓，極力打擊舉報者、揭露者、記者。

江蘇省邳州市委書記李連玉從北京出席十七大回來，市政府動員員警、官員、護士、學生及各界人士數千人，夾道歡迎，有人放煙花鞭炮，有人舞龍舞獅，還有樂隊演奏，有年輕姑娘送上鮮花，有年老農婦送上水果，熱鬧非凡。官方媒體當時報導：「彩球高懸，鼓樂喧天，寫有‘熱烈歡送李連玉書記赴京參加十七大’、‘李書記參加十七大是邳州163萬人民的光榮’的巨幅標語格外醒目」；「少先隊員們為敬愛的李書記送上了鮮花，並以詩朗頌的形式表達了對李書記的敬仰之情」。

　　同時，土皇帝將一切批評者視為敵人。陝西省志丹縣4名科級幹部因編發、傳播涉及縣領導的短信——「十個工程九個自己幹，他是清官還是貪官」等而遭免職，還有兩人被逮捕，一人被刑拘。安徽省五河縣第一中學的教師，因不滿上級指定任命校長，編發手機短信給縣裡有關部門領導，結果被拘留、罰款。重慶彭水縣秦中飛因一首「沁園春」觸怒縣領導而被捕入獄。

　　部門立法、官員立法、自我立法、自我設租、自我授權的立法腐敗比較嚴重，監督部門缺乏獨立性。自我加薪、自我得利、自我評判、自我調查、自我監督成為體制上的痼疾，如果不能夠改變，反腐敗無異於緣木求魚。

　　深圳龍崗區「舞王」大火，一會兒檢察院工作人員說在陳旭明家查出現金千萬元，總資產過億，一會兒又說只有6萬元，按照6萬判刑。老百姓對於當地執法部門的公正性表達了懷疑。

　　三鹿毒奶粉消息一出，當地政府和調查部門馬上宣布，問題出自奶農，與企業無關。後來，如果不是事情鬧得太大，可以預料，三鹿會安然過關。

　　湖南郴州老人彭北京提出與當地法院院長決鬥的挑戰書，風靡一時，引起了當地領導的重視，但上級部門仍然只是聽取下級官員的彙報。彭北京感歎，除非案件引起了最高層的重視，否則解決無望。

　　對待群眾上訪案件，上級官員都是這樣處理的：只聽取下級官員、施害者的彙報，沒有獨立的調查，因此，問題大多不可能真正地解決。

　　經濟特權、國企壟斷、權力崇拜、服從政治人理性而非經濟人理性是中國特色市場經濟的特點，造成了最大的不公與腐敗。

　　在國內需求保持增長的、甚至出現「油荒」的同時，我國國有兩大石油巨頭卻反而減少了進口量，甚至還加大了出口量。據海關統計，中國在2005年「油荒」

前6個月共出口了759萬噸成品油，同比大幅增長48.6%；而同期成品油進口卻從去年上半年的增長34.1%，轉變為下降了21.1%；6月份的同比降幅更達到了22.6%。而其中占主導地位的燃料油的進口上半年同比下降了17.6%，至1347萬噸。國有壟斷企業為了贏利就可以置「石油安全」於不顧？中石化2005年實現淨利潤395.58億元，反而得到中央財政補貼100億元彌補中石化煉油專案虧損，而面對糧食安全問題和幾億低收入農民，2005年對糧食的直接補貼才132億元。

2006年全國實現糧食連續三年增產，糧食產量達9800億斤以上的前提下，竟然還出現市面糧食短缺、糧油價格上漲的現象，是極不正常的。據《南方週末》12月21日報導，今年中國儲備糧管理總公司（「中儲糧」）一舉收購了全國小麥總產量的約40%，占小麥商品總量的60%以上的辦法來調節糧食，然後控制麥源，按兵不動，採取「市場饑餓法」，硬生生地把小麥市場「托」起來，繼而在收購價的基礎上加價「順價拍賣」。根據相關報導，中儲糧每收購一斤糧食，政府給予2.5分錢補貼；每存儲一斤糧食，政府給予4分錢補貼……全國人民忍受著糧油漲價帶來的生活壓力，到底讓農民得到了多少實惠？按畝產800斤小麥計算，一畝地政府給出的補貼為52元，其中農民實際得到了每斤2分錢、每畝16元的補貼，其餘36元補貼給了中儲糧用於小麥收購、倉儲。再加上中儲糧在收購價基礎上加價銷售，實際上，我們每多支出1元錢的糧油成本，農民真正得到的實惠不足0.15元，而以中儲糧為代表的流通環節則賺去了0.85元以上。（孔善廣《糧食安全與農民收入問題探討》）

教育腐敗、學術腐敗，成就了蔚為大觀的腐敗文化，凸顯了中國人的精神糜爛與道德崩潰。

中國自然科學的最高學術權威機構——中國科學院最近發布了世界上首個《國家健康報告》，竟然睜眼說瞎話，在其中的全球醫療衛生健康「國家責任指數」排行榜中，將中國名列第一，美國居倒數第一位。讓人們領略了什麼叫「學術無恥」、什麼叫「向權力獻媚」，中國的學術徹底淪落為權力的奴僕，完全粉碎了人們心中本來尚存的對於自然科學研究機構的尊敬與信心。

二、建立「中國反腐敗學」

據報導，2003年，全國職務犯罪被判決有罪的人數是1.5萬人，2007年，上升為2.6萬人。

這還只是實際腐敗人數的一小部分，也就是說中國的腐敗黑數（未被查出的腐敗人數的比例）是相當高的。研究表明，世界平均的賄賂額占GDP的3%，就算中國是世界的平均腐敗程度，那麼中國應查出腐敗金額為7000～8000億元，而最高人民檢察院公布的2005年查出的腐敗金額僅為74億元，約占應查出的1%，所以說中國的腐敗黑數為99%。還有另外一個演算法，2006年中國查出的商業賄賂為37億元，2005年查出的官員腐敗74億，兩者有重合之處，因為在中國商業賄賂往往與官員腐敗、官商勾結有關，就算兩者不重合，總共111億元，而學者計算，中國2004年的實際權力尋租額為13800億元，查出的仍然不到1%。

另據測算，中國2004年全部的租金價值包括灰色收入為56952億，占GDP的35.64%，照此推算，中國的腐敗黑數高達99.8%。

中國的腐敗如此嚴重，未被查處的腐敗比例如此之高，迫切要求建立「中國反腐敗學」，加強預防腐敗和反腐敗研究，制定清除腐敗的可行措施，促進廉潔廉價政府的形成，弘揚清廉清新的文化。

中國反腐敗學必須針對中國特色的人情文化、關係文化、後門文化對症下藥，探討符合中國實際的可行的能夠操作的解決辦法。中國社會本質上是人治社會、官本位社會、特權社會，也是謀略社會、無規則社會，中國人把腐敗生活化了，對腐敗習以為常，而痛恨腐敗往往是由於自己沒有機會腐敗而造成的心理失衡。在中國，即使通過正常的途徑能夠辦到的事，人們的第一反應仍然是托人、找關係，惟恐被人取代。人們走路，也喜歡踏草坪，走捷徑，人們普遍的沒有規則意識，就像中國武俠、中國工夫，神祕莫測，暗器毒器防不勝防，套路拳路數不勝數。而且在中國，守規則的成本極高，不守規則的成本極低；守規則，人們譏笑為「迂腐」，不守規則，人們讚賞為「有手腕」；貪官，就像臭豆腐，聞起來臭，吃起來香，大部分人只要有權力，都會貪，只要不過分就行；清官，就像彗星，千百年來人們延頸相望，但很少出現，因為在官場，清官很快會被淘汰出局。

中國反腐敗關鍵是改變人治文化，確立規則意識，建立現代反腐敗制度。

在建立現代反腐敗制度方面，主要是建立「三陽光」、「三監督」制度。所謂「三陽光」，即陽光行政、陽光財政、陽光財產；「三監督」即新聞監督、公眾監督、人大監督。

陽光行政。陽光是最好的反腐劑，路燈是最好的員警。黑箱操作、暗室政治是造成腐敗的最根本的原因。因此，反腐敗首先要實行陽光政治、陽光行政。

所有的法律、規章、做法要通過報刊、電視、網路等傳媒公開，或者通過公告欄、辦事指南等形式公開。辦事程式、辦事時限、承辦部門和人員、辦事結果、收費情況、廉政規定、監督辦法、責任追究措施等都要公開，對於一些事關人民群眾利益的決策事前要聽證、公示。要把政務公開列入幹部考核的範疇，同時設立市民投訴中心等外部評價和監督機制。

公共物品儘量採取集中採購、招標投標的方式，為了保證招標投標全過程的公正性、防止陪標、圍標、串標、以低價中標然後高價簽合同、評標委是採購方代表而不是隨機抽取的專家、採購機關自收自支、回扣腐敗合法化等問題，有必要成立獨立的招標監督委員會。在發達國家，一切政府採購都必須經過議會的同意，然後公開招標投標，在網上公布違規違法者的黑名單，取消其若干年內參與投標的權利，甚至繩之以法。

學者估計，由於行政不公開、行政限制和過多的審批，中國的國內生產總值每年損失20%以上；由於暗箱操作、官員庇護、一紙檔而瓜分國有資產、形成行政性壟斷，每年造成約5000億元的腐敗額。

陽光財政。所謂陽光財政，就是要建立現代公共預算制度和公共財政制度。也就是說，公共財政的決策、資金的流向、使用的程式都應當是公開的，人民或者是其授權的代表（議員或人民代表）可以進行監督、質詢、問責、彈劾，未經納稅人同意的徵稅是不合法的。納稅的標準、國家的財政預算和支出也必須經過納稅人代表的同意，公共財政的預算必須詳細地列出每一項開支的具體情況，沒有列入開支預算的專案，不能夠開支，列支的錢不得挪作他用。職務消費必須規範化，接受民眾的監督。

在中國，各級人民代表大會應當掌管錢袋子，擁有財政預算決算的審批權。同時，應當立法推動財政公益訴訟制度的建立，也就是說任何納稅人只要有證據，都可以對浪費公共資金的現象、對「三公」消費提起公益訴訟，美國和日本都有

這樣的制度，追回的資金一部分用於獎勵起訴者。

目前，各級政府的財政已經集中在財政局，民眾可以通過專門的軟體查詢；國家也應該鼓勵人民查詢各個單位的原始憑證，或者通過網路查詢各種公用支出如招待費、燃油費、私人費用財政報銷、公車私用的問題等，讓人民直接監督官員的消費問題。

目前，中國的「三公」（公款吃喝、公款買車用車、公款旅遊出國）浪費非常嚴重，每年達到上萬億元（占財政收入的20%），中國的行政開支加「三公」消費占財政收入的總比重達到40%以上。而美國僅占11%，西歐4～5%，日本2.8%，中國的比例是日本的十幾倍。如果沒有陽光財政、人大不能掌管錢袋子，那麼中國的「三公」浪費問題永遠不可能解決。

陽光財產。所謂陽光財產，就是建立官員財產申報、公開的制度。曾經有人大代表多次提出「關於建立黨政官員財產公示制度」的議案，全國各界反響強烈。但是據報導，97%的官員對財產申報、公開持反對的立場。2008年，新疆阿勒泰地區出台《關於縣（處）級領導幹部財產申報的規定（試行）》，據調查，阿勒泰地區也有七成的官員反對這一制度。

其實，在西方如今相當廉潔的國家，早在兩百多年前就開始探索和建立陽光財產制度。1766年瑞典公民就有權查閱官員乃至首相的財產與納稅狀況；1883年，英國制定了世界上第一部財產申報的法律──《淨化選舉，防止腐敗法》。

許多發展中國家，自上世紀九十年代以來也相繼建立了陽光財產制度。韓國1993年開始了「陽光運動」，墨西哥2003年實施《資訊公開法》，越南2007年頒布了財產申報的法令。

中國1995年出台了《關於黨政機關縣（處）級以上領導幹部收入申報的規定》，2001年頒布了《關於省部級現職領導幹部報告家庭財產的規定（試行）》。但是，這些規定的權威性不夠，不是法律；可行性、可操作性很差，沒有實施細則，沒有稽查核實的手段，沒有後續監督的措施，所以，這些規定註定會流於形式，形同做秀。

以後，中國要建立集財產實名、申報、公開、監督於一體的制度。一是財產實名登記制度，公民的所有財產包括存款、股票、房地產等都必須以真實姓名持有；二是財產年度申報制度，公民特別是官員每年都必須申報收入和全部財產；三

是財產公開制度，官員不僅要申報財產，而且其財產狀況要在媒體上向社會或者所在地區公開；四是監督制度，如果官員申報不實，公民可以舉報，有關方面依法查處。

新聞監督。新聞自由是腐敗的天敵，沒有新聞自由的國家必然腐敗氾濫，實現了新聞自由的社會遲早會形成廉潔的政府。有人反對這個觀點，認為印度、俄羅斯、臺灣都擁有了新聞自由，其媒體大部分私有，但是仍然腐敗不堪。的確，新聞自由並不能單獨起作用，也不能馬上帶來清廉，可是隨著醜聞的不斷曝光，司法制度的不斷完善，這些國家和地區最終會變得乾淨。也就是說，這些國家和地區走在了通往廉潔政府的正確道路上，而沒有新聞自由的國家其腐敗永遠也不可能得到治理，反腐敗只是一句自欺欺人的口號，而現實情況恰恰是：越反越腐敗。

透明國際組織早有斷言：在反腐敗的諸多措施中，新聞自由是最重要的；對於中國，關鍵是建立媒體民有、新聞自由、監督官員、保護公民的現代新聞制度。

公眾監督。首先，中國要建立鼓勵舉報的制度，出台《舉報人保護法》，避免舉報腐敗者被迫害打擊的情況發生。

第二，中國要鼓勵反腐敗公益訴訟。所謂反腐敗公益訴訟，也就是財政公益訴訟，也叫納稅人訴訟，任何公民只要有證據，都可以起訴揮霍公款、浪費公款的行為，起訴者可以分得追回的部分資金，作為獎勵。在發達國家如美國、日本等都有這樣的制度。日本東京都知事即東京市長石原慎太郎，因為住豪華酒店，亂支交際費，被東京一個區的議員起訴，東京地方法院判市長等3人賠償40萬日元。

以後在中國，老百姓只要掌握了官員貪汙腐敗、浪費公款、三公消費的證據，任何人都可以到法院起訴該官員，追回的資金拿出一部分獎勵起訴者。

第三，中國要建立民主評議制度、民主選舉制度、彈劾制度。對於官員的人品、業績、廉潔情況，人民群眾定期進行民主評議，以投票的方式確定評議結果，對於評議不合格的，一律免職；由選民投票選舉出政務官，或者公推公選官員；對於選民不滿意、失職、違法、腐敗的官員，人民通過彈劾程式、責任追究制度讓其下臺。

人大監督。人民代表大會既是權力機關、立法機關，也是監督機構，因此，反腐敗的重要途徑是加強人大的監督職能。一是人大必須確實具有官員的選舉權和罷免權；二是各級政府的重大決策應該提交到人大裁定；三是人大應當掌管「錢袋

子」，財政預算決算、怎麼花納稅人的錢都必須由人大決定，而不是官員說了算。官員的工資、國有企業負責人的薪水、對企業的財政補貼、對外贈款與援助等必須經過人大批准。

為了強化人大在審查財政預算決算與支出中的作用，人民代表大會制度必須進行重大的改革，讓其名副其實，不再是官員代表大會。人大代表應當精簡化、責任化、專職化、專業化，這樣他們才有能力、有時間審查財政預算決算和支出。

國家興亡，匹夫有責。建立中國反腐敗學，探討中國反腐敗的途徑，改變幾千年的人治文化，建立現代反腐敗制度，拯救腐敗氾濫與道德崩潰的中國，這是時代賦予我們每個人的神聖使命。

2009-1-15

二奶腐敗學

胡星斗

一、中國特色的二奶腐敗、情婦腐敗

貪官包二奶、三奶、四奶乃至146奶（通稱情婦），乃中國特色。誠然各國男人都好色、都有情欲，但像中國貪官那樣貪婪、玩弄女性、沒有道德底線實屬世界二百國所未有。

當代中國官德之墮落也為中華五千年所僅見。

謊言的傳統政治、虛偽的道德、世俗縱欲的文化與逐利的市場經濟的結合，造就了當今中國蔚為大觀的二奶腐敗、情婦腐敗。

二奶腐敗、情婦腐敗表現出普遍化──貪官幾乎個個都有二奶；身分化──擁有二奶成為身分地位的象徵；玩偶化──貪官包養的情婦玩弄的女性愈來愈多；變態化──貪官心理變態，淫穢齷齪；交易化──權色交易、錢色交易等五大特徵。

新華社報導，根據學者統計，被查處的貪官汙吏中95％都有「情婦」；腐敗案件60％以上與「包二奶」有關；在1999年廣州、深圳、珠海公布的102宗貪汙受賄案件中，貪官100％包養了二奶。

東莞市反貪局一位領導表示：「在偵破貪汙案件中，找到了情人，一般就能找到犯罪嫌疑人的確鑿證據」。

陝西省政協副主席龐家鈺就是被他的11人「情婦告狀團」給扳倒的。

南京奶業集團公司原總經理、號稱金陵「奶王」的副廳級貪官金維芝聲稱：「像我這樣級別的領導幹部誰沒有幾個情人？這不僅是生理的需要，更是身分的象徵，否則，別人會打心眼裡瞧不起你」。

原海南省紡織工業局副局長李慶普包養情婦及嫖娼共263人；原江蘇省建設廳廳長徐其耀擁有146位情婦；原丹江口市委書記張二江玩弄的可查的女性就達107

人，加上他的老婆，號稱108女將。

湖南郴州原副市長雷淵利人稱「玩權、玩錢、玩女人」的「三玩」市長。

福建周寧縣委書記林龍飛被群眾稱為「官位賣光、財政的錢花光、女人搞光」的「三光」書記，他召集22名情婦舉辦群芳宴，並選出最美者，獲得佳麗獎。

海南省臨高縣城監大隊原隊長鄧善紅，人送外號「二奶隊長」，包養了28個情婦，與其中的6個情婦生有子女。

重慶市原宣傳部長張宗海在重慶的五星級飯店，包養漂亮未婚女大學生17人。

四川樂山市市長李玉書擁有20個情人，年齡都是16歲到18歲。

南京市車管所所長查金貴雖已年近花甲，仍然包養了13個情婦。

浙江臺州宣傳部長蘇建國擁有14個情婦，天臺縣長梁峻擁有6個情婦。

原海軍副司令、中將王守業包養了5個情婦。

原安徽省宣城市委副書記楊楓，運用所學的MBA知識管理七名情婦。

原湖南省通信局局長曾國華向5名情婦保證，六十歲之前每人每週性生活二次。

原海南省紡織局副局長李慶善撰寫性愛淫穢日記95本，勝過黃色小說；收集女性毛髮、內褲236份，每份代表一女；自拍淫亂照片200多張，並且自拍淫穢錄影帶、光碟一批。

濟南市人大主任段義和，用當今最先進的汽車爆破裝置將13年的情人炸死。

重慶市廣播電視局局長張小川僅在廣電系統內就有情人30餘位，情人總數多達70餘人。他的許多情人被他調到局裡關鍵的崗位上，情人董某，成為重慶有線電視臺的女主播，後被調到有線電視臺廣告部當副主任；情人彭某，被調到有線網路公司任人事處處長；某護士情人，直接被張小川調到了有線電視臺文藝部當主任。

深圳市沙井銀行行長鄧寶駒，僅為「五奶」小青，800天就花了1840萬元，平均每天23萬元，每小時1萬元。

山東省青島市委書記杜世成與中國石化集團總經理兼中石化股份有限公司董事長陳同海的共同情人李薇，利用與杜世成、陳同海的特殊關係滲入青島地產專案、煉油專案、奧運帆船賽事基地專案，與杜、陳共同受賄數百萬元。

原雲南省長李嘉庭為博其情人徐福英一笑，甩手之間，批示財政部門將300萬

元國家資金「借」給徐福英的公司用於還債。

原全國人大常委會副委員長成克傑與其情婦李平，採取「二人轉」的方式，共同收受賄賂4109萬餘元。

二、二奶腐敗學、情婦腐敗學的內容與價值

二奶腐敗學（情婦腐敗學）可謂博大精深矣，分為二奶腐敗心理學、二奶腐敗社會學、二奶腐敗政治學、二奶腐敗經濟學等分支學科，分別闡述二奶與貪官的心理、命運、處境、社會氛圍、倫理道德、政治影響、經濟價值等等，研究二奶與愛、性、權、錢、貪之間的關係；從二奶腐敗分析中國的政治弊端、官場腐敗、愛情文化、社會風氣、經濟分化、權色交易、縱欲文化等，探討二奶參與反腐敗的可能性與現實性，揭示中國特色的二奶腐敗文化的前緣今生與未來走向，剖析二奶腐敗與中國文化、政治制度的深刻聯繫與內在規律。

中國文化本質上是人治文化、人情文化、官本位文化、特權文化、貪瀆文化、謀略文化、無規則文化，人們熱衷於走捷徑、走後門、拉關係、玩手腕、請客送禮，腐敗生活化了，腐敗成了中國人的生活方式。特別是，中國式的腐敗並非收錢收物的「硬腐敗」、「直接腐敗」，而是接受好處及各種服務包括性服務、拉關係、走後門、旅遊出國、「三公」消費、包養情婦的「軟腐敗」、「間接腐敗」。

軟腐敗、間接腐敗是二奶腐敗的主要特徵。反腐敗的關鍵是反軟腐敗、反間接腐敗、反二奶腐敗。

二奶腐敗的愈演愈烈反映了中國官本位制度的不斷強化、社會的無廉恥化和唯利益化，凸顯了集權制度、人治社會沒有正義、道德可言。

二奶腐敗學、情婦腐敗學與中國缺德學、官場缺德學是一塊硬幣的兩面。

前江蘇省建設廳廳長徐其耀不但貪汙受賄2千餘萬元、擁有146名情婦，而且他寫給兒子的一封信，淋漓盡致地揭示了官場的潛規則，可以說，徐其耀是中國官場的第一研究家。他的信全文如下：

「孩子：

你的來信我已收到，對你在大學裡的表現，我很欣慰，你要再接再厲。

既然你選擇了一定要走仕途這條路，你就一定要把我下面的勸告銘記在心：

　　1、不要追求真理，不要探詢事物的本來面目。

　　把探索真理這類事情讓知識分子去做吧，這是他們的事情。要牢牢記住這樣的信條：對自己有利的，就是正確的。實在把握不了，可簡化為：上級領導提倡的就是正確的。

　　2、不但要學會說假話，更要善於說假話。

　　要把說假話當成一個習慣，不，當成事業，說到自己也相信的程度。妓女和做官是最相似的職業，只不過做官出賣的是嘴。記住，做官以後你的嘴不僅僅屬於你自己的，說什麼要根據需要。

　　3、要有文憑，但不要真有知識，真有知識會害了你。

　　有了知識你就會獨立思考，而獨立思考是從政的大忌。別看現在的領導都是碩士博士，那都是假的。有的人博士畢業就去應招公務員走向仕途，那是他從讀書的那天起就沒想研究學問，肯定不學無術。記住，真博士是永遠做不了官的。

　　4、做官的目的是什麼？是利益。

　　要不知疲倦地攫取各種利益。有人現在把這叫腐敗。你不但要明確的把攫取各種利益作為當官的目的，而且要作為唯一的目的。你的領導提拔你，是因為你能給他帶來利益；你的下屬服從你，是因為你能給他帶來利益；你周圍的同僚朋友關照你，是因為你能給他帶來利益。你自己可以不要，但別人的你必須給。記住，攫取利益這個目的一模糊，你就離失敗不遠了。

　　5、必須把會做人放在首位，然後才是會做事。

　　這裡的做人做事你可別理解為德才兼備的意思。這裡說的做人，就是處關係。做事是實際工作，這點會不會都無所謂。做人就是把自己作為一個點編織到上下左右的網中，成為這個網的一部分。記住，現在說誰工作能力強，一點都不是說他做事能力強，而是指做人能力強。呵呵，你看那些把能力理解為做事的人，有好日子過才怪。

　　6、我們的社會無論外表怎樣變化，其實質都是農民社會。

　　誰迎合了農民誰就會成功。我們周圍的人無論外表是什麼，骨子裡都是農民。農民的特點是目光短淺，注重眼前利益。所以你做事的方式方法必須具有農民特點，要搞短期效益，要鼠目寸光。一旦你把眼光放遠，你就不屬於這個群體了，

後果可想而知。要多學習封建的那一套，比如拜個把兄弟什麼的，這都不過分。

7、要相信拍馬是一種高級藝術。

千萬不要以為拍馬只要豁出臉皮就行，豁得出去的女人多了，可傍上大款的或把自己賣個好價錢的是極少數，大部分還是做了低層的三陪小姐。這和拍馬是一樣的道理。拍馬就是為了得到上級的賞識。在人治的社會裡，上級的賞識是升官的唯一途徑，別的都是形式，這一點不可不察。

8、所有的法律法規、政策制度都不是必須嚴格遵守的，確切地說，執行起來都是可以變通的。

法律法規、政策制度的制訂者從沒想到要用這些來約束自己，而是想約束他人。但你要知道，這些不是人人都可以違反的。什麼時候堅決遵守，什麼時候偷偷違反，讓誰違反，要審勢而定，否則寬嚴皆誤。

以上這些都是做官的原則。現在要仔細想想，如果你真能逐條做到，你就能一帆風順，如果感覺力不從心，就馬上另外選擇職業吧。」

呵呵，徐其耀奪得包養二奶「數量獎」、成為二奶腐敗學、官場缺德學的首席專家，不是偶然的吧。

中國有些官員不缺錢，只缺德。

2008-11-28

中國的吏治與官德危機

胡星斗

中國的吏治與官德危機越來越嚴重，「治官」已經成為擺在中國人民面前的首要任務。

治官重在建立法治、制度，進行權力制衡、監督、問責，嚴格吏治、提升官德。

一、目前中國的吏治與官德危機的表現

1、**官官相護，寬容之極**。以愛護幹部為由，從輕發落，法外施恩，網開一面；即使出了問題，也僅僅使用「警告」、「處分」之類的「懲罰」，不痛不癢，事後照樣「帶病」提拔。實行幹部終身制，只要不犯「錯誤」就不降職；哪怕有許多老百姓在檢舉控告他，哪怕他的醜聞在民間早已傳得沸沸揚揚，只要他沒有得罪頂頭上司，也可照樣做官；只有死了很多人，或者腐敗引起了高層的重視，然後才有貪官被揪出。

對官僚們的失職瀆職更是姑息遷就，格外寬容。2007年5月22日新華網報導，最高人民檢察院統計，2006年全國重大責任事故瀆職犯罪免刑和緩刑率達到95.6%。為什麼中國的國有投資失誤率達到30%，為什麼有那麼多的政績工程、形象工程、爛尾工程、錯誤決策工程、浪費工程？答案就在於吏治鬆弛。

一些政府部門擁有龐大的編制和經費，所管理的行業一片亂象，卻無人引咎辭職。山西沂州市2006年三次私藏炸藥爆炸案和一起礦難事件，共死亡111人，只有一個縣公安局長被撤職，各市縣領導安然無恙。

看看世界其他各地：韓國房價大漲，其建設部長秋秉直引咎辭職；副總理李基俊因涉嫌在擔任首爾大學校長時浪費辦公經費而辭職；副總理金秉准因擔任大學教授期間涉嫌學術腐敗而辭職；在「三一」運動紀念日，總理李海瓚去打高爾夫

球，被媒體揭發而辭職。

以色列總統卡察夫因性醜聞被「暫時停職」；以色列總理奧爾默特因涉嫌以低於市場價購買了一套公寓而被國家審計長調查，近日奧爾默特又被指責在以黎衝突中指揮失當而險些下臺。

世界銀行行長沃爾夫威茨因給女朋友安排高薪職位而辭職；法國前總理阿蘭朱佩因虛開職位被判刑；美國俄亥俄州州長因接受價值5千多美元的禮物，其中包括球賽門票、未付費的宴請，而被起訴。

以上各項腐敗倘若發生在中國，恐怕都是小事一樁，沒人監管。

2、**公款浪費，默許特權**。據報導，從1986年到2005年20年間，我國人均負擔的年度行政管理費用增長了23倍，而同期GDP只增長了14.6倍。據報導，2004年，中國大陸的公車支出、公款吃喝、公費旅遊出國之「三公」消費占中國財政支出的1/3以上。除了「三公」消費，加上公款建房，「四公」更加消費驚人。如河南濮陽縣領導及各局委的頭頭們紛紛動用公款建豪宅，最大的豪宅建築面積達600平方米。評論家何必認為，不僅「四公」消費，還應加上官員們的公費醫療療養占中國政府衛生支出的85%（據社會科學報等報導），達1000～2200億元，「五公」消費可謂「五毒」俱全，占到了中國財政支出總量的一半以上。

報紙上說：2004年，我國一年的公款吃喝在3700億元，相當於「吃」掉了全民義務教育經費；公車消費4085億元，相當於「碾」掉了我國大多數人的醫療、養老費用；公費出國消費3000億元，相當於「遊」掉了我國10年的低保資金。每年公款浪費的總開銷可以建7、8個三峽工程。

3、**生活腐化，缺少監督**。最近網上流傳著《全國二奶大賽》獲獎名單：

原江蘇省建設廳長徐其耀擁有146位情婦，獲得數量獎；

原重慶市宣傳部長張宗海在重慶的五星級飯店，包養漂亮未婚女大學生17人，獲得素質獎；

原海南省紡織局長李慶善撰寫性愛日記95本，保持性愛物證236份，獲得學術獎。

原安徽省宣城市委副書記楊楓，運用MBA知識管理七名情婦，獲得管理獎；

原福建省周寧縣委書記林龍飛，召集22名情婦舉辦群芳宴並選出最美者，榮獲團結獎；

原湖南省通信局局長曾國華向五名情婦保證，六十歲之前每人每週性生活三次，榮獲幹勁獎。

…………

另據報導，1999年在廣州、深圳、珠海公布的102宗貪案中，100%養了二奶。

浙江臺州宣傳部長蘇建國擁有14個情婦，天臺縣長梁峻擁有6個情婦；原海軍副司令中將王守業包養了5個情婦。

湖南郴州原副市長雷淵利是「玩權、玩錢、玩女人」的「三玩」幹部。

福建周寧縣委書記林龍飛被群眾稱為「官位賣光、財政的錢花光、女人搞光」的「三光」書記。

這些腐敗分子在位時就聲名狼藉，難道地方監督部門一點都不知曉？

4、官員違法，不講信用，封殺批評報導。 有些地方規定，貪汙受賄5萬以下的不立案；有的規定「抓大放小」，貪汙受賄10萬以下的不立案，這些都完全違背刑法的規定。某省規定，企業領導人因違規決策導致資產損失1000萬元以上的，免除職務，那麼1000萬以下的呢，似乎就無所謂了。

河南盧氏縣原縣委書記杜保乾讓縣電視臺每天滾動播出他的新聞，對揭露他的人員捏造「挪用公款」等罪進行迫害打擊；平頂山原政法委書記李長河面對「不貪財、不貪官、不好色」的鎮長呂淨一，束手無策，最後雇兇殺人。

《新京報》2004.5.26報導：山西平陸縣政府讓包工頭修路，路修好了，錢卻拖著不給。

2006.11.29中國新聞網、安徽市場報報導：閭集鎮政府三屆鎮領導吃喝打下130張、共計17.4萬元的欠條，105歲老人劉慶宇在討要數年後得到了暫定每年還一千元的一份還款計畫，還清欠款需要170年，老人需活到兩三百歲。

如今一些官員聽不得批評意見，一些媒體秉承官意，封殺批評聲音（如果本文能夠在網路上倖存，說明中國還存在有良心的官員），沒有人關心、報導貧苦農民、農民工、下崗職工、愛滋病患者、上訪人員、邊緣群體的困境，電視上天天鶯歌燕舞，歌功頌德；一些電影、電視劇熱衷於渲染封建權術、宮廷暴力，缺乏人文關懷，沒有人性之美，沒有人間大愛，怎麼可能獲得奧斯卡獎？明星們代言產品，也不必像美國、歐洲、日本那樣對產品品質負責，中國真可謂歌星、影星、娛樂明星發財的聖地、權貴們的天堂。

5、官僚主義、形式主義嚴重，潛規則盛行。官場流行的是「吹拉彈唱」——吹吹拍拍，拉拉扯扯，拉關係，走後門，彈壓打擊，唱讚歌，表成績；還有「唱念做打」——歌唱功績，像念經一樣念稿，熱衷於做秀、做政績，打擊對手和舉報者。

民謠《官場速寫》：身體越來越胖，心胸越來越窄；頭銜越來越多，學問越來越淺；講話越來越長，真話越來越少；權力越來越大，威信越來越低；年紀越來越老，情人越來越小。

李鴻章曾說：「天下最容易的事，便是做官，倘使這人連官都不會做，那就太無用了」。在一些辦公室裡，溜鬚拍馬，吹牛聊天，打牌玩樂，浮誇作假，墨守陳規，蠢材政治盛行；2006年一名日本商人的文章稱：中國人像螞蟻般勤勞，像牛馬般順從，但中國缺乏對管理者科學選拔的機制，大量人格低下、好鑽空子、工於心計的無能之輩占據了領導者的位子。

領導們念祕書東拼西湊寫的講話稿、走下屬提前踩點安排的調查線路、會見經身邊工作人員層層盤問審查而放進來的來訪者，這種「拐杖化生存」，養出的是四體不勤、五穀不分的官場寄生蟲，而非雨中送傘、雪中送炭的人民公僕。

一些官員這樣開會和做事：

「會前定調子，會上排位子，會中念稿子，會後拿筷子」。

「會前握握手，會上舉舉手，會完拍拍手，會後不動手」。

「決心在嘴上，行動在會上，落實在紙上」。

「拍腦袋決策，拍胸脯執行，拍屁股走人」。

「『三講』會上說假話，『三講』過後膽更大」。

「上午講正氣，下午講手氣，晚上講力氣」。

官場通用的是「潛規則」：「不跑不送，原地不動；只跑不送，平級調動；連跑帶送，提拔重用」；「官出數字，數字出官」；「對上級甜言蜜語，對輿論豪言壯語，對外賓花言巧語，對群眾謊言假語」。

6、官德素質低，缺乏正義感。有網站調查，官員在社會各個職業中誠信度最低。一些官員缺乏理想、缺乏道德、缺乏愛心、缺乏責任感。

華夏時報報導：河南愛滋病疫情嚴重地區不如外界想像的可怕，真正可怕的是當地官員，他們不但不盡政府的責任，還向上級瞞報、坑錢。當地縣委宣傳部對

記者採取「三不」政策：不接受任何採訪、不提供任何材料、不讓記者接觸任何群眾。當地部分官員的品行讓記者為之心涼。

《南風窗》2004年2月上報導：在阜陽官場，「那裡很難見到什麼平等的人，平日裡看到的都是唯上或者欺下的奴才臉，什麼時候笑，什麼時候罵，依據只有一個：職務高低。這裡，沒有同志，只有奴才」。阜陽原市長篤信林彪的話：「說不得假話，做不得大事」。

河南平輿縣黃勇殺害了17名少年，當初家屬報案，縣公安局不立案，可同時縣政府丟了一隻垃圾箱，政府命令公安局限期破案。

1994年12月8日，克拉瑪依一場大火，吞噬了325名中小學生和教師，火災發生時，教委副主任高喊「學生們不要動，讓領導先走！」 克市領導、教委官員幾十人都成功逃生，沒有一人死亡。

新華社長春2004年5月24日電：吉林乾安縣小孩在向縣政府反映問題時突然倒地猝死，官員們以「沒手機」、「固定電話不好使」等推脫不給急救，其父親跪地相求，也沒有用。

2005年3月7日，湖南大學畢業生張衡生被摩托車撞傷，村民向交警、派出所、民政所數次報警、求助，皆無人理睬，當時下大雪，該青年苦撐5天後凍死。

2005.3.24《法制晚報》報導：瀋陽市民董國明不搬遷，被開發商把門釘死、雇傭保安看守、禁止送食物、以噪音、煙熏折磨27天。面臨饑餓死亡威脅的董多次向公安局求救，可無人理睬。

2004.3.26《焦點訪談》報導：重慶開縣農民金有樹跳進冰冷池塘中獨自救出19名車禍落水者，他在水中浸泡了半小時，得了肺氣腫，無錢治療，他生前寫信給開縣縣長：「我救了19人的生命，求縣長救我的命」，但無人救他。

2004.3.16鳳凰衛視報導：由於父母早亡，11歲的女孩帶著1弟1妹靠撿垃圾為生，沒月還要交70元房租，還要上學；三人每天共賒吃一袋速食麵；員警查暫住證，大冬天晚上，姐弟三人跑到外面躲著，冷得發抖；小女孩去民政局申請救濟無數次，均遭遇白眼，女孩的手凍爛了，肉都翻出來了，她給官員看，官員稱「煩死了」。

二、吏治與官德危機的原因與對策

1、**吏治與官德危機根源於落後的制度**。人治的缺乏監督的制度必然導致逆淘汰：往往有腦子的沒位子，有位子的沒腦子；不同流合汙，就會被排擠出局；清官最先被淘汰。

沒有政治文明，就沒有精神文明，物質文明也畸形發展。

沒有憲政民主，倘若實行官本位、特權制度，吏治必然鬆弛，官德必然敗壞；

沒有憲政民主，特權、壟斷、腐敗、官商勾結、官僚主義等問題都沒法解決，居民收入差距、地區差距、城鄉差距只會不斷地擴大；

沒有憲政民主，弱勢群體的處境也無法徹底改善，貧困、歧視、教育、醫療、養老、住房、土地產權、環境污染、上訪、戶籍等只能聽天由命，或者聽人擺佈；

沒有憲政民主，司法、監察、審計等部門可能唯官是從，官員們無所顧慮，膽大妄為，官德、政府信用無以確立。

2、**如何加強吏治、提升官德**。現代人類文明的最偉大的成果不是令人眩目的科技、不是不朽的文化經典，而是把政府「關進了籠子」。只有約束官權，讓人民群眾來監督官員，才能樹立官德。

媒體是公器，必須為公民所有、為公民服務，為弱勢群體代言。必須逐步建立現代新聞制度。目前，必須加大媒體監督的力度，讓人民群眾說話，天不會塌下來。相反，人民逐漸會信任各級政府、信任官員。

司法、檢察、監察、紀檢、反貪、審計等部門必須在人事上、財政上具有獨立性，目前，至少實行垂直管理。

必須建立公共財政制度，實行透明財政，通過立法鼓勵公民進行財政公益訴訟，任何公民只要有證據，都可以起訴揮霍公款的官員（如美國、日本那樣）。

必須嚴懲瀆職、不作為，嚴懲政府違法、官員違法。取消等級、特權的醫療、退休、級別待遇制度。

必須制定法律，禁止官員與商人共同參與娛樂活動（如韓國那樣）；修改刑法，把腐敗的定義從接受金錢擴大到接受一切好處；同時，制定舉報人保護法，嚴

懲對舉報人打擊報復的行為。

　　必須讓人民或者通過名副其實的選舉產生的人民代表擁有選擇官員、彈劾庸官貪官的權力和對財政預算、支出審查的權力，通過立法確定彈劾、問責、審查的程式和事項。

　　官德是官員的立身之本，是做人的最基本的道德與良心。以後誰突破了官德底線，就將永遠退出政壇，甚至受到法律的追究。

　　孔子說：「為政以德，譬如北辰，居其所而眾星拱之」。意思是說，官員以德行施政，正直清廉，忠於職責，多為人民做好事，就會得到人民的擁護，政府的信譽就會提高，社會就會長治久安。

　　只有官員在「立德」方面為世垂範，中國社會的公德和文明水準才能夠提高。因此，「治官」在中國已經迫在眉睫。

2007-5-29

廢除特權制度，建設嶄新中國

胡星斗

中國最大的問題是特權橫行，中國現代化的最大障礙是特權制度。

譬如，今天媒體上即「擅自披露」了兩個典型事例，其一：2007年11月17日，廣東陸豐市公路局局長葬母，辦喪宴超過300席，3000人對特權官員獻媚；其二：據新華社報導，中國最大的「地主」碧桂園以零地價拿到上千畝土地，地產商、腐敗官員合謀發大財，國家和人民的利益誰來維護？

不剷除此特權腐敗制度，中國的現代化其實是無望的。

正如胡錦濤曾經指出的：腐敗、濫權是構建和諧社會的主要敵人，是社會矛盾激化、危機叢生的主要源頭，是政府面臨著亟待解決的主要課題，是廣大人民群眾對政府是擁護、信任還是反對、不信任的主要呼聲。

中國的特權制度表現為：

一、官本位的等級制度

中國大部分資源都掌握在「官」的手中，雖然現在很多資源也市場化、民營化了，但是非「權力依附型」的企業是難以生存和壯大的。

由於中國沒有同時進行憲政改革，所以市場經濟的發展不但沒有削弱官本位的封建等級制度以及計劃經濟時期的25級制、15級制，反而不斷地強化著君臣尊卑的傳統觀念，並且將之法制化。與封建制度相比，現在只是稱呼上有所改變，稱為「縣處級」、「地廳級」、「省部級」等等。等級制度在改革開放前還只在「幹部」中實行，現在推廣到了社會的各個領域，於是有了局級公司、師級歌星、廳級方丈、副部級院士等等。除了一些民營企業外，舉凡工廠、醫院、銀行、城市、街道、學校、科研院所、社會團體、民主黨派、甚至道觀佛寺等一切社會組織都被劃定了相應的等級，一切官員也都分成縣管幹部、市管幹部、省管幹部，等等，同級

幹部都有嚴格的座次順序，不同級幹部更有不可逾越的排名及待遇──幹部可以聽什麼報告，看什麼檔，是否享受祕書、廚師、保姆、警衛員、司機、公務員等等服務，全看他的級別高低。

級別高的幹部就自認為掌握了「真理」，從而可以傲視普通人，過著特權的生活。

二、黑箱化的財政制度

發達國家的錢袋子是掌握在議會的手中，官員每花一分錢都要經過議會的批准。而中國的財政是官員化、隨意化、祕密化的財政，一切支出由官員說了算。

所以，25年來，中國政府的行政開支增加了87倍。

據有關調研報告：全國黨政機關系統違規違紀、挪用侵占、公款吃喝、休假旅遊、出境出國、送禮濫發獎金福利，2006年度高達2萬億元，相當於當年全國稅收收入的50.5％。江蘇、浙江、上海、山東、廣東五省市廳局級幹部實際年收入為55萬至105萬元，副省級以上幹部實際年收入為125萬至250萬元，每人花費公款600萬至2000萬元。2004年，上海市黨政國家機關系統公款吃喝、旅遊、境外觀光、進修、讀書、送禮、超規格發放福利獎金、補貼等共計1045億元，2005年為1276億元；廣東省2005年為2485億元。

三、權貴壟斷的企業制度

據《遠東經濟評論》2007年第4期報導，中國億萬富翁3220人，其中2932人即超過90%是高幹子弟；在5個最重要的工業領域──金融、外貿、地產、大型工程、安全業，85%～90%的核心職位掌握在高幹子女的手中。

截至2005年底，僅海外高幹子女親屬經營的中國進出口貿易每年就達1千多億美元，擁有財產6千億美元以上，海外定居的高幹親屬超過100萬，其中高幹配偶子女20多萬人。

特權壟斷常常造成國家和全民利益的損失，如國有商業銀行以遠低於市場價格──興業銀行甚至以不到市場價格的1/10把股份賤賣給外資，僅中國工商銀行、

中國銀行、中國建設銀行、中國交通銀行4家銀行因為賤賣損失就超過7500億元，僅2006年一年銀行股賤賣的損失就達6000億元，整個銀行業損失上萬億元。（見《中國財富》2007年第10期）

僅中國石油、中國石化、中國移動、中國聯通4家國有公司4年海外分紅就超過1000億美元，這些公司的盈利完全是來自對國內消費者的掠奪，憑著其壟斷地位抬高資源價格或者對手機雙向高額收費等，然後把利潤送給外國人。

為了增加贏利，兩大石油巨頭不惜製造「油荒」以抬高國內價格，並且出口退稅。據海關統計，在2005年「油荒」前6個月石油巨頭共出口成品油759萬噸，同比增長48.6%，而進口卻下降了21.1%，6月份的同比降幅更達到22.6%。其中占主導地位的燃料油的進口上半年同比下降了17.6%。

中石化2005年實現淨利潤395.58億元，另外還獲得中央財政補貼100億元。這些國有企業憑藉壟斷獲得的巨額利潤不但不需要向國家分紅，反而得到財政補貼，而8億農民2005年獲得的糧食直補也才132億元。

據《南方週末》報導，中國的糧食連年豐收，產量達9800億斤以上，為什麼還出現糧食短缺、糧油價格上漲的現象呢？原來中國儲備糧管理總公司（「中儲糧」）每年要收購全國小麥商品總量的60%以控制麥源，按兵不動，採取「市場饑餓法」，把小麥市場「托」起來，繼而在收購價的基礎上加價「順價銷售」。中儲糧每收購1斤糧食，政府給予2.5分錢的補貼；每存儲1斤糧食，政府給予4分錢的補貼。按畝產800斤小麥計算，一畝地政府給出的補貼為52元，其中農民實際得到了每斤2分錢、每畝16元的補貼，其餘36元補貼給了中儲糧。消費者每多支出1元的糧油成本，農民得到的好處不足0.15元，而中儲糧等特權企業賺去了0.85元以上。

四、封建等級的社會保障制度

目前，中國的醫療分成幾類，公務員享受財政撥款的公費醫療，部分職工是個人帳戶加社會統籌，另外一些職工和居民購買商業保險，農民參加合作醫療。據第三次國家衛生服務調查結果，城市居民中沒有任何醫療保險的占44.8%，農村有79.1%的人沒有任何醫療保險。勞動與社會保障部的農民工大病醫療保險試點，也只覆蓋了10%的農民工。

衛生部的一個副部長在在國務院新聞辦的一次新聞發布會上說，目前中國農村有40%～60%的人看不起病。在中西部地區，由於看不起病，住不起院，死在家中的人占60%到80%。

據《當代中國研究》2003年第4期，從1991年到2000年，中央撥給農村合作醫療的經費僅為象徵性的每年500萬，地方政府再配套500萬。全國農民分攤下來，平均每年每人每年大概是1分錢。

一方面是老百姓看不起病，另一方面離退休高幹卻長年占據40多萬套賓館式高幹病房，一年開支500多億元，再加上在職幹部療養，國家每年花費約2200億。官員們的公費醫療占去了全國財政衛生開支的80%。

而且，目前中國80%的醫療資源集中在北京等特權城市。

中國衛生的公平性在世界191個國家和地區中排名倒數第四。

中國的養老制度也是封建等級化的。官員們按照級別享受相應的待遇直到死亡，不論是否在職。高幹離職後，祕書、警衛、司機、勤務、廚師、保姆、專車、住房及醫療待遇一律不變。

五、令人生畏的員警特權和司法特權。

員警絕大多數是好人，員警和司法的特權源於缺乏民主監督的體制。

據新華社哈爾濱2007年11月13日電：哈爾濱市區電子監控設備發現，警車闖紅燈月均近1200次。

某縣動用員警收提留款，動不動就把村民拘留，站在一旁的村民劉振中說了一句「這趕上土匪了！」於是被員警四處搜捕，其妻、父、叔、兄弟媳婦皆受牽連都被送進監獄。

少女紀海雲被汙賣淫，被員警毒打3個小時，下體、大腿內側被棒打、鞋踢、腳踩，醫生說：我從來沒有見過一個姑娘被打成這樣的，真是慘不忍睹。

某員警甚至說：「我們吃的就是這碗飯，開的就是這種店，打人是家常便飯」。「我打你是執行公務，你還手是妨礙執行公務」。

上海巨富周正毅的看守所和監獄生活，也處處顯示出特權：每餐「四菜一湯」；允許使用手機；數次看病，每次醫院都接到命令停止門診，專為周正毅一人

服務；親情電話成為周正毅想打就打的特權電話。

六、歧視性的戶籍制度

戶籍制度造成了城市人的特權、農村人的社會底層化。

1999年北京市勞動局出台了2000年本市允許和限制外來工的職業範圍，限制外來工的行業8個，職業、工種103個。

據新華社南京2006年2月18日電：南京上百萬農民工5年來只有4～5人成功落戶在南京，不到百萬分之一。

據《法制晚報》2007年4月26日報導：中國人民大學人口與發展研究中心調查顯示，34.28%的在京流動兒童為北京土生土長，20.82%的兒童不能及時接受教育。

目前，中國高等教育的城鄉學生比從改革開放初的3：7發展為7：3。

據《南風窗》2006年3月1日報導，中國農民高價購買生產資料交納的增值稅每年在4000-5000億元，是全國增值稅的一半，相當於每個農業人口每年交稅400-500元。另據國家稅務總局副局長表示，全國增值稅的60%都是農民交的。

國家財政每年撥出支農資金高達4000多億，但大部分資金補貼了糧食企業、化肥企業等權貴部門，農民獲得的補貼很少，國家的扶貧資金也主要是肥了地方政府部門。

七、宣揚特權的教育制度

小學生個個比誰家父母的官大；大官的孩子被老師悉心照料，當上班幹部；課堂上宣講的往往是尊敬領導、服從權力。

2007年5月28日上午，為慶祝「六一」兒童節，武漢市舉行少先隊的特色比賽。當日，武漢最高氣溫達35.3℃。原計畫8點30分開始的比賽，卻因領導的姍姍來遲而延後。等一個個領導在太陽傘的遮陰下講完「祖國的花朵們」之類的話（官員們的心中其實在說：我才是祖國的花朵呢！），一直炙烤在烈日底下，穿著長袖制服，並且手套、帽子……裹得嚴嚴實實的軍樂隊員，終於起步，開始比賽。手持

指揮杖的小男孩，才走出幾步，一頭暈倒在地。當老師和家長的搶救時，領導們悄然離去。

某市文化旅遊節逢雨，領導們都有人給打傘觀禮，而學生們個個立在雨中，渾身濕透。

銀川市舉辦首屆中小學運動會，各級領導輪流發表宏篇大論，台下四十名八九歲的女生穿著單薄的表演服，在低溫的寒風中苦苦等待了1個小時。

在河北省科技活動周開幕式上，一名小學生耐不住持續兩小時的烈日炙烤，當場中暑昏倒。然後，臺上領導們也都悄然離去。

1994年12月8日的克拉瑪依，當大火突襲的時候，有人高喊著：「同學們不要擠，讓領導先走！」結果，克市領導、教委領導幾十人都成功逃生，沒有一人死亡，而288名學生葬身火海。

中國的學術機構也處處滲透了權力。55年來，北大物理系培養的22位院士，不帶官職的只有4位。51級入學的4位院士中3位是部長。

高考分數線歧視則造成了地區特權、城市特權以及考生人格上的不平等。恢復高考20多年來，北京的高招錄取分數線大大低於其他省分，相差最高達160多分，在其他省分只能上普通本科的分數，在北京竟能上北大、清華。

美國也有幫助弱勢族群的錄取政策，但絕不可能照顧發達城市。

八、歌頌權貴的文化制度

由於電臺電視臺、新聞出版業的壟斷、特權，以及不允許出現政治、經濟、社會、文化領域除娛樂之外的明星，電視臺等為了保險，「不出問題」，不敢報導真實消息，不敢追蹤社會問題，不敢深入挖掘新聞內幕，因此，天天播出娛樂節目，吹捧幾個歌星，號稱是弘揚「主旋律」。

8億農民、2億農民工、3億多低生活水準者、4000萬失地農民、3000萬上訪者、2000萬農村留守兒童、2000萬打工子弟、6000萬殘疾人、2億工人、1.2億乙肝病毒攜帶者、上百萬愛滋病患者在媒體上統統不見了蹤影，成為沉默的大多數。

因此，只有廢除官本位的等級制度、黑箱化的財政制度、權貴壟斷的企業制度、封建等級的社會保障制度、歧視性的戶籍制度、宣揚特權的教育制度、歌頌權

貴的文化制度等，中國才能進步，才能實現現代化，才能成為現代文明的國家，為此，我強烈建議：

取消工廠、醫院、銀行、城市、街道、學校、科研院所、社會團體、民主黨派、道觀佛寺的行政等級；

除退休的國家主席、人大委員長、總理等少數人之外，取消退休離休後的祕書、廚師、保姆、警衛員、司機、勤務、公務員、專車、住房及醫療方面的特別待遇；

取消幹部病房、高幹病房、幹部療養所、領導度假別墅、部級待遇等公款福利特權；

建立科學化、規範化、公開化、民主化的公共財政體制，一切支出改由各級人大決定；

打破石油、電力、電信、金融、保險、證券、外貿、煙草、糧食、地產、大型工程、農用生產資料、有色金屬、民航、鐵路、安全等領域的壟斷，國家參與其分紅，提高其稅賦標準，引入競爭主體，形成市場化的多元競爭格局；

廢除歧視性的戶籍制度，建立身分證電子管理系統，將沉澱在當地的戶籍資料、人事檔案、個人及家庭收入納稅、繳納保險情況，信用、守法記錄等等納入全國統一的身分證號碼查詢系統中；

廢除高考分數線的歧視；

立法嚴禁在招工、教育、醫療、住房、自由遷徙、失業保障、養老保險等方面歧視任何一部分國民。

取消財政對機關幼稚園、機關小學、重點中小學等的傾斜投資政策，促進學校的均衡發展，實現教育公平；

規定一切城市不得限制外來工的職業範圍，不得拒收或者高價接受打工子弟入學；

規定行政人員、官員不得參與教授、院士等的評定；

取消電臺電視臺、新聞出版業的壟斷，允許民營媒體參與競爭，政府只需對其業務、內容進行規範；

逐步建立憲政民主、以及公民監督、司法監督、媒體監督的制度；把各級人大變成真正的權力機關，實現人民代表的專職化、專業化和自由選舉，人民代表擁

有罷免彈劾官員、決定財政預算決算、進行重大決策的權利；讓司法、反貪、審計、監察、信訪等部門獨立於行政；對弱勢群體進行有效的權利救濟、司法救濟，媒體從各級官員的喉舌變為人民群眾的喉舌。

只有廢除特權制度，才能建設嶄新中國！

2007年11月17日

特權壟斷利益集團：中國最大的禍害

胡星斗

特權壟斷利益集團已經發展成為中國最大的禍害，破除特權壟斷利益集團是擺在中國政府面前的首要任務，也是清除中國現代化障礙的工作重點，是中國人民在新時期重中之重的艱難使命。

越多的特權壟斷的國有企業進入世界500強，中國的經濟現代化就越沒有希望。目前，中國的國有企業資產利潤率僅相當於發達國家大企業資產利潤率的1/10～1/100。國有企業的高成本、低效益極大地損害了國民的福利。

據鐘偉等人的《中國金融總體風險評估報告》：2002年，中國工商銀行的資產利潤率為0.13%，農業銀行為0.01%，中國銀行、建設銀行為0.14%，而花旗銀行為1.5%，匯豐銀行為1.77%。中國國有銀行的利潤率不及發達國家大銀行的1/10～1/100。2002年，中國四大銀行的不良貸款率為25.37%，如果使用國際通行的「五級分類法」，不良貸款率估計在35～40%。這還是在1998年財政向四大國有銀行注資2700億元，1999年通過四大資產管理公司剝離1.4萬億不良資產，2003年向銀行注資450億美元之後。2000年，世界前20家大銀行的不良貸款率是3.27%，花旗銀行2.7%，匯豐銀行3%，亞洲金融危機前東南亞國家銀行的不良貸款率也在6%以內，也就是說，中國國有銀行的不良貸款率是發達國家大銀行的10倍以上。

另據《法制日報》2006年11月30日報導，目前中國各銀行僅車貸呆壞賬就達1000多億，有的騙貸者從銀行騙取汽車消費貸款29筆，共計2000餘萬元，大多數都是內外勾結作案。29次騙貸竟然成功，並不能以銀行內控制度不嚴密來解釋，只能說明國有、官本位體制的醜陋本性。中國銀行香港分行總裁劉金寶，在擔任上海分行行長時，一年的交際費就達1個億，其車隊由10輛賓士車組成，經他批出的貸款壞賬高達960多億元。

不僅國有銀行憑藉特權壟斷，尚且壞賬累累，而且國有券商、國有基金、國有股市皆是黑幕重重。據袁劍《中國證券市場批判》（中國社會科學出版社

2004.12.1）：至2002年5月，中國118家證券公司擁有淨資產917億，但不良資產比例達50%；至2002年11月，各證券公司年度虧損220億，而按照百富勤的估計，虧損為400億，至2004年券商壞賬已達900億，中國券商實際上已經破產，只不過，地方政府在為破產的證券公司兜底，萬國證券倒閉了，上海市財政兜著。即使現在隨著股權分置改革，券商又可挽回一點敗局，但「掙錢了歸自己，賠本了歸國家」的體制註定了證券公司未來仍然是虧本的命運。

據2005.11.16《今日關注》：2005年上半年中國基金六成虧損，但基金管理公司的管理費收入猛增，具有可比性的31家公司的管理費收入同比增長幅度達67.8%，有7家超過100%。中國採用的是有別於發達國家公司型基金的契約型基金，按基金淨值1.5%提取固定比例的管理費，不管基金賺錢賠錢，只要錢過手，就留下巨額費用。基金管理者成為不受利益相關者監控的特殊群體，沒有規範的資訊披露，沒有任何措施制約內部人的交易。

另據報導：美國上市公司每年紅利大大超過從股市中的融資額，而中國上市公司大多不派發紅利，上市公司的利潤率僅為發達國家的1/10～1/100。由於中國股市是為幫助國有企業脫困而建立的，十幾年來，上千家國有企業得救了，但數千萬股民90%多賠得血本無歸，損失上萬億元。美國安然公司醜聞曝光後，在特定時期購進安然股票者可獲得總額近40億美元的賠償，可誰會為被誤導、被欺騙、被坐莊操控的中國股民賠償呢？

中國的特權壟斷企業還有中國國電、中國石油、中國石化、中國航空、中國煙草、中國電信等。據《南風窗》2006.1.1報導：國電公司等以不提供輸電通道等為要脅，對地方水電上劃、代管，地方電力資產被低價甚至零價格收購，鄉村小水電被無償移交，不准地方發電自用，只准發電後低價上網高價買回，上網下網的價格差有時能達10倍以上，地方一年損失幾百萬甚至幾千萬元，電力壟斷已經嚴重地侵犯了老少邊窮地區的合法利益，地方上再也沒有了發展小水電的積極性了。中國國電、南方電網在特權壟斷、電費普遍上漲的情況下，每年只有200多億的微薄利潤，資產回報率僅有1%，而發達國家乃至巴西的電力企業資產回報率也在9～11%。據南方都市報2004.6.27報導：國家電力公司一次內部幹部會議，3天的會議花了304萬元，平均每人每天8000多元。一個已經倒閉的電廠抄表工年收入10萬元，而他做的工作僅為每天抄4次電錶。

另據《南風窗》2006.11.16：國家電網公司正在以地方「倒逼」中央的方式推行特高壓輸電網，已經同24個省區直轄市簽定了電網發展和農村戶戶通工程紀要，以發展特高壓電網為條件，國家電網公司許以巨額投資建設地方電網。如此，試圖從技術上、體制上堵死地方電網發展的可能性，形成牢不可破的壟斷局面。但是，全國形成一張百萬伏特高壓電網隱藏著巨大的國家風險，一旦遇到軍事打擊或者事故，全國電力將陷入癱瘓，世界上沒有哪個大國是風險如此集中的，美國有三大電網、十大安全管理區，發達國家早已中斷了特高壓電網的研究，日本、俄羅斯等國的少量特高壓電網也在降壓運行。但中國發改委卻已經批准了特高壓試點專案，估計全國推廣後動態投資在8000億元，是三峽工程的3～4倍，卻不需要經過全國人大的討論與批准。

中國石油、中國石化憑藉國家政策優惠和石油開採權煉製權的壟斷，獲得巨大的不公平的利益。國際上原油資源從價稅率為10%，而中國僅為1.5%，石油公司不僅少交稅，而且成品油出口退稅，僅此一項，每年就有上百億元進賬。前段時間，中石油倒原油掙了1200億，接著成品油提價晚了，虧本了，國家就給補貼100億元，掙錢的時候是企業，賠了錢算國家的。而按照1994年實施的《國務院關於實行分稅制財政管理體制的決定》，1993年以前註冊的國有全資企業稅後利潤不上繳，因此，中石油等企業壟斷全國的資源，稅後利潤卻可以留著自己用。

中國國有航空公司機人比為1：300～400，也就是每架飛機養著300到400人，發達國家僅為幾十人。儘管國有航空企業長期虧損嚴重，但仍然高工資高福利，管理人員年薪高達20萬～30萬元，解決虧損的措施僅僅是發文提高燃油附加費標準。某航空公司在長期虧損的情況下又為數萬名員工換制了價值達幾千元一套的新服裝，不知道這筆生意又誕生了多少富翁。

目前，世界上僅有十餘個國家實行煙草專賣制度，日本韓國等原來實行專賣制度的國家也早已改變。中國各地的煙草專賣局與煙草公司是「兩塊牌子一套人馬」，政企合一，既當運動員又當裁判員。煙草公司家底不清，連自己有多少贏利、多少虧損都弄不清。不允許煙農自由交易，以超低價剝奪煙農的利益；一些地方的煙草管理人員以檢查、涉嫌銷售假煙為名隨時查扣香煙，說罰就罰，銷售者有口難辯。許多地方煙草管理中層幹部的年收入達30萬元。

鐵路具有運力大、能耗低、污染小、占地少的比較優勢，屬於資源節約型、

環境友好型產業，在中國理應高速發展，但中國目前鐵路運營里程僅7.2萬公里，尚未達到孫中山《建國方略》中憧憬的10萬公里，中國目前人均鐵路不足一支煙的長度，怪不得老百姓坐火車猶如受難旅程。美國有14家鐵路公司，他們按照市場機制合作運營鐵路，而中國的鐵道部就是全國唯一的壟斷性鐵路公司，各個鐵路局只是官僚體系中的行政下級，都不是獨立的法人，全國鐵路由鐵道部集中調度，統一核算，網運一體，業務混同，交易規則缺失，交易程式不透明，沒有明晰的財務清算規則，沒有透明的調度指揮系統，成本收益說不清楚，令外資和民資望而生畏，個別膽大的冒險而進，巨虧而出。

中國公路交通也是壁壘森嚴，企業要想異地開闢新線路，必須到異地審批，而出於保護本地區利益的考慮，各地交通部門總會使得外來企業知難而退。如果本省市客運企業想將線路延伸至外地，政府又擔心稅收外流，如此不但不能形成大交通的格局，而且老百姓不得不承受高票價、擁擠客運的苦楚。

特權壟斷還表現在電信、農用生產資料、殯葬等行業。中國電信曾經被世界組織評為競爭力倒數第一，服務品質倒數第一。中國農用生產資料的壟斷使得農民不堪忍受化肥、農機等的高價格，農業生產成本高昂，農民增收困難。中國農民要購買一臺拖拉機，要比日本農民多付出10倍的糧食。據國家稅務總局一位副局長透露：中國的第一大稅種──增值稅的60%是由農民通過購買農業生產資料承擔的。

另據北京市殯葬管理處一位副處長對央視表示：壟斷的殯葬業利潤可達1000%～2000%，骨灰盒利潤300%。

據國家統計局2006年初公布：電力、電信、金融、煙草等壟斷行業的平均工資是其他行業的2～3倍，加上工資外收入和福利，是其他行業的5～10倍。這些壟斷企業經常以虧損為由漲價，以維持壟斷收入，而成本由群眾買單。現在部分壟斷行業面對輿論的壓力，搞起了「減薪風暴」，但往往是明減暗增，譬如一些電力系統為職工繳存的住房公積金基數超過當地社會平均工資的3倍，因為個人繳多少，單位再補貼多少，職工的暗收入反而增加。

特權壟斷、官僚主義還造成了國有投資和國有企業的大浪費。據《南風窗》2004.8下報導：2003年經過對526個使用國債資金的城市基礎設施專案審計發現，在已經建成的320個專案中，有32個沒有運營，18個試運營，開開停停，69個沒有達到設計生產能力，34個存在嚴重問題，各項問題率達到50%。據世界銀行估計，

中國從「七五」到「九五」，投資決策失誤率在30%。

一個個的國有投資黑洞數不勝數：廣州乙烯工程投資80億，無法形成規模；中州鋁廠投資19.8億，負債35.2億；中原制藥廠投資13.26億，負債30.6億；珠海機場投資95.6億，可沒有多少乘客；湖北荊襄化工投資40億，無人收場；二灘電站過木機道工程耗資12.6億元，被廢棄；川東天然氣氣城工程損失13億元；黑龍江政府投資5.6億元的牡丹江煤氣工程因盲目建設、管理混亂而停產；黑龍江子午胎專案投資十幾億，建成後每年虧損3億元；瀋陽投資幾十億的渾南市場報廢；投資5億元建成的遼寧輪胎廠載重子午胎專案一運行就陷入了困境；吉林化工花幾十億元建成的阿爾法—高碳醇專案，產品沒有銷路，4萬職工下崗；投資30億的吉林1號工程「大液晶」專案剛建完即陷入困境……。

特權壟斷行業不僅包括國有壟斷企業，還包括權貴化的房地產企業。一些房地產商依靠官商勾結，大發利市，同時大規模地偷逃稅收。據財政部2006年發布的第22號會計資訊品質檢查公告：2005年度檢查的39戶房地產企業少報收入84億元，少報利潤33億元，會計報表上的平均利潤率僅12.22%，而實際達26.79%，平均每戶少報利潤8500萬元，少交稅3800萬元（《深圳商報》2006.11.8）。從2002年至今，房地產業連續入選「中國十大暴利行業」，2004年大陸百富榜，房地產老闆占45%，2005年胡潤富豪榜前50位富豪中24位涉足房地產。但中國納稅500強中，房地產企業數僅占0.6%，納稅額僅占0.3%。國稅總局的調查顯示，偷漏稅中房地產企業占90%，北京欠稅企業所欠稅金的80%是房地產企業所欠（《法制晚報》2006.9.6）。在房地產的開發中，政府是無本萬利者，稅費成本占房價的50%，房地產商是一本萬利者，房地產利潤占25%以上，由於房地產的資金80%來源於銀行貸款，使用了極高的財務槓桿，所以房地產商的資本利潤率在100～200%以上。

特權集團消耗了中國巨大的國力。據《檢察風雲》2006年第19期報導：目前，幹部公費出國消耗財政費用3000億元，2004年公車財政支出4085億元，公款吃喝3000億～3500億元。以上「三公」消費占中國財政支出的1/3以上。據《新快報》2005.3.29報導：廣州市政府辦公廳177人，擁有172輛公車；科技局日常公用支出1.58億元；交委的行政編制81人，車輛保險費就達113萬；工商局的臺式電腦預算竟達2.5萬元一臺。鄭州市惠濟區耗資6億元建成「世界第一區政府」的六幢辦公樓，而該區年財政收入僅2億元。浙江安吉縣透支十年財力，建成30萬平米的政府

大樓，縣城中心的廣場投資1.2億，面積相當於天安門廣場的3/5。

在芬蘭，僅總統、總理、外長、內務部長、國防部長5人配備專車，而且公車僅限於公務使用。在韓國首都首爾市，僅有4輛公車。義大利一個市長乘公車到百里之外辦私事，被判刑6個月。在北歐國家，任何一位政府官員公務宴請的菜單和費用以及出差的報銷清單都可以在網上查到。有一位高官僅僅因為公務宴請時多上了一道鵝肝，就被媒體揭發而丟官。3名英國議員到日本出差，為了觀光東京，多住了一夜，被報紙揭發，3人不僅全部吐出了住宿費，而且全部辭職。德國央行行長韋爾特克攜家人赴柏林出席歐元誕生儀式，住進了豪華酒店，費用由德累斯頓銀行埋單，媒體披露後，輿論大嘩，韋爾特克馬上道歉，支付了一半的費用，並且辭職。美國俄亥俄州州長塔夫脫因為收受價值5800美元的禮物未向監督部門報告而被起訴，禮物包括兩趟價值100美元的高爾夫旅行，接受了曲棍球賽的門票和免費的宴會。

而在中國，一方面特權壟斷造成了巨大的損失，另一方面醫療、教育、環保等成為無米之炊。中國的衛生公平性在世界191個國家中位列倒數第四，政府曾經提出的「到2000年人人享有衛生保健」、「到2000年在多數地區建立農村合作醫療制度」，皆沒有實現。2005年，政府投入的醫療費用中80%被850萬黨政幹部所占用（《社會科學報》2006.11.9）。從1991年至2000年，政府撥付的合作醫療經費全國農民分攤下來每人每年僅1分錢（《當代中國研究》2003.No.4）。據北大醫學部2005年對河北的調查，農民從新型合作醫療中得到的報銷額僅為大病花費的8%（《社會科學報》2006.2.2）。衛生部一位副部長在新聞發布會上說：在中西部地區，因為看不起病、住不起醫院、死在家裡的人估計有六到八成（《深圳商報》2005.7.30）。

2005年之前，慈善事業也被特權壟斷著，2005年8月中國才有了第一家私立基金會——「香江社會救助基金會」。美國現有慈善機構超過120萬家，每年慈善公益捐款6700億美元。而中國過去只有官辦慈善機構100餘家。中國人均捐款是美國人的萬分之二點四，中國的捐款中企業家捐款僅占15%，99%的企業從未捐過款。

目前，中國的社會保障支出占財政支出12%，而且其中相當部分用於維持官僚機構的運轉，而歐美社會保障支出占財政支出都在45%以上。中國的低保，2004年中央財政負擔105億元，地方財政支出173億，還不及公款吃喝費用的1/10。

在教育方面，根據2004.10《「我國教育公平的理論與現實」學術研討會論文集》中的研究：國家重點院校黨政幹部子女與工人子女、農民子女的入學機會差距是31.7：4：1，也就是說，幹部子女的實際入學機會是農民子弟的31.7倍，是工人子弟的7.9倍。

據《南風窗》2005.7上報導：2004年的調查顯示，超過50%的農村中小學基本運行經費難以保證，超過40%的小學使用危房，40%的小學缺少課桌板凳，接近40%的農村小學交不起電費，有電不敢開電燈。

目前，中國人口占世界的22%，中國的教育經費占世界的1%，衛生經費占世界的2%。中央黨校的一位教授指出：中國的國家民生支出占GDP的比例為全球倒數第一。儘管如此，中國財政預算內教育經費占GDP的比例近幾年仍然連年下降，2002年為3.32%，2003年為3.28%，2004年為2.79%（《法制晚報》2006.6.27）。

在中國，不僅教育倍受特權坑害之苦，而且學術也成為特權的奴僕。55年來，北大物理系培養了22位院士，不帶官職的僅4位。以51屆入學的為例，4名院士中3名是部長（範良藻《如何辦好大學——致母校清華、北大的公開信》）。

在環境、資源方面，中國同樣受到特權的威脅，如果不能改變官本位的制度，建立公民社會、公民文化，那麼環境惡化的狀況是不可能從根本上改變的。改革開放以來，中國還沒有哪一年完成了生態環境方面的指標。2005年瑞士達沃斯公布的環境可持續指數，中國在144個國家中位列倒數第12位。

中國已經清查出3000多座「四無」（無立項、無設計、無驗收、無管理）的水電站，幾十年來水庫移民近2000萬人。一些特權單位利用農民的不知情和弱勢地位強行推進各項工程，工程上馬、竣工之時，往往就是當地百姓受苦、上訪之日。建一個工程，留一堆社會後遺症。大多數工程沒有像樣的「可行性報告」，唯有長官意志，下級的設計院、研究院不可能得出不可行的報告。一些地方對不同意見的專家也進行排斥打擊。而農民在各項工程中失去了土地，得到的補償僅為賣地款5～10%，村集體得到25～30%，由村幹部掌握。農民因失去土地，十多年來損失10～20萬億元。

目前，北京有5000餘家各級政府駐京辦，如果加上國企等的駐京辦超過1萬家。這些駐京辦都是為特權人員服務的，老百姓是沾不上邊的，駐京辦每年用在疏

通關係上的灰色經費在200億元以上（《法制晚報》2006.9.4）。

特權壟斷也使得中國淪為世界的打工崽。由於國有大銀行不屑於為小企業服務，不給小企業貸款，而能夠為小企業服務的中小銀行、私人銀行又不允許存在，加上小企業沒有技術創新能力，沒有自主知識產權，企業稅賦之重居世界第二，企業的利潤率微薄，沒有資金投入到研發之中，因此，中國只能成為世界廉價的加工業基地，小企業無法發展壯大。據報導：美國擁有中小銀行7000餘家，中國企業擁有自主知識產權的僅為萬分之三，擁有專利的僅為百分之一。所以，中國一方面是國有壟斷，越來越多的壟斷國企進入了世界500強，使得國民福利受損，另一方面是漫山遍野的小企業，整個珠江三角洲上百萬個企業的產值之和也僅相當於一個跨國大公司的產值。

特權壟斷還可能造成新農村建設的失敗。農民應當是新農村建設的主體，但目前由於農村處於金融真空的狀態，國有大銀行不願意也不可能為農民貸款，農村的土地、宅基地由於是集體所有，實質是國有壟斷，不能夠抵押，承包的土地也不能改變用途，所以，農民已經沒有了創業的可能。新農村建設只能淪為地方政府的政績工程。臺灣有農會，農會有信用部，信用部可以給農民貸款；美國有信用合作社11500家，可是中國目前有誰給農民貸款？農村合作信用社也產權不清，壞賬率達56%，而且一直為地方政府所控制。農民已經無法在農村創業，只能流落到城市，成為苦力和打工崽。而由於戶籍制度的藩籬，農民工又只能年復一年地回到農村。

特權壟斷已經成為中國劇烈的心痛。國家權力部門化，部門權力利益化，部門利益法制化，目前醞釀中的反壟斷法由於權貴們的遊說已經刪除了反行政壟斷的內容，而廣大的平民百姓又憑什麼去跟權貴們博弈呢？憑什麼去阻止立法擴權、立法侵權、立法違憲呢？

破除特權壟斷是中國政府的第一任務。人民對之寄予厚望。

中國腐敗的治理

——在華中科技大學國家大學生人文素質教育基地的演講

胡星斗

我是現實的理想主義者，現實主義加理想主義。沒有憲政民主的理想主義，中國永遠不可能成為現代化的國家；但如果沒有現實主義，理想主義、自由主義的東西成為空中樓閣。反腐敗，也需要現實主義與理想主義的結合，沒有憲政民主的理想主義，反腐敗只能是運動式的殺雞儆猴、借反腐敗清除異己，永遠治標不治本。同樣，沒有現實主義，中國也不可能找到符合國情的行之有效的反腐對策。

胡溫政府鐵拳打擊腐敗，在現有的制度框架內做出了最大的努力，成效是巨大的，贏得了全國人民的擁護；胡也強調制度和監督的作用，所謂反腐敗三位一體：注重教育、制度、監督三者的作用。同時，在憲政和制度反腐方面，我們也對胡寄予希望。

中國的腐敗是制度性的，為什麼會出現這樣的官場現象——「身體越來越胖，心胸越來越窄；頭銜越來越多，學問越來越淺；講話越來越長，真話越來越少；權力越來越大，威信越來越低；年齡越來越老，情人越來越小」？根源在於制度。

發達國家也有腐敗，但它是非制度性的。國際透明組織公布的世界上最廉潔的國家都是發達國家或者像新加坡這樣的事實上的發達國家。發達國家的廉潔指數都能得8分、9分以上，滿分是10分。像冰島、芬蘭這些國家往往得9.9分或10分。冰島自1918年以後只有4名高官因腐敗而辭職，最近一次在上個世紀80年代。在芬蘭，送禮會被官員視為侮辱其人格，該國已有30年無重大犯罪事件。中國廉潔指數得分波動較大，1980-1985年是5.13，1988-1992年降為4.73，特別是，1995年是2.16，1996年是2.43，分別處於樣本國家中的倒數第2位和倒數第5位。其後，加大了反腐敗的力度，廉潔指數有所上升，1997-2001年是3.05，2002年是3.5，2003年為3.4，2004年仍為3.4，2005年為3.2，2006年為3.3。中國屬於世界上得分2.5～5.0

之間的腐敗比較嚴重的國家。

日本在上世紀50、60年代，一年抓幾千個貪官，如今一年才二三十個，說明其政體、反腐敗體制已經比較完善了。中國2004年一年被檢察機關起訴的貪官人數是6萬多，相當於美國前二三十年被起訴的官員的總和。

腐敗的本質是權力的異化。腐敗只是非程式政治、非陽光政治的附產品；中國最大的腐敗是行政壟斷和公權力亂用所造成的租金和浪費。比如陳良宇案，還有其他的案子，一把手都是處於監督之外。由一把手，然後形成嚴重的裙帶腐敗。

我曾經說過中國的腐敗黑數即沒有被查出的腐敗金額占99%，有的說96%，還有的說95%。我說99%不是信口開河的。研究表明，世界平均的賄賂額占GDP的3%，就算中國是世界的平均腐敗程度，那麼中國應查出腐敗金額為7000～8000億元，而最高人民檢察院公布的2005年查出的腐敗金額僅為74億元，約應查出的1%，所以說腐敗黑數為99%。還有另外一個演算法，2006年中國查出的商業賄賂為37億元，2005年查出的官員腐敗74億，兩者有重合之處，因為在中國商業賄賂往往與官員腐敗、官商勾結有關，就算兩者不重合，總共111億元，而學者計算，中國2004年權力尋租13800億元，111億/13800億，查出的仍然不到1%。另據測算，我國2004年全部的租金價值包括灰色收入為56952億，占GDP35.64%，照這樣算，中國的腐敗黑數就是99.8%。可見，中國的腐敗是大面積的。

目前中國腐敗的特徵就是：制度性的腐敗；大範圍大面積全方位的腐敗；生活方式的腐敗；公權力亂用的腐敗；權力資本化的腐敗；集團分贓的腐敗，腐敗部門化了，如全國許多交通廳的廳長倒臺；腐敗市場化了，教育、醫療等民生部門統統走向了市場，全面市場化，帶來了嚴重的腐敗；還有腐敗黑幫化，在一些地方法治的威信掃地。老百姓說：不怕黑社會，就怕社會黑。

我還曾經總結，中國的腐敗出現了四個新的特徵：由收錢收物的「硬腐敗」發展為接受各種服務、旅遊出國等「好處」的「軟腐敗」；由個人撈錢的「小腐敗」上升為集體福利、揮霍公款的「大腐敗」；由內資企業的「內部腐敗」發展為外資企業參與商業賄賂、國有資產廉價賣給外國人的「涉外腐敗」；由一人出事的「單案」擴大為一揪一串的「窩案」。而且有些領域的腐敗前腐後繼，官員視死如歸，「『官』不畏死，奈何以死懼之！」這說明中國的腐敗在一些領域非常嚴重。

如何反腐敗？最重要的是三個方面──新聞監督、群眾監督、收入申報：

一、**新聞監督**。根據國際反腐敗組織「透明國際」的調查，反腐敗最重要的、排在第一位的是新聞自由；反腐敗看起來很難，但其實也很容易，充分發揮媒體的監督作用，大部分的腐敗就可剷除。所以，中國要減少對媒體的管制，建立現代新聞制度。當然，中國目前也不可能新聞自由，一自由，中國就亂了，因為以前沒有公開的東西太多了；但中國也要逐步地加大新聞開放的力度，掌握好短期穩定與長期穩定的關係，一味地封殺，有了短期穩定，但會失去長期的穩定。媒體監督對於反腐敗是個關鍵，各級官員可以赤裸裸地暴露在公眾監督、媒體監督之下，他們就不敢腐敗，小腐敗就被揭露了，也就不會發展為殺頭的大腐敗。媒體監督對官員是愛護。可以規定媒體監督的少數禁區，比如政治局成員以上官員的醜聞報導必須經過審批，其他的官員媒體可以沒有禁區。

西方媒體大多歸民間所有，美國規定政黨不得辦報紙，美國也不允許各級政府辦報紙，美國之音是僅有的政府媒體，但它只對外，不對內，美國人民無法接受到政府的「教育」。《紐約時報》曾經連載越南戰爭的檔，當時的尼克森總統起訴《紐約時報》洩露國家機密，但最後尼克森總統敗訴。水門事件時，《華盛頓郵報》披露尼克森總統同夥竊聽民主黨總部，尼克森總統以吊銷營業執照相威脅，也沒能阻止《華盛頓郵報》的徹底調查，最終迫使尼克森總統下臺。美國歷史上有「扒糞運動」，新聞揭露醜惡，刨根追底，讓政客們醜行曝光。日前，《華盛頓郵報》登出整版廣告，懸賞100萬美元，徵集華盛頓政客的性醜聞。有了這樣的新聞監督，腐敗難逃制裁。

韓國自八十年代以後國家發生了翻天覆地的變化。這個國家古代是中國的附庸國，可是現在文明程度大大超過中國。由於新聞監督，一年多韓國有三個總理副總理因醜聞下臺。副總理李基俊因涉嫌在擔任首爾大學校長時浪費辦公經費而辭職；副總理金秉准因擔任大學教授期間論文一稿兩投而辭職；在「三一」運動紀念日，總理李海瓚去打高爾夫球，被媒體揭發而辭職。

英國3名議員觀光東京，多住了一夜，被媒體揭發，3名議員全部辭職。

而目前中國一些地方政府非常恐懼新聞監督，竭力鉗制言論，如重慶彭水的短信諷刺腐敗案，山西稷山縣三名幹部舉報縣委書記案，當地政府不是去查處有沒有腐敗，而是把發短信者、舉報者抓起來。還有山東濟南商場水災案，線民「紅鑽帝國」因傳播虛假消息被捕。中國首個民間調解員被冠以「非法持有國家機密罪」

而遭逮捕，我認為洩露國家機密罪只能應用於官員，特別是高級官員，老百姓怎麼可能持有國家機密？地方政府的醜行也算國家機密？以後法律應規定，地方政府的一切都不屬於國家機密。

這些都是非常危險的傾向，極其嚴重的事件，一些地方官員不擇手段地鉗制輿論，打的都是執法、維護社會穩定的旗號。

我相信上述作為都是地方政府所為，肯定不是中央政府的意願。中央政府必須加強權威性，約束地方政府的胡作非為。

在發達國家，對於官員、富商、強勢群體實行有罪推定、舉證責任倒置，公民、網友、記者、報紙的報導失誤也不被追究責任，除非你能證明他是故意的、惡意的，而對老百姓、弱勢者實行無罪推定。2000年美國證券交易委員會主席代表美國股民狀告300家券商，由券商舉證沒有欺詐股民，由於舉證困難，券商只好主動賠償了股民30億美元。

在中國，實行民主選舉太困難，民主監督太困難，但媒體監督比較容易，只要減少新聞管制就行。

二、**群眾監督**。毛澤東說：只有人人監督政府，政府才不敢懈怠；只有人人負起責任，才不會人亡政息。毛澤東這句話是對的，儘管「文革是為了反腐敗」之說我並不贊同。

但反腐敗也主要靠群眾監督。比如中國應當允許財政公益訴訟，也就是公民只要有證據，都可以起訴揮霍公款、浪費公款的行為。在發達國家如美國、日本都有這樣的制度，起訴者還可以分得追回的部分資金，作為獎勵。東京都知事也就是日本東京市長石原慎太郎，因為住豪華酒店，亂支交際費，被東京一個區的議員起訴，東京地方法院判石原等3人賠償40萬日元。

還有，發達國家都建立了鼓勵舉報的制度，如美國有舉報人保護法、印度設有舉報網站、英國實行匿名舉報、「舉報卡」制度。中國也應當出台舉報人保護法，避免舉報腐敗者被迫害打擊，如舉報原河北省委書記程維高的郭光允被勞教、武漢鐵路分局副局長劉志祥雇兇殺舉報人，等等。反腐鬥士楊劍昌，有人寫了他的傳記，經過層層審稿，刪掉1萬多字，傳記在一位老將軍的干預下才得以出版，但不准在當地發行，楊劍昌住著70平米的房子，家裡一貧如洗，兒子上學提心吊膽。這是昭示世人，大家都別學楊劍昌，反腐敗成本何其大，風險何其大！大家可以學

雷鋒，毛澤東發起學雷鋒運動是為了搞個人崇拜。但大家不可學楊劍昌，地方政府也抑制學反腐英雄的行為。反腐英雄甚至被「領導」污蔑為刁民。但在民主社會沒有刁民，只有刁官，以刁民侮辱公民，正好說明他們是刁官。

三、**收入申報**。收入申報和公開是反腐敗的利器、治本之道。早在1766年瑞典公民就有權查閱官員乃至首相的財產與納稅狀況；1883年，英國制定了世界上第一部財產申報的法律——《淨化選舉，防止腐敗法》。美國規定，包括總統在內的25萬公職人員每年要公開申報財產，不報、漏報的將面臨民事訴訟和罰款，謊報者將被提起刑事訴訟。1989年美國參議院議長賴特因違反財產申報法而辭職。2004年布希申報收到的禮品價值2.4萬美元，包括魚杆、魚餌、一件襯衫、三頂帽子。俄亥俄州長，因為5千多美元禮物未申報，包括球賽門票、飛機票、沒有付費的宴會而被起訴。

韓國自1993年開始「陽光運動」，金泳三總統率先公布個人財產，韓國國會通過了「公職人員財產登記制度」，規定自總統以下34000多人必須申報財產、1670名高官必須向社會公布財產。韓國公民一生中的收支只用一個固定帳號，一般交易刷卡，很少使用現金，帳戶、財產由女方掌握。韓國男子一般不敢有婚外情，因為一旦離婚，全部財產將歸女方。這個制度好，有利於家庭穩定。

2003年6月17日，墨西哥《資訊公開法》實施後的第7天，1萬名公務員因為沒有按照規定公布自己的財產而被停薪停職。

俄羅斯聯邦規定，任何政府官員在就職前必須申報個人和家屬財產，每年4月1日前申報上個會計年度的收入和財產變化情況，申報的數據向社會公布，接受公民的監督和舉報。

印度也建立了公務人員財產申報制度，2007年5月16日總理辛格公布了個人財產情況。

2007年3月13日，越南總理阮晉勇簽署頒布了財產申報的法令，所有國會代表與副處級以上的政府官員於9月起申報財產，公布他們的收入、房地產、海外資產、帳戶以及其他個人財物。

臺灣地區早就實施了《公職人員財產申報法》。香港實行了公務員申報利益制度，前財政司長梁錦松就因為買車時被指存在不當利益，招致媒體批評而辭職。

大陸在財產申報方面也已經積累了一定的經驗。1995年出台了《關於黨政機

關縣（處）級以上領導幹部收入申報的規定》，1997年推出了《關於領導幹部報告個人重大事項的規定》，2001年頒布了《關於省部級現職領導幹部報告家庭財產的規定（試行）》。未來，大陸如果能以立法的方式確立公務員的財產實名、申報、公開、監督的制度，必將大力地推動中國的廉政建設。

公務人員在任職期間依法向社會公布其個人收入和家庭財產，包括其配偶、父母、子女及其他直系親屬所擁有的現金、存款、證券、不動產、各種投資及其他資產，接受社會監督，是建設廉潔政府、取信於民的關鍵之舉。一要建立財產實名登記制度，公民的所有財產包括存款、股票、房地產等都必須以真實姓名持有；二要建立財產年度申報制度，公民特別是官員每年都必須申報收入和財產；三要建立財產公開制度，官員不僅要申報財產，而且其財產狀況要在媒體上向社會公開；四要建立群眾監督制度，如果官員申報不實，公民可以舉報，有關方面依法查處。

以上三者——媒體監督、群眾監督、收入申報並接受社會監督，其實都屬於公民監督，是最重要的反腐敗措施。

其他的反腐敗措施還有：

四、人大監督。不能光靠行政監督自身的監督，過去中國強調的是自己監督自己，但是「上級監督太遠，同級監督太軟，下級監督太難，組織監督太短，紀委監督太晚」，還是要重視立法機關的監督。人大應當掌管「錢袋子」，財政預算決算、怎麼花納稅人的錢都必須由人大決定，而不是官員說了算。為什麼會出現「跑部錢進」的現象，各級政府都到部裡要錢、拉關係，原因是中國的財政資金分散在各個部門裡，由行政長官決定怎樣開支，這也造成了公款吃喝、公款購買豪華汽車、公款旅遊出國等浪費資金的現象。有一次，中央電視臺美中市長對話，雙方互邀訪問，但美國市長說：他們的財政預算沒有到中國訪問的錢，所以無法去中國。但是中國市長馬上答應：你來中國的錢全部由我方支付。這件事說明，中國官員具有對財政資金使用的任意決定權。而發達國家的資金使用要經過各級議會同意，還有一些國家有議會審查官、監察官、行政審查官等，沒有他們的同意，行政官員的決策不受法律保護。

中國要強化人大在審查財政預算、支出中的作用，人民代表大會應當名副其實，不能是官員代表大會，大多是官員代表的話，當然無法掌管人民的錢袋子。人大代表還應當精簡化、責任化、專職化、專業化，這樣才有能力、有時間審查財政

預算決算和支出。

　　五、**司法監督**。司法要獨立地運作，不受行政干擾。司法獨立了，司法腐敗更沒人管了怎麼辦？還是要依靠公民監督、媒體監督。湖南郴州市紀委書記曾錦春斂財8000萬，他給私營企業發重點保護單位的牌子，40萬一個，不買就「雙規」；他讓法院一周內判決一個案子，法院沒做到，他就把法院院長、兩個副院長、一個庭長四個人「雙規」了。這是典型監督部門自身腐敗的案例，要靠組織監督、群眾監督才能解決。

　　中國的審計部門也應具有獨立性，發達國家的審計部門要麼隸屬於議會，要麼隸屬於司法部門，沒有隸屬於行政部門的。中國的審計機構隸屬於政府，審計局很難查處縣長、縣委書記。所以，中國的審計部門最好歸屬於人大。有人說，人大本身也不具有獨立性，審計即使歸於人大，也不會有大的改觀。但我認為，首先體制上要順，要符合世界潮流，然後去推動人大制度的改革，加強人大的獨立監督的作用。

　　還有，人民陪審員不能專家化，成為「准法官」。如果成為「准法官」了，必然看長官臉色行事，怎麼保證司法公正、審判公正？所以，按照發達國家的做法，陪審員必須隨機抽取，封閉培訓，一案一任。

　　2007年中國開始「異地審判」，這樣有利於避免權力網的干擾，是一個進步。

　　六、**政府制度改革**。必須做到職務消費規範化，職務消費應當網上公開，接受民眾監督。

　　目前，中國「三公」、「四公」消費嚴重，達到上萬億元，政府開支占財政收入的40%以上。美國僅占11%，歐洲5～6%，日本3%不到，中國的比例是日本的10幾倍。中國如果不能解決政府開支過大的問題，那麼中國永遠不可能解決民生問題，也永遠不可能實現現代化。

　　據中國青年報報導：貴州一個貧困縣一年喝茅臺酒要花5000萬元，該縣一年的財政收入也僅幾千萬，可茅臺酒消費全國第一。廣東吳川市教育局一年多吃喝掉611萬教育經費，而當地的小學破破爛爛。

　　印度新聞自由、媒體私有、有7000份私人報紙、司法獨立、鼓勵公民舉報，所以，他們沒有公款吃喝的問題。北歐國家官員的吃喝菜單上網，接受民主監督，

一高官因為吃飯多上了一道鵝肝而丟官。

現在中國有所謂的「肥豬理論」：官員們不要輕易換掉，養肥了，換掉了來了個新官，餵飽不容易。要讓他們個個吃好喝足，全部患上糖尿病，然後你讓他吃他都不吃了。據巴西的研究：不廉潔的官員60%在研究期間患病死亡，廉潔官員僅16%。中國民間也諷刺官員：職務不高血壓高，會議不發言前列腺發炎，政績不突出腰間盤突出。

還有公款購車的問題：雲南一個地區動用1.2億購買豪華轎車，但老百姓十分貧困。許多地方養得起車但發不出工資，沒聽說窮的養不起車的。進行車改更腐敗，官員每月增加幾千元車費收入，還可再買新轎車，公車照坐。在發達國家，對公車控制十分嚴，如芬蘭全國只有總統等5個人配公車；韓國漢城市政府總共只有4輛公車；義大利一個城市的市長與夫人開公車到800公里外辦了一件私事，回來後被判刑6個月；德國前總理施羅德在當總理期間，週末他只能開著自己的破舊的大眾牌汽車外出，而保鏢卻開著豪華的防彈車寸步不離；瑞典等北歐「民主社會主義」國家極其強調平等，連首相在家裡也沒有保鏢、廚師、祕書，週末不得開公車。可是，原中國銀行上海分行行長劉金寶每年的交際費就1億多，他的車隊由10輛賓士組成。

還有豪華辦公樓的問題：現在全國各地都建豪華辦公樓，鄭州一個區建了「世界第一區政府」，省級貧困縣河北省曲陽縣國土局蓋了三處辦公樓區。新加坡執政黨人民行動黨總部卻僅有2層小樓，11名工作人員。

中國一些地方還用公款建私宅，如瀋陽客運集團前總經理夏任凡動用公款2000萬建私人莊園；國家級貧困縣准格爾旗政府為旗領導建了9幢別墅；河南濮陽縣領導及各局委用公款建豪宅，最大一套房子的建築面積達600平方米……

瀋陽中院花鉅資建好了大樓，卻遲遲不肯搬進，請風水師擇吉日才搬進；深圳中院也請來風水師。一些官員如同封建時代的父母官，「不問蒼生問鬼神」。

法國前總統希拉克、德國總理默克爾訪華時都拒絕入住超豪華套房，只入住幾十平米的普通住房。可是，中國的一位國企部級官員僅每天午休就要入住價格高達6萬元一天的總統套房，還要更換他喜歡的傢俱、床上用品乃至抽水馬桶。

不僅「三公」、「四公」腐敗，還有龐大機構的腐敗，如某縣工商局竟然有千名職工，襄樊市一個區的動物檢疫站就有320人。江西奉新縣委縣政府決定，對

全縣30多科局級幹部的配偶、子女統一安排到縣直單位上班，人員不上編制，但吃財政飯。

目前各地政府駐京辦就有1萬家，他們的公務就是拉關係、送禮、送錢、陪領導，可以說，他們都是腐敗之窩。還有駐滬辦、駐港辦等。

一些地方政府善於作秀。如四川萬源市是國家級貧困縣，負債7億3千萬，但卻以一年財政收入近一半的鉅資邀請歌星們舉辦演唱會。

西方公務員制度是政務官與事務官分開：西方低級別的事務官幾乎是鐵飯碗，可高級別的政務官卻是臨時工，隨時可能下臺，下臺後就失去了一切官場待遇，包括薪水。新加坡的官員由獨立的管理委員會考核、任命。中國的官員由上級任命，必然出現買官賣官的現象，所謂的市里領導是跑出來的，縣裡領導是送出來的。現在在一些地方買官賣官幾乎公開化、合法化，有的人貸款買官。所以，中國的人事制度應當透明化、民主化，任命官員之前應當過民意關，凡是民意支持率不到50%的，就不允許任命。

中國目前還是官本位的特權制度，如果享受某某級別待遇，他就有配備祕書、警衛、司機、廚師、勤務、保姆、專車、住房、高級醫療等特權。衛生部的一位副部長說，全國黨政幹部200萬人長期請病假，其中40萬人長期占據幹部病房，一年開支500億。中國衛生經費僅占GDP的2.7%，美國占GDP的13.7%，就這麼一點錢，中國80%的衛生經費還被各級幹部所使用。

七、**經濟體制改革**。反腐敗還必須繼續經濟體制改革，改變權力市場經濟、官僚市場經濟的現狀。目前，行政壟斷造成的租金和利益是最大的腐敗。現在官僚利益集團、資本利益集團、學者利益集團相互勾結，損害民眾的利益，其中起主要作用的是官僚利益集團。官僚利益集團又可分為部門利益集團，如電信電力石油石化農資煙草，地方利益集團，如陳良宇等。權力市場經濟、官僚市場經濟造成了嚴重的權力剝削，馬克思只注意到資本剝削，沒有注意到集權所造成的權力剝削反而更加野蠻、殘酷、落後。資本剝削發生在初次分配，權力剝削發生在二次分配；資本剝削同時創造財富，權力剝削只是掠奪財富。

中國的企業行賄排名全球第二；政府投資的失誤率達到30%；國企改制，國有資產大量流失；中國3200多億萬富翁中90%以上是高幹子弟，達2900多人；目前壟斷行業的職工收入是其他行業職工的5～10倍；中國網通山東省分公司職工的月均

工資基數為2.13萬元，月人均繳存住房公積金6389元，職工的實際年收入高達30萬元！可石油、電力、電信、煙草、農資、銀行等國有企業的利潤率僅為發達國家同類企業的1/10～1/100；國家電力公司開會，每人每天花8千元。

改變權力市場經濟的措施有：

反壟斷，分拆壟斷企業。改變壟斷利益部門化、部門利益法制化，以及部門立法、利益集團立法、立法擴權、立法侵權、立法違憲的狀況。

減少管制，嚴格執行《行政許可法》，制定《行政許可法》實施細則。規範集中採購、招標投標制度。目前中國只有10%的政府採購進行了招投標，而且為了規範招投標，必須建立獨立的監控小組。

八、加強法治建設。 中國必須改變法律是權力的奴僕的狀況。改變一些地方突破法律、抓大放小的行為，有的地方將刑法中5000元的起刑上升為5萬、10萬元；據最高檢通報：全國的瀆職犯罪免刑緩刑率高達95.6%。黑龍江綏化市馬德案涉及官員265人，涉及部門一把手50多，為了避免政府癱瘓，於是抓大放小，不追究一些貪官的刑事責任。

中國要修改刑法，與國際接軌。聯合國反腐敗公約定義腐敗為「不正當好處」，所以，賄賂不僅為財物，應為「好處」，免費的宴請、服務等都應算作腐敗。按照這樣的國際標準，中國的腐敗人數還要翻番。

美國農業部長因為接受價值64美元、100美元、510美元的門票、飛機票而下臺；俄亥俄州長塔夫脫因為5800美元而被起訴，包括高爾夫、曲棍球門票和免費的宴會。

中國刑法規定：謀取不正當利益，才算賄賂。那麼，為了正當利益如為獲低保，就可行賄受賄？

刑法還應加大對瀆職、單位犯罪、行賄的處罰力度。對於不明來源財產，按照國際慣例，應認定為受賄金額。目前一些貪官的不明來源財產是認定的受賄金額的5～10倍，不明來源財產最高只判5年刑，於是鼓勵了一些貪官「失憶」，一些辦案人員被人打了招呼，不深入調查。中國應當學習發達國家實行腐敗推定原則，對官員、公職人員、富翁、公司等強勢階層都實行有罪推定。

中國還要改變犯罪成本低的問題。上市企業杭蕭鋼構通過發布虛假消息，違規獲利76億，董事長獲利28億，可罰款只有20萬元，我們的制度是鼓勵欺詐的制

度，違法成本低，守法成本高。

而發達國家對違法的處罰極其嚴厲。美國一家三口開著通用公司的汽車出了車禍，女兒受傷，通用公司因為無視設計缺陷可能給消費者造成的危害，被美國加洲法院裁定屬於道德問題，懲罰性賠償43億美元。世界五大會計事務所之首的安達信公司，因為做假賬主動賠償20億美元還不夠，最終被美國司法部逼迫破產。

九、打擊商業賄賂和貪官外逃。據報導，一般工程的回扣率高達5～10%，襄樊市政府門前400米路花了400萬，每米1萬；路燈在一般市場上買3000元一個，可是政府採購花了15000元一個；一些招投標也是假的，招標公司給官員20～40%的回扣。企業陪標，以低價中標然後高價簽合同，評標委不是隨機抽取的專家而多為採購方代表，採購辦公室自收自支，回扣腐敗合法化。

發達國家的一切採購都須經議會同意，然後公開招投標，網上公布違規違法的黑名單。

中國還應打擊「期權腐敗」、兒女「代理腐敗」。打擊洗錢活動，中國每年洗出去的黑錢高達3千億元；貪官外逃達4000多人，攜帶出去500億美元。

打擊貪官外逃，一要加強護照和出入境管理，為什麼假身分證也能辦護照？為什麼有的人擁有十幾本幾十本護照？陳良宇擁有27本真名和化名的護照；二要加強金融和財產監控，對於大額交易與財產轉移實施即時監控，實行財產實名、財產申報、財產稽查的制度；三要建立黑名單制度，重點監控那些多次出國、妻子兒女已經在國外的官員。

十、改良中國人的文化生活。中國文化本質上是人治文化、人情文化、官本位文化、特權文化、貪瀆文化、謀略文化、無規則文化，人們熱衷於走捷徑、走後門、拉關係、玩手腕、請客送禮，腐敗生活化了，腐敗成了中國人的生活方式。由於競爭激烈，守規則往往成本高，不守規則成本低；歷代統治者不怕貪，只怕反；低薪養貪以便控制；專制社會淘汰清官，有民謠說：「人家撈，你不撈，老婆說你是草包；人家賭，你不賭，背後說你二百五；人家嫖，你不嫖，大家一起造你謠」。

光靠道德純潔運動是無法改變腐敗生活化的狀況的，如果沒有民主法治，道德運動只能強化官員的做秀作假心態，加速整個社會的道德滑坡。老百姓順口溜說：「『三講』會上說假話，『三講』過後膽更大」；「工人在下崗，農民在上

訪，腐敗分子在『三講』」。

腐敗分子連悔過書都是假的。安徽省能源集團黨委書記總經理張紹倉受賄受審，他在法庭上含淚念完了悔過書，後者記者發現悔過書是抄襲的。

總之，中國的反腐敗不是沒有希望的。民主監督太難，但媒體監督、群眾監督、財政監督比較容易做到。中國應當制定廉政指標體系，包括：行賄受賄指標、經濟違規違法指標、職務消費指標、預算與監督指標、舉報與處理指標、集中採購指標、招標投標指標、不正之風指標、政務公開度、收入公開度、群眾滿意度等，而各「指標」、「度」又由被查處的案件數量、涉及人數、涉及金額、群眾打分等決定。廉政指標體系應當既體現「治標」又體現「治本」，既重視組織、制度的作用又重視作風、民意的重要性，既反映收錢收物的「硬腐敗」又反映接受好處、服務、拉關係、走後門、「三公消費」的「軟腐敗」。建議國家把廉政指標體系作為幹部政績考核的主要內容。

2007-9-11

中國貪官的查處率只有1%

胡星斗

我曾經計算出中國的腐敗黑數即沒有被查出的腐敗金額占99%,即實際的查處率只有1%【注1】,當時(2007年)是這樣計算的:世界平均的腐敗額占GDP的3%,假如中國是世界的平均腐敗程度,那麼應查出的腐敗金額為7000～8000億元,而最高人民檢察院公布的2005年查出的腐敗金額僅為74億元,約占應查出的1%,所以說腐敗黑數為99%。還有另外一個演算法,2006年中國查出的商業賄賂為37億元,2005年查出的官員腐敗74億,兩者有重合之處,因為在中國商業賄賂往往與官員腐敗、官商勾結有關;就算兩者不重合,官員腐敗加商業賄賂總共111億元,而學者計算,中國2004年權力尋租13800億元,查出的仍然不到1%。

2009年中國的GDP約為33萬5千多億人民幣,按照中等腐敗國家的腐敗額占3%計算,中國的腐敗金額約1萬億,實際查處1百餘億,腐敗黑數也是99%。

另據測算,我國2004年全部的租金價值包括灰色收入為56952億,占GDP35.64%【注2】,照這樣算,那中國就不是中等腐敗國家的腐敗額占GDP3%,而是其十多倍,中國的腐敗(包括灰色收入,在發達國家灰色收入皆視為腐敗)黑數就是99.8%。

根據中國改革基金會國民經濟研究所副所長王小魯的研究:全國城鎮居民收入中沒有統計到的隱性收入總計4.4萬億元,相當於當年GDP的24%【注3】,或者,全國城鎮居民收入中沒有被統計到的收入估計約4.8萬億元【注4】,由此計算,中國的腐敗(包括灰色收入)黑數約為99.77%。

假如中國的腐敗黑數真是99%,而且被查處的腐敗人數與未查處的腐敗人數是按官職正相關的(即按官職大小有同比例的腐敗人數被查出),那麼可以推算出腐敗官員的數量。按照2010年最高檢工作報告,2009年共查辦涉嫌犯罪的縣處級以上國家工作人員2670人,其中廳局級204人、省部級8人。由此可以計算出實際涉嫌腐敗的處級以上國家工作人員總數為26萬4千餘人,其中廳局級2萬餘人,省部級792

人。而目前官方公布的在職縣處級官員50萬，廳局級5萬，省部級2400，那麼縣處級官員的腐敗比例為48%，廳局級40%，省部級33%。

上述比例數據至少反映了兩個情況：第一，目前中國官員的腐敗比例為三分之一至一半左右；第二，職位低的官員腐敗率比較高，職位高的腐敗率比較低。

當然，如果中國的腐敗黑數是99.8%，而且如果被查處的腐敗人數與未查處的腐敗人數是按官職負相關的，即官職越高，被查出腐敗的幾率越低，那麼，前述的兩個結論都不成立。可以計算出實際涉嫌腐敗的處級以上國家工作人員總數為122萬9千餘人，其中廳局級10萬餘人，省部級4000人，比官方公布的各級官員總人數還多。

因此，我們可以重新估算目前中國在職官員的數量：一般的廳級市有處級單位120餘個，加上臨時機構20餘個，保守計算每單位正副書記、處長10個，那麼一市共有處級官員至少1400人（報紙上稱阜陽市共有處級幹部2000多），全國共有地級市282個【注5】，因此僅地級市就有40萬處級幹部。有報導說全國機關縣處級以上女幹部10.4萬【注6】，占機關縣處級以上幹部的16.8%，由此可知全國機關縣處級以上幹部有近62萬人，加上國有企業、事業單位（根據2005年國家統計數據，全國共有事業單位125萬個，職工3000多萬。一般70%的事業單位在縣處級以下，加上有些事業單位已經轉制，全國處級以上事業單位約10萬個，處級幹部至少100萬人，其中包括上千家大學中的處級幹部約20萬人。國有企業的數量近年來銳減，目前央企僅有一百多家，其他大中型國企數千家，處級幹部約20萬人），全國應有處級幹部約182萬人。由此計算，中國（處級）官員的腐敗比率可能超過60%。

2010-7-4

發達國家如何反腐敗？

胡星斗

從一定意義上講，中國封建社會史就是一部貪汙腐敗史。人治、專制、權力本位、官僚中心的制度，資源的官府壟斷、無限（權力）政府、民眾被奴役、輿論被鉗制，以及打天下坐天下、天下私有或者統治集團所有、「普天之下，莫非王土；率土之濱，莫非王臣」的觀念，等等，都不可避免地造成嚴重的腐敗。封建社會也反貪，朱元璋、雍正在反貪方面走在了帝王的前列，他們大肆殺戮，血腥鎮壓，貪汙腐敗雖有所收斂，但治標不治本，終究避免不了封建王朝「其興也勃焉，其亡也忽焉」的歷史命運；何況，朱元璋之類的反貪，其深層目的是消除異己，鞏固家天下的獨裁統治，因此，其反貪往往是借事殺人，以恐怖手段震嚇天下。如朱元璋時，戶部糧款案等一個案子往往殺三四萬人。毫無疑問，這是在進行有計畫、有預謀的大屠殺。

國民黨時期也是腐敗成風。儘管蔣介石譴責貪汙也會做秀，但由於貪汙十分普遍，是非界限不清，法不責眾；反貪機構也腐敗，自己不乾淨，以黑反黑；司法不獨立，監察院形同虛設，成為「養老院」；多是行政肅貪，官員忙於起草各種紅頭檔，而檔又無法實行；受制於報紙檢查制度，新聞往往難以獨立，起不到揭露腐敗的應有作用；即使偶爾揭露若干腐敗黑幕，又難以求得徹底公正的解決；只有少數人被起訴，只能抓沒權沒勢的小人物，到中央一級、心腹人物，則不了了之；反腐敗成為權力鬥爭的工具，成為蔣介石排除異己、控制部下的手段，家族成員、親信盡可以放心地貪汙，沒人敢查，但親信一旦失寵，貪汙就會爆光，受到懲處。國民黨如此反腐敗，腐敗怎能不愈演愈烈！

那麼，現代（發達）國家是如何反腐敗的呢？發達國家通過建立現代政治制度、行政制度、反腐敗制度等，鑄造清廉的社會、清廉的國家。

發達國家的反腐敗措施有：

實行透明政治、透明行政：早在1776年瑞典就開放了政府記錄，供民眾查

詢；美國制定了「情報自由法」、「聯邦行政程式法」等，1976年通過的「陽光下政府法」規定，聯邦政府的50個機構和委員會的會議必須公開舉行，應律師的請求根據法律許可而舉行的祕密會議除外；美國的媒體也可幾乎無限度地報導所有的人物和事件，以滿足公眾的知情權。

新聞獨立、新聞監督：通過自主的新聞報導、轉播、調查、評論等，發達國家的各級官員都暴露在眾目睽睽之下。尼克森抱怨，即使換一把椅子，也得小心翼翼，以免被新聞界抓住了口實；1971年《紐約時報》連載美國捲入越戰的檔，尼克森總統以涉及國家機密為由要求停止連載，但《紐約時報》拒絕，官司一直打到最高法院，最後法院裁決，總統敗訴，報紙繼續連載；1972年水門事件時，《華盛頓郵報》記者深入調查，尼克森總統威脅吊銷其所屬公司的營業執照，即使這樣，也沒能阻止住報紙徹底地揭露醜聞。

建立彈劾制度：現代國家反腐敗無禁區，通過落實彈劾制度、責任追究制度等，即使像貴為總統的尼克森、克林頓，也免不了尷尬甚至下臺的命運。

規範政黨籌款制度：美國規定，個人向候選人捐款一次不得超過1000美元，一年不得超過2.5萬美元；候選人收到的捐款只要超過200美元，就必須公布捐款者的姓名、住址、職業、捐款日期和數額；候選人的開支超過200美元的，也必須公布；德國、法國、瑞典等國則按照獲得選票的數量對政黨進行補貼。

實行政務官與事務官分開的現代公務員制度：西方國家克服了早年的恩賜官職制、政黨分肥制的弊端，逐步發展為如今的占職位少數的政務官由黨派輪流充任、占職位多數的事務官由考試錄用的制度。美國規定，政務官官職不得作為競選的許諾；事務官不受政務官更迭的影響，其升遷實行考績制，不犯過失即不得被解職。這些措施，都有力地遏止了官員的結黨營私。

實行財產申報與公開制度：早在1766年瑞典公民就有權查閱官員直到首相的財產與納稅狀況；美國規定，行政官員、議會議員、法官等15000名官員的財產必須公布；韓國1993年開始「陽光運動」，1993年2月25日金泳三總統率先公布個人財產，1993年5月27日韓國國會通過了「公職人員財產登記制度」，規定自總統以下34000多人必須申報財產、1670名高官必須向社會公布財產。

實行金融實名制度：大多數先進國家都規定，存款取款必須使用真實姓名。韓國1993年8月12日起實行實名制，同時清查匿名存款，兩位元前總統全鬥煥、

盧泰愚的巨額祕密資金案由此東窗事發。

實行集中採購、招標投標的制度：西方國家解除了政府對企業的行政管制，減少了對經濟的干預，讓資源充分地市場化、私有化，這樣，從源頭上斷絕了錢權交易的機會；同時，政府對於辦公用品、軍火、市政建設、公共服務等，都實行集中採購、招標投標的制度。

進行反腐敗立法：現代國家主要有預防性的廉政規範立法與懲治性的反腐立法，前者如美國有「從政道德法」，英國有「榮譽法典」、「防腐敗法」等；後者如美國有「1977年涉外賄賂法」，德國有「利益法」、「回扣法」等。這些法律規定，公務員禁止經商，禁止接受禮品，限制兼職，實行回避制度等。

司法監督：西方國家司法獨立，不受行政的干預，保證了司法系統獨立地開展工作，從而能夠真正地起到監督的作用。美國還設立了特別檢察官制度，可以對重大事件、對總統開展調查、檢控。

議會監督：議會以立法權、重大決策審批權對行政進行監督；一些國家還在議會設立了監察專員制度，對政府的不良行政進行糾正，如瑞典設有新聞監察專員、員警監察專員等，早在1809年瑞典就建立了監察制度。

審計監督：發達國家的審計部門要麼獨立於行政、立法、司法之外，如日本、德國；要麼隸屬於立法機構，如美國、英國；要麼隸屬於司法機構，如法國、西班牙，這樣，有助於他們公正、獨立地進行審計。

內部監督：許多國家有行政內部監督，如行政監察；立法內部監督，如美國眾議院的道德委員會、參議院的規範與品德特別委員會；司法內部監督，如美國的司法道德委員會。

公眾監督：選民通過選舉、罷免等行為對行政官員、議員、黨派等進行選擇，公眾通過輿論、舉報、遊行、示威、罷工等揭露腐敗，調整政府的行為。

基於上述措施，發達國家皆成為「國際透明組織」每年公布的「最清廉的國家」。如冰島已有幾十年幾乎沒有出現任何腐敗現象了，北歐的瑞典、丹麥、芬蘭等國一年也發生不了幾十件腐敗案件。評論一般認為，發達國家都建立了比較有效的機制，能夠「將一個筐裡爛了的桃子挑出來，扔出去，從而保持了整筐桃子的新鮮」。

現代國家的上述反腐敗措施，給了我們很大的啟示，即反腐敗是一項系統工

程，必須通過機制的建設，治標又治本。儘管中國不能完全照搬西方的政治制度，清除腐敗要結合中國的國情，但我們仍然相信，民主、法治與現代制度是反腐敗的關鍵所在。

從西方官員處境看反腐敗

胡星斗

　　一般來說，在西方絕大多數國家不存在制度性的系統腐敗。雖然那兒腐敗醜聞也屢有披露，但就如一筐桃子，由於能夠將爛桃子挑出來，扔掉，所以保持了整筐桃子的新鮮。國際透明組織每年都進行全球範圍的國家廉潔度和腐敗排名，最廉潔的十幾個國家除新加坡外，都是西方發達國家，如丹麥、芬蘭、瑞典、新西蘭、冰島、加拿大、荷蘭、挪威、瑞士、澳大利亞、英國等。在芬蘭，送禮會被官員視為侮辱其人格，該國已有30年無重大犯罪事件。冰島自1918年以後只有4名高官因腐敗而辭職，最近一次在上個世紀80年代。

　　西方國家奉行新聞自由，報紙等媒體極盡猜測、窺探、曝光、揭露之能事，使得大大小小的官員們都處於眾目睽睽的監督之下，一言一行都得十分謹慎小心，其處境可謂不自由甚至尷尬。特別是，像美國有一條規則——除非能證明媒體存在著實際的惡意，否則對官員等公眾人物的報導即使不正確，也免受司法追究。而要證明媒體存在著實際的惡意，何其難也！因此，官員們只好接受報紙、電視等的說三道四、評頭品足。1960年3月29日《紐約時報》刊登了民權領袖馬丁·路德·金對包括蒙哥馬利市在內的一些地方鎮壓黑人的譴責，蒙哥馬利市官員沙利文起訴《紐約時報》構成「誹謗」，一審二審皆裁定誹謗罪成立，但最後聯邦最高法院推翻了前面的判決，為美國媒體此後更大膽、更無所顧忌地批評官員和政府提供了法律支持，從而維護了新聞自由和弱勢群體的言論自由。1972年6月17日，美國總統大選在即，在任總統尼克森的5名親信潛入華盛頓水門大廈的民主黨總部辦公室，偷拍檔和安置竊聽器，被當場抓獲。其後，尼克森極力阻撓媒體對這一事件的調查，甚至威脅吊銷《華盛頓郵報》所屬公司的營業執照，但報紙不為其所阻嚇，徹底揭開了醜聞。1974年7月30日，美國國會給尼克森定了三項罪狀：妨礙司法；濫用總統職權；蔑視國會。最終，尼克森被迫下臺。如果不是繼任總統的「赦免」，他還逃不了被判刑的命運。另一位美國總統克林頓，政績頗佳，但也栽在了與白宮

實習生萊溫斯基的桃色「小事」上。獨立檢察官斯塔爾對克林頓不留情面，「窮追猛打」，終於使得大總統因為「作偽證」、「妨礙司法」，險些被彈劾。

德國總理施羅德沒有白頭髮，於是有報紙說他染了髮，這一下輿論大嘩：總理原來是個弄虛作假的人！幸虧施羅德最後證實了自己沒有染髮，才平息了風波。施羅德雖然是大國總理，但不富有，為了節省家庭開支，他從別墅搬到了月租金不到600美元的兩室公寓裡，女兒來度週末只能支臨時床。德國規定，總理的豪華防彈公車週末使用必須付費，於是，施羅德屆時只好開著自己破舊的私家車出門。

英國首相布萊爾2002年去埃及度假，本可以公私兼顧，公費旅遊一番——他要與埃及總統就伊拉克問題進行協商，但他自掏腰包，住進了埃及的一套普通公寓裡。而2001年的他受埃及政府的邀請，也是來埃及度的假，花了埃及納稅人的錢，結果引起輿論大嘩，布萊爾只好給埃及的慈善機構捐款以彌補自己的過失。

瑞典實行所謂的「民主社會主義」，特別強調社會公正，其官員乃至首相決不允許搞特權。首相住居民區，平時沒有保鏢，出入不帶隨從，家中沒有公務員和廚師，上下班乘公共汽車或開私家車，平時除非履行國務，否則不允許使用公車。週末時，瑞典員警可以截住任何公車，包括首相的。

美國前貿易談判代表巴爾舍夫斯基有兩個女兒，很喜歡中國玩具，巴氏來北京就中國加入世界貿易組織談判時乘機買了43個，想帶回美國，可海關截住了她——除一個玩具之外，其餘42個屬逃稅！於是，報紙就此大做文章，攻擊她假公濟私，巴氏不得不多次向國民道歉。

上述西方官員的處境對我國反腐敗有很大的啟示。反腐敗重在塑造陽光下的政府、透明的行政，重在發揮新聞、輿論、公眾的監督作用，重在健全法治、完善制度。

浪費，中國富裕的頭號殺手

胡星斗

一位德國學者說：「中國是世界上最大的貧窮國家，也是世界上最大的浪費國家」。此言不假。

譬如春節，到處可見講排場、講面子、比闊、浪費的局面，餐桌上整盤整盤的菜倒掉。難怪中國餐飲已經連續15年以10%以上的速度增長。

當然，這只是「小浪費」。國家財政支出結構畸形化是「大浪費」。據報導：2004年，中國大陸公車支出4085億元，公款吃喝3000億，還有公費出國3000億元，以上「三公」消費占中國財政支出的1/3以上。

廣東陸豐市某豪華公宴一桌吃掉15萬元，還贈送禮品，開餐費發票，包括10萬元一塊的勞力士手錶。廣東清新縣教育局以人頭馬招待扶貧志願者。新快報報導：廣州市政府辦公廳177人就擁有172輛公車，市科技局日常支出達1.58億元，工商局的臺式電腦預算每臺竟達2.5萬元。

現在基層的公車基本都是索納塔、捷達、飛度，甚至豐田霸道，車費可以隨意報銷。老百姓即使再有錢，都說：我的車哪比得上公車？公車是用公家的錢辦自己的事。公車私用基本全面失控。

除了「三公」消費，其實還有公款建房未引起人們的注意，可謂「四公」消費正如火如荼。瀋陽客運集團前總經理夏任凡動用公款2000萬建私人莊園；國家級貧困縣准格爾旗政府為旗領導建9幢別墅；河南信陽「農開扶貧辦」為領導建豪華別墅；河南濮陽縣領導及各局委的頭頭們動用公款建豪宅，最大建築面積達600平方米……

甚至四公「大浪費」也不算什麼，中國還有更大的「特大浪費」——大量的政績工程、停建緩建工程、爛尾工程、錯誤決策工程、浪費工程。據世界銀行估算，中國「七五～九五」期間政府投資的失誤率為30%。另外，大量的國債用在了沒有回報的形象工程上。

重慶黃金鎮的「天安門」投資500萬元，而該鎮的財政收入僅為400多萬元；山西某國家級貧困縣的檢察院辦公樓造價2000萬；河南鄭州惠濟區耗資6億元建成「世界第一區政府」，而該區一年的財政收入僅2億元；浙江安吉縣透支十年財力，建成30萬平米的政府大樓，縣城中心的廣場投資1.2億元，面積相當於天安門廣場的3/5。

據《法制晚報》2006年10月18日報導：中國建築的平均壽命僅為30年，建了拆，拆了又建，中國是世界最大的建築浪費國家。而發達國家的建築平均壽命為130年。2007月2月12日下午3時，只用了18年的瀋陽三大標誌性建築之一、「中國足球福地」——瀋陽五裡河體育場又被爆破。

據《南風窗》2004年8月16日報導：2003年經過對526個使用國債資金的城市基礎設施專案審計發現，在已經建成的320個專案中，有32個沒有運營，18個試運營，開開停停，69個沒有達到設計生產能力，34個存在嚴重問題，各項問題率達到50%。

中國大多數的國有工程專案開工前都沒有像樣的「可行性報告」，作為行政下級的設計院、研究院也不可能得出「不可行」的報告，一些地方甚至對不同意見的專家進行排斥打擊。於是，一個個的國有投資黑洞數不勝數：廣州乙烯工程投資80億，無法形成規模；中州鋁廠投資19.8億，負債35.2億；中原制藥廠投資13.26億，負債30.6億；珠海機場投資95.6億，可沒有多少乘客；湖北荊襄化工投資40億，無人收場；二灘電站過木機道工程耗資12.6億元，被廢棄；川東天然氣氯城工程損失13億元；黑龍江政府投資5.6億元的牡丹江煤氣工程因盲目建設、管理混亂而停產；黑龍江子午胎專案投資十幾億，建成後每年虧損3億元；瀋陽投資幾十億的渾南市場報廢；投資5億元建成的遼寧輪胎廠載重子午胎專案一運行就陷入了困境；吉林化工花幾十億元建成的阿爾法—高碳醇專案，產品沒有銷路，4萬職工下崗；投資30億的吉林1號工程「大液晶」專案剛建完即陷入困境……。

中華民族是世界上最勤勞的民族，但我們勤勞而不富裕，浪費成為中國人富裕的頭號殺手。

為了遏制國有浪費，我建議修改刑法瀆職罪，使之適用於國有企業負責人，並且設立浪費公款罪，出台瀆職罪和浪費公款罪的實施細則。

遏制浪費，還要依靠人民群眾的檢舉揭發、媒體的監督，以及建立問責制度。國家應當立法保護舉報人、鼓勵老百姓舉報浪費公款的行為；應當建立公民財政訴訟制度或者叫納稅人公益訴訟制度，鼓勵任何公民只要有證據，就可起訴浪費公款及腐敗行為；應該允許人民利用網路查詢各個單位的公用支出，比如招待費、燃油費等。還應當加大媒體監督的力度和財政責任追究的力度。

2007-2-22

設立社會科學院士制度將加速中國的學術腐敗

胡星斗

獲悉我國將設立社會科學院院士或學部委員制度，作為社會科學研究者的我，不但沒有絲毫的高興和興奮，反而憂從中來。為什麼？因為在目前時機、條件尚不成熟的情況下貿然設立社會科學院士制度，必將大大地助長中國的學術腐敗，最後損害的不僅是院士的名聲、院士制度，更會傷及中國的科技進步和學術自由。

目前，中國已經有科學院院士、工程院院士的桂冠，中國科協主席周光召等人一直建議取消院士制度，就是因為院士制度在中國變了味——為了院士，許多單位以巨額財力「攻關」；當選院士後立刻成為「學術權威」甚至學閥，誰也不能反對他的觀點；有了院士頭銜，有些人到處參加社會活動，學術也就算荒廢了；有的政府高官憑著主管一些大工程，也擠身於「學術權威」的行列；按照官本位的思路，當了院士，享受副部級待遇，儼然成為高官……

現在，如果真的設立了社會科學院士，其弊害將超過科學院、工程院院士制度百倍。因為自然科學尚且有它的客觀性，存在某些判斷的標準，而社會科學理論在一定程度上可以說，其特點是主觀性、描述性、多元化、意識形態化，所以判斷它的對錯優劣往往失去了大家認同一致的客觀標準。在目前中國盛行官本位、權本位的狀況下，啟動社會科學院士制度，必然是——誰有權，誰當院士；誰有勢，誰當院士；誰招官員喜歡，誰當院士；誰「緊跟」，誰當院士。其後果，必然是院士的名聲掃地，院士制度的威信掃地，中國的科學精神掃地。到那時，不僅是公款攻關當院士，社會科學學霸挑戰「百花齊放，百家爭鳴」的方針，而且是以權力標準來衡量學術成果，中國社會科學的繁榮局面可能戛然而止，學術腐敗將無法遏制。

想當年，1955年中國科學院遴選哲學社會科學學部的「學部委員」（院士），陳伯達、胡喬木、周揚等意識形態高官「當選」，而國學大師顧頡剛因為與胡適私交很好而被排除在學部委員名單之外，史學泰斗陳寅恪因為不信馬列而原定「落選」，後來經過毛澤東的欽點才意外入圍。在自然科學方面，中國生物學的開

創者、原中華民國中央研究院院士胡先驌因為批評前蘇聯李森科的理論而未能成為新中國的「學部委員」。在此之後，新中國的科學發展幾近於末日。沉重的教訓我們能吸取嗎？

我也有一個夢想：建立沒有歧視的中國

——在保護愛滋病患者權利會議上的發言

胡星斗

我也有一個夢想，就是建立沒有歧視、消除了不平等的中國。

我夢想在中國開展反歧視活動、平等權利運動，由民間推動，政府參與，形成輿論與道德氛圍，以制度和法治的方式保障平等權利事業，將反歧視活動與公民國家、和諧社會的建設結合起來。因為只有公民國家，也就是實現了公民權利的國家，才是現代化的國家；只有公民社會而非臣民社會，才可能是平等權利的社會；只有平等權利的社會，沒有特權，沒有權貴壟斷，沒有掠奪搜刮，沒有歧視，才是和諧社會。

因此，我主張開展新的「三反」「五反」運動：「三反」——反特權、反腐敗、反歧視；「五反」——反權貴壟斷、反掠奪平民、反道德墮落、反謊言、反暴力。我夢想籍此途徑建立現代文明的中國。

我們要反對對愛滋病毒感染者的歧視。愛滋病毒感染者是受害者，是農民的制度性貧困、社會保障制度救助制度的匱乏、醫療體制教育體制落後、城鄉差距擴大、戶籍制度不公平、特權腐敗的受害者，國家理所應當對之關懷、幫助、免費治療，社會理所應當體現溫暖、良心、慈善。愛滋病毒感染者，享有與其他人一樣的平等的生命權、生存權、人格權和一切公民權利。

同樣，乙肝病毒攜帶者按照法律規定，在對他人的健康沒有威脅的情況下，具有平等入學、擇業、隱私保密、免受歧視的權利。

反歧視，就要求建立平等的制度，第一、必須廢除戶籍制度。隔離型戶籍制度造成了農民的貧困、農民工的弱勢、外來人口的被歧視、城鄉差距、城市之間差距、地區差距的擴大，應當以身分證電子管理系統取而代之，將沉澱在當地的戶籍資料、人事檔案、個人及家庭收入納稅、繳納保險情況，信用、守法記錄等等納入全國統一的身分證號碼查詢系統中，通過立法嚴禁在招工、教育、醫療、住房、自由遷徙、失業保障、養老保險等方面歧視任何一部分國民。第二、必須廢除特權制

度。中國的教育醫療養老等領域都存在著封建特權等級制度,如機關幼稚園、機關小學、重點中學、幹部療養院、高幹病房、離休幹部、部級待遇等等特權,在發達國家都是不允許的。前不久,許多媒體報導,一些城市幾千人數日排隊為了兒女進政府機關幼稚園;據報導,中國醫療衛生經費的85%被各級幹部所消耗,中國的衛生公平性在世界191個國家中列倒數第四;每名省級幹部一年的公款消費,最少的省分是600萬,有的省分高達數千萬。特權不除,老百姓當然就貧困、弱勢,受到不公正待遇。第三,必須廢除權貴壟斷制度。行政庇護下的壟斷企業,如電信、電力、石油、煙草、銀行、鐵路等,導致不公平競爭,官僚市場經濟發達,民營企業萎縮,老百姓就業、生存困難。第四,必須建立民主監督司法監督媒體監督制度。把人大變成真正的最高權力機關,人民擁有罷免彈劾官員的權利,司法、反貪、審計、監察、信訪等部門賦予更多的獨立性,對弱勢群體進行有效的權利救濟、司法救濟,媒體從各級官員喉舌變為人民群眾的喉舌。第五,必須建立公共財政制度。把財政的決定權從行政官員手中轉移到各級人民代表大會,改變領導幹部隨意決定開支、投資的特權財政制度,實行均衡科學透明的公共財政體制。第六,必須建立平等就業、平等就醫、平等接受教育、平等享受社會保障的制度和法治體系。

我夢想,任何公民都有權工作,有權自由選擇職業、享受公正和合適的工作條件。國家應當保障同工同酬、落實最低工資,限制工作強度和工作時間長度,取消嚴重損害工人身心健康的工種。礦工、建築工等高強度、高危險環境下工作的工人應當獲得高薪,並享受巨額意外保險和健康保險。如在美國的工薪階層中,地位最高的是農民,其次是礦工,再次是建築工人,他們的收入是比一般的白領還高得多。

我夢想,任何公民都享有參與涉及自身利益的重大決策的權利,享有福利保障的權利,享有在所在城市、地區得到平等待遇的權利。在失業、疾病、殘疾、衰老和其他不可控的原因導致喪失謀生能力時,公民有權享受社會保障,有權享有為保障個人尊嚴和人格自由發展所必需的經濟、社會和文化方面的各種權利。國家有義務對農民、工人、邊緣群體的社會保障如醫療、養老、失業提供援助,應當建立農村失業救濟、養老保險、農民退休等制度。在二三十年前,前蘇聯、東歐各社會主義國家都建立了農民退休金制度,現在的中國更有條件有能力做到。

我夢想,男女在一切政治、經濟、社會及文化權利方面享有平等的權利。母

親和兒童有權享受特別的照顧和協助。一切兒童，無論婚生或非婚生，都享有同樣的社會保護，不受歧視。

所有的法律、法規、政策、條例都應委託專家學者或獨立的社會團體制訂，不得由主管當局制定對自己有利的標準，然後又自我裁定合法性。據報導，中國的法律75%～85%是各行政部門制定的，涉嫌利用立法權維護既得利益。

事故鑑定也不得由利益攸關的醫療部門、司法部門、生產部門作出，應當在中立的機構進行，以維護患者、被告、消費者等弱勢群體的利益。

我夢想，城市和農村的義務教育都應當完全免費。教師工資和校舍建立、修繕等應當完全由各級政府負責。民工子弟與所在地的兒童、青年具有完全平等的接受教育的權利，所有費用不應當存在差別。政府有責任幫助、扶持民工子弟學校的發展。不得因民工學校不規範、不符合辦學條件而使兒童失學。

因經濟原因造成兒童失學，當地政府官員應當引咎辭職。如日本規定，只要中小學校長因為缺乏經費而辭職，所在學區的負責人必須引咎辭職。

我夢想，弱勢群體和邊緣群體的生活狀況應當在文藝作品中得到充分的反映，以引起全社會的關注。國有、公辦的電視廣播報紙等媒體必須反映民間呼聲，對於熱衷於明星抄作、吹捧官員、漠視民生疾苦的媒體，其負責人應當立即被解職。

政府應當從法治和制度上剷除腐敗、特權，遏制「四公」消費——公款吃喝、公款汽車消費、公款旅遊出國、公款建房建豪華辦公樓建豪華別墅的狀況，如此每年可節省數千億元財政收入，足可解決老百姓的醫療養老教育住房等困境。歐洲各國的政府行政開支僅占財政支出的6～7%，日本僅為2.8%，中國至少占40%，只要官員們節省一半，中國老百姓看病、養老、義務教育的錢全有了。

我夢想，建立沒有特權、沒有腐敗、沒有歧視、沒有權貴壟斷、沒有掠奪剝削、沒有道德墮落、沒有謊言、沒有暴力的中國。

制定《平等權利法》，建設「公平市場經濟」
——在清華大學的演講

胡星斗

中國必須開展一場平等權利運動和農民權利保護活動。為什麼要開展平等權利運動？毫無疑問，胡錦濤、溫家寶在保護公民權利和幫助農民方面做了很多的工作，但我認為現實的中國仍然存在著許多權利不平等的情況，如城鄉不平等、官民不平等，等等。平等權利運動的宗旨是，敦促全社會關心農民、工人的狀況，從根本上解決「三農」問題，爭取農民的憲法權利和公民待遇，保護農民利益，改善政府治理，維護社會穩定。

開展平等權利運動和農民權利保護活動的形式是，利用報紙、雜誌、電視、廣播、網路等一切可用的資源，進行廣泛的媒體宣傳，使憲法中平等權利的思想家喻戶曉，婦孺皆知；讓平權、公正等內容進大中小學、進課堂、進書本、進頭腦；開展「建平等社會」、「做現代公民」、「維護憲法權威」、「保護農民權利」、「建設社會主義新農村」的活動；制定《平等權利法》，從法律上和執法上保證農民、工人和其他各個階層普通公民的利益。

《平等權利法》和農民權利保護活動的內容是，強調——

農民生而與其他社會群體平等，享有一切公民權利。不得因戶口在招工、上學、社會保障等方面歧視農民。應當取消暫住證及收費。農民在國內有權自由遷徙和居住，有權享受與所在地居民完全相同的待遇。因戶口而設置門檻、高收費違憲。應當逐步取消二元戶口制度，對城鄉二元教育制度、醫療制度、社會保障制度、就業制度、基礎設施建設制度、財政制度、稅收制度、金融制度、電力制度等進行廣泛的改革，建立城鄉統一的體制。

農民有權享有生命、安全和自由，不得任意剝奪一個人的生命，不得因稅費、計劃生育、鄉務糾紛對農民任意加以拘禁、逮捕。農民享有私有財產權，扒農民住房違法，強制徵地違憲。除非依照法律所確定的根據和程式，任何農民不得被剝奪自由、不得因上訪被截走，被勞教，被關進精神病院。有關當局有義務認真聽

取和處理上訪者的訴求。

國家有義務對貧困農民進行經濟救助和權利救濟。農民、農民工有權組織和參加農會、工會以保護自己的利益和權利。農會、工會應當代表農民、農民工的權益，應當維護農民的利益，為弱勢群體說話。通過農會、工會、利益組織與各種強勢集團的集體談判博弈，可以逐步改善農民的處境。

人人有平等地參與公共事務的權利。農民有權直接或通過自由選擇的代表間接地參與治理國家、建設村鎮。農村居民與城市居民中的人民代表比例應當相等。人民代表應當由公開、民主的方式選舉產生，不得等額選舉。

應當推進農村土地私有化。土地私有是民主和權力分立的基礎和保障。

現在，政府決定逐步減免農業稅和農業特產稅，這是巨大的進步。但是在目前的體制下，農民的稅費負擔遲早會反彈，不可能逃脫黃宗羲定律的宿命。農民永遠有權免交各種不合理稅費。農民應當與城市居民一樣，只交納統一標準的個人所得稅。不得向貧困的家庭徵稅，不得抽瘦補肥、無限度地擴大貧富差距。

國家有義務對農民的社會保障如醫療、養老、失業提供援助，應當建立農村低保制度、大病保險制度。

（略）

廢除戶籍制度：問題及解決辦法

——在中國政法大學戶籍改革研討會及華中科技大學的演講

胡星斗

我主張儘快廢除戶籍制度，代之以身分證管理。

一些學者說，沒有必要廢除戶籍，應當改革戶籍；不能激進，應當漸進。似乎在中國現在做什麼都談漸進，漸進就是對的，否則是激進，不符合中國國情。

但是像隔離型的戶籍制度，本質上是封建社會、防控型社會的產物，目前世界上也只北朝鮮和貝寧兩個國家有，這麼落後的、沒有人性的、極度妨礙中國現代化、破壞和諧社會的制度如果也不能果斷地廢除，那麼是不是當初在西藏廢除奴隸制度也應當慢慢地來？2003年中央政府廢除收容遣送制度也應當慢慢地來？現在廢除破壞法治的勞動教養制度也應當慢慢地來？

誠然，必須做好預案、找到管理的替代辦法，但是如果你一心想保留戶籍制度，那麼永遠也不會建立起符合現代文明準則的替代辦法。只有下決心廢除它，才會著手及加快建立我所說的身分證電子管理系統以替代戶籍制度，並且讓身分證系統更加公平、人性化、高效地發揮管理的作用。

還有學者說：戶籍制度沒什麼用，有用的是附加在其上的其他制度，所以，關鍵是改革附加制度；或者改變把附加制度如低保、養老、教育、醫療、住房等與戶籍捆綁在一起的做法，讓戶籍只起人口登記的作用，那麼保留戶籍沒有什麼不好。另外有人說，現在城鄉二元制度、城鄉差距、地區差距、城市之間的差距都太大了，只有等到二元制度一元化了，差距縮小了，才能廢除戶籍。

這些說法乍一聽，都像是有道理。但是，你想過沒有：如果不廢除戶籍制度，附加制度成為附驥之蒼蠅、纏樹之藤蘿，不可能發生大的變革的；戶籍制度是造成二元制度的因，二元的教育、醫療、養老等是果，不消除因，期待果改變，由二元變為一元，是不可能的。因為教育、醫療、養老等二元制度的形成，雖然也有權力結構、特權制度、工業化、歷史因素等原因，但最基本的原因是戶籍制度造成和擴大了二元差距。在戶籍制度存在的情況下，沒有消除「因」，你要等到這些附

加制度一元化、二元差距縮小，那是癡心妄想。比如，現在中央政府儘管非常重視民生，努力縮小城鄉差距，但是因為戶籍制度及由此衍生的農村土地產權制度不明晰、土地不能資本化、在集體土地上建設的小產權房不能合法化、農村金融匱乏、農業保險闕如、農村財稅制度不規範（亂收費等使得鄉鎮企業萎縮）、農民沒有技能、沒有創業可能、農村沒有像樣的社會保障、農村存在大量的剩餘勞動力但沒有就業失業保障等原因，現在的城鄉差距還在不斷地擴大，如2006年城裡人人均收入增長了10%，農村人只增長了7%，相差3個百分點，以往的年份相差更大，有時相差10個百分點。只要戶籍制度等不改變，我可以斷言，未來中國的城鄉差距不會縮小，只會增大。

從表面上看，的確不應該把低保、養老、教育、醫療、住房等與戶籍捆綁到一起，但是實際上不捆綁到一起，你做得到嗎？比如你提供社保、醫療、教育，在戶籍制度存在的情況下，你能不捆綁到一起嗎？不捆綁到一起，財政支出會大大地增加，人均GDP、人均福利等政績指標大大地降低，你能幹嗎？只有把戶籍制度廢除了，你如果還說我不應該享受北京市民的待遇，我就要起訴你了，輿論壓力就更大了，公民的權利意識覺醒了，掃除了戶籍這個核心制度的障礙，那麼這個時候每個領域單獨的改革、附加制度的改革才有可能真正地啟動。

所以，廢除戶籍，很大程度上是為了推動和加快其他領域制度的改革。的確，現在戶籍的實際作用已經不大了，但是戶籍是權利的象徵，從這個角度來說，戶籍的作用又是巨大的。有關部門可以依據這個權利的象徵，不給你相關的待遇，比如不給你小孩免費入學的資格，不讓你享受低保的資格。因此，只有廢除它，就像美國、南非廢除歧視黑人的種族不平等制度，那麼一個公平的平等權利的社會才能夠實現。南非曾經規定：年滿16歲的非洲人必須攜帶身分證、遷移證、尋職證、居住證、納稅證明等，以備員警隨時檢查；如果忘了攜帶或者證件不全，會因「無業遊民」的身分而被捕，僅1958年，南非就有近60萬人因此被抓。

中國政府既然已經廢除了收容遣送制度，不再像南非那樣，沒有暫住證、居住證就被收容，那麼中國還應當一鼓作氣，像南非廢除種族隔離制度那樣，廢除暫住證背後的戶籍隔離制度，同時，以廢除戶籍為契機，進行平等權利的制度變革。

既然戶籍只起人口登記的作用，而身分證電子系統不僅起人口登記的作用，在人事檔案、信用記錄、收入納稅、社會保障、治安管理等方面都具有無比的優

勢，為什麼不採納呢？實際上，一些人主張保留戶籍，只是維持二元制度、維持城市特權而放任城鄉差距的擴大、不願意增加財政支出的一個藉口。

假如宣布廢除戶籍，不會使得城鄉公民馬上獲得平等的實際權利，但是會導致一個直接的結果，就是會有更多的公民拿起法律武器，直接或者通過各種管道來要求自己的權利、主張自己的權利，通過博弈維護自己的權利、實現自己的權利，比如打工者會打官司要求政府必須為打工子弟的教育撥款，農民為瞭解決他們的醫療、養老、就業等問題，也會利用輿論媒體更多地向中央、地方政府提出平等的要求，去問責，甚至起訴等等。

廢除了戶籍，也會促使中央政府從城鄉一盤棋來考慮社會保障等問題，中央政府對地方政府進行財政轉移支付，尤其是對一些外來人口入籍入戶比較多的城市加大轉移支付的力度，以保證它接納更多的外來人口。同時，統一要求地方財政必須拿出多少錢用於教育、拿出多少錢搞社保，現在各級政府在教育上拿的錢太少，不願為打工子弟的教育付費，中國的教育經費占GDP的比例還不到3%，世界平均為4～5%左右，中國社會保障的支出也僅占財政支出的20%左右，發達國家一般要占50%以上，美國為61%。所以中國應該大力加強財政支出中教育、醫療、社保的比例，多為農民、農民工、外來人口承擔責任。

有人擔心，假如戶口准入放開了，會有很多人擁進大城市，甚至出現大量的城市流民、貧民窟。這種擔心沒有道理。中國目前事實上已經實現了自由遷徙，該來大城市的都來了，只不過自由遷徙的權利沒有獲得法律上的認可和保障。即使放開戶籍，而教育、醫療等附加制度也不可能一下子改變，只是通過廢除戶籍促進附加制度儘快地平等化而已，所以，外來人口到大城市不會一下子獲得實際上的平等待遇，也不會立即有更多的人到大城市來，因為第一，大城市生活成本高，找工作難，第二，住房貴，第三，還有教育醫療等等條件的約束。加上我們可以立法規定：必須在大城市擁有工作一定的時間，擁有住房（或者租賃了住房），才能夠入籍；入籍後必須放棄農村的土地，而農村的土地隨著未來土地制度的變革如允許集體土地的開發建設、小產權房合法化、甚至終究會有一天土地歸農民所有，土地的資本價值將會越來越突出，農民不一定對進城感興趣。所以那種認為戶籍放開、大城市就會人滿為患的情況不會出現。當然，時間長了，教育、醫療等附加制度越來越平等化了，進入大城市的人會越來越多，這是好事，正好符合我國城市化加速的

大趨勢。

由於戶籍等限制，中國在過去近60年中城市化速度遠遠落後於工業化速度，與世界上其他國家的現代化過程完全相反，其他國家都是城市化快於工業化。這樣，就導致中國的城市既不多、也不大。例如美國有18000個「市」，中國667個。河南的人口與日本差不多，但河南沒有一個像樣的大城市，日本卻有東京、大阪、名古屋、橫濱、京都、神戶等國際化大都市。未來，中國就應當加快城市化步伐，把人口更多地集中在自然條件比較好的大城市，讓西部特別是西北部大部分地區休養生息，保護生態，不再進行「大開發」。按照經濟學家的測算，大城市人均占地只有小城市的1/3～1/10，發展大城市能夠節約大量的土地。另外，大城市基礎設施好，效率高，能夠形成財富聚集效應。至於說，大城市也有問題，存在所謂的「城市病」，則主要通過改善政府管理等去解決，發達國家目前基本上克服了環境污染、交通擁堵等「城市病」就是最好的說明。還有人說大城市房價太高，不適合生活，可以通過政府減收土地出讓金（土地出讓金及稅費占房價的60%）、允許農民有序地開發集體土地建「小產權房」等手段，中國就能夠把房價控制在居民家庭年收入的3～5倍的國際標準之內。

假使不廢除戶籍，現在各個大城市對人口的限制也限制不住，而且越限制問題越多。比如說，北京要限制人口在多少多少之內，結果不斷地被突破，死守戶籍制度的結果便是更多的人人戶分離，戶籍不在北京，但是人在北京，其他城市也一樣。在戶籍保護之下，大城市與偏遠地區城市、農村的差距只會越來越大，像北京作為特權城市，一流的大學、研究機構、醫院、大的國有企業總部、銀行總部、加上中央政府都在北京，而我們國家又沒有建立科學、民主、均衡的公共財政制度、投資制度，像北京這樣的城市只會越來越肥。發達國家哪有北京這樣的情況？美國無論是華盛頓還是紐約，都無法像北京這樣集中資源，最好的大學、研究機構，最好的醫院、企業很少在華盛頓的，也很少在紐約，他們美國是各個地區均衡發展。而我們戶籍限制以及特權城市制度的結果是，城市差距越來越大，城鄉差距越來越大；人們對城市的認同度低下，城市沒有人文關懷，社會治安問題越來越嚴重。為瞭解決這樣的問題，政府於是在戶籍上限制更加嚴格，包括要求辦暫住證等等，越限制，城市特權就越多，想進入大城市的人也越多，但人們對城市管理當局的抵觸情緒也越嚴重，結果陷入一個惡性循環。就如一個水庫，泥沙淤積，河床越來

高，堤壩也不得不越築越高，風險也越來越大。所以，廢除戶籍制度越晚，對社會和諧的傷害會越大，社會風險度也會越高。

還有人說，鄭州等地曾經放鬆了戶口管制，結果教育、醫療、低保等部門受不了，戶籍改革失敗了，現在回到了以前嚴格戶籍、暫住證的狀況，說明中國目前的財力還不足以支撐戶籍全面的改革。

我認為，鄭州等地的改革之所以失敗，是由於中央政府沒有對戶籍改革的地方進行財政轉移支付，以及地方財政體制沒有得到改革。現在，中國的財力夠強大的，2007年財政收入達到5萬多億元，加上預算外、制度外收入，實際為9萬多億，遠遠超過日本的相當於3～4萬億元人民幣的財政收入，高居世界第二；中國的外匯儲備1.53萬億美元，世界第一。中國不是沒有錢，而是財政支出不科學、不透明、不民主，財政支出結構畸形化，如政府行政成本約占財政支出的三分之一，社會保障支出僅占20%左右，而美國的社會保障支出占財政支出的61%。我算了一下，即使廢除戶籍，統一城鄉待遇，醫療方面政府一年要多支出2500億左右，教育方面2000億元左右（近年來中央推行免費義務教育，這個錢已經在出），低保方面城鄉總共才花了一二百億，將來就算花一千億，以上幾項加起來也就五～六千億元，而中國2007年新增加的財政收入達一萬三千億元，只要把新增收入的一半資金投入就可保障廢除戶籍的成功了。如果能夠進一步改革財政體制，把每年4200億公款吃喝、3000億公款買車、3000億公款旅遊出國等的錢省下來一半，也足夠支撐戶籍改革了。所以，中國不是沒有財力推動戶籍改革，非不能也，不為也。對於鄭州等地的改革，中央政府應當進行財政支持，這樣就不會失敗了。

廢除戶籍之後取而代之的是身分證電子管理系統，請見我的文章「廢除戶籍制度、建立身分證管理系統的呼籲書」。以後，每個人一生下來就有一個唯一的身分證號碼，把戶口、檔案（過去檔案都是封閉的）都電子化，戶籍的相關資料都放到身分證管理系統中來，包括加入個人收入情況、納稅情況、就業失業情況、申領低保、經濟適用房情況，還有信用情況、犯罪記錄，甚至做義工、慈善方面的紀錄等等。這樣的全國性的電子身分證系統快的話兩三年就能初步建立起來，以後電子身分證也是可以刷卡的，各個城市街頭佇立著刷卡機，你到一個城市來在刷卡機上一刷，公安部門、管理部門就知道你到哪裡了，所以不用擔心治安問題。這個系統也有助於解決收入申報、假身分證氾濫等問題，以後在身分證系統中就可以自主地

申報收入、申領低保和保障性住房了；由於身分證號碼與個人的資料緊密結合，因此，假身分證無處藏身，在發達國家如果沒有合法身分，確實很難生存。

當然，為了保證個人資料的私密性，身分證電子系統將分層級、類別查詢，並且立法懲治洩密行為；不同的政府部門可以查到個人的不同資料；他人可以有條件地查到另一人的非隱私資料。

有了廢除戶籍制度的決心，身分證電子系統才能在二三年內建立；如果總想保留封建的戶籍制度，那麼總也會拿沒有替代措施來找藉口。

2008-3-26

延伸閱讀

胡星斗：對二元戶口體制及城鄉二元制度進行違憲審查的建議書
http://www.huxingdou.com.cn/hukouweixian.htm

記者：大學教授上書全國人大　直言現行戶籍制有悖憲法
http://www.huxingdou.com.cn/shangshu.htm

胡星斗：廢除戶籍制度、建立身分證管理系統的呼籲書
http://www.huxingdou.com.cn/feichuhuji.htm

胡星斗：取消暫住證，強化身分證管理
http://www.huxingdou.com.cn/zanzhuzheng.htm

胡星斗：在中國社會科學院「戶口與公民權利保護」研討會上的發言

在中國反壟斷第一案研討會上的講話

胡星斗

李方平律師訴中國網通壟斷，我認為是能夠成立的。

按照《反壟斷法》，有四種情況構成壟斷，一是達成壟斷協議，形成「卡特爾」；二是濫用市場支配地位；三是不合理的經營者集中；四是濫用行政權力排除或限制競爭。而中國網通至少涉嫌滿足了第一條、第二條壟斷的條件。

2007年2月，中國電信和中國網通就簽署了一份《競爭合作協議》，規定「雙方停止在非主導區域發展新用戶、停止發展公眾用戶」等；2007年5月22日，律師李方平與學者聯名向資訊產業部寄出請求函，籲請資訊產業部對中國電信與中國網通達成互不競爭協議、損害公共利益、形成南北寡頭分治局面的行為進行查處。

中國電信與中國網通的有關人士辯解道：「我們兩家都是國有企業，國有資產保值增值是企業的責任。協議正是為了避免國有資產流失而出台的」；「當年分家後，我們在對方的地盤幹得都非常辛苦，但收益卻不行。所以簽協議在我們業內人看來，既是迫不得已，也是明智之舉，能更大程度上保護國家利益，減少重複投資，避免惡性競爭」；「該協議出台的背景，是在中國、乃至全世界範圍內都已經沒有固網運營商盈利。這幾年固網運營商被移動運營商擠壓得太苦了！」

電信寡頭真的太苦了嗎？山東2006年度審計報告披露，中國網通山東省分公司職工的月均工資基數為2.13萬元，月人均繳存住房公積金6389元。職工的實際年收入高達30萬元！

電信壟斷不但無法保護國家利益，嚴重損害了公共利益，阻礙了技術進步，扭曲了資源配置，導致成本高昂、價格失真、管理低效、服務品質低下。

所以，中國網通涉嫌違背了《反壟斷法》第二章第十三條第三款「分割銷售市場或者原材料採購市場」。

而且，中國網通對不具有北京市戶口的人員採取差別待遇的歧視性做法，也違反了《反壟斷法》第三章第十七條第六款「沒有正當理由，對條件相同的交易相

對人在交易價格等交易條件上實行差別待遇」。

因為戶籍或者管理上的需要而實行差別待遇，這不是「正當」的理由。

據《現代漢語詞典》（商務印書館，1979），「正當」一詞有兩種解釋，一是合理合法，二是（人品）端正。戶籍制度嚴重地束縛了中國經濟社會的發展，不利於和諧社會的建設，侵犯了公民權利，違法了憲法中的公民「一律平等」的原則，所以，它既不合理也不合法，更不端正。

我主張逐漸廢除戶籍制度。目前廢除戶籍很難做到的情況下，著力改革戶籍制度，特別是讓醫療、教育、養老、就業、金融、財稅、辦理各種證照及電話等業務與戶籍脫鉤，是政府部門和相關國有企業應當做的事情和應盡的責任。

實現「同城待遇」，實現社會正義與公平，才能夠建成和諧社會，否則龐大的外來人口特別是農民工難以融入城市，增加了疏離感，受到了歧視，怎麼可能實現和諧呢？

所以，我主張在中國開展社會正義運動、平等權利運動，我在清華大學的演講中對之也進行過闡述。社會沒有正義，平等權利不能實現，那麼，三鹿摻毒牛奶、欺負弱勢群體等情況永遠不可能解決。

有人說，戶籍制度是管理上的需要，按照戶籍辦理電話業務也是為了方便管理。

我早就撰文指出，建立國民資訊系統或者叫身分證綜合電子管理系統更加有利於管理水準的提高，有關部門為什麼不做呢？

其實，還是既得利益在作祟。

但是，戶籍改革對於地方經濟社會的發展、對於中國的產業轉型與升級都有巨大的利益和好處。

目前的戶籍制度延緩了中國的城市化進程，農民工只能像候鳥一樣去城市打工，春節及年齡大了以後返回農村，農民工無法成為穩定的產業工人，企業也不願意對農民工進行崗位培訓、技術培訓，企業永遠依靠廉價勞動力，生產低端產品。所以，如果沒有戶籍制度的根本改革，可以說，中國的產業升級、經濟轉型都是難以實現的。

反壟斷、反歧視，還有一個重要的意義，就是改變目前中國企業的兩極化——一極是國有壟斷大企業，另一極是民營小企業；國有壟斷大企業越來越多地進入

世界500強，這不是好事，而是壞事，因為據我的研究，國有壟斷大企業的資本利潤率只有民營企業的1/5，他們是低效率的，也破壞了社會公正。

例如近來民營油企困難，十幾萬人下崗失業，凸顯了國有石油企業壟斷的弊端。

長期以來，國家只賦予了中石油、中石化兩家企業有上下游、內外貿、產銷一體化的特權，進出口權也基本上被國有企業壟斷了，極少數可以進口原油的私人企業也必須由國企安排煉製。

雖然「非公經濟36條」允許民營資本進入石油行業，但由於國有石油巨頭在原油進口、開採、煉製上的排他性以及劃分地盤，石油行業仍然是一個沒有競爭的產業。

由於中石油、中石化等控制了石油產業的上游，民營石油企業只能在下遊的煉製、銷售領域發展，導致了民營油企仰人鼻息、受制於人，無法平等競爭、發展壯大。我國有民營加油站4萬多個，但現在由於沒有油源，關閉了1萬多家。目前，國際油價劇烈波動、國內油品購銷價格倒掛，民營企業更是生存困難，中石油、中石化兩大巨頭則乘機對民營企業進行油源限制，然後加以收購，這樣，石油巨頭的壟斷地位不斷地得到加強，最終會損害消費者和國家的利益。

消費者和國家的利益受損是由於壟斷國企成本高、服務差、管理粗放，如果是諸多的民營企業競爭，國家的財政稅收會增長好幾倍。現在，國家每年還拿出幾十億元補助局部虧損的石油巨頭，廣大國民的利益都受到了侵害。

有人會說，國有壟斷是為了國家安全，這也是無稽之談。現在世界絕大多數國家都取消了國有企業的壟斷地位，包括石油、電信、電力等部門都私有競爭了，難道他們的國家安全受到了損害？只要制定法律防止危害國家安全的行為就行了！

前幾年，中國就在醞釀制定《石油天然氣法》，從而可能限制國有石油公司的壟斷地位，但幾年過去了，仍然杳無音訊。在世界各國，他們大多制定了石油法保證民營企業的平等經營權。如日本有《石油天然氣資源開發法》、《石油公團法》、《石油業法》，巴西有《石油法》等。

未來中國應當放開原油供應、進出口貿易權，對於石油開採引進非國有大企業進行平等競爭，看誰給國家交的稅收多、為國家尋找油路的貢獻大；中國還應當取消原油「非國營貿易配額只能用於中石油、中石化煉廠加工，不得供應地方小煉

廠」的規定，從而打破石油業壟斷。

　　總之，無論是石油還是電信領域，都要打破壟斷，這樣才能保證效率與公平；企業更不能憑藉其壟斷地位進行戶籍歧視。

　　中國必須開展一場社會正義運動和平等權利運動。

2008-9-21

壟斷國企十宗罪

胡星斗

壟斷性國企因其產權不清、政企不分、治理結構不科學、官僚主義嚴重而極大地損害了中國市場經濟、民主政治、和諧社會的健康發展,必須打倒。

具體地說,壟斷國企犯有如下十宗罪:

一、**阻礙了中國現代化的實現**。現代化的國家無一不是通過競爭性的私人企業而民富國強的,世界上還沒有一個國家依靠國有壟斷而實現了現代化的,相反,史達林和希特勒雖然通過政府控制經濟實現了暫時性的經濟高速增長,但是他們的「現代化」如過眼雲煙,很快灰飛煙滅。法國、義大利的國企曾經比較強大,如今他們的國有經濟被控制在十分有限的範圍之內。在這次全球金融危機中,美國等西方國家雖然對一些私人企業進行了暫時的「國有化」,但是他們的理念十分清晰——只是在危機中加強政府的作用,危機過後政府將從微觀經濟中退出,絕不搞「國有化」的社會主義。現在,越來越多的中國國有企業進入了世界500強,與其他國家清一色的私人企業(私有股份制企業)榜上有名形成了鮮明的對比,這將成為中國走上現代化歧途(畸形現代化)的象徵。

二、**支撐了集權與人治,破壞了法治**。國有是專制的經濟基礎,政府對於經濟資源的牢固控制極大地維護了傳統政治體制;政府與國企的經濟瓜葛、國企內部的個人獨裁、壟斷國企以「共和國長子」自居而無法無天,這些都嚴重地破壞了法治,強化了人治。事實上,現代法治是建立在財產私有的基礎上的,所謂私人茅屋,風能進,雨能進,國王不能進。而「國有」強大的國家一定沒有法治。

三、**破壞了市場經濟秩序,形成官僚市場經濟、權力市場經濟**。凡是國有主導的市場經濟,必定是公權力肆意擴張的市場經濟,也是特權氾濫的市場經濟,這樣的市場經濟必然遭到民眾的怨恨。

四、**造成了嚴重的腐敗**。國際組織曾經對154個國家進行調查,結論是國有經濟比重越大的國家越腐敗。的確,特權壟斷造成了當下中國不斷打破記錄的腐敗

額，中石化一盞燈156萬（線民稱2000萬），裝修大樓4億多，中石化原老總陳同海受賄近兩億，他平均每天消費4萬多元。

五、形成了分配不公，擴大了貧富差距。壟斷國企的職工占全國職工的8%，但其工資總額占全國的65%。國有壟斷的金融、銀行只給大企業、跨國公司貸款，不給中小企業、個人、農民融資，造成了企業的兩極分化——肥得流油的壟斷國企與朝不保夕的私企並存，財富分配的兩極分化——億萬富翁的權貴與身無分文的無產階級並存。

六、妨礙了老百姓致富。壟斷國企對私人企業產生擠出效應，壟斷銀行只給權貴融資，民營企業面臨著越來越惡化的經營環境，近年來中國民營企業、個體戶的數量都急劇減少，特別是在全球性的金融危機中，中國「國進民退」，擔負著全國70%就業任務的民企風雨飄搖，城市工人、農民工的工資與就業越來越陷入困境，普通老百姓致富無望。

七、催生了既得利益集團，阻礙了改革。壟斷國企大多由高幹子弟所把持，形成了特殊利益集團，國家被「分利集團化」；既得利益阻撓改革，分利集團營造分贓與庇護的腐敗王國，他們強姦民意，挾持政府，不斷固化與擴大自己的既得利益。譬如中石油、中石化憑藉壟斷每年各有500億～1500億的巨額利潤，但是他們每年還向中央政府各自強行索取了50億～100億元的「補貼」，而全國幾千萬人的低保也才拿了100餘億，前幾年只有幾十億元。而在俄羅斯，法律規定只要石油價格超過每桶25美元，那麼石油利潤的65%～90%歸政府財政。由此，俄羅斯財政收入的60%以上來源於石油天然氣，石油對於俄羅斯人民近幾年民生的極大改善起到了關鍵的作用。可是，中國的石油交給了三個利益集團，石油利益和價格的壟斷不但不能有助於改善民生，反而惡化了民生。

八、導致了經濟低效率。據美國《財富》雜誌：儘管中石油、中石化在2009年世界500強中名列前茅，但他們的效率只有美國埃克森美孚公司的1/23。另據測算，中國壟斷的電力、電信等公司的資本利潤率只有世界同類同規模企業的1/5～1/20。

九、形成了重複建設、產能過剩的巨大浪費。據世界銀行估計，中國的國有投資失誤率為30%。其實，浪費何止30%，許多專家估計：全國一轟而上的開發區、工業園、汽車、鋼鐵、電視機、醫藥生產等等，國有浪費率60%以上。誠然，

私人投資也有浪費，但其浪費主要表現為對於市場供需均衡點的把握不准確，一旦私人企業家發現即將供大於求時他決不會再投資，因此其浪費是有限的，是探索市場均衡點的必要代價；可是國有投資就不一樣了，明明知道全國已經供大於求、產能過剩了，地方領導人出於GDP、政績、地方保護主義等原因，還要上專案、上工程，因此國有浪費成為無底洞。

十、**扼殺了民族創新能力**。壟斷的國企沒有必要沒有動力創新，弱小的民營企業沒有資金沒有能力創新，由此形成了世界經濟史上的奇觀——中國雖然經濟規模龐大，但無非是國際打工崽；無核心技術、無品牌、無名牌；產業結構低級化，產品低端化。中國的高新技術專利80%是跨國公司、外資企業申請的，中國的專利中86%屬於外形設計、商標專利，很少發明專利，在發明專利中，90%屬於小打小鬧的個人發明。中國99%的國有企業沒有專利。

事實證明，所謂國企是為了公共利益、國家利益，乃彌天大謊。美國幾乎沒有國企，其石油、電信、電力、鐵路、航空甚至監獄管理都私有化了，也沒見其國家利益受到了損害，恰恰相反，其國家利益、民眾利益都得到了有效的保護，美國的貧富差距——基尼係數也比中國小得多。其實，國家的職責不是參與企業經營和微觀經濟活動，而是保衛私人產權、制定經濟活動規則、營造良好的法治環境，譬如制定有關石油稅收、電信保密、保護公眾利益的法律並且強制執行之。

中國式的壟斷國企不僅無助於經濟現代化和民生福祉，而且敗壞了政府與人民的關係，損害了社會正義，破壞了社會和諧與穩定。

沒有壟斷國企，中國將更加美好。

2009-9-8

破除國有石油企業壟斷勢在必行

胡星斗

近來民營油企困難，十幾萬人下崗失業，凸顯了國有石油企業壟斷的弊端。

長期以來，國家只賦予了中石油、中石化兩家企業有上下游、內外貿、產銷一體化的特權，只授予了中石油、中石化、中海油、陝西延長油礦管理局四家單位具有原油開採權。進出口權也基本上被國有企業壟斷了，極少數可以進口原油的私人企業也必須由國企安排煉製。

雖然「非公經濟36條」允許民營資本進入石油行業，但由於國有石油巨頭在原油進口、開採、煉製上的排他性以及劃分地盤，石油行業仍然是一個沒有競爭的產業。

由於中石油、中石化等控制了石油產業的上游，民營石油企業只能在下遊的煉製、銷售領域發展，導致了民營油企仰人鼻息、受制於人，無法平等競爭、發展壯大。我國有民營加油站4萬多個，但現在由於沒有油源，關閉了1萬多家。目前，國際油價劇烈波動、國內油品購銷價格倒掛，民營企業更是生存困難，中石油、中石化兩大巨頭則乘機對民營企業進行油源限制，然後加以收購，這樣，石油巨頭的壟斷地位不斷地得到加強，最終會損害消費者和國家的利益。

消費者和國家的利益受損是由於壟斷國企成本高、服務差、管理粗放，如果是諸多的民營企業競爭，國家的財政稅收會增長好幾倍，而國企效率則只有民企的1/5到1/10左右。現在，國家每年還拿出幾十億元補助局部虧損的石油巨頭，廣大國民的利益都受到了侵害。

8月1日，反壟斷法實行，但壟斷的國有企業基本上不在反壟斷之列，這是令人遺憾的。反壟斷法規定「國有經濟占控制地位的關係國民經濟命脈和國家安全的行業以及依法實行專營專賣的行業，國家對其經營者的合法經營活動予以保護」，這是假借國家安全之名，行保護特殊利益之實。現在世界各國大多取消了國有企業的壟斷地位，包括石油、電信、電力都私有競爭了，難道他們的國家安全受到了損

害？只要制定法律防止危害國家安全的行為就行了。

　　前幾年，中國就在醞釀制定《石油天然氣法》，從而可能限制國有石油公司的壟斷地位，但幾年過去了，仍然嫋無音訊。在世界各國，他們大多制定了石油法保證民營企業的平等經營權。如日本有《石油天然氣資源開發法》、《石油公團法》、《石油業法》，巴西有《石油法》等。

　　未來中國應當放開原油供應、進出口貿易權，對於石油開採引進非國有大企業進行平等競爭，看誰給國家交的稅收多、為國家尋找油路的貢獻大；中國還應當取消原油「非國營貿易配額只能用於中石油、中石化煉廠加工，不得供應地方小煉廠」的規定，從而打破石油業壟斷。

2008-8

在中國做慈善幾乎等同於犯罪

胡星斗

目前，中國的慈善基金絕大多數都是隸屬於政府的，民間想獨立地做點慈善幾乎比登天還難。有關規定要求慈善公益組織必須掛靠到政府部門，如果沒有政府部門的接納，那麼你的機構就是非法的；因此，山東壽光「愛心義工」組織被解散，數百人無法繼續他們的慰問孤寡老人、救助失學兒童等善舉；廣州大塘義工發展中心有6千多義工，快10年了但還沒有合法身分；中國愛眼協會長期不能註冊，2005年起訴衛生部，但被駁回；深圳外來工協會是打工者互助的機構，因無法註冊而被強制解散；深圳龍崗打工者職業安全健康中心的負責人被人砍成重傷；「番禺打工族」也是為打工者義務服務的機構，可只能工商註冊，而且常常因為參與維權而被警示；香港樂施會在中國大陸廣泛開展扶貧工作，但大學生被有關部門告誡不得參與其中的活動。

在中國做慈善幾乎等同於犯罪，民間慈善組織的負責人似乎是「敵對分子」。某慈善家收養了100多個孤兒、殘疾人，但地方當局不支持他，打壓他，以至於拆遷他的房產，弄得他家破人亡；著名的愛滋病患者服務機構「愛知行」長期被打壓；幫助學子就業的寒窗陽光基金還未正式成立即被調查；某大學教師一聽說「慈善家」機構，馬上說「太敏感」，不能讓學生參加；做慈善、關心公共利益、甚至保釣（保衛釣魚島）人士都經常遭遇訊問、監視；李連杰的壹基金是掛靠在官方的紅十字基金會下面的基金，最近李連杰承認壹基金可能無法繼續下去。

有人說：「中國人做慈善是允許的呀，你可以把錢捐給官方的基金會！」但是官方的基金會如同國有企業（官有企業）一樣，由於產權不明、責任不清、委託代理機制不健全、治理結構不科學，而導致信用喪失、品牌貶值、管理粗放等一系列的問題以及管理費提成過高、捐款濫用、貪汙腐敗等道德風險，以至於普通國人都不信任官辦的基金會，不願意捐款給他們。相反，在發達國家，為了確保事業的可持續性，私人慈善機構絕大多數都格外珍惜其名聲、品牌，他們的管理費提成比

例也不到中國國有慈善基金會的一半。

　　在發達國家，慈善事業、公益事業一般都不由政府來做，幾乎是純民間的事情。美國有慈善組織120萬個，高收入家庭（年收入超過20萬美元者）的捐款比例高達98%，市長都是義工，經常參與志願者活動，甚至有的城市的員警也是由志願者組成的；所以，托克維爾說美國一方面是自利的市場經濟，另一方面是利他的志願者精神，是兩個輪子驅動的國家；澳大利亞全國18歲以上人口中有約三分之一是志願者；英國約有半數的國民經常參與志願服務。

　　民間慈善組織、公益組織（統稱NGO）發達與否是一個國家文明程度的標誌。NGO體現了現代公民的奉獻精神和靈魂的昇華，是國民的公共意識、關懷意識、責任意識、參與意識、合作意識的結晶。而像中國這樣，視NGO如猛虎，把民間慈善、民間公益當作潛在的犯罪，將最終導致社會良知的徹底泯滅、道德的進一步沉淪。

　　不良制度的最大禍害正是全民的道德淪喪。

改革國家創新體制，推動中國成為世界研究院

——在「創新型國家與知識產權研討會」上的主題演講

胡星斗

一、中國的國家創新體制的問題

中國的科研體制總體上來說，是一種國家主義科研體制，它有一些優勢，優越性，那就是能夠集中力量做一些大的科研工程，攻克一些大的科研專案，這也就是為什麼我們新中國成立以來，在原子彈、導彈、衛星一系列領域取得了重大成就的原因。

一方面成就巨大，另一方面國家主義科研體制也存在著一些先天不足，存在的問題非常多。如果不能夠克服這些問題，可以說中國的科技現代化是不可能的。

國家主義科研體制的主要問題是：科研力量主要集中在國有的大學、科研院所；學術資源分配的權力化，學術腐敗嚴重，浪費巨大；學校的教育不重視創新能力的培養；知識產權的檔次低；官本位嚴重，靠權力分配學術資源、確定學者的地位，真理成為權力的奴僕；教育市場化，大學產業化，科研成果的評定政績化、數量化。

中國的科研力量70-80％都在國有的大學和科研院所，而發達國家70％以上的科研力量都在企業。比如說像貝爾實驗室出了一大批諾貝爾獎獲得者，但他隸屬朗訊這樣的企業。美國75％左右的科研人員都在企業，日本也有70％左右科研人員都在企業。

國家主義體制雖然能夠集中力量辦大事，但是它的科研成果很難向民間擴散，很難應用到社會生產各個領域。

國家主義體制還導致學術資源的分配的權力化，完全是官員來決定學術資源的分配，因此學術資源的浪費也是非常嚴重。比如說前一些天報紙報導，中國60％的科研經費沒有用在科研上。大量的資金浪費，反正都是國家的課題，經費一旦要來了以後，課題能不能發揮應有的作用、它的經濟效益如何、後期監督等，缺乏措

施。科研人員基本上是年復一年在申請國家專案、國家課題、部委課題，申請完了以後，有的可能就匆匆忙忙或者是想方設法把科研經費花掉，帶一幫學生把課題做完。做完了以後，課題到底發揮沒發揮應有的作用，似乎就沒有人管，最多發表幾篇論文也就萬事大吉了，發表了論文，可能有的人就提教授，提博導了。然後接著又申請課題，申請完了，又是讓幾個研究生去做，想方設法把錢花完，花完了又接著申請，基本上是這樣的體制。不大注重效果，而注重的是教授有多少科研經費，以科研經費的多少來衡量他的成果。

再比如，很多科研機構每一年花鉅資購買設備，但這些設備的使用率極低，有的時候花了幾百萬甚至更多的錢買進來的設備，一年也不用一兩次，大部分時間都是閒置。中國封閉的單位制度使得缺少科研資源共用的平臺。

而且，國家主義體制不太重視創新能力的培養，整個中國人們關注的更多的是某種選拔式的人才培養，強調的是背書本，重複別人的觀點，強調權威性，學術權威的觀點那是絕對不能夠批評的。我們甚至強調避免旁門左道的思想。而在發達國家的大學裡，研究鬼神的教授也不少，國外有一個學科叫超心理學，有點像我們的特異功能研究，但是跟特異功能不一樣就是它還研究鬼、神、靈魂這樣的問題，即使這種研究，在他們的大學裡都是名正言順，看起來是異端，是唯心的東西，但是他們都允許去探索，所以他們才會有各種新的思想的出現。而我們很多學生的數學計算本領非常高，往往能夠獲得奧林匹克數學賽的冠軍，但是菲爾茨獎、諾貝爾獎，本土的中國人卻沒有一個人獲得。這充分說明瞭中國人往往是發展起來了技能、技巧，但是犧牲了興趣，創造性的能力沒有開發出來。

中國國內一流的大學在世界一流刊物上發表論文的數量，不及人家的一個零頭。比如說在《科學》雜誌、《自然》雜誌發表的論文數，哈佛大學是三年兩百來篇，而中國像北大三年也只有兩三篇。

中國目前的專利申請量僅占世界的2％。即使這點專利，真正屬於科技發明的專利只占19.9％，大多是外型設計，包裝之類的專利，而發達國家的專利86.6％都是發明專利。目前中國的高新技術專利80％左右都是外資企業、跨國公司在中國申請的，跨國公司基本上壟斷了中國的高新技術的專利。中國企業擁有自主知識產權的企業僅占萬分之三。中國的製造設備、成套設備70-100％都要依靠進口。很多國有企業注重的是引進外國的技術，但是不注重對技術的消化、吸收、升級，中國人

花一塊錢引進技術的話，只花7分錢到8分錢用於對這個技術的消化吸收，是1：0.078，而日本、韓國都是1：8左右，人家花一塊錢引進技術，就要花8塊錢來應用它，來改造它，把它變成自己的技術。

還有，中國的專利成果中，職務發明僅占36.5%，非職務發明占了63.5％，而發達國家正好相反，發達國家申請的發明專利中，95.5％是職務發明。而且，中國的各種發明往往都是個人行為，單個人的發明，美日歐的發明大多數是以一種團隊的合作，比如說微軟「視窗」是一二十萬人共同奮鬥才開發出來的，中國現在反而難以做成這樣的團隊合作的大的發明。這與剛才說的中國以非職務性的發明為主有關，因為單位沒有起到很好的組織作用，沒有形成一個很好的激勵的機制，所以一些科研人員只能夠從事個人性的發明。

目前，中國無論是大學還是科研院所都存在著嚴重的學術腐敗，包括學術權力的腐敗、學術準則的腐敗——利用學術權力來瓜分學術資源；一切唯官，唯上。現在各個學會、學術團體基本說都忙於編撰各種雜誌、出版各種書籍，雜誌、書籍的論文基本上都是花錢出，大部分沒有學術含金量，沒有價值，是垃圾文章。也就是說中國現在存在著嚴重的學術低水準重複生產的問題，與我們的工業生產是一樣的低水準重複，平庸之作非常多，泡沫文章非常多，垃圾文章是非常多。

然後通過國家的評獎來確定學者的學術地位。評獎人往往都是熟人，都是認識的，互相串通的，往往評獎人不去認真地閱讀原著，而是根據他的印象，給某某打分。

我們的院士體制也是一樣。評院士要求的是獲得過部級以上的獎，而許多我認識的有巨大創新的學者反而不能成為院士。其實獲得過部級以上獎的人只能表明他的組織能力強，而諾貝爾獎等都不授予科研組織者。比如中國文革期間曾經在研究牛胰島素方面取得了重大的成就，當時諾貝爾獎評委會就讓中國報出一個應當獲獎的人的名單，因為當時中國文革期間都不透明，到底是誰為主的科研外國人不瞭解，要求中國方面拿出一個名單來，結果中國是拿出了一長串的名單，其中多數都是官員，都是研究院院長、處長之類，結果被諾貝爾獎委員會否決了，因為他們只授予純粹搞科研的人，不授予領導科研的人。

科學是不應當有權威的，院士更不應當是權威。院士就應當是在理論上或者實踐上有突破貢獻的，而不應當是官員，我建議官員要一律退出院士的評選。目前

中國在科研體制方面官本位的情況也是相當嚴重的，比如北大物理系培養的22位院士，不帶官職的只有4位。51級入學的4位院士中3位是部長。

現在很多大學也都在辦自己的商學院，MBA班，EMBA班，大學往往都是高收費的，還有一些官員、富人、名人、企業家花錢買博士文憑。發達國家的大學也辦商學院，但是不以贏利為目的，絕大多數商學院是虧本的，收的學費不足以彌補它的開支。

二、建立現代科研體制，推動中國成為世界研究院

現代科研體制一要科研力量民間化，民營化；二要學術非權力化，非官本位；三要政校分開，學術自由，培養創新能力；四要建立科研成果的綜合評價、匿名評定制度；五要鼓勵職務性發明、團隊型科研；六要建立更多的企業大學、企業研究院，進行職工的崗位培訓，扶助民營企業做大做強，減免企業稅費，提高企業的利潤率，吸引人才進入企業，推動中國從世界工廠變成世界研究院。

現在中國也出現了一些可喜的狀況。比如像海爾等企業建立了自己的研究院，現在民營企業也越來越多地進行研發投入，譬如深圳實現了「四個90％」──90％以上的研發機構在企業；90％的研發資金來源於企業；90％以上的研發人員集中在企業；90％以上的專利成果產自企業。

中國人申請專利的數目也在逐年遞增，越來越多的企業非常重視專利申請，2006年海爾平均每天申請2.6個專利，其生產出來的產品全部擁有專利；海爾還擁有兩項國際標準，參與了86項中國標準的制訂。華為公司是目前申請專利最多的中國企業，僅2005年申請了國際專利249項，超過思科公司的212項。當然與某些跨國公司幾萬項專利相差很遠，像IBM擁有三萬多項專利，朗訊公司也有兩三萬項專利。

中國的企業如果不重視專利，都是貼牌生產，沒有自己的核心技術，只是賺取微薄的加工費，工費只占整個價值鏈的2-5％，那麼可以說中國人就是賣苦力的。發達國家的企業憑藉其專利特權每一年從中國拿走了數百億美元的專利費。

所以，中國不能永遠只是世界分工體系中的最低端打工者，不能只是廉價的世界加工廠。中國應當瞄準世界研究院的目標。

　　要從「中國製造」變成「中國創造」、「中國研究」。儘快讓中國從世界工廠變成世界研究院。

2007-11-27

中國「專利奴」的地位何以翻身

胡星斗

近一段時間以來，關於知識產權的過度保護問題引發了討論。發達國家涉嫌利用知識產權和專利的過度保護來遏制中國的發展，我們該怎麼辦？

中國在一定程度上已經成了「專利奴」。比如中國的高科技專利中70-80%是發達國家和跨國公司在中國申請的；在中國人的專利申請中只有19.9%是發明專利，超過80%屬於外觀設計、包裝、商標之類的專利，而在美國，86.6%的專利屬於發明專利。可見目前中國的專利技術水準非常低。而且中國人的專利大部分是個人發明專利，屬於那種小打小鬧、零打碎敲的專利，而美國的大部分專利是屬於團體合作公關的成果，其專利的技術水準比較高。

目前世界發明專利的97%掌握在發達國家手中。中國只有萬分之三的企業擁有自主知識產權，99%的企業沒有專利。在這種情況下，過於嚴格的知識產權保護主要是保護了發達國家的利益。

比如微軟的WIN98當初在美國賣50美金，相當於美國人一兩個小時的工資，在中國賣6999元人民幣，相當於當時中國工人一年的工資。微軟每年在中國通過打擊盜版獲益20多億元，超過中國軟體產業前十大公司的收入總和。再比如英特爾公司每年在中國收取57億元的專利費，超過了中國電腦硬體行業前十大企業的年利潤總和。

眾所周知，中國生產DVD，每臺交了專利費約10美元，而廠家的利潤只有1美元。現在中國的電視機業又重蹈覆轍，美國規定從今年3月1日開始銷往美國的電視機必須是數字電視，而且必須符合美國標準，購買美國專利，這樣就使得中國出口到美國的電視機面臨全軍覆沒的危險。因為數字電視機專利費每臺要交20多美元，而目前中國銷到美國的電視機每臺的利潤只有10美元。

據報導，2006年中國生產的手機3.8億部，占全球的一半，但中國製造商每部手機僅能獲利30美分，是國外專利品牌商利潤的三十分之一。

可見過於嚴格保護的專利制度可能起到了阻礙發展中國家發展的作用。發達國家「上屋抽梯」，他們自身發達了，就以超嚴格的知識產權保護讓發展中國家很難發展、很難翻身。而當初日本、韓國之所以能夠翻身是因為那個時候知識產權的保護非常寬鬆，但是現在那個時代已經一去不復返了。如今，發展中國家只能發揮自己的資源優勢，與發達國家對等談判，改變專利奴的狀況。

我認為，在知識產權方面還要通過制度變革維護發展中國家的權益，否則在不合理的國際經濟貿易制度的擠壓之下中國幾乎沒有翻身的可能，只會永遠成為國際分工體系中的打工仔。

第一，知識產權不能過度保護。知識產權不是保護得越嚴越好。可以說，任何人的知識成果都是站在別人的肩膀上取得的，幾乎沒有百分之百的個人發明。因此對於發明要分門別類地進行保護，對於簡易獲得的、沒有多少成本投入的專利和知識產權，比如一些歌曲之類的，還有對他人、社會、行業發展影響過大的知識產權要限制其權利。也就是說，這些擁有知識產權的個人和企業不能為了商業利益而置公眾利益於不顧，或者說商業利益與公眾利益必須兼顧。我認為，在國際上應當推動縮短知識產權保護期的活動，比如將平均保護期限的17年、20年，改為只保護五年，甚至三年。

第二，在國際上宣傳「知識產權人道主義」，在保護知識產權和保護「知識人權」之間達到平衡。或者說，知識產權要服務於普羅大眾，關懷弱勢群體，體現人道主義精神，有利於改善人權。可是，現在的知識產權制度存在著很大的缺失，缺乏基本的人道主義精神，只是一味的商業利益。比如，曾經有很多的美國醫藥企業聯合起訴南非政府，指控南非盜用了很多的美國診治愛滋病的專利，難道說南非愛滋病患者的生命就沒有美國企業的商業利益重要？所以，為了人道主義的理由，我們既要宣揚知識產權，又要宣揚知識人權，讓知識普惠於大眾，幫助改善發展中國家人民的生存權利。

第三，通過合作改變發展中國家的「專利奴」、「知識產權奴」的狀況。廣大發展中國家要加強合作，以資源換知識，對等高價。因為發展中國家主要出口資源，發達國家出口知識，我們以資源換知識，如同OPEC組織，合作起來，提高資源價值，對等協商，交換發達國家的知識。

第四，以中國龐大的市場、人力資源交換知識產權，在中外合資時合同中要

引入知識產權低門檻的條款，對於外國人以知識產權限制中國出口的行為，比如限制中國彩電的出口，中國人應當以牙換牙，限制進口。

第五，盡快通過反壟斷法，在國內法中加入「反知識壟斷」的條款。我認為，即使微軟、英特爾等企業在美國不違反反壟斷法，但是到中國來，仍然可以以中國的反壟斷法對他們進行起訴，因為你到中國來造成了壟斷。美國可能有企業與他們競爭，但是中國沒有。所以，中國必須利用國內的反壟斷法對於濫用知識產權保護、實行超級知識產權保護的情況進行遏制。

第六，運用WTO中的TRITS條款，即與貿易有關的知識產權保護協議，來反對不適當的知識產權壟斷。比如在炭疽熱的時候，美國曾經運用了TRITS強迫拜爾公司開放了藥品的使用權利。中國也應該增強自信，利用WTO的條款對發達國家可能損害公眾利益的專利在WTO框架之內提起訴訟。

最後，更重要的是中國應該制定關於知識產權發展的國家戰略，加強專利預警，出台中國的技術標準和規範，把中國專利上升成為中國標準，鼓勵一流的企業做標準，以中國標準對付外國標準，這樣才可能應對國際上對知識產權過度保護的趨勢。

2007-5-4

樹立科學穩定觀，建立地震資訊的正常披露機制

關於防震減災法修改草案審議通過的相關事宜向您請教。

1、預報權仍歸政府是否過於剛性？是否應該借助民間科技力量或借鑒國外相關經驗？

胡星斗：關於地震預報，中國要解決兩個問題，一是落實「以人為本」，不僅僅是作秀，不僅僅是宣傳，而是真正地把人民的生命權放在第一位。不要嘴巴上說「以人為本」，實際上奉行「社會穩定重於人的生命」的價值觀；社會穩定當然很重要，沒有社會穩定，中國什麼事情也幹不成，但是，我們要有科學的穩定觀，不能把穩定凌駕在社會正義和人的生命之上，否則是刻舟求劍，荒唐之極，不可能實現長久的社會穩定。所以，我們要反思以前的發展觀、穩定觀，建立科學發展觀、科學穩定觀。目前，大家對前者認識得比較深刻，對於後者即科學穩定觀，政府的理念一下子還轉變不過來。我們必須相信：最大程度地尊重生命、保護生命才能維護社會穩定；像發達國家那樣允許民間披露地震資訊，即使政府對於地震資訊沒有確實的把握，也可以把地震的可能性、地震幾率的百分比告知大眾，由民眾自主甄別資訊、選擇對策；由於地震的概率預報常態化了，老百姓不會驚慌失措，也不會影響社會的穩定，反而會增強民眾對於政府的信任感，讓人民切實感受到政府對於人民的生命權是極其尊重的。

二是全面推進政府資訊公開，健全地震資訊的正常披露機制，建立現代型政府、公開性政府、可問責政府，打破政府對於人民生命資訊的壟斷權。有關自己生命安危的知識，老百姓擁有天然的知情權；在體制開放的社會，資訊和知識都是開放的、流動的，所以能避免天災轉變成人禍；在體制封閉的社會，資訊和知識處處被隱瞞，往往會造成巨大的災難。關於這一點，阿瑪蒂亞.森早就論證過，唐山大地震、汶川大地震也給了我們沉痛的教訓。

所以，我主張民間可以預報地震，打破地震預報的壟斷權；民間也應當享有地震資訊的知情權，政府沒有權力壟斷地震資訊；應當鼓勵地震工作者的群測群防、土洋辦法的結合，讓地震專業協會擁有地震預報的權力。

2、對於學校、醫院的建築標準提高的問題怎麼看待？比如提高的標準等？僅僅對於學校或醫院提高標準是否合理？

　　胡星斗：《防震減災法》修改草案提出，提高學校、醫院的建築標準，學校、醫院按照高於當地房屋建築的要求來建設，這是正確的。在日本，地震時人們紛紛逃向學校、醫院，因為這些地方的房屋牢固，可以作為緊急避難所使用。

　　我認為還可以學習美國一些地區的做法，為了抗震及逃生，規定中小學教學樓必須是平房，不得多層，最好採用木結構。

3、此次修訂是否能達到解決問題的目的？即制度本身與執行等方面存在的問題能否得到好的解決或預防作用，消除災害帶來的弊端等？

　　胡星斗：即使有了修改後的《防震減災法》，怎樣落實和執行也是一個問題；比如《防震減災法》規定對於重大的建設工程、鐵路、港口、核電站、水庫，必須做地震安全評估，評估合格的，才能開工建設，不合格的不能建設。但是現實中我們的重大工程大部分都沒有經過地震安全評估，有的大壩就建在了地震帶上。以後要糾正此類事件的繼續發生，必須加大責任追究的力度。

　　還必須制定《防震減災法》的實施細則，修改建築規範，把學校、醫院從乙類建築晉升為需要具備特殊抗震性能的甲類建築，改變《中小學校建築設計規範》中沒有抗震設計要求的狀況。

　　另外，我主張合併民政部與國家地震局，實行大部制，組建民政與緊急事務部，加強對災難的統一救援，建立救援的協調配合機制。中國幅員遼闊，災難頻發，2008年就已經發生了雪災、火車相撞、手足口病、地震、南方水災、毒奶粉等重大災難，為了抗擊天災人禍、統一領導，建議在民政部的基礎上組建民政與緊急事務部，下設國家地震局，加強部、地震局與國務院的情報溝通。

　　針對目前全國的中小學課程中普遍缺乏防震避震教育的內容，甚至成年人也缺乏應有的知識與技能，我建議在人民大眾中廣泛普及防震抗震、避震應急、自救互救的相關知識。

2008-10-27

肆、我以我血薦軒轅

——胡星斗論中國政治與中國文化

迷失了方向的中國

——與國內外媒體、外國駐華官員的談話紀要

胡星斗

（我最近與國內外媒體，以及外國駐華官員如法國駐華大使、澳大利亞外交部、英國使館、美國使館、日本使館、德國、丹麥、挪威、韓國、安哥拉等國官員進行了交流，以下根據回憶整理出部分內容。）

目前的中國在公開預算、微型金融、戶籍改革、社會保障、網路反腐敗等方面取得了進步。但是，中國仍有可能淪為「失敗國家」，關鍵是看中國能否在建立現代國家制度、現代政治制度方面取得進展。美國《外交政策》雜誌每年發表「失敗國家」名單，中國近幾年每年上榜。它提醒我們，中國不能被表面的光環炫暈了頭腦，決定一個國家能否長期穩定與可持續發展的不是經濟成就，而是政治形態，也就是能否建立現代政治制度。發達國家無一不是建立了現代政治制度而發達起來的，俄羅斯、印度等國的發展速度雖然暫時比中國慢，但是他們都基本上建立了現代型政治，為經濟社會的長期穩定與發展奠定了基礎、提供了保障；而反觀中國，經濟發展雖快，但維穩經費也高速增長，已經超過了國防經費；腐敗擴散的速度也遠遠超過經濟發展的速度。因此，有一些人預測，10年之後中國可能淪為世界上最貧窮的國家，中國可能陷入動亂。

目前，中國進入了發展的十字路口，中國面臨的選擇有三條道路即極左或毛左的道路、權貴社會主義或者俗稱的權貴資本主義道路、類似於西方的憲政民主的道路，這三條道路都是死路。極左或毛左的道路試圖回歸毛時代，更加偏離現代人類文明，不可能建成一個現代化國家，相反可能成為一個法西斯國家；權貴的道路也叫特色社會主義，即經濟上的自由、經濟制高點的國有壟斷加上政治上的保守、政治體制的僵化，最終特權腐敗、兩極分化、官民矛盾會失控，社會將逐漸地陷入混亂；第三條道路——自由民主的道路或許是中國長遠的目標，但由於目前的中國人沒有民主訓練、不存在公民社會、人治與黨治大於法治，所以，實行民主的結果

肯定是社會動亂，國家分裂。也就是說紅色道路、權貴道路、自由道路對於中國都是死路一條。

中國未來唯一正確的道路是通向憲政的暫時訓政，在保證執政黨權威的基礎上逐漸地進行政治體制改革，特別是厲行法治，預備憲政，讓黨在憲法允許的範圍內活動，實行黨內民主，放棄革命黨思維和特權思想，為了中華民族的利益、為了避免社會動亂和國家分裂、為了中國的現代化，執政黨應當隨時準備放棄自己的利益。

中國的未來最有可能的是三種前景，一是政權不變，但社會越來越衰微，矛盾越來越多，動亂的可能性越來越大。執政者應當反思：為什麼早就提出了建立和諧社會，社會反而越來越不和諧？根源在於不是用現代文明的辦法實現和諧，而是採用打壓的辦法，最終犧牲了社會正義；不是致力於建立現代國家制度，讓人民有話語權、監督權，而是回歸毛時代的做法。可以說，如果不能建立公正社會，那麼也就無法建立和諧社會。和諧社會不是現代國家的通用語言，通用語言是公正社會、法治社會、民主社會。和諧社會往往意味著不講原則、沒有公正、暴力強壓下的表面上一團和氣，這不是執政者追求的目標；現代國家制度、現代政治制度是一百多年來中國人民的追求。

第二個前景是軍人執政。也就是在當局執政失敗之後，國家陷入動亂，軍人接管政權。不僅是槍指揮黨，而且是槍口威嚇全民。這是很壞的結果，還不如一黨專政。第三個前景是國家在短暫動亂之後組成民主政府，但社會也陷入了比較混亂的長期痛苦時期。

觸發中國社會動亂的因素，一是通貨膨脹或經濟滯漲，二是基層矛盾激化，群體性事件演變為全國性騷亂。

通貨膨脹或經濟滯漲是政績GDP化的結果，是未來中國必然的宿命。中國進入了長期的通貨膨脹時期。由於國進民退、國有壟斷特別是金融壟斷、稅收沉重，導致中小民營企業的經營困難，進一步導致就業難、薪水低，民營企業風雨飄搖，所以經濟滯漲也是未來中國必然的宿命。經濟前景不容樂觀。

據銀監會的數據，2009年5月，全國各地有融資平臺公司8000多家，許多縣市的債務餘額超過了財政收入；現在又有報導說，地方政府負債10萬億。我的問題是：這麼多的負債，超過了國家財稅，有多少用在了民生方面？恐怕大部分用在了

政績工程上。資金使用效益的低下,將進一步誘發惡性通貨膨脹。

市場普遍估計中國地方政府債務應該在14萬億元左右,有的地方政府債務率已超過100%。地方官員為了提升他們的政績,往往大量舉債。至於債務將來是否能夠償還,則是繼任官員,或者中央政府的事情。地方政府不是法人,也不是一級責任政府,如果放開地方政府舉債,會導致大量的壞帳,經濟無法可持續發展。籌集經濟發展急需的資金,還是應由中央統籌發行債券,除非我們能夠讓地方政府成為一級責任政府。而讓地方政府成為一級責任政府,恐怕必須要有民主對地方官員的制約,才能夠起作用。

據世界銀行的報告,美國5%的家庭掌握了全國60%的財富,而中國是1%的家庭掌握了41.4%的財富,中國貧富分化的程度遠遠超過美國,成為「全球兩極分化最嚴重的國家之一」(《法制晚報》,2010.5.24)。據中國社會科學院的估計,中國的基尼係數已接近0.5(《深圳商報》,2010.12.16)。為什麼中國越來越貧富分化?當然,中國作為發展中國家,貧富差距拉大是必然的現象,也符合庫茲涅茨倒U理論,但是像中國的貧富差距這麼大,那還是不正常的。其原因一是中國的稅收太重,尤其窮人繳稅太多,中國富人繳納的個人所得稅不到個稅總額的10%,而美國10%的富人繳納了個稅的60%多(《深圳商報》2009.5.11)。中國窮人的收入中25%交稅,富人只交了18%。據世界銀行和普華永道公布,在全球175個被調查的國家中,中國位於納稅成本最高的第8位,中國大陸的總稅率高達77.1%。二是中國的金融國有壟斷,不利於中小企業、個人創業、新農村建設等。三是中國的房市是造富的機器,股市是剝奪窮人的機器。四是老百姓無權,納稅人也沒有權利,既不能團結起來組織工會、提高工資待遇,也不能監督國有企業和政府。中國需要「納稅人革命」,納稅人從「沉默的多數」變為社會的主人。

官權壓倒民權,國富壓倒民富,官員喉舌壓倒人民的聲音,這是腐敗與貧富分化的主要根源。

美國GDP中70%是勞動報酬,中國僅15%,發達國家平均50~60%。2008年,中國的居民消費率35.3%,而美國為70.1%,印度為54.7%。

根據人力資源和社會保障部工資研究所的報告,中國收入最高行業與最低行業的差距達到15倍。行業收入差距超過巴西,居時世界首位。而發達國家的行業收入差距一般在兩倍左右,日本、英國、法國約1.6~2倍,美國、德國、加拿大、韓

國2.3～3倍（《經濟參考報》，2011.2.10）。

中國紅十字基金會等官營慈善組織經常陷入醜聞之中，這並不奇怪，未來這樣的醜聞還會更多，因為官營機構的特點決定了它們不可能從根本上改好。國有慈善基金會與國有企業一樣，產權虛置，政企不分，治理結構不健全，缺乏責任機制，缺乏真正的競爭，管理成本高昂，財務不透明，捐款去向不公開。中國國有慈善機構的管理費比率高達10%，剩下的90%的慈善款都交給了地方政府，成為地方政府的預算外收入，這些錢到了地方以後到底有多少用在了扶貧救災方面，只有天知道！而發達國家政府不直接從事慈善事業，只負責監督，他們的私人慈善機構經過激烈的競爭，其管理費比率只有3%、4%，其每一筆款項來源、流向都必須向社會公開，行業協會、民間組織也不斷地發布對於慈善機構的評價和排行，激烈的競爭淘汰了那些管理費率高、管理不規範的基金會。只要中國不改變官營壟斷慈善基金（儘管也有少量的民間慈善基金作點綴）的現狀，那麼中國的慈善事業不可能發展壯大，不可能被國民認可。為什麼中國人的捐款比例低？美國人均慈善捐款額是中國的7000多倍。在153個國家和地區中，中國大陸的慈善事業綜合指標居倒數第7位。中國慈善捐款的踐諾率只有7%（《深圳商報》2010.8.20）。

民眾的沒信用，其實源自官員的沒信用。中國官員是世界上最沒有道德感的群體。

近幾年國進民退，國有資產從1999年9萬億增加到2009年43萬億，是十年前的5倍。令人震驚！國有及國有控股企業整體上處於虧損狀態。從2001～2008年，國有及國有控股企業累計利潤4.9萬億元，同時少繳利息、地租、資源稅以及獲得補貼共計6.47萬億元。同時看看國有企業怎樣的揮霍：據京華時報2011.5.11報導，根據2010年年報數據，央企高管高薪前5名全是中海油，中海油董事長傅成玉年薪1330.6萬元。國有企業出資人權利虛置，財務監督闕如，薪酬委員會名存實亡，獨立董事淪為附庸。真是合法貪汙權，合法分贓啊。而國企的利潤就是社會的成本，國企幾乎都是利用特權來賺國內老百姓的錢的。看看這些國企怎樣地掠奪老百姓：中國手機話費比發達國家高出5～20倍，2009年，我國手機話費占城市居民可支配收入4.77%，占農村居民15.9%，而國際上大多低於1%。

國有企業賺了很多錢，但他們的效率卻是世界上最低的。根據中石化2010年年報，2010年中石化的淨利潤707億元，全年管理費用高達577.7億元。中石油中石

化的投資回報率只有發達國家的20～30分之一，如中石油2008年A股市場投資回報率0.89%，而埃克森美孚為20%。

許多人認為國有企業是政權的基礎，所以即使虧本、即使挨罵，也要保持國有壟斷。這種觀點是陳舊而且極其錯誤的。過多的國有壟斷直接或間接造成了民營經濟發展的困難、產業升級和轉變發展方式的失敗、政府的龐大、對法治的破壞、民生的艱難、腐敗的蔓延、道德的沉淪，難道說這些都有利於執政黨？凡是國有企業密集的地方，必然是民間活力不足、科技創新不足的地方，必然是法治不彰、專斷獨行、腐敗不公的地方。所以，執政者應當頭腦清醒：國有企業不但不是政權的基礎，而是破壞政權合法性的元兇。

中國的財政收入和貨幣發行都增長太快，必然造成實體經濟萎縮與通貨膨脹並存的局面，也就是形成滯漲。2010年全國財政收入8.3萬億元，增幅21.3%。再加上政府性基金收入、社保基金收入、礦產權拍賣收入、土地出讓收入、賣彩票收入以及工商、質檢、城管、交通、衛生防疫、食品藥品監管等其他各種預算外收費，中國政府的財政收入在13萬億以上（按照學者的說法，預算外收入與預算內收入的比例為1:1，那麼中國政府的總收入在16萬億左右）。2010年全國賣地收入2.7萬億元，與2009年相比增幅超過70%。

2010年，中國新增人民幣貸款近8萬億元。2010年末，廣義貨幣M2餘額為72萬億，同比增長近20%。M2占GDP的比例高達2.6，遠遠超過正常的貨幣水準。現在，全世界都在指責美國的量化寬鬆貨幣政策，但是美國的廣義貨幣M2占GDP的比例僅為0.65，目前全世界實際流通的美元僅4.5萬億美元，僅占其GDP的30%，而且美元60%為美國之外的海外持有。

中國發行了過多的貨幣，是飲鴆止渴。發行超量的貨幣既是被動的——由於巨額的外匯占款而不得不發行的，但同時又是主動的——為了保持人民幣不升值、為了GDP政績，而人為製造了天量貨幣。根據經濟學家的理論，貨幣或財政投入每增長1%，GDP增長率就提高1/3%左右。根據奧肯定律，GDP增長率提高1%，就業率就提高1/2%，但中國僅有1/3%。大量的貨幣投入到效率極其低下的經濟之中，表面上看起來促進了就業和經濟繁榮，但是實際上積累了長期通脹的禍根，惡化了民生，阻礙了產業結構的升級。

2010年，中國經濟總量超過了日本，成為世界第二，但僅僅是GDP（國內生

產總值）超過日本，GNP（國民生產總值）仍然與日本相差40%，也就是說，中國的國民財富40%左右是境外居民創造的，利潤流向了境外，並不能造富於中國。而且日本藏富於民，其國家外匯儲備雖然僅1萬億美元，遠低於中國的3萬億美元，但日本還有1.5萬億美元的公共養老基金，6萬億美元的私人企業海外資產，15萬億美元的個人金融資產。所以，無論是國富還是民富，日本仍然遠遠超過中國，更不要說人均。對此，中國人必須保有清醒的頭腦。

中國人的收入只有美國人的十幾分之一，但是中國的平均房價卻比美國的高得多。根據美國房地產協會2009年統計，美國中價房每平米約5700元人民幣，紐約房屋中價與家庭年收入中值之比為5:1，而北京上海約為40:1，我們不能不成為「房奴」。中國的房價為什麼這麼高？一是由於GDP政績制度、土地財政和土地的各級政府壟斷供應抬高了地價，致使土地出讓金飆升，地王頻現。二是過去放任了房屋投機，中國70%的購房是投機需求甚至是腐敗需求。2010.4.20深圳一人拋售680套住房；上海浦東新區副區長康慧軍夫婦名下擁有24套住房；浦東外高橋規劃建設處處長陶建國名下擁有29套住房；上海房地產局副局長殷國元擁有30套住房。據報導，國家電網公司在全國660個城市的調查顯示，有高達6540萬套住宅電錶連續6個月讀數為0，這些空置房足以供2億人居住。而發達國家對於住房保有徵收房產稅，美國、德國對二套房徵收50～80%的銷售所得稅，這些都有效地抑制了房地產投機和投資的需求。所以，在發達國家除非大富翁，否則很少有人擁有兩套以上的住房，這樣房屋回歸了它的居住屬性。2009年，德國57%的家庭租房居住，租房平均使用面積僅69平米，可見住房保有環節的稅收能很好地調節需求。其他如中國買房者太年輕，北京首套房貸者的平均年齡是27歲，日本、德國為42歲；房地產開發商的暴利，如2009年，中國房地產行業的平均毛利潤率達到55.72%都是房價太高的原因，但是它們是次要原因。

中國應當大力推行住房雙軌制，即市場價的商品房與保障性住房並存。應當出台《住房保障法》，加大保障性住房的建設與監督的力度。2010年4月住建部規定對於騙取經濟適用房的，責令退還住房，並且5年內取消再申請的資格，這樣的規定對於騙購者等於零風險，而他們可能獲得的收益巨大，風險與收益的巨額反差，還會促使一些人繼續騙購。反觀香港，對於騙購者的處罰相當嚴厲，3年前時年85歲的香港退休大法官因為騙取廉租房，僅僅是廉租房，就被判入獄11個月。

住房難、房奴多一直困擾著政府和居民，成為民生改善的一大障礙。近幾年，中央政府一直要求大力興建保障性住房，但是由於資金等原因，每年落實的不到30%。為了改變保障性住房落後的局面，福利分房捲土重來。住房應當實行雙軌制，但是保障性住房誰來提供？只有政府來提供。如果社會單位——企業、機關也提供保障性住房，企業會偏離它的市場目標，機關則可能以權謀私，目前，社會上最有意見的正是後者。

　　公務員應當解決他們的住房問題，但是問題在於公務員以其權力很容易侵占普通民眾的保障性住房指標，而且許多公務員擁有多套住房。我認為，應當聘請中立的機構對於公務員的收入狀況進行評估，如果其收入不及社會平均，那麼應當對公務員進行補貼，補貼款向社會公開，然後讓公務員到市場上購買商品房；公務員也可以參與保障性住房的申請，但是不能以國家機關的特權參與其事，政府部門更不能夠拿納稅人的錢去買保障性住房分給公務員或低價賣給公務員，否則涉嫌以權謀私和濫用公共資金。

　　公務員住房總體上應當納入城市公共住房之中，兩個體系是相容的。當然，公務員住房政策可以有特殊性，在一定的情況下財政可以補貼公務員，但是前提是公務員總體上必須是廉潔的，其收入是較低的。香港公務員買房子往往會獲得政府的補貼，因為其公務員很廉潔，收入不高，如果沒有住房補貼，公務員的職業可能沒有多少人願意幹了。而在中國大陸，即使沒有住房方面的好處，大部分人仍然嚮往公務員的職業，所以，在中國大陸，公務員的住房補貼、福利分房等會引起普通民眾的不滿。

　　根據尋租理論提出者克魯格的模型計算，中國2004年的腐敗租金總額為46000億；根據中國經濟體制改革研究會的研究報告，2005年中國有4.8萬億隱性收入沒有反映在居民收入統計數據中，都證明瞭中國的灰色收入和腐敗收入約等於當年的國家財政收入，是GDP的30%左右（《長城月報》2011.5：80～81）。吳敬璉說：中國的租金總額達到國民財富的20～30%，世界上很少有國家達到這麼高的水準。

　　據報導，中國國有企業進口引進成套設備一般比國際市場價格高出60～300%，如從義大利引進皮鞋自動生產線，國際市場價200萬美元，中國600～720萬美元；一套年產化肥50噸的設備，國際市場價格2.2億美元，中國國有企業花4億美元引進。可見，國有企業的產權模糊、所有人虛置是腐敗浪費的主因。

據說存在著黃宗羲定律：任何朝代都走不出由廉潔開始到腐敗結束的王朝迴圈。對於專制政體來說，這個黃宗羲定律是存在的，但是對於憲政民主政體來說，腐敗的範圍越來越小。在上世紀五六十年代，日本一年有上萬宗腐敗案件，現在只有十幾宗；韓國曾經腐敗不堪，但是現在情況好多了，總統和總理都會因為細小的腐敗而下臺。韓國歷史上第一位女總理韓明淑因為涉嫌收受5萬美元的賄賂而被逮捕；2010年8月30日被提名為韓國總理的金臺鎬宣布辭職，僅僅因為他公布的私人財產中沒有公布他妻子和岳母開設的商鋪，他還承認在擔任慶南知事期間，他妻子曾經以個人用途使用公車。2008年3月首爾市政府規定，市公務員凡是接受賄賂或招待超過3萬韓元約合200元人民幣不到，不論職位高低，一律停職甚至免職。

　　發達國家對於腐敗可謂過街老鼠人人喊打。美國洛杉磯市市長安東尼奧.維拉雷戈薩因為接受了34場NBA門票而被罰款4.2萬美元。美國歷史上最年輕的州長約翰羅蘭共接受免費度假、翻修房屋等好處，折合10.7萬美元而被康州議會彈劾，在美國弄得沸沸揚揚，家喻戶曉。瑞典前副首相用公務卡購買了幾十克朗約合幾美元的巧克力，被記者追查到銀行，最終引咎辭職。英國一官員因為接受了西班牙的一次免費旅行而被迫辭職。英國貿工大臣曼德爾森因為使用無息貸款買房而被迫辭職。

　　而在中國呢，由於沒有建立現代反腐敗制度，所以，反腐敗經常淪為權力鬥爭的工具。廣東茂名市前市委書記羅蔭國在接受調查時稱：「中國不就是腐敗分子提拔腐敗分子，腐敗分子反腐敗嗎？」

　　當然，對於經濟剛剛起飛的中國來說，腐敗猖獗有其必然性，即使中國民主化開始，腐敗也會在一定的時期內蔓延，如曾經的臺灣、韓國，現在的印度就是這樣。經常有人拿印度來證明民主與腐敗沒有什麼關係，民主不一定不腐敗。其實，真實的情況是民主化初期腐敗不降反升，存在著庫茲涅茨倒U曲線。民主化中期以後，腐敗將大量地減少。所以，不能因為民主化初期的腐敗而否認民主對於廉潔政治的根本性作用。

　　目前的中國，一要還權於民，二要還富於民。2011年第一季度，國家財稅增收30%左右，外匯儲備也激增，令人擔憂。

　　中國的房市、股市是兩大邪惡的市場，成為製造貧富差距的利器，富人擁有大量的房產，而房產增值迅速。A股、中小板、創業板的籌資能力很強，圈錢很

多，但分紅很少，利潤率也很低。創業板200多個企業已經造就了近千個億萬富翁，一百多個十億級富翁，但廣大的股民卻普遍虧損，財富不斷地聚集在少數人的手中。原因是股票發行體制落後，是權力決定上市；對於上市企業的監督乏力，不能做到監審分離，企業治理結構不完備，獨立董事是企業所聘、是花瓶；股民不是真正的股東，沒有股東權利，沒有建立股東訴訟制度；缺乏資本市場的法治環境，存在大量的黑幕交易、虛假資訊、坐莊拉升股價、老鼠倉等違法行為。上億的股民虧損了，但他們卻不長記性，投資了主機板又投資中小板，還傻乎乎地投資創業板，他們不能認識中國股市的實質是權力與資本勾結下的「合法」搶劫與分肥，在缺乏法治環境甚至法治倒退的情況下，我呼籲股民們抵制股市，大家都不買新股，讓股市癱瘓，將股市推倒重來。

中國改革三十年的成就是人民的思想束縛被鬆綁，言論自由得到初步的保障，經濟體制充滿活力，社會的流動性越來越大。中國最大的缺憾是百代皆行秦政制，兩千多年後，秦始皇的政治體制仍然主宰著中國，表現為權力高度集中、官員只對上負責不對下負責；層層施控可能導致政權失靈，上有政策下有對策，未來很可能諸侯割據，一些少數民族地區可能分裂出中國。

越是宣傳愛國主義，就越是害國主義。愛國愛國，多少罪惡假汝之名而行。目前的中國，義和團的戾氣在聚集。

中國必然陷入「中等收入國家陷阱」，因為沒有建立現代國家制度，所以腐敗、兩極分化無法從根本上得到遏制，腐敗的速度、兩極分化的速度遠大於反腐敗的力度、改善民生的力度。未來中國，社會階層日益固化，特權利益集團不斷坐大，弱勢群體難以翻身；加上財稅導致國富民窮、壟斷的金融導致民營企業無法發展壯大以及產業結構無法提升，再加上工人農民的權利貧困導致其收入低下，可以斷言：未來的中國無法成長為現代化國家，只能長期在中等收入的陷阱中難以自拔。

中國的經濟問題都是非經濟的問題，是政治問題、制度問題、體制問題，如果不能從政治體制入手進行改革，那麼所有的做法都是揚湯止沸，治標不治本。如經濟過熱，是政府投資過度造成的；通脹問題，是為了政績投資、濫發鈔票、炒作房地產和過度吸引外資造成的；民生問題，是老百姓缺少話語權、資源投入到國企、政府機構等造成的。

只有政治體制改革，才是未來中國唯一的出路。

中國在未來100年內都不可能對美國的超強地位構成實質性的挑戰。中國內部整合的難度和重要性遠遠超過對外稱霸。

中國文化雖然有其獨特的魅力，但她由於缺乏自由、憲政、人權的傳統，她不可能引領世界潮流，成為世界文明的主導。所謂的道德之國，其實是遮羞布，道德其表，權謀其理。

中國人很聰明，但智慧全部用在了美食和權謀之上，缺乏政治經濟制度的大智慧。

中國需要社會穩定，更需要保證社會長治久安的憲政制度。目前中國不能亂，一要確立憲法的至高無上的權威地位，二要保證政府的一定的權威性。

2011-7-1

中國改革開放三十年的成就與問題總結

—— 兼論建立中國的改革開放學、迎接新改革開放時代

胡星斗

一、中國近代現代改革開放的艱難歷程

中國近代與現代的歷史是改革與反改革、開放與反開放的歷史。

1840年，清朝封閉的國門雖然被堅船利炮打開，但是中國仍然有一股超強的力量試圖閉關鎖國，致使一百多年來，中國的國門時開時閉，中國人民的命運時沉時浮——太平天國雖然引進了洋教，但總體上仍然排外；第二次鴉片戰爭，愛國與愚昧並存；洋務運動，試圖微啟國門，進行經濟領域的開放，但不進行政治領域的改革，直到甲午戰爭宣告了這種機會主義開放的失敗；1898年戊戌變法，試圖進行政治體制改革，但被腐朽的清朝統治者鎮壓了；1899-1900年義和團運動扶清滅洋，要消滅一切西方科學文明在中國的痕跡，拔電杆，毀鐵路，燒學校，同時為慈禧太后所利用，殺戮全國各地的維新志士和主張向西方學習的人。有的人僅僅因為身上有火柴（過去叫洋火）、鋼筆就被殺戮或全家被斬。

1901-1911清末新政，慈禧太后不得不進行君主立憲的政治體制改革，確立了言論自由、新聞自由、經濟自由、司法獨立、軍隊獨立等原則，制定了刑律、民律草案、刑事民事訴訟法、公司律、破產律等，在《欽定憲法大綱》中第一次以憲法的形式保障私有財產和臣民權利，可以說此時的慈禧太后不但採納了她所鎮壓的康有為梁啟超當年提出的全部主張，而且無論言行比起康梁都有過之而無不及，慈禧太后儼然成了激進的改革家，可惜此時政治改革為時已晚，改革的步伐趕不上革命的步伐，辛亥革命爆發，孫中山領導的中華民國再次宣誓對外開放；不久，袁世凱稱帝，張勳復辟，北洋政府成立，中國雖然有所倒退，但基本上仍然遵循了清末新政的開放道路，尤其是北洋時期言論自由的社會環境造就了偉大的「五四」運動；後來國民黨北伐成功，開始以黨治國，自由的環境有所收縮，但在從1928至1937年

將近十年的時間裡，國民黨創造了市場經濟高速發展的奇跡；而後，日本人大規模侵華，中華民族的救亡圖存蓋過了開放與發展；抗戰結束後，國民黨確立了憲政原則，憲法中寫入了政治民主化、軍隊國家化、權力分立與制約、司法監察獨立超越黨派、保護公民權利等內容，可惜隨之而來的內戰硝煙吞沒了美好的憲政憧憬。

1978年改革開放是中華民族新生的開始。在經歷了一二百年改革與反改革、開放與反開放的流血鬥爭與開閉迴圈之後，中國人民又開始走上市場經濟、民主政治、法治國家的現代化道路。

但現代化之路註定是不平坦的。中國大陸改革開放三十年既取得了偉大的成就，也積累了嚴峻的社會問題。

二、中國三十年改革開放的成就

（略）

三、中國三十年改革開放的問題

1、政府與政治體制問題

中國三十年改革開放最大的失誤是公權力失控，沒有採取有效的措施約束政府和官員，以至於逐漸形成了龐大的特權利益集團，嚴重地阻礙了公民社會、法治國家的建立。

改革開放之初，為了應付經濟搞活、人員流動、言論放開的局面，保證社會的穩定，同時，為了以政府之手推動經濟的快速發展，中國最高當局自然選擇了建立大政府、強政府的模式。

然而，市場經濟要求的是小政府、有限政府、適度政府，要求政府不錯位、不缺位、不越位，要求公權力退出微觀經濟、退出市場，履行宏觀調控、提供公共產品、建立社會保障、保衛產權等職能，否則會導致「政府失敗」——政府的尋租活動，官員的腐敗；政府部門的自我擴張，官員不斷地擴大支配資金的規模；政府機構工作的低效率，政府職責的推卸。

而中國的改革開放恰恰伴隨著兩個相反的運動——經濟的自由化、市場化，政治思維的僵化、政府的大規模化。

　　一方面，公權力大肆地介入市場經濟，從改革開放之前的三級政府（中央——省——縣，那時的地區行署、人民公社只是省政府、縣政府的派出機構，規模很小）發展為改革開放之後的五級政府（中央—省—市—縣—鄉鎮）或五級半政府（加上村委會半級政府）；各級政府的部門迅速增加，雖經過歷次「精簡」，但機構越減越多，編外機構更是如惡性腫瘤一般繁衍。前審計長李金華曾經指出：國家審計署調查了31個部委，每個部委除了下面的幾十個司局之外平均還有163個自行設置的非國家編制的機構；目前中國的縣市一般設有80至120個編內機構，另外有數不清的臨時機構和事業單位。譬如某縣級市人口40萬人，城市人口不到25萬，是一個經濟落後地區。可該市黨政部門、行政機關就有88個，加上四大班子，共92個。領導幹部正職92人，副職279人。其建設局下轄16個單位，園林管理處就有約200人，僅一個直徑不到一華裡的公園就有職工150人；自來水公司有約200多人。其教育局現有正副局長9人，設教育督導室、紀檢組、工會、辦公室、人事股、計財股、普教股、成教股、職教股、招生辦、教研室、電化器材室、師訓股、法制股等14個股，機關員工百餘人。其水利電力局共有幹部90多人，下屬單位9個，員工一千多人。

　　目前中國公務人員（包括公務員、民主黨派、工婦青群、編外人員、沒有市場化的事業單位人員——發達國家沒有「事業單位」，每個單位要麼是政府機構，要麼是市場主體）總數在6000萬人左右，並且每年還在以至少100萬人的速度增加；零點公司在哈佛大學甘迺迪學院指導下完成的《中國居民評價政府及政府公共服務報告》顯示，近7成的民眾認為目前政府公務員的總量應該減少；按照公務員與GDP的比例指標分析，中國公務員數量大大超過發達國家，中國公務員「超標」近20倍（中國青年報，2006年3月30日）。

　　政府的超級規模化並沒有起到強化社會控制的效果，恰恰相反，由於存在嚴重的政府失敗和官員的敗德行為，導致中國的「軟政權化」——「上有政策，下有對策」；「有法不依，執法犯法」；各級政府的權威性、公正性受到了空前的質疑；地方政府信用不斷降低，社會不滿情緒不斷增長；2005年中國社會科學院發表的《社會藍皮書》顯示，從1993年到2003年間，中國群體性事件數量由1萬起增加

到6萬起，參與人數由約73萬增加到約307萬；有數據表明，2006年的群體性事件已經達到八萬起。

可見，那種認為大政府可以適應市場經濟的需要、可以起到穩定社會的作用的想法完全是錯誤的。

中國一方面，公權力如癌症一般大肆擴張，另一方面，公權力沒有受到有效的制約與監督。

長期以來，為了批判與抵制發達國家政治的「三權分立」，有關方面以至於違背人類文明的「權力必須分立、制衡」的原則，將決策權、執行權、監督權全部集中於一人或者少數人手上，形成同體監督、自我監督的荒謬機制。各個地方的司法、檢察、監察、反貪、審計、新聞等都缺乏應有的獨立性，媒體皆為各級政府所控制，往往成為自我美化、逃避問責的工具。

由於遲遲沒有進行政治體制改革，特權制度及由特權引發的腐敗問題、民生問題、行政性壟斷問題、弱勢群體問題成為當今中國最嚴重的社會問題。

特權制度表現為：

特權等級制度——等級制度在改革開放之前還只在「幹部」中實行，現在推廣到了社會的各個領域，舉凡工廠、醫院、銀行、城市、街道、學校、科研院所、社會團體、民主黨派、歌星、方丈、道觀佛寺都被劃定了等級，享受相應的特權待遇。

特權財政制度——發達國家的錢袋子是掌握在議會的手中，官員每花一分錢都要經過議會的批准。而中國的財政是官員化、隨意化、祕密化的財政，一切支出由官員說了算；所以，25年來，中國政府的行政開支增加了87倍；據2006年10月31日人民網等消息：2004年，我國一年的公款吃喝達3700億元，相當於「吃」掉了全民義務教育經費；公車消費4085億元，相當於「碾」掉了我國大多數人的醫療、養老費用；公費出國消費3000億元，相當於「遊」掉了我國10年的低保資金。每年公款浪費的總開銷可以建7、8個三峽工程。

特權司法制度——上海巨富周正毅的看守所和監獄生活也處處顯示出特權：每餐「四菜一湯」；允許使用手機；數次看病，每次醫院都接到命令停止門診，專為周正毅一人服務；親情電話成為周正毅想打就打的特權電話；違憲違法的官員特權——法外關押老百姓的勞動教養制度一直不被廢除。

特權文化制度——8億農民、2億農民工、3億多低生活水準者、4000萬失地農民、3000萬上訪者、2000萬農村留守兒童、2000萬打工子弟、6000萬殘疾人、2億工人、1.2億乙肝病毒攜帶者、上百萬愛滋病患者在媒體上統統不見了蹤影，成為沉默的大多數。

2、社會與公民權利問題

改革開放之前，中國大陸通過戶籍制度、單位制度、人民公社制度、票證制度（糧票等）把人民牢牢地束縛在居住地，幾乎不存在自發的人口流動。改革開放之後商品經濟、市場經濟不斷發展，單位制度、人民公社制度、票證制度逐漸鬆動或瓦解，但是戶籍制度依然故我，幾乎沒有進行過全域性的實質性的改革。由此，如今的戶籍制度造成了城市人的特權、農村人的社會底層化。而且隔離型的戶籍制度，將城鄉之間、地區之間、城市之間割裂開來，按照特權、等級、排序進行治理，保護一部分人的利益，同時損害另一部分人的權益。源頭上的不公正日益成為仇恨、犯罪的淵藪。

現實中國的不和諧——特權、貧富差距、地區差距、城市差距、身分歧視、省籍歧視、就業歧視、邊緣群體、弱勢群體、血汗工廠、農村貧困、城市犯罪、同命不同價、打工子弟學校、高考分數線差異，基本上都與戶籍制度有關。

戶籍制度與市場經濟完全相悖離、相衝突，成為「三農」問題的禍根，嚴重阻礙了中國城市化的發展。戶籍的制度安排，使得城市可以無限度地榨取農村的財富、富裕地區可以無限度地掠奪貧困地區的人力資源，而無須負責外地人的社會負擔，不用考慮外地人的醫療、工傷、養老、子女教育問題，地方政府的人均GDP、人均財政支出也不包括外地人在內。有專家統計，每個農民工每年創造的剩餘價值是1.9萬元，全國有2億農民工，每年創造的財富為3至4萬億人民幣；另據統計，由於國有銀行不給農民貸款，農村郵政儲蓄也只存不貸，因此，農村每年向城市流出6000億人民幣，進一步維持了城市的繁榮。可以說，中國城市的發展，是以犧牲農民工的利益、放任農村越來越貧困為代價的。西方評論家認為，「中國的城市像西歐，中國的農村像非洲」，在很大程度上是事實。如果不廢除戶籍制度，中國的「三農」問題就永遠不可能解決。

遷徙自由是現代國家公民權利的重要內容。在中國，很多人回避或者從來不敢正視公民的自由遷徙權以及對自由遷徙權的限制所帶來的危害，好像在中國，人口多，人民的遷徙權利就要受到控制，存在即合理。當中國社會出現種種不公平的事件時，人們只是震驚、氣憤於地方政府或者某個領導人在處理具體問題時沒有人性。例如孫志剛事件，雖然導致了收容遣送制度的被廢除，但其背後的根源——戶籍制度、暫住證制度、歧視制度卻紋絲不動。

　　中國人民大學人口與發展研究中心調查顯示，由於戶籍制度的作祟，雖然34.28%的在京流動兒童為北京土生土長，但他們被看作外地人，20.82%的兒童不能及時接受教育。（《法制晚報》，2007年4月26日）

　　中國高等教育的城鄉學生比從改革開放初的3：7發展為現在的7：3。

　　中國的教育與學術如今也處處滲透了官本位特權和經濟利益。教育行政化、學校衙門化、學術垃圾化、教師商業化正污染著中國學子的心靈。北大物理系55年來培養了22位院士，其中不帶官職的只有4位。51級入學的4位院士中3位是部長。

　　而且，中國的醫療及社會保障制度也是按照戶籍和特權等級排序的。公務員享受財政撥款的公費醫療，部分職工是個人帳戶加社會統籌，另外一些職工和居民購買商業保險，農民參加合作醫療。官員們的公費醫療占去了全國財政衛生開支的80%。離退休高幹長年占據40多萬套賓館式高幹病房，一年開支500多億元，再加上在職幹部療養，國家每年花費約2200億元。

　　中國衛生的公平性在世界191個國家和地區中排名倒數第四（世界衛生組織《2000年世界衛生報告》）。

　　據第三次國家衛生服務調查結果，城市居民中沒有任何醫療保險的占44.8%，農村占79.1%。

　　零點公司2005年在全國7個城市、7個省的鄉鎮以及農村的調查結果是：沒有任何醫療保險的人占65.7%。由此推算，全國約8.45億人沒有任何醫療保險。

　　衛生部的一個副部長在國務院新聞辦的一次新聞發布會上說，目前中國農村有40%～60%的人看不起病。在中西部地區，由於看不起病，住不起院，死在家中的人占60%到80%。

　　據《當代中國研究》2003年第4期，從1991年到2000年，中央撥給農村合作醫療的經費僅為象徵性的每年500萬，地方政府再配套500萬。全國農民分攤下來，平

均每年每人約1分錢。

中國的養老制度也是封建等級化的。官員們按照級別享受相應的待遇直到死亡，不論是否在職。高幹離職後，祕書、警衛、司機、勤務、廚師、保姆、專車、住房及醫療待遇一律不變。但是，中國數億農民至今沒有可靠的養老保障，而前蘇聯、東歐社會主義國家的農民早在三四十年前就能領到退休金（養老金）。

由於長期以來中國沒有樹立社會正義、公平思想，沒有「正義壓倒一切」的理念，相反，奉行「穩定壓倒一切」的錯誤指導思想，一些官員以社會穩定為藉口，剝奪當地人民的話語權、談判權、參與權、管理權、組織權、投票權、抗議權，導致弱勢群體不斷擴大，社會道德沉淪，群體性事件頻發，最終難以維護社會穩定。

3、經濟問題

（略）

4、環境問題

（略）

四、中國三十年改革開放的經驗與教訓

作家狄更斯曾經這樣描寫工業革命時期的英國：「這是個最壞的時代，這是個最好的時代，這是個令人絕望的春天，這是個充滿希望的春天，我們前面什麼也沒有，我們前面什麼都有。」狄更斯的哲言也正可以用來描寫改革開放中的中國。

從好的方面來說，中國的改革開放因為有上層的決心、全民的支持，也因為遵循瞭解放思想、循序漸進、先試點後推廣的路線與策略，所以，取得了巨大的成功──保持了長期的經濟快速增長和社會穩定；給社會帶來了無限的活力、多元的文化、初創的法治；給人民帶來了言論自由、遷徙自由、以及初步的信仰自由；如今，憲政民主、權力分立制衡、獨立監督、新聞自由、公民社會、民眾問責、行政公開、陽光財產、民生財政、人權及公民權利觀念越來越深入人心。這就是我為什麼主張設立改革開放紀念碑的原因。

從壞的方面來說，中國的改革開放沒有戰略，沒有理論，沒有精心設計，沒有失誤矯正機制，除了經濟之外也不主動學習發達國家的其他東西，所謂「不爭論」、「摸著石頭過河」、「不管白貓黑貓，抓住老鼠就是好貓」，放任制度化的特權、腐敗與道德墮落；儘管也反腐敗，也進行「精神文明建設」，但都是治標不治本，鮮有從制度出發解決問題的，有關方面也從來沒有提出過反特權。

中國的改革開放如此複雜，好壞雜陳，良莠不齊，以至於我主張建立中國的「改革開放學」——區分好的改革開放、壞的改革開放，探索現實中的改革開放；分析改革開放的動力、階段、步驟、條件、後果、困境、民意基礎、合法性來源；探討各個領域改革的得失、失誤的原因，以及如何進一步地改革開放；總結中國歷史上的改革成敗與前蘇聯東歐歷史上的改革教訓；檢討影響改革開放的政治、經濟、社會、文化、歷史、心理因素；研究改革開放帶來的進步、出現的問題、改革開放的經驗與教訓。

我認為，中國改革開放的經驗有：

1、破除教條，解放思想，大膽吸收人類文明的一切成果。改革開放之前，中國是個教條主義與非理性主義並存的社會，那時一方面批判修正主義，奉行原教旨馬克思主義；另一方面否定理性科學的計畫，肯定無法無天的經濟與社會。改革開放初期，中國政府大膽地撥亂反正，平反了大量的冤假錯案，宣導解放思想、實事求是的思想路線，引導中國走上了與人類主流文明逐步接軌的現代化道路。

2、尊重人民群眾的創新，尊重實踐，及時總結經驗推廣好的做法。中國經濟上的改革肇始於小崗村的分田到戶，爾後地方與人民群眾的創新一波接一波、一浪高過一浪——四川向陽鄉率先給人民公社摘牌；深圳創業；海南改革；洋浦風波；浙江龍港農民城；鄉鎮企業；政企分開；企業改制；糧油戶籍改革；溫州模式；義烏小商品城；沿江沿邊開放；上海浦東金融區；天津濱海新區的自費改革；重慶土地制度改革，等等，無不顯示出中央政府對地方實踐、對人民群眾創新的尊重。

3、必須有強大的中央政府，同時實行地方分權，兼顧社會穩定與社會活力。在沒有聯邦制與地方自治制度的中國，如果沒有強大的中央政府，龐大的中國社會不可能穩定、發展；同時，如果沒有適當的地方分權，高度的集權制會扼殺地方的創新積極性、窒息社會的活力。

4、百折不撓地推動法治國家建設，發展公民社會。中國自古是一個只有人治

沒有法治的國家，在這樣的國度，法治往往會被人治所淹沒，並被扭曲；因此，始終不渝地優先推進法治，顯得難能可貴。從《人民法院組織法》《未成年人保護法》《教師法》到《反洗錢法》《物權法》《行政許可法》《勞動合同法》《城鄉規劃法》《反壟斷法》，中國從1979年到2007年，總共通過了400多件全國性的法律及關於法律的決定，地方人大及其常委會制定了近8000件地方性法規。儘管這些法律的執行存在種種不如意之處，但是比較完善的法律體系仍然支撐著中國公民社會的艱難成長，起到了保護公民權利的重要作用。

5、漸進改革，穩妥開放，宏觀調控拿捏有度。中國總體上走的是漸進改革之路，儘管社會為此付出了長期的轉型成本，但是漸進道路仍然是符合中國國情的唯一道路，避免了社會震盪與混亂；在對外開放方面，中國的金融、資本、股市、銀行、匯率、對外投資等都採取的是謹慎、穩妥的做法，成功地躲過了亞洲金融危機和美國次貸及全球金融危機。中國在宏觀調控方面已經摸索出一套有效的方法和手段，實現了經濟的高速增長和軟著陸。

6、發展民有經濟，藏富於民。中國的改革主要是增量改革、體制外的改革，從增量逐漸逼近存量，從體制外逐漸逼近體制內。改革開放之初，中國通過鼓勵民營經濟的發展壯大，最終帶動了國企的改革；目前，民營經濟占到了GDP的65％、就業人數的80%和利稅的50%，中國終於從國有經濟一統天下轉變成了民有市場經濟。而只有民有市場經濟才是健康的市場經濟，才是藏富於民的共同富裕的市場經濟，否則公有與市場的結合必定成為特權與腐敗的市場經濟。

中國改革開放的教訓有：

1、政治體制改革嚴重滯後，甚至沒有進行實質性的政治改革；沒有實行憲政社會主義、可控民主，放任特權與壟斷，導致吏治鬆弛，官德敗壞，釀成嚴重的官商勾結、官僚主義、弱勢群體等問題；沒有建立權力分立制度，而是將決策權、執行權、監督權交給同一個人（一把手）或同一個組織掌握，自我監督，必然造成嚴重的腐敗、社會的不公正、社會道德的淪落；沒有把各級人大變成真正的權力機關，實現人民代表的專職化、專業化和自由選舉，讓人民代表擁有罷免彈劾官員、決定財政預算決算、進行重大決策的權利。

2、沒有重視司法獨立與新聞監督；沒有讓法院、檢察、反貪、審計、監察、

信訪等部門獨立於行政，以對弱勢群體進行有效的權利救濟、司法救濟；沒有廢除違憲違法的勞動教養制度，致使法治國家的建設無法突破；沒有逐步建立公民監督、司法監督、媒體監督的有效體系；也沒有建立現代新聞制度，把媒體從各級官員的喉舌變為人民群眾的喉舌。

3、沒有實行陽光財產與陽光財政制度；官員財產沒有申報與公開、財政不透明、財政支出不科學不合理、財政預算沒有經過各級人大的嚴格把關，致使腐敗與「三公」消費、公共資金的浪費現象十分嚴重，行政開支巨大，民生支出過小。

4、長期奉行唯經濟主義的指導思想、唯GDP、唯招商引資、唯財政收入的政績觀，引導整個社會「一切向錢看」，沒有致力於建立公平市場經濟、道德市場經濟，聽任金融、保險、石油、有色金屬、煙草、電力、電信、鐵路等領域的國有壟斷，致使居民收入差距、地區差距、城鄉差距越來越大，國民收入分配嚴重畸形化，形成住房、醫療、教育新的「三座大山」，民生問題日益突出，民營經濟舉步維艱，新農村建設陷於停滯，資源環境遭到嚴重的破壞。

5、在公民社會的建設方面沒有進展，沒有給予政策與法律的支持，民間自治組織、公益組織、慈善組織難以註冊成立；「穩定壓倒一切」的錯誤理念使得穩定也壓倒了正義、壓倒弱勢群體的生存權，社會道德從此江河日下；沒有開展社會正義運動、平等權利運動，沒有廢除歧視性的諸多法律、政策與制度，如沒有廢除二元戶籍制度，沒有在就業、失業保障、教育、醫療、住房、養老等方面實行公民平等的待遇。

6、沒有進行有效的文明重建、信仰重建、價值觀重建，沒有在民主、法治、正義、公平的基礎上進行道德建設，這樣，不僅所謂的「精神文明建設」流於形式，而且官德日益墮落，地方政府沒有信用可言，社會公德意識無法提高。

五、迎接「新改革開放」時代

雖然改革開放成就與問題同樣突出、經驗與教訓刻骨銘心，但只要中國政府總結經驗，接受教訓，勇於糾錯，改正缺點，中國還是可能從目前的「反改革開放」時代過渡到「新改革開放」時代的。

所謂「新改革開放」時代，就是進行政治體制改革、廢除特權制度與權貴壟

斷、保障民權以改善民生、保障社會正義以弘揚道德、實行憲政社會主義的時代。

　　政治體制改革的突破口是放開新聞監督、進行人大代表直選。放開新聞監督，包括放開網路言論監督，最容易做到，少管就行了，當然要進行新聞立法；媒體是社會公器，必須為公民服務，為弱勢群體代言，即使加大媒體監督的力度，讓人民群眾說話、申冤，天也不會塌下來，相反，人民會更加信任政府。

　　進行人大代表直選，實現人大代表的非官化、專職化，讓人民代表大會真正擁有罷免彈劾官員、審查財政預算決算、進行重大決策的權利，把各級人大變成真正的權力機關，符合憲法，容易操作。

　　制定《基層選舉法》，規範村民自治，將選舉逐漸推廣到鄉鎮負責人直選；縣級以上負責人由各級人大、黨代會間接選舉產生；國家領導人由直選產生的人大代表以差額、無記名、祕密投票的方式間接選舉產生，候選人來自各種方式的推選和獲得100萬人以上聯名支持者，不搞全國性的直選。

　　廢除勞動教養制度，啟動法治國家的建設。

　　確立權力分立制度，將決策權、執行權、監督權賦予不同的機構和個人，從財政上、組織上確立法院、檢察院、反貪、審計、監察、信訪等部門的獨立性。

　　廢除官本位的等級制度、黑箱化的財政制度、權貴壟斷的企業制度、封建等級的社會保障制度、歧視性的戶籍制度，等等。

　　切實保障公民的話語權、生存權、遷徙權、組織權、罷工權、抗議權、選舉權、參與管理權、平等談判權、社會保障權、集體訴訟權、司法救濟權；提高人民收入，確保勞動權益，改善民生現狀，治理環境污染；確立免費義務教育、免費醫療、免費養老的「三免」制度，實行普遍農民養老金制度。

　　進行土地制度改革，建立現代農村制度；實行土地的「三化」──資本化、規模化、合作社化；盤活農村土地，允許土地的轉讓、買賣、出租、入股、抵押貸款；實現土地承包權的永久化，以此解決農村的融資困境；以土地的資本化、規模化、合作社化實現土地的增值、農民議價能力的增強、農民收入的提高，從而縮小城鄉差距，啟動內需市場；同時，在全國、省、市、縣、鄉鎮分別劃定農業區、非農業區，在農業區，學習臺灣的做法，漲價歸公，土地轉為非農用時一半充公，剩下的一半收取高額的土地增值稅；對土地的買賣施以限制──必須在城市有工作、有住房；或者年老無人贍養，或者開發商解決其工作、住房和社會保障，這樣，農

民才能賣掉他的土地，因此，土地改革不會發生豪強土地兼併、農民流離失所的狀況。

開展社會正義運動、平等權利運動，確立社會正義優先、平等權利第一的理念，提高官德，弘揚公德；官德是官員的立身之本，是做人的最基本的道德與良心。以後誰突破了官德底線，就將永遠退出政壇，甚至受到法律的追究。通過約束官權，讓人民群眾來監督官員以樹立官德。

總之，我主張實行憲政社會主義，確立憲法至上、有限政府、保護人權的憲政主義原則，兼顧憲政民主與社會穩定、法治分權與中央權威、普世價值與社會主義，迎接人類政治文明成果與中國國情相結合的新改革開放時代。

我相信新改革開放時代一定會到來，一定更加輝煌。

（本文是作者2008年10月11日在北京三味書屋的演講稿的一部分）

中國進入了「反改革開放」時代

胡星斗

一

以2008年北京奧運結束及改革開放三十周年為標誌，中國進入了「反改革開放」時代。

一些人肯定不願意承認這個現實，但它卻是事實和潮流。如鳳凰網所做的網路調查，贊成改革開放的不朽功績不能遺忘的，在11343人中僅占29.5%，為3346人；而反對的竟占70.5%，即7997人[1]。

這也符合中國陰陽辨證、「三十年河東三十年河西」的邏輯；從1949年底到1978年底十一屆三中全會，恰好三十年；從1979年到2008年底又恰好三十年。

前三十年以不擇手段的階級鬥爭為綱，後三十年以不擇手段的經濟建設為中心，整個中國社會為兩者所付出的代價都是慘重的，反改革開放時代的到來是必然的。

面對一浪高過一浪、一天甚於一天的反改革開放潮流，大部分民眾特別是工人農民、以及一些受到毛澤東思想影響較深的人主張恢復毛澤東路線，而相對人數較少的精英和政府官員則反對的是瘸腿的改革，主張在經濟體制改革的同時大膽進行政治體制改革；前者俗稱左派，以毛澤東旗幟網、烏有之鄉網站等為代表，提倡公平、正義和民粹主義；後者俗稱右派，以南方日報報系、炎黃春秋雜誌等為代表，強調憲政、民主、自由、人權等世界共同價值。

我主張中派主義，將左派與右派、公平正義與憲政民主結合起來，通過憲政民主實現公平正義。

左派的錯誤在於：其崇尚英雄、皇帝的民族文化和心理一直作祟，對於毛澤東時代的大折騰、大消滅、反法治、反現代文明的本質不瞭解，對於前三十年的真相幾乎一無所知。如反右前300萬人冤死、大躍進造成3600萬人（此處據楊繼繩的

研究，如果加上少出生的人數，共減少7600萬人）餓死、文革773萬人死亡，左派們不但不去追問為什麼會發生這麼多的慘劇，反而把證據確鑿的研究成果一概說成「捏造」，試圖否定極左路線的一切罪惡。

但是，據楊繼繩《墓碑——中國六十年代大饑荒紀實》：在河南省發生人吃人的慘劇、信陽一百萬人死於饑餓時，河南省至少有二十五億斤糧食庫存，而臨近的湖北省至少有十三億斤糧食庫存，僅動用這兩省的庫存，根本就不會餓死人。明知道大面積餓死人， 毛澤東還大幅增加當年的全國征糧庫存額度。

據報導：1959年，中國還出口糧食400多萬噸，足夠2000萬人吃一年。可是，毛澤東為了爭當世界革命的領袖，也顧不上國人餓死了。王稼祥建議在國內困難的情況下減少外援，實事求是，量力而行，結果被毛嚴厲批判，指責為「修正主義」。當有人報告毛澤東很多人餓死時，毛甚至說：「人總是要死的，孔夫子不死的話還在懷仁堂與我們一起開會呢」，隨之大笑。

毛澤東還設計了勞改制度、勞教制度、戶籍制度、人民公社制度、票證制度、文字獄體制、計劃經濟體制、資源壟斷體制等天羅地網對付老百姓，掠奪農民之嚴重亙古未有，通過義務交糧、低價交糧、工農業剪刀差等方式收刮農民7000億元以上。然後，強行積累進行工業化和大呼隆建設，大躍進損失1200億，三線建設損失5000億，文革損失5000億，若按照現在的價格，還應乘10倍。三年饑荒時，許多地方的饑民逃荒要飯，也被民兵千裡抓回，許多人活活餓死在當地農村或看守所。

血的教訓是，窮人政權不僅會奪了富人的財，要了富人的命，而且必然也會要了窮人的命。因為窮人政權的本質是無法無天。可惜窮人們對此並不瞭解，很容易上當受騙。

毛澤東宣導的國家主義、集體主義本身就是一條通向奴役的道路；毛澤東的民粹主義如合作醫療制度、大鳴大放等，都只是極權的點綴而已，專制主義、極權主義才是其實質。

現在許多在改革開放中利益受損的人、弱勢群體人員竟然誤以為毛澤東時代「公平、正義」，極力頌揚那個年代，要求回到那樣的社會，這正是改革開放後不允許反思前三十年、隱瞞文革等事件真相、不進行有效的政治體制改革所造成的嚴重後果。

即使按照有些人說的「毛澤東一切為了人民」，那他走的也是反憲政、反法治、反自由、反人權（人權的涵義是：不僅讓大多數人還活著，而且對於不同觀點的少數人也不能消滅）的道路，不足為取。

有人說毛時代社會風氣好、人民道德高尚，姑且不論反右、文革時期中國人民的道德其實降到了五千年以來的最低點，即使只看左派們津津樂道的五十年代初，正如當時美國著名漢學家費正清指出的：依靠狂熱、愚昧、洗腦、個人崇拜建立起來的秩序，遲早會有瓦解的一天，「貪汙、官僚主義正伺機以待，等待中國士氣低落的時候」。這種人治社會的風清弊絕註定是短命的，不足為今天的人們所羨慕和效仿。

所以，極左派們的錯誤是不能夠洞悉事物的本質，不瞭解現代文明；他們抓住改革開放中的失誤，大做文章，愚弄民眾，煽動民族主義情緒，妄圖復辟毛澤東的封建社會主義。

右派的錯誤在於一味地沉醉於理想主義的憲政、民主，對於國情文化、歷史傳統、公平共富等價值理解不透、關注不夠，形成了激進主義的思潮與動向，以至於受到賣國主義、買辦主義等指責。

中派的憲政社會主義[2]可以剔除左派與右派的缺陷，在反改革開放時代引領中國走向憲政、公平。

二

反改革開放思潮的形成源於改革開放戰略的失誤，即一切「以經濟建設為中心」，忽視了社會建設和均衡發展，致使貧富差距、地區差距急劇擴大，社會保障闕如，人民忍受住房、教育、醫療、養老等四座大山的壓迫；片面強調「穩定壓倒一切」，不僅犧牲了社會正義，而且造成大政府、多層級政府與政府失控的局面；害怕現代政治，把權力的制衡、議會的中心地位、司法的獨立性、媒體與民眾的監督等等統統看成西方的東西，致使官員腐敗、司法不公、民眾權利被剝奪，工人農民淪為弱勢群體、邊緣群體；將「發展是硬道理」錯誤理解成「GDP增長是硬道理」，於是「不管白貓黑貓」，政府與民眾都不擇手段地掙錢，社會道德不斷沉淪；長期「摸著石頭過河」，缺乏改革理論與戰略，不斷地、重複地交納巨額「學

費」；一味地強調政績與引進外資，但不賦予勞工組建工會、集體談判、罷工抗議的權利，致使勞工利益受損；對於官僚特權、行政性壟斷、既得利益等忍讓縱容，使得市場經濟高度畸形化。

一切的一切，都是由於沒有進行有效的政治改革，沒有致力於建立憲政秩序。

長期以來，許多學者包括我本人對於改革有諸多的批評，但都是從支持改革開放的立場出發提出一些建設性的建議（我認為改革開放雖然存在很多問題，但比毛時代要強很多很多，所以我「冒天下之大不韙」，提出了設立改革開放紀念日、紀念碑、紀念館的建議[3]），可是，從2003年郎鹹平的批評開始，否定改革開放逐漸成為風氣。

隨後，批判西方經濟學、咒罵主流經濟學家、反美、反西方、反普世價值成為時髦；特別是2008年以來，西藏事件、奧運火炬、四川地震、奧運會把極端民族主義、排外思潮同時也是反改革開放思潮很可能推向了頂點（如果政府引導得當，奧運會可能成為中國走向二次改革開放——政治改革、社會改革的起點；如果引導不當，可能成為改革開放事業逆轉的標誌）。

現在，大部分工人農民不支持改革開放，因為他們被邊緣化了；許多知識分子不支持改革開放，因為他們反對瘸腿的畸形的改革；許多官員們私下不支持改革開放，因為官場太黑暗太腐敗；許多企業家不支持改革開放，因為官商勾結、權錢交易，商人沒有地位、尊嚴；許多自由職業者不支持改革開放，因為戶籍制度、遷徙制度的不自由，創業環境的惡化……

中國雖然進入了反改革開放時代，但並不意味著改革開放一定已經終結了，我相信，只要政府高層頭腦清醒，胸懷開闊，不隨波逐流，不狹隘封閉，善於動員一切支持的力量，通過保障民權改善民生、挽回民心，還是可以扭轉乾坤，推進第二波的政治體制改革事業的。

對之，我們寄予厚望，中華民族寄予厚望。

[1]14位專家學者聯名建議全國人大設改革開放紀念日
　http://finance.ifeng.com/news/hgjj/200806/0624_2201_613426.shtml
[2]建議北京奧運後實行「新政」——只有憲政社會主義才能救中國
　http://www.huxingdou.com.cn/newdeal.htm

[3]關於設立「改革開放紀念日」、鑄立「改革開放紀念碑」、建立「改革開放紀念館」的建議

http://www.huxingdou.com.cn/memoryday.htm

2008-8-8

可怕的死亡定律

——中國人各種非正常死亡均占世界的 70%以上

胡星斗

可怕的死亡定律：中國人各種非正常死亡均占世界的70%以上！

1949年以來，中國的地震死亡人數占世界地震死亡總人數的54%[1]；如果加上這次四川大地震，中國的地震遇難人數占世界的70%；

2006年，廣東省地震局局長在接受記者採訪時表示：「發生同等破壞性地震時，美國的人員傷亡大體上是日本的1/10，中國的人員傷亡約是日本的10倍。」其實，何止10倍、100倍。如1992年6月28日，美國加利福尼亞州蘭德斯市地震，7.3級，僅一人死亡；1989年10月17日，美國三藩市海灣地震，7.1級，僅67人死亡；1964年3月27日，美國阿拉斯加州地震，8.5級，僅131人死亡；1952年7月21日，洛杉磯地震，7.7級，僅12人死亡。2007年7月16日，日本一縣發生地震，6.9級，僅11人死亡；2005年08月16日，日本宮城縣地震7.2級，無死亡；2008年6月14日，日本岩手縣7.2級地震，目前已知死亡10人……而中國的唐山大地震遇難24萬人，四川大地震遇難加失蹤9萬多人。

中國每年的煤礦事故死亡人數也占世界的70%以上[2]；

中國每年被執行死刑的人數同樣占世界的70%以上[3]；

半個多世紀以來，中國的人禍造成非正常死亡人數亦占世界的70%以上。如據專家研究報告：反右之前各個運動造成死亡總人數在300萬人左右；大躍進造成的三年饑荒死亡4120萬人；「四清」運動死亡77560人，挨整532萬多人；葉劍英曾說，文革造成了2000萬人死亡，漢學家麥諾教授估計，文革非正常死亡773萬人，上億人受迫害。

而其他各國的非正常死亡情況大致是：50年代初，東歐各國共處決了234.5萬修正主義分子和反革命分子；東浦寨紅色高棉殺害同胞200多萬人；越南戰爭死亡160多萬人，美軍死亡5.6萬餘人；越南政府上臺時處決了15萬反對派；朝鮮戰爭中

美軍死亡5萬4千2百46人；伊戰以來伊拉克人死亡65.5萬；印尼蘇哈托政變、屠殺華人50萬多萬人；盧旺達大屠殺死亡80萬～100萬人。以上各項加總也不及中國非正常死亡的20%。再計入其他非正常死亡人口，可以肯定不會占到中國的3/7。也就是說，中國的非正常死亡人數占世界的70%是可以成立的。

現在該是反思各種天災人禍導致中國人過度死亡、追問責任、促進制度建設的時候了。否則，顯得中華民族太弱智了。所謂多難興邦，多難興了什麼邦？中華民族是一個缺少反思能力的民族，悲劇一再重演，以後還會重演。

中國不僅應當建立自然災難紀念館，還應當建立人為災難紀念館，也就是人禍紀念館，包括反右紀念館、文革紀念館等。

幾十年來，中國的政治體制沒有本質上的進步，所以災難重演。

唐山大地震與四川大地震是悲劇的重演。唐山大地震前雖有準確的預測，但因為惟恐影響「批鄧」、危害首都的穩定而沒有公開預報，只有河北青龍縣領導「擅自」決定把地震預測通告給民眾，結果該縣一個人都沒有死；四川大地震前耿慶國、陳一文等地質科學家也有比較正確的預測，耿慶國是國家地震局的研究員、中國地球物理學會天災預測委員會副主任，曾經是《中國減災報》的主編，是非常權威的專家了，他預測在5月8日前後10天在四川甘肅一帶將發生大地震，天災預測委員會經過集體討論後也作出了預測，並且以密件的方式上報到國家地震局了……。[4]

更為惡劣的是，今年4月份，國家地震局舉辦了「震情資訊保密知識培訓班」，其公告中說：「震情保密事關政治社會影響，責任重大，鑒於當前複雜嚴峻的震情形勢，為切實作好震情資訊保密工作，中國地震局監測預報司於4月23日—26日在杭州組織舉辦了震情資訊保密知識培訓班」。這就是中國地震局的邏輯——震情越「複雜嚴峻」，越要保密！國家地震局應當改名為「隱瞞地震局」。[5]

重大震情資訊保密顯然違反了《中華人民共和國政府資訊公開條例》第九條：「行政機關對符合下列基本要求之一的政府資訊應當主動公開：（一）涉及公民、法人或者其他組織切身利益的；（二）需要社會公眾廣泛知曉或者參與的」；第十條：「縣級以上各級人民政府及其部門應當依照本條例第九條的規定，在各自職責範圍內確定主動公開的政府資訊的具體內容，並重點公開下列政府資訊：（十）突發公共事件的應急預案、預警資訊及應對情況」。

在媒體自由的國度，震情不能作為政府的保密事項；重大震情資訊保密等同於犯罪；公民具有獲得關係到自己生命安全資訊的知情權；即使地震不能預報，加固公共建築、進行防震避難知識教育也是政府的責任。

而中國的一些地方政府是怎麼做的呢？成都市政府花了12億建成「世界上最豪華辦公樓」，並且於四川大地震發生後的第3天政府搬進了豪華大樓，但是卻不願意花錢加固處於龍門山斷裂帶、茂汶地震帶上的學校危樓。官僚的失職、瀆職總有一天要被追究、清算！

沒有憲政，中國人民付出了慘重的代價。

如果四川大地震並不能推動憲政制度、善治政府的建設，不能有助於建成現代型的可問責、可監督的政府，不能形成公開、公正、廉潔、透明、法治、自治、民間組織發達的公民社會，反而強化了人治的名君、清官、英雄心態和極端民族主義，掀起反普世價值、反憲政自由的惡浪，把悲劇演變為喜劇，把慘絕人寰的災難演變為歌功頌德的工具，然後再不斷地重演災難，不斷地奪取「救災的勝利」，那麼，10萬亡魂怎麼能心安？

難道真像那被網友評為最無恥文人王兆山所說的：「縱做鬼，也幸福」嗎？[6]

可怕的死亡定律！更可怕的愚昧國民！

2008-6-14

（本文的部分內容為作者在博客中國、學術中國等舉辦的「四川地震的影響及公共政策」研討會上的發言。）

[1]據中國地震局副局長的講話：http://www.hd-seism.gov.cn/old/DT-6-1-2.htm。
[2]中國的煤礦死亡人數占世界的比例有79%、80%、80.4%等多個數據：
　http://www.cnki.com.cn/Article/CJFDTotal-WJSJ200803011.htm。
　http://www.afnet.com.cn/bq/776/。http://www.powerlaw.com.cn/ReadNews.asp?NewsID=741。
　http://view.news.qq.com/zt/2006/first/。
[3] 據中國青年報：中國全國人大代表、西南政法大學法學院院長陳忠林首次向外界披
　　露了中國死刑的統計資料。他指出中國每年判決的死刑立即執行案近萬宗，差不多
　　是世界其他國家死刑案件總和的五倍。「國際特赦」發表年度報告說，中國是執行

死刑人數最多的國家。國際特赦在報告中指出，2004年全世界25個國家中至少有3797人被處決，其中中國有3400人被處決。中國的死刑犯占世界的90%。

http://bbs.vsharing.com/Article.aspx?aid=652781。

http://sysu.schoolblog.cn/gmszyq/article/633066328882875000/633119088258358750.aspx?logout=1。

[4] http://www.dajun.com.cn/dizhenzp.htm。

http://www.dajun.com.cn/wenji0519.htm。

[5] http://www.dajun.com.cn/wenji0522.htm。

[6]6月6日，山東《齊魯晚報》A26版「青未了」副刊發表作者名為王兆山（山東作協副主席）的「詞二首」：

江城子·廢墟下的自述

　　王兆山

　　一位廢墟中的地震遇難者，冥冥之中感知了地震之後地面上發生的一切，遂發出如是感慨—

　　　　天災難避死何訴，

　　　　主席喚，總理呼，

　　　　黨疼國愛，聲聲入廢墟。

　　　　十三億人共一哭，

　　　　縱做鬼，也幸福。

　　　　銀鷹戰車救雛犢，

　　　　左軍叔，右警姑，

　　　　民族大愛，親歷死也足。

　　　　只盼墳前有螢幕，

　　　　看奧運，同歡呼。

爲林彪平反

胡星斗

近十年前，我寫了《林彪真相》一文（見附件），引起了巨大的反響。林彪沉冤三四十年，現在該是解放思想、實事求是、還歷史本來面目、為林彪平反昭雪的時候了。

一、林彪最早反思毛澤東的獨裁

林彪清楚地認識到毛澤東統治的封建主義實質，他在日記中寫道：「主先臣後」，「主倡臣和」，「終生不犯錯誤之法……跟著轉、喊」，「勿講真理而重迎合」，「主席就是最大的群眾，他一個人頂億萬人，所以和他的關係搞好了，就等於對群眾搞好了，這是最大的選票」，「堅決的左傾高姿態」，「決議不好也同意──頭等大事，不然是書呆子」。葉群記錄的林彪講話還有：「三不主義：不負責，不建言，不得罪」，「三要：要回應，要表揚，要報好消息。」林彪正是按照這些原則投毛之所好，進行表演的。林彪整人，只是整毛澤東想整的人，如羅瑞卿。林公開大批彭德懷，私下裡卻說彭的「萬言書是對的，就是急了點。」林彪在文化大革命中把毛吹成「中國幾千年，世界幾百年才出一個的天才」，但私下裡卻說「劉少奇在理論上比毛主席講得透」，「劉少奇、鄧小平是好同志，拿掉劉沒有道理。」林彪個性清高，聶榮臻說：元帥中，只有林彪、彭德懷兩個敢頂撞毛主席。林彪反對出兵朝鮮，拒絕率兵入朝；反對大躍進，說毛澤東「憑空想胡來」。1966年八屆十一中全會後，毛澤東讓林彪當接班人，林彪推辭不受，還寫了一份報告繼續推辭。毛在這個報告上作了批示，堅持讓林彪作接班人，林彪竟把毛的「欽批」報告撕碎扔進了痰盂。

二、林彪「反革命集團」子虛烏有

毛澤東強迫林彪做接班人，但林彪或許是因為身體不好，他是寡欲的，他多次聲明不當國家主席；林彪主持中央軍委工作，但卻把日常工作委託給了葉劍英。從1967年到1970年，林彪僅一次在住地召見過軍委辦事組的黃永勝、吳法憲、李作鵬、丘會作，約20分鐘，談的僅僅是防止蘇聯對北京的突然襲擊；黃永勝當軍委辦事組組長和總參謀長前後，林彪只見過他兩次，林彪從未單獨接見過吳法憲，對李作鵬也僅在人民大會堂接見過一次，丘會作在文革期間從來沒有面見林彪的機會。林彪甚至在文革數年也沒有對軍委辦事組下達過像樣的命令。可就是這樣一些零散的人，被毛澤東捏造為「林彪反革命集團」。

原來，林彪與「四人幫」等毛澤東的走狗水火不容。林彪集團的人都是受到毛澤東、四人幫的殘酷打擊而投考林彪的。黃永勝直到1980年出庭受審時還大罵江青「大流氓！大壞蛋！」吳法憲、李作鵬、丘會作等人皆是受盡批鬥凌辱，後來被林彪暗中保護了起來。林彪他們稱江青為「白花蛇」，張春橋為「眼鏡蛇」，姚文元為「響尾蛇」。林彪多次當眾大罵江青，還說要「斃了她」；一次，陳伯達想辭掉中央文革小組組長的職務，可林彪勸他：「你不占住這個位子，她（江青）就會上去，禍害的人會更多」；只是因為江是毛的夫人，林彪又要讓葉群與江青套關係。1971年，林在蘇州大哭一場，提出要「清君側」，搞掉張春橋等幾個奸佞，搞掉「三蛇」，實施「新政」。

三、林彪最早主張「終止文革」，「發展生產」

林彪等人提出的「新政第一條就是：終止文革，搞民富國強。「據林彪祕書張雲生的回憶錄：林彪與毛澤東最大的矛盾是在起草中共九大報告中。毛讓林彪主持起草該報告，林彪、陳伯達起草了題為《為把我國建設成為強大的社會主義國家而奮鬥》的報告，提出國內的主要矛盾不是無產階級同資產階級的矛盾，而是「『先進』的社會制度同落後的社會生產力的矛盾」，所以應當集中精力「發展生產」，應當把工作重心轉移到經濟建設上來，搞「民富國強。」陳伯達也說：「還是應當搞好生產，發展生產，提高勞動生產率。盡搞運動，運動就像伯恩斯坦說的

運動是一切，目的是沒有的。」毛澤東看了報告初稿以後大怒，決定另起爐灶，讓張春橋、姚文元重新起草政治報告。張、姚起草的報告由林彪在大會上宣讀，當時林彪面色鐵青，肺都要氣炸了。念完報告回到家裡，葉群說：「我真擔心，你都念錯了。」林彪說：「多念錯一點才好呢！」

四、林彪最早反省「文革」

據最近開禁的《林彪工作箚記》：林對毛「文革」中的陰謀瞭若指掌，如林彪箚記中記載：

一九六五年九月三十日：風吹得很勁。毛提出，讓葉群多關心政治大事，創條件參加實際一線面上工作。問了葉群行政級別，說：「十四級，太低、太低！」毛的辦公室主任是七級、八級。毛說：「不能再幹等著，國慶日後準備對各大區第一書記放炮，提出：中央出修正主義造反，中央不正確的就可以不執行，不要迷信中央，不要怕兵變，不要怕亂，不要怕造反。大亂才能大治，是我革命鬥爭實踐中的思想理論結晶」。毛要從輿論上、組織上發動進攻，要整人，要搞垮人了。

一九六六年五月二十六日：老毛施陽謀外出，由劉（少奇）主持中央會議，經劉除「彭、羅、陸、楊」作第一步，再通過毛的政治鬥爭綱領檔，剷除劉、周、鄧，這是毛的陰謀。

一九六六年十二月七日：毛已決意要除劉、鄧。劉鄧提議，六一年八月召開黨的九大。毛說：要請長假調理。六四年五月，政治局提出：八大至今已八年，要召開九大。毛說：要返故鄉休息。毛指：六一年是要復辟搞修正主義，六四年是排斥毛奪權。

一九六七年一月九日：一月革命，上海奪權鬥爭，是「B52」（毛澤東）授權眼鏡蛇（張春橋）、婆娘（江青）搞的。全國各處，從上至下、天南地北展開奪權鬥爭。誰奪誰的權？婆娘代「B52」到處放炮，到處打、砸、搶、抓、鬥，到處埋下仇恨種子。

一九六七年一月二十日：局勢繼續亂，二十五個省區告急癱瘓。動用武裝部門、保衛部門武器參與武鬥。雙方都堅持忠於同一個神，同一個魂，同一個旨。

文革中，一份批判文革的信——《中國共產黨非常中央委員會致全黨的公開

信》傳到林彪處，林聽講後一言不發，但隨後又把信要了去，說「再看看」，可見，這封信引起了林彪的共鳴。林彪曾說：「文化大革命，要變成『武化』大革命嘍！」林彪兒子林立果等人在《571工程紀要》中寫道：「十多年來，國民經濟停滯不前」，「敢怒不敢言，甚至不敢怒不敢言」，「統治集團內部上層很腐敗，昏庸無能」，「農民生活缺吃少穿」，「青年知識分子上山下鄉，等於變相勞改」，「機關幹部被精簡，上五七幹校等於變相失業」，「工人（特別是青年工人）工資凍結，等於變相受剝削」，「用民富國強代替他國富民窮」，「使人民豐衣足食、安居樂業，政治上、經濟上組織上得到真正解放」；「他們的革命對象實際上是中國人民，而首當其衝的是軍隊和他們持不同意見的人」，「他們的社會主義實質是社會法西斯主義。他們把中國的國家機器變成一種互相殘殺、互相傾軋的絞肉機，把黨和國家政治生活變成封建專制獨裁式的家長制生活」；「現在他濫用中國人民給其信任和地位，歷史地走向反面。實際上他已成了當代的秦始皇，為了向中國人民負責，向中國歷史負責，我們的等待和忍耐是有限度的」；「他不是一個真正的馬列主義者，而是一個行孔孟之道。借馬列主義之皮、執秦始皇之法的中國歷史上最大的封建暴君」；「對過去B-52（毛澤東的代號）以莫須有罪名加以迫害的人，一律給於政治上的解放」。

可見，林彪代表著對文革的批判力量，林彪集團是文革時代最早的覺悟者。

五、林彪被毛澤東逼死

因為林彪的以經濟建設為重心的思想與毛的以階級鬥爭為綱的思想嚴重衝突，毛澤東為了自己身後不被否定，必須在打倒劉少奇之後乘勝追擊，打倒林彪，甚至後來試圖打倒周恩來；當初為了打倒劉少奇，毛澤東祕令林彪坐鎮中央軍委，為他掌握軍隊，結果軍委辦事組都是林彪的人，威脅到了毛澤東的兵權；毛認為批判張春橋的「二月逆流」是林彪推動的，因為以林彪為代表的「槍桿子」與以張春橋為代表的「筆桿子」水火不容。九大之後，毛決心除掉林，林多次求見毛而不得，林彪甚至為此大哭了一場。一次，江青讓林彪到釣魚臺，林以為毛要接見，匆匆趕去，結果只是跟江青照了相，沒有見到毛澤東，林彪氣憤填膺。毛始終不給林彪任何解釋的機會。廬山會議上，本來是康生首先提出要設國家主席，林彪從未提

出，而且多次表態：如果設立國家主席，由毛主席擔任，我林彪絕對不當。但毛澤東要借機打倒林彪，他跑到南方大肆進行非組織活動，到處聲稱：有人想分裂中央，想當國家主席。他逼迫林彪出逃，林彪不想認罪，認罪了必然是劉少奇、彭德懷的下場。林彪說：「反正活不了多久了，死也死在這裡。一是坐牢，二是從容就義」。（以上均見林彪祕書的回憶錄）中央本可以阻止林彪從北戴河出走，當時全國的飛機都禁止升空，惟獨允許林彪的飛機起飛，毛澤東還十分瀟灑地說：「天要下雨，娘要嫁人，隨他去吧」，其實，毛、周胸有成竹，飛機上早就安了定時炸彈。

從上可見，林彪因為反省毛澤東的獨裁、否定文化大革命、主張發展經濟、從內心贊同劉少奇而得罪了毛，以至於被毛逼死！死後則被潑髒水──什麼謀害毛澤東、「文革」作亂，其實都是混淆是非、顛倒黑白！

為林彪平反，還中華民族以正義、真相的時候到了！

2007.9.13修改

附件

林彪真相

胡星斗

一

林彪永遠是個謎。

他一半是白臉，一半是紅臉；他是「兩面派」，是「陰謀家」。

他是特定社會的產物，是時代的悲劇。

他反映了制度的缺陷、社會的扭曲和民族性的劣根。

二

林彪原本性格耿直。他不擅交際，喜歡獨處。

聶榮臻說：元帥中只有林彪、彭德懷兩人敢於頂撞毛澤東。

林彪反對出兵朝鮮，甚至以有病為由拒絕率兵入朝；可是當史達林收回出動16個團的蘇聯空軍協助中國人民志願軍在朝鮮作戰的決定後，林彪在宴會上拒絕與史達林碰杯。

林彪曾想到貴州當省長，以避開政治旋渦。

林彪反對「大躍進」，私下裡說毛澤東「憑空想胡來」，「說絕了，做絕了，絕則錯」，並說彭德懷的「萬言書」是正確的，就是急了點。

1959年廬山會議上，毛澤東指責彭德懷在遵義會議後唆使林彪給中央寫信，反對他。可是，林彪卻說：那封信與彭德懷無關。

還是在廬山會議上，林彪對彭德懷說：「只有毛主席能當大英雄，你我離得遠得很，不要打這個主意，我有暮氣，……缺點是有暮氣。」毛澤東批評了林彪的暮氣，要他繼續革命。從此，林彪才決定大幹一場。

三

林彪在外面高喊「四個偉大」，在他的居處毛家灣卻不掛毛主席像，甚至印有毛主席語錄和照片的報紙在林家廁所被當作衛生紙用，這在個人崇拜的狂熱年代，如果發生在老百姓身上無疑是彌天大罪。

毛澤東親自召集主持的會議，林彪也敢稱病不參加；1966年八屆十一中全會後，毛澤東讓林彪當接班人，林卻堅辭不受，還寫了一份報告繼續推辭。毛澤東在這個報告上作了批示，堅持讓林彪作接班人，可是林彪竟然將主席的「欽批」報告撕碎扔進了痰盂。可見，林彪從內心來說對毛澤東極其反感。1971年「五一」節，在天安門城樓上，林彪竟然給毛澤東來了個不辭而別……。

但林彪也深刻領悟明哲保身、韜光養晦的道理。他的室內張掛條幅：「悠悠萬事，唯此為大，克己復禮」，「勉從虎穴暫棲身，說破英雄驚煞人」。他處理檔的原則是「主席畫圈我畫圈」，只有毛澤東表過態的，祕書才代他畫圈，否則他總是把球踢回去，「呈主席批示。」他還讓祕書模仿自己的筆跡批文件，寫上「完全同意毛主席的批示。」他為了表示對毛澤東的尊敬，把「請主席閱」改為「呈主席閱」。

四

　　林彪公開裡講：「文化大革命的成績最大最大最大」，背地裡卻說：「劉少奇、鄧小平是好同志，拿掉劉沒道理。」他還說：「劉少奇在理論上比毛主席講得透。」劉少奇的《論共產黨員的修養》一文林彪最愛讀。

　　「九大」是林彪失敗的肇端，也是他與毛澤東公開分歧的開始。「九大」雖然把林彪作為接班人寫進了黨章，但毛澤東沒有採納林彪、陳伯達主持起草的「九大」政治報告，此事給了林彪以沉重的打擊。林、陳的報告──《為把我國建設成為強大的社會主義國家而奮鬥》，主張國內的主要矛盾不是無產階級與資產階級的矛盾，而是「先進的社會主義制度同落後的社會生產力之間的矛盾」，因此，國家的主要任務應當是發展生產。毛澤東對此違背「階級鬥爭為綱」的報告稿極其不滿，決定另起爐灶，改由張春橋、姚文元起草。可林彪、陳伯達又修改了報告，呈遞毛澤東，毛澤東連信封也不打開，寫上「退陳伯達」。陳伯達隨後即被打倒。林彪雖然保住了接班人的地位，可從此失去了毛澤東的信任。

　　林彪向來對張、姚「筆桿子」極其厭惡，這回他卻要在「九大」念他們起草的報告，此事差點氣炸了林彪的肺。林彪直到上臺的最後一分鐘也沒看報告一眼，祕書說：「我給您講解一下報告」，林彪卻斷然拒絕：「不聽！」林彪念報告時臉色煞白，頭也不抬起來一下，念完報告後回到家裡，葉群說：「我真擔心你念錯了」，可林彪生氣地說：「多念錯一點才好！」

五

　　林彪集團與江青一夥勢不兩立。雖然為了維護與毛澤東之間的關係，林彪又不得不讓葉群去討好江青。

　　林彪、陳伯達主張「還是應當搞好生產，發展生產」，而毛澤東、江青、張春橋等人卻主張「以階級鬥爭為綱」。

　　林彪集團的主要成員都是在「文革」初期被江青一夥嚴酷迫害，後來得到林彪保護的人。比如丘會作被紅衛兵打斷了肋骨，向林彪求救，林彪救了他，丘於是感恩戴德。

　　林彪極其反感江青。有一次，林彪大叫著讓葉群把江青趕走；還有一次，林彪揚言要「斃了她！」林彪曾說「政變正朝著有利於筆桿子，而不是槍桿子的方向

發展」；「筆桿子託派集團正在任意篡改、歪曲馬列主義，為他們的私利服務」；林彪等人曾提出「清君側」、「除三蛇」（他把江青叫做「白花蛇」，張春橋為「眼鏡蛇」，姚文元為「響尾蛇」，其時，王洪文還未調到中央）；林彪要搞掉江、張、姚等幾個「奸佞」，實施「新政」，「新政的第一條，就是中止文革，搞國富民強」。

六

林彪把他與毛澤東的關係完全看作是封建君臣關係，他在筆記中寫道：「主先臣後（切勿臣先搶先）」，「主倡臣和（切勿臣倡或不和）。」「民主集中制……服從……紀律。」「主席就是最大的『群眾』，他一個人頂億萬人，所以和他的關係搞好了，就等於對群眾搞好了，這是最大的選票。」「黨性，遵命性也。」「堅決的左傾高姿態。」「終生不犯錯誤之法，得個擁護××的稱號，……跟著轉、喊。」「勿講真理而重迎合。」「決議不好也同意……頭等大事，不然是書呆子。」

林彪還有著名的「三不主義：不負責，不建言，不得罪」，以及「三要：要回應，要表揚，要報好消息」等。

林彪勤於讀書，喜歡思考，厭煩「官樣文章」，因此，他創造了「文革」中的許多辭彙：「四好連隊」、「五好戰士」、「四個偉大」、「三忠於」、「四無限」、「高舉」、「緊跟」、「照辦」、「治軍原則：一點兩面、三三制」、「三種情況三種打法」、「活學活用」、「走捷徑」、「天天讀」、「背語錄」，等等。他還提出了「頂峰論」、「天才論」、「領袖決定一切論」……。

七

林彪以其獨異的思想、怪僻的個性、韜光養晦的手法、極端的吹捧語言，為後人留下了一個永遠的謎團、無盡的思索空間。陳伯達詩讚林彪：「漫漫思想界，長夜有明燈。賴此導人類，探討永無垠。」

可以說，林彪是中國人的代表，是中華民族謀略智慧和劣根性的集中反映。從林彪身上折射出民族心理、文化、政治制度、社會體制等方面的諸多問題和弊端。

因此，林彪的悲劇不僅是個人的悲劇，而且是國家的悲劇。

為了吸取前人的經驗教訓，裨益於中國的現代化事業，我們認為，應當加強對林彪的研究，建立「林彪學」。

1999.12.15

蔣介石是中國現代第一偉人

法國廣播電臺：

　　蔣介石在中國現代史上曾經風雲一時。不過中共一直以來對他進行蓋棺定論為「賣國賊」。近年來，蔣介石日記的曝光，以及隨著歷史真相逐漸浮出水面，大陸民眾對蔣介石的看法發生了顛覆性的變化。最近，法國廣播電臺《人與社會》欄目邀請北京理工大學教授胡星斗教授談論了蔣介石對中國未來的啟示。胡星斗認為蔣介石是中國現代第一偉人（見附件），很多方面值得大陸學習。

　　胡星斗對蔣介石做出高度的評價：蔣介石終身寫日記反省自己，領導打敗日寇，廢除近代中國的所有不平等條約，參與組建聯合國，使中國成為安理會常任理事國，制定第一流憲法，宣布實行憲政，抨擊蘇聯暴政，宣導民生、均富，成為提出「中國經濟學」的第一人。

　　胡星斗認為蔣介石在立德、立功、立言方面的成就超過他的老師王陽明和曾國藩。

分析當年腐敗的原因

　　胡星斗首先承認，蔣介石執政期間中國社會非常腐敗，原因是多方面的。他分析，當時內憂外患、社會動盪，在抗日那樣的大背景下，很多事情沒有經過法制，經過民主監督。都是靠領袖或者是官員個人的指揮。所以必然造成嚴重的腐敗問題。

　　胡星斗指出，當時有一種錯誤的理念，從孫中山到蔣介石，都主張節制資本，都主張發展國有的市場經濟，把很多資源都收歸國家所有。胡星斗認為，這的確是有助於中國人民最終打敗日寇。因為集中國家的資源，運用到抗戰，這樣能夠保障抗戰的需要。

　　不過，這種國有的經濟也造成了嚴重的腐敗。當時顯赫一時的四大家族控制了國家的經濟命脈。這種國有經濟確實在是造成了腐敗。

胡星斗認為，蔣介石到臺灣區以後，就此進行了深刻的反省，此後，把這種國有的市場經濟改變為民營的市場經濟。讓國有的成分越來越少，主要是發展民營市場經濟。

胡星斗表示，在上個世紀初，不僅僅是孫中山、蔣介石，像康有為等其他一些知識分子也都有這樣錯誤的認識：認為要節制資本，要把更多的資源掌握在國家的手中，認為只有這樣，才能保障社會公平。

胡星斗指出，事實可能又正好相反，資源掌握在所謂的「國家」手中，實際上是掌握在官員手中。它的結果是普遍的腐敗，最後反而使貧富差距越拉越大。

蔣介石當年主張憲政

胡星斗認為，蔣介石能夠給中國未來發展提供很多的思考，或者是給未來中國的發展提供很多的啟示。

蔣介石在中國大陸的時候，儘管還沒有條件全面實行民主。他主要實行的要實行憲政，言論自由的。大家可以比較自由的辦報，社會還是比較寬鬆的。

蔣介石到臺灣去以後，從一九五零年就開始搞民意代表的直選，搞鄉鎮長或縣市長的直選。胡星斗認為，經過幾十年的民主訓練，最終使得臺灣的民主理念，民主運作，越來越成熟。

胡星斗指出，儘管蔣介石也進行過鎮壓，比如六零年那個時候的鎮壓。實際上他是放緩了臺灣的民主步伐，但是他並沒有扼殺臺灣的民主。而臺灣經過幾十年的民主訓練，終於在民主政治方面結出了碩果。

蔣介石重視教育

胡星斗認為，蔣介石還特別重視教育。

胡星斗曾經提出中國大陸應該實行「教育第一」或者「科教優先」的發展戰略。但是後來才發現，蔣介石在六十年代，在臺灣就提出了類似的說法，大概也是「教育第一」、「科教優先」這樣一個說法。蔣介石不僅僅是這麼說的，他的確是把教育放在了首位。

據胡星斗說，哪怕是在中國大陸抗戰的極端困難的條件下，蔣介石政府的財政支出，教育都是僅次於國防的投入。而最為特別是，為學者提供了言論自由、學術自由的環境。

胡星斗認為，像西南聯大等等一流的大學可以說是光照後人。在當今中國社會，現在大家敬仰的學術大師都是當時培養出來的，或者是當時出名的這樣一些人。連現代我們中國人都非常懷念那個時候的中國的大學。

蔣介石重視文人治國

胡星斗指出，蔣介石特別重視文人治國，在他的政府中，絕大多數都是文人：蔣介石自己雖然是個軍人，但他特別重視教育，特別重視文人的作用。蔣介石在逃到臺灣之前，要把中國大陸的一流學者搶救到臺灣去，就可見在他心目中，保留中國學術文化的種子非常關鍵。

此前，有報導指出，蔣介石最早認清共產主義和共產黨，最早指出「共產革命不適於中國，以恨為動機的革命，決不適於中國的民族性，因為動機既然是恨，行動一定是殘酷和卑污，而且要損人利己的，這完全和中國的民族性相反」。

中國社會越流氓越取勝

胡星斗最後說，現在評價一個歷史人物往往是「成王敗寇」的思想，好像蔣介石打敗了，所以他就一無是處。在中國當今這個社會，越流氓越取勝，越不擇手段，越能夠戰勝那種守規則、守底線的人。

所以，胡星斗認為，失敗的不一定就不是偉人，也許從人品，從各個方面來看，他反而更是偉人。

蔣介石是中國現代第一偉人

胡星斗

蔣介石是中國現代第一偉人。他立德立功立言，成就超過他的老師王陽明、曾國藩。他終身寫日記，反省邪念淫欲，最為光明磊落；他領導打敗日寇、廢除了近代以來強加給中國的所有不平等條約；他參與組建聯合國，使得中國成為安理會常任理事國，奠定了中國不可動搖的大國地位；他制定了堪比美歐的第一流憲法（此憲法如今在臺灣還在實行），宣布實行憲政；他抨擊蘇聯暴政，預言其崩潰；他宣導民生、均富，甚至成為提出「中國經濟學」的第一人（其著作《中國經濟學說》，宣導「中國的經濟學」）。

蔣介石雖為武夫，卻至為尊重文人，其內閣、省市縣長官多為大學者、留學生、博士，其時教授的薪水是社會平均工資的二十多倍。那時新聞自由，言論自由，雖處戰時，但成為中國兩千年歷史上文化最繁榮時期，那時大學一流，大師輩出，群星燦爛，直追先秦百家爭鳴。蔣介石亡命臺灣之際，首先想到的竟然是保存中國學術文化的種子，指示要把一流的學者搶到臺灣。

蔣介石被趕到臺灣後，在那岌岌可危、風雨如磐的年代，他仍然相信只有民主自由才能救中國。1950年他就開始進行民意代表、縣市長直選，三十多年的民主訓練後來終於結成碩果，用事實證明瞭中華文化並不與民主相悖離。1966年他對抗大陸的文化大革命，掀起「中華文化復興運動」，以至於現在新儒家的中心在臺灣。正如他的詩所寫：「一身當世界，雙手扶中華！」

蔣介石的道路：從軍政權威到憲政民主、從在大陸時的官僚國有市場經濟（此經濟一開始成功，有助於集中資源抗擊日本，但到後來腐敗不堪），到臺灣時痛感官僚國有市場經濟的弊端而主動轉型為民營市場經濟、文化上新聞自由言論自由（除個別事件、個別時期外，蔣介石基本上做到了）＋復興傳統文化、建立公民社會、自由社會（1949年前，中國的民間組織、民營慈善、慈善醫院多如牛毛；他廢除了戶籍制度、人民遷徙自由、那時中國人到世界上多數國家免簽證、與美歐國家建立友好而平等、獨立的關係）是中國通向現代化唯一正確的道路。

尊重歷史，重評蔣介石，重新審視未來中國的方向。

深切悼念蔣介石！懷念蔣介石！

2011.11.13

改革開放鑄造「高貴中華、文明中國」

——在外交學院、中央財經大學的演講

胡星斗

在中華文明史上，已經發生或正在發生兩次社會大轉型，這就是歷史學家所說的「歷史的三峽」。第一次穿過「歷史的三峽」是在東周或者大致在春秋戰國時期，第二次穿過「歷史的三峽」是從1840年鴉片戰爭到現在，已經100多年了。第二次轉型出現柳岸花明，是在1978年改革開放之後，中國從此走上了理性、漸進、市場經濟、民主政治、法治社會、公民文化的現代化不歸路。鄧小平的改革開放正在重鑄「高貴中華、文明中國」。

下面，我先講一講歷史文化，講講第一次社會大轉型所造成的權謀與暴力的中國。

第一次轉型，中國從西周的分封的封建制轉向了秦始皇的郡縣制的絕對專制，花了550餘年。大家注意，西周是中國真正的封建社會，它實行分封制、貴族制，與晚熟的中世紀西方封建社會相似。周天子只是諸侯們共同擁戴的天下共主，其權力往往不能到達諸侯國之內，諸侯們是實行「自治」的。但是從秦始皇開始，中國從相對專制主義走向了絕對專制主義，建立了層層任命、層層施控的郡縣制官僚制的金字塔型權力結構，這是西方社會所沒有經歷的階段，西方在封建社會之後便直接進入了法治分權、多中心的民主政治和市場經濟時代。

在現代西方，總統、州長、省長、市長、縣長的權力範圍是由法律界定的，一般來說，他們沒有上下級隸屬關係，市長或縣長也沒有必要執行總統或省長的指示或檔，他們只對選區內的選民負責，只有選民可以決定為官者的命運，而不是上司。因此，總統、省長、市長、縣長，還有立法、司法、行政、新聞、中央銀行、審計等都是獨立的或近似獨立的權力中心。先進國家的央行如美國的美聯儲、德國的聯邦銀行都是幾乎獨立於行政部門的，這樣的制度設計是為了避免總統或總理在選舉時出於爭取選票的目的，操縱銀行，造成虛假的繁榮。先進國家的審計部門要麼隸屬於議會，要麼隸屬於法院，要麼完全獨立，總之，不能夠隸屬於行政。如果

隸屬於行政、隸屬於縣政府、市政府、縣委、市委，必然不會有公正、認真的審計，誰還敢查處拿著自己飯碗的頂頭上司！上面講的是現代文明的國家制度完全不同於秦始皇的絕對專制主義。

中國古代的絕對專制主義既指政治上的獨裁，如《史記》中所說的「天下之事無大小，皆決於上」，《禮記》中所謂的「家無二主，尊無二上」，趙匡胤之「臥榻之側豈容他人酣睡」，朱元璋之無限君權，罷黜丞相；絕對專制主義也指經濟上的國家、官府壟斷資源，如漢武帝的鹽鐵官營、多數朝代的打擊私人商業、崇本抑末的政策；還指文化專制主義，如董仲舒的三綱五常、朱熹的儒家天理、朱元璋與康熙雍正乾隆的文字獄。

中國古代的絕對專制主義的特點是：政治鬥爭不循規則，不擇手段，暗箱操作，實行非程式政治、謊言政治和暴力政治。學者認為，中國古代的官場文化是儒法互補、陽儒陰法的，即對外宣傳的是儒家的仁義道德，實際使用的卻是法家的陰謀權術，法家韓非子的專制主義和法西斯主義思想氾濫。韓非子的帝王術、監視群臣術、專制治國術為歷代統治者所尊奉。由此，中華民族不斷地強化權謀與暴力的思維，成為崇拜計謀與血腥爭鬥的民族，其權謀與暴力思想源遠流長、極其發達。

老子堪稱中國權謀之祖，毛澤東就說《老子》是一部兵書。老子提出「反者道之動，弱者道之用」，就是說，「道」總是朝著相反的方向運動的，柔弱才是「道」可以發揮作用的地方。按照此邏輯，老子主張「非以其無私邪，故能成其私」，即表現出大公無私，才能成全自己的私欲；「不敢為天下先，故能成事長」，即韜光養晦，避免槍打出頭鳥；「曲則全」，即委曲求全，跪著生，「識時務為俊傑」，所以，抗戰時漢奸無數；老子說「將欲弱之，必固強之；將欲奪之，必固予之」，也就是，先假裝給予對方、滿足對方的條件，穩住對方，然後收拾他，如楚漢相爭時，韓信想當齊王，劉邦差點勃然大怒，張良踢了劉邦一腳，劉邦馬上改怒為喜，派人送玉璽封韓信為齊王；後來，劉氏奪得天下，韓信則死無葬身之地，這叫做「將欲奪之，必固予之」，先假裝給予，然後兔死狗烹。老子還說「吾不敢為主而為客」，主張後發制人；「貴以賤為本，高以下為基」，即統治者不能得罪了賤民，必須深入群眾，然後高高在上，做所謂的「人上人」。

鬼谷子是中國陰謀主義的代表，他主張「聖人之道陰，愚人之道陽」，即聖人、統治者可以搞陰謀詭計，愚蠢的人才張揚外露；鬼谷子還說：「聖人謀之於

陰，故曰神；成之於陽，故曰明」，意思是說，聖人暗箱操作，所以顯得神乎其神，他的成功被世人看見，所以可以自詡為正大光明。

孫子、孫武是中國乃至世界兵法謀略的鼻祖，西方兵法的鼻祖是克勞塞惟茨，比孫子晚2000來年，充分說明瞭中華謀略的舉世無雙。孫子稱：「兵者，詭道也」；「上兵伐謀」；「兵以詐立」等，這種詭計思想即使在西方軍事家中也非常罕見，亞歷山大大帝建立了龐大帝國，但他竟鄙視詭計、不願偷襲。中國現在流傳下來了3000來部兵書，它們是中華民族權謀與暴力文化的典型遺產。著名的兵書有《武經七書》包括《六韜》《三略》《孫子》《吳子兵法》等，還有《孫臏兵法》《曹操兵法》《諸葛亮兵法》也就是《心書》，《兵經》《兵壘》《百戰奇略》《投筆膚談》《登壇必究》《太白陰經》《曾胡治兵語錄》等。

韓非子是中國絕對專制主義的總設計師。他主張玩弄權術、株殺學者、投毒暗害、特務盯梢、扣押人質、連坐誅族、重刑峻法等法西斯手段，推崇「獨斷」、獨裁，甚至提出「人主雖不肖，臣不敢侵也」，即哪怕是昏君，大臣也不得推翻，這是極其反動的思想。可惜的是，商鞅、韓非子等法家代表人物一輩子為獨裁統治者出謀劃策，最後搬起石頭砸了自己的腳，自己也沒有好下場，這是專制社會陰謀與暴力的必然結果。西方也有韓非子似的人物，他就是文藝復興時期的義大利人馬基雅維裡。馬基雅維裡的思想代表了西方文化的支流，而不像韓非子代表了中國政治文化的主流。馬基雅維裡被當代評論家Leo Strauss稱為「罪惡的導師」，莎士比亞稱之「兇殘的馬基雅維裡」，當代管理學中「馬基雅維裡主義」成為不講信用、不講道德的代名詞。但是，韓非子哪怕在中國當代、在文化大革命的尊法批儒運動中也被尊崇。

中國人幾千年血腥的奪權、內戰，無法消解的仇恨，世代復仇的信念，光怪陸離的《三十六計》和三千部兵法的應用，《水滸》、《三國》中殺人遊戲和詭詐計謀之婦孺皆知、津津樂道，委瑣複雜、爾虞我詐的人際關係，猖獗的腐敗，信用的墮地，口與心最大程度的背離——口頭上仁義道德，實際上陰謀詭計，以及「引蛇出洞」，揭發告密，虛報浮誇，見死不救等現象都說明，我們迫切需要重鑄「高貴中華、文明中國」。

前面說過，中國目前正在經歷第二次社會大轉型，也就是從愚昧、前現代的狀態轉向高貴、文明的社會，轉向民主、法治、清廉、道德的國家。我認為，鄧小

平的改革開放的真正意義不在於「小康」、物質上的富有，而在於塑造「高貴中華、文明中國」。

也就是說，第一次中國的社會大轉型造成了絕對專制、權謀暴力的中國，第二次社會大轉型將要鑄造「高貴中華、文明中國」。

所謂「高貴中華、文明中國」，就是要拋棄封閉、專制、人治和官本位的傳統，擯棄謊言、陰謀和暴力的政治，服從規則、程式、透明和監督，完善民主法治，保護人權產權，弘揚誠信、大愛的精神，提升官德，培育公德，使中華民族高貴起來，使古老中國文明起來。

（略）

2004年6月8日、14日

建立民本、憲政的中華新文明

——在首屆新文明研討會等上的發言綜合

胡星斗

一、官本、人治的中華舊文明正日薄西山

中國近代以來落後，是由於我們患病了，成了「東亞病夫」。此「東亞病夫」主要並非身體羸弱，而是社會患病了，得了我所說的「中國病」，並且病入膏肓。

中國病的主要症狀集中在「官本位」。也就是說，在傳統的中國，政治、經濟、社會、文化生活從來以「官」為中心，以行政權力為中心。其最大特點是集權主義、全能主義政治，金字塔型的權力結構、秦始皇的郡縣制一直保留至今，正應證了毛澤東所說的「祖龍雖死魂猶在」、「歷代皆行秦政制」，落後的權力結構、政治架構使得中國至今仍然被排除在現代文明之外。現代文明是多中心、權力分立、公民社會強大的，而傳統的中國只允許有唯一的權力中心，特權橫行，公權力不受約束，沒有邊界，形成「無限政府」，司法不獨立，立法不獨立，新聞不獨立，審計不獨立，監督機構不獨立，人治的無程式政治、暗室政治、權謀政治、謊言政治、暴力政治氾濫，國家治亂迴圈，官員制度性腐敗，政府經常性失靈，民眾奴性嚴重，社會正義感衰落，仁義道德淪為遮羞布，整個民族陷入追求福祿壽喜、飲食男女、經濟利益的世俗主義桎梏之中，幾乎沒有超越世俗的理論思維，也沒有反省制度的大智慧。中華民族淪落為地地道道的官本民族、奴性民族、權謀民族、非理性民族。

「自古浮雲蔽白日，洗天風雨幾時來」，偉大的改革開放和憲政民主、市場經濟正在改變一切，中華民族正在經歷鳳凰涅槃，浴火新生。可以說，官本、人治的中華舊文明正日薄西山，中國人民有信心鑄造民本、憲政的現代中華文明。

二、民本、憲政的中華新文明如旭日東昇

民本、憲政的中華新文明也就是我所宣導的「現代中華文明」。現代中華文明是現代人類文明的優秀成果與中華優秀傳統、新社會主義（憲政社會主義）思想的有機結合，它一要吸收現代文明的憲政、民主等智慧，二要弘揚中華文化如儒家、墨家優秀傳統，三要融入社會主義的民本民生公平共富的理念，四要將三者有機地結合起來，熔鑄新的中華民族之魂。

中華新文明的核心是實行憲政社會主義。所謂的憲政社會主義就是憲法至上、保障民權、改善民生、建立有效政府和有限政府、秉持民主、人道、公平、共富價值觀的基本社會制度。

中華新文明的基礎是建立憲政社會主義的「現代中國制度」。所謂「現代中國制度」就是既符合中國國情又尊重世界普適價值規範的現代國家制度。包括建立：

憲政社會主義的現代政治制度——保證憲法的絕對權威和中央的足夠權威，維護國家的長治久安與統一；國家成為社會各階層利益和聯邦主體各地區利益的平衡者，實行社會主義聯邦制和地方自治制度；職權法律化，政治規範化；進行橫向和縱向的分權，確保立法、司法、監察、審計、媒體等的獨立性等等。

憲政社會主義的現代法律制度——憲法至上，違憲審查；法律面前人人平等，特別是政府和官員首先要守法；取消地方政法委員會、審判委員會，維護司法獨立；實行無罪推定，不得逼供，公民非經法律程序不得被逮捕、被剝奪財產；嚴懲執法者主體違法，程式違法。

憲政社會主義的現代經濟制度——實行民有制、共有制，反對行政性壟斷，反對權力資本化，反對官僚市場經濟，建立民有民治民享的公平市場經濟；公平市場經濟要求「政府有責、公民有權、機會均等、保障完善」，也就是政府不缺位、越位，履行在公共物品供給特別是在義務教育、醫療衛生、養老扶貧、生態環境等方面的責任；實行經濟民主、勞動民主、管理民主；實現收入均等、全民福利；推行免費義務教育、免費大病醫療、免費養老的「三免」制度，以所得稅、遺產稅、財政轉移支付制度等實現收入均等、地區均衡與共同富裕。

憲政社會主義的現代社會制度——實行「社會民主」，保障人民工作的權利、醫療的權利、福利的權利、住房的權利和依據其能力接受教育的權利；消除特權、腐敗，縮小貧富差距，廢除二元戶籍制度，實現官民平等、城鄉平等、全民平等；農民享有全部的國民待遇和公民待遇，建立農村社會保障體系；以民本民主制度解決官民矛盾、勞資矛盾，保證工會、農會、協會、商會、NGO的獨立性；遵循「抑制官權，節制資本，改善民生」的原則，建立民生國家。

憲政社會主義的現代文化制度——反對蒙昧主義、愚民主義，弘揚民本、憲政、公平、科學以及團結合作、相互尊重、民主協商的精神，保護思想自由、學術自由、言論自由，尊重新聞的獨立性；以民為本，建設溫暖的「人民之家」；宣傳傳統文化的精髓，保護古典文明；吸收現代人類文明的一切成果，創立現代新聞制度、現代教育制度、現代科研制度等；確立憲政價值觀、多元文化觀、現代道德觀、社會主義公平觀，建設創新型國家。

在中華文明的歷史上，已經發生或正在發生兩次社會大轉型，這就是歷史學家所說的「歷史的三峽」。第一次穿過「歷史的三峽」是在東周或者大致在春秋戰國時期，這次社會大轉型中國從西周分封制的相對專制主義走向了秦始皇的絕對專制主義，造成了權謀暴力的中國，兩千多年歷史，沒有和解，只有仇殺、仇恨、復仇；沒有人道，只有兵道；中華民族成為以陰謀為智慧、以暴力鬥爭為光榮的民族。

第二次穿過「歷史的三峽」是從1840年鴉片戰爭到現在，已經160多年了。第二次轉型出現柳岸花明，是在1978年改革開放之後，中國從愚昧、前現代的狀態走上了理性、漸進、市場經濟、憲政民主、公民社會的現代化不歸路。我認為，鄧小平的改革開放的真正意義不在於「小康」、物質上的富有，而在於塑造中華新文明，建立「高貴中華、文明中國」。

所謂「高貴中華、文明中國」，其核心就是從文化上制度上鑄造「大愛」的中國。

只有「大愛」，才能振興中國。所謂「大愛」，就是要超越親人之愛，去愛他人、愛社會、愛人類、愛自然、愛民眾、愛對手、愛敵人，培養包容和寬恕之心，塑造諒解、妥協、互讓、對話、雙贏的精神，改變槍桿子裡出政權、流血奪江山、敵我勢不兩立、一山不容二虎、意識形態獨尊的傳統思維，建立寬容、和解、

高貴、文明的新中華。

「大愛」思想在中國源遠流長。墨子鼓吹的兼愛就是我所說的大愛，墨子要求「周愛人」，即普遍地愛所有的人，所謂「兼愛天下之人」。墨子是真正的民本主義、人道主義、和平主義的最早提倡者和實踐者，是早期的民主、科學、博愛、市場經濟的宣導者。他主張的「選天下之賢可者，立為天子」、「官無常貴」，不稱職的可「抑而廢之」，是早期的民主願望；他主張的「兼相愛、交相利」、互相提供好處與利益，是通過交換和貿易以獲利的訴求；他不斷地強調「興天下之利，除天下之害」、「中（符合）國家百姓人民之利」，就是要發展經濟，使得「饑者得食，寒者得衣，勞者得息」。

所謂「民本、憲政的中華新文明」就是將西方的現代國家制度與中國的墨家儒家等傳統，以及新社會主義（憲政社會主義）結合起來，通過進一步的改革開放、解放思想、建設民生國家、完善社會主義法治等努力，現代中華文明正如旭日東昇──「天上一輪才捧出，人間萬姓仰頭看」。

2007-11-3

建立現代新聞制度是中國未來改革的重點

胡星斗

　　我的中國問題學研究大綱中包括研究現代金融制度、現代財政制度、現代農村制度、現代反腐敗制度、現代政治制度、現代新聞制度等，我在各種場合闡述過這些制度，現在我利用這個機會繼續說一說建立現代新聞制度的問題。

　　為什麼要採用「現代新聞制度」這樣的詞？網上搜索，在我最早採用「現代新聞制度」這個詞之前，沒有人使用。

　　「現代新聞制度」可以準確地總結當今世界先進的新聞體制的精髓，可以回擊所謂的「資產階級新聞觀」的指責，是政府可以接受的概念和提法，正如當初現代企業制度概念的推出，誰可以拒絕現代制度而採用野蠻、原始的制度呢？

　　對「現代新聞制度」最近闡述得最好的是張博樹研究員，他提到「現代新聞觀念與新聞制度」。

　　現代新聞制度是媒體民有、新聞自由、監督官員、保護公民的新聞制度。

　　所謂媒體民有、新聞自由，是指媒體主要由民間出資、民間所有、民間經營、民間分利，傳媒進行獨立的報導、自由的評論、充分的競爭、不受權力或者資本的控制。實行媒體自由創立、備案登記制度，禁止利用公共財政資金辦報辦電視臺，推動公共媒體的獨立運作，限制大資本的持股比例，允許外資進入傳播事業，防止政治家、資本家操縱傳媒。進行新聞立法（制定《新聞法》），廢除新聞審查，依法發布新聞，依法承擔責任，保護新聞記者，捍衛網路自由；廢除新聞內參制度，實現新聞的全民共用；取消各類禁載規定，廢除審讀、審看等制度。

　　所謂監督官員、保護公民，是指發揮媒體的公器作用和「第四權」的監督作用，揭露權力黑幕，防止權力濫用，批評政府所為，糾正官員偏差，伸張社會正義，維護人民利益，將媒體從官員的喉舌轉變為人民的喉舌。為此，必須保護批評報導，嚴懲官員打擊報復的行為，報導即使有誤，也免受責任追究，除非你能證明記者是故意的惡意。對於官員、公眾人物、強勢群體實行有罪推定，舉證責任倒

置，當弱勢的一方起訴時，由強勢的一方舉證。限制官員和公眾人物的隱私權，鼓勵公民舉報，規範記者行為，保護記者權益，同時保障公民自由接受採訪的權利。對於危害國家安全罪、擾亂公共秩序罪、竊取國家機密罪進行特別的立法，出台司法細則，防止以言治罪、以文治罪。取消非法持有國家機密罪。

按照張博樹研究員的觀點，新聞的普世價值觀可以概括為：1、新聞媒體的使命在於客觀地報導事實，為實現公眾的知情權服務；2、媒體必須成為社會公器，成為公眾表達權的手段；3、媒體必須承擔社會監督職能，所以既不能仰賴權力，又不能仰賴資本，而必須與二者保持距離。

中國新聞制度改革的目標可以歸結為：解構現存的的新聞觀念，廢除落後的新聞運行體制，建構符合憲政民主原則和公民社會精神的現代新聞觀念和新聞制度，還億萬中國國民的資訊獲取權（知情權）、言論表達權（參與權）和通過媒體對公共權力的公眾監督權，並藉此為中國憲政改革在各個領域的深化創造條件。

中國曾經有過新聞的開放與自由。清末新政，實行言論自由、新聞自由，1902年梁啟超說「學生日多，書局日多，報館日多」成為影響中國前途至關重要的三件大事。民國初期，出現私人辦報的高潮，報紙以「社會良心」自勉自勵；1912年3月4日臨時政府內務部曾頒布《民國暫行報律》，規定對「流言煽惑，關於共和國體有破壞弊害者」將停止其出版發行，結果引起輿論大嘩。認為是「襲滿清專制之故智，鉗制輿論」，眾多報紙亦發表社論，表示「所定報律，絕不承認」。臨時大總統孫中山採納了這些批評意見，發表《令內務部取消暫行報律文》，公開宣布「言論自由，各國憲法所重，從善改惡，古人以為常師。」再「民國一切法律，皆當由參議院議決宣布，乃為有效」。

國民黨時期也認可民間報刊的存在，對於官營新聞機構也承認其運營的獨立性。1932年蕭同茲提出三個條件：第一，獨立經營，使中央社有機會與報界及社會接觸；第二，以新聞為本，發稿不受干預；第三，用人行政，社長有自由決定權。蔣介石同意了，蕭同茲才接任中央通訊社的社長。

如今，中國進入了高風險期，社會矛盾突出，大部分矛盾都與缺乏公眾監督、新聞監督、人民群眾缺乏知情權、話語權、參與權有關，如腐敗、特權、壟斷、信訪、貧富差距、司法不公、官民衝突、弱勢群體利益受損，等等，無不根源於新聞自由的闕如。雖然不是說有了新聞自由，這些問題馬上全部可以解決；而是

說，新聞自由是解決中國問題的關鍵和基礎。

　　新聞體制改革也最容易、最可行。不像搞民主選舉，操作非常困難，甚至有人擔心會造成社會失控。新聞改革，需要的是無為而治，治大國若烹小鮮，是傳統的道家智慧，也就是說：放棄新聞壟斷和管制就行了；少干預新聞報導就行了；撤銷審讀、審看的組織就行了。當然，無為不是絕對的不做，政府要做的是制定《新聞法》，然後一切依法行事，「有法必依，執法必嚴」，提高執法能力和效率。新聞體制改革，會造成社會輿論「亂哄哄」，這是社會活力和民族創造力的來源，不是壞事，而是思想解放的前提，只要大家都守法，違法必究，那麼社會就不會失控。

　　改革新聞體制，應當成為中國未來改革的重點和突破口。我相信中國政府有足夠的智慧和能力應對各種各樣的危機，順勢而為，通過抓住建立現代新聞制度這一「牛鼻子」和關鍵，化解燃眉之急。

2008-3-2

謀略民族與中華文明的改造

——在三元學社、文明中國培訓班上的發言綜合

胡星斗

我認為中華民族是個謀略民族、權謀民族。在這裡我主要從謀略的觀點分析中國社會、文化的特點，因此，可能會給人否定傳統文化的感覺。其實，我對傳統文化的優秀方面是主張繼承的，對糟粕方面是批判的，我對傳統的東西有褒有貶，而且我主張以傳統為基礎、以現代文明價值觀為核心來構築「現代中華文明」，如果不能與傳統結合，現代文明的憲政、民主、公平無法在中國生根長大，這就是胡適、陳獨秀等人的悲劇所在；相反，如果一味地推崇傳統，文明之樹上只能長出人治、專制、愚昧的苦果，所以要融通古今中西，重鑄「現代中華文明」，這是我的一貫的態度。

中華民族表面上是道德民族，其實是謀略民族。謀略一詞在英文中沒有對應的辭彙，只能翻譯成strategy或tactics，但謀略並不等於戰略或戰術，謀略的特點是不循規則、不擇手段，它是正與奇的結合，有治國正道，也有出奇制勝；它還是道與術的結合，既有高瞻遠矚，又有權謀權術甚至陰謀詭計的東西。西方人喜歡讀偵探小說，偵探小說應用的是邏輯推理，符合西方人的思維習慣；中國人喜歡讀武俠小說，武俠小說中充滿了毒氣、毒招、暗箭，變幻莫測，防不勝防，無規律可循，這符合中國人的思維特點。

最近有所謂的國家形象工程的棄龍爭論。一些反對者認為，西方的龍跟中國的龍不一樣，中國的龍應當譯成Long或Loong，以區別惡魔般的西方龍dragon。我倒覺得，世界各民族在遠古的時候文化也是驚人的相似，中國龍與西方龍區別不大，只不過，龍逐漸成了中華民族特別是漢族的圖騰，龍所代表的威嚴、力量、恐懼感、神祕性、變化莫測、見首不見尾，等等，早已化作了血液骨髓融進了中國人的靈魂軀體之中。龍的化身——帝王之專制與陰謀的政治，或者說暴力與謊言的政治，也早已被中國人所習慣；專制統治者的神聖不可侵犯、神出鬼沒也正是龍文化的體現。不過，中國人卻把龍看作吉祥物，又是舞龍，又是唱龍，因此現在也沒有

必要去強行改變龍的地位，作為折衷，以後可以將龍、鳳凰共同作為中華民族的圖騰。中國有成語：「龍鳳呈祥」，「龍飛鳳舞」，等等，龍與鳳總是相伴出現的，也都是帝王或王后的代表，其地位可謂不相上下。但是鳳凰（雄性為鳳，雌性為凰）顯得更為吉祥、美麗、溫順、和平，且有鳳凰涅槃的故事，如果龍與鳳凰共同作為中華民族的象徵，寓意中華民族在新世紀獲得重生，鳳凰也可化解龍的張牙舞爪的形象。以後可以稱中華民族為「龍鳳民族」、「龍鳳子孫」、「龍鳳傳人」。

困擾西方人的是大自然的風雲變幻，在戰勝大自然的過程中，西方人發展起來了邏輯理性；困擾中國人的是人間的風雲變幻，在適應激烈生存競爭的過程中，中國人揣摩出了謀略權術以及龍庭之術。

中華民族之所以成為謀略民族的原因是：1、生存資源緊張。中國人口一直為世界第一。2、人治、專制制度。人治、專制的特點就是非程式性政治、暗箱操作的政治，由此衍生出極其複雜的官場文化，人們推崇不擇手段的「手腕」。3、長時期的內戰。有人統計，自B.C.841年「共和行政」、中國有確切紀年以來，中國55%的時間陷入了內戰，譬如春秋戰國內戰就達550年。長期的戰爭磨練了中國人的兵法謀略的智慧。4、中華文明是大陸型文明、農業文明。由於土地不能移動，中國人依家族、村落長期居住在一塊，人口沒有流動，而且，小農滋生了專制、官本位，這些因素的共同作用，形成了錯綜複雜的人際關係。爾虞我詐的人際關係成為謀略、計謀產生的沃土。5、世俗文化。中華民族是世界上各大民族中少有的非宗教民族，我們幾千年沉溺於福祿壽喜，沉溺於世俗的吃吃喝喝、功名富貴，沒有超越世俗的理論，幾乎沒有「道」，只有「術」，有的只是一個個工於心計的猥瑣的臣民。

中國人的人生是謀略化的：中國人往往口是心非，言行不一，外表與內心最大程度地背道而馳。古代中國的士大夫、知識分子往往具有仕與隱（當官或者退隱）、入世與出世的兩面性，一方面入世：吃文化，福文化，富貴文化，功名文化，家庭文化，官本位文化發達；另一方面出世：時刻想著功成身退，急流勇退，李白稱：「人生在世不稱意，明朝散髮弄扁舟」，蘇軾稱：「小舟從此逝，江海寄餘生」。中國人在官場的時候想著退隱，是為了避免專制政治中的兔死狗烹，是為了躲進精神的避難所。但是，中國人並不是像印度人那樣悲觀厭世，真的出家，中華民族是世界上少有的樂觀民族，有的哲學家概括為樂感（樂觀感性）民族，古人

在隱居的時候又像諸葛亮躬耕南陽那樣,時刻關注天下大事,時刻準備出山,治國平天下。這就是所謂的「以在野之身應在朝之命」。諸葛亮說:「聊寄傲於琴書兮,以待天時」,孔子說:「隱居以求志」。可見,中國人是腳踏入世與出世兩只船,隨時轉換,謀略化生存的,所以,孟子說:「達則兼善天下,窮則獨善其身」。

中國社會也是謀略化的:中國社會的辯證法是物極必反、物壯則老——事物壯大了,就會走向衰老。由此,中國式的邏輯是做事要從方面開始,以達到正面。老子說:「非以其無私邪,故能成其私」——領導者要表現出大公無私,才能成全他的私欲;「夫唯不爭,故天下莫能與之爭」——只有不與人爭蠅頭小利的人,最後天下誰也爭不過他。

不僅中國人表裡不一,中國社會也表裡不一。古代中國「以德治國」,實行「德治」,但現實卻愈加成為「無德之國」,為什麼?因為人治制度假設人人都是「君子」、「性本善」,但官員們卻做不到,於是「口頭上仁義道德,實際上男盜女娼」,所以,「君子之國」會演變成「小人之國」,也就是說,在沒有民主監督、法治規則的情況下,社會將走向反面,這就是社會的辯證法。所謂中國是「道德之國」,其實是「謀略之國」。

謀略民族是沒有真理、正義的概念的:為什麼我們的社會極少有人堅守真理、正義?自古以來,中國人只有「正氣」觀念——為社稷、為皇帝而獻身的觀念,卻沒有客觀的「正義」觀念。有人問孔子,兒子偷了羊,父親是應當揭發還是隱瞞呢?孔子說:應當隱瞞。孔子所謂的「不降其志,不辱其身」,「志士仁人,無求生以害仁,有殺身以成仁」都屬於人間正氣意識。莊子說:「齊是非」——「是」等於「非」,「非」等於「是」;白居易說:「臉上除去憂喜色,心中泯滅是非心」,鄭板橋說:「難得糊塗」,這些都是中國人沒有真理、正義意識的表現。在人治的專制的國家「諸侯之門仁義存焉」,強權即是真理,當然沒有正義的容身之地。

謀略還表現在中國人的境界方面:西方人征服大自然,追求知識;中國人征服人間社會,追求境界。馮友蘭分境界為四個層次:本能境界、功利境界、道德境界、天地境界,天地境界我稱之為「宇宙境界」:是超越道德、功利的境界;在宇宙境界中只需要做平常事,「神奇卓異非至人,至人只是常」——最高境界的人只

是如同常人，順應世俗，外圓內方，「平常心是道」，「佛即在家中」；「大謀不謀，大智不智，大勇不勇，大利不利」——最大的謀略是沒有謀略，最大的智慧是運智於無形之中，最大的勇氣是不逞匹夫之勇，最大的利益是不爭奪蠅頭小利。

中國兵法更是充分表現了謀略：亞曆山大大帝反對詭計，西方軍事家在近代之前甚至反對偷襲。但是，中國的兵聖孫武卻說：「兵者，詭道也」，「故能而示之不能，用而示之不用，遠而示之近，近而示之遠」；「兵以詐立」，「上兵伐謀」，「利而誘之」，「出奇制勝」，「攻其無備，出其不意」……。

中國哲學文化也處處表現了謀略：孔子說：「天下有道則見，無道則隱」。道家始祖鬻子說：「欲剛必以柔守之，欲強必以弱保之」，「積於柔必剛，積於弱必強」。文子主張：「應時權變」，順應時代，權謀變化。老子說：「反者道之動，弱者道之用」——「道」總是朝著相反的方向運動的，柔弱正是「道」能夠發揮作用的地方。所以，「曲則全」——委曲求全，抗日的時候漢奸多如過江之鯽，人們的哲學觀即是「識時務者為俊傑」，而韓國人「韓奸」卻很少，這不能不說與文化有關。

古代中國的政治也是陰謀詭計的謀略政治：專制主義政治的特點是，政治鬥爭不循規則，不擇手段，暗箱操作，實行非程式政治、陰謀政治、謊言政治。中國的政治文化是儒法互補的，公開宣傳的是儒家的仁義道德，實際使用的是法家的陰謀權術。韓非子說：親戚妻子，可以作為人質；對於大臣可以「行飲食」——在食品中偷偷放毒。鬼谷子說：「聖人之道陰，愚人之道陽」——聖人暗箱操作，愚蠢的人張揚外露；「聖人謀之於陰，故曰神；成之於陽，故曰明」——聖人暗地裡謀劃，所以神乎其神；成功於陽光下，所以光明正大。鬼谷子還說：「欲張反斂，欲高反下，欲取反予」——想張開反而要收斂，想高高在上反而要置身下層，想奪取反而要假裝先給予。比如，楚漢相爭時，韓信趁機要當「齊王」，劉邦聽後差點大怒，幸虧張良暗中踢了他一腳，劉邦馬上改怒為喜，立即封韓信為「齊王」，派人送去玉璽，如此穩住了韓信，成功地消弭了一次分裂。等到劉邦奪取天下之後，韓信則死無葬身之地。

古代中國的經濟管理也是高度重視謀略的：商家之祖範蠡原是越國大夫，輔助越王勾踐複國後被越王猜忌，他於是下海經商，「三致千金」——三次成為千萬富翁。範蠡用的是「計然之策」，「旱則資舟，水則資車」——天旱時花錢造船，

發大水時花錢造車。這與普通的人的做法正好相反。範蠡正是靠著先人一步、不與人趨、反向思維而經營成功的。另外一個商祖白圭認為商人的素質是「智、勇、仁、強」，「智」表現在「人棄我取，人取我予」，也是反向思維。司馬遷也說：「富者必用奇勝」。中華民族成為謀略民族的危害是：政治上無規則，無程式，無法治，暗箱操作，不擇手段；社會上無真理，無正義，無道德，無信用可言；人們表裡不一，言不由衷，人際關係高度複雜，內耗巨大。

如何從謀略民族向法治國家轉變呢？我想簡單地講幾句。

第一，要建立私有財產的制度，保護私有財產。沒有財產的私有，就沒有現代文明，就沒有現代政治。從現實上來說，現代世界上還沒有一個國家因為財產國有而成為現代化國家的。沒有私有財產，沒有資源控制權的分散，那就沒有權力制衡。只有資源的控制權掌握在不是一個人的手中，不是全部在政府的手中，而是掌握在廣大人民的手中，才能夠打破官本位，建立起講規則的公平的市場經濟。

第二，要不斷地完善法治。胡溫政府十分重視法治，宣布要建立「法治政府」，這是一個進步。儘管我們現在人治還是主要的，有的時候法治只是一個手段，它是為人治服務的，但是我們要努力不斷地減少人治，把原來掌握在各級官員手中的權力逐漸交給市場。現在我們國家制定了《行政許可法》，各級政府都必須按照行政許可法，放鬆管制。

第三，建立公開的政治，透明的政治，講規則的政治，講程式的政治。發達國家90%以上的資訊都是向人民公開的，所有的老百姓辦一個很簡單的手續就可以查閱政府檔，官員不能阻撓，否則可能被判刑。發達國家權力機關的會議，除了極少數涉及國家的核心機密之外，所有的會議都必須公開舉行，老百姓可以旁聽。只有公開、透明、講規則、講程式的政治才是非權謀的政治，才是現代政治。

或許要經過100年的脫胎換骨，中華民族才能從謀略民族鳳凰涅槃為法治國家。

2004-2006

國學批判：國學應以墨學爲核心

——兼在新文化建設研討會上的評述

胡星斗

目前，國學風靡一時，談國學大多集中在儒家，甚至有人主張在孔孟之鄉投資數百億建設「中華文化標誌城」；還有，談國學集中在哲學、歷史、文學，忽視了民間俗道、負面歷史、隱秩序、潛規則的研究。

誠然，儒家在歷史上的影響是巨大的，它也有許多好的價值觀，但是，不能因爲統治者曾經選擇了儒家，就對之頂禮膜拜，就像西方中世紀統治者和教會選擇了阿奎那的經院哲學和神學體系，難道今天西方也必須把阿奎那捧爲西方思想家之首嗎？

中國社會、中國思想是典型的二元主義，但它不是西方的物質與精神、身與心分離的二元主義，而是表裡不一、心口不一、理論與現實完全分離的二元主義。表面上，中國古代儒家獨尊，實際上儒道互補、外儒內法；口頭上仁義道德，實際上陰謀詭計；從理論上看，中國古代似乎是道德社會，但現實的官場上道德只是遮羞布，完全是無道德的狀態。中國社會的辯證法是：「反者道之動」——熱衷於道德說教，忽視法治，最終演變爲無道德的社會。

所以，不能因爲儒家表面上獨尊，我們就要以孔子爲哲學家之首；我們必須看到另外一個歷史——真實的民間的人民的歷史，史書掩蓋了的儒家、皇帝、清官的負面作用的歷史。

孔子是貴族思想家，其繁文縟節、奢靡厚葬思想符合統治者的要求，所以他被獨尊；但實際上，中國還有更加偉大的「人民思想家」，也就是墨子，因爲其思想處處爲百姓考慮，時時批評統治者，所以，秦始皇要消滅墨家，漢武帝也要罷黜墨家。

但在以民爲本、崇尚民主、民生、科學、和平的今天，我認爲應當大力宣傳墨家思想，國學也應當以墨學爲核心。當然，我不主張獨尊墨家，而是以墨學爲中華民族的核心價值，廣收博匯，海納百川，融通中西，將墨家、儒家、道家等優秀

的傳統與現代普適價值觀結合起來，共同溶鑄民本、憲政的中華新文明。

墨子是中國古代最偉大的民生思想家、平民哲學家，同時也是偉大的科學家、著名的軍事防禦專家，是世界上最早的和平主義領袖，是修養最全面的學者。《墨子》一書涵蓋政治學、經濟學、哲學、教育學、科學、軍事學等領域，在先秦諸子百家中無出其右者，也只有墨子最有資格成為中華民族浩瀚墨面群體的代表。

墨子的政治學說尤為先進，主張公推公選各級官員，能者上不能者下，廢除官員終身制，提出「雖在農與工肆之人，有能則舉之」；「官無常貴，民無終賤，有能則舉之，無能則下之」；「選天下之賢可者，立以為天子」；「立以為三公」、「正長」、「鄉長」、「裡長」；「選擇賢者，立為天子」；「可使治國者使治國，可使長官者使長官，可使治邑者使治邑」。墨子還有「義政」、「尚同」、「尚賢」、「親士」（親近知識分子）等思想。

墨子經濟學說關注的是民生，至今具有重要的現實意義。墨子的核心思想是「興天下之利，除天下之害」；「為民興利除害」；「觀其中國家人民之利」。他說：「民有三患：饑者不得食，寒者不得衣，勞者不得息」，因此主張改善民生，使「人給家足」，「饑者得食，寒者得衣，勞者得息，亂者得治」；「老而無妻子者有所侍養，以終其壽；幼弱孤童之無父母有所放依，以長其身」；為此，必須「兼相愛，交相利」，「節用」，「聖人為政：因其國家，去其無用之費」；「國家貧，則語之節用、節葬」，「宮室不可不節；衣服不可不節；食飲不可不節；舟車不可不節」；「衣食者，人之生利也，然且猶尚有節；埋葬者，人之死利也，夫何獨無節？」墨子譴責「民力盡於無用」，「當今之主，必厚作斂於百姓，暴奪民衣食之財」。

墨家哲學、教育學主張「兼愛」、「天志」（順應上天讓人民安寧富裕的意志）、「明鬼」（相信鬼神對民眾、官員的監督）、「非命」（反對命中註定論）、「素絲」論（人性如白色的絲線，取決於後天的「所染」，「染於蒼則蒼，染於黃則黃」），核心思想是「愛人利人，順天之意」；其教育的目的是培養「兼士」——「必為其友之身，若為己身；為其友之親，若為己親…饑則食之，寒者衣之，疾病侍養之」。教育方法是因材施教——「能談辯者談辯，能說書者說書，能從事者從事」。

墨家科學有幾何學、物理學、光學、論辯學，類於歐幾裡德、亞裡斯多德，採用邏輯的、實驗的、精確定義的、分析的研究方法，迥異於中國主流的感性的、象徵的、模糊的、方術的思維方式，所以，墨子被後人成為「科聖」。

墨家軍事學是立足於弱國小國的防禦軍事學，是考慮政治、經濟、後勤、民心所向、軍事器械、綜合國力的全民皆兵式的立體防禦戰術。特別是，墨子軍事學以正義為先：「強者不劫弱，貴者不傲賤，多詐者不欺愚」；「有義征不義」；抨擊「攻無罪」的不義戰爭，支持「誅無道」的正義戰爭。墨子是世界最早的和平主義領袖，他止楚攻宋，設法罷免率兵侵略的弟子。他指出：「諸侯攻戰，天誅地滅」；「當若繁為攻伐，此實天下之巨害也」。

墨子思想在後世幾乎成為絕唱，只有明末清初的顏元、清朝的曾國藩等人留有墨家的精神。

顏元反對無用的宋明理學，認為「誤人才，敗天下事者，宋人之學也」；「以空言亂天下」；「五百年學術成一大謊」；「天下盡八股，中何用乎！故八股行而天下無學術，無學術則無政事，無政事則無治功，無治功則無升平矣。故八股之害，甚於焚坑」；他提倡「實文、實行、實體、實用」；「實才實德之士」，「真學」、「實學」；專設了「藝能齋」，教水學、火學、工學、象數等科；「存於事中」，「見理於事」，「因行得知」，「為生民辦實事，為天地造實績」，「生存一日，當為生民辦事一日」。弟子王源曾說，其師「顏元開二千年不能開之口，下二千年不敢下之筆。「梁啟超稱譽顏元是」清初思想解放的炸彈」，「以實學代虛學，以動學代靜學，以活學代死學」。

曾國藩是所謂的「古今完人」，他的思想大部分來源於墨家，主張勞動，吃苦，節儉，平民化。他要求子女「勤理家事」，「不可厭倦家常瑣事」，「半耕半讀，以守先人之舊，慎無存半點官氣。不許坐轎，不許喚人取水添茶等事」，在家要種菜、養魚、養豬、做飯，「以習勞苦為第一要義」。「居家之道，不可有餘財」，「以做官發財為可恥」，「家事忌奢畢，尚儉」。他本人在卸任兩江總督時，薪俸尚結餘二萬兩銀。他說「餘不願（子孫）為大官，但願（子孫）為讀書明理之君子」。即使為官，也要「守寒素家風」。」讀書乃寒士本色，切不可有官家風味」，「居官不過偶然之事，居家乃是長久之計」；「為治首務愛民」，「愛民為治兵第一要義」；「公」、「勤」、「廉」、「明」、「敬」、「誠」、

「恕」。做事「漸求整頓，不在於求取速效」，「打仗不慌不忙，先求穩當，次求變化；辦事無聲無息，既要老道，又要精明」，「寸心兢兢，且愧且慎」，「戰戰兢兢，即生時不忘地獄」，「唯力盡人事，不敢存絲毫僥倖之心」，「紮硬寨，打死仗」。

　　墨家在秦漢時受到血洗、失傳，是中華民族之大不幸。然而今天，復興國學人們只注重儒家，則是中華民族的又一不幸。國學只有以墨學為核心，學習《墨子》重視民主選舉，發展經濟，關注民生，維護弱勢群體權益，建立能者上不能者下的賢能政治和親士政治，弘揚科學精神與和平主義精神，中華民族才能夠得以振興，國學才能夠發揚光大。

2008-4-8

論建立現代中華文明

——在北京師範大學的演講

胡星斗

　　非常感謝同學們今天晚上到這裡來聽我們的報告，希望同學們多提出寶貴的意見。我這裡講關於建立現代中華文明這麼一個課題，因為我感覺到中國現在是社會道德滑坡，傳統的價值觀趨於崩潰，急需重建中華文明，屬於這種狀況。中國正處於2000年未有之變局，中國的關鍵是要能夠建立起一個現代文明的國家，要建立起現代中華文明，所以我這裡主要是講講什麼是現代中華文明。

　　我這裡所講的現代中華文明指的是，一方面要吸收傳統的智慧，中華五千傳統不能夠割斷，比如說儒家的文化，儒家儘管有各種各樣的缺點，但實際上哪一種文化沒有它自己的問題呢，文化它實際上不分先進與落後，實際是不分優劣的，儒家現在還有很多東西值得我們提倡。比如它的仁義的思想，值得我們現在的人繼承和發揚。所以我這裡所講的現代中華文明，要以傳統的，特別是儒家思想為基礎。同時又要更多地吸收現代文明的一些主流的價值觀念，比如說民主、人道、人權這樣的一些價值。另外呢，還要繼承社會主義，我把它叫新社會主義，要弘揚新社會主義的價值觀，那就是公平、民主、共富，共同富裕這麼一些思想。要在三個方面結合，一個是社會主義思想，一個是中國傳統的文化，另外呢，現代文明的一些價值要素，共同構成現代中華文明。我認為中國目前當務之急，是要實行三個轉變，第一個轉變是要從計劃經濟向市場經轉變，第二個轉變，要從舊社會主義向新社會主義社會的轉變，第三個轉變要從道德滑坡，傳統的價值觀分崩離析這樣一個狀況向現代中華文明的轉變，這是我的總的思想。就是說我這個中國問題學呢，一方面是探討中國的問題，但是我也更多的強調的是如何建設，中國應當如何建設，更多地強調的是這麼一些問題。

　　我這個現代中華文明呢，主要是強調它的制度建設，它的關鍵是建立一系列的現代制度，這個現代制度呢，就包括現代國家制度，現代政治制度，現代經濟制度，現代社會制度，現代文化制度等等，我覺得只有實現這一系列的制度的變遷，

中國實現現代化才有可能。

第一個我講講現代國家制度。國家呢，它應當成為社會各個階層利益的平衡者，它代表全體人民的利益，而不只是代表某一個階層的利益。大家知道，現代都把國家看作是某種合同關係，是一種博弈的平衡，所以我們黨現在的三個代表，也是代表全體人民的利益，國家就應該是社會各個階層利益的平衡者，也就是說應當充分地允許各種壓力集團、利益集團去影響當局者的決策，最終達到各個利益集團的一個共和，一個平衡。關鍵是中國人要實現一個共和制度，各個利益的協調。國家呢不能夠完全成為一個鎮壓者的角色，不應該完全是鎮壓者。還有呢，國家的權利、職權要法律化，必須法律化，而不能夠像過去那樣的，比如說某個人，他可能沒有掌握某種職權，但是他有權威，他有威信，在大家中有威信，因此他照樣可以指揮，這個就是不正常現象。

職權要完全法律化，政治要規範化，政治鬥爭、權力交接都必須規範化，而不能夠是不擇手段。傳統的專制政治它的特點呢，就是沒有規範性，可以不擇手段，掌握最高權力的人往往像個神祕的主教一樣，他的行為是神祕莫測的，現在的社會要求政治規範化。要進行法治的分權，比如說現代的社會呢，它不應當是一個權力中心，而應是多個權力中心，省長、市長、縣長、中央主席都是獨立地選出來的，他要對他的選民負責而不是對上級負責。法治的分權，他們發達國家也沒有中央的說法，如果要說中央，他有好幾個中央，有立法的中央，有行政的中央、有司法的中央等等，有好幾個中央。它們相互制約，立法、司法、行政的權力相互制約。還有新聞獨立，我把它叫做新聞獨立，只有新聞獨立才能夠起到獨立的監督的作用，還有審計獨立，審計部門在發達國家也是獨立的，而不是隸屬於行政，否則你讓他查處它的上司，那是不大可能的，讓他查處縣長、市長那是非常困難的。讓他審計去查帳的話，他就不敢查，給他好吃好喝，發個紅包，隨便翻兩下帳就過去了。中央銀行也必須獨立，在發達國家中央銀行也基本上都是獨立的，像美國的美聯儲，德國的聯邦銀行等等也是獨立的。為什麼中央銀行要獨立呢，中央銀行如果不獨立，它就受到一些急功近利、短期行為的影響。政府它總是追求短期的政績，就可能導致經濟過熱，所以發達國家的中央銀行它是獨立的，你說讓布希下令降低利率還是提高利率，那布希沒有這個權利，那是格林斯潘他們的權利。所以我們說在發達國家不是三權分立，它可能是四權分立、五權分立等等。當然中國用不著學

他的三權分立，但是毫無疑問有一點是必須要學習的，那就是權力要分立，要分開，要互相監督，現代國家制度還應當是實行聯邦制和地方自治，特別是對於中國這麼一個大國，幅員遼闊，各個地方的差距千差萬別，實行地方自治有利於調動各個地方的積極性，當然我們國家現在有自治制度，問題是目前沒有落到實處，應當實行一種聯邦制。有人問怎樣統一中國，我認為統一中國只能是通過聯邦制，當然我們也可以一國兩制，我們可以提出我們主張一國兩制來作為談判的前提條件，作為我們談判的主張，但是臺灣它是明顯的不接受，它不接受最終的結果呢肯定是雙方妥協，大陸和臺灣雙方的妥協，這種妥協我覺得很有可能是以聯邦制甚至可能是邦聯制來統一中國。聯邦制和一國兩制還是有不同的地方的。

還要建立現代政治制度，也就是說現代中華文明要建立現代的政治制度，要保證人民享有憲法賦予的，像言論自由這樣的一些權利。像諾齊克就認為對公民權利是保護還是侵犯，這是衡量國家的行為正當與否的最高的道德標準，也是對國家行為的道德約束。權力的保護不是國家的目的，但永遠是衡量國家的行為、對國家起監督作用的一個道德標準。當然我們中國呢，現在是越來越重視人權，十六大也強調要保護人權。

還有應當賦予人民創制的權利，創造制度的權利。比如說美國的法律就規定人民具有創制權，什麼叫創制權呢，比如說，老百姓中有很多人簽名，認為需要通過這麼一項法律，老百姓就可以自行起草法律，然後等到下一次地方選舉的時候，隨同選舉一塊兒交於表決，一塊兒交於老百姓表決，只要達到了一定的票數，你這個法律草案就被採納為法律。還有，議會通過的法律，假如老百姓不滿意，老百姓可以通過人民的公決方式，廢除議會通過的法律，這個議會可以包括各級議會，省、市、縣、國家，人們可以廢除法律，這就是人民的創制權。所以美國上個世紀一共是一萬八千多項法律草案交於了討論，交於了表決，其中38％獲得通過，成為了法律，這些法律是人民起草的，不是議會起草的。是人民自行起草的。所以我這裡講的可能是比較理想的制度，賦予人民創制權。

應當以程式化的方式和平地過渡權力，應當實行非暴力政治。我們過去的政治行為有太多的暴力因素，不符合現代文明的規範。比如，過去史達林肅反，大家知道可能處決了上百萬，有的人說上千萬的人，前蘇聯50年代初批判南斯拉夫修正主義的運動，一共處決了240來萬，在東歐一些國家處決了240來萬，都是非常之殘

酷，像文化大革命期間雲南省委書記特務案，一共連累死亡14000多人等等，這就是一種暴力的政治，這是一種過時的理念。現代的政治應當是和平的政治，與對手和平共處的政治。

（略）

中國：動亂的威脅

胡星斗

一、動亂的歷史

作為歷史中的中國人，是何其的不幸！中國有紀年的歷史為三千餘年（按夏商周斷代工程，則為四千多年），其中就有一千多年陷入了各種形式的動亂，人命危淺，生靈塗炭，國家玉焚……春秋戰國動亂550年，死亡數千萬人；西漢末動亂，人口減少上千萬；東漢末以及三國時期，死亡5000萬人，那時大概十人中只有一到兩人能苟存；晉朝南北朝也是百年動亂，死者無以統計；隋末唐末五代十國動亂，非正常死亡人數在七八千萬人以上；南宋末期、元末、明末動亂，人口各損失至少2000萬人；鴉片戰爭至1949年的百年動亂，炎黃子孫則付出了2億人以上的生命代價。在漫漫的時間長河中，在悠久的中華傳統中，專制統治者們不擇手段地追逐「富貴」、奪取權力，還有酷吏、奸臣、宦官、外戚，以及各級暴官、惡官、昏官、貪官也上行下效，玩法律於股掌之上，置人民於血泊之中！他們大肆攫取利益，製造動亂，幾千年君臣相殺，父子相殘，骨肉相斫，同胞相害，權力鬥爭將人異化為豬狗不如的野獸，社會陷入了無邊無盡的災難之中。特別是秦始皇創立了郡縣制的官僚體制，上級命令下級，下級只對上級負責，層層施控，層層彙報，從丞相大臣直到貧民百姓，無一不在皇帝的股掌之中，而人民則望權興歡，毫無制約之力。於是，權力萬能，官貴民賤，立法、司法、行政、軍事等權力盡歸大大小小的各級獨裁者所掌握。官員們對上是奴才、鷹犬，阿諛奉承，喪盡人格，對下、對他所管轄的地域的老百姓則是獨裁者、是虎狼，為所欲為，貪贓枉法，盤剝百姓，殺戮無辜……這樣，他們以及他們的子孫逐漸把個中國弄成了一座大監獄、一個煉獄的國度。終於有一天，膽大的登高一呼，揭竿而起，削木為兵，與統治者展開了血腥的權力角逐，開始締造著新的一輪王朝迴圈。如此，中國成為遭受內亂之苦最烈的國度，中華民族成為名副其實的具有「以暴易暴」之「光輝」傳統的民族。尤其

可悲的是，炎黃子孫儘管遭受了太多的暴力之害、暴政之苦、血腥奪權之難、繼承人之災、戰後饑荒之役，但我們先人的政治智慧仍然是低下的，仍然悟不出必須避免和如何避免內亂和王朝迴圈的道理，悟不出要對手握生殺大權的統治者進行權力監督、約束和制衡的道理，悟不出實行程式政治、理性政治、和平政治的重要性，悟不出以有效的機制制度保護自己的重要性。古人只有官場勾心鬥角、爾虞我詐、機變權謀，人際關係方面修身處世、互相算計，以及實用技術方面如烹飪美食之類的小聰明，而沒有政治經濟制度方面的大智慧，充其量只有寄希望於統治者修身進德、自製自覺的幼稚政治（即浪漫主義的德治）。老百姓也只會歌功頌德，滿足於眼前的太平，眼前的「福祿壽喜」。

二、動亂的現實威脅

時至今日，動亂一如既往地威脅著中國人民。我們的政治體制、經濟體制、社會體制有的東西儘管明顯的不合理，但因為地方主義、既得利益等原因，有時仍然不能進行有效的改革；愈來愈嚴重的腐敗、貧富差距拉大、農民問題，大量的國有企業重複建設、虧損倒閉、職工下崗失業，嚴峻的人口壓力、生態環境災難，個別地方愈來愈緊張的官民矛盾、愈來愈猖獗的分裂勢力、愈來愈嚴重的軟政權化和法治困境，以及意識形態出現某種程度的真空，社會道德信仰發生一定程度的危機，特別是沒有有效的社會壓力釋放機制——缺乏對言論自由、公民權利、工會權利的有效保障，沒有完善的民主制度，等等，都會把中國逼上絕路。

時人熱衷於歌頌太平盛世，我卻飽含太平中的憂患！毫無疑問，中國需要保持社會的穩定，但更需要建立保證穩定、避免動亂的機制！中國需要經濟繁榮、需要集中精力進行現代化建設，但更需要依靠現代國家制度、現代政治制度、現代法律制度、現代經濟制度、現代社會制度、現代文化制度等來保證經濟建設的長期穩定的發展，並且促進中國進入現代文明的社會。

三、 動亂的原因

中國社會陷入一治一亂的迴圈之中，究其根本原因在於制度的落後和不合理，即我們幾千年沿襲的是人治的、德治的甚至是專制的制度。這種制度看似強大有效，實質卻很脆弱，人存則政舉，人亡則政息；其興也勃焉，其亡也忽焉。

人治的哲學基礎是人性善的理論——人皆可以為堯舜。因此，皇帝是英明的、高尚的，官員們也是能夠好好進德修身、克制欲望的；法制、監督也就不是很重要的東西了，即使有，也只是統治者的工具；我們相信，官僚們能夠自覺廉政、自覺為民作主，或者通過樹立榜樣，激發良知，提高覺悟，以達到德治的目標。所以，自覺克服私欲的德行修養成為「好的人治」的關鍵，「好的人治」就是德治。與「好的人治」相對應以及相輔相成的是「壞的人治」即專制。德治與專制兩者不管是否強調道德，所造成的社會結果都是一樣的，即道德滑坡，國家趨於動亂。

為什麼德治之國、專制之國必然成為無德之國、動亂之國呢？原因很簡單，因為人性都有自私的一面，德治只能逼迫著官員們「口頭上仁義道德，背地裡男盜女娼」，所以，德治之社會必然形成虛偽、陰謀之風，必然虛報浮誇，不擇手段；再加上對權力沒有剛性的有效的監督制約，所以，官員們不可能不腐化墮落，不可能不收刮民脂民膏，其結果自然就造成了虛偽的道德、墮落的社會風氣、緊張的官民關係、社會不穩，甚至趨於動亂。於是，德治社會走向了反面，這就是社會的辯證法。專制的情況當然只能比德治更差，或者兩者往往是相輔相成的，是人治的兩面。可見，以為僅僅靠自覺修身、自我克制、政治教育就能克服人的私欲的浪漫主義想法，是不折不扣的政治幼稚病，是古人不懂得治國之道的表現。

現代治國方式是現實主義的，它承認人的自私，市場經濟、民主政治、法治社會的哲學基礎即是人性惡（即人性自私）的理論。正因為人都是自私的，所以要允許人們通過市場謀取正當的利益，同時在公共領域必須對總統、官員、民眾進行有效的監督。這種監督的結果是人人不得不在公共領域收斂私心，遵守規範，久而久之，社會的道德水準、文明水準獲得空前的提高，並且，形成憲法至上的社會氛圍，形成任何個人包括總統對維持社會秩序都無足輕重的社會穩定的機制。於是，法治之國成為道德之國、穩定之國。

從上可見，人治的德治的專制的制度是中國社會動亂的根本原因，中國只有

走向法治的民主的現代文明的社會，才能保持長期的穩定。

四、現代文明國家避免動亂的方法

具體地說，現代社會避免動亂依靠的是制度。這些制度包括：

現代國家制度——國家成為社會各階層利益的平衡者，而不再僅僅是暴力鎮壓的機器；職權法律化（任何人不再因人格魅力等因素獲得法律規定以外的權力），政治規範化；進行橫向分權，立法（如人民代表大會）、司法、行政、監察等權力相互制約，同時形成縱向分權和授權，形成快速反應的機制，實行社會主義的地方自治制度。

現代政治制度——保證言論自由等憲法權利，保護人權；允許利用合法的遊行示威以及新聞報導等釋放民眾的不滿、反映民眾的要求，調整國家或企業主的行為；運用民選制度對各級權力進行民主監督，同時形成權力機構的相互制約；以程式化的方式和平過渡權力，實行非暴力政治；少數服從多數，保護少數；官員對下對選民負責，政務官通過選舉產生，事務官通過考試任命，廢除官員只對上負責的官僚制（科層制）、郡縣制。

現代法律制度——憲法至上，法律必須不折不扣地實行；法律面前人人平等，特別是統治者也要守法，司法獨立於行政；以法律規範一切政治、經濟、社會行為，保護公民權利；實行無罪推定的制度，不得逼供，公民非經法律程式不得被逮捕、被剝奪財產。

現代經濟制度——實行市場經濟、民有制；建立現代企業制度、現代金融制度、現代財稅制度、現代宏觀調控制度、現代社會保障制度；塑造現代勞資關係，形成民眾主導的、為公民服務的開放、高效、廉潔的政府。

現代社會制度——具有自由、寬容的民間社會；實行非身分制度（不得強制將某一身分終身化）、非戶口制度（不得歧視農民）；建立現代反腐敗制度、現代均富制度（通過共有制、福利制度、個人所得稅、遺產稅等縮小貧富差距；現代發達國家的貧富差距遠小於發展中國家）；形成民主、法治、公平、高效、文明、開放的現代城市制度、現代社區制度、現代農村制度、現代農民制度等。

現代文化制度——確立多元文化觀、民主價值觀、現代道德觀；具有文化創

新機制，能夠吸收現代人類文明的一切成果；創立現代新聞制度、現代教育制度、現代科研制度等。

綜上所述，現代國家通過民主監督、法治、分權制衡、自治、言論自由、新聞自主、司法獨立、縮小貧富差距、促進經濟平等、對公民灌輸現代價值觀、保護公民私有財產、保證公民權利和遊行示威權利等多種方式建立社會穩定的機制，避免發生全域性的動亂，保持社會的長期穩定和發展。

上述也清楚地說明，中國唯有通過改革，徹底拋棄傳統政治、向現代社會轉型，漸進地走上現代文明的道路，建立起現代國家制度、現代政治制度、現代法律制度、現代經濟制度、現代社會制度、現代文化制度等，中國才能實現現代化，才能在世界上享有自己應有的地位；只有這樣，中華民族也才能實現真正的偉大的復興。

中國何時才能從制度上避免動亂，走上良性發展的道路？我們寄希望於人民。

憲政與可控民主才是好東西

胡星斗

　　民主固然是個好東西，憲政與可控民主更是好東西。民主有時不是好東西，但憲政與可控民主一定是好東西。

　　為什麼憲政與可控民主一定是好東西？憲政就是「限政」，即限制政府，制約權力，建立「有限政府」，保證憲法的最高權威性和政府的有效性。憲政的特點是政府的「合法性」來自於「人民的同意」，憲法的至高無上的地位得到尊重，建立違憲審查制度；劃定公權與私權的邊界，實現公權力的分權與制衡，保護公民權利。可控民主強調民主過程的透明、有序、程式性、可控性，注重過程的可控和結果的部分可控，尊重政府的必要的權威性。提倡室內民主、協商民主、法治民主、間接民主，反對街頭政治，鼓勵政治協商，主張法治優先了民主，建立代議制度，公民只選舉產生權力機構或立法機構，然後由權力機構或立法機構通過選舉及協商產生行政官員。

　　只有憲政才能保證政府和人民的利益。憲政因其法治和程式性，避免了暴民政治，所以，對於統治者是安全的；又因其馴服了權力，把政府關在了籠子裡，所以，對於公民也是安全的。

　　只有憲政才能保證市場經濟的健康發展。沒有憲政和權力制衡的市場經濟，必然是特權市場經濟；特權市場經濟必然導致嚴重的腐敗、不公正和兩極分化。

　　只有憲政才能保證社會的和諧穩定。憲政就是塑造分權自治的現代國家制度和現代社會制度，因為它解構剛性而脆弱的金字塔型官僚體系，建立程式性政治和公民社會，所以，它能夠改變謊言與暴力的傳統政治，實現社會和諧，避免社會動亂。

　　只有憲政才能保證道德文明的建立。人治社會的特點是不循規則，不擇手段；只有仁義禮智信的私德，沒有限制公權、維護公益、保護公民的公德。人治的辦法越多，脫離憲政的政治教育運動越頻繁，道德文明就會越墮落，因為缺乏制約

監督的緣故，官員們臺上作秀、台下做假，每一次運動只能不斷地強化全社會的虛假意識。而只有建立講規則講法治的憲政制度，社會才能樹立堅如磐石的道德。

同時，也只有可控民主，政治有序，社會才能穩定和諧，國家才能不分裂，中國才能不混亂。

只有可控民主，才能保證中國這樣一個特大型國家的領導人的必要的尊嚴和威信。

只有可控民主，才能建立起公平合理的經濟秩序，保證國家的經濟安全。

只有可控民主，才能避免民族主義、民粹主義的氾濫。

憲政與可控民主才是好東西。

新社會主義探討

胡星斗

一、社會主義在西方

在前蘇聯的社會主義遭遇挫折的同時，民主社會主義在西方卻獲得了相當的成功。第二次世界大戰之後，具有社會主義色彩的西方左派政黨進一步發展壯大，民主社會主義思想深入人心，吸取了社會主義合理因素的兼顧公平與效率的現代市場經濟風靡全球。可以說，在西方，社會主義代表了公平。

現代西方規範的多黨制應是兩黨制，也就是說，西方政黨的執政模式大多是，具有社會主義色彩、主張公平（特別是分配平均）的左派政黨（如美國的民主黨、法國的社會黨、共產黨、英國的工黨等）與具有更多的原生的資本主義價值觀、主張效率、自由、民主、人權的右派政黨（如美國的共和黨、法國的保衛民主聯盟、保衛共和聯盟、英國的保守黨等）輪流上臺，輪流解決著公平與效率這一對矛盾。如左派政黨上臺後，主要採取向富人多收稅、增加窮人的福利開支、減少失業等保障社會公平的措施，如此一來，高稅收高福利導致富人的投資積極性下降，普通人中懶漢增多，因此，經濟效率必然下滑；若干年後，通過選舉，右派政黨很可能上臺；右派採取減少稅收、刺激投資、削減福利等措施以提高效率，這樣，一些年後，社會的貧富差距又會拉大。下一次選舉，很可能又該輪到崇尚公平的左派政黨重新上臺了。可見，崇尚某些社會主義價值觀的左派政黨在西方政治中發揮了巨大的作用，一些國家的社會黨（即社會主義政黨，socialist party）、社會民主黨等甚至長期執政，右派政黨無法與之匹敵。

瑞典等北歐國家也聲稱自己是社會主義，即民主社會主義。民主社會主義主張公平、平等。瑞典首相的年薪與一般工人相比，納稅後為2：1；首相住在居民區，沒有保鏢，出入不帶隨從；家中無公務員和廚師，上下班乘公共汽車或開私家車；瑞典前首相費爾丁出身農民，任職時還抽時間回家務農。

民主社會主義致力於縮小貧富差距。瑞典的公民收入差距由20世紀50、60年代的30%下降為80年代的15%（以平均收入為100%）。一個瑞典家庭，如果妻子不工作，4個孩子，只丈夫工人，假定1978年全年工資為4600美元，加上政府補貼後，該家庭的實際收入為14117美元；另一完全類似的家庭，假定丈夫的年工資是23000美元，交稅後實際拿到的也是14117美元。可見，瑞典堪稱是平均主義的社會（當然，平均主義也有負面的影響，會導致懶惰和低效率，所以，80年代以後瑞典開始改革）。瑞典之所以平均，得益於高稅收高福利；1995年，該國藍領工人平均月收入15100瑞典克郎、白領20200克郎，其中要交所得稅31%，大公司的經理則要交60～70%的個人所得稅。瑞典的福利可謂五花八門，有病人津貼，父母津貼，寡婦撫恤金，妻子生活補助，醫療補助，住房補助，未成年人補貼，從小學到大學全部免交學費，中小學生免費午餐等。

瑞典還力圖從所有制方面解決公平問題。如他們搞「基金社會主義」——「雇員投資基金制度」。該制度由科皮、麥德內爾等發明，它試圖將企業的利潤從資本家手中轉移到工人集體手中，進行生產投資；讓職工集體逐步控制企業的利潤和股份，控制資本所有權，以達到建立社會主義的目的。它規定每年從資方超過50萬克郎利潤之外的超額利潤中提取20%交與職工集體擁有的基金會，再將雇主為職工代交的養老金增加1%；按照麥德內爾的計算，只要企業的利潤率為15%～10%，基金可在35～25年內占有企業股份的一半。到那時，私有制就變成了職工集體所有制。通過這樣的「無聲的革命」，工人階級就掌握了企業的所有權。該制度草案曾交與10萬工人討論，獲得熱烈的支持，但資本家於1983年10月4日組織了一次7.5萬人的遊行，開創了西方資本家上街遊行的先例。儘管資本家遊行，瑞典議會於1983年12月12日還是強行通過了「雇員投資基金」法案，於1984年1月1日開始實行。

現代市場經濟實際上也是資本主義市場經濟與某些社會主義思想的混合。當年，美國總統富蘭克林羅斯福推行國家干預的政策，一些人就譏笑他抄襲了《共產黨宣言》，另一些人稱他以社會主義拯救了資本主義。

的確，現代市場經濟以其宏觀調控制度、財政轉移支付制度、工人參與制度、現代股份共有制、完善的所得稅、遺產稅制度、社會保障制度等體現了社會主義的公平原則。如美國有1億多人直接或間接地持有股份，1981、1984年美國兩

次立法鼓勵本企業職工持股；美國聯合航空公司職工集體掌握了55%的股份，環球航空公司職工掌握了45%的股份，西北航空公司職工掌握了38%的股份，於是，資本家讓出了企業經營權，工人代表成為董事長。1985年英國電信部門96%的職工持有本企業的股份。法國國有企業實行「三方代表制」：董事會由國家代表、職工代表、經濟界代表共同組成。聯邦德國1951年形成工人參與制度，1976年議會通過了《共同決定法》，規定企業的監事會負責任命企業管理委員會，監事會必須有1/3～1/2的工人代表，這樣，形成了工人與資本家「共決」的體制。瑞典等國的累進制個人所得稅最高達到85%；日本、英國等的遺產稅最高達到90%；松下信之助去世時留下27億美元的遺產，但傳到第三代時僅剩3%不到。所以，人們說，「富不過三代」，日本人對待富人是「殘酷的」。在社會保障方面，德國宰相俾斯麥首先建立了保障制度，1942年牛津大學教授貝弗裡奇提出了完善的社會保障報告，1945年英國社會主義政黨工黨上臺後將之付於實施，1948年英國宣布建成世界上第一個「福利國家」，從此，「福利國家」風靡西方。

從上可見，社會主義在東方遇到挫折的同時，在西方卻表現出了生機勃勃的活力。可以肯定地說，社會主義思想至今並沒有過時。

二、新社會主義的內容

（一）**新社會主義的概念**。舊社會主義即蘇聯模式的社會主義，它存在著嚴重的弊端。鄧小平吸取舊社會主義的經驗教訓，積極探索新社會主義的發展道路，提出建設有中國特色的社會主義的思想。因此，在中國，新社會主義的開創者是鄧小平先生。

本文的新社會主義指民主、法治、公平、高效、文明、開放的現代制度。

所謂民主，指權力在民、人民當家作主的社會主義制度。國家各級領導人由公民直接選舉、罷免；政務透明、公開，民主管理，民主監督。

所謂法治，指法律面前人人平等、重在約束統治者、保護人權，同時懲治一切違法犯罪行為的法律制度。其原則是：有法可依，有法必依，執法必嚴，違法必糾；司法部門必須效忠於法律，不得聽命於地方幹部，公安幹警不得隨意拘捕百姓。嚴懲執法者主體違法，程式違法。

所謂公平，指官民平等、全民平等、城鄉平等。消除特權，消除腐敗，縮小貧富差距；農民享受全部的國民待遇，建立農村社會保障體系；實行財產共有制度，確保司法公正。

　　所謂高效，指實行民有制（私有以及人民共有制，如股份制）、市場經濟制度。精簡政府機構，提高辦事效率；決策方面既民主科學，又快速反應。

　　所謂文明，指建立民主、民本、守法、守信、公平、公開的現代文明。弘揚民主科學，以民為本，破除官本位、權本位；反對封建主義，尊重人權，建立法治社會；宣傳現代文明的誠實守信、友愛互助以及多元化的價值觀。

　　所謂開放，指吸收現代文明的一切優秀成果，與世界接軌，融入全球文明體系。積極利用外來資金、技術、人才，學習先進國家的體制、制度、法律、科技等。

　　（二）**新社會主義的指導思想**。借鑒民主社會主義的優秀成果，實行社會主義民主政治、社會主義多元化、社會主義聯邦制，建設現代法治國家，建立現代文明社會。

　　（三）**新社會主義本質**。新社會主義既要解放生產力，發展生產力，消除兩極分化，達到共同富裕，又要致力於實現民主法治與全面的社會公正。

　　（四）**新社會主義原則**。新社會主義的原則，第一是發展生產，第二是共同富裕，第三是民主法治，第四是公平公正。

　　（五）**新社會主義特點**。新社會主義的特點是，兼顧公平與效率，兼顧經濟發展與社會進步；主張經濟改革與政治改革、社會改革同步進行，致力於思想創新、機制創新和制度創新；實行民主、法治、均富、股份共有的制度；以人為本，建立平等社會、人文關懷的文化；理性、開放、多元化。

　　（六）**新社會主義政治、經濟、社會、文化**。

　　1、新社會主義政治：追求全民民主、公正平等、自由和平的目標，建立人民的國家。

　　2、新社會主義經濟：建立聯合的個人所有制、人民所有制、社會所有制；實行經濟民主、勞動民主化、管理民主化；鼓勵工人股份的聯合以達到控股，工人在股東大會以同一個聲音說話；實現收入均等、全民福利；以股份制的共有制、社會保障制度、現代所得稅、遺產稅制度、財政轉移支付制度等實現共同富裕。

3、新社會主義社會：實行社會民主，保護人權，保障人民工作的權利、醫療的權利、福利的權利、住房的權利和依據其能力接受教育的權利；實現充分就業，階級合作，地方自治化。

　　4、新社會主義文化：奉行民主、法治、自由、公正、平等、互助、和平的價值觀，推崇團結合作、相互尊重、民主協商的精神，以民為本，建設人民之家。

（略）

2002.3.29

略論中國人的思維方式

胡星斗

思維方式本身並不存在好與壞、先進與落後的問題，只是現在我們身處現代化、西方化的潮流之中，只能以普適的價值、全球公認的標準——能否促進現代科學技術的發展、能否促進物質財富的積累、能否促進民主自由社會的形成來評判一個民族的思維方式。正如西方人喜歡批評社會並不意味著他們否定民主制度一樣，我們講思維的問題、《易經》的問題，也不是在否定傳統、醜化我們的民族，而是在深化對傳統的認識。通過瞭解傳統思維方式的特點以及長處和短處，將有助於中華民族發揚優點、克服缺點，儘快實現思維方式的轉變，從而早日實現科學技術的現代化。為什麼中國人要麼是革命派，全盤否定過去，要麼是保守派，不允許反思傳統，講任何缺點呢？

中國人的主流思維是模糊、體驗、直覺型的，是象徵主義、相對主義、一元主義的思考模式，它適合於文學哲學的創作，但不適合科學的發展。

我們是簡潔少言的思維方式。漢語文約義豐，充滿了模糊性、隨意性、不確定性、暗示性，同時也引人遐想，趣味無窮。中國的哲學書多是格言警句式的片斷彙集，語句之間沒有多少聯繫。比如，《道德經》中的語句皆似名言雋語，雖深刻但不系統；《論語》也是以寥寥數語闡述其哲學觀點，雖簡約但不規範。儘管《莊子》《韓非子》諸書中不乏清晰、思辯的內容，但其思維主流仍然是中國式的；儘管《墨子》《荀子》之中充滿了邏輯、勘天的思維，但它們畢竟不屬於中國文化的主流。中國人的思考主要是含糊不清的非概念思維、象徵主義推理而非邏輯推理的方式。

老子說：「道可道，非常道」，「玄之又玄，眾妙之門」。中國人的「真理」是無法「道」出來的，只能是「玄」。莊子說「得意而忘言」，「言有盡而意無窮」，孔子說「天何言哉，天何言哉！四時行焉，百物生焉」，禪宗訓誡：「不立文字」。可見，對於中國人來說，道理盡在不言中！這絲毫不奇怪，與古希臘人

生存環境惡劣、重在探索自然，並從戰勝大自然中體會出人的理性、力量以及形體之美不同，中國人的自然環境相對優越，最困繞我們先人的不是自然的狂暴，而是人生社會的變幻莫測。而人生社會的許多道理只能意會不能言傳，不可能用邏輯來理解。

可是，科學的道理卻要求「可道」，可以用文字元號精確地表達。

我們的老祖宗還擅長於比喻、暗示、象徵的表述方法。比喻即以外物間接地表達自己或其他事物，特別是隱喻內心。中國的俗話成語中到處充斥著這類比喻、簡單的類推，而且往往是異物之間的相推，如「山河易改，本性難移」，「馬善被人騎，人善被人欺」，「易漲易落山溪水，易反易複小人心」，「高鳥盡，良弓藏；狡兔死，走狗烹；敵國滅，謀臣亡」等等。在這其中，山水、馬牛、鳥兔與人之間並沒有必然的聯繫，但中國人仍然喜歡這樣的簡單的象徵主義推理。

中國人的思想中也充滿了暗示──一種不便講明的象徵。莊子以「姑射神人，肌膚若冰雪，綽約若處子」、曹植以「洛神」、駱賓王以詠蟬之「無人信高潔」、張九齡以「草木有本心，不求美人折」暗示自己的高蹈；李白以「蜀道之難」暗示官場的兇險，孟浩然以「坐觀垂釣者，徒有羨魚情」暗示自己對官場的豔羨。

《易經》之陰陽八卦以及後來的五行思想是中國式象徵主義推理的典型代表──以陰陽二爻、金木水火土五種元素類推萬事萬物。古希臘、印度也有類似的思想，如「火」構成說、「四大」說，但它們只是文化的支流，不像陰陽五行的象徵主義是中國人思考方式的主流。西方現代文學流派也有象徵主義，主張以外物隱喻內心、間接表達，其代表人物艾略特、葉芝、龐德等都喜歡漢詩。他們似乎也意識到中國人的思維就是象徵主義的。

中國人的主流思維模式是以直覺、體驗、類比、象徵取代了理性、邏輯，因而表現出感性強、理性弱的特點，這或許是農耕民族的經驗主義的表現吧。中國的封建專制政治爾虞我詐，無所不用其極，造成了生靈塗炭、餓殍遍野、王朝迴圈，但我們的古人仍然只熱衷於對官場經驗的描述，如二十四史、資治通鑒，只滿足於詩詞歌賦、美食男女、求神拜佛、方術練養、官場鑽營之類，幾千年竟然沒有出現一個對專制制度作過徹底反省的思想家，最多像黃宗羲、顧炎武、洪秀全，主張天下非君主一人之天下、不能以孔子的是非為是非，至於如何以制度設計來保護百姓

的利益、制約統治者，就沒有下文了。不像古希臘人就研究分權、制衡、法治，進而出現了民主政治。

在自然科學方面，我們的古人記錄了哈雷彗星四十來次，但沒有人總結它的運行規律，最終讓英國人哈雷獲得了此項發現權；我們早就有類似於血液迴圈的看法，但沒有上升為理論，最終是英國人哈維奠定了理論基礎；我們有中醫、針灸，但停留在經驗或五行的範圍內，雖形成了自己的特殊的話語體系，但陰陽五行之象徵主義推理與三段式推理等科學理性仍然大異其趣。難怪愛因斯坦說：西方的科學是以邏輯推理和實驗驗證為基礎的，而中國卻不是走這樣的路。的確，有別於西方智慧的邏輯型、思辨型、實證型，中國的智慧是記錄型、描述型、經驗型的，我們有許多彗星、新星、太陽黑子的記錄，我們有無數的實用技術發明，有人甚至列出了古代中國幾千個、幾萬個世界第一，但我們的成果永遠處於能工巧匠式的捕捉現象、經驗的初級發展水準，無論多少年都永遠沒有進步。難怪雨果說「中國是個保存胎兒的酒精瓶」。

中國人是現實主義者、世俗主義者。恩格斯就說，中華民族是最講現實的民族。作為以農耕為主的群體，我們祖祖輩輩面朝黃土背朝天，世世代代居住在同一個地方，表現為辛苦性、家族性、實用性等等特點，缺少遊牧民族、海洋民族的浪漫性、超越性——如豐富的神話和宗教、超越現實和具象的形而上的思考。中國人似乎對現實之外的東西不感興趣，只熱衷於大紅大綠、大吃大喝、大紅燈籠、抱個大鯉魚、子孫滿堂、光宗耀祖、酒肉祭奠之類的世俗的東西，我們的主流思想中也缺乏形而上的邏輯思考。莊子、韓非子等思想家也僅僅以寓言故事來論證其哲學命題，而不是縝密的推理。一個民族長期如此，必然帶來理論的膚淺、不成體系，而理論的荒蕪又導致技術的停滯、落後。李約瑟說，現代的蒸汽機等於中國的水排加風箱，可是中國人能製造水排，能製造風箱，就是不會把兩者聯繫起來製造蒸汽機。中國古代的瓷器製造技術很發達，但我們不會製造玻璃，因為控制窯內溫度和氧化還原時間的方法不能上升為理論，移植到別的地方。我們雖然有「四大發明」，但現代火藥卻是諾貝爾的專利，指南針幫助西方人發現了新大陸，在中國卻只能用於測風水。因此，中國人在近代落後挨打是不可避免的了。

中國人的思維方式還是相對主義、一元主義的。相對主義是指，一切事物都是相對相關、互為依存的，沒有絕對的獨立的存在。譬如，儒家宣導折衷主義、中

庸之道，道家提倡辯證思維、「齊萬物」之相對論，中國佛家特別是華嚴宗主張依存論、緣起論等等，他們都否定絕對的實體觀念，表現出關聯主義、互為聯繫的思想。中國人還持「場內觀」——盤古、太極、道、人類都是在宇宙之內，盤古創造了世界，他自己化成了日月星辰以及河流草木；「太極」也是內在於宇宙的，它生成兩儀、四象、八卦，以及世界萬物，等等。中國人不是從絕對旁觀者的角度來看待宇宙，古人面對大自然時沒有驚異之情和與天奮鬥的豪情，只有對它的欣賞、崇拜和體驗。與之相反，西方人是持絕對主義、實體主義觀點和天人相分的「場外觀」——上帝高高在上，締造和推動著宇宙，把規律「塞給」大自然；人類也是宇宙的外在力量。由此，他們肯定實體的獨立的存在，並進而提出原子論、個人自由論和戰勝大自然的觀點。

一元主義是指，古代中國人主張「天人合一」、「道器合一」、「身心不二」、「體用一如」。這種一體化的觀念造成了對對象認識的模糊，使得近代科學技術無法在中國發展起來。而西方人與此不同，他們是二元主義乃至多元主義者——靈肉分裂，社會矛盾對立，人與自然相抗。正因為精神生命與肉體生命的二元對立，所以西方人只能選擇滿足其一——中世紀壓抑肉體、滿足精神，現代則精神空虛、滿足肉體；正因為個人與社會衝突，「他人就是地獄」，所以西方人要以法律去規範人們的行動；正因為天人分離，所以西方人致力於改造大自然，並由此發展起近代科學技術。

從中國古代的方術熱也可以看出中國人思維方式的問題所在。

方術，古時稱為「術數」、「陰陽術」，源於《易經》，包括星相術、相命術、占夢術、風水術、煉丹術、測字術、巫術、養生術等。它包含了古代中國人對宇宙、自然與人生、社會的關係的認識，堪稱「中國科學」，歷代研究者趨之若鶩。西方也有方術、神祕學，但沒有形成中國式的蔚為壯觀的景象。中國方術的理論基礎為天人合一、天人感應、五行相生相剋、陰陽轉化等，其方法為演繹附會、揣摩臆測、察言觀色、模棱兩可、隨機應變、使用遁辭等。方術的內容沒有經過嚴密的論證、缺乏科學性，都是一些神異、附會、感性、經驗、類比、象徵的東西，而這些正是中國人思維的優勢，也是《易經》思維的特點。

胡星斗做客搜狐談國家主義科研體制的利弊

一、新中國在科技方面取得了巨大成就

（略）

二、國家主義科研體制也存在著先天不足

胡星斗：一方面成就巨大，另一方面由於國家主義科研體制，它也存在著一些先天不足，存在的問題又是複雜的，非常多。如果不能夠克服這些問題，可以說中國的科技現代化是無望的。中國要建設一個現代化強國，那也是不可能的。因為科技是一個基礎，也是中國建設成為現代化強國的關鍵。所以我想從多個方面來談一談我們國家科研體制所存在的問題。

主持人：談到中國科研體制是國家主義，這裡面最主要的是靠國家投入來發展科技。能否介紹一下像國外發達國家比如美國，它的科研體制是什麼樣的？

胡星斗：發達國家的科研主要是由企業研究為主，由社會力量投入到科研為主。

主持人：他們沒有五年規劃之類的東西。

胡星斗：對，比如中國的科研力量70-80％都在大學和科研院所，這些科研院所過去大部分都是國家的，而發達國家70％以上的科研力量都在企業。

主持人：正好相反。

胡星斗：對，正好相反。比如說像貝爾實驗室這樣非常有名的，出了一大批諾貝爾獎獲得者，但他都隸屬朗訊這樣的企業。美國75％左右的科研人員都在企業，日本也有68-70％左右科研人員都在企業。

主持人：我們的體制按照鄧小平的說法應該是屬於優越的，因為鄧小平講社會主義的優越性在哪裡，就在於集中力量辦大事，您也談到了這種體制有它好的一

面。

　　胡星斗：對，但是咱們又不能夠片面地理解這個問題。國家主義體制確實能夠集中力量辦大事，但是它的科研成果很難向民間擴散，很難應用到社會生產各個領域，所以它的成效又是局限在某個領域的，比如說搞完衛星，衛星上天了就萬事大吉了，沒有獲得很多民用的技術，有關衛星各方面的先進的發明，不能夠應用到其他的生產實際方面。而發達國家就不一樣了，比如說美國搞登月計畫，獲得了三千多項專利，這些專利對民間產品的推廣、發展都起了重大的推動作用。因為它的登月工程是由上萬個民間企業來參與的，也就是說企業化的科研體制照樣可以辦大事，關鍵就是國家在其中起協調的作用，起統一指揮的作用，而不一定非得讓這些企業都必須是國家的。這些研究所必須是國家的或者是完全由國家投資，是沒有必要的。只要是國家有這種協調能力，宏觀調控能力，組織能力，就可以。

　　主持人：剛才談到科研體制不同的結果，這裡有這樣的差別，在國家主義體制之下，投入與產出的科研成果，它的目的不在於贏利，而在於國家的戰略，而在西方資本主義國家，它的科研投入，因為投資就來自於民間，資本要追求利潤的，可能更注重把這個成果實際應用，給自己帶來利潤。

　　胡星斗：是這樣的，前蘇聯空間軌道站隕落了，掉到地球上，人們就在議論，前蘇聯的國防和空間技術那麼發達，為什麼最後前蘇聯還崩潰了，這個原因可能就在於那樣的一些國家主義的體制，它的科研成果往往研究成功了以後就鎖進了保險櫃，以保密的原因鎖進了保險櫃，所以對蘇聯的民間科學技術的發展沒有幫助。我們要吸取經驗教訓，不能搞國家壟斷這種科研的體制。這樣的體制它的浪費也是巨大的，現在有一批人在研發銀河電腦，一代一代地研發，計算速度越來越快，但是研發出來了，能夠對國防、對生產實際有多少用，可能關注的人就不太多，幾乎沒有人開發銀河機的應用軟體；怎樣發揮它的潛能，在這方面關注的人太少。

　　而且這種國家主義體制就導致學術資源的分配的權力化，完全是有關官員來決定學術資源的分配，因此學術資源浪費也是非常嚴重。比如有人說科研經費如果一百萬的話，可能20、30萬要用去公關，要用去吃喝，可能大概是這樣的比例。大量的資金的浪費，可能存在著某些科研人員不大注重這樣的一些經費的效益。反正都是國家的課題，國家的錢往往都是要錢比較難，但是錢一旦要來了以後，課題能

不能發揮應有的作用、它的經濟效益如何、後期監督等，關注的那是比較少的。就像大學生現在都是難進易出，要考大學很難，但是考進來以後，是嚴進寬出這樣的體制。我們的科研也是這樣，基本上是很多的人年復一年在申請國家專案、國家課題、部委課題，年復一年在申請，申請完了以後，有的可能就匆匆忙忙或者是想方設法把這些科研經費給花掉，然後帶一幫學生，把課題做完。這些課題數據到底准不准另外再說，做完了以後，這個課題到底發揮沒發揮應有的作用，似乎就沒有人管，最多就發表了幾篇論文也就萬事大吉了，發表了論文，可能有的人就提教授，提博導了。然後接著又申請課題，申請完了，又是想方設法把這個錢花完，花完了又接著申請，基本上是這樣的體制。不大注重效果，而注重的是教授有多少科研經費，以科研經費的多少來衡量他的成果。你科研經費多，如果是副教授有的很快就提正教授，甚至有的學校明確規定：他有一千萬科研經費，就優先提拔正教授。這樣只重經費，不重它的效果，也是國家主義科研體制的一個弊端。

（略）

2006-6-7

科教興國的文化傳統障礙

胡星斗

中國從秦漢至清初，科學技術一直領先於世界。可是，從17、18世紀特別是近代以後，中國逐漸地落後於西方，以至於貧窮落後、被動挨打。個中的原因是複雜的，其中，科技發展的文化傳統以及傳統科技教育本身所存在的問題尤其為我們所重視，這些問題的科學分析對於現在我國實施科教興國戰略有著重要的啟示。我們可以從文化傳統、思維方式、古代方術熱、經濟政治背景和科技發展內在的制約因素等方面對之加以分析。

一

影響科技發展和科教興國戰略落實的因素之一是文化傳統。中國的文化傳統有四個特點：一、相對主義，二、一元主義，三、仁性關懷，四、泛倫理主義。相對主義是指，中國人認為，一切事物都是相對相關、互為依存的，沒有絕對的獨立的存在。譬如，儒家宣導折衷主義、中庸之道，道家提倡辯證思維、「齊萬物」之相對論，中國佛家特別是華嚴宗主張依存論、緣起論，等等，他們都否定絕對的實體觀念，表現出關聯主義、互為聯繫的思想。中國人還持「場內觀」──盤古、太極、道、人類都是在宇宙之內，盤古創造了世界，他自己化成了日月星辰以及河流草木；「太極」也是內在於宇宙的，它生成兩儀（陰陽、乾坤等）、四象（東西南北、春夏秋冬、吉凶禍福等）、八卦，以及世界萬物等等。中國人不是從絕對旁觀者的角度來看待宇宙，一般來說，古人面對大自然時沒有驚異之情和與天奮鬥的豪情，只有對它的欣賞、崇拜和體驗。與之相反，西方人是持絕對主義、實體主義觀點和天人相分的「場外觀」──上帝高高在上，締造和推動著宇宙，把規律「塞給」大自然；人類也是宇宙的外在力量。由此，他們肯定實體的獨立的存在，並進而提出原子論、個人自由論和戰勝大自然的觀點。

一元主義是指，古代中國人主張天人合一和思想獨尊，主張「身心不二」、「道器合一」、「體用一如」以及「獨尊儒術」。這種一體化的觀念造成了對對象認識的模糊和權力對真理的壟斷，使得近代科學技術無法在中國發展起來。而西方人與此不同，他們是二元主義乃至多元主義者——靈肉分裂，社會矛盾對立，人與自然相抗，文化思想呈多元化的狀態。正因為精神生命與肉體生命的二元對立，所以西方人只能選擇滿足其一——中世紀壓抑肉體、滿足精神，現代則精神空虛、滿足肉體；正因為個人與社會衝突，「他人就是地獄」，所以西方人要以法律規範人們的行動；正因為天人分離，所以西方人致力於改造大自然，並由此發展起近代科學技術；也正因為推崇思想的多元化，所以人們的創造性得到極大的發揮。

　　中國文化的另一特點是，她屬於仁性關懷文化，或稱仁者文化、監護人文化。中國人需要的是上對下的、不平等的對生命的關懷呵護之情，皇帝、官員是仁者、監護人、聖君、清官，他們有充分的良知良能，能自覺地為官清正廉明、盡職盡責；人民時刻感受到——至少耳邊常聽到來自「上面」的溫暖和關懷。與這種樂觀、性善文化相反，西方則是悲觀、性惡文化，「材性知能」文化，或稱「厄洛斯（小愛神Eros）文化」、「匠人文化」。「材性知能」本是荀子所說，指起於對異己對象的神祕感、驚異之情和好奇心而產生的占有、征服、探索的欲望。西方人所崇拜的就是在知性衝動的驅使下而勇往直前以求滿足其自身創造欲、占有欲的天才、智者或英雄，而不是中國人的充滿關懷精神的明君和聖賢；西方的「魔鬼」、「壞蛋」也是無限制地擴展自身欲望的人，而不是中國人的「道德敗壞者」。「厄洛斯」就是愛、衝動、擴張、創造和探索的代表，「匠人」也是西方人測量、分析、製造、創造之「匠心匠識」的典型；西方文化的理想主義與現實主義之爭，其實就是「藝匠意識」與「工匠意識」之爭。匠心匠識乃是西方科學藝術繁榮的內在原因。

　　中華文化的第四個特點是泛倫理主義。儒家的文化傳統中幾乎沒有神、上帝的位置，這在一方面促進了古代科學的發展；西方由於上帝的因素，中世紀曾經發生大的倒退。可是，另一方面中國人又走向了泛倫理主義的反面，我們相信天人相通、天人感應，將天地日月與君臣父子聯繫起來，將宇宙唯心化、主觀化，把科學理論倫理化，從而使得大自然失去了客觀的地位，科學也不可能獨立地發展。再加上儒家重道輕器，鄙視「奇技淫巧」，所以可以說，儒家價值觀對科學發展主要起

著束縛和阻礙的作用。因此，在中國古代，往往儒家衰落，科學技術才會有大的發展。如東漢、南北朝、明末時，才出現了張衡、蔡倫、祖沖之、徐光啟、李時珍、宋應星等重要人物。儒家加強控制時或者社會出現大動亂時，科學技術就無法存在、傳播，而陷於停滯，或毀於一旦。

中國古代的教育制度也存在著泛倫理主義的缺陷，所謂的國子學、太學、四門學等只是講經讀經、傳播儒家倫理道德的地方。另外，古代的教育重人文科學輕自然科學，民間興起的書院全是關於人文道德的，科技只能流傳於民間，而且與特定的匠人、具體的產品密不可分。這些因素都逐漸成為科教發展的巨大障礙。

二

一個民族的思維方式對科教的發展也有至關重要的影響。中華民族高度發達的是直覺經驗理性，崇尚感性思維以及經驗、比喻、暗示式的思考，往往以個人的經驗直觀外推一切事物，如儒家之格物致知、道家之「神遇」、禪宗之頓悟以及陰陽五行之直觀象徵等等都是如此。所以，在依靠個人經驗和直觀外推可以解釋的領域，如對流星、隕石、化石等的解釋，中國人論述得很精彩，可是超出這個範圍，中國人就無能為力了。難怪中國古代在天文學、醫學、數學、農學、化學等方面零星的記錄和猜測很多，但終究沒有一套稱得上科學的完備的理論，中國人對大自然的理性認識始終是欠缺的、零散的、模模糊糊的。如中國史籍雖記載了哈雷彗星出現31次，是世界最早最完整的記錄，但發現其平均週期的卻是英國人哈雷；中醫以及針灸技術有西醫望塵莫及的療效，但其理論基礎——經脈學說，至今仍是說不清、道不白的。清朝學者俞正燮曾讀過一本西方人的書，書上說心臟在左，肝臟在右，這與中國人的經驗正好相反，於是他說，中西之人的內臟位置不同，所以文化也不同，宗教也不同。這樣憑經驗直覺判斷來下結論，是中國人的典型的思維方式。難怪愛因斯坦說：「西方科學是以兩個偉大的成就為基礎，那就是，希臘哲學發明的形式邏輯體系，以及通過實驗發現有可能找出因果關係。在我看來，中國聖哲沒有走這兩步，那用不著驚奇，驚奇的倒是這些發現在中國全都做出來了」（當然，愛因斯坦過於誇大了我們的成就）。事實上，中國人往往只注意一些現象，卻不想透過事物的表像去抓住背後隱藏著的本質，也就是說，中國人很少有形而上的

衝動（至今仍把「形而上學」當作貶義詞），我們對眼前、現實、實用之外的東西都不感興趣，並且採取鄙視的態度，它帶來的必然後果就是理論的膚淺和不成體系，更進一步的後果就是技術的落後。當技術發展到一定程度時，由於缺乏理論的指導而陷入停滯。中國古代有四大發明，而近代卻挨打，難道不是這種思維模式所帶來的必然結果嗎？

中國人不擅長邏輯思維，但推崇簡潔無言的思考方式，如中國詩詞、文章都寫得言簡意賅，哲學經典《論語》、《老子》等全是由上下沒有什麼邏輯聯繫的格言警句式的東西組成的。老子稱「道可道，非常道」──「道」往往是不能說（道）出來的；莊子稱「得意而忘言」；孔子說：「天何言哉！天何言哉！四時行焉，百物生焉」；禪宗主張「不立文字」……，中華民族的這種感性的思考方式，一般來說，是不屬於科學與理性的範疇的。

中國人還喜歡採用比喻、暗示即以外物間接地隱喻內心的方法。如在成語、俗語中它表現得相當普遍（諸如成語「山河易改，本性難移」，「馬善被人騎，人善被人欺」，「易漲易落山溪水，易反易覆小人心」等等。以「山」、「馬」、「水」比喻「人」，但實際上他們之間並沒有必然的邏輯聯繫）。無窮的比喻、暗示一方面使得中國人的思想韻味無窮，但另一方面又顯得過於含蓄、簡單──只習慣於人與動植物之間簡單的類比！

中國人的思維就是這樣，喜歡格言、傳心、類比的方式而缺乏整體性、系統性和邏輯的嚴密性。這些缺陷對科教的發展無疑是巨大的障礙。

三

從中國古代的方術熱也可以看出近代中國科教落後的必然。

兩千多年來，中國知識分子的精力主要耗費在兩個方面，一是對儒道佛特別是儒家經典的鑽研上，二是對方術、神祕學的推究上。

方術，古時稱為「術數」、「陰陽術」，這其中包含了古代中國人對宇宙、自然與人生、社會的關係的認識，歷代對此研究者趨之若鶩，許多極富才華的知識分子一輩子皓首窮經鑽研之。中國方術的內容儘管沒有嚴密的論證，都是一些神異、猜測、附會、感性、經驗的東西，但其內容是相當廣泛的，它包括星相術、相

命術、占夢術、風水術、煉丹術、測字術、巫術、養生術等，堪稱是中國的原始科學。其理論基礎有四：一為天人合一，天人感應；二為五行相生相剋；三為陰陽轉化；四為原始崇拜。其方法有：演繹附會，揣摩臆測，察言觀色，模棱兩可，隨機應變，類比象徵，使用遁辭等。

中國人從來面臨著風雲變幻的人文環境，人間的旦夕禍福迫使人們對命運、未來及各種變數苦思冥想，由此，形成了博大深邃的生存智慧，也就是方術。人文的東西往往很難準確地把握，所以，中國人的學問，無論是《論語》、《老子》，還是謀略、術數，都是含混的。

西方雖然也有「神祕科學」，但不如中國的術數悠久漫長、影響之大。孔夫子就說過：「不知命，無以為君子」，「道之將行也與？命也。道之將廢也與？命也。」可見，他就是命運信奉者。

確實，中國在春秋戰國時期就出現了一批方術師，特別是鬼谷子被稱作算命術的祖師。唐朝時李虛中開創了生辰算命術，算命的人又尊他為祖師。五代末之徐子平將李虛中的方法進一步加以發展，他測算年、月、日、時「四柱」，每柱天干、地支各一字，共為八字，然後按陰陽五行生克變化推演命運，稱為四柱八字算命術或子平術。其後，四柱八字算命風行天下，學子名士皆「附庸風雅」，清朝時則進一步發展為鐵板數、紫微鬥數。

相面術起源也很早，到春秋戰國時已有許多記載。漢朝時許負、王充、王符，唐朝時袁天罡，宋朝時陳摶，明朝時袁珙、袁忠徹等人皆為大家。

中國古代的風水術獨樹一幟。風水師將山體分為「五星」，將方位分作五行，使用五行相生相剋理論，得出五行相生的吉式或五行相克的凶式。晉代的郭璞相傳著《葬書》，提出葬者乘生氣、氣藏風得水等學說。著名的《黃帝宅經》則提出宅性說、命座說、建宅順序說、時令說、虛實說、宅墓配合說等。象這類中國古代風水理論著作汗牛充棟，後世多有發展變化，日益複雜、精密，象五行、八卦、六十四卦、干支、日辰、方位、陰陽、氣脈等無不匯入風水理論之中。上到皇帝下到百姓，大到選都小到門窗之位，無不取決於風水。

中國古代的養生術著作也是卷帙浩繁，足見中國人對世俗的熱衷，對長壽、飲食的花樣翻新。諸如食療、藥療、煉丹術、養形術、養神術、五禽戲、氣功、按摩、推拿、房術等理論和技術讓人眼花繚亂，歎為觀止。

以上方術正反映了中國人的思維方式和民族性。中國人是象徵主義者，我們不擅於邏輯推理、科學思維但擅於類比、比喻，五行學說及其運用即是如此。譬如，四季可以配五行，除春夏秋冬之外，再加上「長夏」即可；方位也可配五行，除東西南北之外，再加上「中」即可。利用五行生克、陰陽八卦來推演命運，很象代數學，頗能胡弄人。

　　中國人幾千年興致勃勃地探討方術，其著作浩如煙海，形成了巨大的精神浪費。它不僅浪費了許多才子學者的生命，更延誤了一個民族對科技的探索，客觀上阻礙了近代科學教育在中國的發展。

四

　　對科教發展影響最大的還有經濟形態。中國古代是小農經濟的天下，或者說是男耕女織、自然經濟與家庭手工業並存的農工互補型經濟，其生產技術年復一年處於停滯的狀態，不需要科教的支援；而且，古代工商資源官營壟斷，經濟上官商合流，古代技術如煉鋼技術、造紙印刷技術等又大多為「大一統技術」，它們雖然很發達，受官方支持，但不可能在民間自由地傳播，古代書院也不傳授這方面的知識和技術。

　　在中國，勞動與知識分離，也是嚴重的弊端。中國人的觀念裡有種種不良的傾向，如「勞心者治人，勞力者治於人」，「學而優則仕」，「寒窗十載無人問，一朝身到鳳凰池」等等，人們一心想當官，想做「人上人」，結果，在中國，科舉教育只是做官、顯貴的手段，知識分子一旦科舉成功，就不再參加生產勞動，與勞動階級完全脫鉤，而勞動者一般又不能掌握實用的技術。西方的情況與之卻大不一樣，在那裡勞動與知識緊密結合，基督教與科學互相促進，基督徒是「一批指甲上沾著污垢的知識分子」，貴族與奴隸、學者與工匠在上帝面前成為平等的社會成員，誰能創造財富，並施捨幫助窮人，誰就能進入天堂。這種勞動與知識的結合是近代科學發展必不可少的動力。

　　影響科教發展的因素還有政治狀況。近代科教產生的必要條件是，政治上要寬鬆，要打破官本位的制度和權力對真理的壟斷，讓知識者獨立地、自由地思考。可是在古代中國，專制制度十分嚴酷，要麼科技思想無法萌芽，要麼科技創造的成

果被扼殺、被浪費，要麼科技教育畸形地發展──在某一個領域水準高，但整體水準低，社會生產落後。這時，很難想像科教能有全面的健康的發展。

就科教本身的發展來說，其內在的缺陷也是明顯的。古代中國的技術與產品以及技術與匠人緊密結合，不可轉移，這使得技術難以傳播、傳承、社會化。中國的技術往往是庖丁解牛式的技藝，只可秘傳，個別的師徒相授，不可能進入書院、學校，不可能為百姓大眾所掌握。

中國的問題還在於科學、教育、實驗、技術、經濟是分別獨立發展的，致使不能相互促進，利用前人的成果。李約瑟說，現代的蒸汽機等於中國的水排加風箱，可是中國人能製造水排，能製造風箱，就是不會把兩者聯繫起來，製造蒸汽機！中國古代的瓷器製造技術也很發達，但不會製造玻璃，因為控制窯內溫度和氧化還原時間的方法不能上升為理論，移植到別的地方。中國古代有「四大發明」，令中國人自豪不已；可是，「四大發明」牆內開花牆外香，在中國未起到傳播科學知識、推動經濟發展的作用，而只是用來探風水、放鞭炮驅神；但它們傳到西方後，科學書籍很快成為印刷品，火藥炸掉了封建城堡，指南針幫助尋找到了新大陸、開闢了新的商品市場。可見，只有技術發明是不夠的，技術－市場－科教還必須形成良性迴圈，相互促進，才能帶動經濟的發展。

科學發展還必須建立在結構型自然觀的基礎上，也就是說，必須從結構上把握自然現象，而理論也必須是邏輯結構型的，應當有完備的邏輯體系。而中國古代的科學是經驗科學，對各種現象往往只有描述、記錄、簡單的概括，沒有理論的提升，更沒有象西方《歐氏幾何》那樣的完備的原始科學體系對各門科學的發展都起著示範的作用。

另外，科學理論必須建立在受控實驗的基礎上，實驗必須是可重複的，不受時間、空間、實驗者因素的影響。然而，古代中國人所做的實驗很多是非受控的，不可重複的，有些甚至與迷信、方術混在了一起。

中國教育制度批判

胡星斗

一、吃人的中國教育制度

從上世紀五十年代起，中國照搬了前蘇聯的國家主義教育模式——奉行極端的科學主義、功利主義，唯理工科教育、唯智育至上，細化專業、學科，實行精英教育，以全部資源訓練特殊專家，以舉國力量把特定的技術搞上去；為此實行淘汰多數、層層選拔的應試教育，組織注入式、滿堂灌、死記硬背的考試。漠視人文教育以及人格的健全、綜合素質的培養，忽略公民道德、公民權利義務、誠信守法等基本做人的教育，熱衷於聖人道德說教、效忠的奴化教育，一味地宣揚空洞的理想、拔高的英雄和榜樣。教學、教材內容皆突出政治和意識形態，教育官僚化、政治化。改革開放後，中國的經濟和社會發生了翻天覆地的變化，照理說，經濟的全球化、社會的多元化要求相應的豐富多彩、鼓勵創新、完善人格的素質教育，但是，匪夷所思的是，我們的教育仍然死守著國家主義的陣營，不肯順應市場和社會的變化，越來越遠離工人、農民、普通民眾和弱勢群體。中國教育成為計劃經濟和落後體制的最後堡壘。

當代中國的教育凸顯精神的貧困：沒有先進的教育理念，沒有獨立的教育思想，沒有教育學大師，沒有創造力勃發的人才，缺乏主心骨和教育精神，甚至連對學生負責的精神都罕有——有的只是對上司的負責和阿諛，對權力和利益的維護。素質教育喊了多少年，但都是雷聲大，雨點小，甚至沒有雨點，反而迎來了酷日，應試教育愈演愈烈。培養出來的，許多是無個性、無創新、無道德、無健康心理甚至無人性的「五無」「有用人才」和「螺絲釘」；同時，許多教育工作者使用話語霸權，維護「師道尊嚴」，剷除一切「旁門左道」的思想。在中國難有真正的學術批評，只有謾罵和門戶之爭；難有獨立的社會科學研究，只有封閉的壟斷的偽學術。

中國的學校「『政』『校』不分」已成為痼疾，教育行政化，校長不是獨立的教育家，而是政府官員，學校成為行政權力和官場的延伸，處處體現了權力意志──權力決定招考，權力決定課程，權力決定職稱，權力決定榮譽和學術地位。學校的服務也官員化、衙門化，大學50%以上的教職工是行政後勤人員，社會上流傳著順口溜：「校級領導一走廊，處級領導一禮堂，科級領導一操場」，它在很大程度上揭示了高校機構臃腫的現狀。

中國大學的媚俗、屈從權力與墮落已令大學的神聖性蕩然無存。一些所謂的「一流大學」把港臺明星有些甚至是沒上過幾天學的影星、歌星聘為教授，把主管意識形態的高官請為博導。近幾年，政府高官也紛紛獲得博士學位，他們往往不需參加入學考試，只需讓祕書代為上課，而堂堂的大學則為獲得官員的權力資源暗自慶倖。現在中國的學術腐敗也已經發展到了觸目驚心的程度，剽竊、花錢出半抄半編的論文已司空見慣，為爭當院士，單位和個人「公關」已成為公開的祕密。亂髮文憑則令自身大為貶值，據報導，中國每年授予的博士學位即將超過美國，而中國大多為低水準重複研究，我們的一流大學在世界頂級學術刊物上發表的論文數僅為美國的一百至兩百分之一。

中國義務教育的慘狀則是各級政府失職的典型。《南方週末》報導：中國義務教育經費的75%以上是由農民負擔的！只要你到中國的許許多多的鄉村學校去看看，你心中就會有「慘不忍睹」的感覺：教師衣服髒舊，學生蓬頭垢面，桌椅板凳破破爛爛，校舍大多屬於舊房破房危房。現在，由於農村中小學合併，連這點可憐的教育資源也越來越遠離農村，許多邊境學生紛紛到學費相對便宜、條件更好的緬甸、越南求學（《南方週末》），另外一些學生則失學。而義務教育的入學率各地卻普遍虛報、高報，據《法制晚報》：福建某地教育局官員稱當地義務教育入學率100%，但記者調查發現大量的少年兒童不上學。

近幾年中國又刮起了教育產業化之風。教育產業化本應指：民辦教育一定程度的產業化，科研成果的產業化，而決不應是義務教育和公立學校高收費，教育當局從學生身上斂財！所以，各級政府應當清醒地認識到：對於義務教育，他們有著不可推卸的全部責任，不能盡責，就必須問責、罷官；對於公立大學，應當促其轉制，代之以平等競爭、優勝劣汰的多層次的私立學校。實際上，如果不能取消對私立學校的種種歧視和限制，不能利用社會力量來辦大學，那麼任何一個國家都無法

保證大量的公立學校的經費，學生也無法負擔公立學校龐大的行政後勤開支，中國也不可能有錢去辦義務教育。目前，中國的公共教育經費92%花在了高教上。

教育不公平也是中國的突出問題。一些地方政府人為地製造教育鴻溝，巨額投資重點學校、重點中學，甚至打造星級學校，使之成為權貴、富人子女入學的場所，成為政府財政的來源。而上了好中學，往往就可以上好大學，中國的重點大學特別是一流大學主要是為強勢群體服務的。據楊東平教授領導的《我國高等教育公平問題的研究》課題成果，北大農村學生的比例從1998年的18.5%下降到1999年的16.3%，清華從1998年的20.7%下降到2000年的17.6%。對於熱門專業，管理幹部、技術階層的子弟占57.3%，工人、農民、下崗人員的子弟僅占25.4%。2003年北京某高校高考錄取分數線農民子弟平均高於幹部和知識分子子弟38.8分，下崗人員子弟平均高於幹部和知識分子子弟35分。現在，弱勢群體的子女多進入非重點院校和無人願意學的冷門專業學習。中國教育起到了分離器的作用——以政府財力打造重點小學、中學、大學，供強勢群體的子女進入學習，而弱勢群體的子女大多無緣其中，社會分化將越來越嚴重。

一方面是政府財力的「錦上添花」與扶優傾斜政策，另一方面是中國教育經費的嚴重不足。公共教育經費占GDP的比例，發達國家在5%甚至7%以上，而中國2001年為3.19%，2002年為3.41%，均未達到國家制定的在2000年達到4%的目標。再看人均公共教育經費就更慘，瑞典為2000美元以上，美、日、德、法等在1000～1500美元，中國僅為9.4美元（據《南方週末》2003年新年特刊）。中國的教育經費占世界1%，卻要教育世界25%的學生。錢少尚不足惜，可歎的是這一點錢還沒有用在政府理應承擔責任的義務教育上，而是大多用在了本應依賴社會力量舉辦的高等教育上，中國的小學生、中學生、大學生生均公共教育經費之比為1：1：23，而美國為1：3：2。（據《發展經濟學》劉偉、魏傑主編，中國發展出版社）

高考錄取分數線的地域歧視問題由來已久，廣為詬病，不僅造成了區域不公平，而且明顯違背憲法的教育平等條款，然而有關教育當局依然我行我素。有的省市之間高考錄取分數線甚至相差100分到200分。在北京、上海等大城市，能上重點大學的分數，在江西、山東、江蘇、四川等省分連大專也不一定能上。而國立大學是依靠全體人民納稅的政府財政建立和維持的，理應對全體人民平等開放。以幫助落後地區培養人才為藉口，實際上，一些官員搞分數線差異的真正目的是為了維護

北京、上海等大城市的特權利益和他們自己的特殊利益。還有,特招生、定向生政策成為腐敗淵藪、廣為人們質疑而不被廢除,以及最近的「獨立學院」和「名校辦學校」政策允許降低分數線、亂收費,都成為維護私利、製造不公平的利器。

尤其令人絕望的是,教育腐敗在中國已經「分利集團化」。據中國最大的民辦教育企業──南洋教育集團前董事局主席任靖璽估計:全國中小學的課本定價總額每年在200億元左右,全國中小學的教輔定價總額每年在600億左右,再加上試卷等有關費用,每年全國中小學生在教材、教輔等專案上花費的錢要突破1000億元。根據2004年8月曝光的四川教材回扣案,教材和教輔的回扣率約為30%左右,如果按此比例,那麼每年就會有300多億的回扣流入各級教育行政部門和學校負責人手中,這就是統一教材教輔和考試的好處。據《北京青年報》報導,10年來教育亂收費超過2000億人民幣。這些亂收費專案,還沒有包括指定教材和教輔每年300億左右的回扣在內,如果加上這個數字,10年來的教育亂收費就不應當是2000億元,而應該是5000億元了。

任靖璽先生大半輩子「千辛萬苦、九死一生」,已屆不惑之年,無所謂掙多少錢,只是想做點對社會有益的事,於是進入教育領域,雖然現在已經發展為民辦教育的「航空母艦」,但他承認自己失敗了:「我敗給了專制、壟斷、醜惡、沒人性的教育制度」;「中國的民辦學校乃至全國教育發展所面臨的最大癥結,是中國以專制特權、壟斷利益、僵死模式為特徵的殘酷的應試教育制度。中國教育表現出來的種種弊病,從教育亂收費到占用學生的假期補課,從學生身體被搞壞到個性被壓制,從中小學生為考試自殺到禽獸老師強姦小學女生,從老師打罵學生到學生自尊心被毀滅,從考試做弊到教材買賣中的腐敗,從應試教育日趨強化到素質教育只喊不做,從「擇校生」到「校中校」,到「名校辦民校」,再到所謂「獨立學院」,而後到取消民辦大學學歷文憑考試資格,進而發展到全國性的有史以來最骯髒的教育腐敗。所有這些現象,都是這個教育制度的爛根子結出的爛果子。」(任靖璽《教育煉獄十年》)

因殘酷的應試教育制度而自殺的事件在中國也是層出不窮。2000年3月,開學僅10天江蘇金壇市便有3名中學生自殺;2000年3月成都一初中生上吊自殺;2000年7月東莞一女初中生自殺;2001年9月武漢一小學生自殺;2001年11月呼和浩特一學生自縊身亡;2002年9月銀川一女中學生自殺;2003年5月重慶一女中學生跳樓身

亡；2003年11月安徽一中學生喝農藥自殺；2003年11月雲南兩小學生自殺；2003年甘肅雙城鎮6名中小學生先後自殺；2004年3月11日，重慶兩名女高中生跳樓身亡；2004年6月湖北一小學生自殺；2004年9月，南京一小學生自殺；2004年7月銀川兩小學生自殺；2004年11月湖南一女初中生自殺；2005年2月9日，海口一中學生自殺⋯⋯。

中國教育制度「吃人」，決非危言聳聽，可謂罪孽昭昭，屍骨累累！

二、涉嫌違憲違法的中國教育制度

中國教育制度不僅醜惡吃人，而且涉嫌違憲違法。《中華人民共和國憲法》第三十三條：「中華人民共和國公民在法律面前一律平等」。第四十六條：「中華人民共和國公民有受教育的權利和義務」。而城鄉二元教育制度、義務教育不落實、以政府財力舉辦重點小學、重點中學、高考錄取分數線地區歧視等都涉嫌違憲。

《中華人民共和國教育法》第十六條：「國務院和縣級以上地方各級人民政府應當向本級人民代表大會或者其常務委員會報告教育工作和教育經費預算、決算情況，接受監督」。第十八條：「國家實行九年制義務教育制度」，「各級人民政府採取各種措施保障適齡兒童、少年就學」。第二十五條：「國家鼓勵企業事業組織、社會團體、其他社會組織及公民個人依法舉辦學校及其他教育機構」。第二十八條：「學校及其他教育機構行使下列權利：（一）按照章程自主管理；（八）拒絕任何組織和個人對教育教學活動的非法干涉」。第五十三條：「國家建立以財政撥款為主、其他多種管道籌措教育經費為輔的體制，逐步增加對教育的投入，保證國家舉辦的學校教育經費的穩定來源」。而全國的公共教育經費投入過低、挪用、貪汙教育經費用於蓋樓、買車的情況十分嚴重，各級政府沒有受到本級人大對教育的監督，義務教育政府不履行義務，歧視、壓制民辦教育，學校受到各級政府和官員的非法干涉等都涉嫌違背教育法。

《中華人民共和國義務教育法》第十二條：「實施義務教育所需事業費和基本建設投資，由國務院和地方各級人民政府負責籌措，予以保證。國家用於義務教育的財政撥款的增長比例，應當高於財政經常性收入的增長比例，並使按在校學生

人數平均的教育費用逐步增長。地方各級人民政府按照國務院的規定，在城鄉徵收教育事業費附加，主要用於實施義務教育。國家對經濟困難地區實施義務教育的經費，予以補助」。第十五條：「地方各級人民政府必須創造條件，使適齡兒童、少年入學接受義務教育」。中華人民共和國義務教育法實施細則第十四條：「適齡兒童、少年到非戶籍所在地接受義務教育的，經戶籍所在地的縣級教育主管部門或者鄉級人民政府批准，可以按照居住地人民政府的有關規定申請借讀」。第十七條：「實施義務教育的學校可收取雜費。收取雜費的標準和具體辦法，由省級教育、物價、財政部門提出方案，報省級人民政府批准。已規定免收雜費的，其規定可以繼續執行」。「對家庭經濟困難的學生，應當酌情減免雜費。其他行政機關和學校不得違反國家有關規定，自行制定收費的專案及標準；不得向學生亂收費用」。而一些地方政府不保障義務教育經費，國家不進行財政轉移支付幫助貧困地區，打工子弟不能接受城市良好的教育，教育亂收費，教育畸形產業化等涉嫌違背義務教育法。

三、中國教育的出路

中國教育惟有幡然悔悟，痛改前非，以民為本，遵守法律，重鑄制度，才能獲得國民的原諒，贏得師生的信任，挽回學術的尊嚴。為此，必須建立透明、法治的公共教育制度。教育政策應交代議機構、全民討論；教育管理制度應當改革，改變行政化、官僚化的現狀，減少後勤隊伍；取消行政部門對教育的壟斷和控制，行政部門只能按照《憲法》和《教育法》對學校進行投入、宏觀規範，不能以政策方式進行具體的干預和謀利；各學校自行決定發放畢業證書、學歷和文憑，其價值和含金量由社會競爭和用人單位自行決定；各學校和教師自主設定課程、選擇教材、編寫教材。

必須恢復政府舉辦的學校的公立性和非贏利性，教育部的大學屬於國立性質，應當面向全國平等招生，取消高考錄取分數線的歧視政策；大學應實行政校分開、教授治校的制度，鼓勵自由和創新的學術研究，讓大學成為「社會的良心」、理想主義的最後家園；遏制學術腐敗，避免低水準重複研究；革除教育資源扶優的政策，取消公立學校中的重點小學、重點中學，大力發展私立高中、中專、大學；

採取嚴厲的措施剷除教育腐敗，瓦解教育既得利益集團，取消導致腐敗的保送生、特長生、定向生、國防生、三好生、優秀學生幹部加分等政策，遏制高考招生中的貪腐行為，保證弱勢群體的子女能夠上大學、上更好的大學。

政府必須對義務教育負全責，保證其投入；義務教育的少量收費應舉行聽證，農村義務教育收費應「一費制」，家庭經濟困難的學生應完全免費；國家應免費給學生提供教科書、伙食、校服甚至交通補助；進城務工農民的子女應在所在城市平等就學；應建立中央財政對經濟困難地區義務教育的轉移支付制度，立法規定社區參與義務教育學校的管理和監督；對於義務教育政策不落實的要進行問責、彈劾。

必須重新認識教育產業化。有關當局不得甩包袱，將義務教育學校市場化、私有化，高等院校不得靠高收費來維持龐大的官僚行政隊伍，應當盡可能地利用社會資源辦大學，取消在高考招生、政策扶持等方面對民辦教育的歧視，還教育權於社會，還教育資源於社會。

必須在各級學校中切實開展素質教育，重視公民教育、人文教育、創新教育，培養學生健康的道德、心理；應改革高考方式和內容，壓縮考試科目、天數，增加高考次數，推行能力考試，減輕學生負擔，考試由民間機構組織（類似於託福、GRE），招生由大學自主；實行以學生為中心的自由、平等、誠信、守法的教育，培養學生的合作精神、環保意識、國際化觀念。

「無邊落木蕭蕭下，不盡長江滾滾來」。所幸的是，現在教育界有一批志士「為了學生」，為了「救救孩子」，不管遇到多大的困難，遭受多少的挫折，他們總是百折不回，一往無前，嘗試著素質教育和教育改革，推動著中國教育革命的步伐。

這正是風起雲湧的時代，我分明已聽到隱隱的雷聲。

讓教育革命的暴風雨來得更猛烈些吧！

2005-2-25

中國急需第三次思想解放運動

胡星斗

目前，中國的改革陷入了困局，阻撓改革、反對改革的勢力越來越強大，以至於出現官權膨脹、管制回潮、法治倒退的局面。面對制度、權利、利益、文化的博弈僵局及復辟，唯有思想解放才能有效地破解。

現代中國的第一次思想解放運動始於1978年的真理標準問題討論，當年5月11日，《光明日報》發表了標題為〈實踐是檢驗真理的唯一標準〉的文章，引發了一場關於真理標準問題的全國性大討論，繼而開啟了改革開放的偉大時代；第二次思想解放運動始於1992年3月30日鄧小平南巡講話的發表，結束了姓社姓資、計畫與市場的爭論，帶領中國走上了現代市場經濟之路；第三次思想解放運動將撥開公有與私有、人治與法治的迷霧，在財產民有、法治建設方面為建立現代文明國家奠定基礎。

中國急需第三次思想解放運動。國進民退、國富民窮、官（官權）進民（民權）退、「人治」進「法治」退，已經成為當今中國的重疾。

這次思想解放運動將厘清公有與私有、人治與法治的迷思，告訴國民為什麼要減少國有、破除國企壟斷？為什麼要減少人治、堅定地實行憲政與法治？

社會主義與傳統的公有、國企沒有必然的聯繫，共同富裕與傳統的公有、國企也沒有正向的關聯。當今世界上最公平、貧富差距最小的國家如北歐諸國、西歐、日本等皆是財產私有的國度，其基尼係數都在0.30以下；貧富差距的縮小只與所得稅、遺產稅等稅制、股份共有、社會保障等制度、宣導公平的左派政黨在西方不斷執政等密切相關，與傳統的公有制、國有企業沒有正相關性。

瑞典的累進制個人所得稅最高達到85%，遺產稅最高達到98%，日本、英國的遺產稅最高達到90%。松下信之助去世時留下27億美元的遺產，但傳到第三代時僅剩3%不到，所以，人們說，「富不過三代」，日本人對待富人是「殘酷的」。日本收入最高的20%人口僅占有37.5%的社會總收入。根據聯合國《2005年人類發展

報告》，日本的基尼係數為0.25，歐洲0.32，印度0.33。美國的遺產稅曾經高達55%，現在為38%，目前美國的基尼係數達到了近年來的最大，也僅為0.41，比中國低得多。據報導，根據世界銀行的報告，中國0.4%的人口占有70%的社會財富，而西方財富占有最不平等的美國是5%的人口占有60%的財富，貧富差距遠遠小於中國。在瑞典，首相與普通工人的收入之比在納稅後為2：1。瑞典的公民收入差距由20世紀50、60年代的30%下降為80年代的15%（以平均收入為100%計）。一個瑞典家庭，如果妻子不工作，4個孩子，只丈夫工人，假定1978年全年工資為4600美元，加上政府補貼後，該家庭的實際收入為14117美元；另一完全類似的家庭，假定丈夫的年工資是23000美元，交稅後實際拿到的也是14117美元。可見，瑞典堪稱是平均主義的社會，瑞典首相住居民區，沒有保鏢，出入不帶隨從，家中沒有公務員和廚師，上下班乘坐公共汽車或開私家車，宴請外國首腦，只兩道菜。

股份共有制度本質上是產權清晰的私有的聯合，而非傳統的「總體公有」，它不僅有助於解決效率問題，也有利於實現社會公平。如瑞典搞了「雇員投資基金」，便是從所有制方面解決公平問題。該制度由科皮、麥德內爾等發明，它試圖將企業利潤的一部分從資本家手中轉移到工人集體手中進行生產投資，讓職工集體逐步控制企業的利潤和股份，控制資本所有權。它規定每年從資方超過50萬克郎利潤之外的超額利潤中提取20%交與職工集體擁有的基金會，再將雇主為職工代交的養老金增加1%。按照麥德內爾的計算，只要企業的利潤率為15%～10%，基金可在35～25年內占有企業股份的一半。

股份共有的所謂「人民資本主義」、「全民私有制」在西方也很流行。美國有1億多人直接或間接地持有股份，1981、1984年美國兩次立法鼓勵本企業職工持股；美國聯合航空公司職工集體掌握了55%的股份，環球航空公司職工掌握了45%的股份，西北航空公司職工掌握了38%的股份，於是，資本家讓出了企業經營權，工人的代表成為董事長。

西方諸國的高福利也有助於實現社會公平。一百多年前，德國宰相俾斯麥首先建立了社會保障制度。1942年牛津大學教授貝弗裡奇提出了比較完善的社會保障報告，1945年英國工黨上臺後將之付於實施，1948年英國宣布建成世界上第一個「福利國家」，從此，「福利國家」風靡西方。如瑞典的福利可謂五花八門，有病人津貼、父母津貼、寡婦撫恤金、妻子生活補助、醫療補助、住房補助、未成年人

補貼，從小學到大學全部免交學費，中小學生免費午餐等。

而反觀以傳統的公有制、國企為主導的中國，貧富差距、社會保障與福利都與私有制的西方形成了天壤之別。

鄧小平說：社會主義的原則第一是發展生產，第二是共同富裕，而傳統的公有制、國企既無效率也不公平，與這兩個原則背道而馳。

傳統的公有制、國企是專制的經濟基礎，阻礙了中國的進步，史達林、希特勒、薩達姆都是通過國有而控制整個社會並進而把國家拖入極權主義泥沼的；國企的行政化、裙帶化導致了機構的膨脹、經濟低效率、嚴重的腐敗與浪費。據美國《財富》雜誌報導，儘管中石油、中石化在2009年世界500強中名列前茅，但他們的效率只有美國埃克森美孚公司的1/23。另據測算，中國壟斷的電力、電信等公司的資本利潤率只有世界同類同規模企業的1/5～1/20。中國國企以占有全社會50%以上的工業資產、80%左右的能源資源，只創造了30%的工業產值，只解決10%的就業。中石化一盞燈156萬（線民稱2000萬），裝修大樓4億多，中石化原老總陳同海受賄近兩億，他平均每天消費公款4萬多元。中國銀行香港分行總裁劉金寶，他也曾經擔任上海分行行長，一年的交際費就達1億元，其車隊由10輛賓士車組成，經他批出的貸款壞賬高達960多億元。

國企越多的地方就越是無法無天、法治被破壞、人治橫行的地方，國企壟斷越多的國家就越不可能是法治國家。事實上，現代法治是建立在財產私有的基礎上的，所謂私人茅屋，風能進，雨能進，國王不能進（員警不能進）。

目前中國的國進民退不僅無助於經濟現代化和民生福祉，而且敗壞了政府與人民的關係，損害了社會正義，破壞了社會和諧與穩定。

解決國進民退、國富民窮、「官權」進「民權」退、「人治」進「法治」退的問題，既要官員集團克服既得利益的障礙，更要全民反省，開展一場新的思想解放運動。

2010-9-6

中國隨想

胡星斗

中國隨想（一）

一

在中國，一切有價值的東西都與權力掛鉤。中國文化中最發達的是權力意識。

中國古代的國家機器從文明剛剛到來之初，就走上了專制的道路。政治權力滲入民間一切領域，具有主宰一切的威力。古代統治者們一面讓人民跪著生活，一面還在說，這是對臣民最大的政治關懷和愛護。

專製造成的是被高壓的官僚機構壓得透不過氣來的社會，是謊言充斥、人格萎縮、吹牛拍馬盛行的社會，是創造性被扼殺、資源為政府壟斷、經濟缺乏活力、貪腐氾濫的社會。

無限的權力導致無限的災難。中國幾千年權力至上，誘發了無窮的奢望，鼓動了朱元璋之流為富貴發財挺而走險。於是，中華民族陷入了王朝的「建立—破壞—再建立—再破壞」的迴圈之中，人民血流成河，遭受了巨大的痛苦。

二

中國主義——民眾的貧窮愚昧、溫良恭儉讓與君主的專制、手握殺伐大權互補。握有權力的歷代統治者講究的是如何桎梏人束縛人，如何壓服不滿、搜刮民財，沒有權力的百姓只有引頸受戮、安貧信命，只有唯唯諾諾、恭恭敬敬、規規矩矩。

有人說，中國的君臣之間是虎狼關係，官民之間是鷹鼠關係。

傳統中國社會的癥結在政治，在於政治專制、思想獨裁，在於主權不在民，在於暴力、空想和愚昧的根深蒂固。

一些中國人信奉：人是社會的附屬品，社會是國家的附屬品，國家是一家一姓的社稷，人民、社會都是政治化國家化的存在。如此，在傳統中國，獨立的鮮活的個人消失了，獨立的多元化的公民社會不可能發芽成長。

一些中國人信奉：意識形態獨尊（如漢武帝、董仲舒）、理論專制（如朱熹），信奉思想員警的威力（如韓非）。知識分子於是被閹割或自我閹割，成為知識太監、御用工具。統治者還通過取締學術自由以禁錮思想，阻礙進步。由此，中國的法統雖然常中斷，但獨尊的意識形態道統從未中斷。

一些中國人信奉暴力、鎮壓、盲目的革命。民眾有序的抗議往往不能促成舊中國統治者的讓步和改良，相反總是慘遭鎮壓。我們熱衷於談論法國的暴力革命，斥責英國式的和平變革的「不革命主義」為改良主義、保守思想。

一些中國人信奉空想、烏托邦，信奉社會進步有捷徑，並且把空想、捷徑建立在小農的平均主義、官本位的權能主義基礎之上。我們不懂得現代化與民主是一個整體、發達的科技是優秀文化的產物；不懂得人類的發展是沒有捷徑可走的。

一些中國人信奉愚昧就是力量。統治者要愚民，老百姓也認為知識沒什麼用處，只要跟著別人造反就可以了；中國的讀書人經常被說成書呆子，成為眾人的笑柄；我們的書也是八股、四書五經之類，讀書就是背書，所以，（舊）中國沒有也不可能因讀書人多而進步。

三

民主法治是最好的安定因素，專制人治是最不安定的因素。沒有民主法治，社會主義會變成封建主義。

任何個人、組織都不能只靠自我批評、自我監督解決其存在的問題，就像再高明的醫生也不可能割除其自身的腫瘤一樣。

必須尋找辦法防止人民的公僕變成人民的主人。

四

中國的單位制度太落後、太黑暗了，人一進單位就形成了人身依附關係，有冤也沒處伸。

我們的「單位」是無所不包的婆婆，是托老所，是生活的命脈，是「飯碗」的所在。住房、子女上學、養老等等都依靠「單位」，地位、金錢都來自「單位」，為了這個「飯碗」，一些人削尖了腦袋鑽營，請客送禮，溜鬚拍馬……不知多少人失去了自由，失去了人格尊嚴！

有些「單位」的「領導」成了民之父母，高高在上，仗勢欺人，招權納賄，我行我素，而職工成了芸芸眾生的「群眾」，成為無足輕重、可有可無、沒有人格的人，成為一滴水，一株小草，一顆釘子。而且，老百姓也以能做小草、釘子為榮。

胡適說：有人對你們說：犧牲你們個人的自由，去求國家的自由！我對你們說：爭你們個人的自由，便是為國家爭自由！爭你們個人的人格，便是為國家爭人格！

中國隨想（二）

一

中國人是唯利主義者，在現實生活中一些人唯利是圖，不擇手段。中國的社會風氣是「以錢開道」，「一切向錢看」，「有錢能使鬼推磨」。人們交往中講究禮金（聘禮、彩禮等）、回扣、好處費，甚至賄賂公行，貪汙成風；一些人的道德觀念淡薄，沒有任何信仰，或者說只有錢的信仰，唯利是趨，玩盡陰謀權術；社會公益事業幾乎無人問津，甚至救災款、扶貧款也有人敢貪；即使是救人一命，有人也先問價錢；青年徵婚，則列數銀兩收入；舉辦婚禮，則大吃大喝，講排場，比闊氣；即使是祭典先人，也是燒紙錢，燒冥電視、冥手機、冥汽車。

中國人是互虐主義者，人際關係處於緊張、委瑣、互虐的狀態，一些地痞、官僚、暴發戶有虐待狂的心理，許多百姓則是受虐狂。權貴們對上阿諛奉承，對下

喝叱訓斥，對同級傾軋爭鬥；「賤民」們則逆來順受，受盡官吏、惡勢力的盤剝欺詐，有理無處申；而他們一旦得勢，成為「人上人」，也會如法炮製，仗勢欺人。所以，中國只有上下兩個階層──主子階層與奴僕階層；只有兩種相反的稱謂──「老爺」與「奴才」。沒有平等可言。

中國人性格內向、陰柔，具有女性化的特徵。我們精於算計，精於傾軋，精於為人處世。淮陰侯韓信的電視連續劇主題歌的歌詞寫得好：「亮煌煌幾頁史書，亂紛紛萬馬逐鹿，雄赳赳一代名將，野茫茫四面埋伏。山埋伏，水埋伏，將軍戰術傳千古；山埋伏，水埋伏，功臣末路斷頭顱。戰場埋伏，官場埋伏，朝廷埋伏，宮廷埋伏，疑陣在何處，帥才不如帝王術。」這寫出了佈滿機關陷井的中國社會的狀況。明朝顧起元有詩：「相逢狹路宜回身，野渡寬平好問津。底事排擠同躓撲，往來俱是暫時人。」顧起元屬於看得開的。而許多中國人卻是陷於爾虞我詐而陶然若醉。

一些國人心理之猥瑣、陰暗，無法用語言來形容。

君子國與小人國是一對轉化的關係。中國人持「性善說」、「良知說」，認為「人皆可以為堯舜」，所以應當相信人人為君子，甚至可以成為聖人。於是，權力不需要監督，只依靠道德自覺、自律、反省、自我批評來解決為官清廉、為人民服務的問題。但這是常人難以做到的，久而久之，人們學會了陽奉陰違，學會了謊言陰謀，因此，君子之國變成了小人之國。西方人持「性惡說」、「原罪說」，承認人的自私、利益，同時為了不損害他人的利益，要尋求利益的平衡點，尋求對權力的監督制約，於是，小人之國變成了君子之國。

（以下略）

中國：方術之國

胡星斗

　　兩千多年來，中國知識分子的精力耗費在兩個方面，一是對儒道佛特別是儒家八股的鑽研上，二是對方術、神祕學的推究上。現在，人們往往對前者瞭解得比較多，而對後者印象不深，其實，中國在神祕學方面的經典浩如煙海，豐富異常，中國古代的科學也往往蘊含其中。

　　更具體地說，中國的學問一是顯學，包括孔子、墨子、老子、莊子、韓非子、鬼谷子、孫子等人的學問，以謀略（人生謀略、社會謀略等）為主線，論述修身養性、治國平天下；二是神祕學，古時稱為「術數」、「陰陽術」，這其中包含了中國人對宇宙、自然與人生、社會的關係的認識，歷代對此研究者趨之若鶩。中國人對分析探索大自然不感興趣，因而近代科學技術發展不起來，但是，我們象許多原始部落一樣，基於對自然、社會、人生現象的不瞭解，方術大為盛行。許多人一輩子皓首窮經，鑽研方術，正象許多古希臘人廢寢忘食地鑽研科學一樣；中國很多名家撰寫過術數類書籍，如劉伯溫號稱「前知五百年，後知五百年」，他著有（或相傳著有）《多能鄙事》、《奇門定局》、《金彈子》、《一粒粟》等書，為漢時東方朔的《滴天髓》、《靈棋經》，南唐何溥的《靈城精義》，宋時趙普的《煙波釣叟賦》等書作過注。王充、蘇東坡、朱熹、文天祥、宋濂、紀昀、俞樾、曾國藩等人都對神祕學頗有研究，流傳到現今的中國古代典籍中有三分之一屬於此類術數類著作。可見，它耗費掉了多少中國人的精神和智力呀！

　　中國神祕學的內容儘管沒有嚴密的論證，都是一些神異、猜測、附會、感性、經驗的東西，但其內容是相當廣泛的，它包括星相術、相命術、占夢術、風水術、煉丹術、測字術、巫術、養生術等。著名的典籍有：《史記·天官書》、《開元占經》、《五行大義》、《夢占逸旨》、《周公解夢》、《解夢書》、《夢書》、《黃帝宅經》、《葬書》、《陽宅撮要》、《陽宅十書》、《陽宅辟謬》、《龍首經》、《奇門遁甲》、《飛盤奇門遁甲》、《遁甲演義》、《金匱玉衡

經》、《太乙金鏡式經》、《梅花易數》、《河洛精蘊》、《步天歌》、《推背圖》、《燒餅歌》、《藏頭詩》、《滴天髓》、《麻衣相法》、《柳莊相法》、《神相全編》、《六壬大全》、《日書》、《陰陽書》、《協紀辨方書》、《周易參同契》、《抱樸子》、《金仙證論》、《指玄篇》、《大丹直指》、《靈寶畢法》、《字觸》、《測字秘牒》、《十問》、《合陰陽》、《黃庭經》、《素女經》、《玉房秘訣》、《房術奇書》、《養生四要》、《攝生總要》等。方術典型地代表了中國人的思維方式，其理論基礎有四：一為天人合一，天人感應；二為五行相生相剋；三為陰陽轉化；四為原始崇拜。其方法有：演繹附會，揣摩臆測，察言觀色，模棱兩可，隨機應變，類比象徵，使用遁辭等。

中國人從來面臨著風雲變幻的人文環境，人間的旦夕禍福迫使人們對命運、未來及各種變數苦思冥想，由此，形成了博大深邃的生存智慧，也就是神祕學。人文的東西往往很難準確地把握，所以，中國人的學問，無論是《論語》、《老子》，還是謀略、術數，都是含混的。

西方雖然也有「神祕科學」，可是不如中國術數之悠久漫長、影響之大。孔夫子就說過：「不知命，無以為君子」，「道之將行也與？命也。道之將廢也與？命也。」可見，他就是命運信奉者。

中國在春秋戰國時期就出現了一批方術師，特別是鬼谷子被稱作算命術的祖師。唐朝時李虛中開創了生辰算命術，他以人的生辰年、月、日推演壽夭貴賤，其說汪洋奧義，關節開解，萬端千緒，所以，算命的人又尊他為祖師。現存有《李虛中命書》，疑為後人偽託。五代末之徐子平（曾與著名的麻衣道人陳圖南隱居華山）將李虛中的方法進一步加以發展，他測算年、月、日、時「四柱」，每柱天干、地支各一字，共為八字，然後按陰陽五行生克變化推演命運，稱為四柱八字算命術或子平術。傳有《淵海子平》《明通賦》等書。其後，四柱八字算命風行天下，蘇東坡有《東坡志林》，朱熹有《贈徐叔端命序》，文天祥有《跋彭叔英談命錄》，明朝時劉伯溫為《滴天髓》作注，宋濂作《祿命辨》，清時發展為鐵板數（用父母、本人八字，加上五音八卦推演，傳為宋朝邵雍作）、紫微鬥數（用本人的生辰八字，配合星辰十二宮八卦推演）。

算命術起源於占星。先人認為，人的命運都是由冥冥上蒼決定的，所以，《易經》中說：「乾道變化，各正性命」。黃帝就設立星官，負責觀察「日月星辰

之變動，以觀天下之遷，辨其吉凶」。古書中也有許多關於星辰與人事命運關係的記載。東漢時王充著《論衡》，首次將星象與五行結合起來，成為命理學之先驅。可見，算命術歷史久遠。相面術也是一樣，起源於先民，到春秋戰國時已有許多記載。如周室內史叔服、楚之令尹子上、越之範蠡、秦之尉繚都能相面，叔服說公孫敖的兒子穀「豐下」（下頜豐滿），「必有後於魯國」；子上說太子商臣「蜂目而豺聲，忍人（殘忍的人）也」；範蠡說「越王為人長頸鳥喙」，故離他而去；尉繚說秦始皇「蜂准（鼻子高），長目，鷙鳥膺（胸部挺起），豺聲，少恩而虎狼心」，遂離去。漢朝時許負、王充、王符，唐朝時袁天罡，宋朝時陳摶，明朝時袁珙（著有著名的《柳莊相法》）、袁忠徹等人皆為大家。袁天罡還發明瞭稱骨測命法，他將人的出生年、月、日、時換算成骨頭重量，求其和，然後可查出命運。俗語罵人「賤骨頭」，與此不無關係。

中國古代的風水術獨樹一幟。風水術也稱堪輿術（堪：天道；輿：地道），是中國古人集居住環境選擇、墓葬選址、建築佈局、景觀評價於一體的綜合性藝術，其理論基礎為天人感應學說和陰陽五行學說。董仲舒為天人感應學說的集大成者，他同時結合陰陽五行學說闡述其專制獨裁、三綱五常的思想；而後人則由此創造出豐富的風水理論體系。風水師將山體分為「五星」：圓山為金，直山為木，曲山為水，尖山為火，方山為土；將方位分作五行，使用五行相生相剋理論，即木生火、火生土、土生金、金生水、水生木，木克土、土克水、水克火、火克金、金克木，得出五行相生的吉式或五行相克的凶式。晉代的郭璞相傳著《葬書》，提出葬者乘生氣（生氣即行乎地下的陰陽五行之氣，人皆由氣構成，人生則氣聚，人死則氣散，但可通過擇地使氣凝聚，籠罩死者，感應生者）、氣藏風得水（避風，有水環繞）等學說。著名的《黃帝宅經》則提出宅性說（按房屋朝向分為陽性宅、陰性宅）、命座說（住宅的不同方位是相應家庭成員的「命座」，在這些地方有各自的忌諱）、建宅順序說（根據宅性確定依次動工修建的順序，如陽宅宜從亥位建起，按順時針修至乾位）、時令說（不同的季節有其忌諱，如春天不宜建東屋）、虛實說（五虛令人貧賤，五實令人富貴）、宅墓配合說等。象這類中國古代風水理論著作汗牛充棟，後世多有發展變化，日益複雜、精密，象五行、八卦、64卦、干支、日辰、方位、陰陽、氣脈等無不匯入風水理論之中。上到皇帝下到百姓，大到選都小到門窗之位，無不取決於風水。

中國古代的養生術、房中術著作也是卷帙浩繁，足見中國人對世俗的熱衷，對長壽、飲食、男女之道的花樣翻新。中國的食療、藥療、煉丹術、養形術、養神術、五禽戲、氣功、按摩、推拿、房術等理論和技術讓人眼花繚亂，歎為觀止。

馬王堆出土的漢初古書《養生方》、《十問》、《合陰陽》、《天下至道談》等就主要屬於房中術。東漢時，張道陵以「玄、素」之道（傳說黃帝曾從玄女、素女學習房中術）為人治病。曹操曾召集方士講習房中術，曹操「行之有效」。晉時葛洪著《抱樸子》，此時還出現了《玄女經》、《容成經》、《彭祖經》、《入內經》、《內寶經》等書。隋唐時，房中術空前發達，藥王孫思邈著《千金要房》，還有《素女經》、《交接經》、《洞玄子》、《玉房秘訣》、《新撰玉房秘訣》、《素女方》等問世。可是，宋明理學興起後，滅人欲，存天理，士大夫對性諱莫如深。明時從憲宗以後，朝野上下又都大談房術，方士因向皇帝進獻「春方」也多青雲而上，文壇也出現了《金瓶梅》等「淫書」。此後，房中術走向衰落，到西方醫學傳播後，更湮沒無聞。

方術、神祕學正反映了中國人的生活內容和思維方式！雖然世界各民族都有迷信、巫術之類的東西，但就其深度和廣度來說，都沒法與中國相比。中國的方術自成體系，歷時數千年經久不衰，深刻地反映了民族性。

從方術內容上來看，中國人是世俗主義者，所以，方術也是為了滿足人們世俗的欲望。如追求榮華富貴，吃喝玩樂，長壽成仙，死後也要葬於「風水寶地」，庇蔭子孫大富大貴；再如，中國人重視封建倫理尊卑，方術中也浸透了男尊女卑、官貴民賤、光宗耀祖、忠孝節義、帝王將相等內容。中國人也是命定主義者，聖賢曰：「不知命，無以為君子」，「死生有命，富貴在天」，「君子居易以俟命，小人行險以徼倖」，因此，方術師認定命運決定面相八字，面相八字反映命運。既然命運是鐵定的，那麼老百姓只能認命，安分守己，逆來順受，對統治者不加反抗；秦末陳勝起義，首先喊出：「王侯將相，寧有種乎?!」表明了對命運論的公開挑戰，可惜，這種聲音在歷史上太微弱了。

從思維方式上來看，中國人是象徵主義者，我們不擅於邏輯推理，但擅於類比、比喻，五行學說及其運用正是如此；譬如，四季可以配五行，除春夏秋冬之外，再加上「長夏」即可；方位也可配五行，除東西南北之外，再加上「中」即可。利用五行生克、陰陽八卦來推演，很象代數學，頗能胡弄人，可是其前提和

五行本身就不是科學的，只能算作偽科學。

方術起源於三種原始信仰，一為天象崇拜與畏懼。古人遙望茫茫天空，倍覺神祕，因此，產生許多遐想；他們認為，天上每一顆星，對應地上每一個人，天與人是相互影響的；隕星、彗星的出現是不吉利的；箕星出現會有風，畢星出現會有雨。總之，天象與人事是對應的，於是，星命家們直接從星象推斷人的命運；後來，書生們嫌這種方法太簡單，便運用五行八卦來附會，增加了神祕性。二為動物崇拜。中國的十二生肖便是動物崇拜的殘餘，牛馬狗是因為幫助人類勞動而受崇拜，兔羊雞豬是因為有助於維持人的生命而受崇拜，龍虎蛇鼠是以其威嚴、兇猛、害人而受崇拜，猴子則因為與人類相近、機靈頑皮而受崇拜。三是五行崇拜（元素崇拜）。古希臘、古印度也有世界組成的元素論，如有人認為世界由「火」組成，有人認為由「水」組成，有人認為由「地」「水」「風」「火」組成，但他們沒有將這些上升為「放之四海而皆準」的「理論」，而中國人不僅把五行與四時、五味、五色、五聲直覺地聯繫起來，而且將之與種種人事作類比、推理，由此得出荒唐的結論。

還有，方術與中國傳統醫學關係很大！一是巫師、道士常常運用巫術替人看病，二是中醫與方術在理論上是相通的，它們都以五行學說為基礎，三是中醫與相術的方法也是一樣的。如中醫的主要診斷方法是望、聞、問、切，與相術的觀顏察色、詢問撫摸是一致的；中醫所說的肝火望者面赤，目澀，性躁，與相理所說的面赤者「性急、多暴躁」是一致的。可以說，醫、相是同源同道的。

不過，中醫尚有合理成分，而方術大部分荒唐透頂。譬如，相術中以氣色判吉凶，將面色分為青、白、赤、黑、黃五種，唯有黃色是大吉大利的，它起源於中華民族對黃色的崇拜、對帝王的崇拜；現在我們知道，黃色恰恰是有病變的反映，說明肝、膽有毛病。可見，方術不僅不合理，而且會害人不淺，是不宜向世界傳播的。

可是，方術、神祕學這種偽科學，讓中國人著迷了幾千年，浪費了許多中國人的生命，真讓人痛心疾首！

中國：偽道德之國

胡星斗

「口頭上仁義道德，背地裡陰謀詭計」，這是對許多中國人人性現狀的最精彩的概括。道德成為一些國人的虛偽的廉價的遮羞布，以至於我們常常掩耳盜鈴，自欺欺人，自詡為而且一度被西方人誤解為「道德大國」。「物質文明在西方，精神文明在中國」之說曾經甚囂塵上，「中國優越論」不絕於耳。而實際上，我們傳統的道德只是「奴隸的道德」罷了！

孔子要求人們「行忠恕」，稱「非禮勿視，非禮勿聽，非禮勿言，非禮勿動」，「畏天命，畏大人，畏聖人之言」，「君君臣臣父父子子」，要老百姓知命而恭順：「不知命，無以為君子」，「死生有命，富貴在天」，「思無邪」，「色思溫，貌思恭，言思忠，事思敬」，並且主張「民可使由之，不可使知之」的愚民主義；董仲舒規定三綱（君為臣綱，夫為妻綱，父為子綱）五常（仁、義、禮、智、信），宣傳君命天授、道統不變——專制制度不可改變的僵化教條；程頤朱熹稱「父子君臣，天下之定理」，「餓死事極小，失節事極大」，要「存天理，滅人性」；王陽明主張「心即理」——反省求理於內心，「致良知」——達到專制倫理規範的「良知」，「破心中賊」——克服不恭敬的私心；曾國藩提倡「敬恕」，「敬以持身，恕以待人」，「寸心兢兢，且愧且慎」，「念念欲改過自新」；林彪江青等人則要求人民「無限忠於」，「早請示，晚彙報」，跳忠字舞，唱語錄歌，膜拜「大救星」，喊「萬壽無疆」，開展「鬥私批修」，等等。這些都是中國人「奴隸的道德」的展現。

中國人的傳統道德還是「騙子的道德」。

孔子提倡「仁」、「禮」、「孝」，孟子主張行「仁政」，荀子主張禮治，墨子提倡「兼愛」，韓非子主張法制，劉邦實行寬政，與民休息，李世民思短知過，用人唯賢，朱元璋鼓勵生產，釋放奴婢，康熙大興文治，德才是用，似乎中國的聖人都道德情操高尚，人治社會的明君、領袖也靠得住，可是，君不知仁義的真

名叫虛偽，統治者何嘗對人民仁義慈悲過？就像崇禎皇帝面對饑餓農民的起義，不斷下「罪己詔」，可就是不願把金庫打開，不願把十八億五千萬兩銀子賑荒濟貧；中國歷史上有幾時仁政，又有幾多暴政！君不見在「正大光明」、「明鏡高懸」的匾下發生了多少罪惡！平民百姓何曾不是跪著生活！何曾不是引頸受戮！

聖人明君騙住了多少中國人！

中國：權謀之國

胡星斗

　　現實的中國人不以道德而以權謀著稱於世，《老子》、《孫子》等權謀名著早已盛傳於海內外。中國現存的歷代兵書居世界之最，其議論之恢宏、智謀之深邃令世人頗有仰之彌高之歎。中國人還善於引史為鑒，直到十八世紀，中國史書之多超過世界各國這類書籍之和；在這些浩如煙海的歷史著作中，蘊含著極其豐富的政治、軍事和人生謀略思想。中國諸子百家也以權謀見諸於世，這些權謀大到治國平天下，小到修身避難，為歷代官僚士子所揣摩運用。

　　中國人的生活亦是權謀化的，或陰或陽，或柔或剛，或開或閉，或弛或張，或進或退，或入世或出世，持中和，處柔順，善變通，精辯證。人們常說，中國人私心重，不講信用，不講道德，不團結，不能合作，漢奸多，叛徒多，即是例證。還有，中國人都是深藏不露的，決不讓人知道他現在想什麼！總是讓心思在肚子裡活動，不會輕易表現在外。「喜怒不形於色」成為一句稱讚別人的話，等於在教人陰險虛偽！而國人認為，沒有經過大腦的愚蠢的正直、誠實只會降低自己在政治或商業對手面前的競爭能力，使自己為人所輕視。換句話說，想在競爭激烈的社會中生存，就得儘量地隱瞞自己的想法和做法，同時想盡辦法去探知對方、揣摩人的心理。

　　可見，權謀是中國文化的主軸。中國堪稱權謀之國，也是謀略之國。有學生問：何謂謀略？我回答說：謀略指對事物高瞻遠矚、曲折迂迴的認識，以及為了達到認識的目標所採用的間接的、神奇的、不合規律的、令人驚異的手段。具體地說，它是隱藏不露的政治計謀、運籌帷幄的軍事戰略戰術、事半功倍的做事方法、風雲變幻的人生策略。

　　中國謀略也是太和謀略，即中和、辯證、圓融、和諧、陰柔的謀略。孔子尚禮治，行中和，稱「禮之用，和為貴」，又說「君子和而不同，小人同而不和」，此即太和社會謀略；孟子欲為「天民」，和合天人，倡建仁政社會；董子立天人感

應之說，混合陰陽，生克五行，追慕「太平世」；程朱稱「物我一理」，陸象山稱「心即理」，「宇宙便是吾心，吾心便是宇宙」，王陽明曰「知行合一」，這些都是「太和」之義。道家老子稱「無為而無不為」，又曰「柔之勝剛，弱之勝強」，「和其光，同其塵」；莊子稱「天人契合」、「天地與我並生，萬物與我合一」，又曰「入其俗，從其俗」，皆深得太和謀略之精髓；墨子倡兼相愛、交相利，尚同，尚和；韓非子提出法術勢互用、陰陽手段結合的南面術；鬼谷子主張協和人際、揣摩遊說、變理萬邦，這些皆屬太和謀略之流。

在中國，政治、社會、人生謀略通稱「文兵法」，可見，它們的運用不亞於用兵。而且，中國政治謀略十分卑鄙、殘酷，指鹿為馬，顛倒黑白，信口雌黃，陽奉陰違，奴顏卑膝，骨肉相殘，投毒暗害，殺盡功臣，食肉寢皮，夷滅九族，真是無所不用其極！儒家的教化約束、秦始皇的官僚體制、韓非子的陰謀權術三位一體，形成了中國封建政治的特色。

中國出現了一大批軍事權謀巨擘，如孫武、吳起、孫臏、司馬穰苴、尉繚、韓信、諸葛亮、曹操、司馬懿、隋文帝、李世民、李靖、劉基、曾國藩等。他們的軍事謀略的特點是，強調正兵與奇兵相結合、王道與霸道相糅、不戰而屈人之兵、隨敵制勝、攻其無備、求之於勢和陣法，以及迷惑敵人等。相比而言，西方軍事家更強調突擊戰、閃電戰、陣地前決戰、大規模調動包抄和速戰速決，普魯士國王腓特烈即主張機動迅猛的進攻，拿破崙的元帥約米尼提倡集中用兵，猛烈出擊，法西斯希特勒靠閃電戰取得了二次世界大戰初期的勝利。可是，中國古代的戰爭主要靠步兵，很少有騎兵，這樣很難真正地做到快速，而且，給養十分困難，難怪中國的兵家強調「兵馬未動，糧草先行」。

孔子、老子堪稱中國的社會謀略大師，孔子主張社會實行禮治，後來的儒家、法家都強調社會的秩序，而老子則強調自由主義的無序──「無為而治」，不干涉民間的活動。很有意思的是，有序、無序兩者都能達到社會的穩態，有序的專制社會相當於分子能量集中於一個方向的鐳射，無序的民主自由社會相當於分子能量互相抵銷的布朗運動，也是穩定態。民主自由社會由於團體的力量分散，人民的不滿和願望得以表達，暴力因素不被淤積，權力相互制衡，法制健全，領導層按照程式和選民的意願更迭，因此，社會處於良性的運轉之中。而中國自夏朝以來的古代社會沒有形成哪怕是原始的民主機制，甚至於連這樣的願望都沒有出現過（儘管

有過老子的小農自由主義空想）。這不同於古希臘社會有較為完善的原始民主。

　　中國經濟和經濟管理謀略以管仲為奠基人，不過，對後世影響最大的要數商鞅的官商理論、範蠡或其師計然的經營理論、司馬遷的自由市場理論。商子主張官營壟斷，法治連坐，郡縣耕戰，範蠡善於擇人任時，治產交易，司馬遷宣導尊重人性，順應自然，市場調節等等，皆為曠古之高見。

　　中國人生謀略的大師如雲，孔子、老子、莊子、鬼谷子等燦若星辰。孔子重視修身齊家，不過，他又危邦不入，亂邦不居，很是狡猾，他還把倫理放在了真理之上。老子主張先瞭解事物發展變化的規律，然後有心計地採取行動。莊子重在實現精神自由，為此，他認為必須「欺騙自己」。鬼谷子要求揣摩人心，接人待物以技巧及計謀，他的兩個弟子蘇秦、張儀就是這方面的高手。

　　可見，中國乃權謀、謀略之中國！倘若國人能少一點「謀」也即計謀，多一點「略」也即戰略；少一點狡猾，多一點誠實；少一點謀略之「奇」，多一點邏輯之「正」，那就了不起了。

中國：內戰之國

胡星斗

　　古代中國是個權力本位的國度，誰掌握了權柄，便擁有了榮華富貴；誰抓得了最高權力，便立即會成為「天子」，成為神，能主宰一切人的命運；所以說，「普天之下，莫非王土；率土之濱，莫非王臣」。這時，百姓山呼萬歲，各級官員奴顏卑膝，作為「萬民之父」的，能不心曠神怡嗎？因此幾千年來，為了爭奪那把交椅，為了替坐交椅的人作鷹犬，中國人展開了殊死的搏鬥。

　　中國當然就成為世界上內戰最多的國家，據統計，二千多年來，炎黃子孫有三分之一的時間是處在血與火的災難之中。難怪毛澤東詞雲：「人世難逢開口笑，上疆場彼此彎弓月，流遍了，郊原血……」。

　　赫拉克利特說：「戰爭是萬物之父」，成吉思汗雲：「戰爭創造了世界」，倘若不管戰爭給人類帶來的災難、損失，暫且「閉門忍聽千家哭」，那麼，的確應當「感謝」戰爭創造了博大精深的中國兵家。

　　現存的中國古代兵書達二、三千部，最有名的有《六韜》《三略》《孫子兵法》《吳子兵法》《孫臏兵法》《司馬法》《尉繚子》《唐李問對》《將苑》《登壇必究》《虎鈐經》《兵經》《投筆膚談》《乾坤大略》《守城錄》《兵壘》《太白陰經》《百戰奇略》《練兵實記》《草廬經略》等。

　　中國兵家思想的核心是以智取勝而全其國，其「智」具體表現在：以相反者迷惑敵人，使敵人中計。即運用「能而示之不能，用而示之不用，近而示之遠，遠而示之近」的策略；以突然快速行動，達到軍事目的，即所謂「攻其無備，出其不意」，「兵貴速，不貴久」；想辦法使敵人喪失戰鬥力，然後乘亂取之。即「利而誘之，逸而勞之，親而離之」，「飽則饑之，安則動之」，使敵人上當後，「避實而擊虛」，「亂而取之」；隨機應變，「因敵而制勝」。孫武說：「兵無常勢，水無常形」，應該「踐墨隨敵」。孫臏說：「勝不可一」，即不能死守一種取勝方式；使用間諜收集敵方的情報，如孫武總結了「因間」、「內間」、「反間」、

「死間」、「生間」等五種間諜方式；充分發揮最佳態勢，掌握戰爭的主動權。孫武說：「善戰者，求之於勢」，孫臏說，要「便勢利地」。《投筆膚談》中說：「三軍之勢，如人一身」；採用危機管理，發揮人在危機時的巨大爆發力。即「投之亡地然後存，陷之死地然後生」；能看到潛在事物，能通過正確預測而穩操勝券，孫武稱之知「迂直之計」，懂得從「五事」──道、天、地、將、法，來判明勝負；重視心理戰，認為用兵之道攻心為上，攻城為下；心戰為上，兵戰為下。

所謂「全其國」，即中國兵家主張「不戰而屈人之兵」、王道服眾、以仁制暴而保全敵國，孫武即說：「凡用兵之法，全國為上，破國次之；全軍為上，破軍次之」，又說：「善用兵者，屈人之兵而非戰，拔人之城而非攻」，「上兵伐謀，其次伐交，其次伐兵，其下攻城」。可見，中國人有一套「不戰而勝」的軍事韜略。這些韜略可以歸納為一句話，即孫子所說的「兵者，詭道也」。

西方軍事思想重視戰略研究，把用兵既看作藝術，也看作科學，而中國軍事思想則講究謀略取勝，用兵幾乎等同於國家、集體運用陰謀詭計。

中國文化與其說是道德型文化，不如說是謀略型文化。道德只停留在紙上，現實中的許多國人往往都有重大的道德缺陷，並且把這些缺陷看作是「機靈」、「聰明」、「有本事」的表現，否則便是「傻」、「迂腐」、「書呆子」；因而，國人幾乎個個都是計謀大師。交際場上圓滑世故，辦公室裡勾心鬥角，生意場中盡是陷阱，官府裡深藏陰謀……。在這樣一個文化背景下，中國兵家自然成了詭道學派。

當然，兵家也重視贏得人心，利民而不害民。《六韜》中稱「天下非一人之天下，乃天下之天下也。同天下之利者，則得天下；擅天下之利者，則失天下」，《孫子》中也稱「主孰有道……吾以此知勝負矣」；還有，兵家強調將帥的關鍵作用和用將用人的重要性。孫子說「夫將者，國之輔也。輔周則國必強，輔隙則國必弱」，諸葛亮在《將苑》中要求「將能執兵之權，操兵之要勢」，這些講的雖然不是詭道，但兵家之所謂「攖人心」毋寧說是騙取人心！他們的與眾分利、重將愛兵只是手段，一旦達成目的，則要「高鳥盡，良弓藏；敵國滅，謀臣亡」了；他們不可能真正地信任將領，兵書中不就說「還師罷軍，存亡之階。故弱之以位，奪之以國」嗎？

兵家還主張「柔武」、「心理戰」，《逸周書》中說：「善政不攻，善攻不

侵，善侵不伐，善伐不陣，善陣不戰，善戰不鬥，善鬥不敗」，又說：「善戰不鬥，故曰柔武」；《戰國策》中說：「凡伐國之道，攻心為上，攻城為下；心勝為上，兵勝為下」，這些都典型地代表了中國人的處世思想。「柔武」指行動上剛柔兼濟，心理戰、計謀、與武力並用，這也是老子的思想，老子說：「善為士者，不武；善戰者，不怒」，還說：「善用人者」，要「用人之力」；中國武術就講究用人之力，這不象西方的拳擊；中國人的行為也善於「用人之力」，可稱為「柔為」——從好的方面來說，中國人靈活、聰明，能屈能伸；從壞的方面來說，我們肚子裡的彎彎腸子太多，人際關係過於複雜。

另外，中國人講究陣法的運用，著名的有八陣圖、八卦陣、連環陣等，古書中總愛渲染它們，把它們說得神乎其神，似乎滴水不漏，萬夫莫開。但其真實性和作用值得懷疑，這就猶如中國文化偏愛字謎、迷宮、格律，它反映了中國人愛面子、重形式的毛病。《風後握奇經》中講了很多種陣法，如八陣，有天陣、地陣、風陣、雲陣、飛龍陣、翔鳥陣、虎翼陣、蛇蟠陣等。還有人根據中國古代有名的「河圖」、「洛書」的數學原理，設計出八陣圖、連環圖等，八陣圖的八環中任何一環上八個數之和皆為260，連環圖中13個環中數字之和皆為292，如果按照環中的數字配備兵力，則各個方向士兵人數總是一樣多，首尾相連，環環聯絡，形成一個包圍圈，敵人只要進入陣中，就休想逃出，找不到薄弱環節。不過，這只是理論上的情況，實際上這樣佈陣，既麻煩又不實用；而且，它只能應付步兵，很難對付騎兵，漢族人的軍隊以步兵為主，自相殘殺倒用得上陣法，可是，蒙古人、滿人運用騎兵，就難以對付了。西方人也是以騎兵為主，所以，沒有出現很多固定的陣法，還是以實力較量為主。

中國不愧為內戰之國，兵法詭秘而複雜，遙遙領世界各民族之先。

中國5000年的病根

胡星斗

　　中國幾千年是封閉僵化之社會，皇帝高高在上，神祕莫測，殘酷而愚昧；官僚如鷹似犬，人格變態，貪婪而腐化；百姓膝蓋發軟，逆來順受，癡迷於當官富貴，世俗而麻木。

　　中國專制為世界最殘酷、最漫長者。「祖龍」秦始皇嚴刑峻法，大肆殺戮，使用活埋、車裂、腰斬、砍頭、鍋煮、夷滅三族等酷刑。他造驪山陵，一萬名宮女活活殉葬，三千名工匠不讓出陵，被活埋。他焚書坑儒，一次，將鹹陽城的讀書人全抓來，審問哪些人誹謗過自己，然後活埋了 460 人；又一次，他命人在驪山挖坑種瓜，讓儒生下去看，然後他當即命人填土，活埋了 700 餘人。一次，在東郡落下一塊隕石，上刻「始皇帝死而地分」。秦始皇知道後，將附近村莊的人全部殺光，然後銷毀石頭。女皇武則天也工於心計，十分殘忍，擅於以人治人，大興告密之風。她以酷吏作爪牙，讓索元禮、周興、來俊臣等濫殺無辜，使得朝廷中人人自危。然後她又反手將酷吏以謀反罪全部斬首，使他們成為替罪羊。武則天還將前皇后王氏、淑妃蕭氏砍去雙足，泡在酒甕裡折磨而死；她誅殺宰相上官儀、長孫無忌，毒死、殺害自己的兒子李弘、李賢等人。還有一個禍國殃民的皇帝朱元璋，他本出身於貧苦的農民家庭，小時為地主家看牛放羊；十幾歲時，父母和三個兄長都死於災荒和瘟疫，他孤苦無依，遂落發當了和尚。不承想，後來朱元璋參加了農民起義，竟成為明朝的開國皇帝。

　　在權力不受限制監督、使用權力無規則可循的舊中國，越是窮人的兒子當了皇帝，越可能成為窮兇極惡的統治者。

　　朱元璋大殺功臣，隨他南征北戰的文臣武將除湯和早年辭歸故里，得以善終之外，常遇春暴病而卒，胡大海被苗人殺害，劉伯溫被胡惟庸害死，餘皆被朱元璋殺光。宰相胡惟庸謀反案連坐 3 萬多人，連位居「勳臣第一」的李善長及全家 70 餘人也被害。戶部郭桓舞弊案，自戶部左右侍郎以下，全被處死。空印案總共

處死 7~8 萬人。武將第一的徐達生背疽，最忌吃蒸鵝，可朱元璋偏偏賜蒸鵝給他吃，使之喪命。大將廖永忠曾幫助朱元璋登上帝位，溺死小明王韓林兒。後來朱元璋讓人弄些龍鳳玉器到廖家，結果廖被告發有僭越之心，被賜死。梁國公、總掌大軍的藍玉，自恃功大，批評朝廷，被誅戮。其他被賜死、砍頭的還有：大將馮勝，傅友德，朱亮祖，丞相楊憲、汪廣洋，中書省左司都事張昶，禮部侍郎朱同、張衡，戶部尚書趙勉、茹太素，吏部尚書餘火，工部尚書薛祥、秦逵，刑部尚書李質、開濟，禦史王樸，左都禦史楊靖，參議李飲冰，以及名人儒士高啟、王蒙、徐賁、孫賁、李仕魯等。朱元璋還大肆使用酷刑，如剝皮、抽腸、淩遲、廷杖等；明初的大臣上朝時如同上刑場，出門前先安排後事，與妻兒灑淚而別。

中國人幾千年實行無程式政治，權力的確立、行使和更替不遵循任何規則、程式，權力亦不受監督制約，掌權者可以無法無天，任意生殺予奪。由此，權力鬥爭極其殘酷，陰謀詭計氾濫，道德斯文掃地，成者王侯敗者賊。社會生活、人民的生命財產也不受法制的保障，沒有獨立的公民社會、民間社會，一切文化創新、商品經濟萌芽等皆為政治、意識形態所控制和扼殺。官僚主義、貪汙腐化、暴官欺民現象、草民清官心理普遍。老百姓也承認當官等於富貴發財，羨慕崇拜一切有權有勢者。因此，人人都望子成龍，希望科舉成名，成為官場腐敗盛筵的分一杯羹者。

中國古代是小農經濟的社會，小農孤立封閉，分散沒有力量，商人階層一直受打擊壓抑，取得不了權力和地位，因此也就無法提出和實現通過立法保護私有財產、自由經營和個人權利的要求，也無法建立買賣公平、人格平等的公民意識；加上中國社會龐大，要求權力集中，而又無法治分權觀念，於是形成權力金字塔和官本位制度，官僚機構臃腫，爭奪最高權力的內戰規模巨大，這樣國家只能陷入小農─專制─腐敗─戰爭的惡性循環之中。不可能像古希臘人那樣，商品經濟發達，建立了一套防止專權、實行民主、保障言論自由的措施。

中國幾千年是帝王將相的天下，它給國人帶來了無窮的災難。可是，我們始終幾乎沒有對專制進行制度性反思者，偶爾出現幾個變法家、改革家，試圖革除弊政，對舊制度修修補補，也無一例外地落下個悲慘的結局。我有詩《讀史》二首曰：

一度青春羨利名，文韜武略開胸襟。
姬昌囚羑演八卦，嬴政奮威擴三秦。
漢祖明皇成大業，董臣朱子開太平。
五千風雨英雄事，將相帝王不忍聽。

屈宋文章愁古今，康梁事業空懷情。
商鞅難免車分首，吳起終遭箭穿身。
春淚沾襟悼張輔，秋風滿袖憐晁君。
五千風雨英雄事，變法維新不忍聽。

　　或許中國人對專制統治、自己的悲慘命運習以為常、麻木不仁了，長期的愚民政策讓人民喪失了獨立思考的能力、反思的能力，所以，改革者被鎮壓，老百姓還要往他身上扔石頭、扔雞蛋；精英被摧殘，眾人還要發洩痛恨，對他大肆辱罵、啐唾沫。殊不知，這就是人民遭受不幸、國家遭受災難的根源。

　　商鞅變法，改變了秦國的命運，歷時20年，使蠻荒的秦國一躍而成為「兵革強盛，諸侯畏懼」的強國。吳起變法，剝奪貴族之權，整飭軍政，使「貧國弱兵」之楚國迅速強大起來了。然而，商鞅最終被車裂，吳起被亂箭穿身而亡，可不悲乎！其他改革者如晁錯、王安石、範仲淹、張居正、康有為、梁啟超、譚嗣同等，要麼被問斬戮屍，要麼受排擠失勢，都沒有什麼好下場。

　　天風海雨，當洗我中華！

中國法制批判

胡星斗

中國的法制（不是法治）史源遠流長，從皋陶、管仲、子產到商紂、秦始皇、曹操、武則天、朱元璋，無不重視嚴刑峻法。李悝著《法經》，倡輕罪重罰，威懾百姓；商鞅論「塞民以法」，駕馭天下；申不害提出任法而用術，公開宣揚陰謀權術；慎到崇尚威勢，要求專制治國；韓非子主張法、術、勢並用，認為「抱法處勢則治，背法去勢則亂」，「君無術則弊於上，臣無法則亂於下，此不可一無，皆帝王之具也」，因此他要求帝王血腥宰製臣民，以圖「強國」。歷代統治者們則如法炮製，一方面假惺惺地宣揚仁政愛民，另一方面「以罰為本」，法網秋荼，刻薄寡恩，只許人民做順民、奴隸，否則，「其罰必重矣」。可以說，中國人就是唯暴力論者：君主「鞭笞」天下，百姓戰戰兢兢，俯首聽命。

「君臣不同道」。統治者的耀武揚威，必然導致人民的生命財產沒有安全保障，隨時可能被凌辱和侵犯。所以，中國幾千年也沒有出現過保障公民權利的民法。不象古希臘從索倫（Solon）改革起經由帕裡克利斯（Pericles）改革，確立了公民選舉產生一切政府官員、官員任期制、罷免制，以及人民司法制度、陪審團制度、民告官制度等；也不象古羅馬產生了「十二銅表法」，區分公法、私法（民法、商法等），制定了市民法、裁判官法、萬民法，編成《羅馬法大全》、《民法大全》等，中國人的法制純粹是宰製人民之法，是統治者的工具，是建立在人格不平等、官本位等級制基礎上的魔法。

小農經濟與工商業、資源的國家壟斷，以及重農抑商的政策，這些都造成了中國幾千年「國家主義農業文明」的綿延不絕。在中國古代，國家是萬能的暴力的工具，人民是愚昧的耕地的牛馬，自然不可能存在自由獨立的民間社會，不可能出現象地中海兩岸那樣繁榮的商品經濟，因此古代中國絕對不會出現保護人權的民法典。

而法治是現代人類文明最優秀的成果，中國的希望在於從人治社會向法治社

會轉變。

　　中國幾千年走的是人治的道路，儘管法律、刑法、法制（它不同於法治）在中國並不希罕，法家即以重法聞名於天下，但商鞅、韓非子、秦始皇都是借專制主義的法律宰製天下，以法制為統治者的獨裁行為披上合法的外衣。所以，中國人不但沒有實行過法治，恰恰相反，人治主義之禍貽害數千年，古代存在以下種種現象：官本位，官僚主義，官貴民輕，官老爺欺壓百姓，巧取豪奪，貪汙腐敗；資源、企業官家壟斷，效率低下，虛報浮誇，歌功頌德，思想獨尊，摧殘精英，窒息個性和創新精神，草民思想，不顧人民疾苦，明君清官、青天大老爺期盼，改朝換代、接班立儲之動亂，奪權戰爭，伴君如伴虎，功高震主；從政風險大，甚至冒生命危險；人亡政息，因人而廢，為民作主，任人唯親，阿諛奉承，謀略欺詐，猜疑世仇，複雜的人際關係；社會失範，一切皆沒有規則程式，因人而定；老百姓奴性惰性，墨守陳規，喪失獨立的思維，逆來順受；封建統治者要求人民守法，但他們自己往往不守法，可以任意侵犯公民權利等等，皆為人治社會現象。人治的情形還有：執法不公，司法腐敗；政企不分，政商不分，政法不分，等等。

　　目前中國正在由人治向法治轉變；儘管這個轉變是緩慢的、艱難的，但畢竟開始了一個巨大的希望，中國終於在逐步走向法治國家的道路！因此，我們要繼續努力，進一步規範權力，監督官員，實行程式政治、廉潔政治，以避免動亂和戰爭；要實行多種社會資源、多種所有制並存的結構，逐步形成利益多元化的格局，相互制約權力，實行民主選舉、議政參政，建立有限（權力）政府；要確保憲法的權威，特別是政府及各部門要尊重憲法，堅決解決司法不公的問題，保證公共領域依法行政，確保個人領域的私有財產權和思想自由；要政企分開，政商分開，政法分開，以法制權，以權制權，通過制定市場和主體行為規則，以高明的制度約束人；中國與世界的最大差距在於現代人類文明意識的差距，所以，我們還要大力宣傳現代人類文明，使中國逐步與世界文明接軌。如此，堅定不移地實行法治，建立法治社會，可以保證國家的長治久安，使中華民族從幾千年動亂戰爭的陰影中走出來。

人治社會的惡果

　　一切不受控的權力往往都是邪惡的，會給人類社會帶來巨大的災難。可以說，除了天災之外，人治、專制主義的濫用權力是造成一切人間慘劇的總根源。

　　在中國二千多年封建專制的歷史中，數朱元璋為害最大。

　　朱濫殺開國功臣，文臣第一的兒女親家李善長、武將第一的兒時朋友徐達、總掌大軍的藍玉，宰相胡惟庸、楊憲、汪廣洋等均被處死；藍玉案連坐的有：晉定侯陳桓、景川侯曹震、鶴慶侯張翼、會寧侯張溫、舳艫侯朱壽、懷遠侯曹光、永平侯謝成、瀋陽侯察罕、西涼侯濮興、東莞伯何榮、徽先伯桑敬、禦史大夫陳寧、吏部尚書詹徽、戶部侍郎傅友文等；胡惟庸案連坐3萬餘人，申國公鄧鎮、吉安侯陸仲亨、延安侯唐勝宗、平涼侯費聚、南雄侯趙雄庸、滎陽侯鄭遇春、宜春侯黃彬、河南侯陸聚、宜德侯金朝興、靖寧侯葉升、濟寧侯顧敬、臨江侯陳鏞、營陽侯楊通、淮安侯華中，大將毛驤、李伯升、丁玉等；另外被殺的還有：中書省左司都事張昶，禮部侍郎朱同、張衡，戶部尚書趙勉、茹太素，吏部尚書餘火、工部尚書薛祥、秦逵，刑部尚書李質、開濟，禦史王樸、員外郎張來碩、左都禦史楊靖、參議李飲冰等。死於文字獄的有：浙江林元亮，因寫「作則垂範」（「則」與「賊」諧音）；北平趙伯寧，因寫「垂子孫而作則」；福州林伯景，因寫「儀則天下」；桂林蔣質，因寫「建中作則」；澧州孟清，因寫「聖德作則」；　杭州府徐一夔，因寫「光天之下，天生聖人，為世作則」；常州蔣鎮，因寫「睿性生知」（「生」與「僧」諧音）；懷慶呂睿，因寫「遙瞻帝扉」（「扉」與「非」諧音）；祥符縣賈翥，因寫「取法象魏」（「取法」與「去發」諧音）；亳州林雲，因寫「式君父以班爵祿」（「式」與「弒」諧音）；尉式縣許元，因寫「體乾法坤」（「法坤」與「發髡」諧音）、「藻飾太平」（「藻飾」與「早失」諧音）；德安府吳憲，因寫「天下有道，拜望青門」（「道」與「盜」諧音，「青門」即和尚廟）……。

　　在世界共產主義運動史上，數史達林的專斷人治、踐踏法制之「肅反」運動影響最為惡劣。鄧小平說：「史達林嚴重破壞社會主義法制，毛澤東同志就說過，這樣的事件在英法美這樣的西方國家不可能發生」。

據介紹：1917年11月俄共選出的第一任政治局委員，除列寧已經去世之外，都被史達林處決或暗殺；1919年選出的新政治局委員及候補委員，除列寧之外，也全部被處決；從1919年到1935年，聯共（布）選出的31名（不重複計名）政治局委員中有20人死於政治鬥爭；聯共17大代表1966人中有1108人被逮捕，139名中央委員和候補中央委員中有83人被逮捕和處決。蘇軍中，5名元帥中的3名，15名軍區元帥中的13名，85名軍級幹部中的57名，195名師級幹部中的110名，被處決了。1937年～1938年，總共處決紅軍指揮員3.5萬人。

大肅反時期，蘇聯有3500萬人遭迫害，有1200萬人被迫害致死。被史達林處決的有：政治局委員季諾維也夫、加米涅夫、托洛茨基、索科裡尼科夫、布勃諾夫、克列斯廷斯基、布哈林、皮達可夫、拉狄克、李可夫、柯秀爾、盧祖塔克，元帥圖恰切夫斯基、布柳赫爾、阿爾克斯尼斯等，史達林的副手哥達、葉若夫，部長會議第一副主席沃茨涅克斯基、俄羅斯蘇維埃部長會議主席羅吉奧諾夫、烏克蘭政府主席柳布欽科、白俄羅斯最高蘇維埃主席切爾維亞科夫、格魯吉亞蘇維埃主席穆迪瓦尼等。另外被處決的還有：重工業部人民委員（即部長）梅日拉烏克、副人民委員謝列布羅夫斯基、財政部人民委員格林科、副人民委員切爾諾夫和雅科夫列夫，貿易部人民委員魏采爾，郵電部人民委員哈勒普斯基，國防工業部人民委員魯希莫維奇，司法部人民委員克雷連柯，國營農場部人民委員卡爾馬諾維奇，教育部人民委員布勃諾夫，水運部人民委員楊松，衛生部人民委員卡明斯基，全蘇中央執委前後三任主席葉努啟則、阿庫洛夫、溫什裡希特，國家銀行行長馬裡亞辛，人民委員會議副主席安蒂波夫，外貿部副人民委員埃裡亞瓦，內務部副人民委員弗裡諾夫斯基等。

事實證明，無限的權力等於無限的災難！不僅是濫殺無辜，人治社會還因個人意志、獨斷專行、資訊不暢與失真、無自由言論之預警監督、無民主糾偏救助措施等，很容易造成全域性的饑荒。人類有史以來的大饑荒都發生在專制時期和權力失控的人治的國家裡，至今沒有一個民主化的國家發生過大規模的餓死人的現象。

人治對文化的侵蝕危害也是巨大的。中國從文明之初，國家就成為專制主義的機器。人治的不受控的權力與一切有價值的東西掛起鈎來，由此，中國文化培養出最為發達的權力意識；政治權力在幾千年中一直肆無忌憚地在社會生活中支配一切、主宰人民的命運。這種無限的權力培養出古代中國人的奴才思想、仇恨意識、

暴力傾向、虛偽的面目和愚民的觀念，封建統治者一面讓老百姓跪著生活，一面又欺騙說「民為邦本」，於是，老百姓感恩戴德，稱頌「帝德乾坤大，皇恩雨露深」……。

人治還造成了畸形的官場。在沒有規則、程式、法制可循的情況下，君臣之間勢同虎狼，為了各自的利益，他們進行著血腥的較量、殘酷的鬥爭；同時，統治者一朝大權在握，便耀威城市，橫行鄉裡，仗勢欺人，橫徵暴斂，對待老百姓猶如惡鷹之撲鼠雀。這種無限的權能見得太多了，太誘人了，於是中國人對之如醉如癡，垂涎三尺，十二分地崇拜，以至於一些人人性退化，獸性大發，官性十足——他們或「打進官場」，來個「血火煮江山」，如清人在揚州屠城十日；——或「爬進官場」，靠諂媚獻媚，搖尾乞憐，作惡犬走狗而發跡，如李林甫、嚴嵩、魏忠賢、和珅、「四人幫」之流；——或「混進官場」，陽奉陰違，八面玲瓏，口口聲聲「為民作主」、「明鏡高懸」、「人民公僕」，實際上只是瞞騙浮誇，不求有功但求無過，做一天和尚撞一天鐘，混跡在官場，以保官升官為第一。

人治的另一惡果是，因權力的黑箱操作，不可避免地伴隨著貪腐症。中國一部二十四史，實是貪汙腐化史。貪汙受賄、巧取豪奪成為制度性的、有組織的、系統化的行為，往往不必偷偷摸摸地進行，而是彬彬有禮地、公開半公開地進行，如戰利品、抄家物品歸己，克扣軍餉，接受「禮敬」等。漢時的權臣梁冀一句話就吞併了扶風的一個億萬富翁，一個命令就把幾千個農家子弟抓來作奴婢、就把洛陽周圍幾十裡的農田強行圈起作「兔苑」、將上千裡的地方封起作為梁家獵苑；還因為一個商人不知禁令，誤殺了苑中一隻兔子，他竟先後殺死十多人。梁冀的家產值30萬萬繒，抵全國租稅的一半。清朝的和珅是中國歷史上除皇帝之外的最大的貪官，他將乾隆晚年的四方貢物的十之八九都扣下，據為己有，還買通太監從宮中偷竊珍寶；被抄家時，連嘉慶皇帝也驚得目瞪口呆，說：「和珅的大珍珠比皇冠上的還大，大寶石連宮中也沒有……」。據估計，和珅的家產折合白銀為8萬萬兩，抵當時全國20年的稅銀收入。不過，比起皇帝來，和珅之財又是小巫見大巫。乾隆在位時也想方設法進行搜刮，每年他的壽辰時文武百官都要進獻，一次所收金佛就多達一萬尊，其80壽禮之黃金編鐘就重達一萬三千多兩。

絕對的權力就是絕對的腐敗，此乃萬古不易的一條定律。

現在，社會上流傳順口溜：「站在衙門向內看，個個都是貪汙犯。抓起來先

槍斃後審判，沒有一個是冤案」；「只見虧損的國有企業，不見沒發財的廠長」；「發了一批投機倒把的，提了一批溜鬚拍馬的，表彰了一批弄虛作假的，學習了一批貪贓枉法的」；「上正中歪下亂來，勤窮懶富官發財」⋯⋯。老百姓的這些語言雖然偏頗，但刻畫了在法制不健全、很大程度上仍然流於人治的情況下，腐敗之猖獗。

人治還是浪費的根源。德國人普揚・德威博士說：「中國是最大的貧窮國，也是最大的浪費國」。此話不假。中國搞計劃經濟時，靠官員的主觀想像來配置資源和生產力，結果造成巨大的浪費和低效益；如今搞市場經濟，大家又一哄而上，盲目建設，不負責任，「拍腦袋決策」、「首長工程」每年造成30％左右的工程報廢；另有70％的重大建設專案、80％的立交橋不合品質標準；國有資產每年流失數千億元，公款吃喝也在數千億元。如此的浪費，真叫人心驚！

從上可見，人治可謂「中國社會病」的罪魁禍首，也是中國近代以來貧窮落後的萬惡之源，現在是該埋葬它、走向民主法治的時候了。

現代人類文明的主要成果就是民主、法治與科學。民主與法治互為前提，沒有民主，法治是空談；沒有法治，民主是混亂；同時，民主、法治與科學在精神內涵上也是一致的，民主、法治本身就是以科學的方式管理社會。

民主是一種科學的修錯機制，是一種社會安全閥。沒有民主監督，沒有報章輿論、人民群眾的監督批評，沒有以權力制約權力的制度安排，腐敗就會與經濟同時高速增長，甚至會發展得更快；人民沒有知情權、議政權、參政權和監督權，不能在代表大會、議會、工會、股東大會、監事會等機構發揮作用，只能眼睜睜看著腐敗蔓延、決策失誤而無能為力，那麼，心中積壓的不滿、怒火最終必然會導致火山爆發式的怒吼。所以，一個具有現代頭腦的國家領導人不應滿足於萬馬齊喑式的穩定的假像，必須懂得依靠民主來釋放群眾的積怨和能量，從而為社會帶來長期的繁榮穩定。

民主不是萬能的，但沒有民主是萬萬不能的。反民主的高度集權的專制體制曾經給中國帶來了巨大的災難，教訓十分沉重，諸如權力爭奪、反叛起義、軍閥混戰、宗室內訌、宦官外戚權臣悍將之亂、繼承人接班人之爭等等，常常造成經濟的大破壞、物質文明成果的毀於一旦、人民的被屠戮和社會的倒退。不僅如此，封建專制主義體制即使在它正常運行時對社會、經濟的破壞也是極其嚴重的，官僚主

義、權能主義、愚民主義、特權思想、腐敗風氣以及為維持封建集權的強大的官僚體系和軍隊而不得不重賦繁斂、對人民進行殘酷的壓迫剝削等等，都會使得社會活力被窒息，社會風氣被污染，百姓處於愚昧貧困的狀態，整個機制的效率十分低下，社會陷入長期的停滯。

可見，民主不是花瓶，而是社會發展的需要。政治改革也不是可有可無的事情，而是經濟改革成功的保證。政治改革倘若與經濟改革脫節，社會問題的積累、權力運作的非程式性終將會引起社會的動盪，從而可能會在一夜之間喪失經濟改革的成果。

民主的孿生姊妹是法治。法治也是科學的規範的管理社會的方法，是我們走出困境、走向明天的最佳選擇。為此，我們必須改變「國家將亡，法令茲多」，認為法律是道德的次貨代用品的傳統；必須改變國人不重法律、害怕爭訟、不關心個人權力的觀念；必須扭轉抨擊壞人和時弊的英雄不受法律保護的狀況；必須打破滿足於虛偽的暫時的社會和諧而不追求永久的社會正義的國民苟安心理；必須大膽改革官僚機構，使之法治化、權力制衡化，以防止社會出現僵化停滯的局面。

可見，我們要建立民主法治、公平均富的「現代中華文明」，從人治社會轉向法治社會，就必須以現代文明的法治來規範政府、個人的行為，同時保護人權不受侵害；只有這樣，中國才能跟上現代人類發展的步伐，融入世界文明的體系。

禪宗：在自然適意中逃避

胡星斗

　　中國禪宗是莊子思想與佛教外形結合的產物，它名為宗教但實非宗教，它既是哲學，又是生活藝術。在現代，中國禪宗流入歐美，對西方現代思潮起了推波助瀾的作用，存在主義、實用主義、意志主義、人本主義以及精神分析等流派都與禪學有異曲同工之妙。如禪與意志主義都反傳統、重感性；禪與存在主義都崇尚個性，追求自由，反對異化，重視自我覺悟和無聲的行動，都是人道主義哲學；禪與實用主義都注重生活、現實，都相信真理的多元性；禪與現象學都推崇直覺、現象和存而不論；禪與語言哲學都主張反概念、無言、語言遊戲；禪與精神分析都重視無意識的突現，使精神輕鬆、自由；禪與後結構主義都主張消融語言結構，批判概念和分別意識；禪與達達主義都推崇放蕩不羈，自由自在，和反傳統的藝術；禪與人本主義都強調發揮人的潛能，實現自我……。

　　那麼，禪宗是如何發展而來的？

　　禪的由來要從「靈山說法」說起。傳說，佛祖釋迦牟尼一次在靈山講解佛法時，突然手拿鮮花，緘口不語，眾僧感到莫名其妙，只有十大弟子之首的摩訶迦葉會心地微笑。佛祖感到迦葉靈性已通，便把自己的以心傳心的禪宗密法傳給了他。於是，迦葉便是印度禪宗的始祖。這個故事叫「世尊拈花，迦葉微笑」。至於迦葉理解到什麼，微笑什麼，我們不得而知。因為禪本身就主張個人體驗，人人可有不同的感受和理解。再說，禪強調無言，認為真理是說不清楚的，主要靠悟性的「意會」而不可言傳，說得清楚的那就不是禪了。若非得說說迦葉微笑的道理，大概他體會到人生如花，榮枯只在轉瞬之間，不如嫣然一笑，超脫生死，得以自由。

　　禪在印度傳到第28代的掌門人是菩提達摩，他有感於印度本土佛教的衰弱，便東渡到了中國傳教，最後在少林寺面壁九年，連小鳥在肩上築巢都不知道。有個中國的和尚名叫神光，他矢志追隨達摩，但屢遭拒絕，最後砍斷自己的胳膊，跪在大雪紛飛的門外。達摩終於感動了，收他為弟子，改名慧可。慧可就是中國禪宗的

二祖。傳到第五代,掌門人是弘忍。他為考察弟子,讓大家寫偈子,大弟子神秀按照外物實有、人心本穢、勤修悟道的印度禪宗思想寫道:

　　　　身是菩提樹,心如明鏡臺。

　　　　時時勤拂拭,莫使有塵埃。

　　當時,寺院中有一個擔水劈柴幹雜務的小和尚,名叫慧能,寫了一首偈子反駁道:

　　　　菩提本無樹,明鏡亦非臺。

　　　　佛性常清淨,何處有塵埃。

　　這首偈子變「外物實有」為「四大皆空」,變印度的悲觀主義、漸修主義為中國的樂觀主義、頓悟主義,因而導致了佛教史上的一場革命,慧能也成了中國禪宗的真正始祖。自此,禪宗在中國大地上枝繁葉茂,被一千年來的中國知識分子捧為圭臬,融入靈魂,不僅成為中國人思想的一部分,而且成為生活的一部分。

　　一首偈子,何以產生如此大的影響?原來,印度禪宗認為,人的本性是汙穢的,人生是痛苦的,人們眼貪好色,耳耽妙聲,鼻愛名香,舌嗜上味,身觸細滑,貪圖金錢,愛好名望,希求安逸,這些都是痛苦的根源。必須通過戒、定、慧三個步驟逐漸達到絕對的幸福,最後成為無需語言而能進行心理交流的「佛」。可中國人的思想與印度人的不一樣,他們認為,「人之初,性本善」,而「食色,性也(是人的本性)」,無可指責!根據中國人的這一觀念,慧能提出:既然人心清淨,那麼只要撥去人們認識上的迷霧,清除主觀的障礙,直指本心,就可立刻成佛。這樣,就用不著修戒、定、慧三學,用不著苦行,用不著研讀經典,只要念頭一轉,保持自然適意的樂觀輕鬆狀態,佛便在心中。

　　於是在中國,禪宗成為回避專制,對抗儒法,掙脫桎梏,反對異化,呼喚真實人性的人道主義哲學。它使我們吸飲生命的源泉,使人類從這個世界的束縛中解脫出來。它宣導自然適意、輕鬆自如的一種生活方式,「饑來吃飯,困來即眠」,「要行即行,要坐即坐」,絲毫不要克制自己的內心欲望。唐伯虎就自稱:「饑來吃飯困來眠……世上閒人地上仙」。對中國人來說,哪有什麼西方式的「to be or not to be」(Hamlet)的迷茫和對人生的質問,有的只是沉湎於生活,在生活中創

造意境，調節心態，在暴政人治的環境中「享受」人生。

禪宗的基礎是三無原理：無相原理——消滅萬物差異。認為萬物原本來自「道」，沒有不同的性相，只是我們的知覺創造了五光十色的世界。禪就是要讓生命和萬物最終又融入「道」；例如，未參禪時見山是山，見水是水，這是從常人的分別心去看的；參禪後見山不是山，見水不是水，山水合一了；禪悟後見山還是山，見水還是水，不過，這時的山水都是有生命的山水了，融入了主觀情感的山水了，生命與山水合一了。無記原理——消除矛盾對立。不存在正誤、善惡、靈肉的隔閡，它們是不可分割的一體，如「湖中映月」，湖與月皆不能缺。無念原理——去除概念思維。反對理性邏輯，抽象分析，崇拜知覺、感性，憑感覺決定行為，為所欲為。

從這三無原理來看，中國人不僅是主觀主義者，否定客觀存在，還是感覺主義者，具有強烈的非理性的一面；這些都不適合於科學的發展，但有助於將生活藝術化，有助於藝術、哲學的發展。

禪學始終是作為儒家的對立面和互補面而出現的。唐人豪放、外向，輕視儒家，如李白「黃金白璧買歌笑，一醉累月輕王侯」，杜甫「儒術於我何用哉，孔丘盜跖俱塵埃」，此時，禪學初奠；宋人愁怨、內傾，理學盛行，專制更加嚴酷，嚮往精神自由的鴕鳥式禪風亦大盛；至明時，中華專制政治達到頂點，禪宗也形成「狂禪」之風，有的寺院因成為瘋人院而被解散。李贄作為兩大教主之一，宣導個性、童心、功利，主張「穿衣吃飯，即是人倫物理」，可以說，到明朝末年，反儒家專制之風日盛。湯顯祖反對天理，主張人欲，歌頌「情」，提倡愛情至上，「生者可以死，死者可以生」；唐寅假裝瘋癲，放浪形骸，厭惡功名，這些都與儒家傳統背道而馳。此時，禪師們呵佛罵祖，否定一切，只崇拜自己，語言上不合邏輯，胡說八道，行為上放蕩不羈，為所欲為，甚至禪寺周圍佈滿了妓院！這充分表現出中國人的世俗享樂主義思想，實際上，禪宗已經沒有了宗教的束縛教條了，成為人們滿足人欲的工具了。這種狂禪之風也影響到中國藝術，藝術家們如鄭燮、王冕、朱耷、曹雪芹融主觀精神於外物，崇尚個性，盡畫些竹、梅、鳥、石，表現出孤傲的氣質和天人合一的精神。可以說，中國古代專制愈盛，禪風愈烈，似乎禪宗就是為了反抗窒息人的專制統治而產生的，或者說，使人精神解脫的禪宗正成為專制政治得以發展和延續的條件，專制幾千年不倒也有禪宗的「功勞」。難怪馬克思說宗

教是精神鴉片。

西方文化有兩大來源，一是希伯萊的基督教，二是古希臘文化。前者神人分離、人與世界分離的思想，後者靈肉分離、感性理性分離、人與自然分離的思想，共同形成了西方的二元論：主體與客體、本體與現象、現實與理想、自己與他人、人類與自然的分裂，由此而發展起西方的近現代文明：主觀主義，客觀主義，現實主義，理想主義，民主法治，科學技術……。而中國人與此不同，他們取消一切矛盾對立，主張一元論（或稱整體思維、混沌思維）：天人合一，齊萬物，齊生死，混淆感性理性、本體現象、靈與肉，由此他們感到洞察到了事物的本來面目，恢復了生命原始的活力，所以，覺得輕鬆喜悅。他們認為，沒有必要到現實生活之外去尋找解脫之道，只在吃飯穿衣等世俗之中便能獲得自由。禪理就在生活之中，離開了生活便沒有禪！有個叫楊紱的人離別雙親，到四川拜訪無際菩薩，大師告訴他應去拜訪家中的反穿鞋子披著毯子的人。他回到家，深夜叩門，母親高興急迫中反穿鞋子披著毯子來開門。楊大悟禪理：佛即在家中，日常倫理即見佛心。

禪不僅主張返璞歸真，回歸現實，還關心人的自我覺悟，要求悟禪者自求、自證、自明，以頓悟或直覺的方式進入禪境。如此，雖然是在做平常的事，但禪師比常人心靈更加澄明，感覺更加真實，分明覺得自己是在與萬物交流。可是，我們又無法說明到底什麼是禪境，因為禪主張自信、自靠、不外依，只強調個人體驗，不同的人對同一的事物可能有迥然不同的體驗，所以，百人有百禪。在這裡，一切偶像被摧毀了，佛不再令人膜拜，個人的尊嚴受到尊重。

禪宗還認為，不應自囿於人類的邏輯和語言的陷阱，而應讓心靈處於放任狀態，讓潛意識隨時突發出來。這樣，禪的語言通常是答非所問，看似矛盾百出的，但這正是禪所需要的，因為禪就是要將人的精神自由化。一個和尚問趙州禪師：「萬法歸一，一歸何處？」趙州回答道：「我在青州時，做了一件七斤重的布衫」，這樣的回答可謂是牛頭不對馬嘴，但它的確排除了邏輯思維，突出了人的瞬間無意識。

而且，禪的語言有時是遊戲式的。據說，雲門大師參了六年趙州「無」字公案，一日忽悟，作偈曰：

無！無！無！無！無！
無！無！無！無！無！

無！無！無！無！無！
無！無！無！無！無！

　　趙州與弟子文遠胡說八道，把自己貶得很低：「我是驢」，「我是驢的屁股」，「我是驢的糞」，「我是糞中的蟲子」，「你在糞中作甚？」「我在糞中度假」。

　　　　善慧禪詩曰：
　　　　空手把鋤頭，
　　　　步行騎水牛，
　　　　人在橋上過，
　　　　橋流水不流。

　　這些類似於語言遊戲的東西說明瞭什麼？說明不要拘泥於語言，不要執著於外在形式，而要使自己的身心徹底解放，將人的潛能、活力、非理性爆發出來，打破時空界限，去除分別意識，頓悟解脫，成為自由自在、回歸本性的人！這就是禪宗。

　　西方文化一直是理性主義占上風，直到康得才懷疑理性的無限作用；海森堡的測不准原理從物理學、哥德爾的不完備原理從數學角度又指出了人類理性的限制；海德格爾第一個結束了西方天人相分的傳統。印度人是神祕主義者，重視超自然力，以神祕奇跡來解釋反常的事物；瑜伽則鼓吹掙脫自然束縛，達到奇境。中國人與上不同，否定理性，不喜歡抽象論證，也不太相信奇跡，而更重視非理性的頓悟、直覺、體驗和感性，重視生機勃勃的自然和生活。弟子問：「心是什麼？」師傅答：「心！」又問：「佛是誰？」師傅手指佛像，沒有任何解釋和論證。佛禪即是如此，主張越過理性而達到真實存在，要吃即吃，要睡即睡，不關心抽象的分析，只看重個人的感覺和具體的生活，像弗洛姆所說，禪是古代的人道主義、非理性主義、自由主義。

　　不過，禪宗也有追求智慧的理性的一面。有個公案說，和尚們追貓，南泉禪師抓住了，他說，誰能講一句合乎佛理的話，我就把貓放了，否則，就斬掉。和尚們緘默不語，結果，貓被斬。晚上，趙州從稔回來後聽說此事，將草鞋放在頭頂走

出，南泉說，當時你要是在場就好了，貓就得救了。這裡，趙州意即本末倒置，變殺口為活口。這就是禪追求智慧的一面。曹洞宗創始人洞山良價悟出通感：如果單純用眼睛去看，耳朵去聽，鼻子去聞，所得並不真實，要眼如耳，耳如鼻，鼻如口，內外如一，骨肉交融，心形釋然，那麼，就能得到最高的智慧，此時見嫩芽看到了生命，見落葉知道樹要休息。雲門宗創始人雲門文偃有「一字關」：弟子問什麼是正法眼？雲門答「普！」什麼是雲門宗教義？「親！」殺父母向佛懺悔，殺佛祖向誰懺悔？「露！」什麼是道？「去！」先師默然處，如何上碑？「師！」這一字關全靠學生自主參破，是一種超級理性！如雲門三句云：涵蓋乾坤，截斷眾流，隨波逐浪，意思是說，真理無所不在，要自主自立，與俗相處，這就是中國人的理性（如老子的跳躍的理性）。

總之，中國人否定差異、矛盾，排斥邏輯思維，追求斷續的理性思維。這些很不利於科學的萌芽、發育。而且，禪宗如同莊子之學，認為真理、正義、善等同於錯誤、邪僻、惡，助長了國人的是非感衰弱的傾向。這樣，中國人心安理得與世浮沉，成為我們的社會醜惡公行的原因之一。

中國禪宗在於精神內斂，達到內心平衡，這與國民性是一致的。中國人性格內向，強調內聖、修養；而且，中國社會鬥爭異常激烈，困擾中國人的不是自然界的現象，而是人間的風雲變幻，以及心靈的挫折失衡，所以，禪宗將人拉回內心，尋求阿Q式的精神解脫：遇到不幸時，想著是妄念；面對暴政，想著去隱逸；遭遇危險、被狼群追逐時，心中只念道：「可怕的狼群根本不存在！」如此象烏龜、鴕鳥藏其頭，足見國人逃避型性格的可笑，禪宗即強化了這一國民性。

道教：中國人的精神根柢

胡星斗

魯迅說：「中國的根柢全在道教」。

道教以中國人希冀的長壽升天和消災彌禍為教旨，行各種方術，內容有哲學、巫術、食療、氣功、房中術等，成為儒家之祭祀、禮儀，佛教之寺廟、報應，薩滿教之咒術、鬼道，老莊思想，神仙觀念，民間信仰的大雜燴；可它們幾乎全是地地道道的中國式的，特別是在後期，士大夫道教向老莊、禪、氣功等發展，民間道教向神鬼、占卜、巫祝、辟穀服食、縱欲等發展，全是中國的根柢，反映了國人千方百計達到長生、滿足欲望的世俗主義心態。

道教是一個複雜的體系，可謂華夏俗、雅文化之眾流最後歸於道教一川。東漢時黃巾起義，太平道之創始人張角，與其弟張寶、張梁，即奉黃老（黃帝、老子），以巫術給人治病；後以五鬥米為入會條件的五鬥米道張陵及其孫張魯等尊玉皇大帝、太上老君，張魯還建立了路人可「量腹而食」的大同理想社會；到南北朝時，兩道合流為天師道，天師即說教者，道教由此基本形成；鮮卑人的北魏政權之軍國師寇謙之奉天師道為國教，宣揚燒香祈願、三世輪回，立《誡經》；晉時葛洪著《抱樸子》，奠定了道教理論基礎，「論證」了神仙實有，主張金丹術，也就是以金液（液態金）還丹（硫化汞）防止肉體衰老；李唐時皇家與老子同姓，故尊道教，而讓僧尼還俗，人們極盡風流、浪漫、享樂，追求神仙日子，李白即雲：「氣岸遙領豪士前，風流肯落他人後?!」可是，隨著風流皇帝唐玄宗的安史之傷，道教也衰微了；宋靖康之難後，國家受辱，人們只能「夢裡不知身是客」地醉生夢死，因而享樂之道教又突起；蕭抱珍之太一教以符籙、祈禱為民治病，特別重視符和咒術的神祕力量，而王重陽之全真教反對鬼神、符艾、巫祝、煉丹，宣傳打坐等內心修煉，認為神仙在內（在於身心修煉）而不在外，號稱新道教；以上兩派皆有縱欲、享樂的成分！元時，丘處機率十八弟子跋涉於漠北，謁見了成吉思汗，道教又一時興旺，到明清時，便漸漸衰落了。

道教在理論上首先主長生、享樂，為了長生、長壽，道士們食療，吃丹藥，練氣功，行巫術；為了享樂、滿足情欲，一些道士們發明房中術，盡得男女交媾之歡。當然，房中術名義上也是為了長生、成仙。其實，神仙並不是真的升天了，而是俗人活得快快樂樂，無拘無束，風流浪漫，過上了「神仙日子」，就達到目的了，像唐朝人那樣，不懷前世之憂，只覓本世幸福。第二，道教主張清靜、恬淡、精神內守，特別是全真派摒棄了巫術、禮儀、金丹、鬼神，而只強調養氣守神，只修內功。第三，道教與禪類似，宣導順應自然，有的教派甚至主張縱欲享樂。困來即眠，饑來吃飯，既是禪宗的格言，也是道教的主張；呂洞賓雖告誡道士：「酒色財氣四字一毫不犯」，而且，道教還有很多的清規戒律，但理論與實際相反，道教理論上禁欲，實際上往往縱欲。

　　那麼，道教在哪些方面反應了中華的民族性呢？

　　道教之樂觀主義、追求長壽、精神內守、一些教派滿足欲望以及在世俗中解脫的觀念都是中國式的；所謂的解脫，其實就是滿足俗欲，活得瀟灑，絕不是印度人的圓寂，我們是世俗主義的方式。譬如，印度佛教要超越輪回，而我們是要進入輪回，並且以三生報應和鬼神來監督世人。說到鬼神，我們並沒有系統的鬼神傳說，只是模糊的用來嚇唬人的一個詞而已。

　　總之，一些道教流派是徹頭徹尾的世俗主義的「宗教」，它打著成仙的幌子，來滿足中國人的太多的世俗欲望。

中國詩詞批判

胡星斗

中國古代詩詞受到民族性的影響，儘管成就巨大，碩果累累，但也存在著一些缺陷。

一是中國詩詞過於重抒情輕敘事。受儒家哲學的影響，古詩詞多是士大夫和知識分子表達平治天下的志向和發洩仕途失意的牢騷之作，因此，抒情性很強，這既是優點，也是缺點。相對而言，敘事成分、思想性就顯得不足。如唐寅之「名不顯時心不朽，再挑燈火看文章」，陳子昂之「感時思報國，拔劍起蒿萊」，洪秀全之「展爪似嫌雲路小，騰身何怕漢程偏」，等等都是儒家情懷的抒發；又如屈原之「黃鐘毀棄，瓦釜雷鳴。讒人高張，賢士無名」，李白之「彈劍作歌奏苦聲，曳居王門不稱情」，陸遊之「萬事只能催白髮，百年終是臥荒丘」，唐寅之「但願老死花酒間，不願鞠躬車馬前」等等，都直接或間接地抒發了不平之胸臆。即使象著名的敘事詩「孔雀東南飛」、「木蘭辭」也是有著濃重的抒情色彩而思想性相對貧乏的。而西方的詩歌，如荷馬的「伊裡亞特」和「奧德賽」，但丁的「神曲」，歌德的「浮士德」，拜倫的「唐‧璜」以及現代詩人艾略特的「荒原」，都偏重於以詩歌形式敘述一個神奇、精彩的故事。

中國古詩的另外一個缺陷是，它過於重意象輕議論。中國詩詞要末直抒其志，要末隱喻內心，很少有對事物的評論和分析。唐詩宋詞都比較講究比喻和象徵，籍之間接地表達作者的思想和情愫。如屈原的詩「鷙鳥之不群兮，自前世而固然」，就是以鷙鳥比喻自己；唐寅的詠雞詩「銅壺玉漏金門下，多少王侯勒馬聽」是以「王侯勒馬聽」來象徵自己的才幹；杜甫的詩「美人娟娟隔秋水，濯足洞庭望八荒」則是以美人自喻。詩歌的這種形象思維方式非常適合於在抽象思維方面比較笨拙的中國人，這可能就是中國之所以成為「詩國」的原因。現代西方人開始學習中國人的這種作詩方法，在歐美各國流傳最廣、影響最大的象徵主義詩歌流派就主張學習漢詩的借用外在形象表達內心的做法。

中國詩還重感覺悟性，輕歷史跨度。中國人擅於捕捉瞬間的感覺而成篇章，許多名篇都是微妙的悟性的結晶。如張繼的「姑蘇城外寒山寺，夜半鐘聲到客船」，王維的「雨中山果落，燈下草蟲鳴」，李白的「長安一片月，萬戶擣衣聲」，杜甫的「好雨知時節，當春乃發生。隨風潛入夜，潤物細無聲」，賈島的「鳥宿池邊樹，僧敲月下門」，李商隱的「留得枯荷聽雨聲」，韋應物的「野渡無人舟自橫」，以及宋祁的「綠楊煙外曉寒輕，紅杏枝頭春意鬧「等等都是只能意會不能言傳的美好感覺的抒發，這裡雖然沒有氣勢恢宏的歷史，卻打動了無數吟誦者的心。而西方詩歌的歷史感更強，比如《伊利亞特》根據歷史傳說描述了特洛伊戰爭。類似這種歷史傳奇的詩歌在中國極少，名篇〈長恨歌〉等也只重抒情而沒有故事情節。

中國詩詞還有一個缺陷或者說特點是重功名輕愛情。諸如「致君堯舜上，再使風俗淳」，「腹中貯書一萬卷，不肯低頭在草莽」，「空餘門下三千客，辜負胸中百萬兵」，「十年寒窗無人問，一朝身到鳳凰池」，「丈夫處世兮立功名，立功名兮慰平生」等，歌頌嚮往的都是功名，很少有人寫愛情。儒家傳統視談情說愛為紈絝子弟所為，不是一個大丈夫溢於言表的事，所以，愛情詩自《詩經》以後便難以為繼了，偶爾有人寫幾首，也是因為仕途無望而「自暴自棄」，就像柳永自嘲為「奉旨寫詩」而沉迷於「靡靡之音」那樣。《詩經》、唐詩中還有幾首含蓄的情詩，如：「窈窕淑女，寤寐求之；求之不得，寤寐思服；悠哉悠哉，輾轉反側」，「靜女其姝，俟我於城隅。愛而不見，搔首踟躕」，「蒹葭蒼蒼，白露為霜。所謂伊人，在水一方」，唐朝白居易有《長恨歌》：「在天願作比翼鳥，在地願為連理枝。天長地久有盡時，此恨綿綿無絕期」，李商隱有詩：「身無彩鳳雙飛翼，心有靈犀一點通」，「春心莫共花爭發，一寸相思一寸灰」；到了宋朝以後，由於受到宋明理學的束縛，要「存天理，滅人欲」，使得只有像李清照這樣的女子和柳永這樣的頹廢者才敢歌頌「情」，明朝以降，則情詩在中國滅跡了，而此時正是西方人性解放的時期。

中國人不講愛情，卻講功名，功名失敗與其說對個人是個損失，毋寧說對社會是個貢獻，因為以詩來吟詠個人的悲憤之情是中國知識分子的絕招，所謂「詩言志」是也。在現實中受挫，並不能真正打擊崇尚「文死諫，武死戰」的儒生，相反，他們還要以詩抒發高傲、壯烈、憤世嫉俗之情，不忘流露中國人的樂觀心態，

絕對摒棄西方人面對煉獄和地獄時的悲壯心情。

與這種功名主義之不同，西方人的骨子裡則滲透了個人主義，因此，詩歌也是多表現個人，並給愛情以特別重要的位置。諸如普希金、海涅、拜倫、雪萊、裴多菲、布朗寧夫人、莎士比亞都以其愛情詩享譽遐邇。

還有，中國詩詞由於十分強調音韻美、對仗工整，以及有字數的限制，這在客觀上限制了作品的容量，使之不可能如同西方自由詩那樣篇幅巨大、含量豐富。中國古詩無論是抒情詩還是敘事詩，一首詩只抒唯一之情，只述唯一之事，一方面顯得朗郎上口，易記好背，另一方面又顯得單純，缺少博大的思想。

客觀地說，古代詩家的確出現了不少好的作品。誰不會吟誦、欣賞杜牧詩：「南朝四百八十寺，多少樓臺煙雨中」；歐陽修詞：「月到柳梢頭，人約黃昏後」；葉李詩：「閑坐小窗讀周易，不知春去幾多時」；黃景仁詩：「悄立市橋人不識，一星如月看多時」；袁枚詩：「吹燈窗更明，月照一天白」；鄭思肖詩：「寧可枝頭抱香死，何曾吹落北風中」；馬致遠曲：「枯藤老樹昏鴉，小橋流水人家，古道西風瘦馬。夕陽西下，斷腸人在天涯」？這些詩的確很美，可又總給人舞文弄墨、雕蟲小技的印象。中國沒有出現類似於西方的《神曲》《浮士德》《失樂園》等博大精深的作品。

陶淵明、李白、李商隱的詩尤其成為中國詩的代表，陶淵明之天人合一的情懷、李白之浪漫氣魄、李商隱之晦澀哀怨為人津津樂道。可是從思想性來說，他們的作品也大多蒼白無力：陶淵明只是演化了莊子的思想，李白只是集儒、道、墨氣質於一身，李商隱只是所謂「亡國之音」的作者。

論中國思維問題

胡星斗

劉伯溫寓言

　　甲子年十一月十一日，胡魚乘超光速飛船，穿越時空，往會明朝的劉伯溫，一路上，風雲變幻，人鬼閃現；天災人禍，烽火兵燹，改朝換代，歷歷在目。胡魚心中感慨萬千，胡思亂想起來：果然如愛因斯坦所預言，超越光速，時間倒流……，劉伯溫（劉基）被人稱為「帝師」「王佐」，「一代人豪」，有「先知先覺」、「前知五百年，後知五百年」之譽，不知他知道我的到來嗎？哦，洪武年代早已過了不止五百年……，傳他著有神祕的預測文《燒餅歌》、方術著作《奇門定局》《天文秘略》《觀象玩占》《玉洞金書》《多能鄙事》，注解過《滴天髓》《靈棋經》《靈城精義》《煙波釣叟賦》等，朱元璋都稱讚他「以天道發愚，所向無敵」，「居則每匡治道，動則仰觀乾象……，無往不克」，「使三軍避凶趨吉，數有貞利」，真有這麼神嗎？……明初時中國還算比較先進強大，此後西方文藝復興運動、啟蒙運動勃興，近代工業文明崛起，中國於是開始落後，在被動挨打之中漸漸地領悟了學習西方先進科學技術的重要性，但是封建專制主義傳統仍然在文化、經濟、政治方面強烈地表現出來，以至於嚴重阻礙著現代化的進程……。胡魚思緒雜亂，一邊鑒古觀今，一邊想像著劉伯溫的模樣，目不暇接地搜尋目標。經人指點，在浙江青田縣南田山，終於找到了辭官隱居在此的劉伯溫。只見他明眸寬額，劍眉長髯，身穿紅袍，手持羽扇，在農舍前正與圍著的一群大人小孩談論著什麼。胡魚趨前自我介紹後，劉伯溫起身表示歡迎，並說昨日以艾草算卦，知道今日有客人遠道而來，只是不曾想是21世紀的客人。圍者聽後愕然驚奇不已，皆言仙人來聚，此乃呂洞賓、張果老以來所鮮見，張三豐所夢寐以求，於是大家飛快跑開傳播此特大奇聞去了。

　　胡魚一路觀賞了南田風景，坐下後仍讚不絕口：「此乃鐘靈毓秀之地，不是

桃源，勝似桃源啊！先生道風鶴身，視權貴如糞土，占得青山綠水，悉心著述，為我等後人之楷模！」

伯溫明知故問：「後人知曉我乎？」

「『諸葛大名垂宇宙』，先生即是如此！」

「我關心的不是諸葛之『立功』，而是『立德』、『立言』」。

「先生被我等視為專制時代的完人，您一身正氣，剛正不阿，被褐懷玉，淡泊明志，著警世寓言集《鬱離子》，『以待王者之興』，您的詩文皆傳之久遠，影響很大」。

劉伯溫聽此褒獎，如童子一般，笑嘻嘻拿出一首昔日所作的詩，吟道：

> 我昔住在南山頭，連山下帶清溪幽。
> 山巔出泉宜種稻，繞屋盡是良田疇。
> 家家種田恥商販，有足懶踏縣與州。
> 東鄰西舍迭賓主，老幼合坐意綢繆。
> 山花野葉插巾帽，竹箸漆碗兼瓷甌。
> 酒酣大笑雜語話，詭拜交錯禮數稠。
> 或起頓足舞侏儒，或坐拍手歌甌窶。
> 出門不記舍前路，顛倒扶掖迷去留。
> 朝陽照屋且熟睡，官府亦簡少所求。

胡魚聽罷，甚為歡喜，詩興大發，見劉宅前石榴花開，便賦詩相贈曰：

> 庭前幾度石榴紅，不沐朝暉自蓊蘢。
> 李耳莊周氣度似，伯夷叔齊風流同。
> 雲蒸霞蔚一身月，飲露餐英兩袖風。
> 獨自開合獨自睡，更添夢態美人容。

劉基很喜歡這首詩，叫童子鑲嵌成匾，掛於書房。後來，倆人相處日久，無話不談，更無隔閡。胡魚便請教老先生關於預測未來的傳聞真相，劉基說：「我練吐納導引之術，也就是你們後人所說的氣功，獲得特異本領──腦細胞組成了特異資訊通道，可知曉未來；我還借助『時間隧道』暢遊過20世紀呢！我知道諸如相對

論、量子力學、電腦、互聯網、奧林匹克運動會、共產主義、市場經濟、鴉片戰爭、文化大革命等許多事情」。胡魚聽此，既驚異非常又欽佩不已，暗暗稱讚道：「真乃神人也！古今中外第一人！」

一日，劉基有興，作詩還贈胡魚曰：

> 花徑未曾緣客掃，奇書備有與君聊。
>
> 淡茶寒座氣質雅，粗履布衣人品高。
>
> 逸士有心乘黃鶴，至人無待隨白滔。
>
> 宋國雖遠展予望，萬裡何曾覺路遙！

胡魚有感於劉伯溫的偉大品質，又作《石鬆》一首贊曰：

> 身在野山不釣名，獨將心事付流雲。
>
> 風情千種崖間訴，根須萬條石上伸。
>
> 不為超凡淩絕頂，聊借霜雪練俗身。
>
> 倍嘗艱險一莞爾，雷電風雲任縱橫。

卻說胡魚來見前輩，本想聆聽對於中國人的評論，誰知伯溫只是天天講寓言故事，小孩、鄉親則圍者如堵，或鴉雀無聲，或拍手稱快，一傳十，十傳百，不管是親耳聽到的還是口耳相傳的，個個都對這些故事津津樂道。胡魚也悟出了什麼，在南田住了9天，記錄其要，現傳之後人。寓言如下：

烏鴉與喜鵲

北屺阽山住著彌子麂一家三代三十六口人，其妻封儉，其九子依次為天甲、天乙、天丙、天丁、天東、天西、天南、天北、天中、媳婦、孫輩若干人。他們有旱地30畝，水地12畝，依山傍河，種著果樹、桑樹、茶葉，養有豳豕魚鱉，男耕女織，爺耨孫漁，一家人過著小康生活，人丁興旺，家給物足，其樂陶陶，其情融融。七七之日，天中婚娶，彌宅張燈結綵，掛出九個大紅燈籠，象徵九子的幸福，鞭炮聲震天動地，歡笑聲一浪壓過一浪。竹籠中的喜鵲也來助興，嘰嘰喳喳，婉轉地鳴唱。正當新郎新娘交杯飲酒、人們大吃大喝之時，突然，傳來了烏鴉的「呱

呱」叫聲。彌子麂甚為不悅,朝屋後的大槐樹樹梢望去,見一烏鴉正在銜草築巢,
遠方正飛來一大群被它召喚而來的同伴。他便讓孫子輩五個少年用竹竿去打,烏鴉
不但不走,反而一次又一次地向筵席上的鄉親俯衝過來,嚇得眾人魂飛魄散,投箸
怒目而視。這時,從遠方走來一位瞎眼跛足老人,衣衫襤褸,禿頭光腳,口中念念
有詞:

> 得失只是一著錯,悲樂原為不速客。
> 失做得時得亦失,樂生悲處悲猶樂。

　　天丁念過幾天書,解得此詩,便知不祥,速請老人坐下喝酒;老人不肯,匆
匆欲去,並反復念叨著:「大洪水要來了!大洪水要來了!」「趕快散吧!」「趕
快逃吧!」這時烏鴉的呱呱叫聲愈來愈烈,並有一隻烏鴉急速俯衝而下,摔倒在筵
席桌旁。封氏怒不可遏,一刀斬下烏鴉的頭,然後全部拿進屋裡,欲烹而食之。彌
天甲、彌天乙、彌天北則找來弓箭,要射殺此「惡禽」,唯獨天丁不讓,為此,兄
弟吵作一團。老人曰:「烏鴉是天使,它在警示和驅趕愚昧的人們,洪水要來了!
大家趕快逃命去吧!」彌子麂不信,喝令老人「滾開!」瞽者悻悻而去,但鄉親們
也紛紛散席,匆匆打點衣被,逃往高處或投奔親友。彌子麂一急,竟一頭栽倒在
地,良久才微睜眼簾,斷斷續續地囑咐哭喊著的兒子們:「烏鴉…是個喪喪…門…
星,報憂不不…報喜!一定要把它趕趕…走,決…不能…讓它在槐…樹…上…做…
做成了窩,否則,咱們家可…就…要災難…不…不斷了!」這時,他聽到喜鵲的動
聽的鳴叫聲,又說:「喜…鵲才是…是…天使呢!它報喜…不…不…報憂,保咱…
一生…平…平安。剛才…喜…喜鵲…叫了,說明…根本…沒有沒有…洪…水!天
氣多多…晴…朗啊!怎麼…會…會…有…洪水呢!你們可…可…不能…離開祖…
宗…之…地…呀!」說完,彌子麂雙眼一閉,氣絕而亡。兒子們痛哭三日,料理後
事,而烏鴉仍叫個沒停,聲音悲慘哀傷。天丁對兄弟們說:「我觀天象,月暈濃
厚,七星成線,可能真有大水災。咱們還是暫時逃避吧!」眾人不僅反對,還譴責
他「不孝」,不恪守父親的遺言。天丁無語。新郎天中則晦氣滿臉。而喜鵲像是唱
起歌來,歡鬧不止。山上的狐狸、兔子、野豬通烏鴉之語,皆逃命而去。不幾日,
洪水奔至,可憐彌氏一家無處可逃,全都做了水中魚鱉,僅喜鵲存活。待洪水退
去,狐狸回來一口咬死了這隻「天使」。

胡魚評論說：國人的特點是好吉惡凶，喜聽讚歌，忌諱不祥之音，這是由「人性善」、「大團圓」的樂觀主義國民性所決定的，中國文化堪稱「喜鵲文化」。西方人當然也愛聽讚歌，但是，其「人性惡」、「原罪」的悲觀文化更多地賦予了他們危機感、憂患意識，西方文化堪稱「烏鴉文化」。中國人熱衷於粉飾太平，即使大廈將傾，也要宣傳歌舞昇平；人民寄希望於，也把命運交給明君、清官、包公一類的人物；逆耳忠言、犯顏直諫、表達不滿、揭露時弊從來是非常危險的。可是，喜鵲般的讚歌容易使人麻痺，被太平的表像衝昏頭腦，精神上陷入鬆弛，看不出問題和危機所在；而且，專聽讚歌，對民怨民聲進行圍堵，並不能撲滅暗火洶洶，相反，終會導致民怨沸騰，社會趨於動亂。西方人與此不同，他們熱衷於聽「烏鴉之聲」，進行「反面報導」，告知惡兆、不祥，使弊端、缺點曝光，將腐敗、醜行公諸於世，從而敦促人們嚴陣以待，加強法制，戮力整改，防微杜漸。他們不相信明君、清官，而信任法律、制度和監督。所以，劉伯溫曾曰：「道不祥而人趨祥，唱頌歌而鬼作亂」。

獅猴較量

卻說在一個孤立隔絕的大森林中，只有獅子和猴子兩種大型動物，以前存在過野豬、兔子之類，但因獅子太多，眾皆滅亡。後來，獅子只得吃猴子為生，猴子在長期的物競天擇中學會了種種本領，與對手進行血腥的較量。獅猴皆以龍為部族圖騰，獅子崇拜龍的威嚴、獨尊與兇殘，猴子崇拜龍的能屈能伸、變幻無窮與高深莫測。獅王名叫拉那氏，他曾用欺騙手法，請猴群赴宴，當時尚有其他弱小動物存在，猴王洪清秀為改善與獅群的關係，慷慨赴約，結果，中了埋伏，洪清秀被食殺，數千隻猴兵被俘，全都將慢慢成為獅子的盤中餐。猴群於是推戴先王之子洪福為新猴王，與獅群數百次對陣、廝殺，終因對方太強大，斬獲甚少。獅王為了進一步加強集權，改稱獅王為獅皇，設置了官僚體制，任命了宰相、大臣、將軍，頒布法律，規定一切事務的最終決定權在獅皇一人，群獅必須時刻山呼萬歲；而且，皇權大於法權，獅王可以解釋和修改法律。與此同時，猴群也加強了專制統治，改猴王為猴帝，任命百官，制定百姓遵守的法律，並且，推出「打倒妖虜，平均果實」的口號，以喚起民眾。獅子原來不在中原的森林裡生活，所以，猴子罵之「妖

虜」；同樣，獅子貶斥猴子為「毛賊」。一日，獅子抓得猴帝的五個妃子，戲弄之後，皆剝皮挖心，眾獅分得杯羹，然後將割下的乳房扔給猴帝。洪福在樹上氣得差點掉下來，經眾猴勸說，新娶了十位妃子方才忍氣消怒，待時而動。一天夜裡，月黑風高，猴帝決定劫營，誰知眾猴竟都闖不過門口守營的兩個大獅子，最後反而被反擊的獅群殺得大敗。但猴帝絕不甘心失敗，它組建先鋒黨、敢死隊，成立鄉軍，苦加演練，又以反間計離間對方，以美人計迷惑獅軍將領，以苦肉計詐降，聲東擊西，調「獅」離山，暗度陳倉，終於一舉擊敗妖虜，殺死獅皇。於是，整個森林沸騰了，猴子聚會，進行盛大遊行，高呼猴帝萬歲；猴帝為了表示政權屬於猴民，當眾宣布改稱猴帝為公僕……。由於這群猴子在森林裡稱王稱霸，它得以逐漸向中國人進化。

我們至今崇拜著那兩個守門的獅子、頗俱心計的猴子，以及獅猴部族共同的圖騰——龍。

狼國的故事

有一群狼，其首叫威利。它們剛吃了兩頭野牛，又見一大群羊，食之不下，棄之不捨，於是，威利命令把羊全部趕到狼群的住處——日黑山，待日後慢慢享用。有數只羊試圖反抗，馬上被兇殘的狼咬死，並被分而食之。由於羊兒走得慢，歷經十餘日，路上又抓得一大批斑馬、野豬、牛羚、長頸鹿、兔子及羊羔，終於到達了狼窩。這裡聚集著狼兒數萬只。威利當眾宣布，學習人類，建立國家，授官予爵，將狼群按權力官級分出三六九等；其他動物皆稱之為「奴僕」、「餐物」。它們找來一些漂亮的羊兒作侍者，跪著聽候使換，隨意打罵；又差一些羊兒在狼的押送下，去莽山弄長生不老之藥；它們挑選出精壯的公羊作為「頭羊」，去管束羊群，並圈養兔子等供狼兒吃；還分出五分之一的羊兒去開荒栽植葡萄。為了鞏固狼國邊境，威利不顧國力，下令役使大批動物修築綿延千裡的「國城」；同時，抓來勞役修建豪華的王宮、巨大的陵寢。最後，累死者過半。可是，精明的狼們還要到處宣揚仁義道德，以騙取眾獸的服從和信任。有一隻老虎輕信統治者，結果也喪命被吃。

狼國的官吏們都是權慾薰心、殘忍暴虐、善於阿諛奉承、鑽營取巧之輩，它們私分羊兔，貪汙腐化，賄賂成風，上好的羊皮、豹皮成為賄賂珍品。狼們現在都披著羊皮，極盡欺騙之效，大批的動物又陸續成為囊中之物。有動物欲反抗、逃跑，皆被殘酷地鎮壓。狼王於是驕傲自大，發狂變態，興建一個又一個的巨大工程，結果，導致大批的國民被打死、累死、餓死，狼們則飽食其中。終於有一天，眾動物發動了大規模的起義，殺死了狼群和背叛的頭羊，逃於自由的森林。狼國土崩瓦解。但是，有幾隻狼子狼孫倖免逃脫，試圖恢復狼國，沒有成功；於是，它們靈機一動，模仿人間，以「建設大同、平均食物」相號召，不稱狼國稱「民眾之國」，不稱狼王稱「總統」、「公僕」，廢除苛法以至於所有法律。結果，獸類雲集，大受歡迎。

愚公與智叟

北山村與河曲莊以呼嚕河為界，共同面對王屋、背靠太行二山，各有村民數千人。北山村人皆姓於，以牛為圖騰，一族人世代生活在一起，與外村老死不相往來，也不鼓勵讀那「空談之書」，村長即族長，名曰愚公。河曲莊則為眾姓之村，鼓勵與外村人婚配，無統一之圖騰，人皆好學，莊主為村民「公舉」而出，有智名，故人稱智叟。一日，智叟駕木筏過河，見得愚公，商量開山修路之事。愚公聞聽，不以為然，曰：「我北山村戶均一畝三分地，耕牛一頭，自給自足，修路何用矣！」智叟垂頭喪氣而回。翌日，智叟又往，說之以「修路通長安，子孫可做官」，愚公大悅，與智叟約定：北山村負責開王屋之山，修通門前路，抵達東原；河曲莊負責開太行之山，修通村後之路，抵達薊村。智叟回莊，立即與村民討論修路方案。有人提出移山劈路，有人提出鑽挖隧洞，有人提出迂迴而挖，還有人提出拍賣荒山，請人來挖……。最後，智叟決定，繞道避險而進，自力築路輔之以賣山請人。方案實施後，五年有餘，道路修通；十年以後，河曲莊家家致富。官府聞聽，請智叟、莊民數人做官，無人以應。

北山村愚公主張移山，族人雖私下多有反對，但因是族長之令，違背者有被「杖笞」致死的危險，所以，眾人敢怒不敢言。智叟見北山村人挖山不止，勸之曰：「毋用移山！以殘年餘力，不能毀山之一毛，其如土石何！」愚公曰：「雖我

之死，有子存焉，子又生孫，孫又生子，子又生子，子又有孫，子子孫孫，無窮匱也，而山不加增，何苦而不平？」智叟搖頭，無以應對。五年後，河曲莊修路有成，北山村有人提出：「請試河曲莊之法！」愚公謂其動搖民心，族中公審後亂棍將他打死。

移山之始，北山村人皆苦幹不止，毫無怨言；時間一久，見無效果，還累死了數十人，眾人不免懈怠，於是，偷懶怠工、出工不出力成為普遍現象。愚公苦思良策，一會兒授予累死者「烈士」、肯幹者「挖山模範」的稱號，號召眾人向他們學習，一會兒送來慰勞品，犒賞族民。而大小監工們貪汙受賄成風，受賄後允准別人不來，或者幹活時睡大覺；他們吃起了「空餉」，把怠工者的慰勞品占為己有。長此以往，村民更加怨聲載道。愚公為了遏止不滿，他讓族人互相揭發，對「不忠者」加以批鬥，並且，設置刑堂，打死上百人。

北山村挖山還挖出了鐵礦，村民被雷電擊死十餘人。智叟又止之曰：「鐵能吸引雷電，下雨時，不可挖！」愚公不加理會，笑之曰：「雷電乃天神之所為，與鐵何干！劈死者皆怠工不敬者！」他又號召村民：「人生不死，挖山不止！移山成功後，便可路通官府，子孫做官，享受富貴！」有人聽說「子孫做官」，又歡呼起來，萎靡的精神為之一振。可是，鐵礦在下，眾人苦幹數年仍然無功，累死、劈死、打死者數百人。

有一年，大雨傾盆，洪水氾濫。因移山導致樹木被伐，水土流失，北山村被洪水夾帶著泥石流沖毀、淹沒，無一倖存。而河曲莊安然無恙。

胡魚曰：中國人歷來大贊愚公，貶斥智叟，悲莫大矣！

劉伯溫共述寓言326篇，胡魚則在南田住了9天，記錄其要，然後兩人遊覽杭州，一邊欣賞湖光山色，一邊談古論今，述說中國人。數日後，胡魚乘超光速火箭返回當代。

中國問題學之構想

胡星斗

一、中國問題學的概念

百年以來，中國一直把實現現代化（包括近代化）作為國家的奮鬥目標。但什麼是現代化、如何實現現代化，卻眾說紛紜。一種觀點認為，現代化就是要建立西方式的物質文明，因此，只要學習他們的技術、引進他們的設備即可。至於西方的政治、文化等等，則不如中國的優越；另一種觀點與之相似，也認為西方無非就是生活富裕一些、船堅炮利一點，因此，只要在經濟生產領域借鑒先進的做法就行了，至多除了學習技術之外，中國還應增加一項內容：引進一點西方的管理思想與方法就可以了；第三種觀點認為，西方雖然物質文明、精神文明的程度都很高，但其文明、體制、制度不符合中國。以上觀點都付諸了實踐，經過百年的摸索，中華民族承受了慘重的損失，我們現在才體會到，政治、經濟、文化是一個整體，只學習人家的企業、經濟、管理上好的東西，實際上是學不來的，或者說往往會學成了畸形的、扭曲的東西，如時下中國的市場經濟、現代企業制度、股份制、股份合作制、金融制度、稅收制度、公務員制度、法治建設等等都存在著一定程度的變形。

因此，中國實現現代化的關鍵是全面地研究中國的問題和癥結所在，然後實行全方位的改革。我們所說的「問題」，是指阻礙市場經濟、民主政治、多元文化、法治社會形成和發展的原有的制度、體制、現實、行為、思想、文化等方面的因素。誠然，其中的思想、文化，本身並無好壞之分，只是看你拿什麼標準去衡量。所以，我們必須設定對「問題」的判斷標準，即看它是否阻礙市場經濟的發展，是否阻礙民主政治的建立，是否阻礙法治國家的確立和社會的全面進步，是否妨礙人的幸福、對人權的保護。可見，本文所說的「中國問題」僅僅是指按照「現代化」的標準去過濾中國的東西，並不是全盤否定傳統或者宣導民族虛無主義。恰恰相反，我們的主張是，越是現代化的，就越是民族化的，即現代化的國家反而會

好好保護民族傳統中優秀的部分。因此，所謂「中國問題學」就是按照現代化的標準對中國政治、經濟、社會、文化中存在的問題進行全面研究的學科。

也就是說，中國問題學的研究內容有：現代化潮流中的中國經濟問題、中國政治問題、中國社會問題、中國科學技術問題、中國哲學文化問題、中國文學藝術問題等。

中國問題學研究的重點是如何建立適應現代化和中國國情要求的現代制度，包括現代市場經濟制度、現代企業制度、現代金融制度、現代農村制度、社會主義的現代國家制度、現代政治制度、現代社會管理制度、現代文化制度、現代教育制度等。

中國問題學與其他學科的關係是，中國問題學以現代經濟學、政治學、以及中國學（與「漢學」相近但不完全一致）為其三大基礎，以制度經濟學、產權經濟學、公共選擇理論、現代政治學、諸子百家研究、社會學、文化學、文化人類學、系統科學、數理統計等為價值論和方法論的主要來源。

中國問題學的研究方法有綜合研究、交叉研究、宏觀研究、反思研究、批判研究、中外對比研究、理論思辨研究、調查研究、系統方法、統計方法、定性與定量相結合的方法等。

研究中國問題學具有重大的理論和現實意義。中國要想卓然挺立於世界民族之林，首先要反躬自省，大膽地剖析自己，才能擇優棄劣，痛改前非，走向現代化的康莊大道；而建立中國問題學的學科體系、開展中國問題學的研究，透晰中國的長處與短處，瞭解中國的問題所在，並針對問題尋求對策，有助於推動社會主義市場經濟、民主政治、法治國家的建設，有助於實現社會的全面進步，有助於建立民主、法治、公正、開放的現代中華文明，有助於繁榮學術、推動國情研究和「中國學」、「問題學」的研究。因此，研究中國問題學，從根本上來說，有助於中華民族的重新崛起與繁榮富強，有助於中國現代化的早日實現。

二、中國問題學研究大綱

中國問題學是一門綜合性、交叉性的新興學科，但其問題並不都是全新的。對於其中的舊問題換一個角度討論，可能對我們理解問題會有所裨益；而對於其中

的新問題進行深入的研究，可能會讓人有豁然開朗的感覺。所以，中國問題學一要創新，二要繼承，三要百川納海，達到新的高峰，形成完整的學科體系。我們初步設想，中國問題學的研究大綱為：

第一部分　中國經濟問題研究

1、中國古代經濟問題研究

小農經濟問題研究；家庭小手工業問題研究；官營工業問題研究；官商研究；商品經濟問題研究；本末論研究；輕重論研究；生產效率研究；農業結構研究；飲食結構研究；環境生態研究；財政賦稅研究；土地兼併研究；地主研究；官僚經濟研究；對外經濟交流研究；腐敗研究；農民研究；流民研究；饑荒研究；災害研究等。

2、計劃經濟問題研究

短缺經濟研究；過渡時期經濟問題研究；三大改造問題研究；大躍進研究；三年困難研究；「四清」時期經濟問題研究；文化大革命時期經濟問題研究；農業學大寨研究；以糧為綱研究；上山下鄉運動研究；公有制問題研究；國有經濟問題研究；集體經濟問題研究；金融體制研究；財政體制研究；保障制度研究；對外貿易研究；公平研究；效率研究；政府結構與功能研究；政策與法律研究；科技教育問題研究；環境問題研究等。

3、市場經濟問題研究

早期市場經濟研究；現代市場經濟問題研究；中國市場經濟問題研究；知識經濟研究；網路經濟研究；所有制研究；分配制度研究；宏觀調控問題研究；社會保障問題研究；國有經濟問題研究；股份制問題研究；股份合作制問題研究；金融體制問題研究；稅收體制問題研究；投資體制問題研究；政府架構研究；基層政府職能研究；反腐敗研究；三農問題研究；城鄉一體化研究；城市化問題研究；全球化問題研究；WTO問題研究；對外貿易問題研究；科教興國問題研究；可持續發展問題研究；現代企業制度研究；現代農村制度研究；現代工程管理制度研究；現代社會管理制度研究等。

第二部分　中國政治問題研究

1、中國古代政治問題研究

專制制度研究；人治制度研究；仁政研究；暴政研究；儒家研究；法家研究；農民起義研究；官僚官制研究；文字獄研究；法律刑獄研究；軍隊研究；戰爭研究；春秋戰國研究；王朝興替研究；對外關係研究；變法研究；人物研究；鴉片戰爭研究；洋務運動研究；戊戌研究；清末新政研究；向現代政治轉型研究等。

2、中國現代政治問題研究

辛亥革命研究；五四運動研究；北伐研究；國共合作研究；抗日戰爭研究；臺灣研究；蘇區肅反研究；「鎮壓反革命」運動研究；「抗美援朝」研究；「反右」研究；「四清」研究；「文革」研究；改革開放的政治問題研究；民主法治問題研究；民主社會主義問題研究；人權問題研究；新權威主義問題研究；自由主義問題研究；現代政治制度研究；現代政黨制度研究；現代國家制度研究；現代軍事制度研究等。

第三部分　中國社會問題研究

1、中國古代社會問題研究

社會階層研究；官僚狀況研究；百姓生活狀況研究；民間社會研究；黑社會研究；武俠研究；家族研究；鄉村問題研究；城市問題研究；社會風俗問題研究；臣民心理研究；社會環境研究；法律訴訟研究等。

2、中國現代社會問題研究

社會信仰問題研究；社會道德問題研究；社會利益集團研究；社會階層研究；工人狀況研究；農民狀況研究；商人狀況研究；知識者狀況研究；青少年狀況研究；弱勢群體狀況研究；社會治安問題研究；社會組織問題研究；社會風氣問題研究；社會收入狀況研究；腐敗現象研究；犯罪研究；政策法律的權威性研究；生態環境問題研究；民間組織研究；社會心理問題研究；社會現代化問題研究等。

第四部分　中國科學技術教育問題研究

1、中國古代科學技術教育問題研究

科技、教育與經濟、政治制度的關係研究；科學與技術的關係研究；科技傳

播問題研究；技術運用問題研究；科技、教育與價值觀研究；科技、教育與思維方式研究；科技、教育與泛倫理主義研究；方術研究；中醫針灸理論研究；近代中國科技落後的原因研究；書院研究等。

2、現代科學技術教育問題研究

科研、教育投入問題研究；科研組織問題研究；科技成果轉化問題研究；科技、教育與制度的關係研究；科學與技術的關係研究；科技與教育研究；科學、技術、教育與經濟研究；科學、技術、教育與社會研究；科技與倫理研究；素質教育問題研究；科教興國問題研究；現代科研制度研究；現代教育制度研究等。

第五部分　中國哲學文化問題研究

1、中國古代哲學文化問題研究

諸子百家問題研究；理學問題研究；心學問題研究；玄學問題研究；道教研究；中國佛教研究；民間信仰研究；思維方式問題研究；語言問題研究；詩詞研究；散文研究；小說研究；悲劇研究；中國畫研究；書法研究；服飾研究；音樂研究等。

2、中國現代哲學文化問題研究

民族性問題研究；信仰問題研究；現代宗教研究；現代哲學研究；現代中華文明研究；精神文明研究；馬克思主義研究；五四文化研究；「文革」文化研究；新儒家問題研究；儒家資本主義問題研究；文藝與政治研究；文藝與經濟研究；文藝與社會研究；文藝與古今中外文化研究；現代派文藝與中國研究；城市文化問題研究；農村文化問題研究；現代文藝制度研究等。

三、中國問題學的核心

中國問題學雖然涉及關於中國的全方位的問題，但其核心只有一個，就是探討中國的問題所在，研究中國現代化的阻力因素，建立適應現代化和中國國情要求的現代制度，包括現代經濟制度、現代企業制度、現代金融制度、現代農村制度、現代國家制度、現代社會管理制度、現代文化制度、現代教育制度等。

所謂現代經濟制度，指產權清晰、交易自由、自我負責、國家有限干預、股

份共有、全民社會保障、兼顧效率與公平的制度。

所謂現代企業制度，指產權清晰、權責明確、政企分開、管理科學的制度。

所謂現代金融制度，指政、銀、企分開，匯率自由，銀行進行企業化經營的制度。

所謂現代農村制度，指民主、法治、公平、高效、文明、開放的社會主義農村制度。

所謂現代國家制度，指民主、法治、分權、自治的社會主義國家制度。

所謂現代社會管理制度，指統一、精簡、高效、法治、非官僚化、非身分化的社會管理制度。

所謂現代文化制度，指百花齊放、百家爭鳴的社會主義文化制度。

所謂現代教育制度，指政校分開、教授治校、學術自由的教育制度。

除了上述之外，中國還應建立現代政治制度、現代農民制度、現代農業制度、現代政府制度、現代立法制度、現代監督制度、現代軍隊制度、現代科研制度、現代文藝制度等等。這些都是中國問題學面對的重大而迫切的研究課題。

中國問題學——作為科學園中的新葩，其理論很不成熟，體系很不健全，我們期望有志之士加入到它的研究中來，共襄壯舉，裨益中國的現代化偉業。

1994.11.11

2000.12修改

胡星斗中國問題學寓言

九面狐

　　青丘山的九面狐，數萬隻，極聰明，擅變臉，常常模仿人的面容、姿勢，夾著尾巴下山與孩童一起玩耍。它們不但騙小孩的零食吃，還偷雞摸狗，裝神弄鬼，嚇唬小孩，甚至趁人不備抱走嬰兒，與夥伴分而食之。長此以往，九面狐嘗到了坑蒙拐騙的甜頭，遂陶醉於吃喝玩樂之中。

　　九面狐的首領號稱天王，它身高腿粗，頭小嘴長，依靠血腥暴力和陰謀權術制服了部眾，占山為王。它特別制定了一條法律，規定眾狐的婚配大事由天王決定。這樣，雄狐為了得到美麗的雌狐，爭相溜鬚拍馬，給天王行賄送禮。天王遂發了大財，大肆揮霍享受起來。它為了長生不老，不僅學著人類練氣功，服丹丸，還前往東海尋仙覓藥。部眾們見首領驕奢淫佚，大富大貴，都羨慕不已。久而久之，發財意識成為狐狸文化的主流和特色，恭喜發財、福祿壽喜成為幾乎所有九面狐的口頭禪。有一小九面狐因常與人接觸，靈性已通，變得善良起來，不願再幹偷雞摸狗的事，主張自己養雞，自食其力。它遂勸阻同伴不要下山「發財去」，不料被眾狐群起攻之，打倒在地後給咬死了。慢慢地，一些九面狐發了財，食物堆積如山，於是它們便紛紛去抓鼴鼠、野兔來伺候自己，呼婢喚奴，忘乎所以。一天，九面狐們到羽山去傳授發財經驗。一路上，它們把吃掉的嬰兒的頭骨戴在頭上，狂舞起來。失去了小孩的人們早就在尋找九面狐的蹤跡，見群妖戴著頭骨亂舞，他們倍感義憤填膺，痛苦不已。眾人趁風在四周放了一圈火，燒死、打死了數百隻正得意忘形的九面狐。狐之天王得到報告後，害怕極了，從此躲在青丘山一直不敢下山。

西王母

　　傳說瑤池之西王母雖長得豹尾虎齒，並不漂亮，但她性情雍容，天真善良，能唱許多民歌。她嫁得東王公後，育有三十八子一百一十五女。像多數婦女一樣，

西王母沒有奢望，只希望與夫君廝守一輩子，和和美美，平平安安，過著男耕女織、夫唱婦隨的平凡的生活。

　　西王母愛吃蟠桃，得以長壽。她在自家的庭院就栽了300顆蟠桃樹，那蟠桃個個長得碩大無比，引得天界諸仙垂涎三尺。西王母看出了他們的心事，遂以蟠桃大開壽宴，讓仙人們以祝壽為名，前來品嘗。因此，每次蟠桃會時，群賢畢至，熱鬧非常，一派太平盛世景象。如此，過了若干年後，誰知天下大亂，戰爭突起，使得西王母美好的生活一去不復返了。原來，有一仙人名叫刑天，他到人間，發現到處饑寒交迫、屍橫遍野，人民生活在困苦災難之中；刑天問原因，眾說紛紜，有的說：「官府腐敗，貪官汙吏可憎！」「他們巧取豪奪，苛捐重稅，農人無法生存，只能賣田賣地，鬻兒鬻女，背井離鄉！」有的說：「言路不通，民怨無處伸」，「官府欺世愚民，百姓懦弱受壓迫」，還有的說：「陽光不足，作物生長不茂」，「天寒地凍，沒有禦寒之衣物、避寒之廣廈」，甚至有人指日而誓曰「時日曷喪，予及汝偕亡！」刑天聽後感歎道：「『民之饑，以其上食稅之多；民之輕生，以其上求生之厚』！『四海無閑田，農夫猶餓死』，果其真也！」他對著大批流民疾呼：「我聽說『民不畏死，奈何以死懼之！』我們一齊創造出新的天地，如何？」老百姓齊聲答道：「諾！」於是，刑天創造出十個太陽，並率領民眾揭竿而起，立誓要改朝換代。這樣，不僅人間風雲突變，連天帝也至為震怒，天帝道：「民無二主，天無二日，這是永恆的道理！我一定要把那個刑天抓住，碎屍萬段！」此時，西王母雖厭惡戰爭，祈求和平，但為著黎民百姓著想，她支持刑天造反。可是，天帝請來神射手羿，射下九日，又請來名叫患的術士，幫助人間暴君朱權，大施魔法，迷惑刑天。此時天兵天將將刑天團團圍住。正在萬分危急之時，西王母使用寶器神網，將患和羿捉住，為刑天解除了迷障。術士大叫道：「我原本是中國的封建政治家！會神出鬼沒、變化無常、陰謀權變的本領！你這個老婆子，快把我放了，否則死無葬身之地！」同時，天帝也來求情，要求放了患和羿。西王母不予理會，將兩人交與刑天，刑天殺之。天帝大怒，欲懲罰西王母但力量不足，於是他祕密聯絡天庭諸官，外加不夠格的諸曹小吏，湊夠人數，召開會議，收回了西王母的神網使用權，並決定將她囚於瑤池，與丈夫兒孫分離，永遠不能見。刑天也終於被捉，天帝斬其首，葬於常羊之山。刑天不服，以乳頭為眼，以肚臍為口，操干戚（斧和盾）仍然掙紮抗爭不止。於是，天帝戮其屍。暴君朱權則被起義徒眾殺死，最終一

個名叫李炎的義軍首領削平群雄，坑殺另一義軍將士45萬，奪取皇帝的寶座。李炎宣布中國又進入另一輪王朝迴圈，百姓山呼萬歲，震天動地。天帝雖不滿朱權被殺，但見帝王專制之法統尚存，遂心懷寬慰，恩准了新的人間之主登基。經過桑海蒼田，黎民百姓暫時恢復了太平生活，皆恭頌「盛世」、感恩戴德，見皇帝則熱淚盈眶，兩腿哆嗦，情不自禁地倒地跪拜；而皇帝則自稱為「神」、為「太陽」，更讓百姓瘋狂膜拜不已。百姓中有一人，名叫夸父，他因仰慕皇帝和太陽，遂乘鳳凰追日，渴而墜地，大飲黃河、渭河之水，兩河之水被飲乾後，他向北走，半路就渴死了。那個鳳凰則被太陽燒死。皇帝知道此事後，大為稱頌，謂之「鳳凰涅槃」。若干年後，鳳凰再生為人身，成為李炎之皇后。此後，每過一二百年，社會就陷入大規模的動盪之中，黎民塗炭，無以形容。西王母目睹這一切，她的蟠桃樹也多次被毀，因此，她悲歎道：「動亂是中華民族的心腹大患。中國人何時能跳出治亂迴圈之週期律？老百姓只知盼望明君，只知恭頌太平，不知道制衡權力，自己決定自己的命運，不知道設計制度、法律以避免動亂，可謂愚矣！」西王母於是以釵自殺而亡。

精衛填海

炎帝有一愛女，名叫女娃。女娃遊於東海，與仙女競遊嬉戲，不料至深海溺水而死。炎帝聞訊，悲痛欲絕，隨下令實行三項海禁政策：不許百姓出海打魚，不許尋仙之人去往扶桑、蓬萊等異域，不許開展海洋貿易。同時規定：在大陸禁止競爭，禁止交易，禁止遠遊。女娃死後，變為彩首、白喙、赤足的小鳥，隨父狩獵，繞飛林中，悲鳴聲「精——衛——」，炎帝舉弓欲射之，隨從方士稟告：「此鳥乃陛下之女所化！」炎帝心中一驚，放下弓箭，不禁淚水盈眶，久久不能自己，許久之後才說：「就賜小鳥『精衛』之名吧！」精衛在父親的頭頂上盤旋了幾個時辰，不肯離去。炎帝作歌曰：

> 精衛鳴兮，天地動容！
> 山木翠兮，人爲魚蟲！
> 嬌女不能言兮，父至悲痛！

海何以不平兮，波濤洶湧！

願子孫後代兮，勿入海中！

願吾民族兮，永以大陸爲榮！

精衛聽得父親「海何以不平」的歌詞，遂下決心，填平大海！於是，她每日銜西山之木石填於東海，木石雖瞬間即被浪濤沖走亦不氣餒甘休。

莊周後裔

莊周之後裔，名叫莊戶，逾古稀之年，居於潁上之東烏臺之西的莊村，有九子，八十一孫，四百餘玄孫。雖爲名門望族，有田180畝，耕牛145頭，且族人皆通文墨，熟諳道家自然無爲、精神自由的哲學，恪守莊周「終身不仕」——不當官的傳統，因此，世代無權無勢，倍受貪官汙吏的欺壓。當地一鄉長，名叫雲龍，他霸占民女，強買強賣，巧取豪奪，並且動輒指揮鄉警，非法拘人。莊戶之孫莊岩因與鹽商榮氏關係密切，該鹽商與雲龍不睦，未交「獻金」，結果被鄉警抄家；莊岩此時恰在榮氏府上，他仗義直言，頂撞了雲龍，被鄉警打死。此樁人命官司打到縣裡，莊家因沒有後臺，家裡沒有當官的，所以不僅輸了官司，而且折了財產。沒過四五年，莊戶只剩田產20餘畝，耕牛5頭。偌大的家族，這點田地沒法生存，莊家子孫只好紛紛出村替人種田，打長工。一年大旱，竟餓死75人；第二年又鬧水災，河堤決口，沖毀莊家的房舍，家人只好成群結隊地出去要飯。孫子中有數十人，追慕「數卷詩書世外逃」的生活，泛舟湖海，出入深山，尋仙習道，皆有所成。其中莊來、莊往還分別開創了道教精神派、勝利派。一日，莊來在崇山峻嶺中見一老虎打瞌睡，他自以爲已得道成仙，遂上前與老虎交談，結果被老虎所食。

螞蟻國

卻說在克塔克有一螞蟻國，群蟻數十億隻，有文明史50萬年，疆域一度達到數百萬平方公里。隨著人類活動的擴張，現領土縮小爲不足高峰時的百分之一。螞蟻國全名叫「克塔克蟻類聯邦共和國」，總統經由民選產生，現總統名叫查謨，它是建築師，學識淵博，精通工程技術、政治法律，通曉數國蟻類外語和人類幾種主

要語言。蟻曆475396年（即人類西元1998年），他召集主持由總統班子成員和學者顧問參加的會議，提出「研究人類社會的缺陷，尋找對策，拯救蟻類文明」。

會上，參加者發言踴躍。科學家蘭斯氣憤地說：「人類真是愚蠢至極！他們只知道弱肉強食，投機鑽營，勾心鬥角，文明程度起碼落後我們40萬年！如今他們又要摧毀我們的家園，焚燒我們的建築，砸壞我們的DNA電腦和生物電、光電互聯網，這些高科技他們根本不懂，只是壯著他們人高馬大，欺負我們！今天，我們是否可以議論一下發表一個討伐檄文，控訴人類的罪行，同時敦促動物們聯合起來，與人類抗爭！拉馬丹總理，您認為如何？」

螞蟻國總理拉馬丹長得白皙肥胖，眼睫毛修長，屬少數族裔白蟻。它聽了蘭斯的話後，慢條斯理地說：「是啊，如您所說，我們的民主制度、市場經濟制度發展了幾十萬年，比人類完善多了，不像他們的社會專制主義、法西斯主義、黑金政治、虛偽民主、道德淪喪、貪汙腐敗、爾虞我詐等氾濫成災。我們的社會公平廉明，博愛互助，人民至上，基本上消除了暴力、戰爭，本來我們可以享受萬世的太平，誰知幾千年來人類與我們作對，不僅破壞我們的生存環境和文明成果，還大肆屠殺我們的同胞！今天我們必須想出辦法，與人類決一死戰！可以發表一個檄文，動員起一切與人類勢不兩立的動物朋友們。」

顴骨突出、長著長嘴的社會部長門德修斯頗有才智，世稱「智者」，它深有感觸地說：「我們要擊敗人類，最簡便的方法是讓他們走上自我毀滅之途！可以促其分裂、內亂，陷入爭鬥的泥潭而不能自拔。我曾經到過清朝時的中國，那裡的人只有兩類或兩個階層，即『老爺』、『爺』、『主子』階層與『奴才』、『小人』、『草民』階層，兩類之間通常是老鷹與小雞、狼與羊、獵人與走狗的『尊』『卑』關係，只有極少數的『清官』、『良臣』會更多地考慮老百姓的利益，『為民作主』。那是一個官本位的社會，要麼當官發財做老爺，可以任意役使下屬、橫行鄉里、魚肉百姓，要麼當不了或沒當上官，成為小民，只能逆來順受，忍聲吞氣，求菩薩保佑平安無事。所以，中國人最羨慕的是當官，平生唯一的志願也是當官，一切社會政治、法律、制度、資源、意識形態也是為當官者所設，人們為爬進官場，往往喪盡人格，不擇手段，一旦成功，雖然對上司仍要做奴才，但對下屬和百姓可以耀武揚威，成為主宰人們命運的『主子』、『愛民如子』的『爺』。由於官爵之『資源』畢竟稀缺，因此中國人幾千年來對之展開了波瀾壯闊的激烈的角逐

和競爭，並且將競爭的策略上升到理論的高度，總結出『三十六計』；什麼笑裡藏刀、借刀殺人、趁火打劫、聲東擊西……，可謂機關陷阱，層出不窮；那裡的人際關係紛紜複雜，人與人都是『敵人』；為了生存，『十八般兵器』，攻防擊閃，在中國幾乎人人都運用自如。所以，我在想，可以利用中國人的尊卑的觀念、好鬥的缺陷，讓他們自相殘殺，自我瓦解」。

災害學家紐烏爾此時頻頻點頭表示贊同。它說：「我們還可以促使人類進一步失去理智，盲目發展經濟，破壞環境，最後讓人類的文明毀於洪水或沙漠化」。

生態學家克勒威立即加以反對：「不行！不行！人類的生存環境破壞了，我們也無處立足，只能跟著毀滅」。

總統查謨說：「可以考慮如何讓他們的文明退化，創新精神衰落，社會生機窒息。人類不像我們蟻類聯邦這樣民主自由，他們的『真理』往往不是由世人公評的，而是由權力裁定的，譬如中國古代儒家並不是人們自願選擇的信仰，而是成為統治者手中的棍棒，可以利用它按照自己的面貌用恐怖的方法以去改造世界；在是非面前，人類權力的裁定總是代替平等的爭鳴。這種權力裁定結果只能使人屈服而不能使人信服。儒家就這樣成為最高的『真理』，不僅使得真理已走到了盡頭，堵塞了真理發展的道路，而且成為因言有罪的理論基礎，古代許多有獨立人格的知識分子因此只能『手拿寫字犯罪筆，眼含淚水寫文章』；人類的這些做法妨礙了獨立思考的創造性，阻礙了文明的發展，剝奪了上天賦予人的自由思想的權力，使得國民精神日益萎縮。而且，中國儒家不可能認識解決世界上的一切事物，也無法回答客觀實踐對理論的挑戰，這樣就勢必陷入思想僵化；還有，獨尊在本質上是排他的，不可能從其他的意識中吸取有益的東西壯大自己，從而孤立了自身；獨尊也是無法無天的理論基礎。用人的有限認識去衡量一切事物的是與非，並強迫人們去信奉實行，就勢必造成主觀誤判的悲劇。所以，中國文明的衰落是必然的」。

「說起中國，我也去過」，蘭斯說，「那是個野蠻群體與文明古國並存、民眾性情閒散與生存競爭激烈同在的社會。那裡的人很聰明，可是他們的精神智力不是用在創造發明、創立文明制度、營造美好生活上，而是浪費在應付勾心鬥角的人際關係、血腥的爭權奪利和當官愚民之上，對於這些，門德修斯先生和總統先生可謂一言中的！中國人這方面流傳的名言警句、成語俗語很多，如『世事洞明皆學問，人情練達即文章』，『閒談莫論人非』，『話到嘴邊留半句』，『口可以食，

不可以言』，『有伸腳處須伸腳，得縮頭時且縮頭』，『誰人背後無人說，哪個人前不說人』，『人善被人欺，馬善被人騎』，『無毒不丈夫』，『殺人如草不聞聲』，『成者為王敗者寇』，『避席畏聞文字獄』，『弱其志，強其骨，常使民無知無欲』，『民可使由之，不可使知之』，『螳螂捕蟬，豈知黃雀在後』，『相逢狹路宜回身，往來俱是暫時人』，『知人知面不知心』，『行路難，不在山，不在水，只在人心反覆間』，『大智不智，大謀不謀，大勇不勇，大利不利』，『會盡人情，隨教呼牛喚馬，只是點頭』，等等，可謂充滿了畸形的智慧，讓我們這些崇尚誠實、直率的蟻類目瞪口呆。同時，中國人還缺少真理意識、是非意識，缺少社會正義感，他們相信『諸侯之門仁義存焉』，聽任『指鹿為馬』，像孔子認為禮孝重於義理，老子認為順應自然高於道德正義，莊子認為是非無別，鄭板橋推崇難得糊塗，他們只有對皇帝和社稷的效忠之『一身正氣』，沒有對真理和正義的追求，因此，在中國社會總是醜惡公行，老百姓對之也習以為常。像這樣的社會，我同意門德修斯的主張，想辦法讓他們自取滅亡！」

社會學家皮格魯魯說：「與中國人一樣，整個人類的文明進化水準與我們相比太低了！美國人、俄國人、德國人、日本人都有他們的毛病。譬如美國人傲慢無知，俄國人莽撞好鬥，德國人機械而死板，日本人愚忠而殘忍。我有個辦法，讓他們爆發核戰爭，統統同歸於盡！」

生物學家克勒威連連搖頭道：「不，不行！不行！」

災害學家紐烏爾卻贊同道：「我們蟻類可以早作準備嘛！可以通知所有的同類挖地三尺，把世界搬到地下去，儲存足夠的食物。我們一定可以躲過核冬天的！」

「皮格魯魯先生，請您具體地講講您的辦法。」拉馬丹總理似乎也有興趣探討使人類滅亡的途徑。

「用我們的光電通訊技術破壞人類落後的電子電腦系統軟體，使之發生錯誤判斷，引起核戰爭！」社會學家如此說。

「這是可以做到的，」蘭斯補充道，「不像我們運用的是光子電腦和生物電腦，人類還處於發展所謂『電腦』的階段。而這電腦的電信號極易受到外界信號的干擾，因此極容易出錯。」

總統查謨道：「長痛不如短痛！我們必須採取斷然措施、霹靂手段！與其讓

人類繼續不可改變地摧毀我們的家園，真不如像6千5百萬年前滅亡恐龍一樣滅亡人類，這也是他們自食其果嘛！我建議對皮格魯魯先生所說的『核戰爭提案』進行表決。」

表決結果18比3，通過了核戰爭提案。

查謨總統於是下令：「一、總理拉馬丹負責落實讓人類發動核戰爭的辦法和手段。二、科學家蘭斯負責具體的技術工作，聽從總理的指揮。三、紐烏爾於兩個月內負責向我提交災難預測評估報告。四、門德修斯負責監視人類的活動，隨時向我報告。五、克勒威負責通知所有的動物朋友們，深挖洞，廣積糧，祕密潛入地下或遷移至天涯海角。」

人物批判系列

胡星斗

秦始皇批判

秦始皇生於西元前259年，死於西元前210年，姓嬴，名政。13歲時繼位，22歲時親政。通過兼併戰爭，他先後滅亡了韓、趙、魏、燕、楚、齊六國，於西元前221年建立起空前統一的秦帝國。此後，他採納李斯之策，廢除諸侯割據的分封制，在全國建立由中央、郡、縣、亭組成的分級官僚體系，層層施控，號令一致，權力高度集中。

秦嬴政成為開闢帝王專制時代的「始皇帝」。「秦王掃六合，虎視何雄哉！」「奮六世之餘烈，振長策而御宇內」，其個人的威風的確無以復加！可是，他的統治是靠殘酷鎮壓來維持的，他兩次坑儒，活埋了知識分子一千多人；他建驪山陵讓一萬多宮女活活殉葬，三千多工匠不讓出陵被活埋；他修陵用了70萬人，化了38年時間；修長城用了40萬人；還修了綿延300裡的阿房宮，共征徭役300萬人。這真是舉世無雙的酷烈之專制。當時全中國的人口也只有2000萬，這2000萬同胞可以說被秦始皇折騰得死去活來。

始皇帝只信權力、武力、暴力！一代兵學大師尉繚深知其為人，毅然出走；韓非子不為其所用，被殺。他焚書坑儒，大殺讀書人，皇長子扶蘇諫止，被貶到北方充軍。秦始皇嚴刑峻法，橫徵暴斂，把全國變成了一座大監獄。他採用活埋、砍頭、腰斬、鍋煮、車裂、夷滅三族等刑罰，可謂無所不用其極。他令執政12年的「仲父」呂不韋自殺；將長信侯夷滅三族；因母親與長信侯私通，秦始皇立誓不與母親見面，27名大臣勸諫，皆被殺；一次，在東郡落下一塊隕石，上刻「始皇帝死而地分」。秦始皇知道後，將附近村莊的人全部殺光，然後銷毀石頭。在大發淫威的同時，秦始皇的私生活極其奢侈糜爛，他在首都鹹陽建有宮殿270座，關中建有行宮300座，關外建有行宮400多座，宮中皆美女如雲。

但是，秦王朝很快覆滅了。它說明權力、武力、暴力，並不能帶來長治久安。能夠使國家長治久安的是法治分權的制度——依法劃分各級政府的權力責任，依法行政，各級首長通過選舉產生，減少層層行政命令的關係，政事分開、決策與執行分開，官員有決策權但無執行權，而公務員有執行權卻無決策權，司法獨立，新聞輿論獨立等等。

有人津津樂道於「百代數行秦政制」——郡縣制為數千年來沿用不衰。但是，近代以後中國人知道了，這種人治的官僚制度有重大的缺陷，必然造成諸如集權專制、權力缺乏有效監督、貪腐盛行、結黨營私、浮誇矇騙、人亡政息，以及類似於「上有政策、下有對策」的體制失靈等等弊端。只有實行法治分權的制度，才能解決郡縣官僚制度的弊端。

商鞅批判

商鞅，生於西元前390年，死於西元前338年。原名公孫鞅，又名衛鞅，戰國時期衛國人。他年輕時去了魏國，為魏宰相公叔痤的家臣。公叔痤十分欣賞商鞅，在自己病重時向魏惠王推薦他為相，可惜魏王不用。於是，商鞅來到秦國，以變法圖強之說遊說秦孝公，獲得重用。西元前359年，他在秦孝公的支持下實行變法，歷時20年，使蠻荒的秦國一躍而成為「兵革強盛，諸侯畏懼」的強國。西元前340年，商鞅率兵攻魏，大破魏軍，被封為侯。西元前338年，秦孝公死，秦惠文王繼位，以謀反罪將商鞅車裂。

商鞅有許多蓋世的言行。如他主張變法，反對因循守舊、以古為是。針對守舊大臣甘龍所說的「聖人不易民而教，知者不變法而治」（聖人不改變民眾的生活而教育他們，智者不改變禮法而治理國家），商鞅指出：「三代不同禮而王，五霸不同法而霸」（夏商週三朝禮法不一樣而稱王，齊、晉、楚、吳、越或齊、晉、楚、秦、宋因不同的法制而稱霸）的歷史事實；對於杜摯所謂的「利不百，不變法；功不十，不易器」（利益不百分之百地完滿，就不變法；功效不十分圓滿，就不更換器皿），「法古無過，循禮無邪」（照搬古代的沒有過錯，遵循舊禮才不會走上邪路）的論調，商君批駁道：商湯、周武王都因為不以古為是而興盛，夏桀、商紂都因為不改變過時的禮法而滅亡，前人在這方面已經有過很多的經驗教訓。

關於如何變法，商鞅認為一要態度堅決、行為果斷，二要爭取平民百姓對改革的支持。為了表明改革的決心和政府有法必依的態度，商鞅在秦都南門豎起一根三丈長的木杆，貼上告示：能將此木移至北門者，賞給三百兩黃金！第一天，老百姓不知其中緣由底細，沒人敢去搬，於是商鞅將賞額增至一千兩黃金。翌日，一個膽大的年輕人搬動了這根木頭，將之移到了北門。商鞅當即指示，兌現承諾，將一千兩黃金賞給了他。這個消息很快傳播開來，老百姓認定，商鞅不失信於人，一定能將新法推行下去。這樣，改革有了良好的群眾基礎和輿論氛圍。

商鞅的另一個偉大創舉是創立了郡縣制。西元前350年，他將秦國的鄉邑合併為31個縣，萬戶以上的縣設縣令，不滿萬戶的設縣長。令、長以下設縣丞和縣尉，分別掌管全縣的行政和軍事。這一體制，被後來的秦始皇推廣到全中國，成為中央集權的專制主義官僚制的基礎。

商鞅是偉大的改革家，他的變法改變了秦國的命運，推動了時代的發展，開創了秦以後二千多年中國專制主義政治的先河。但他刻薄寡恩，奉行暴力主義、苛刑酷政、威嚇人民，加深了統治者與人民的矛盾；他只講宰製天下，如何治民，而不講治君（不像古希臘的亞裡士多德、索倫、帕裡克利斯等人主張制衡君權，保護民權），而且，他還提出以農為本，以及資源、工商業的官府壟斷，將權力集中於官府官員手中，廢除其他經濟形式，對士民、商賈、手工業者採取嚴厲鎮壓的政策，這些都妨礙了商品經濟的發展，為後代社會留下了禍患遺產。

商鞅認為，君主「不可須臾忘於法」（一刻也不能忘記法制），「任法而國治矣」（尊重法制，那麼國家才能有效地治理）。用法的關鍵則是嚴格執法，以「賞」、「刑」來維護統治，特別是要「重刑」治天下，使「民不敢試」，所以他說「禁奸止過，莫若重刑」（禁止奸邪和過錯，最好的是使用重刑，嚴刑峻法）。商鞅還在社會基層組織中推行連坐保甲法，以五家為「伍」，十家為「什」，分別設「伍長」、「什長」，伍什之上又有「裡」，設「裡典」。凡有「奸者」，鄰人必須告發，「不告奸者腰斬，告奸者與斬敵者同賞，匿奸者與敵同罰」。這樣，居民互不信任，互相監督，有效地維護著社會秩序；不過，也使民間自由社會即公民社會始終無法在中國形成。

由於變法沒有解決權大於法的問題（事實上在當時的中國也不可能解決），結果改革成了搬起石頭砸自己的腳。隨著支持改革的秦孝公的駕崩，繼位的惠文王

以謀反罪（事實上是得罪了貴族）通緝商鞅；商鞅逃走，欲藏匿於百姓家，百姓為他的連坐法所懼，皆拒絕他入門，最終被抓獲，處以車裂，並抄斬全族。

悲乎商君！

商君給我們的啟示是：知識分子效忠於官府，為專制主義出謀劃策，殘酷鎮壓人民，雖然暫時換得「出有車、食有魚」，但好景不會太長，遲早會作法自斃，為後世所訕笑；知識分子必須具有獨立之人格、自由之思想，才堪當重任，造福於民。

秦二世批判

秦二世胡亥生就紈絝子弟的品性。一次，他參加朝會，提前退殿，邊走邊踢，把殿前整齊放置的大臣的鞋子踢了個亂七八糟。這樣的品性敗壞的人竟然也能當上皇帝，其結果是，江山被他折騰個混亂不堪。只可憐老百姓受盡凌辱荼毒！

秦始皇駕崩於巡遊途中，中車令趙高篡改遺詔，扶胡亥繼位，令長公子扶蘇自殺。胡亥登基後，要殺盡骨肉兄弟和朝中大臣，以便去掉一切可能的威脅，換上自己的親信。一次，他將自己的12個兄弟同時砍頭；後又將其他6個兄弟和10個姐妹活活碾死，血肉模糊，慘不忍睹；最後，他令另外3個兄弟自殺，三人抱頭痛哭，自刎而亡；公子高見兄弟姐妹全死，自思難逃厄運，便請求為父皇殉葬而得「善終」。他逼令蒙恬、蒙毅兩大將自殺；右丞相馮棄疾和將軍馮劫認為「將相不辱」，相繼自殺；丞相李斯雖對奪位有功，但也逃不掉趙高的誣陷，被夷滅三族；李斯受刑，先黥面、割鼻、斷去腳趾，再攔腰斬為兩截，最後剁成肉醬。胡亥殺完朝中老臣，又按趙高的提醒，大批殺戮地方官吏，以威鎮海內。他還橫徵暴斂，峻刑酷法，對老百姓實行血腥的統治，使得餓殍遍野，刑徒塞道。當得知陳勝吳廣起義後，昏庸的胡亥竟然不信，將通報「造反」的大臣查辦；此後，無論形勢多麼嚴峻，再也無人向上報告真情。趙高欲篡位，又怕群臣不聽從自己，於是，指鹿為馬，大臣大多附和，少數人說是「鹿」，結果被殺害。終於有一天，趙高派自己的弟弟、女婿殺入宮中，逼胡亥自殺了。真是惡人有報，玩火自焚！

從胡亥伊始，中國專制時代的繼承人之爭往往造成巨大的社會災難。可是我們從不致力於防止災難的再度發生。所以有人說，古代中國人沒有政治經濟制度方

面的大智慧。中國人幾千年飽受專制、戰爭、內亂和屠殺、饑荒之苦，卻仍然悟不出要對手握生殺大權的統治者進行權力監督、約束和制衡的道理，悟不出必須避免和如何避免王朝迴圈的道理，人民不知道團結起來以有效的機制制度保護自己，同時避免暴政之害、繼承人之爭和血腥奪權之亂。可見，古代中國人的政治制度智力確實低下無能。

劉邦批判

　　劉邦出身於小康之家，小時候念過一些書。當亭長時，他押送刑徒赴驪山修陵，路上刑徒們紛紛逃亡，他便乾脆放掉所有人，棄官與十幾位隨從逃往芒碭山中。秦二世元年七月，陳勝吳廣揭竿起義，九月劉邦回到沛城，殺掉縣令，自稱沛公，起兵回應。西元前206年，他被項羽封為漢王。西元前202年，項羽自刎而亡，劉邦即皇帝位，史稱漢高祖。漢高祖劉邦雖然有一些政績，如他採取與民休息的政策，讓天下安定下來，讓人民休養生息；他減輕賦稅，宣布廢除十收其五的秦制，改為十五而稅一；他讓士兵復員，回鄉生產，為此制定優撫條例，給他們田宅；他招還逃亡官民，免其罪責，賜與田地，歸還舊物；他允許因饑餓而被賣為奴婢的人恢復自由身分，同時准可百姓把子女賣到富庶之地活命；他量入為出，壓縮開支，減輕人民的負擔，將皇室、王家的「私俸養」與國家經費區分開來，不再額外從國庫中支領私俸養；他採取和親策略，以宗室女為公主嫁給冒頓單於，換取了與匈奴的和平關係等。但劉邦出於其封建統治者的本性，大搞極權統治，誅殺功臣。其中最為酷烈的要算解決韓信了。韓信是劉邦奪取天下的主帥，高祖六年十二月，有人告發他謀反，劉邦於是設計將他逮捕；韓信鳴冤叫屈道：「果然像人們所說的那樣『高鳥盡，良弓藏；狡兔死，走狗烹；敵國滅，謀臣亡』，現在天下已定，我該被烹了！」後來，韓信被斬於長樂宮的鐘室。

　　劉邦是流民無賴出身。他年輕時呼朋喚友，騙吃騙喝，不參加農業勞動，被父親多次責罵；他養就了酒色之好，納曹氏等為外婦；他去拜賀呂公時，雖身上一文不名，但稱「賀錢一萬」，騙得呂公親自下堂迎接。後來，劉邦好不容易當上了相當於鄉長的泗水亭長。他殺掉縣令，自稱沛公，與好友蕭何、曹參、樊儈等人拉起隊伍，竟奪得天下。

建立漢朝後，劉邦分封了七個諸侯王，後來，除最小的長沙王吳芮外，其餘諸王，如韓信、彭越、英布等人均被剪滅。彭越還遭剁成肉醬，遍賜諸侯觀瞻。

劉邦對蕭何、樊噲這樣的功臣舊友也不肯放過。一次，蕭何建議：「長安地方狹小，而上林苑空地很多，不如開放它，讓百姓去耕種」。劉邦借機大怒，說蕭何接受了商賈的賄賂，於是將他逮捕入獄。樊噲因娶了呂後之妹為妻，被劉邦懷疑可能是呂後的黨羽，要求於軍中就地正法；可陳平懼怕呂後，把樊噲押到長安讓劉邦親自處決。到長安時，劉邦已死，樊噲才撿得一條性命。

像劉邦這樣的流氓無產者，一旦掌握了權力，必然露出自私、自卑、多疑、殘忍、變態、血腥復仇的本性，功臣們本來想以生命博取富貴，未曾想最後既丟掉了富貴也丟掉了生命。因為天下是皇帝一人的天下，大臣和百姓都是極權政治刀俎上的魚肉。

漢武帝批判

漢武帝劉徹生於西元前156年，死於西元前87年，為漢景帝劉啟的庶子，因娶堂姊陳阿嬌為妻，才奪得皇位繼承權。西元前140年，劉徹即位後，放棄漢初黃老無為政治之術，對內「罷黜百家，獨尊儒術」，強化皇權，改革經濟，對外開疆拓土，宣揚國威，從而將漢王朝推向了「極盛」時期，也是老百姓遭遇滅頂之災的時期。漢武帝為了加強中央集權統治，採取了一系列措施，對後世影響很大。首先，他改革官制，取消軍功貴族的特權，抑制相權。丞相可隨時被罷免，甚至處死。其次，他採取「強幹弱枝」的大一統政策，對地方勢力予以遏制。他於西元前127年採納主父偃的建議，頒布「推恩令」，大大地削弱了諸侯王國的特權地位。推恩令規定，諸侯王除由長子繼承王位之外，還應在原封地內將其餘諸子封侯，新封的侯國直接由郡縣來管理，不再受原王國的控制。這一措施名義上是皇帝「推恩」，實際上剝奪了諸侯王的權力，縮小了其地盤。第三，漢武帝在削弱地方勢力的同時，還致力於打擊地方豪強和官吏的工作。一方面他繼續推行漢初以來遷徙豪強的辦法，把他們遷到關中，以便加以控制；另一方面他派刺史到各州，監督郡縣，檢舉不法官吏。

在推行政治措施的同時，漢武帝還通過改革經濟來加強集權，增加國家的財政收入。主要做法有：改革幣制，將郡國的鑄幣權收歸中央；鹽鐵資源工商業官營，均輸（就近調購物資）平準（平抑物價）等等。

可以說，漢武帝為民族是做了一些事情的，但他獨尊極權，弄死中國半數人口，人民是無法原諒他的。

漢武帝在位54年，打了50年的仗，弄得「海內虛耗，人口減半」；加上他驕奢淫逸，巨費巡遊，信賴方士，濫殺亂捕，逼得老百姓接二連三地起義。晚年，他深知再不改弦易轍，漢王朝會成為亡秦之續。於是在西元前89年，他下輪臺罪己詔，宣布「禁苛暴，止擅賦，力本農」，這樣，江山才得以保住。漢武帝當政，共弄死上千萬人，後代竟仍然稱頌他為「民族英雄」，豈不悲哉？

漢武帝把儒家扶上了正統意識形態的地位，從此「百家罷後無奇士，永為神州種禍胎」。為了統一思想，漢武帝還把教育體制、用人制度與意識形態獨尊結合起來；他興辦「太學」，完全以五經為教授課程，設五經博士；他規定，在太學學習一年，經過考試，凡通一經以上者，可補文學掌故的官缺；成績甲等者並為郎官，特別優秀的「茂材異」則選入朝廷。這樣，儒學成為士人進身的階梯、老百姓為人處世的準則、家天下的法統基礎。儒家理論也成為統治者手中的棍棒，在是非面前，權力的裁定理所當然地代替平等的爭鳴。儒家就這樣成為最高的「真理」，不僅使得真理已走到了盡頭，堵塞了真理發展的道路，而且成為因言有罪的理論基礎，古代許多有獨立人格的知識分子因此只能「手拿寫字犯罪筆，眼含淚水寫文章」；統治者的這些做法妨礙了獨立思考的創造性，阻礙了文明的發展，剝奪了上天賦予人的自由思想的權力，使得國民精神日益萎縮。而且，儒家理論不可能認識解決世界上的一切事物，也無法回答客觀實踐對理論的挑戰，這樣就勢必陷入思想僵化；還有，獨尊在本質上是排他的，不可能從其他的意識中吸取有益的東西壯大自己，從而孤立了自身；獨尊也是無法無天的理論基礎，統治者用恐怖的方式按照主觀的想法去改造世界，結果各種人間慘劇、文網文禍不可避免；事實上，用人的有限認識去衡量一切事物的是與非，並強迫人們去信奉實行，必然造成主觀誤判的悲劇。所以我們說，中國文明從漢武帝開始就註定了衰落的命運。

武則天批判

　　武則天出世於官門，榮華富貴滋養了他無限的權力欲；另一方面，流俗的偏見與爭權奪利，養就了她陰狠毒辣、冷酷無情、不擇手段的報復心理。此類人掌權後對社會的危害之大是可想而知的。也許有人說，武則天當政時還是為社稷、為老百姓做過好事，如她維護了國家統一，「亂上而未亂下」，全國人口劇增，等等。但是可以說，哪個壞蛋皇帝、壞蛋高官都有意無意地做過一些好事，如商紂開發南方，秦始皇統一文字，隋煬帝改革制度、整理古籍等，能由此就肯定人治的專制的制度嗎？

　　武則天為了鞏固自己的政權，鑄銅匭，獎勵告密，用酷吏，刑訊治獄，採用這些手段，先誅殺了李唐宗室數百人，又殺大臣數百家，刺史以下的官吏被害者則不計其數。她任用來俊臣、周興、索元禮等人製造了無數的冤獄，行刑逼供手段之殘酷無與倫比。

　　一個名叫魚保家的獻策，請鑄銅匭——類於檢舉箱，女皇許可，並詔令：告密有功者給予封賞，不實者也不追究。於是，四方告密者蜂起。魚保家也有人告發他謀反，被殺。酷吏索元禮「發明」了名曰「鳳凰曬翅」、「仙人獻果」等酷刑，他還將鐵籠套在被刑人的頭上，四周打入木楔，而導致腦崩骨裂。後來，由於民憤巨大，女皇將他抓起來；他一開始不承認有罪，審訊的官吏於是厲聲說：「把索公用的鐵籠拿來！」他當即魂飛魄散，招認有罪。酷吏周興製造了無數的冤獄，終於有人告發他謀反。武則天命另一酷吏來俊臣來審訊。來氏受命後請還蒙在鼓裡的周興喝酒，席間說：「弟有一案，罪犯不肯認罪，為之奈何？」周興脫口而出：「這還不容易嗎？取來一大甕，四周架起木炭，點起火，將罪犯置於甕中，還怕他不招認？」來俊臣連誇：「周兄高見！」立即命人抬來大甕，點起火，然後向周興道：「弟承密旨，有人告兄謀反，請君入甕吧！」周興嚇出一身冷汗，當即認罪了。酷吏來俊臣也是作惡多端，終於也以謀反罪被斬首。

　　武則天還將前皇后王氏、淑妃蕭氏砍去雙足，泡在酒甕裡折磨而死；誅殺宰相上官儀、長孫無忌；毒死、殺害自己的兒子李弘、李賢等人。

　　可見，專制社會造成心靈扭曲、變態的統治者。其政治鬥爭沒有規則，不擇手段，殘忍無比，社會秩序靠爪牙、酷吏、特務以及謊言和暴力才得以維持。可武

則天的所作所為直到20世紀六七十年代還有人大加讚賞，足見中國專制主義影響之深。

趙匡胤批判

趙匡胤也是專制治國之巧者。他在陳橋兵變中，黃袍加身，奪取了皇權。登基後首次出巡，當鑾駕通過大溪橋時，忽然聽得「嗖」的一聲，一隻利箭從步輦側飛過。太祖從步輦中探出身子，笑道：「教射！教射！射死我，這皇位亦輪不到你！」這話中有話，並非講給刺客聽的，而是在告誡走在後面的後周舊臣。

當時，趙匡胤雖捷足先登，披上了龍袍，但公卿將相並沒有放棄野心，而是日夜繕甲治兵，蠢蠢欲動。

面對這一形勢，趙匡胤沒有採取「殺」的政策，而是千方百計地籠絡舊臣。

太祖下令，對後周舊臣一律全部錄用，官位元元依舊，甚至宰相也仍由王溥、範質、魏仁浦三位舊相繼任。

一些新朝權貴對舊臣恃勢無禮，太祖則對之嚴加處理。如京城巡檢王彥升以檢查為名，半夜去敲宰相王溥家的門，嚇得王溥「驚悸而出」。結果，王彥升被貶。

在對舊臣安撫優待的同時，太祖對新貴則「杯酒釋兵權」。為了安撫被剝奪兵權的石守信等人，他「約婚以示無間」，將女兒延慶公主、昭慶公主，妹妹燕國長公主下嫁給了石守信之子、王審琦之子和高懷德。

趙匡胤可以說是中國絕對專制主義的始祖，隨著中央集權和文化控制的加強，中國封建社會開始走下坡路。他廢除殿前正副都點檢、侍衛馬步軍正副都指揮使等職，使「三衙」：侍衛馬軍都指揮使、侍衛步軍都指揮使、殿前都指揮使相互獨立，相互牽制，均直接聽命於自己。為了防止宰相專權，他設樞密使主管軍機，以分軍權；設三司使主管賦稅，以分財權。他在百官中推行官、職、權分離的制度，官只是品級，據此享受俸祿；職是殿閣、學士一類的榮譽稱號，也沒有實權；只有由皇帝差遣的臨時職務才有實權。這樣，官大者不一定權大，權大者不一定職高，任何官員都無法集威望與權力於一身。差遣的實職也是分權而且相互牽制的，如宋代的兵部尚書只是虛職，被差遣的樞密使才有實權，但也只有奉旨調兵之權，

而無領兵之權，領兵之權歸三衙；而三衙雖可領兵，卻無發兵之權。趙匡胤還定立官員輪換制度，知州、知縣三年一換，不得久任；他收奪地方上的財權，將「粟帛鹹聚王畿」，使唐末地方藩鎮失去了經濟後盾；他在州郡設立「通判」之職，負責監督行政官員；他以文官代替武將治理地方，形成「以文臣知州事」的制度，使節度使、武將的權力受到極大的牽制和削弱；他下令修復孔廟，開闢儒館，放寬科舉範圍，實行文治等等。

以趙匡胤為代表的中國專制主義、人治主義智慧達到了登峰造極的地步，難怪人們念念不忘「精神文明在中國」。

朱元璋批判

朱元璋出生於貧苦農民家庭，幼時村旁皇覺寺長老教他識得一些字，後來，他父母長兄死於瘟疫饑荒，朱元璋走投無路，到皇覺寺當了和尚。不久，皇覺寺也無米下鍋了，他只好做了遊方僧，在安徽、河南一帶流浪，化緣要飯。23 歲時，爆發了劉福通、彭瑩玉、徐壽輝、方國珍、張士誠、郭子興等起義，朱元璋投入其中，靠著挺而走險的勇氣和機靈聰明的才幹，成為郭子興的副帥，在郭氏死後，成為獨霸一方的梟雄。此時，他偽裝仁慈，不嗜殺戮，收買民心，很快削平群雄，建立明朝。建國後，他的猜忌、惡毒的本性暴露出來（人治社會、官本位、皇權意識必然使得掌權者猜忌，「無毒不丈夫」的民族性也賦予了其殘忍的性格），於是，他大殺功臣和學子，數十萬人遭殃。

朱元璋頒布《大明律》，規定：凡「謀反」者，不論主從，一律淩遲；凡貪汙贓銀 60 兩以上者，皆處梟首、剝皮之刑。每次案發，被抄家問斬者都數以萬計。他剷除功臣，殘酷無情，令人髮指，文臣第一的兒女親家李善長、武將第一的兒時朋友徐達、總掌大軍的藍玉，宰相胡惟庸、楊憲、汪廣洋等均被處死；藍玉案連坐的有：晉定侯陳桓、景川侯曹震、鶴慶侯張翼、會寧侯張溫、舳艫侯朱壽、懷遠侯曹光、永平侯謝成、瀋陽侯察罕、西涼侯濮興、東莞伯何榮、徽先伯桑敬、禦史大夫陳寧、吏部尚書詹徽、戶部侍郎傅友文等；胡惟庸案連坐 3 萬餘人，申國公鄧鎮、吉安侯陸仲亨、延安侯唐勝宗、平涼侯費聚、南雄侯趙雄庸、滎陽侯鄭遇春、宜春侯黃彬、河南侯陸聚、宜德侯金朝興、靖寧侯葉升、濟寧侯顧敬、

臨江侯陳鏞、營陽侯楊通、淮安侯華中，大將毛驤、李伯升、丁玉等；另外被殺的還有：中書省左司都事張昶，禮部侍郎朱同、張衡，戶部尚書趙勉、茹太素，吏部尚書餘火、工部尚書薛祥、秦逵，刑部尚書李質、開濟，禦史王樸、員外郎張來碩、左都禦史楊靖、參議李飲冰等。死於文字獄的有：浙江林元亮，因寫「作則垂範」（「則」與「賊」諧音）；北平趙伯寧，因寫「垂子孫而作則」；福州林伯景，因寫「儀則天下」；桂林蔣質，因寫「建中作則」；澧州孟清，因寫「聖德作則」；杭州府徐一夔，因寫「光天之下，天生聖人，為世作則」；常州蔣鎮，因寫「睿性生知」（「生」與「僧」諧音）；懷慶呂睿，因寫「遙瞻帝扉」（「扉」與「非」諧音）；祥符縣賈翥，因寫「取法象魏」（「取法」與「去髮」諧音）；亳州林雲，因寫「式君父以班爵祿」（「式」與「弒」諧音）；尉式縣許元，因寫「體乾法坤」（「法坤」與「髮髡」諧音）、「藻飾太平」（「藻飾」與「早失」諧音）；德安府吳憲，因寫「天下有道，拜望青門」（「道」與「盜」諧音，「青門」即和尚廟）……。

一和尚寫謝恩詩：「金盤蘇合來殊城，……，自慚無德頌陶唐」，朱元璋說：「汝用『殊』字，是謂我『歹朱』也，又言『無德頌陶唐』，是謂我無德，雖欲以陶唐頌我而不能也」。遂殺之。一日，朱元璋見一寺廟牆上有一詠布袋佛的詩：「大千世界浩茫茫，收拾都將一袋藏。畢竟有收還有散，放寬些子也何妨！」他認為是指責自己，遂「盡誅寺僧」。著名詩人高啟寫有《宮女圖》一詩：「女奴扶醉踏蒼苔，明月西圓侍宴回。小犬隔牆空吠影，夜深宮禁有誰來？」朱元璋認為是諷刺自己，後來藉故殺之。禦史張尚禮寫有宮怨詩：「庭院深深晝漏清，閉門春草共愁生。夢中正得君王寵，卻被黃鸝叫一聲」。朱元璋說：「以其能摹圖宮闈心事」，遂「下蠶室死」。僉事陳養浩有詩歎道：「城南有嫠婦，夜夜哭征夫」，朱元璋「以其傷時，取到湖廣，投之於水」。曾為禮部尚書的陶凱，自取別號「耐久道人」，朱元璋說他：「自去爵祿之名，怪稱曰『耐久道人』，是其自賤也」，遂找了藉口殺之。

事實證明，企望統治者賢明不殺，不如人民自己團結起來，以權力制約權力，建立法治民主社會，從法律制度上保護人權。

王陽明批判

　　王陽明，原名守仁，浙江餘姚人，因築室陽明洞，故得名。官至兵部尚書，封新建伯，是新儒家「心學」的主要創始人。其學說影響深遠，近世為蔣介石等人所激賞，亦曾風靡日本。

　　先祖為大書法家王羲之的王陽明從小聰明好學，善射能騎。11歲時隨祖父王天敘赴京師，途經金山寺，賦詩曰：

> 金山一點大如拳，打破維揚水底天。
>
> 醉倚妙高臺上月，玉簫吹徹洞龍眠。

又曰：

> 山近月遠覺月小，便道此山大於月。
>
> 若人有眼大如天，還見山小月更闊。

　　次年，小王陽明在京師就讀，曾問老師：「何為第一等事？」老師答：「惟讀書登第耳！」，他卻近乎狂妄地說：「登第恐未為第一等事，或讀書學聖賢耳。」27歲時，他考中進士，授刑部主事，後轉兵部主事。34歲時，因上疏營救被奸臣劉瑾迫害的戴銑等人，被責打40大棍，貶為貴州龍場驛臣。其時，大悟「格物致知」之理，提出「知行合一」說。44歲時，王陽明出任都察院左僉都禦史，巡撫南贛、汀、漳，平息了謝志山、池仲容、陳日能、龔福全、詹師富等部農民暴亂，因功升為右副都禦史。從「剿寇」的實踐中，王陽明悟得「破山中賊易，破心中賊難」的道理。47歲時，他平定了寧王朱宸濠的反叛，但反遭誣陷，甚至被認為是朱的同黨。明世宗即位後，雖封之為新建伯，但未授實職。此時，王陽明始揭「致良知」之教。55歲時，思恩、田州酋長盧蘇、王受造反，朝廷始起用王陽明總督兩廣兼巡撫。他定計招撫，僅把投降的盧蘇、王受打了一頓棍子後便釋放了，被招撫的群眾多達7萬人。廣西八寨斷藤峽瑤、侗族暴動，範圍達三百餘裡，數十年未被平定，隨後也被他平息。雖立了大功，但王陽明卻未得到皇上的獎賞，直到57歲因病去世後，桂萼等人仍不肯甘休，彈劾他擅離職守，說他「事不師古，言不稱師，欲立異以為高」，請求皇上「禁邪說以正人心」。

王陽明的心學是對朱熹理學的批判與補充。朱子注重「理」與「氣」、「道」與「器」、「知」與「行」、「天理」與「人欲」等範疇的對立、分二,而王陽明則強調他們的和諧、統一;朱子以「理」作為客觀精神,來構築他的哲學,而王陽明則以「心」作為主觀精神,來形成體系。此心不是孟子的「心之官則思」的思維器官,而是一種主觀意識,是內在於人的日常倫理。在這裡,「心」與「理」是可以合一的,「心即理」,應「求理於吾心」。因此,學貴得之於心,不應以「聖賢經傳」為是非標準。

在對待「心」與「物」的關係上,王陽明認為「心外無物」,「心」是「物」的主宰,而人是物的創造者,是一切是非價值的標準;並且,人心都是自足的,愚夫與聖人並沒有什麼區別,「滿街人都是聖人」。

「知」與「行」是中國哲學的重要範疇,老子主張「不行而知」,程朱主張「知先行後」,而王陽明則首倡「知行合一」,這為其「破心中賊」、「致良知」奠定了基礎。王陽明認為:「一念發動處,便即是行了。發動處有不善,就將這不善的念克倒了,須要徹根徹底,不使一念不善潛伏在胸中,此是我立言宗旨。」去除貨、色、名、利等私欲和閑思雜慮,就是王陽明之「為聖之功。」

「良知」說亦是王陽明的哲學核心內容。「良知者,心之本體」,良知即「天命之性」、即主體意識。因此,「致良知」就是通過內聖之自我道德修養回到明潔之本心,進入超越現實的自由之境;王陽明認為,只要透明本心、體認良知、胸中灑落、充滿生機,即可達聖賢氣象。

王陽明的破心中賊,是當代中國「大公滅私」、「鬥私批修」、「興無滅資」、「靈魂深處爆發革命」思潮的先聲,也是現代以來中國空想主義、浪漫主義、准宗教主義思潮的先聲。

為什麼中國人總是不能容忍人欲、私心,而西方人卻利用它來發展市場經濟、民主政治,致力於完善法制來保護隱私、私產?

王陽明致力於「內聖」之時,正是西方人尋求「外王」——尋找新大陸,擴張殖民地,探索自然,醉心於發明之年代,可以說,悟心窮理使中國錯失了第一次發展的機遇。

王陽明所處的時代正是西方發生近代科技革命的關鍵時期,哥倫布發現了新大陸,達·芬奇正在研製戰車、戰艦、大炮、飛機,正在繪製世界地圖、解剖人

體，哥白尼正在創立太陽中心說，而此時中國人卻在回歸內心，對著竹子「格物窮理」。王陽明到處大講理學、心學，一時趨者若鶩。王稱：「心外無物」，「心者天地之主」、「萬化根緣」，因此，關鍵是要淨化心靈；他宣導「知行合一」，以便「破心中賊」、「致良知」，他說：「一念發動處，便即是行了。發動處有不善，就將這不善的念克倒了，須要徹根徹底，不使一念不善潛伏在胸中」，用現在的話說，就是要「狠鬥私字一閃念」，避免「思想犯罪」。

王陽明不僅拿筆桿子，而且拿「槍桿子」。他巡撫南贛、汀、漳時，血腥鎮壓了謝志山等部的數起農民起義，平定了寧王朱宸濠的叛亂；任兩廣巡撫時，他招撫了酋長盧蘇、田受的起義，鎮壓了廣西八寨斷藤峽範圍達300餘裡、數十年未被平定的少數民族起義。

縱觀王陽明的為官為學，他主要做了兩件事，一是「破心中賊」，思想上殺人，二是「破山中賊」，肉體上殺人，他為挽救日見頹敗的專制秩序可謂竭盡了心力。

16世紀，中國沒有出現哥白尼，而出現了王陽明，正是民族的悲哀。

李自成批判

李自成本來頗具一些領袖魅力，他敢做敢為，善聽諫言，「凡事皆眾共謀之」；他「不犯聖廟」，禮賢下士，與下同甘共苦，軍隊紀律嚴明。所以，時下有言：「治獻（張獻忠）易，治闖（李自成）難。蓋獻，人之所畏；闖，人之所附」。在梓潼大敗後，李自成僅18騎逃出，又經潼關南原慘敗，僅7騎潛伏於商洛山中。後投張獻忠，差點被害，一人逃脫。此後，幸得才子李信（李岩），此人仗義疏財，在老百姓中口碑極佳，他勸闖王「取天下以人心為本，請勿殺人，收天下心」；他遣人到處傳言：李自成率「仁義之師，不殺不掠，又不納糧」；還編順口溜傳開：「吃他娘，穿他娘，開了大門迎闖王，闖王來時不納糧」。他率兵圍開封，破潼關，皆所向披靡。闖王李自成由陝西而山西，拿下北京後，李岩勸他駐軍城外，招撫明朝山海關守將吳三桂，許以封侯等，李自成均未採納；闖王僅派降將去與吳接觸，僅派幾千人去守山海關，而幾十萬士兵在京城享樂。大將劉宗敏為一介武夫，只知到處殺人，並搜刮民財；他還把吳三桂的父親抓來，占有了吳的寵妾

陳圓圓，終於逼反了吳三桂；宰相牛金星則儼然太平之相，忙於遍請同鄉，籌備登基大典，開科選士。吳三桂降清後，引兵入關，驕奢的義兵竟不堪一擊。敗退途中，李岩建議去河南，而李自成竟聽信牛金星的誣陷，說李岩雄才大略，非久居人下之輩，他要去河南老家，是要借勢獨立，「十八子」得天下之讖語莫非就要落到李岩身上嗎？於是，李自成所具有的中國人的猜忌、內訌、狠毒、誅戮功臣的本性暴露出來了，他殺死李岩等人。宋獻策、劉宗敏對此不滿，離他而去。這樣，李自成最終只能於九宮山死於非命。

與李自成幾乎同時參加起義軍、同樣是貧苦出身的張獻忠，自號八大王，與闖軍不但不能合作，還經常陷害、狙擊闖軍。他東征至中都鳳陽時，焚明皇陵；他接受明兵部尚書熊文燦的招撫，駐兵湖北，次年再叛；他進兵四川，「以走制敵」，拖垮敵人，取武昌，克長沙，回成都，建立大西王朝，登上了大順帝的寶座。然而他大肆殺戮，屠城滅跡，儒士鄉紳望風畏逃，使他的名聲不佳。為帝3年後，張獻忠在西充鳳凰山抵抗清軍，中箭身亡。

似乎成了規律，挺而走險的貧苦出身的人倘若當了皇帝，往往心理變態，對人猜忌更甚，暴虐更甚，劉邦、朱元璋等即是明證。

李自成得不到天下，緣於中國人的劣根性；倘若他得到了天下，也並非人民之福。

洪秀全批判

洪秀全，廣東花縣人，曾為鄉村教師，四次科舉落第，不中秀才。在第四次落第時，他作《龍潛》一詩曰：

> 龍潛海角恐驚天，暫且偷閒躍在淵。
> 等待風雲齊聚會，飛騰六合定乾坤。

洪秀全的社會理想是建立「均貧富」、「耕者有其田」、「天下一家」的「太平天國」，他借基督教、拜上帝會來發動群眾，對抗傳統的孔孟之道、程朱理學，但他的思想仍脫離不了農民意識的窠臼：期待真龍天子的出現，或者自以為是真龍天子；把以暴易暴、以專制易專制看作理所當然，自然經濟、小農意識成為專

制主義的最佳溫床；建立「小農社會主義」社會，「有田同耕，有飯同食，有衣同穿，有錢同使，無處不均勻，無人不飽暖」……。

這位鄉村教師還真有殺震九州的氣概，其詩曰：

> 手握乾坤殺伐權，斬邪留正解民懸。
> 眼通西北江山外，威鎮東南日月邊。
> 展爪似嫌雲路小，騰身何怕漢程偏。
> 風雷鼓舞三千浪，易象飛龍定在天。

> 手持三尺定山河，四海爲家共飲和。
> 擒盡妖邪歸地網，收殘奸宄落天羅。
> 東西南北敦皇極，日月星辰奏凱歌。
> 虎嘯龍吟光世界，太平一統樂如何？

太平天國定都南京後，洪秀全頒布了《天朝田畝制度》，要建立一個沒有等級差別，人人平等，財產公有，廢除私有，豐荒相通，助養弱者的太平世界，這是多麼美好的農業共產主義的前景呀：西方的基督教叫人死後進入天國，而執著於人生、世俗的中國人的代表——洪秀全卻要在人間建立「天國」！

可惜的是，這個宏偉的藍圖沒有實現，中國的一夥英雄在一起，必然要展開「窩裡鬥」。

洪秀全軍權旁落，東王楊秀清以「天父」代言人自居，欲取天王而代之；北王韋昌輝野心勃勃，殺戮楊秀清和全家老小、部屬2萬多人，激起公憤；他還殺死翼王石達開家屬，石達開逃脫，至安慶起兵討韋，韋昌輝最終被洪秀全處死；但石達開也受到洪秀全的猜忌，不得不率十萬大軍出走。太平天國就這樣因爲內訌而走向衰亡。

中國人終究逃脫不了權力崇拜、爭權奪利、爾虞我詐、狠毒殘忍、猜忌暗算、農民反抗的畫地之牢。洪秀全就是這樣的典型人物。

中國是個農民大國，農民起義一直主宰著華夏的命運。農民是依靠土地而生存的，土地因此成爲中國人的命根子。中國的歷史可以說就是一部關於農民及其代表的活動史，一部土地的分配及其再分配的歷史。

每個朝代開始時，農民往往能獲得一些土地，勉強維持自給自足、清貧寡欲的生活。可是，人治政府的冗腫，軍隊的龐大，以及官吏們的貪婪、腐化，必然導致高剝削率、高地租率；中國古代雖然有過十分之一租稅、二十分之一租稅的短暫的「與民休息」的時期，但大多數時代實際剝削率高達二分之一，這麼沉重的剝削使得農民無法維持簡單再生產，很快會破產，流離失所；而此時地主、官員則趁機收購土地，巧取豪奪，發家斂財；皇帝——這個最大的地主，很有可能是農民出身，或者與農民有千絲萬縷的聯繫，起事之開始尚能保持勤儉的本色，可是地位一變，時間一久，他就變臉，變得窮凶極惡，張牙舞爪，不但忘了農民，而且任意殺戮他的鄉親；他的子孫們更是驕奢淫逸，大興土木，與官員合夥，坐地分贓，監守自盜，欺民掠財。這樣，破產的流民會越聚越多，成為一支潛在的強大的社會破壞力量；此時只要有膽大的登高一呼，流民們便會揭竿而起，挺而走險，舉起「均田地」的大旗，掀起驚天動地的改朝換代的運動。新朝建立後，農民又會分得一些土地，進入新的一輪得而複失的迴圈之中。

農民起義成功了，國人會按照小農的想像來塑造國家、政府、社會和家庭，起義倘若失敗了，禍根也必然在於「小農——官僚」的狹隘觀念。

中國人的劣根性在太平天國的領袖中表現得淋漓盡致！

倘若洪秀全或者楊秀清、韋昌輝成了「真龍天子」，很可能又是一個殘忍暴戾的朱元璋！

而且，太平天國運動發生在近代伊始，倘若沒有失敗，恐怕中國人至今仍然生活在皇權時代，決不可能像推翻衰亡的清王朝那麼容易推翻新興的太平天國王朝。

幸虧洪秀全沒當穩皇帝，中國由此避免了陷入又一個王朝迴圈。

曾國藩批判

近代以來，曾國藩成為頗有爭議的人物，「譽之則為聖相，讞（貶）之則為元兇」。一方面，他鎮壓了太平天國，殺人如麻，被人稱為「曾剃頭」；還有，他「借洋兵助剿」，在處理「天津教案」時被人罵為「賣國賊」，另一方面，他創辦江南製造局等，開中國近代工業之先河；他嚴於修身，廉潔自持，被人譽為「古今

完人」。蔣介石最喜讀《曾文正公全集》,視曾國藩為楷模。青年時期的毛澤東也說過:「愚(我)於近人,獨服曾文正」。可見,曾國藩在謀略、修身方面影響深遠。

縱觀曾國藩的謀略,確實達到了人治社會的最高峰。他謹小慎微,克己知足,敬恕自持,同時要在猜忌、虛偽、因循、險惡的官場中有所作為,實屬不易。他深得儒道墨法以及兵家的要領,成為老奸巨猾的大儒大官,令人敬佩,且扼腕而歎——中國文化猶如醬缸,腐蝕力太強大了!

幾千年中國文化由幼而老,由盛而衰,從開放到封閉,從百家爭鳴到三教合流,曾國藩集儒家、道家、墨家、兵家、法家、陰陽家、縱橫家於一身,成為老謀深算、老成老到、老辣狠毒的中國人的代表。

曾國藩為儒者,他承先賢「日三省吾身」的祖訓,時刻不忘鬥私批修,狠鬥私字一閃念,每日記「日課」,身過、心過、口過,皆記出,終身不間斷,然後勇於批評與自我批評,「念念欲改過自新」,達到敬恕、存天理、慎獨、無私的境界。而實際上,像他這樣的政客混跡官場的人每天都在窺視縫隙,獵取名利,只不過「修身」偽裝得好。

曾國藩為道者,他淡泊知足,急流勇退;可是,中國為「官本位」社會,當官即意味著特權、腐化、財富,人人都崇拜權力,希望子孫為大官,曾國藩何以說:「不願(子孫)為大官,但願為讀書明理之君子」呢?他何以說出「即使為官,也要守寒素家風」,「讀書乃寒士本色,切不可有官家風味」,「居官不過偶然之事,居家乃是長久之計「之類的名言警句呢?其實,這表明了他的虛偽、狡猾和聰明。他曾化10多年時間,7次科舉中秀才,3次才中進士,然後削尖腦袋鑽入官門;他訓練湘軍,鎮壓太平天國,坐鎮一方,開文臣封侯先例之後,為防功高震主、丟腦袋,才不得不多次表白「功成身退,愈急愈好」,「現在但願官階不再進,虛名不再張」,將金陵湘軍裁減一半,假惺惺自請註銷封爵;其目的不過是他自己所說的「常保此無咎」,別失去了眼前的地位和財富。

曾國藩是墨者,「以禹、墨為體,老、莊為用」,主張勞動、吃苦、節儉,確有與勞動人民打成一片的味道。只差沒有毛澤東的號召青年「上山下鄉」,走與工農相結合的道路。毛澤東的思想其實也主要是墨家思想,難怪他早年「獨服曾文正(曾國藩)」。可墨家之經驗主義、實用主義(中國式的)、集體主義(忽視個

人）、平民主義（世俗主義）、殉道理想（個人崇拜，為之獻身）、集權、反知識（分子）、反理論、反抽象思維等等，正是中華文化的缺陷所在。

曾國藩是兵家之士，大悟「置之死地而後生」的道理，稱「丈夫當死中圖生，禍中求福」。他打仗主張穩紮穩打，「不慌不忙，先求穩當，次求變化」，「唯力盡人事，不敢存絲毫僥倖之心」，「紮硬寨，打死仗」。他實行保甲，清查戶口，組織團練，嚴密編制，築牆圉敵（「河牆戰術」，在河邊築牆，縮小敵人騎兵的作戰範圍），後發制人，防禦上示之以弱，集中用兵，以鍛擊卵，「先拔根本，後翦枝葉」……。這些使得他成為中國成熟之謀略、內戰內行之中國人的代表。

曾國藩是法家之士，深諳法術、權謀之機。他治兵嚴於法紀，稱「不治於嚴刑峻法，則鼠子紛起」；他精於耕戰，遊刃官場，胸富韜略，深藏權術；他大開殺戒，斬盡「長毛」，被人稱為「曾剃頭」，而自以為「中興功臣」。他不譏人退縮，不疑人騷擾，「戰戰兢兢，即生時不忘地獄」，舉止重，發言訒，禦將有法，臨事權變，自詡為管（管仲）、商（商鞅）之徒。

曾國藩是縱橫之士，他縱橫官場，左右迴旋，進退自如；他還是陰陽之士，著《冰鑒》，總結看相、方術之精華，論人神骨、容貌、情態、富貴，雖荒誕可笑，但亦為中華文化之「碩果」。

曾國藩真是「古今完人」，代表了人治主義、以德治國、權謀治國的最高蜂。

胡星斗兵法

一、政經篇

1.1　兵者，政之續也[1]；戰者，利之奪也[2]。政乃無血之戰，戰乃流血之政[3]。蔡松坡雲：「戰爭者，政略衝突之結果也。」富勒雲：「戰略須服從於政治。」

【注釋】

[1][普魯士]克勞塞維茨說：「戰爭無非是政治通過另一種手段的繼續。」「戰爭不僅是一種政治行為，而且是一種真正的政治工具。」

[2][美]柯林斯說：「軍事力量可作為達到經濟目的的主要手段。」

[3]「政治是不流血的戰爭，戰爭是流血的政治。」

戰爭，是政治的繼續；作戰，是敵我雙方利益的爭奪。政治是不流血的戰

爭，戰爭是流血的政治。蔡松坡說：「戰爭，是政治與謀略衝突的結果。」富勒說：「戰略須服從於政治。」

1.2　故用兵者，存己滅敵[1]，綜合國力之較量也；戰而必克，弱旅勝強敵，民心之向背也。曾國藩曰：「凡覘[2]軍事之勝敗，先視民心之從違。」故不懼戰之失利，尤懼戰而失去人心也[3]。曰：「力量對比不但是軍力和經濟力之對比，而且是人力和人心之對比。」

【注釋】

①「保存自己消滅敵人這個戰爭的目的，就是戰爭的本質，就是一切戰爭行動的根據，從技術行動起，到戰略行動止，都是貫徹這個本質的。」

②覘（chān）：觀察.

③周恩來說：「不怕戰爭失利，最怕戰爭失了人心。」

因此興師打仗，就是保存自己消滅敵人，是綜合國力之間的較量；戰而必勝，弱小的軍隊戰勝強敵，其原因是民心的向背。曾國藩說：「觀察戰爭的勝敗，要先看民心的向背。」所以不懼怕戰爭失利，最怕戰爭失去人心。毛澤東說：「力量對比不但是軍力和經濟力的對比，而且是人力和人心的對比。」

1.3　夫縱觀歷史，有義戰非義戰之分。凡推動社會進步者，義戰也；凡阻礙社會進步者，非義戰也。《易》曰：「師貞丈人吉。」[1]

老子雲：「師之所處，荊棘生焉；大軍過後，必有凶年。」又雲：「兵者，不祥之器，非君子之器，不得已而用之。」

故戰爭，和平之手段也；和平，力量之平衡也。聖人之用兵，禁殘止暴於天下也，故順乎天而應乎人。貝利撒留曰：「力求以和平結束戰爭之統帥，乃最偉大之統帥。」

【注釋】

①意即：正義之師將獲得勝利。

縱觀歷史，有義戰和非義戰的區分。凡推動社會進步的，是義戰；凡阻礙社會進步的，不是義戰。《易》：正義之師將獲得勝利。[1]

老子說：「軍隊所處的地方，荊棘叢生；大軍過後，必有凶年。「又說：

「兵器，不是祥瑞的器具，不是君子之器，不得已才用它。」

所以戰爭，是和平的手段；和平，是力量的平衡。聖人用兵，平息天下的殘忍暴亂，所以順天意合民意。貝利撒留說：「力求以和平結束戰爭的統帥，是最偉大的統帥。」

1.4　司馬穰苴曰：「殺人安人，殺之可也；攻其國愛其民，攻之可也；以戰止戰，雖戰可也。」成吉思汗曰：「戰爭誕生了萬物。」馬克思曰：「暴力是孕育新社會之助產婆。」[1]鮑德溫曰：「戰爭，使人殘忍，亦使人高尚。」[2]巴斯卡曰：「無武力相佐之正義曰無能，非正義興師之武力曰暴政。」[3]

【注釋】

①馬克思的原話為：「暴力是每一個孕育著新社會的舊社會的助產婆。」

②[美]鮑德溫原話為：「戰爭，使某些人變得殘忍，使另一些人變得高尚。」

③[法]巴斯卡的原話為：「正義沒有武力是無能，武力沒有正義是暴政。」

司馬穰苴說：「殺人是為了使人民得到安定，可以這樣做；攻打一國是為了該國人民的福祉，可以這樣做；用戰爭制止戰爭，雖然參與了戰爭，但這樣也是可以的。」成吉思汗說過：「戰爭誕生了萬物。」馬克思說過：「暴力是每一個孕育著新社會的舊社會的助產婆。」鮑德溫說過：「戰爭，使某些人變得殘忍，使另一些人變得高尚。」巴斯卡說過：「正義沒有武力是無能，武力沒有正義是暴政。」

1.5　善用兵者，修道而保法，故能為勝敗之政[1]。足食、足兵、民信之矣，乃為政之方[2]。老子雲：「以正治國，以奇用兵，以無事取天下。」孔子雲：「有文事者必有武備，有武事者必有文備。」孫臏雲：「天時、地利、人和，三者不得，雖勝有殃。」故修文備武，居安思危，興產殖業，富國強兵。

【注釋】

①此段話出自孫武。意即：善於用兵的人，搞好內政，確立制度，則能掌握勝敗的決定權。

②此話出自孔子。

善用兵的人，搞好內政，確立制度，則能掌握勝敗的決定權。使糧食充足，使軍備充足，使人民信任，是為政的方要。老子說：「用正道治國，用奇道之兵，

憑藉平穩安定取得天下。」孔子說：「有文事的必有武備，有武事的必有文備。」孫臏說：「天時、地利、人和，這三者不得，雖然勝利了也會有災禍。」所以要昌明政治強大國防，居安思危，發展生產興農事，富國強兵。

1.6　民者，兵之命也。民為兵之源，兵無民不堅。故動員人民，戰之可勝。人民戰爭，劣可勝強①。天下非一人之天下，乃天下之天下也。同天下之利者，則得天下；擅②天下之利者，則失天下。利天下者，天下啟之；害天下者，天下閉之。故利而勿害，成而勿敗，生而勿殺，與而勿奪，樂而勿苦，喜而勿怒③。

【注釋】

①「我們的經驗是：依靠人民，再加上一個比較正確的領導，就可以用我們的劣勢裝　備戰勝優勢裝備的敵人。」

②擅：獨占。

③語出自《六韜》，意即：給人民以利益而不要加害於民，成全人民的事業而不要敗　壞它，保護人民的生命而不要無辜殺戮，給與人民好處而不要掠奪，使人民安居樂　業而不要使其痛苦，讓人民喜悅而不要激起民憤。

　　人民，是軍隊依靠的根本。人民是軍隊力量的源泉，軍隊不依靠人民是不穩固的。所以動員人民，就可以打勝仗。依靠人民，劣勢裝備也可戰勝優勢裝備的敵人。天下不是一個人的，是天下人的。為全天下的人謀利，可以得天下，以一己私利獨占天下，則最終會失天下。為天下人謀利，天下人會歡迎，損害天下人利益，天下人會反對。給人民以利益而不要加害於民，成全人民的事業而不要敗壞它，保護人民的生命而不要無辜殺戮，給與人民好處而不要掠奪，使人民安居樂業而不要使其痛苦，讓人民喜悅而不要激起民憤。

1.7　治國安家，得人也；亡國破家，失人也。羅其英雄，則敵國窮。英雄者，國之幹；庶民者，國之本。夫主將之法，，務攬英雄之心。賞祿有功，通志於眾①。故佐不務多，而務得賢士。有賢佐之，士歸矣②。

【注釋】

①通志於眾：將個人的志向變為大眾的目標。

②以上皆語出《黃石公三略》。

得人心，治國安家；失人心，國破家亡。網羅傑出人才，使敵國窮盡。傑出人才是國家的棟樑，普通百姓是國家的根本。所以主將用人，務必的英雄傑出人才的心。獎賞有功的人，使個人的志向變為大眾的目標。輔佐自己的人不在於數量多少，而在於是否賢能。有賢人輔佐，將士就會歸順。

1.8　師者，眾也。柔遠人，懷諸侯①，則天下治矣。故國不務大，而務得民心。得民心者，民從之。故曰：能用眾力，則無敵於天下矣；能用眾智，則無畏於聖人矣。孫臏曰：「不勝有五：禦將②，不勝；不知道③，不勝；乖將④，不勝；不用間，不勝；不得眾，不勝。」又曰：「得主專制⑤，勝；知道，勝；得眾，勝；左右和，勝；量敵計險，勝。」

【注釋】

①柔遠人，懷諸侯：安撫邊民，懷柔諸侯。

②禦將：君主對將領的行動進行節制。

③道：指民心政道、戰爭規律等。

④乖將：指暴戾怪異之將鄰。

⑤指君主授予將鄰自專之權。

軍隊，是由眾多力量組成的。安撫邊民，懷柔諸侯，那麼天下就能太平。所以治裡一國之要不在於領土疆域的擴大，而在於得民心。的民心的人，人民順從他。所以說：將眾人力量合一，就能天下無敵；將眾人的智慧合一，可以抵得上聖人。孫臏說：「戰爭失敗的因素有五個：君主對將領的行動進行節制、不通曉民心政道戰爭規律、暴戾怪異的將領、不會用離間之計、不得眾人之心」「戰爭得勝的因素有五個：君主授予將領自專之權、通曉民心政道戰爭規律、得眾人之心、軍隊各力量配合劃一、充分的估計判斷敵人」。

1.9　將欲敗之，必姑輔之；將欲取之，必姑與之①。老子曰：「用兵有言，我不敢為主而為客，不敢進寸而退尺。」「禍莫大於輕敵。」又曰：「善為士者，不武；善戰者，不怒。」故弱之勝強，柔之勝剛。知其雄，守其雌；知其白，守其黑，知其榮，守其辱。天下神器，不可為也②。為者敗之，執者失之。以道佐人主者，不以兵強天下③。

【注釋】

①語出《周書》。《老子》曰：「將欲翕（xì）之，必固張之；將欲弱之，必固強之；將欲廢之，必固興之；將欲奪之，必固與之。」

②天下神器，不可為也：天下是神祕的，不能逆理而為。

③以道佐人主者，不以兵強天下：以人間正道輔佐君主的人，不以軍隊逞強於天下。

　　想要使它歸順，要先輔助它；想要得到，就必須先給予。老子說：「最大的禍患就是輕敵」「好的士兵，不隨便炫耀武力，善於指揮作戰的人，不輕易發怒」所以會以弱勝強，以柔克剛？……天下是神祕的，不能逆理而為。逆理而為、固執不通就會失敗。以人間正道輔佐君主，不以軍隊逞強於天下。

　　1.10　為無為，事無事，味無味①。治人事天，莫若嗇②。聖人處無為之事，行不言之教。故治大國，若烹小鮮③。天下有道，卻走馬以糞④；天下無道，戎馬生於郊。

　　爭地以戰，殺人盈野；爭城以戰，殺人盈城。勝而不美，而美之者，是樂殺人。夫樂殺人者，則不可以得志於天下矣。

　　兵強則滅，木強則折。善有果而已⑤，不以兵逞強。果而勿矜，果而勿驕，果而不得已，果而勿強。物壯則老⑥。

【注釋】

①意即：把「無為」當「為」，把「無事」當「事」，把「無味」當「味」。

②嗇：少，無為。

③小鮮：小魚。此句意即治國貴靜，勿折騰人民。

④意即把戰馬用作施肥種田。

⑤意即只要很好地達到了目的就可以了。

⑥意即事物壯大了，必然走向衰亡。

　　把「無為」當「為」，把「無事」當「事」，把「無味」當「味」？……

　　1.11　大蓋天下①，然後能容天下；信蓋天下，然後能約天下；仁蓋天下，然後能懷天下；恩蓋天下，然後能保天下；權蓋天下，然後能不失天下。故興師之國，務先隆恩；攻取之國，務先養民。阿諾德曰：「武力與權力是統治世界之兩大

因素。先用武力獲得權力矣。」阿裡奧斯多曰：「防止戰爭最正確之方法，無懼於戰爭也。」荷馬曰：「賢者總在和平時不忘備戰。」

【注釋】

①大蓋天下：胸懷之大，能覆蓋天下。

　　胸懷蓋天下，然後才可以容納天下；誠信蓋天下，然後才可以約定天下；仁義蓋天下，然後可才以胸懷天下；施恩於天下，然後才能保護天下；權力蓋天下，然後才不會失去天下。所以要準備興師打仗的國家，必須先廣施恩惠；要攻打別國，必須先修養本國人民。阿諾德說：「武力與權力是統治世界的兩大因素。先用武力獲得權力。」阿裡奧斯多說：「防止戰爭最正確的方法，是無懼於戰爭。」荷馬說：「賢者總在和平時不忘備戰。」

　　1.12　拿破崙曰：「倘無軍隊，則無政治之獨立和人民之自由。」①尼克森曰：「只有軍力優越，才能在談判桌上達成目標，並否決敵之意圖，此乃歷史之教訓也。」②故戰有必勝之道，不戰為必亡之階，孰利孰害不待智者之決也。是以有志之士謀不敗之戰略，以抗強鄰，而保領土。

【注釋】

①拿破崙的原話為：「如果沒有軍隊，也就沒有政治的獨立和人民的自由。」
②尼克森的原話為：「歷史的教訓警告我們，只有軍力優越，才能在會議桌上達成目標，才能與敵人協議並否決侵略者的意圖。」

　　拿破崙說：「如果沒有軍隊，也就沒有政治的獨立和人民的自由。」尼克森曰：「歷史的教訓警告我們，只有軍力優越，才能在會議桌上達成目標，才能與敵人協議並否決侵略者的意圖。」？……所以有志向的人謀求不敗的戰略，抗衡強大的鄰國，保衛本國的領土。

　　1.13　以餌取魚，魚可殺；以祿取人，人可竭；以家取國，國可拔；以國取天下，天下可畢，故獲地裂之，獲財散之①。得而勿有，居而勿守，拔而勿久，立而勿取②。《六韜》雲：「大農、大工、大商謂之三寶。農一其鄉，則穀足；工一其鄉，則器足；商一其鄉，則貨足③。」孔子雲：「有國者，尚技而賤車，則民興藝」，又雲：「來百工也。」耶恩斯雲：「用兵之基，民生也。」④

【注釋】

①語出《三略》。意即把土地、錢財分與士眾。

②語出《三略》。意即獲得了而不占為己有，占領了而不久居自守，進攻時不要費時
太久，讓別人執政而不要自取其位。

③「農一其鄉」、「工一其鄉」、「商一其鄉」分別指讓農民、工匠、商人聚集在一
定地區進行生產勞動。

④[普魯士]麥克斯‧耶恩斯之原話為：「軍事的基礎首先就是人民的經濟生活狀況。」

1.14　自古不謀全域者，不足謀一域；不謀經濟者，不足謀軍事。凡用兵之
法，千裡饋糧，日費千金，然後十萬之師舉矣。故無地固，城郭惡；無畜積，財物
寡，無守戰之備而輕攻伐者，可亡也。故顧炎武曰「古之治兵者必治賦。」鄧小平
曰：「國防現代化，須以工業及農業之發展為本也。」①

【注釋】

①鄧小平的原話為：「國防的現代化，只有建立在國家整個工業以及農業發展的基礎
上才有可能。」

　　自古以來不先放眼全域，是不能謀劃某一地域的；不先強大經濟，是不能加
強軍事的。指揮調動部隊，先從千裡之外積蓄糧食，一日耗費千金，然後大軍才能
行動？……沒有做好充分準備就輕率的發動戰爭，會招致滅亡。所以顧炎武說：
「古代治理軍隊必須首先治理賦稅。」鄧小平說：「國防的現代化，只有建立在國
家整個工業以及農業發展的基礎上才有可能。」

1.15　曰：「戰爭不啻軍事、政治之競賽，亦經濟之競賽。」①鄧小平曰：
「軍隊須親自動手，努力生產，以減輕人民負擔，使經濟逢勃向上，走豐衣足食之
路」②米柳京曰：「如用武力達到自己之政治目的，國家軍事力量可耗費國家之全
部財富。」馬克思曰：「孰欲勝敵，孰則不計較戰爭之代價也。」③

【注釋】

①原話為：「戰爭不但是軍事的和政治的競賽，還是經濟的競賽。」

②鄧小平的原話為：「人民軍隊的責任是隨時隨地為人民服務，一切為人民利益著
想。今天我們必須親自動手，努力生產，克服困難，以減輕人民負擔，使人民經濟

向上，走豐衣足食的道路。」

③馬克思的原話為：「誰要想戰勝敵人，他就不會去同敵人討論戰爭的代價。」

「戰爭不但是軍事的和政治的競賽，還是經濟的競賽。」鄧小平說：「人民軍隊的責任是隨時隨地為人民服務，一切為人民利益著想。今天我們必須親自動手，努力生產，克服困難，以減輕人民負擔，使人民經濟向上，走豐衣足食的道路。」米柳京說：「如用武力達到自己的政治目的，國家軍事力量可耗費國家的全部財富。」馬克思說：「誰要想戰勝敵人，他就不會去同敵人討論戰爭的代價。」

（以下略）

伍、後傳

「弱勢」經濟學家胡星斗

（2012.3.16《報刊文摘》摘自人民出版社《人物》週刊2012年第3期，作者：南關前）

凡關心時政和當下熱點問題的人，對胡星斗這個名字都不會陌生。

2010年暑假，胡星斗一直在為農墾職工的事奔忙。與這個群體結緣很偶然，一位江西籍專家電話告訴胡星斗，海南農墾職工處境悲慘。

「橡膠價格不是一直很好嗎？怎麼會這樣呢？」胡星斗心裡打了一個結，學校一放假，他就背起了行囊，自費到海南調研。

在大雨滂沱中，他摸索著走進了一位農墾職工家。這是一幢茅草屋，四處漏風，夫婦倆正準備去女方父母家那裡吃飯。一問才得知，他們倆不是去赴宴，是去吃接濟飯。農場定的生產指標太高，男人每月只能掙到300元，女人常被倒扣。

一家一家地走訪過後，胡星斗的心情變得沉重起來。一連串疑問在他腦中交錯閃過：為什麼國家每年補貼幾個億還喊虧損？為什麼在農墾內部貧富如此懸殊？

經過十多天的實地踏訪，一張海南農墾的現實生態鏈在胡星斗心中逐漸清晰起來：矛盾的焦點似乎在職工自營膠不能自營，被農場以「統一收購」的名義壓榨，而病灶源於上個世紀末幹部家庭承包膠林後，大量占有，上報虧損，下占職工利益，這種官商怪胎已經形成了既得利益群體。

回到北京以後，胡星斗立即將自己調查瞭解的情況寫成報告——《海南農墾的當代農奴與富官》，海南農墾職工，這個一度不為外界知曉的弱勢群體立即引起廣泛關注。隨後，胡星斗還聯合部分經濟、法律界專家召開了專題研討會，媒體的介入又引起了高層重視。

「我看不得別人受苦。」這位經濟學家常把這句話掛在嘴邊，這也成為他為人行事的準則。這些年，無論是為文還是做事，都與弱勢群體有關，他甚至將自己的言論集結為「弱勢群體經濟學」。

胡星斗是最早關注打工子弟學校的學者之一，常遊走於城鄉結合部那些低矮破舊的活動板房教室；他長期關注戶籍改革，發表了一系列火藥味十足的威猛之詞；在反腐敗、官員財產公開、打破國企壟斷等方面，他也著墨甚多；在農民企業家孫大午身陷冤獄後，他都第一個站出來力挺孫；冬夜裡，他曾抱著自家的棉被送給那些北京上訪村裡的無家可歸者……

然而，無論如何，在當下中國，胡星斗都算不上一位「主流經濟學家」。他的文章沒有高深的經濟學理論和複雜的數據模型，通篇直白，只有數據說話。他很少有宏篇巨論，不少文章都是幾百字的豆腐塊。在很多人眼裡，它更像是一位針砭時弊的雜文家。

　　主流經濟學家們大都遊走與政商兩界，一邊依附於權力體系，一邊與商界相交甚歡。當「身價」成為衡量一位經濟學人成功與否的標誌時，胡星斗與這一切似乎是絕緣的。對他來說，敢講真話，能發出獨立的聲音最重要。

　　對那些身無分文的弱勢群體，胡星斗經常伸以援手，他會選擇一些具有典型意義的案件分析研討，幫受害人擺脫困境。但這位生活並不富裕的學者常常感到有心無力，最近，他在考慮籌建一個弱勢群體研究基金會，讓更多無力者前行。

　　胡星斗有一個「高貴中華、文明中國」的夢想，這個夢想的藍圖是：「拋棄封閉、專制和官本的傳統，服從規則、程式、透明和監督，是中華民族高貴起來，使古老中國文明起來。」

「問題」學者胡星斗

《今日財富》2007 年 3 月，作者：唐河

　　胡星斗是近幾年聲名鵲起的一位著名學者，3月20日，筆者在百度搜尋引擎裡搜索「胡星斗」三個字，顯示有數十萬個網頁上有他的資訊，這個數字隨著歲月的延續還在不斷地攀升。他不是政治家，不是企業家，不是當紅歌星，也不是揮手雲集的英雄，他只是北京理工大學的一名教授，一名普通的學者。他的力量不是來自於高貴的出身和顯赫的背景，恰恰相反，他的力量來自於他對國家和民眾純淨、真摯、熱忱的愛，來自於童年草根的生活，來自最普通也是最高貴的人性。

　　通過仔細研究涉及到他的所有資料，我們突然發現，是一種的秉筆直書的正氣、一種渴求美好的良善和一份「天下興亡、匹夫有責」的愛國憂民的熱情感動了媒體和受眾。他研究問題，尋求藥方；他疾呼反腐，宣導法制；他關注民生，心念民瘼；他傳道授業，宣導文明。他不停地奔走，在冰風凜冽的貧民窟，在家徒四壁的農舍，在寒窗錚錚的監牢，在擁擠不堪的難民流。他用腳做學問，雖然未必篇篇

精彩，但卻字字肺腑。就廢除信訪制度、廢除勞教制度、廢除高考地域歧視制度、廢除院士制度⋯⋯，他不懈地奔走呼號，他上書全國人大，上書國務院，上書⋯⋯他猶如懸掛星空中的星斗，也許天生孤獨，也許命中註定光亮。

由工而文，由「器」轉「道」

1978年，年僅16歲的胡星斗考入現華中科技大學船舶電氣自動化專業，四年後以班上第一名的成績考取本專業研究生。1985年，分配到現北京理工大學工作。幾乎從工作的第一天起，他就由工科轉向了文科。開始，他從事社會學教學工作，此後一發不可收拾，先後涉獵經濟學、傳統文化等多個學科。1990年代初，他萌生建立中國問題學的設想，經過十多年的艱辛努力，理論雛形已基本確立。

胡星斗實際上對理工科不感興趣，中學時年齡小，稀裡糊塗的，便由著老師選了理工作為發展方向。儘管如此，他的理工科成績一直很好。不過，他始終認為理工不僅內容枯燥，而且僅僅是器物層面的東西，是雕蟲小技，沒有上升到「道」的高度，對國家進步的作用十分有限。當時，胡星斗還是一名十分熱心的文學青年，擔任學校詩社社長，文學活動頻繁而豐富。

工作後，胡星斗認識到，中國的根本問題不在科學技術層面，現代化的瓶頸是政治社會制度和更深層次的文化缺陷。他認為，自然科學研究成果再多，如果沒有合理的制度，也起不了多少作用，只會白白浪費。他表示，自己天生對社會對人生的感悟比較多，對自然科學那種冷冰冰的東西沒有興趣。於是他下決心轉而研究社會人文科學。當時社會科學人才正處於斷檔期，十分缺乏，所以他一向學校提出，校方立刻就同意了，轉向十分順利。他笑著說，如果是現在，恐怕就沒有那麼容易了。慶倖得意之情溢於言表。

上世紀七十年代末，「學好數理化，走遍天下都不怕」是社會共識，青年學子奉其為圭臬；當時，文革剛剛結束，人們對人文知識分子的悲慘遭遇仍記憶猶新，全社會畏人文社會科學如虎。在這樣的大背景下，多少青少年被迫放棄自己的興趣與愛好，違心選擇自然科學作為學習研究方向。胡星斗教授最終從事著自己喜愛的工作，並卓有成就。十分幸運；但更多的人卻不得不在自己厭惡的職業中耗費生命。這不僅是他們個人的不幸，更是社會的損失。中國人文社會科學與自然科學的全面落後，與人們很難自主選擇學習研究方向有著莫大的干係。廣而言之，中國

落後的根本原因在於，人們不能自由地選擇自己的人生道路。

研究問題，尋求藥方

　　胡星斗不喜歡雜亂無章、零敲碎打地對各種問題隨意發表意見，習慣於始終圍繞一個中心展開思想，因而一直都試圖建立系統的屬於自己的獨特理論。他表示，即使這種理論不是主流，也可能還不特別規範，但只要能自圓其說，是自己獨創的，就很有意義。

　　胡星斗很早就對傳統文化發生了興趣，一直在做諸子百家的教學工作；他對中國近代的落後貧窮十分痛惜，非常希望找到一條使中國迅速發達富強民主現代化的通衢大道。因而，他希望自己能在「中國學」方面有所建樹。胡星斗表示，「中國學」國外稱「漢學」，是研究中國政治、經濟、文化等各方面的學問。但「中國學」這個題目太大。他不久就發現了這一問題。這時，他想到魯迅等人提倡作學問應該研究現存問題的觀點，認識到理論必須有針對性，才有存在的價值。這裡的關鍵在於，以批評的視角發掘獨到的東西，而非僅僅闡釋別人的理論。這才是現代中國最需要的。只有這樣的學問才能長存於歷史，具有久遠的價值。因此，他在「中國學」中加上「問題」兩字，1993年創立了「中國問題學」。

　　胡星斗將「中國問題學」分為文化、社會、政治、經濟四個大部分。他由文化入手，出版了兩本批判中國傳統文化的專著，後轉向社會問題和經濟問題，目前只有政治方面尚未進行系統研究。

　　他認為，中國文化問題很多，主要表現在思維方式上。傳統文化更強調經驗思維，很少涉及理論和邏輯思維；經濟問題在於，市場經濟與權力結合，缺乏公正、誠信，兩極分化、腐敗橫行；社會問題在於，鄉村與城市社區公民自治程度很低，非政府組織和公民個人的力量受到抑制，而政權包攬所有社會工作，既做不了，更做不好。

　　胡星斗認為，中國的問題最深層的原因來自文化，文化又與環境及最早的生活方式密切相關。但今天，中國所有問題的根本原因在於制度，而且主要是政治制度。高度集權的政治制度反映在經濟文化社會等諸多方面，不可能產生良好的各相關制度。制度是中國所有問題的總根源，沒有先進的制度，中國永遠不會實現真正的現代化。近一百多年來，中國一直試圖建立現代國家制度。

他表示，自己的探索更多是藍圖性質的，雖然無法立刻實現，但絕不能沒有。他認為，如果中國在所有方面都摸著石頭過河，沒有一點理論指導，不知道最終的目標在那裡，只是一味試驗，不斷犯錯誤，不停地交納巨額學費，中國現代化的前景便十分堪憂，要麼功敗垂成，要麼成本極高。他認為，中國需要許多思想家，以探索各個方面的路徑。

胡星斗認為，中國問題的解決，一是要讓更多的民眾參與到改革之中，形成決定性的大趨勢。他認為，一個國家走向何方，並不僅僅決定於領導人。因為他們必須順應民眾的意願；二，想方設法用民主人權憲政思想，影響權力核心層人士；三，知識分子大力提倡先進觀念，並參與社會變革。他認為雖然不必宣導精英理論，但也不能搞民粹主義。先進官員、各階層精英人物對中國社會發展起某種導向作用的事實不容抹殺。動亂時期，決定中國社會發展方向的是農民，他們具有排山倒海的力量；但和平時期發揮作用的人，主要還是站在歷史潮頭的先進人士和知識分子。他們先知先覺，為眾生之先。

他認為，西方的現代化是資產階級引導的，有穩固的經濟基礎，因而比較順利；韓國、南美等國家的現代化由軍人主導，他們以強權推動國家進步；而中國的現代化一直僅由先進的知識分子領導，民主自由人權法治憲政等往往停留在觀念的鼓蕩層面上，無法深入到普通大眾中去，無法與經濟和政治精英結合，不能轉變為制度建設。這是近代中國多次啟蒙失敗的原因，也是中國現代化屢遭挫折的原因。

疾言反腐，宣導法制

新中國成立以來，中國共產黨和政府對反腐敗特別重視。但由於制度原因，中國目前的腐敗呈現出許多新的變化：一是「政績」出腐敗。官本位只顧自己的政績、往上爬，不顧老百姓的死活；越是重視表面文章的「政績」，就越是腐敗。二是專橫出腐敗。即權力越是不受監督、制約，就越是腐敗。三是「國有」出腐敗。即越是國家的、公家的專案，就越沒有人愛惜，就越產生腐敗。四是「烏紗帽」出腐敗。即越是官本位的地方，烏紗帽的含金量就越大，腐敗就越嚴重。六是結黨營私出腐敗。也就是腐敗窩案頻發。現在的腐敗如中紀委副書記劉麗英所說的往往是窩案，「一端就是一窩，一揪就是一串」。

胡星斗從經濟學上對腐敗進行了分析，他認為，腐敗是一種病態的社會問

題，也是一種複雜的經濟現象。腐敗產生的基礎就是「經濟人」行為，「經濟人」為了使自身的利益最大化，就可能利用制度、法律、政策的漏洞，徇私舞弊，巧取豪奪，用權利去尋租，濫用公共權利謀取私利，以「看不見的腳」踩住市場那只「看不見的手」，主要原因是政府的過大權力造成的。

胡星斗認為，治理腐敗的解決之道，關鍵在於進行「機制設計」，健全制度、法治。首先是要建立現代反腐敗制度。他認為，現代反腐敗制度就是為現代世界各國的實踐所證明行之有效的從機制源頭上解決腐敗的制度集合。主要包括：居民收入申報制度、官員財產公開制度、金融實名制度、集中採購制度、招標投標制度、獨立審計制度、政治透明制度、重大事項報告制度、質詢制度、述職述廉制度、民主評議制度、民主選舉制度、彈劾制度、現代公務員制度、組織監督制度、新聞監督制度、司法監督制度、立法監督制度、內部監督制度、公眾監督制度等等。建立現代反腐敗制度，是一個系統工程，必須做長期的紮實的艱苦的制度建設和制度創新的努力。

胡星斗從現實許多腐敗事例的分析中得出結論，要徹底的根除腐敗，一必須要建立社會主義的現代政治制度——逐步運用民選制度對各級權力進行民主監督，同時形成權力機構的相互制約；官員對下對選民負責，廢除官員只對上負責的官僚制、郡縣制；形成有限權力的政府、規範化的政治；確保民意暢通，落實公民權利。二是要建立現代法律制度——法律面前人人平等，特別是各級官員要模範守法；司法必須獨立於行政；公民非經法律程式不得被逮捕、被剝奪財產。

胡星斗認為，要處分依靠人民群眾，來治理腐敗。公家的錢往自己兜裡裝，是「硬腐敗」，這需要人民群眾的監督才能讓腐敗分子受到法律的制裁；而對於那些吃一點喝一點用一點，是「軟腐敗」。也需要人民群眾的監督。毛澤東說：只有人民起來監督政府，政府才不敢懈怠；只有人人負起責任，才不會人亡政息。治理「軟腐敗」恐怕也要打一場「人民戰爭」，也就是動員最廣大的人民群眾，開展基層的日常的監督——鼓勵人民群眾舉報腐敗的官員，建立保護舉報人的制度；支持公民財政訴訟，只要有證據，任何公民都可以起訴公款大吃大喝、公車超標、公費出國旅遊的「軟腐敗」行為。

關注民生，心念民瘼

　　民生問題已經成為中國政府關注和解決的頭號問題，在溫總理的報告中也談得最多。胡星斗著述最多、關注最多的就是民生問題。他深知民生的艱難，所以從文章其字裡行間都體現著一種學者的焦痛和殷憂。近幾年來，胡星斗撰寫了一系列的文章，為缺乏話語權的工人、農民、民工、礦工等一切無權無勢、無錢無位的人吶喊，以爭取社會對這些人的同情與支持。他第一個站出來為農民企業家孫大午鳴不平，他曾就廢除勞動教養制度等問題向中共中央、全國人大、國務院致建議書。他認為，當今中國需要或者說特別需要「弱勢群體經濟學」，報紙上有窮人經濟學，我覺得中國需要弱勢群體的經濟學家，也就是說經濟學家應當更多地關注弱勢群體，關注我們的農民、農民工、下崗職工、煤礦工人的權益的問題，更多地研究我們的教育、醫療、社會保障出現的問題，更多地探討公平、如何實行有利於弱勢群體的制度安排、保護窮人的政策，應當出台怎樣的這方面的政策。可惜的是，現在很多人都對研究這樣一些東西嗤之以鼻，認為研究農民、下崗職工、弱勢群體，不是純而純之的經濟學問，純而純之的經濟學的學問就是從西方那裡搬過來的大量的數學模型，那才是經濟學，好像關注醫療、教育，在有些人看來不是經濟學。但是我認為這個東西與中國的實際相結合，它才是真正的中國需要的經濟學。

他說，解決十三億人的看病問題是件功德無量的事情。堅持公益性，強化政府的責任，就是國有醫院應當平等、廉價、優質地提供醫療服務，決不能惟利是圖，更不能拋棄病人；政府部門要做好對醫院的監管、確保對國有醫院的全額投入；實行醫、藥分離，杜絕以藥養醫、開大處方、進高價新藥、重複檢查、醫療特權等問題。他建議建設一個覆蓋城鄉居民的基本衛生保健制度，打破城鄉、地區、所有制的界限，建立以社區醫院和鄉鎮衛生院為診療基本場所、覆蓋全民、城鄉一體化的醫療預防衛生體制。同時，扶持私立醫院的發展，在急救業務、醫保定點等方面對之一視同仁；恢復鄉鎮衛生院的公立地位，建立全額投入機制，完善其預防保健的職能，改變農村衛生重治輕防的現狀；城市要大力發展社區全科門診，做到小病不出社區；取締高幹病房、療養醫院，提高醫生的公開收入，遏制回扣、紅包。解決十三億中國人的看病問題，是功德無量的大事。溫家寶總理說：「我有一個夢想，就是讓所有的中國人都看得起病」。我相信，總理很快會有夢想成真的一天。

　　他認為，我們必須改善農民的處境。農民由一紙戶口約束在農村，幾乎不可

能改變身分！進了企業，仍然是「農民工」；辦了工廠，叫「鄉鎮企業家」、「農民企業家」，報紙上還歌頌「鄉鎮企業是中國農民的偉大創造！」中國還死守著世界上幾乎僅有的戶口制度，在進行現代化的同時拒絕城市化，以至於改革開放都20多年了，城市化率卻徘徊不前。中央政府早就下達過促進戶口制度改革的檔，可是到如今，除少數地方外，大多數地方政府都對之表現得不甚積極。農民是永遠沒有社會保障的！農民享受不到國民待遇！許多地方的農民患大病就不治而亡，或者導致家庭負債累累，生活極為困難。尤其令人痛心的是，至今在我國大部分農村地區連建立社會保障制度的跡象都沒有。解決這些問題的根本措施在於建立現代農村制度，其核心是建立現代農村政治制度或現代農民制度。進一步完善農村民主選舉，實現官民關係現代化、基層幹部公僕化、農民監督法治化，同時，讓農民享有全民待遇、平等的社會生活，改革戶口制度，建立涵蓋農村的社會保障體系，促進城鄉各種制度的統一，這是中國建立現代農村制度的重點工作，也是中國實現現代化的關鍵。

他說，要善待城市裡的打工子弟學校。城市新移民中絕大多數來自中西部農村地區，是城市社會低層最脆弱的群體。他們從事的職業幾乎都是體力勞動，如個體小商販、服務員、保安、清潔工、廢品收購者、租地菜農等等，收入水準其實已經低於城市低保線。由於體制上、制度設計上，特別是經濟上的原因，大部分新移民的子女無法選擇他們嚮往的公立學校就讀，而孩子又不能耽誤，市場的需求孕育著打工子弟學校的誕生，且不斷湧現。他建議：在流入地政府未能有效解決新移民子女義務教育問題的大背景下，打工子弟學校的出現和存在是社會力量和新移民自力救濟的必然結果，具有「天然的道義合法性」，因此應當把打工子弟學校納入統一的義務教育管理體系之中。

傳道授業，宣導文明

胡星斗是一位教授，也是一位詩人。他寫下了大量的韻律古體詩，其中在《人生》中寫到：

人生憂患始讀書，思慕貪求與眾殊。

秋日獨吟葉滿徑，病年感歎夜懸珠。

成灰蠟炬淚灑地，悟道春蠶絲滿腹。

磨礪棲惶損元體，不如歸隱浮江湖。

這是他的人生感歎，又是他的人生寫照，讀書，教書，傳道授業解惑，蠟燭成灰，春蠶到死，飽經了磨礪、疾病，但帶給他人的卻是一絲陽光，一片開闊。

他的一位學生在讀到他的文章之後，寫道：

「讀您的文章，身上每一根毛細血管都擴張。您筆下蕩起的風雨，能澆灌和拯救思想貧血的心田，字裡行間，常見驚雷閃電，洞穿歷史?洞穿現實；把一切骯髒的、陰暗的、不合理的東西，統統放到陽光下暴光。

讀您的文章，與其說那是論述，還不如說那是藥方。當年魯迅先生開過類似的藥方，柏揚、李敖等先生也開過類似的藥方。還沒有去抓藥，有人也許就要大叫，氣味真難聞，不要，不要，他們哪裡知道，藥方要根治的，就是我們民族幾千年的劣根。藥方的精髓正是『天下興亡、匹夫有責。』

讀您的文章，我讀到一個飽學書生最生動的自傳。您聲明不從政，卻把中國當作自己對弈的棋盤，那上面的坑坑窪窪，任何一處都弄痛您如屈原一樣焦慮的心腸。您不管自己的聲音別人愛不愛聽，都要讓它響亮，再響亮，最好能直達國家機器的最頂端。」

除了傳道授業解惑和為現實的中國問題奔走呼喊，胡星斗把目光投向了更遠的地方他嚮往：

建立一個高貴中華、文明中國。他在《「高貴中華、文明中國」的倡議書》中寫到：「拋棄封閉、專制和官本的傳統，擯棄謊言、陰謀和暴力的政治，服從規則、程式、透明和監督，完善民主法治，保護人權產權，弘揚誠信、大愛的精神，提升官德，培育公德，使中華民族高貴起來，使古老中國文明起來。」鑄造「誠信中國」、「大愛中國」。鑄造「現代中華文明」和「現代中國制度」。

建立一個和諧的世界。他在自己撰寫的《世界和諧宣言》中寫道：「世界和諧的願景（VISION）：化干戈為玉帛，鑄劍戟為鏵犁；建立民主、法治、公平、正義、自由、人道的新世界。」2005年9月，聯合國成立六十周年之際，他作為中國大陸地區惟一的代表，應全球和平聯盟的邀請，到紐約參加了紀念大會，並用英文發表演講，他在演講中說：「我的名字叫星斗，幸運地它意味著星或星座，所以我將試著成為一顆和平星，我認為所有種族，所有國家能形成一個家庭。不僅中國應該建立現代中國文明，我們應該修建國家誠實和普愛，超越家庭成員之愛，愛人

民，愛社會，愛人類，愛自然和生物，愛對手，愛敵人，樹立寬容和寬大的靈魂，耕種妥協的精神，實現和解和雙贏。」這個演講受到了與會者的廣泛讚揚。

胡星斗：從弱勢群體開始問診中國
江西晨報2011-3-30，作者：胡文靜

廢除信訪制度、廢除勞教制度、廢除高考地域歧視制度、廢除院士制度、廢除二元戶籍制度。

「如果在文革時期，估計我早被專政了。」

建立了中國問題學、弱勢群體經濟學等，被海內外眾多媒體視為「問題」學者、笑納外號的江西南昌人胡星斗是個樂觀主義者。

「現在中國的學術自由還是有的。」除了傳道授業解惑，身為教授的他，為現實的中國問題，不懈地奔走呼號，上書全國人大、國務院。

「中國比美國甚至比日本差太遠了！中國的進出口世界第一，已經超過德國美國日本，那是因為德、美、日在世界各地大規模地生產，在當地銷售或向第三國銷售；他們為了保護本國資源，減少了從本土的出口。」

「中國應當鼓勵民營大學的發展。」作為大學民辦的試點，胡星斗大膽地建議北大、清華辦成民辦大學。

「二元戶籍制度製造了農家後代的天生貧困。」一系列觀點的提出，讓胡星斗蜚聲海內外。

人物簡介：胡星斗，江西人，北京理工大學經濟學教授。提出了建立「中國問題學」、「弱勢群體經濟學」、「公平市場經濟」、「現代農村制度」等一系列新論點。

他是撤銷鄉鎮政府、廢除行政型信訪制度的主要宣導者之一，主張同命同價，廢除二元戶籍制度和勞動教養制度，取消高考地域歧視。

有《權利供給的缺乏導致貧窮》、《慈善：另闢蹊徑促進大學生就業》等文章發表於網路和報紙。著有《問題中國》、《中國古典式管理》、《傳統中國的偏

頭疼》等。

中國問題學

3月21日晚凌晨，時鐘接近2點，北京。

修訂完畢日前接受陽光衛視六集訪談「論弱勢群體」的電子稿後，胡星斗有些許倦意。

不知從何時起，爭取在凌晨一點前睡覺，成為胡星斗每天的心願。至少4年過去了，依舊沒能實現，時間久了，也就習慣了。

「我做了很多分外的事，如果僅是一個大學教授，不會這樣忙。」

做學問，奔波全國各地發表演講，教書育人，身體力行慈善事業，胡星斗說他幹了三個人的活，但樂此不彼。

每天至少300封郵件，最新時事、名家、思想哲理，主動投遞到他郵箱。為此，每晚只需登陸郵箱，當日的時事他便能瞭若指掌。

自父母過世後，忙於工作，胡星斗很少回江西，卻往來於海內外，成為中國政情觀察者。「中國清廉指數下降，如何繼續反腐敗？中國房地產真相如何、中國改革開放三十年問題的梳理。

在涉獵的諸多領域中，「中國問題，弱勢群體」八個字為胡星斗關注最多。以至於2000年建立胡星斗中國問題學與弱勢群體經濟學網站，是目前僅刊登個人文章的在知識界影響最大的網站。（略）

胡星斗：叫板「中國社會問題」

《中華兒女‧青聯刊》2008.9，作者：童妮燕

在胡星斗「用於思想啟蒙」的個人網站上，他寫下自己的理念：「恪守良知，扶助弱勢，只做人格獨立的社會問題研究者……主張通過漸進有序的改革，逐步解決中國問題；九死而不悔，永遠做有良心有社會責任感的愛國者。」

作為「中國問題學」理論的提出者和研究者，多年來，胡星斗不斷發表著對中國各種問題的觀點和看法，他關注戶籍制度、勞教制度、暫住證制度、同命同

價、打工子弟學校問題、信訪制度……並且「每一個問題的提出，都有一套對應的解決方案」。他的頭銜是著名經濟學教授，可他的關注視角早已「越軌」，他「簡直搶奪了社會學家、文化學者、法律專家的飯碗」。

「5.12」大地震發生後，胡星斗和茅於軾、賀衛方、謝韜等一批被視為「自由派」的著名學者，聯名在互聯網上倡議全國政府機構統一下半旗致哀……這一「自1949年以來中國首次因天災為平民進行全國哀悼」的行為被國外媒體激賞，並稱其為「破天荒的舉動」。在《世界經濟學人》等國外媒體看來，這正是「開明的政府」採納了胡星斗等學者的建議。

胡星斗當然高興，但另一方面，他又斷然拒絕承認自己是「自由派」。他「宣導中派主義（既非左也非右，或既左且右，兼顧左右），將『右派』的憲政與『左派』的公平統一起來，推動憲政，達到公平」。這才是他對自己的界定。

「中國問題的實質是特權」

青聯刊（以下簡稱青）：作為「中國問題學」理論的提出者和研究者，那麼據您觀察，目前中國最主要的社會問題是什麼？其背後的實質是什麼？您在給出這些問題的解決方案時，其著力點是什麼？

胡星斗（以下簡稱胡）：1994年左右，我提出了「中國問題學」的命題，1997年開始寫書探討「中國問題學」，2000年創辦「中國問題學」網站。

一直有人問我「目前中國最主要的社會問題是什麼？」我回答是：特權。這個特權既包括政治待遇方面，也包括經濟上的行政型壟斷、官員主導型財政、官商勾結，還包括社會、文化方面的不平等，如戶籍制度造成的種種問題。這些問題背後的實質是官本位體制，是中國持續幾千年的權力本位、官本位、官貴民賤等思潮根深蒂固的影響。

解決這些問題的著力點在於推動政治體制改革，把中國逐漸改造為平等權利、相互尊重、多樣共存、寬容和諧的社會。為此，我致力於推動一項又一項的具體制度的改革，由個體到整體、由簡單到複雜，最終推動整個體制的進步與制度的創新。

青：股市問題目前也成為中國社會的一個問題，那麼這個問題的實質是什麼？目前的股災會給股民和政府造成什麼樣的影響？中國股市長期發展的方向是怎

樣的？股災所產生的影響可能帶來怎樣的變革？

胡：中國股市問題的實質是官股與特權。權力干預、政策市、坐莊、利益輸送、關聯交易、非法資訊披露、股權分置、大小非、基金的固定提成等都反映了權力的影子，目前股市的腰斬實際上是廣大股民對於股市投了不信任票，股市太不規範了，證監會失職的地方很多，股民的損失巨大，財富越來越多地流向了少數內幕人員，股市成為製造和擴大貧富差距的機器。（略）

胡星斗：中國知識分子應為國家為民眾說真話
《聯合早報》採訪

他是一位靠著良心與正義的力量做支撐的獨立特行的學者，他提出了建立「中國問題學」、「現代中華文明」、「現代農村制度」等一系列新論點，並以一個學者的智慧提出解決的辦法，引起國內外廣泛的關注。

胡星斗，北京理工大學教授、著名中國問題學專家，近日在接受本報專訪時說，作為一名知識分子，應為國家為民眾說真話，這樣才能對得起自己的良心，才能真正履行一個公民的責任與義務。

胡星斗指出，當今的中國知識分子真正憑著良心站在公平、公正的立場為民眾為國家說真話的也就是那能數出來的幾十個人，不到千分之一，這是很不正常的事情。總的說來，中國知識分子的作用在退化。

胡星斗說，上世紀80年代的時候，中國的知識分子比較關注政治，他們經歷了「文革」的磨難，有許多話要說。到了90年代以後，知識分子中的許多人成了既得利益者，他們為保護既得利益，許多人選擇了不說話或說假話，更談不上對權利的監督和批評了。當今，更有許多知識分子對政治對社會漠不關心，只關心自己的小日子。

胡星斗感慨地說，在這個社會上還有這麼一群富有良心的知識分子在為弱勢階層不斷地吶喊著，在為國家不斷地獻計獻策著。中國的進一步發展關鍵在於發現問題、正視問題，找到解決問題的方案，以符合國情的方式推動問題的解決。我們探討問題，並不是吹毛求疵挑毛病，不是不懷好意暴露黑暗面，不是針對政府的，

更不是製造社會動亂，而是為了實現祖國的現代化，做社會問題的忠實的批評者。因為只有這樣，才能反映我對偉大祖國的摯愛，才能有助於現代化的偉業，才能促進中國走上更加健康的發展道路。

近幾年來，胡星斗懷著對祖國的一顆赤誠之心，撰寫了一系列的文章，為缺乏話語權的工人、農民、民工、礦工等一切無權無勢、無錢無位的人吶喊，以爭取社會對這些人的同情與支持。他第一個站出來為農民企業家孫大午鳴不平，他曾就廢除勞動教養制度等問題向中共中央、全國人大、國務院致建議書。

胡星斗說，改革開放政策把中國帶上了富強、民主、文明的現代化正軌。1978年，他有幸成為一個大學生，親眼見證了祖國翻天覆地的歷史巨變——不僅僅是大城市的高樓林立，GDP、進出口總值和外匯儲備的飆升，更重要的是民主、法治、公平、效率觀念的深入人心。但是，社會、經濟發展中存在著許多問題不能忽視。如鄉鎮政權中民眾與政府的對立、環境問題等。

他在專訪中多次談到當今的中國要在「制度、思想的開明與創新」上下功夫。他說，影響中國進程的主要因素是官員的「官本位」思想，在多篇文章中，他對這種思想進行無情的批評。這些文章收在他的「胡星斗中國問題學」網站之中，引起了讀者廣泛的共鳴和討論。

他說，顧炎武有名言：天下興亡，匹夫有責。在中國向現代型國家轉型的關鍵的今天，我更能體會到此言的深刻內涵。只因我對祖國愛之深，所以責之切。

他說，像中國這樣的有著十幾億人口的巨型國家，政府施政之難，決非一蹴而就。所以，冷靜、智慧、堅忍不拔、矢志不移的品格更為可貴。正因為如此，在當今中國，政府與民間合作，社會各階層實現共富、共榮、共和，而不是相互衝突，才是開創現代化新局面的保證。正因為如此，中國的知識分子才應說實話、說真話。

當記者提及他的網站上「斗室蒼茫吾獨立，萬家酣夢幾人醒」時，他說，中國的知識分子應該清醒有韌性。

「胡改良」談中國的新改良運動

學者孟猛，http://blog.sina.com.cn/s/blog_61de6d210100gq84.html

　　出於尊稱，作者把胡星斗教授稱為胡改良。為什麼呢？因為作者認為胡星斗教授在社會和經濟方面的理論實際上是一種新改良主義，胡星斗實際上是主張逐步改良的，更是拒絕保守、倒退的，通過改良而達到法治、公平、效率，繼而天下大治。在中國經歷過疾風驟雨的前改革階段後，現在已經進入了一個「公正實行法治，法治大於效率」的階段，這個階段不能搞文化大革命式的折騰，也不能搞「殺出一條血路來」的突破型改革，民心思定，意識需要慢慢積累，而社會問題、經濟問題也越來越細化，必須小心翼翼地分析、判斷、改良。任何簡單、粗糙的行為都會帶來嚴重的後遺症，寧可小改，不可大改而鑄成大錯，寧可小步，不可大步而跌倒。小改不是不改，小改是在逐步完善，不斷地達到完美，而不改卻是認識不到錯誤，或有既得利益在裡面，以私費公。胡星斗教授主張的就是在新時期對社會、經濟進行全面改革，它是一種改良型的改革，是循序漸進，是在法律的框架內的改良，或先修法後改良，是主張慢慢的積累法治、民主、公民意識，而不是灌鴨式填充法律、民主、公民意識。有如下言論為證：

1.如針對官員腐敗問題

　　胡星斗教授針對最嚴重的社會問題——腐敗，沒有像其他的社會學家一樣老生常談的指向一黨制、黨派缺乏監督等，而是更務實的指向了技術性問題等基礎性工作，即使在歐美這些法治比較完善的國家，也是重點在技術上打好基礎，才可以更有效地遏制腐敗。胡星斗教授並不否認腐敗的存在，但也不認為腐敗是一黨的產物，胡星斗更看重的是制度的完善和意識的增強，所以他的理論更具有可操作性。

　　在「國家之痛：腐敗與公款浪費」一文中，胡星斗寫到：

　　如何治理腐敗與公款浪費？關鍵是建立現代廉政制度，主要是建立「三陽光」、「三監督」制度。所謂「三陽光」，即陽光行政、陽光財政、陽光財產；「三監督」即新聞監督、公眾監督、人大監督。

　　為了強化人大在審查財政預算決算與支出中的作用，人民代表大會制度必須進行重大的改革，讓其名副其實，不再是官員代表大會。人大代表應當精簡化、責

任化、專職化、專業化，這樣他們才有能力、有時間審查財政預算決算和支出。

　　另外，為了遏制公款浪費，我們建議修改刑法瀆職罪，使之適用於國有企業負責人，並且設立浪費公款罪，出台瀆職罪和浪費公款罪的實施細則。

　　浪費公款罪或浪費罪，不是針對私人企業或個人，而是針對公共領域，針對揮霍公共財政資金，是針對大浪費，特大浪費。以前對於揮霍和浪費國家財產、使國家財產遭受重大損失的行為，以及公款吃喝玩，都是以紅頭檔不痛不癢地處理，沒有起到效果，因此現在必須對之立法並嚴格執法。

2.在政府徵用私人財產如拆遷方面

　　胡星斗教授認為首先要有法律授權，如果沒有法律授權，則政府就沒有權力參與拆遷，而應讓開發商去談，如果在公益方面，政府有權力參與的話，就要嚴格遵循程式，等價賠償。這樣就是說拆遷問題實際上是一個法律問題，應該在法律的框架內解決，

　　在「發達國家怎麼拆遷」一文中，胡星斗這樣說：

　　吸收發達國家的經驗，未來中國的徵收法或者即將出台的新的政府拆遷管理條例應當遵循下列原則：

　　一、規劃公開。鼓勵公民參與規劃的制定，進行規劃聽證，規劃須經當地人大的批准。

　　二、平等協商。無論是開發商還是政府，都必須與居民平等協商，只有經過司法程式，才能強制拆遷。

　　三、中立評估。房屋的價值由中立機構評估，確保私人財產不會因為拆遷和公共利益而受到損失。

　　四、足額賠償。發達國家一般對被拆遷者全額賠償，過去中國只補償而非賠償，而且只補償了房屋價值的小部分。以後應當足額賠償。

　　五、司法救濟。過去中國是行政部門或者開發商拆遷，同時政府部門仲裁，因而缺乏公正性。以後要賦予被拆遷者司法救濟、起訴的權利。

3.在政府職責和國企地位方面

　　胡星斗教授認為政府是公民選出負責服務事務的，應當在公民的授權內專心

於行政事務的處理，對公務人員要求比較嚴，責任較民事重一些，而國有企業不應該由政府來經營，國有企業是公民出錢辦的組織，該不該辦，經營哪些方面都由公民事先約定，並聘專人管理，與其他私人企業的管理原理一樣，承擔民事責任。作者認為政府的總理與國企的總負責人都由主席提名。審計部門獨立於政府，向人大負責，監督政府和國企。

在「過度的國企壟斷破壞了社會和諧」一文中胡星斗這樣寫到：

凡是國有壟斷的市場經濟，必定是公權力肆意擴張的市場經濟，也是特權氾濫的市場經濟，這樣的市場經濟因為破壞了市場秩序和法治，必然遭到民眾的怨恨。

事實證明，過度的國企壟斷不僅無助於經濟現代化和民生福祉，而且敗壞了政府與人民的關係，損害了社會正義，破壞了社會和諧與穩定。政府的職責不是參與企業經營和微觀經濟活動，更不是庇護特權利益集團，而是保衛私人產權、制定經濟活動規則、營造良好的法治環境，譬如制定有關石油稅收、電信保密、保護公眾利益的法律並且強制執行之。

4.在改變貧富懸殊這一嚴重的社會問題方面

胡星斗教授認為貧富懸殊問題是社會最大的問題，如果不解決，危害嚴重，但他同時認為貧富懸殊問題是將長期存在，不存在一勞永逸，政府要做的是平衡和極力消除差距，而不是坐視不管，任其擴大，那樣的話，就是嚴重的失職，但也不能採用階級鬥爭的方法消滅富有階級，那樣貧富懸殊問題雖然解決了，但又會帶來更嚴重的社會問題。

如在「誰該為」貧二代「負責？」一文中胡星斗這樣寫道：

產生「貧二代」現象最根本的原因是弱勢群體缺乏話語權、組織權、監督權，我們缺乏民間報刊、電臺電視，新聞媒體都是由地方官員們所控制，往往成為維護既得利益的工具，貧困者、上訪者、工人、農民的呼聲大多被遮蔽；工人農民缺乏能夠真正代表自己利益的組織而無法與資方平等地博弈談判，他們的工資福利無法提高，農產品也無法集體地以統一的品牌生產與銷售，不但農民的收入無法提高，而且農產品的品質與食品安全也無法保證；同時，各級人民代表和官員由於不是經過真正的名副其實的選舉產生的，也不可能自動地代表民眾的利益。由此，龐

大的弱勢群體、「貧二代」只能代代相傳。

5.在教育方面

胡星斗教授認為仍然是人的問題，並不是把什麼問題都推到制度上，好像一市場化，就什麼問題都解決了，如中國足球，市場化這麼多年，反而問題更多，成績更差。先把人的意識、能力提上去，制度內的工作方式完善好，這才是問題的癥結所在。

如在「中國教育電視臺訪談：如何培養創新型人才」一文中這樣寫到：

中國高校創新人才培養的問題一是教育觀念相對落後。教學不是以學生為主體，師生之間是教育和被教育的關係，教學是傳授和接受的關係。教師往往以權威自居，不容批評質疑的聲音，教師與學生的地位不平等，師生之間缺乏有效交流。二是課程設置過於突出「學科本位」的思想，專業口徑窄，學科知識孤立，專業適應性差，學生自主選擇的範圍小。三是教學方式比較單一。長期以來，以填鴨式的應試教育為主，是「講課+考試」的方式，課內學時多，實習實踐的機會越來越少。學生參與科研的機會少，本科生一般到最後一學期才有論文導師，導師介入晚。教師滿堂灌，照本宣科，學生埋頭筆記，死記硬背，不善於獨立學習和思考，被動接受老師傳授的內容，學生學習的目的是應付考試，缺乏獨立思考與解決問題的能力。四是考核辦法不夠合理。工作量計演算法引導教師注重教學人數、時數、課數，教師追求開大課、開長課、多開課才能填滿教師的工作量，同時也把學生的課程表排滿。這樣一來，教師沒有時間個人輔導，學生沒有時間獨立鑽研。教師指導大學生、研究生做論文也基本上沒有什麼工作量。

在其他方面，胡星斗教授的改良學說還有：

「什麼是既符合中國國情，又順應世界潮流，兼顧中國價值與普世價值，結合現實主義與理想主義的當代 '新政'？

一句話，就是既要確立憲法至上、有限政府、保護人權的憲政主義，又要推行公平、正義、共富的社會主義，也即實行憲政社會主義，也就是我所闡述的中派主義——包容左派、右派，把右派的「憲政」與左派的「公平」價值觀結合起來，兼顧憲政與公平，通過憲政達到公平。」

「民主固然是個好東西，憲政社會主義與可控民主更是好東西。民主有時不

是好東西，但憲政社會主義與可控民主對於中國一定是好東西。」

「只有可控民主，政治有序，社會才能穩定和諧，國家才能不分裂，中國才能不混亂。只有可控民主，才能保證中國這樣一個特大型國家的領導人的必要的尊嚴和威信。」

「我夢想在中國開展反歧視活動、平等權利運動，由民間推動，政府參與，形成輿論與道德氛圍，以制度和法治的方式保障平等權利事業，將反歧視活動與公民國家、和諧社會的建設結合起來。因為只有公民國家，也就是實現了公民權利的國家，才是現代化的國家；只有公民社會而非臣民社會，才可能是平等權利的社會；只有平等權利的社會，沒有特權，沒有權貴壟斷，沒有掠奪搜刮，沒有歧視，才是和諧社會。」

「我曾經提出在中國建立『公平市場經濟』。什麼是『公平市場經濟』？就是『非權力化、非壟斷化』的市場經濟，就是『政府有責、公民有權、機會均等、保障完善』的市場經濟。」

「中國弱幹強枝的官員隊伍結構不利於中央政令的貫通，更不利於國家的長治久安，容易造成「上有政策，下有對策」，「政令不出中南海」以及地方主義、諸侯割據的狀況，必須將之改變為強幹弱枝的中央-地方關係，強化中央機構，縮小地方政府，實行中央派出機構制度。具體地說，就是虛省建州、設郡分縣，形成中央－省－郡三級監督（省-郡兩級派出機構）制度、中央－州－縣三級政府制度。」

「我是現實的理想主義者，現實主義加理想主義。沒有憲政民主的理想主義，中國永遠不可能成為現代化的國家；但如果沒有現實主義，理想主義、自由主義的東西成為空中樓閣。反腐敗，也需要現實主義與理想主義的結合，沒有憲政民主的理想主義，反腐敗只能是運動式的殺雞儆猴、借反腐敗清除異己，永遠治標不治本。同樣，沒有現實主義，中國也不可能找到符合國情的行之有效的反腐對策。」

……

總之，胡星斗教授提出的理論涉及到社會的方方面面，可以說已經建立起一套完備的理論體系，這裡不在一一列舉，其核心就是「有計畫的改良」，主張「公正實行法治，法治大於效率」的理念。他認為在現階段，要對社會進行全面的修

補，這既是我國發展的需要，也是世界和平與發展的需要，但他拒絕激進，更拒絕倒退，而是主張在法律的框架內把現階段的法律、政策貫徹透、用透，把公民的意識激發起來、積累起來。如果非改不行，先反復論證，然後修改法律，絕不能沒有法律依據的情況下為追求效率而激進改革。

胡星斗教授的主旨仍然是在法律的框架內解決問題，在法律的框架內完善制度，不要浮躁，更不要急躁。目前很多的法律制度、政策的作用還沒有發揮出應有的作用，所以要拒絕草率的修法，更要拒絕草率的出台新法，而應讓每一部法律發揮它的歷史作用，把社會方方面面的基礎夯實後再前進，這就是胡星斗教授的願望，也是我國走向強盛的必由之路。

學人星斗
閻雨

作為「社會主義新農村建設」的提倡者之一，他不僅對「三農問題」提出新的理念並將之形成理論體系，而關鍵是他率先發現了「三農問題」的癥結不在三農，解決「三農問題」要從轉變政府職能方面著手，由此他的觀點引起了學界和政界的關注，從而與其他學者一道推動了一場轟轟烈烈的新農村建設運動，使億萬農民得到了福祉和尊嚴。

他著書抨擊「二元戶籍制度」的邪惡和醜陋，從經濟學的角度分析「二元戶籍制度」對經濟的阻礙和傷害；從人權的角度分析「二元戶籍制度」的種姓嘴臉和奴役本質，糟踐了天賦的「人生而平等」的基本權利和人格、違背了農民作為「人」這一物種的生存和發展的權利；從法律的角度分析「二元戶籍制度」違反《憲法》的事實，違背了人類最基本的立法思想和精神。使「二元戶籍制度」體面盡失、原形畢露。使得全國掀起了對「二元戶籍制度」人人喊打的局面，使中國戶籍這一奴役了兩千年的制度全面弱化、淡化，直至名存實亡。

當然，一切的一切，不僅僅是因為他，但他吶喊了，他的喊聲如此的淒厲，如此的悲切、如此的持久，打動了所有還有熱度的心。

他不是揮手雲集的英雄，他的力量不是來自於高貴的出身和顯赫的背景，恰

恰相反，他的力量來自於他對國家和民眾純淨、真摯、熱忱的愛，更來自於童年草根的生活。

這是一種大愛，沒有惺惺作態；沒有陽春白雪；沒有仕途功利；沒有酒色銅氣，純淨得象天上的水，山澗的泓。這種愛源自柔軟的心，來自最普通也是最高貴的人性。

當明白了農人的艱辛，也知道了生活的厚重，當讀懂了「鋤禾日當午」就作了良知的奴僕。他不停地奔走，在冰風凜冽的上訪貧民窟，在家徒四壁的農舍，在寒窗錚錚的監牢，在擁擠不堪的難民流。他是用腳做學問。未必篇篇精彩，但卻字字肺腑。就廢除信訪制度、廢除勞教制度、廢除高考地域歧視制度、廢除社會科學院士制度……，他不懈地奔走呼號。上書全國人大，上書國務院，上書……。

除了上書，他還常捐助弱幼鰥寡，愛滋病孤兒，上訪無食者，街頭殘障，西部民生，力所能及，月月如此，年年歲歲。其中某日某素不相識的衣冠楚楚者聲稱無錢醫病向其討借，其竟也慷慨解囊。

過於善良者，往往以善意度人，結果惡人就趁機而入，所以他時而受騙，對於江湖的險惡研究，遠不及在學術上的深度。

他經常失眠，稍有聲響即不能寐，遙望午夜依然的喧囂，於是就有了「人間高士月中去」、「仰首無言空悵惘」，就有了「不沐朝暉自蓊蘢，飲露餐英兩袖風。」

他寫詩是因為孤獨，也因為他是個文人，他沒有享受到因為創建「中國問題學」而名滿天下的推杯換盞，「獨自開合獨自睡」是他最好的一句詩，也是心扉的燈光。

他天生孤獨，也命中註定光亮，如懸掛的星斗，土裡和地上的生命都能感受。

著名經濟學家胡星斗的別樣人生

作者：賀斌，中新網2014-11-06

導讀：他擁有百萬粉絲，曾經是搜狐微博人氣總榜第11名，當時王石與任志強

分列第12和第13名。他與赫伯特・西蒙一樣具備獨特的思維模式和獨立的學術思想。他尊崇法制……每天都有媒體連線或採訪他。他是國內外媒體採訪最多的經濟學者之一。

在學術上，他發表過200餘篇論文等。他精通英語、日語，並自學法語、德語和俄語，到過亞、美和歐諸多國家，對各國的歷史、人文和經濟如數家珍、見解尖銳獨到。

他少年時，被譽為「數學天才」。1977年，全國向陳景潤學習時，他所在的縣城卻喊出了「向胡星斗學習」的高調口號。那時，胡星斗讀高二，年僅16歲，當年參加高考，並以超出清華大學錄取分數線的成績考入華中科技大學，

如今，五十而聞焉，斯亦足畏也已……他是「中國問題學」的提出者、「事理學」的創始人、「弱勢群體經濟學」的鳴鑼開道者、財產保護公益論壇的發起人、憲政經濟學研究者、世界華人100位公共知識分子之一、中國十大理性公民、北京理工大學政府經濟學教授、著名經濟學專家。

他就是胡星斗，一個赫伯特・西蒙式的中國學者。

千年古城名人輩出

江西省德安縣有著千年的歷史文化積澱，世界雜交水稻之父袁隆平、好萊塢頂級導演、奧斯卡金像獎最佳導演李安在這裡誕生，從這裡走向世界。

胡星斗，1962年11月11日出生於江西省德安縣後田村的胡家村，其父母質樸善良是典型的傳統農民。胡星斗說：「我的父母都是江西省進賢縣人，母親從小就父母去世，四五歲時只能靠十來歲的哥哥撫養，但哥哥尚小無法照顧她，加上家境貧寒，就只能睡在豬圈裡。後來，母親到了我父親家當了童養媳，但我爸的父親很早就去世了，一家兄弟幾個沒有文化、沒有技能、沒有社會保障，吃了上頓沒下頓，壓力非常大。」

迫於生活的壓力，胡星斗的父母離開了進賢縣來到南昌市謀生。這時胡星斗的哥哥出生了，家裡有了四個小孩，加上三年饑荒，一家人生活更加拮据。胡星斗的父親覺得城裡已無法養活一家人，於是再次背井離鄉選擇去農村生活，並最終定居德安縣後田村胡家村。在最為艱難的歲月中，胡星斗出生了，排行老五。最後兄

弟姐妹一共七個，年齡大的都參了軍，自己和弟弟妹妹生活的時間稍長一點。

一家人為了生計都在努力。胡星斗的父親會理髮，後來自學了磨剪刀。接著機會來了，德安輪胎廠（後改制為江西輪胎廠）找到胡星斗的父親，讓去磨剪輪胎的剪刀。於是，胡星斗的家庭成分由農民變為半工半農的組合家庭。父親當工人，母親閒暇之餘也幫人理髮，一家人的生活開始有了起色。少年的胡星斗則往返於德安輪胎廠屬小學和當地農村小學間就讀。胡星斗說：「我恐怕是當年中國最早的打工者子弟之一。」

看著父母夜以繼日的為家庭操勞，年紀尚小的胡星斗除了用功讀書，就只能幫父母做些力所能及之事。他放學後，就主動去為父母做家務和飯菜，有時還會去工廠幫父親打掃一些地方，或者到工廠四周去割些豬草煮了然後再給豬吃。胡星斗說：「那個時候生活很清貧，但沒有感覺到苦，也不會有人歧視你。」

在學習方面，胡星斗一直是學校的尖子生。他記得每年都被評為「五好學生」，一、二年級時代表學校給駐地解放軍送過柴，並宣讀感謝信。由於當時主人翁的「翁」不會念，就尷尬的向老師請教，致使他現在還記憶猶新，又感到童趣珍貴。

中學時，胡星斗每天要走十幾公里的山路到德安縣城就讀。後來寄宿，自己的父親就經常給自己帶一小罐鹹菜或豆豉。因為小時候很喜歡喝豆豉湯，所以同學們就給胡星斗起了個「豆豉湯」的綽號。在學習成績上，胡星斗始終保持著第一或第二名。學校每年嚴格評審和篩選的校級優秀學生和三好學生都有胡星斗的名字。

1977年，德安縣舉辦第一屆數學競賽，縣城各機關單位選派優秀幹部、青年參加，社會其他知識分子也踴躍報名。後來，正讀高二的胡星斗參加比賽，一鳴驚人摘取第一名的桂冠。緊接著，胡星斗代表德安縣參加了九江市舉辦的數學競賽，斬獲大獎。

自古英雄出少年，初露崢嶸的胡星斗，一時成為全縣城談論的焦點人物。

改革開放初期，全國各地學習數學天才——陳景潤，紛紛喊出「向陳景潤同志學習」的口號，而胡星斗所在的縣城各中學卻高調喊出「向胡星斗學習」的口號。當時，在低年級就讀的弟弟也感到奇怪，為什麼學校宣導著要向自己的哥哥學習。

1978年，德安中學推薦讀高二的胡星斗參加高考。胡星斗按照規定先填報了

志願後參加了考試。高考後，胡星斗才知道自己分數其實已經超過清華大學的錄取分數線，但為了保險起見，自己填報了華中科技大學（原名華中工學院）。雖有些遺憾，但也算是命運安排。從此，胡星斗成為那個年代讓人仰望的一名大學生。

探索真知別具一格

在華中科技大學胡星斗學的專業是「船舶電氣自動化」，或許是興趣的問題，便沒有花太多心思，而是將時間都用在英語、文學等其他學科上。胡星斗自嘲說，那時的自己是「不學無術」、「不務正業」。但在同學看來，胡星斗很有才華，大家都叫他「詞典」，因為不論什麼英語單詞，只要說出來，胡星斗都知道其意思。胡星斗還自學日語，翻譯了兩本書，一本是《自動控制理論》，一本叫《系統工程學》，但沒有出版，不過手稿還在。「除此之外，胡星斗還學了法語、德語和俄語。後來要考研究生，專業還是「船舶電氣自動化」。平時沒有花時間在專業上，只能臨時抱佛腳。胡星斗集中精力和時間溫習專業課，最終出人意料的考取了全班第一名，順利考取了研究生。

不過，對於胡星斗而言，心情很平靜，因為研究生攻讀的專業依然是「船舶電氣自動化」，依然提不起興趣。於是，胡星斗把大量時間用到了其他學科上，並開始關注中外文史和社科類書籍。

1981年6月15日，胡星斗創立夏雨詩社，擔任第一任社長。夏雨詩社發展至今，已成為華中科技大學歷史上最悠久的社團，擁有社報《瑜園》、社刊《家園》，先後出版了《秋天或者愛情》、《遙遠》、《後現代主義文學位書》和二十周年社慶專刊《夏雨如歌》等合輯。社員在參加各類比賽中斬獲多個獎項。不久前，夏雨詩社在北京成功舉辦詩歌朗誦大會，中央黨校和文化、思想界名人參與慶祝。胡星斗在詩詞造詣上也頗有建樹，創作過一批飽含志向和情感的詩歌，如代表作《詠蠶》：春日蠶嬌正吐絲，辛勤不為世間知。光陰似箭是誰射，日月如梭任其織。不恨人間冷暖苦，只嗟浮世悲歡癡;縱然到死絲無盡，風雨如晦聽雉雞。還有部分佳句「仰首無言空悵惘」、「漢祖明皇成大業，董臣朱子開太平」、「千年星斗雲邊尋，似為行人掌路燈」等在詩歌界較為流傳，部分作品被媒體刊登，《石上松》被網路歌手紅衣大叔選為歌曲的歌詞。

胡星斗雖稱自己不學無術、成績平平，但在華中科技大學研究生系的三個專

業中，胡星斗的總成績卻始終保持著全系第一，平均成績達到91分左右，尤其是線性代數、概率論等數學科目成績則遙遙領先於所有同學。不僅如此，胡星斗在讀研期間在華中科技大學研究生學報上發表了《灰色系統的可控性》等多篇純數學的學術論文。華中科技大學研究生學報作為當時全國第一份研究生學報，具有一定的開創性，更為榮幸的是胡星斗有幸在該報擔任過一屆主編。

1985年，胡星斗研究生畢業，機緣巧合進入北京理工大學任教，擔任經濟學教研室教師。期間，胡星斗先後教授馬克思主義政治經濟學、社會主義經濟建設、西方哲學、現代思潮、諸子百家及發展經濟學、政府經濟學、產業經濟學和農業經濟學等專業課。

1994年，鑒於教學成績突出，胡星斗被北京理工大學破格提拔為副教授。這是該校文科歷史上被提拔的最年輕的副教授。隨著年齡和學識的增長，胡星斗對整個社會有了自己獨特的思考，並逐漸形成了自己的人生觀、價值觀和世界觀。胡星斗說：「那時候，我特別崇尚魯迅，看過他所有的書，並開始研究批判主義。我認為批判才有價值，我也一直在思考，愚昧、封閉和落後的根源……我覺得不是器物層面上的問題，而是制度和文化層面的問題，所以我從理工科最終決定轉到文科。」

胡星斗棄理從文攻讀文科是帶著使命感和夢想的。他說：「我們這一代知識分子都很有抱負，想解決中國現代化的問題，推動中國的現代化……大家都有一種使命感！」胡星斗認為批評有利於社會的發展和矛盾的解決，但光批評還不行，還得提建議，只有這樣批判才有意義。

胡星斗還表示，自己選的是一門「險學」，但自己不後悔。

開創學說針砭時弊

1998年，胡星斗撰寫的《問題中國》等兩本書集結出版。1999年，胡星斗被破格提拔為北京理工大學正教授，這被稱為當時全國大學政經學領域最年輕的正教授。

除此之外，胡星斗通過探索並創立了「事理學」和「太和學」。胡星斗說，目前世界上只有「物理學」，自己所創的「事理學」即探索事情規律的學問，研究「事理學」和「太和學」很有意義，是人生大道，但後來發現這兩門學問，一般人

看不懂，也很難引起大眾的關注，由此便暫時停止了研究。

2000年，網路興起，胡星斗創辦了當時中國最早的個人學術網站之一，即「胡星斗中國問題學網」。該網所發文章多為胡星斗思想、學術觀點，由於文筆犀利、觀點尖銳，直指社會焦點話題，很快引起國內外的關注和討論。特別是胡星斗關於中國戶籍改革方面的文章引起較大波瀾，被媒體認為是戶籍制度的「廢除派」代表。2003年6月21日胡星斗發出《對勞動教養的有關規定進行違憲違法審查的建議書》、2003年11月9日提出《就廢除勞動教養制度致中共中央、全國人大、國務院的建議書》引起國內外強烈反響。網路上掀起了批評勞教制度，要求對勞教制度進行違憲審查的討論潮流，很多人以胡星斗文章為核心，要求廢除勞教制度。媒體廣泛報導，胡星斗被稱為新時期廢除勞教制度的第一人。

2003年，億萬富豪孫大午案爆發，胡星斗第一時間撰寫的《拯救中國最優秀企業家孫大午的呼籲書》被眾多海外媒體刊登報導。胡星斗說：「我當時就覺得這篇呼籲書肯定能引起巨大的轟動，結果國內外很多記者都開始關注採訪孫大午。還有幾個著名律師也為其辯護，最後央視經濟頻道也第一時間直播了一個民營企業家從看守所走出來的鏡頭。這在傳統的體制中是不可想像的。也正是2003年，幾大網絡事件爆發，被稱為中國網路公共事件的元年，也預示著中國網路民意的逐漸興起。」

之後，胡星斗對信訪制度提出批評。他親自到北京上訪村瞭解情況，還參加了2005年國家信訪局主辦的座談會。胡星斗呼籲國家對農民的狀況、農民的權利進行違憲審查，建議國家免費給國民基本的醫療和社會保障，給農民退休金、養老金。對此，部分建議獲得重視並採納，央視新聞、法制、科教、經濟等頻道紛紛就熱點問題採訪了胡星斗。

2009年3月，「胡星斗中國問題學網」突然被關閉。在知曉是人為原因後，胡星斗一怒之下，一紙訴狀，敲山震虎，將網路服務商告上法庭並勝訴。這一案件的結局，事關系億萬線民，給壟斷型的網路服務商提出了警示，也間接表達了民意，成為中國首例個人狀告網路服務商並勝訴的案例，《羊城晚報》等有報導。

胡星斗對中國現存問題的關注，讓其隨後開創了「中國問題學」、「弱勢群體經濟學」等新學問，提出了「公平市場經濟」、「人文經濟」、「現代農村制度」等具有現實價值的概念。胡星斗宣導分省（縮小省級轄區）、遷都、設立副省

級直轄市、撤銷鄉鎮政府、廢除行政型信訪制度，主張同命同價，廢除二元戶籍制度、行政型信訪制度和勞動教養制度，取消高考地域歧視也都得到了輿論的積極回應。

胡星斗說：「當下貪官外逃、私有財產不能得到有效保護、國企與私企不能公平競爭。很多民營企業家感到稅費過重，如中央財經大學中國煤炭經濟研究院近期發布過的一份涉煤稅費調查報告顯示，我國涉煤稅費有109項，除21個稅種外，還有不少於88項規費。此稅費被稱作比梁山好漢還多的稅費。」胡星斗認為，這些稅費存在的根源是法治問題，當前中國只有五種稅是全國人大批准的，其他100多種稅費沒有經過人大批准，都是地方自己決定的。

胡星斗認為，國內在保護工人利益方面，收取的五險一金額度過大，給民營企業造成了較大壓力。因為與國外相比，中國的五險一金收取標準相當於金磚國家社保稅的4.6倍和亞太國家及其它大部分發達國家的好幾倍。同時，國有企業進入世界500強越多，對於一個國家的現代化建設越不利，畢竟沒有哪個國家是靠國有企業實現現代化並進入世界文明強國的。國有企業是行政和壟斷下的產物，對於公平市場秩序的破壞不言而喻，民營企業的發展空間只會越來越小。

享譽國際心有鴻鵠

在媒體人看來，胡星斗研究問題的方式與諾貝爾經濟學獎得主赫伯特‧西蒙頗有幾分相似，原因是都採用了數學的理論研究社會。

「我研究學問的方法，可能和其他人不太一樣。我主要是通過社會科學的數學模型、戰爭與和平的數學模型等來進行科學研究、事理研究，也就是用數學的方法做社會研究和問題研究。」胡星斗介紹說，赫伯特‧西蒙在認知心理學、經濟學、管理學、政治學和電腦科學等領域有很深的造詣，出版過不少著作，如《思維模型》、《人們的解決問題》、《人工智慧科學》、《行政行為──行政決策研究》、《經濟學與行為科學中的決策模型》、《有限理性模型》等，而他所宣導的決策理論則是以社會系統理論為基礎，兼收並蓄吸收了古典管理學理論、行為科學和電腦科學等內容。赫伯特‧西蒙的研究，在某種意義上與胡星斗研究的領域即「事理學」十分相似，不過叫法不同。

胡星斗因受「物理學」的靈感啟發，而提出了「事理學」概念，後又創立

「中國問題學」和「弱勢群體經濟學」等，可以說胡星斗提出的理論涉及社會、經濟和文化方方面面，基本建立了一套完備的理論體系，其提倡「公平市場經濟」、「現代農村制度」、「廢除行政型信訪制度」等，主張廢除二元戶籍制度和勞動教養制度等，進而被媒體和廣大線民譽為「新時期廢除勞動教養制度的第一人」和中國戶籍制度「廢除派」的代表。但胡星斗不認為自己是英雄，自己只是一個普通的愛國市民。所謂「不沐朝暉自蓊蘢，飲露餐英兩袖風」，胡星斗真誠而樸實的性格，讓他成為線民推崇的「明星」，而他的親近感則提高了他的人氣。胡星斗在搜狐微博上的粉絲超過100萬，曾是人氣排行榜第11名，王石與任志強分列第12和第13名。

或許是由於敢講真話實話和大眾想說的話，胡星斗才如此被「推崇」成為社會和學術界的話題人物。他在微博上的發言，總能引起龐大粉絲團的競相轉播和討論。胡星斗說，自己思想的核心是「太和」。他認為民主平等的制度對社會的持續進步具有重要作用。在很多焦點問題上，胡星斗毫不忌諱，大膽批判，針砭時弊。特立獨行的學術風格，讓他成為學術界一個別樣的「地標」。而他所開創的中國問題學，則越來越成為現實問題的「角逐廠」，各種思想競相爭鳴，多種學派激烈交鋒，網路論戰波瀾壯闊……頗有當年真理標準問題大討論的味道。同時，讓人不得不感慨一個學問的力量竟如此巨大。學而不思則罔，思而不學則殆，中國問題學推動著社會的進步，並有理由成為化解社會矛盾的參考學說之一。

目前，胡星斗已發表過200餘篇論文，出版了《問題中國》、《中國古典式管理》、《傳統中國的偏頭疼》、《胡星斗中國問題學弱勢群體經濟學文集》、《中國問題學弱勢群體經濟學選集》等著作。作為國內外媒體採訪最多的學者之一，胡星斗出訪過美國、俄羅斯、西班牙、日本、韓國、巴西、巴拉圭、香港和澳門等國家和地區，參加過諸多國際國內學術交流和公益和平論壇等，可謂享譽海內外。

功成名就，淡泊名利。正所謂見賢思齊，見不賢而內自省，一個不卑不亢的胡星斗面對世俗的現實沒有屈迎奉承，而是毅然堅持著自己的道路和學說……他所看到的不僅僅是一個個複雜的社會問題，更多的是對中國現實的深刻思考和美好的展望。

胡星斗詩詞

石榴

庭前幾度石榴紅，不沐朝暉自翁蘢。
李耳莊周氣度似，伯夷叔齊風流同。
雲蒸霞蔚一身月，飲露餐英兩袖風。
獨自開合獨自睡，更添夢態美人容。

石鬆

身在野山不釣名，獨將心事付流雲。
風情千種崖間訴，根須萬條石上伸。
不爲超凡淩絕頂，聊借霜雪練俗身。
倍嘗艱險一芫爾，雷電風雲任縱橫。

花逕

花徑未曾緣客掃，奇書備有與君聊。
淡茶寒座氣質雅，粗履布衣人品高。
逸士有心乘黃鶴，至人無待隨白滔。
宋國雖遠展予望，萬裡何曾覺路遙！

無題

朝看園中花草開，暮隨孤鶴倚雲臺。
俗輕道重伴呂祖，人少酒多皆李白。
煆鐵成金筆底字，摧枯拉朽胸中才。
書生自古多磨難，姑射神人月下來。

無題

自古賢人沒蒿萊，何曾濟世心胸開。
女媧齎志補天去，精衛含悲填海來。
遭難詩人有力作，太平國度無英才。
屈原何事作騷賦，楚地溷濁天共哀！

登黃鶴樓

霜天寥廓飛鴻毛，悲古撫今人似潮。
數劫樓臺人不在，幾番風雨鶴已遙。
人間高士月中去，山底長江天外飄。
仰首無言空悵惘，冷風熱淚對江滔。

感賦

高枕孤眠聽晚風，平林新月叩簾櫳。
溫床春夢花霧似，人世秋涼季節同。
悔恨羞慚自古有，榮尊富貴從來空。
逍遙天地忘物我，不待鳳凰棲梧桐。

感懷

月落水中泯浪紋，人浮世外靜無聲。
賞心樂事全拋我，細雨晚風最可聽。
窗外光陰彈指過，柳梢春色惱人新。
千紅不待賞花女，億萬人間如獨行。

人生

人生憂患始讀書，思慕貪求與眾殊。
秋日獨吟葉滿徑，病年感歎夜懸珠。
成灰蠟炬淚灑地，悟道春蠶絲滿腹。
磨礪棲惶損元體，不如歸隱浮江湖。

撫膺

撫膺長嘯千山動，披髮高歌待運窮。
陸機枉存猛虎志，曹植驚羨洛神容。
浮沉江海蜃樓在，俯仰丘山桃源通。
天地與我生死並，何羞曳尾在塗中。

讀史

屈宋文章愁古今，康梁事業空懷情。
商鞅難免車分首，吳起終遭箭穿身。
春淚沾襟悼張輔，秋風滿袖憐晁君。
五千風雨英雄事，變法維新不忍聽。

胡星斗新詩·腦袋

我有一個空洞的腦袋
我有一個塞滿東西的腦袋
我有一個火爐似的燒毀思想的腦袋
我有一個冰箱似的保存感情的腦袋

一個結滿禁果的腦袋
一個長出繁星的腦袋
一個與北極共振的腦袋
一個與女媧共生的腦袋

借來華陀之刃
請解剖我的腦袋——
有幾根異常的神經？
有幾條多餘的血脈？

尋得扁鵲之針
以探測我的腦海──
感情有幾分鹹味？
思想有幾次澎湃？

日月在我的眼中環行喲
寶藏在我的額下深埋
幾千年後定有人來考古──
瞧，一個外星人奇異的腦袋！

新詩·我從哪裡來

莫非來自遙遠的星球
莫非來自海市與蜃樓
莫非來自宇宙爆炸的剎那
莫非來自恐龍滅亡的不久

來自熒火閃爍的骷髏
來自胼手胝足的怪獸
來自生於土死於土吃於土住於土的蚯蚓
來自哭於天笑於天鬥於天敗於天的禿鷲

我從汪洋大海走來
我從原始森林走來
我從天琴星座走來
我從太陽風中走來

我的祖先是植物
植物原來也有太多的憂愁

我的祖先是石頭
石頭裡有血在流

啊，請解剖我的細胞
那是一個動盪的宇宙
請製作我的標本
那是曾經思想著的猿猴

我從哪裡來
我往哪裡走

空間讓靈魂扭曲
時間讓生命腐朽
可是子孫不斷的人群喲
仍然熱衷於權勢金錢的追求

我安寢的臥床是地球
我呼吸的空氣是烏有
我給人看的是面具
我踽踽獨行在荒丘

哦，我從天上來
我向太陽走

胡星斗歌詞

圍棋歌〈中華智慧浩如雲〉

黑白兩子分，戰勢有奇正；縱然處困局，誰説不能贏？
玄之又玄，眾妙之門。神龍見首不見尾，中華智慧浩如雲。

小兒正破賊，將軍弈從容；柔弱勝剛強，風流古今同。
玄之又玄，眾妙之門。神龍見首不見尾，中華智慧浩如雲。

山中方七日，世上已千年；悠悠忘世俗，觀棋似神仙。
玄之又玄，眾妙之門。神龍見首不見尾，中華智慧浩如雲。

黑白兩子分，陰陽互辯證；縱然處困局，誰説不能贏？
玄之又玄，眾妙之門。神龍見首不見尾，中華智慧浩如雲。

國家圖書館出版品預行編目資料

中國問題學弱勢群體經濟學選集／胡星斗 著.
--初版.--臺中市：白象文化，2019.2
　　面；　公分.——
　ISBN 978-986-358-770-5（精裝）
1. 中國大陸研究 2. 文集
574. 107　　　　　　　　　　　107021819

中國問題學弱勢群體經濟學選集

作　　者　胡星斗

校　　對　胡星斗、李　丹

專案主編　陳逸儒

出版編印　吳適意、林榮威、林孟侃、陳逸儒、黃麗穎

設計創意　張禮南、何佳誼

經銷推廣　李莉吟、莊博亞、劉育姍、李如玉

經紀企劃　張輝潭、洪怡欣、徐錦淳、黃姿虹

營運管理　林金郎、曾千熏

發 行 人　張輝潭

出版發行　白象文化事業有限公司

　　　　　412台中市大里區科技路1號8樓之2（台中軟體園區）

　　　　　出版專線：（04）2496-5995　　傳真：（04）2496-9901

　　　　　401台中市東區和平街228巷44號（經銷部）

　　　　　購書專線：（04）2220-8589　　傳真：（04）2220-8505

印　　刷　基盛印刷工場

初版一刷　2019 年 2 月

定　　價　900 元

白象文化　印書小舖　出版 · 經銷 · 宣傳 · 設計
PRESSSTORE 出版easy
www.ElephantWhite.com.tw　f 自費出版的領導者　購書 白象文化生活館